DETETIVE DE MILAGRES

OBJETIVA

Randall Sullivan

Detetive de Milagres

Uma Investigação sobre Aparições Divinas

Tradução
Anna Olga de Barros Barreto

OBJETIVA

EDITORA OBJETIVA LTDA. Rua Cosme Velho, 103
Rio de Janeiro – RJ – CEP 22241-090
Tel.: (21) 2556-7824 – Fax: (21) 2556-3322
www.objetiva.com.br

Título Original
The Miracle Detective: An Investigations of Holy Visions

Capa
Romildo Gomes sobre *design* original de Daniel Rembert

Revisão
Antônio dos Prazeres
Damião Nascimento
Tereza da Rocha
Taís Monteiro

Editoração Eletrônica
Abreu's System Ltda.

S951d

Sullivan, Randall

Detetive de milagres: uma investigação sobre aparições divinas / Randall Sullivan; tradução de Anna Olga de Barros Barreto – Rio de Janeiro : Objetiva, 2005

559 p. ISBN 85-7302-699-5

Tradução de : *The miracle detectives : an investigation of holy visions*

1. Milagres – Investigação. 2. Visões – Investigação. I. Título.

CDD 231.73

Para Steven Louis High,
amigo que é como um irmão

SUMÁRIO

PARTE I

SINAIS E PRODÍGIOS

Dois modos de pensar, o de pensar o tempo e o de pensar a eternidade e a intemporalidade, fazem parte, ambos, do esforço do homem para compreender o mundo em que vive. Nenhum se completa no outro, nem se reduz a ele; cada um complementa o outro, e nenhum deles conta a história toda.

— Robert Oppenheimer

CAPÍTULO 1

A primeira aparição durara exatamente 24 horas e fora presenciada por quase mil americanos, de origem mexicana, em sua maioria, segundo relatos publicados num jornal sobre o que ocorrera a nordeste do Oregon. Li sobre isso no *Oregonian*, de Portland, do Dia de São Valentim, o Dia dos Namorados norte-americano,14 de fevereiro de 1994.

Pouco antes do nascer do sol na madrugada de 3 de fevereiro, no pequeno e maltratado *trailer* onde ela morava com seus pais em meio a campos irrigados e terras áridas, no alto deserto do povoado de Boardman, uma jovem chamada Irma Munoz ficara assombrada, depois aterrorizada, e por fim fascinada com uma imagem reluzente. A "imagem estilizada", como o artigo do *Oregonian* a descreve, aparecera no canto superior direito de um quadro representando uma paisagem que estava pendurado no quarto principal, de 1,50 x 1,80m de comprimento.

Irma, então com 23 anos e nada religiosa, disse que no mesmo instante reconhecera a imagem reluzente como a Virgem Maria. A mãe de Irma, de nome Lourdes, também viu a Madona, e no mesmo instante caiu de joelhos. As duas irmãs de Irma, que foram chamadas de seus *trailers* ali perto, espalharam a notícia. Irma ainda continuava de pé, atrás da mãe ajoelhada, olhando fixamente para a imagem radiante, quando, de início, dez, então vinte, depois quarenta vizinhos apinharam-se no *trailer*. Eles também viram a Madona — ou viram, pelo menos, uma mulher com um véu — e a maioria se ajoelhou junto com a senhora Munoz.

É claro que havia céticos. Para examinar as costas do quadro, dois homens afastaram-no ligeiramente da parede. Alguns se postaram na frente da tela, ou fizeram movimentos com a mão sobre sua superfície, para ver se alguma sombra obscureceria ou faria desaparecer a imagem. Chegaram até a tentar limpar a tela com um pano molhado. Afinal, um dos homens tomou coragem e tirou o quadro da parede, a fim de verificar se o que havia ali era algum estranho reflexo de luz. Entretanto, não importa para onde deslocassem o quadro ou como o manipulassem, a imagem reluzente permanecia ali. Ela parecia flutuar, e às vezes brilhava mais intensamente, mas isso visivelmente não tinha nada a ver com o ângulo ou com a posição do quadro.

Alguém ligou para a estação de rádio de língua espanhola, de Walla Walla, no estado de Washington, contando a história, que foi captada por uma emissora de televisão local. Já às cinco da tarde, algumas centenas de pessoas tinham visto a imagem, e, do lado de fora do *trailer* dos Munoz, havia uma fila de aproximadamente 100 metros; eram homens, mulheres e crianças que, num frio de congelar, esperavam dar uma espiada no prodígio. Dentro, as pessoas cantavam, choravam, desmaiavam e rezavam.

Os relatos sobre a aparição ocorrida em Boardman "mobilizaram muitos mexicanos católicos da comunidade hispânica do Oregon", o artigo do *Oregonian* descreveu. "Mais de 3 mil pessoas amontoaram-se para vê-la, tendo vindo gente até de Utah."

Mais tarde, quando eu a conheci, Irma Munoz me disse que o que mais a magoara e a enfurecera foi a aparição da Nossa Senhora ter sido tratada pela mídia como "algo mexicano". Quase a metade dos que foram ao *trailer* de sua família em Boardman eram anglo-americanos, disse Irma, mas ninguém jamais teria sabido disso por intermédio da cobertura do jornal. O *Oregonian* consultara especialistas para poder interpretar esse "anacronismo espiritual". Randall Balmer, o professor da Universidade de Columbia que escrevia uma coluna de religião para a cadeia de jornais *New York Times*, fez um comentário obscuro: "O poder da fé é muito real." A autoridade local que deu sua opinião era coordenador do departamento de estudos religiosos de uma faculdade de humanidades dos arredores de Portland, um homem que vivera 18 anos na Bolívia. Essas visões da Virgem eram exemplos de "sincretismo", explicou o professor: um casamento de crenças cristãs com pré-cristãs em que as aparições da Madona ou estavam ligadas aos sítios sagrados dos incas, astecas ou maias, ou nelas a mãe de Jesus assumia a identidade de alguma deusa da fertilidade de indígenas americanos. Em resumo, algo mexicano.

O artigo do *Oregonian* também conseguiu incorporar uma breve história das aparições marianas. Três desses eventos durante a era moderna tinham inspirado o interesse de católicos romanos no mundo todo. O primeiro deles, naturalmente, foi o das visões que a camponesa Bernadete Soubirous relatou ter tido, no decorrer de 1858, na gruta de Lourdes, na França. O segundo referia-se às alegadas aparições e supostas profecias da Virgem, em Fátima, Portugal, em 1917. O terceiro evento ainda continuava a ocorrer num pequeno vilarejo da Bósnia-Herzegóvina, chamado Medjugorje, onde um grupo de crianças vinha afirmando se comunicar diariamente com a Nossa Senhora desde o início da década de 1980.

Foi a primeira vez que me lembro de ter visto ou ouvido o nome Medjugorje. Minha ignorância seria motivo de espanto para muitos que conheci nos meses que se seguiram, mas nenhuma das pessoas bem-educadas, de muita leitura e bem informadas que eu conhecia em 1994 tampouco ouvira falar do lugar. Esse cisma entre o secular e o religioso viria se tornar o contexto que me absorveu durante alguns anos dali em diante, mas, naquela ocasião, eu estava voltado para uma vida temporal demais para entendê-lo como significativo.

Fizeram-se muitas afirmações a respeito do evento de Boardman. A mais notável foi a de que o fenômeno ocorrido no leste do Oregon foi a primeira aparição da Nossa Senhora a ser registrada em videoteipe. Vi o vídeo quando uma estação de televisão, de Portland, o transmitiu. De início, a única coisa que vi foi um quadro a óleo extremamente feio de um crepúsculo num deserto de Sonora: cactos arbóreos, pedras que se esfacelavam, e cirros, tudo em tons laranja-avermelhado e preto. *O Deserto Inflamado*, como o artista o intitulara. Então notei que havia, realmente, um oval de luz no canto superior direito do quadro. De repente, a luz cintilou, e, por um instante, eu pude ver... bem, algo. Talvez eu tenha visto uma mulher de véu, em pé, com as mãos postas, apenas por ser isso o que eu estava procurando.

O apresentador do noticiário da televisão declarou que "especialistas" anônimos tinham especulado sobre a possibilidade de que a imagem tivesse sido criada por um projetor holográfico. Irma Munoz ainda estava espantada diante dessa afirmação quando eu a conheci. "Se pudéssemos comprar um projetor holográfico", perguntou a moça, "você acha que nós estaríamos morando num lugar como aquele?"

O lugar a que Irma se referia era um *trailer* que tinha mais ou menos 2/3 do tamanho da minha sala, e que havia sido comprado por 400 dólares, pelos pais dela, cinco meses antes. Os repórteres que descreveram a moradia da família como "uma casinha móvel" foram tão gentis que quase transmitiram uma imagem falsa. No *trailer*, havia crostas de ferrugem na cobertura de alumínio pintado e as junções estavam meio frouxas. Assentado em pneus carecas, ele se situava entre os galhos partidos de árvores frutíferas meio mortas, nos quais se pendurava a roupa lavada durante o inverno. Dentro, o compensado de 1/4 de polegada que forrava as paredes não chegava até o teto, o que fazia com que o vento (que, em Boardman, a menos de 1,5 quilômetro do rio Colúmbia, sempre sopra) entrasse tanto por cima como por baixo. O telhado tinha goteiras e, no piso, eram tantas as tábuas soltas, que, em alguns lugares, se via o terreno através delas. Um aquecedor a gás era o que havia para manter a temperatura do *trailer* acima de zero grau. O quarto em que as aparições ocorreram mal dava para a cama de casal que lá estava, o que significa que os que inspecionaram o quadro da paisagem, naquela primeira manhã, tiveram de subir no colchão para alcançá-lo.

"Minha mãe deixou que subissem", recordou-se Irma. "Ela não queria negar aquela oportunidade a ninguém."

Meu encontro com Irma tinha sido um alívio. Para entrar em contato com ela, a intermediária foi uma senhora anglo-americana de Hermiston, nas proximidades, que assumira o papel de mentora da jovem vidente. Era Marge Rolen. Embora Marge fosse inteiramente sincera, bastante respeitosa e generosa, ela também era o que a maioria das pessoas que eu conhecia teria chamado de uma carola maluca. Nascida e criada na região rural do Kansas, Marge dava educação escolar a seus filhos em casa para afastá-los das más influências que uma cidade do tamanho de Hermiston (população de quase 10 mil habitantes) podia gerar. Em seu tempo livre, ela ajudara a fundar o centro pró-vida da comunidade, Centro de Crises na Gravidez, e durante meses se engajara numa "guerra espiritual" junto com o padre de sua paróquia.

Ela estava na cidade de The Dalles, à beira-rio, com o Dr. Rolen (optometrista) quando a notícia da aparição em Boardman a alcançou, lembrou-se Marge: "Meu marido disse: 'Você não pode ir!' Ele sabe como eu me empolgo. E eu pensava: 'Sei que tenho de obedecer ao meu marido, mas como posso deixar de ver uma coisa dessas?'" Marge consultou um padre em Pendleton e este sugeriu que ela se prontificasse a levar sal e água benta para que a família Munoz os espalhasse no local da aparição, e assim afastasse qualquer presença demoníaca que pudesse estar envolvida no acontecimento. O marido, diminuído em sua autoridade, consentiu na viagem a Boardman.

Já na manhã do dia seguinte, cedo, Marge estava sentada com a família Munoz no *trailer*, vendo o vídeo que eles tinham gravado na tarde da primeira aparição. Ela viu não só a Nossa Senhora, contou Marge, mas também o rosto de Jesus, e a silhueta de Santa Bernadete. Além disso, o rosário dela se transformou num rosário de ouro. Era como se o acabamento de prata sem lustre do fio de contas que Marge me mostrou estivesse gasto e expusesse uma liga metálica que continha, talvez, um pouco de latão.

Irma era um tipo mais simples, atraente, apesar de estar pelo menos uns 20 quilos acima do seu peso, de olhos enormes e um riso musical — uma jovem mulher cuja maior dificuldade consistia em compreender por que a Mãe de Deus escolheria uma pessoa como ela. "Quer dizer, eu não sou exatamente uma santa", explicou ela. Irma estivera na igreja apenas uma vez desde o seu batismo, quando o pai esteve doente e a avó pediu com insistência que toda a família se ajoelhasse diante do altar e rezasse por ele. "Para mim, a religião era algo sobre o que os velhos conversavam", disse a jovem. "Não tinha nada a ver comigo. Ao cursar o ginásio, me ensinaram sobre a evolução, disseram que éramos macacos, e que Deus realmente não existia. Era nisso que eu acreditava."

Tendo crescido no vale do Rio Grande, no lado texano da fronteira, ela se negou a aprender até mesmo o pai-nosso ou a ave-maria. Contudo, assim como seus pais, ela recorria à oração, vez por outra, quando a família se via sem dinheiro. Irma também rezou depois da tragédia que lhe ocorreu, quando foi para o hospital em seu nono mês de gravidez e lhe disseram que o bebê já tinha morrido em seu ventre. "Meus pais me levaram àquela gruta de Nossa Senhora de Guadalupe, lá no vale, e eu nunca tinha visto nada igual", lembrou-se a moça. "Todas aquelas velas acesas, toda aquela gente rezando. Fiquei apavorada. Lembro-me de que havia um casal ajoelhado ao lado de um bercinho em que o bebê deles estava preso a todos aqueles tubos e frascos."

Ela e o marido, um anglo-americano da Geórgia, pouco depois se divorciaram, e, em 1991, Irma foi para o norte passar o verão com seus pais. A família ficou indo e vindo por três anos, depois, os pais compraram o *trailer* em Boardman para estar perto da irmã mais velha de Irma. O quadro da paisagem desértica foi comprado por eles, por 5 dólares, numa venda de objetos usados. "Detestei aquilo", acrescentou Irma. "Eu estava sempre dizendo para mamãe: 'É tão feio e tão grande. Livre-se disso.'"

Na manhã em que as aparições começaram, ela acordou às quatro e meia, o que já era um milagre, comentou Irma. Seu pai, que trabalhava para um fazendeiro da região, saiu do *trailer* às cinco horas, e Irma estava no sofá vendo televisão quando sua mãe chamou do quarto perguntando se ela podia preparar uma xícara de café. Irma, de início, respondeu que não, mas depois fez o que a mãe tinha pedido. "Eu estava entrando no quarto e indo na direção dela, que estava deitada, me olhando, e, eu, com a xícara de café, então olhei para o quadro e vi a luz. Eu disse: 'Mãe! Mãe! Tem alguma coisa atrás de você!' E ela: 'O quê?' Eu falei: 'Aquela, a Senhora, não sei como você chama... a Virgem.' Era só assim que eu sabia chamá-la. Eu nem sabia que o nome dela era Maria. Mas eu soube quem era assim que a vi. Minha mãe balançou um pouco a cabeça, mas continuei insistindo: 'Mãe, se vire.' Eu ainda estava segurando a xícara, que tremia na minha mão; acho que isso chamou a atenção de mamãe. Eu disse: 'Mãe, juro para você sobre o túmulo do meu filho. Por favor, se vire.' Então ela se virou, e o que eu sei é que logo depois ela pulou da cama, e caiu de joelhos, fazendo o sinal-da-cruz, rezando. E eu disse: 'Você também está vendo?' E ela respondeu: 'Eu estou vendo.'"

Naquele dia, todo mundo a viu: "Assim que entravam, as pessoas caíam de joelhos. Pensei: 'Pois é, pelo menos eu sei que não estou ficando maluca.'"

Irma trabalhava como auxiliar de enfermagem, e até então nunca faltara ao trabalho, mas naquele dia se declarou doente. "Eu não queria ficar longe Dela. Mas eu não me ajoelhei nem rezei como os outros. Fiquei só ali em pé, olhando, espantada com o amor e a devoção daquelas pessoas, vendo que algumas delas caíam de joelhos antes mesmo de chegar à porta. E elas não paravam de chegar!

"E eu pensava: 'Por que nós?' E me diziam: 'Bem, se Ela está aqui, o Diabo também está.' O que me apavorou pra valer. Comecei a chorar, pensando: 'O que será que fizemos?'"

A imagem da Madona permaneceu fixa por horas, com mudanças apenas no brilho, ora diminuindo, ora aumentando de intensidade. "Então Ela virou a cabeça", lembrou-se Irma. "Era quase de noitinha, e Ela um tanto lentamente virou a cabeça para o outro lado. Alguém disse que esse era o jeito de Ela nos pedir que rezássemos, que nos aproximássemos de Deus. E foi nesse momento que percebi como éramos maus. Nunca íamos à igreja, nunca rezávamos."

Já ao crepúsculo, a fila de pessoas ia da porta da frente do *trailer* até a rua, que ficava a quase 100 metros. Uma equipe de agentes do xerife chegou para controlar a turba; a irmã de Irma ficou furiosa ao ouvir um agente dizer para outro: "Ei, vamos chamar a Imigração... eles podiam pegar todo o mundo de uma tacada só."

As pessoas continuaram a chegar, por toda a noite, e Irma ficou acordada até a manhã seguinte, quando a imagem desapareceu exatamente na hora em que ela tinha sido vista pela primeira vez, na véspera.

Durante as 48 horas seguintes, o *trailer* continuou cheio daqueles que queriam ver o quadro ou tocá-lo. "Eles diziam que ainda sentiam a presença Dela. Isso me perturbou. Não podíamos tomar banho, nem sequer ter nenhuma privacidade. Minha mãe, porém, deixava a porta aberta e mandava entrar qualquer um que quisesse ver o quadro. As pessoas pulavam por cima do meu pai, deitado na cama, para poder tocar no canto em que Nossa Senhora tinha aparecido, ou para verificar se não tínhamos escondido nada atrás do quadro, ou se havia algo que brilhasse ali."

Pelo menos meia dúzia das pessoas que estiveram no *trailer* no primeiro dia levaram câmeras de vídeo. Os pais de Irma decidiram, eles próprios, alugar uma câmera dessas, pensando em seus parentes que estavam no Texas. O vídeo dos Munoz (o que foi passado no noticiário local, em Portland) mostrava a figura iluminada no canto da paisagem do deserto com bastante clareza. Contudo, todas as outras pessoas que focalizaram suas câmeras na aparição contaram que a imagem da Virgem que tinham visto a olho nu não ficara registrada. "O que era estranho", observou Irma. "Porque estava muito clara na nossa fita. Checamos outras vezes para ver se ainda estava lá, e estava."

A família fez um segundo vídeo quando a imagem da Virgem reapareceu seis dias depois da primeira aparição, à mesma hora do dia, e no mesmo canto do quadro. Irma e a família permaneceram em silêncio dessa vez, querendo ter a Virgem só para si. Enquanto estavam ali sentados, observando e à espera, alguém bateu à porta do *trailer*. Irma disse ao homem do lado de fora que voltasse outra hora, que sua mãe estava doente e precisava de repouso. Quando ela voltou ao quarto, a imagem da Nossa Senhora desaparecera. Era uma lição de desprendimento, Irma concluiu: a presença da Mãe Santíssima devia ser partilhada com todos os que acreditavam.

Depois disso, a família Munoz passou a acomodar os visitantes a qualquer hora do dia ou da noite que chegassem. Eles tiraram a cama do pequeno quarto e a substituíram por um altar abarrotado de velas e flores. O vídeo da aparição passava continuamente na televisão da sala.

Para Irma, a pergunta esmagadora passara a ser: "Por que eu? Eu sabia que devia haver algum motivo para Ela ter aparecido para mim, mas eu não tinha a menor idéia de qual seria ele." Os visitantes que chegavam ao *trailer* continuavam a lhe levar livros e panfletos, principalmente sobre Lourdes, Fátima e Medjugorje (ela também nunca ouvira falar de Medjugorje). "As pessoas sabiam que eu tinha sido a primeira a vê-La, e muitos, a bem dizer, queriam me tocar. E me perguntaram se Ela havia me dito algo. E eu respondi: 'Não, ou se Ela falou, eu não ouvi.' Eu disse que me desculpassem, mas eu não tinha recebido nenhuma mensagem. E continuei pedindo desculpas."

Já em março de 1994, Irma contava com sócias em sua busca de uma explicação. Três mulheres se juntaram a ela e assim se formou um grupo de oração. A primeira foi sua colega de trabalho Kim Hickey. Filha de um oficial do Exército reformado, muito conhecido em Hermiston, Kim foi a primeira anglo-americana em quem Irma confiara, e para cuja casa telefonara no dia 2 de fevereiro. "Eu queria que ela me dissesse se eu estava maluca." Kim deixara a Igreja Católica 14 anos antes, mas, naquela tarde, tendo sido dominada pela curiosidade, ela tomou seu carro e foi direto para o pátio dos *trailers.* Havia uma grande fila à porta, mas Kim foi abrindo caminho à força, dizendo aos que estavam na sua frente: "Sou amiga de Irma, me deixem entrar."

Espremendo-se, ela entrou no quarto, olhou para o quadro, e viu a Virgem imediatamente, recordou Kim. Por alguns instantes, ela ficou olhando fixamente a "imagem de luz", depois, aproximou-se, e tocou a superfície do quadro. "Era como se minha mão atravessasse uma nuvem. A pessoa sabia quem era porque podia sentir algo. Na realidade, assim que a pessoa via, sabia, porque havia essa sensação na gente, diferente de qualquer outra, uma sensação de saber, e de assombro. E todo o mundo que A viu teve isso."

Irma e Kim logo receberam outra auxiliar de enfermagem que cuidava de adultos, Irene Virgen. Elas tentaram não fazer muito alarde do sobrenome de Irene, mas ainda assim... As três rezaram o terço, dedilhando as contas, até Marge Rolen chegar com seus fios de contas de plástico e formarem um grupo de quatro. "Sabíamos que havia uma finalidade no que tinha acontecido", lembrou-se Marge, "e por isso rezamos para descobrir o que era."

O pároco, padre Paco Vallejo, não estava sendo lá de grande ajuda. Na manhã da primeira aparição, a família Munoz o chamou para ouvir seu parecer, mas o padre já tinha sido avisado por pelo menos uma dúzia de outros paroquianos. A sua sala na paróquia recebeu mais de 150 telefonemas durante as 24 horas que se seguiram ao acontecimento, disse o padre Paco; os telefones pareciam estar tocando constantemente. Entretanto, o padre não fez nenhum esforço para ir ao *trailer* dos Munoz, e desde o início expressou não só ceticismo mas uma antipatia imediata. "Acontece o tempo todo", declarou ele ao maior jornal do alto deserto, o *East Oregonian*. "São as coisas naturais que consideramos sobrenaturais. Mas Deus está sempre presente... Ele está aqui agora." Padre Paco estava incomodado com pessoas que estavam mais interessadas numa relação romântica com Deus do que na "relação dura, cotidiana" que um verdadeiro fiel mantinha ao assistir regularmente à missa. O seu bispo o aconselhou a lembrar às pessoas em sua homilia do domingo seguinte que até mesmo as aparições autênticas não eram senão relações particulares e não tinham muito significado diante da verdade revelada na Escritura.

O próprio Jesus disse que só se conhece uma árvore pelos seus frutos, observou padre Paco. "Procurem-me segunda-feira de manhã", aconselhou o padre ao jornal da diocese de Portland, o *Sentinel*, "e vocês vão saber quantos vieram à igreja nesse fim de semana." O comparecimento à igreja foi de fato mais alto do que o habitual naquele domingo, e padre Paco respeitosamente foi ao *trailer* dos Munoz na terça de manhã. "Eu fui e não vi nada", o padre me diria algum tempo depois, antes de acrescentar com malícia: "Mas eles disseram que não estava acontecendo nada naquele dia." A paciência e a prudência são as melhores políticas a adotar quando estamos lidando com esses assuntos, lembrou ele à sua congregação no domingo depois daquele dia.

O padre perguntara ao casal Munoz se ele poderia ficar com o quadro sob sua custódia. "Mas todos disseram a mamãe e papai: 'Não, foi para cá que ela veio'", relatou Irma. "'É aqui que ela quer ficar. Deixe o quadro aqui.' E depois disso, tivemos a impressão de que o padre Paco não queria ter nada a ver conosco." O pároco deles era uma dessas pessoas que acreditam que fatos como esse deviam ocorrer na igreja, e além disso só com alguém muito santo, Kim disse a Irma. "Ele acha que conhece a Mãe Santíssima", disse a irmã de Irma. "Mas ele não A compreende de jeito nenhum."

Embora por um lado ela se sentisse realmente abençoada, observou Irma, as semanas seguintes foram das mais angustiantes em sua vida. Ela estava apavorada com as pessoas que falavam do Diabo. O pior eram as que diziam que a aparição era por si só obra de Satanás, e que ela estava possuída. Seu próprio irmão, que era testemunha de Jeová, disse a Irma que ela era instrumento do mal. Havia estranhos que telefonavam no meio da noite e ameaçavam pôr fogo no *trailer* quando Irma lá estivesse. "Bruxa!", ela ouviu gritarem um dia em que foi a Hermiston. Mesmo os que lhe queriam bem a perturbavam, avisando-lhe de que Satanás detestava, mais do que todos, os que tinham visto a Virgem Maria, e que ela e sua família seriam "atacadas".

A moça começou a achar que o aviso poderia ser verdade quando a família recebeu um telefonema do Texas, em 11 de fevereiro, informando-a de que a avó de Irma tinha sido encontrada no chão da casa dela, inconsciente e com a cabeça sangrando, aparentemente por ter sido vítima de um assalto. O sr. e a sra. Munoz viajaram de avião para o sul, na manhã seguinte, mas, quando chegaram, a velha senhora estava em coma. Ela morreu no Dia dos Namorados.

Os pais de Irma permaneceram no Texas até o fim do inverno. Uma noite, eles ligaram para contar que tinham ido ver um *guarandero* em Brownsville que disse: "A sua filha, a que viu a Mãe Santíssima; Nossa Senhora quer que ela faça um oratório. Quando o oratório estiver pronto, ela voltará." Irma e Kim prepararam o melhor oratório que puderam, no quarto onde o quadro ainda se encontrava, reunindo tantas velas, flores e imagens de santos quantas puderam encontrar. "Parecia tão comovente", lembrou-se Kim.

Por toda aquela primavera e já entrando no verão, pessoas vindas do Oregon e de Washington continuaram a fazer peregrinações ao *trailer* de Boardman. As histórias que elas contavam davam alento a Irma. Uma das que mais gostou foi contada por uma senhora que chegou ao *trailer* para se ajoelhar diante do quadro, logo depois do término das aparições, e rezar por sua filha, uma que tinha fugido de casa já havia mais de um ano. Ela constava da lista de pessoas desaparecidas, mas não se tivera notícia nenhuma da menina desde o dia em que ela sumira, contou a mulher, que àquela altura não sabia se a filha estava viva ou morta. No *trailer* dos Munoz, disse a mulher a Irma, ela implorou à Mãe Santíssima que lhe desse um sinal de que sua filha estava bem, e que a deixasse ouvir a voz da menina pelo menos mais uma vez. Naquela mesma noite, a filha telefonou da Califórnia e disse que estava indo para casa.

O visitante que causou maior impacto foi um rapaz que tinha estado num hospital de Portland, à morte, por causa da Aids, quando assistiu ao vídeo da aparição no noticiário local. O rapaz contou que reconhecera a Virgem imediatamente, e que naquele momento teve consciência de que Ela o estava abençoando. Tinham lhe dito que ele nunca sairia do hospital, mas o rapaz insistiu para que sua família providenciasse o seu transporte numa ambulância, onde ele, deitado numa maca, preso a um suporte de equipamentos médicos, percorreu os 320 quilômetros até Boardman. "Eles o trouxeram numa cadeira de rodas, com todos aqueles cabos, tubos e máquinas", relatou Irma, "e o deixamos sozinho com o quadro. Quando fomos vê-lo, ele estava chorando, nos dizendo que Ela tinha vindo e que ele A vira claramente. Eu olhei e não vi nada, mas isso não quer dizer que Ela não estivesse lá por ele.

"Minha mãe acabou muito amiga da família do rapaz, e dele. E ele nos contou que tinha tido uma vida muito ruim, de crimes, e que tinha sido viciado em drogas, mas que naquele momento estava muito feliz e disse que sua vida tinha valido a pena, porque ele pôde viver aquilo enquanto ainda vivo. E, antes de morrer, ele perguntou se podia ficar com o quadro em seu quarto. Então mudamos o quadro de lugar, e o rapaz passou suas últimas horas junto dele. Não sei o que ele via, mas estava sorrindo."

Além do homem que estava morrendo de Aids, os únicos que disseram estar vendo a Virgem outra vez foram crianças. "Elas diziam: 'Ei-La! Você não está vendo a Virgem?'", lembrou Irma. "E eu não via nada." Kim disse que provavelmente os puros de coração podiam vê-La melhor.

O milagre do pessegueiro também os assombrou. Irma e os de sua família achavam que a árvore que havia perto da porta da frente do *trailer* estava morta, ou, pelo menos, à morte. No ano anterior, ela deu apenas algumas folhas que amarelaram e murcharam. Mas, naquela primavera, os ramos se cobriram de flores, e, no verão, ficaram tão pesados de frutos que Irma e sua família deram pêssegos em quantidade aos outros. "E as roseiras que as pessoas trouxeram?", acrescentou Kim. "Cada uma deu flores enormes que duraram até o inverno."

"Por causa Dela", disse Irma. "Nós sabíamos que era por isso."

Os participantes do grupo de oração ainda achavam que algo mais havia de acontecer. O que poderia ser, nenhum deles tinha a menor idéia, até abril de 1995, quando receberam uma ligação de um rico empresário de terras de Portland chamado Joe Locke. Em maio de 1992, Locke tinha feito um transplante de coração, e, diariamente, durante os dois anos seguintes, quando rezava, ele pedia para viver o tempo necessário para poder cuidar da mãe doente até ela morrer. Numa manhã no final de 1993, Locke acordou de um sonho profético convencido de que suas orações tinham sido atendidas, e que no dia de Ação de Graças ele deveria fazer "algo especial".

Sua mãe, que esteve internada num hospital de Portland no decorrer de fevereiro de 1994, viu pela televisão a reportagem sobre o fenômeno ocorrido em Boardman. Sabedora de que seu filho tinha propriedades em Boardman, a mãe ligou do hospital, disse Locke, e lhe contou: "Joe, talvez isso seja aquele algo especial do seu sonho." Ela morreu duas semanas depois.

No primeiro aniversário da morte de sua mãe, 25 de fevereiro de 1995, Locke se sentiu compelido a pegar a revista *Medjugorje Messenger* que ele havia recebido de um amigo no mês de setembro. Abriu a revista no lugar de uma fotografia de página inteira do Santuário de Nossa Senhora da Paz então recém-construído em Santa Clara, na Califórnia, e sentiu uma necessidade premente de visitá-lo. Quando chegou a Santa Clara e se ajoelhou diante do santuário, Locke soube o que seria o seu "algo especial": um santuário dedicado à Mãe Santíssima na região leste do Oregon.

Já em março, Locke tinha criado uma empresa sem fins lucrativos para erguer um santuário de Nossa Senhora das Graças em Boardman. Conseguir um terreno, porém, era difícil, e o projeto esmoreceu até uma família católica da região fazer uma doação de aproximadamente 4 hectares além dos limites de Hermiston, no Posto do Exército de Umatilla. De início, a idéia de que o santuário da Virgem ficaria a poucos metros da base militar, cuja entrada era proibida, incomodou alguns patrocinadores. Do lado de dentro da cerca de arame farpado da base, atrás de seus barracões abandonados, no fundo de seus *bunkers* de concreto, encontrava-se o segundo maior arsenal de armas químicas dos Estados

Unidos: eram tanques de gases asfixiantes e agentes vesicantes (a maioria desenvolvida durante a Segunda Guerra Mundial) ligados a engenhos explosivos que os tornavam mais mortais do que quaisquer outras armas na Terra, depois das bombas de hidrogênio. O gás mostarda que havia nos tambores da base de Umatilla era, por si só, suficiente para matar 90% da população dos Estados Unidos.

Como, quando e onde resolver o problema das armas químicas tinham sido fonte de controvérsias em Washington, D.C., por mais de duas décadas. E, no alto deserto do leste do Oregon, a contenda produzira imagens aterrorizantes. Durante a minha primeira visita a Boardman, li um panfleto, mandado naquela semana pelo governo federal, instruindo os habitantes locais a "se abrigar adequadamente" caso ocorresse algum acidente que resultasse em "vazamento". Como seria impossível precisar de imediato para onde estariam se dirigindo os vapores mortíferos, aconselhavam-se os residentes da área a fazer o que pudessem para lacrar suas casas (fechar aberturas de ventilação, encher o vão das portas com toalhas, desligar os ares-condicionados, vedar os vãos das janelas etc.), e depois "esperar pelo socorro". As pessoas balançaram as cabeças com uma resignação indignada quando leram no *Oregonian* que a espera poderia ser longa, uma vez que os funcionários locais não tinham roupas protetoras para a equipe de socorro, e que as sirenes de alarme instaladas ao redor do depósito não estavam funcionando. "Eles nos confessaram que qualquer um que permanecesse dez minutos a favor do vento morreria", disse um político da região.

Após meditar sobre o assunto, a maioria dos que tinham se associado à empresa do Santuário de Nossa Senhora das Graças concordou que não poderiam ter escolhido lugar melhor caso tivessem o país inteiro para fazer sua opção. Ver uma área cheia de veneno transformada num espaço de oração e devoção seria um tremendo tributo à Virgem, observou Marge Rolen. Como Marge, Irma encontrou muito significado no fato de que o pai de Kim tinha sido comandante da Base do Exército de Umatilla, e ajudado a arquitetar o plano para incinerar as armas químicas ali armazenadas. "Agora tenho a certeza de que o santuário é o resultado, a razão da aparição", disse Irma. Kim concordou: "É como se o ciclo estivesse se completando, da guerra e da divisão à unidade e à paz."

Mas o pároco ainda não estava convencido do valor da idéia. O bispo tinha deixado bem claro que a Igreja não apoiaria o santuário se houvesse uma relação direta entre este e as supostas aparições no *trailer* dos Munoz, disse o padre Paco. Embora a posição do padre tivesse se atenuado, ele ainda não estava persuadido de que deveria mudá-la. Ele não acreditava que Irma Munoz e família estivessem delirando ou fossem desonestos, admitia Paco, e até achava possível que eles tivessem recebido algum tipo de revelação particular. Contudo, o padre não via nenhum sinal de algo mais. O que particularmente o perturbava era o fato de que Irma Munoz e família não pareciam ter tido a experiência de uma conversão profunda. "Eles parecem ter apenas se tornado ligeiramente mais religiosos", observou ele. "Uma das filhas pediu que a filha fosse batizada. A mãe veio à igreja algumas vezes."

Irma teve uma atitude defensiva quando lhe contei das queixas do padre. Ela também ia à igreja, mas só que em Pendleton em vez de Hermiston, disse Irma, porque ela preferia o pastor de lá ao padre Paco. "Não posso dizer que eu seja uma católica muito devota", admitiu a jovem mulher, "mas posso dizer que aquilo que aconteceu mudou minha vida. Eu rezo muito mais do que rezava antes." De repente, Irma pareceu muito triste. "Não sei o que todo o mundo espera de mim. Será que eu deveria me tornar freira? Eu só posso dizer às pessoas que não tenho nenhuma dúvida de que aquela era a Mãe Santíssima, e que havia uma finalidade no acontecimento."

A atitude pessoal do padre Paco permaneceu a de "esperar para ver". "Se eu vir frutos, talvez mude de idéia", explicou o padre, e acrescentou uma observação que meus amigos achariam muito mais divertida do que eu achei: "Do que eu vi até agora, o mais impressionante é o seu interesse." Apenas alguns dias antes, o *Oregonian* tinha publicado com grande destaque uma crítica extremamente elogiosa do meu livro então recém-publicado, e o padre Paco considerava o fato de que um escritor afamado — e que nem sequer era católico — pudesse escrever algo sobre a aparição de Boardman como uma conseqüência importante.

"Você é um fruto", disse-me ele. "Um fruto real."

CAPÍTULO 2

Na tarde de uma terça-feira, não muito depois de eu ter lido sobre as alegadas aparições em Boardman (mas bem antes de minhas conversas com Irma e com as outras), eu estava divagando pelas estantes da maior livraria da Costa Oeste, a Powell's, em Portland. Eu entrara na livraria à procura de um guia de viagem para o Pacífico Sul, mas por acaso me perdi numa seção em que nunca havia entrado, no andar de baixo, na Sala Roxa, sob um letreiro que dizia "Religião e Metafísica". O corredor cujas prateleiras anunciavam Comunicação Espiritual, Projeção Astral, Fantasmas, Óvnis, Tarô e Feitiçaria pululava de curiosos, mas não havia uma alma sequer no corredor dedicado à Teologia Cristã.

De repente, me vi passando por uma estante de prateleiras cujo rótulo dizia Santos Católicos, roçando levemente as pontas dos dedos pelas lombadas de livros bolorentos que seguiam uma trajetória alfabética de Aquino e Agostinho a Elizabeth Anne Seton e Teresa d'Ávila. O peso de tudo o que eu não sabia abateu-se sobre meus ombros. Quase ao final do corredor, havia uma prateleira reservada para o tema Virgem Maria. Esse era um assunto pelo qual eu nunca tivera o menor interesse até aquela altura da vida, a não ser durante os primeiros 15 minutos de *Canção de Bernadete*, um filme que tive de interromper porque estava me dando muito sono. Sem pensar no que me motivava a fazê-lo, tirei da prateleira o volume mais pesado e de aparência mais confiável, uma obra erudita editada pela Princeton University Press. Abrindo o livro nas páginas do meio, comecei a ler sobre alguém chamado Mirjana Dragičević, uma das videntes de Medjugorje. Aparentemente, essa jovem mulher desempenhava um papel primordial nos fatos ali ocorridos, tendo recebido a incumbência tanto de guardar como de um dia revelar o que se descrevia como "segredos". Esses segredos, que segundo o autor do livro tinham sido um traço característico em todas as mais importantes aparições marianas durante o século XX, constituíam uma lista de dez fatos que resultariam no que parecia um cenário de fim de mundo. Eles tinham sido revelados a Mirjana — pela Virgem, disse ela — durante uma série de visitas particulares à casa de seus pais em Sarajevo, no decorrer de 1981 e 1982.

Os outros videntes, que tinham permanecido em Medjugorje, também receberiam os "segredos", mas mais espaçadamente, e, quando cada um dos seis tivesse conhecimento de todas as dez revelações, essas profecias começariam a se realizar. Foi mais ou menos isso que Mirjana disse, além de revelar que tudo ocorreria enquanto ela vivesse. Por intermédio de um padre de sua escolha, contou Mirjana, ela anunciaria cada acontecimento com três dias de antecedência, conforme a Mãe Santíssima lhe ensinara a fazer.

Fechei o livro repentinamente, sem continuar a leitura, e o coloquei de volta na prateleira. "Que estranha porcaria fantasmagórica", murmurei, e fui direto para a porta e dali para a rua. Mas, mesmo antes de sair, eu já estava sentindo arrepios. Era um calafrio que começava na nuca e percorria a espinha, descendo e subindo, como uma corrente. Eu estava tremendo quase convulsivamente quando cruzei Burnside Boulevard; meus dentes realmente não paravam de bater. Parei no primeiro café que encontrei — em quase todo quarteirão de Portland existe um deles — e me permiti uma dose dupla de café com leite até o tremor cessar.

Era como se eu tivesse experimentado a sensação física da premonição, mas sem nenhuma imagem ou idéia que a completasse. O melhor era deixar o assunto religião para os religiosos, lembrei a mim mesmo.

Entretanto, uma semana depois, lá estava eu de novo na Powell's, no mesmo canto do subsolo em que eu tinha estado pela primeira vez, sete dias atrás. Dessa vez, encontrei um livro sobre Medjugorje. Era um blablablá devoto e elementar, escrito numa linguagem cansativa. O capítulo em que abri o livro, porém, me fascinou, porque descrevia a primeira visita de Mirjana aos Estados Unidos, que teve apenas uma parada, Portland, no Oregon. Enquanto permaneceu em Portland, segundo o autor, Mirjana tivera uma visão que a deixou chorosa e exausta. Parecia que cada um dos videntes de Medjugorje tinha recebido a atribuição de rezar por um grupo de pessoas, e Mirjana recebera o fardo mais pesado, rezar pelas almas dos "incrédulos". Em Portland, a Virgem lhe revelara algo que os "incrédulos" enfrentariam se não se convertessem, disse Mirjana, e a experiência a deixara arrasada.

Essa história ocorreu em 1990, mais ou menos na mesma época em que eu estava voltando para o Oregon e saindo de Los Angeles. Mais uma vez, devolvi o livro à prateleira e me dirigi à saída. De novo, eu estava tiritando, embora não tão violentamente como na terça-feira anterior. "O que estou fazendo?", perguntei-me em voz alta. Uma jovem que estava passando os olhos pelas prateleiras do setor Feitiçaria me ouviu e se afastou.

Pouco depois, naquele mesmo mês, meu editor chegou de Nova York para examinarmos as sugestões feitas pela revisão num manuscrito que iria para a gráfica em noventa dias. Durante um dos nossos cafés de início de tarde, ele perguntou se eu já tinha pensado no meu próximo livro. Sem nem um instante de hesitação sequer, comecei a lhe contar das supostas aparições ocorridas na região leste do Oregon. Dizia-se que, para a diocese católica, o assunto estava "sob investigação", expliquei, uma frase que logo me deixou pensando de que maneira seria possível levar adiante uma investigação oficial relacionada a um incidente desse tipo. Recorrendo ao que eu ousava chamar de minha "pesquisa" (dez minutos nas estantes da Powell's e o que eu me lembrava de um artigo do *Oregonian*, de seis meses atrás), comecei a delinear um projeto meticuloso.

Contei a meu editor o que eu sabia de Medjugorje — ele também nunca ouvira falar do vilarejo — e sugeri que a investigação que a Igreja vinha fazendo sobre os fatos ocorridos lá poderia subsidiar a construção de um livro abrangente. (Eu acabaria descobrindo que as aparições de Medjugorje tinham sido objeto de, talvez, mais avaliações médicas e científicas do que qualquer acontecimento sobrenatural na história da raça humana, mas na ocasião eu não tinha a menor idéia dessa situação.)

A uma certa altura da conversa, descrevi os que se encarregavam de investigar esses fenômenos como "detetives de milagres", e, pelo brilho nos olhos do meu editor, percebi que a expressão o deixara fisgado.

Se eu tivesse me dado conta da porta que eu estava abrindo, eu a teria fechado imediatamente. Mas, naquele momento, ainda me parecia possível obter o que eu precisava por intermédio da experiência de alguém. Só quando já era tarde demais para retroceder é que eu começaria a entender que religião é um assunto com que só podemos nos envolver no nível pessoal.

Já no final da primavera de 1995, tínhamos concordado em que os meus editores financiariam uma expedição à Europa, que incluiria uma estada de duas semanas em Roma e mais ou menos um mês na Bósnia. Se eu apresentasse uma proposta que valesse a pena para eles, prosseguiríamos com um livro. Nas semanas seguintes, porém, a idéia passou a soar cada vez mais despropositada, na realidade, até risível, quando eu tentava explicá-la aos amigos. "Bósnia" era tudo o que ouviam, na maioria das vezes, e quase todos com quem falei pareciam ter a impressão de que eu estava indo para o estrangeiro cobrir o cerco de Sarajevo. Para me safar, resolvi entrar no jogo — chegando até a obter uma credencial de correspondente de guerra por intermédio da revista *Rolling Stone.*

Então ocorreu algo inesperado. A mulher com quem "eu estava de casamento marcado", como me percebi dizendo naquela ocasião, tinha ido visitar uma velha amiga do ginásio, Janet Knez. Durante essa visita, minha noiva, triste com a minha iminente viagem à Bósnia, esforçou-se para explicar à amiga por que eu estava empenhado em fazer algo tão despropositado e perigoso. Eu não conhecia Janet muito bem, mas tinha assistido ao casamento dela lá pelos lados da rodovia de St. Helen, na igreja de Santa Brígida, um velho templo católico conhecido por suas cerimônias tradicionais e uma congregação constituída em grande parte de croatas. O padre que celebrou o casamento, padre Milan Mikulich, era um personagem saído de Tolkien, um velhinho, daqueles lépidos, que era mestre em ser feroz e encantador com a mesma voz áspera, a cabeleira branca, os óculos de aros de osso e um par de sobrancelhas espessas e eriçadas de que ele se utilizava com o melhor dos resultados. Havia um charme enorme e uma integridade do Velho Mundo, vagamente severa, na cerimônia do "casamento-sacramento" celebrado pelo padre Milan.

Quando Janet soube que eu estava planejando uma viagem a Medjugorje, ela deu a entender que o padre Milan poderia me ser útil: ele havia voltado para a Croácia alguns anos antes, e morava na pequena cidade de Imotski, muito próxima da fronteira bósnia. Além disso, o padre Milan tinha passado muito tempo em Medjugorje e conhecia todos os videntes pessoalmente. Ele era especialmente íntimo da que se chamava Mirjana; foi o padre Milan que providenciara a viagem de Mirjana aos Estados Unidos, em 1990. Embora não fosse mais uma católica praticante, Janet fizera uma de suas raras visitas à igreja para conhecer Mirjana quando a vidente esteve em Portland. Na realidade, as duas foram apresentadas uma à outra, na pequena capela próxima de Santa Brígida, apenas alguns minutos depois do que passou a ser conhecido como a "aparição americana" de Mirjana.

Janet, que me pareceu uma pessoa franca e firme, havia ficado muito abalada com a presença física de Mirjana. A profundidade e a luminosidade dos olhos da vidente, a transparência esbranquiçada de sua pele, a serenidade da expressão em seu rosto não se pareciam com nada que ela já tivesse visto, disse Janet, que parecia não só emocionada como amedrontada com o que descrevia. Mas o que realmente a assombrara fora o irresistível perfume de rosas que rodeava Mirjana; um aroma tão intenso que ela se sentira como se estivesse bêbada. Os dedos de Janet, depois que ela apertara a mão de Mirjana, ficaram cheirando a rosas. E o perfume perdurou por alguns dias.

Senti alívio ao saber que o encontro com a vidente não estava provocando em Janet nenhum interesse maior em voltar a praticar a religião. Mas a experiência tinha permanecido em seu íntimo; ela ainda pensava em Mirjana e às vezes voltava a se lembrar daquele cheiro de rosas. Janet então me disse que eu teria oportunidade de pedir ajuda ao padre Milan diretamente, porque exatamente naquele momento o padre estava preparando sua viagem aos Estados Unidos, a primeira em três anos, e estaria em Portland dali a duas semanas. Ela providenciaria o nosso encontro, me disse Janet.

Aproximadamente uma semana antes da data aprazada para a minha partida para Roma, o padre Milan e eu estávamos sentados em duas poltronas iguais, forradas de brocado, na casa luxuosa de um bairro afastado em que ele estava hospedado em sua temporada no Oregon. O padre logo me forneceu um panorama estimulante e detalhado da história da terra que eu estava me preparando para conhecer. A famosa apresentação de Mirjana em Portland ocorrera na capela de Nossa Senhora de Sinj, que ele próprio construíra, contou o padre Milan. Sinj era uma cidade a cerca de 35 quilômetros da Costa Dálmata, onde havia um dos mais famosos santuários de toda a Croácia. Esse monumento não só comemorava a heróica defesa dos muros da cidade contra os invasores otomanos, no século XIV, como foi construído exatamente no mesmo lugar em que, no momento do ataque, a figura reluzente de uma mulher flutuando no ar tinha aparecido e dispersado as hordas turcas, que debandaram aterrorizadas. O padre Milan não contou essa história como se a considerasse mitológica.

Milan não só se comprometeu a providenciar as apresentações que eu pedira, como me deu o telefone de uma mulher que se encarregaria de me arranjar um quarto na própria casa de Mirjana durante minha temporada em Medjugorje. Dei um telefonema na manhã seguinte, e, uma semana depois, eu estava a caminho.

Houve outro golpe de sorte que me apontou aonde ir depois da minha chegada a Roma. Foi no momento em que telefonei para um conhecido que eu não via há algum tempo, um professor de línguas que fora padre jesuíta nos seis primeiros anos de sua vida adulta.

A maior parte do que eu sabia sobre a Igreja Católica antes de conhecer David tinha sido aprendida por intermédio das relações que tive com mulheres que tinham largado a fé, e que tinham demonstrado — e em versões muito semelhantes — que era muito mais fácil parar de ir à igreja do que deixar de ser católico. Como elas, David tinha deixado a Igreja, desiludido, mas não indiferente. O monge Repolho, como eu o apelidei, porque pouco antes de entrar para os jesuítas, ele havia passado alguns meses vivendo parcamente numa fazendola na Pensilvânia, lendo Rilke em alemão e sobrevivendo principalmente do repolho que colhia da horta plantada por um residente anterior, e indo à Filadélfia a cada duas ou três semanas para encontros com a *stripper* que foi a sua única companhia durante esse período. Ele sentia falta de muito do que os jesuítas lhe propiciaram, disse David, principalmente do estímulo intelectual; os padres entre os quais ele vivera eram pensadores e leitores muito mais sérios do que os professores universitários que eram então seus colegas. Além disso, a maioria era homossexual, disse David, uma descoberta que tinha sido um choque, se não um escândalo, para ele. Alguns de seus colegas padres eram sexualmente ativos, contou-me David, mas a idéia de que, para eles, o celibato era menos um sacrifício a Deus do que uma fuga da realidade o perturbara profundamente. Por fim, David decidiu que ele também estava fugindo da vida; e assim, ele abjurou os votos, casou-se daí a alguns meses, e foi pai de seu primeiro filho menos de um ano depois.

Quando telefonei para David e lhe perguntei se ele conhecia alguém que pudesse me abrir alguma porta no Vaticano, ele sugeriu que eu tentasse o superior da Cúria de Oregon, padre Steve Sunborg. Procurei o padre Sunborg, que tinha voltado então recentemente de um ano sabático em Roma, e esse contato foi uma verdadeira mina para mim: ele me forneceu os telefones de pessoas que iam do professor da Universidade Gregoriana, que era o principal intermediário entre os escritores e a Igreja, à mulher que chefiava a Agência de Hóspedes dos Jesuítas. E, o que me foi ainda mais útil, ele também me deu os números de telefone dos dois padres que se ocupavam primordialmente da apresentação das provas dos milagres ao Colégio de Cardeais do Vaticano.

Eles eram um italiano e um alemão, padres Paulo Molinari e Peter Gumpel, os principais "postuladores" de algo chamado Sagrada Congregação para as Causas dos Santos. Ambos, por acaso, eram jesuítas, herdeiros do legado dos bolandistas, uma sociedade de jesuítas que havia mais de três séculos se ocupara em escrever as primeiras biografias dos santos, fundamentadas não na lenda ou em adornos literários, mas baseadas exclusivamente nos registros históricos. Os bolandistas pretendiam refutar tanto a crítica originária da reforma protestante quanto o ceticismo intelectual resultante da era do Iluminismo. Todavia, a oposição mais formidável que encontraram procedeu do clero católico. Acusados de heresia diante da

Inquisição espanhola, os bolandistas foram condenados e rotulados de cismáticos por décadas. Persistiram, conservando seus orgulhosos padrões de erudição, e publicaram uma série de livros sobre os santos (Acta Sanctorum) que hoje chega a mais de sessenta volumes. Entretanto, a verdadeira realização dos bolandistas talvez tenha sido a de convencer a Igreja, lenta mas implacavelmente, de que a documentação histórica e a investigação crítica não eram ameaças reais à fé. Por ocasião da eleição de João Paulo II ao papado, em 1978, os seus métodos tinham sido formalmente adotados por todos aqueles que, no Vaticano, estavam encarregados de comprovar o que era miraculoso e julgar o que era sagrado.

Era uma longa caminhada do meu hotel no Campo di Fiori até o Vaticano. Fiz um percurso até mais extenso ao tomar o caminho pitoresco que atravessa a piazza Navona, cruza a ponte Umberto, e segue ao longo das margens do Tibre onde ele corre, de um verde espumante e escuro, passando pelo castelo de San Angelo. Como qualquer um que tenha passado até mesmo uma única noite em Roma entre o início de maio e o final de junho sabe, a cidade eterna, durante essas semanas, parece presa de uma epidemia de embriaguez sensual. Já preocupado com a aproximação da data de um casamento que passara a parecer desconfortavelmente próximo, eu me sentia mais agitado e feroz a cada segundo que passava. Até mesmo no lado sombrio da extraordinária fonte dos Quatro Rios de Bernini, o meu lugar de descanso favorito em Roma, eu me surpreendia com o meu olhar elevando-se em meio à névoa, muitas vezes, e encontrando os olhares arregalados de *signorinas* exuberantes que pareciam transbordar tanto de seus vestidos de verão como dos braços de seus namorados.

Comecei a cair em mim ao chegar à via della Conciliazione, o largo bulevar, que, entre calçadas elevadas e ruelas baixas, constitui a principal rua do Vaticano, e leva todo aquele que se aproxima a se defrontar com a visão da igreja de São Pedro. Seguindo as instruções recebidas, virei para a esquerda, partindo do largo da catedral, e dei numa rua estreita e sombreada chamada Borgo Santo Spirito. Todo vestígio do meu devaneio voluptuoso se dissipou no momento em que entrei no elevador do tamanho de um caixão, revestido de aço inoxidável, e torturantemente lento, que me levou, subindo literalmente palmo a palmo, ao andar em que eu encontraria a sala do padre Peter Gumpel.

Os pisos de mármore anti-sépticos, a iluminação parca, o ar pesado de silêncio em que meus passos ecoavam como chicotadas, tudo dava ao interior do prédio um ar institucional opressivo. Podia se sentir que havia experimentos perturbadores de natureza secreta sendo executados por trás do vidro opaco das portas que se enfileiravam num corredor extenso mas vazio. Entretanto, quando entrei na sala do padre Gumpel, o encontrei sentado a uma mesa magnífica entalhada à mão, defronte de uma janela alta que fora aberta para revelar um jardim primoroso que ninguém, ao andar pela rua, poderia ter imaginado existir: o panorama era uma homenagem viva à possibilidade de perfeição em que se viam ciprestes esculpidos ladeados por arbustos em flor tão perfeitamente podados que pareciam ter sido cortados, não por podões de jardinagem, mas por tesouras de barbeiro. Era uma experiência que eu teria muitas vezes no Vaticano, essa caminhada solitária por um corredor proibido que acabava levando a uma janela aberta plena de beleza secreta.

De cabelos brancos e batina preta, o padre Gumpel era um homem alinhado, de feições atraentes. Ele não parecia ter 71 anos, uma idade que um ano antes o obrigara a se aposentar (pela lei italiana) após mais de três décadas como professor de teologia na Universidade Gregoriana. Seu colaborador, padre Molinari, era o entusiasta, segundo me disseram, um homem suave e efusivo, de grande charme pessoal. Mas Molinari estava fora do país, em férias sabáticas, e eu tive a sorte de ter partilhado esse tempo com Gumpel, um homem erudito de linguagem precisa, considerado um dos mais importantes intelectuais do Vaticano.

O velho padre mal me olhou durante uma fala que durou mais de duas horas. O olhar de Gumpel, mesmo quando ele se virou para a janela aberta, era abstrato, como se a tarefa a que ele se propusera — explicar a um escritor não-católico como a Igreja tentava estabelecer a intervenção divina por meios científicos — o absorvesse inteiramente. Que os processos de comprovar milagres e designar santos estivessem indissoluvelmente ligados ao Vaticano, padre Gumpel tinha certeza de que eu sabia. Entretanto, isso era algo em que eu jamais tinha pensado. Ele não pareceu se importar com a minha ignorância; pelo contrário, ele me pareceu gostar de começar do início. Sem ter morrido como mártir, explicou-me o padre, nenhuma pessoa podia ser canonizada, a não ser que pelo menos dois milagres atribuídos à "candidata" ou ao "candidato" tivessem sido demonstrados e aprovados pelos consultores científicos do Vaticano. O que ele e Paulo Molinari e cada um dos postuladores designados para uma "causa" específica precisavam demonstrar, como explicou Gumpel inicialmente, parecia implausível. Em resumo, eles precisavam provar que as orações que pediam exclusivamente a "intercessão" de uma pessoa morta, supostamente no céu — mas ainda não canonizada como santa —, resultaram numa graça que não poderia ser explicada de outro modo a não ser como "uma extraordinária intervenção de Deus".

Por mais despropositado que fosse, eu descobriria que o processo investigativo do Vaticano é bastante rigoroso. As intervenções em questão eram quase sempre de ordem médica (houve apenas uma exceção neste século), disse Gumpel, e por isso quase todos os sessenta e tantos consultores da Sagrada Congregação eram ou professores da escola de medicina ou diretores de uma clínica de universidade. O conselho médico da Congregação só levava em consideração doenças orgânicas ou danos físicos; qualquer mal de natureza psicossomática — choques e traumas, paralisia ou cegueira — era imediatamente excluído. Para que um caso fosse simplesmente enviado a Roma, era preciso que a diocese onde alguma cura supostamente milagrosa ocorrera levasse adiante a sua própria investigação. O que incluía conseguir o testemunho não só do paciente como de todo médico, enfermeiro e técnico ligado ao caso. Era preciso que muitas testemunhas atestassem que nem o paciente nem seus entes queridos tivessem, durante a oração, invocado qualquer outro além do candidato em questão (o que eliminava pedidos de ajuda a Jesus e a Maria). Se todas essas exigências fossem cumpridas, então pelo menos dois médicos tinham de examinar o paciente e apresentar as declarações, sob juramento, de que todos os traços da doença tinham desaparecido e que não havia recaída possível. Apenas a partir daí o Vaticano poderia examinar o caso. Mesmo assim, 90 a 95% das curas ditas milagrosas que chegavam a Roma eram desqualificadas durante uma investigação preliminar, "embora muitas sejam bastante extraordinárias", assegurou-me o padre. Dos poucos casos cujo exame pela Sagrada Congregação parecia (a Gumpel ou Molinari) valer a pena, um terço não ia adiante por "documentação insuficiente" ou "situação pouco clara". Os casos que sobreviviam a tudo isso iam então para o conselho médico, que aprovava menos da metade. A essa altura, um conselho de nove teólogos assumia o encargo de estabelecer "a relação entre causa e efeito", como disse Gumpel, e, se dois terços concordavam, o processo ia para um tribunal superior de bispos e cardeais, onde também precisava ser aprovado por uma maioria de dois terços. Dali o caso prosseguiria até chegar ao papa, que poderia, se assim o decidisse, decretar a ocorrência de uma intervenção de Deus.

Era diante do conselho médico, porém, que os milagres eram realmente testados. Os membros da *Consulta Medica* incluem alguns dos médicos mais respeitados da Europa. Para um médico católico, um convite para fazer parte da Consulta é a mais alta das honrarias. Entretanto, muito poucos de seus colegas de profissão tomam conhecimento dessa indicação. "Eles têm medo de que possam ser considerados fanáticos ou intolerantes", observou o padre Gumpel. O presidente da Consulta, Dr. Raffaello Cortesini, chefe da cirurgia da Escola de Medicina da Universidade de Roma, encontrava-se entre o seleto grupo de médicos do mundo que têm permissão para realizar transplantes de coração e era um homem de *status* quase legendário em seu campo. Todavia, até ele evitava a divulgação de sua posição no Vaticano. "Há muito ceticismo quanto a milagres", explicara o Dr. Cortesini alguns anos antes ao editor de religião da *Newsweek*, Kenneth Woodward (uma entrevista de que, conforme me disseram, o médico se arrependeu). "Eu próprio, caso não participasse dessas consultas, jamais teria acreditado no que lia. É difícil compreender o quanto esses casos são fantásticos, inacreditáveis, e bem documentados. São mais inacreditáveis do que os romances históricos. A ficção científica, se comparada a eles, não é nada."

Dentre as ironias intimamente relacionadas ao trabalho de Peter Gumpel como postulador havia a seguinte: quanto mais fantástica uma cura fosse, mais fácil seria prová-la como exemplo da intervenção divina.

Um dos casos prediletos do padre Gumpel — porque realmente ninguém que tivesse conhecimento dos fatos contestaria a afirmação de que o ocorrido era algo cientificamente inexplicável — dizia respeito a uma vítima de queimaduras na Espanha, uma mulher cujo corpo estava inteiramente coberto de queimaduras de terceiro grau "da pior espécie possível", como disse Gumpel, que vira as fotografias. "A pessoa era, fundamentalmente, um pedaço de carne viva", relatou o padre. No hospital para onde ela foi levada para morrer, os médicos que a atenderam disseram aos seus parentes que a única coisa que poderiam fazer era aliviar a dor da mulher até sua luta inútil pela vida chegar ao fim. Entretanto, um desses parentes pôs a imagem de um santo, junto com uma relíquia, nas ataduras da moribunda. "De um dia para o outro as queimaduras sararam completamente, sem deixar cicatrizes", continuou Gumpel, acrescentando: "Simplesmente pelo que sabemos sobre a multiplicação de células podemos dizer que o ocorrido ultrapassa a lei natural. E nesse caso a pele não só não tinha cicatrizes como parecia a de um bebê recém-nascido." O padre gostou, eu pude ver, de contar que diversos médicos do hospital tinham voltado à prática religiosa depois de determinar esses fatos.

É claro que nunca se pedia aos médicos que usassem a palavra "milagrosa" ao descrever uma cura, observou Gumpel; caberia a eles decidir apenas se uma cura seria considerada "inexplicável". Se os mais requintados talentos médicos não esclareciam uma cura, então, seria possível se pensar, à revelia, na ocorrência de um milagre. Esse critério simplificava bastante a solução de alguns casos, como o mais antigo padre americano na congregação, monsenhor Robert Sarno, iria me explicar alguns dias depois. Sarno, que muitas vezes consultava seu irmão, um médico de Nova York, tinha recém-trabalhado na investigação preliminar de um caso em que um médico morreu — "seu coração ficou parado quase duas horas e meia" — e, depois de preces intercedendo por ele, ressuscitou, sem nenhum dano cerebral nem qualquer outra seqüela. Os médicos que o atenderam, alguns dos quais eram colegas desse paciente, concordaram unanimemente em que o que acontecera era inexplicável.

"Alguns se queixam de que é muito difícil provar que uma cura ocorrida num país pobre é milagrosa, por causa da falta de dados médicos", Sarno me diria. "Mas, na realidade, pode ser bem mais fácil. Digamos que haja um homem que esteja com uma úlcera sangrando no mato, onde não há hospital, nem médico, nem equipamento adequado, e, no entanto, ele se recupera completamente. Não há outra maneira de explicar, a não ser pela intervenção divina."

Entre os casos que eram realmente difíceis — e caros — de serem acompanhados até sua conclusão, segundo Peter Gumpel, estavam os de pacientes com câncer de países ricos do Ocidente. O caso mais prolongado que ele conhecia, disse o padre Gumpel, era o de uma jovem mãe da Austrália cuja leucemia estava tão avançada que não lhe tinham dado mais de três semanas de vida. Depois que a família inteira intercedeu por ela, rezando, a mulher se recuperou completamente em alguns dias. O médico que cuidava do caso se negou a acreditar que o câncer tivesse se aplacado, e insistiu na necessidade de mantê-la sob observação. Passaram-se 15 anos até os médicos concordarem em que a cura havia sido não só completa como cientificamente inexplicável. "Ela era avó àquela altura", disse o padre.

Uma vez que o clima intelectual do século XX tornou tão difícil e caro provar a intervenção divina, os chefes eclesiásticos foram aconselhados a reduzir pela metade o número de milagres necessário para a beatificação, de quatro para dois. "Há até mesmo uma pressão na congregação para que a exigência, em todos os casos, de um milagre inteiramente comprovado antes de se iniciar o processo de beatificação seja suspensa", observou Gumpel (sem me dizer que ele e o padre Molinari estavam à frente dessa "pressão").

Monsenhor Sarno, porém, insistiu em dizer que a Igreja não deixaria, de modo algum, de submeter os milagres à investigação científica. Nascido no Brooklyn e criado no Bronx, de fala rápida e precisa e jeito dinâmico, Sarno não escondia seu desprezo pela "abordagem ingênua". Mesmo os que sabiam do seu desdém reconheciam que o monsenhor compreendia tão bem quanto qualquer outro do Vaticano o processo por meio do qual a Igreja atestava os milagres e canonizava os santos; esse tinha sido o tema de sua dissertação de doutorado e o ponto central de seu trabalho como padre.

Os milagres, além dos que o próprio Jesus realizou, pouca importância tiveram durante os primeiros três séculos do cristianismo, explicou Sarno. Desde a ocasião em que o "protomártir" Estêvão foi morto a pedradas, em 36 d.C., até a conversão do imperador Constantino ao cristianismo, que deu fim à perseguição romana, no início do século IV, santos e mártires se equivaliam. A esses "mártires vermelhos" ainda se concedia o lugar de honra na Igreja. Depois que Constantino assinou o edito de Milão, em 313 d.C., o número dos crucificados, apedrejados, estripados ou devorados pelas feras caiu consideravelmente. Conseqüentemente, surgiu o "martírio branco". Os primeiros mártires brancos foram os anacoretas, monges eremitas ascéticos que se retiravam para as regiões mais agrestes e remotas da Síria e do Egito, e lá renunciavam à comida, ao abrigo, às roupas e, evidentemente, ao sexo.

Com o tempo, alguns missionários destemidos e chefes religiosos fervorosos também se tornaram santos, e, durante a Idade Média, os fundadores de ordens religiosas também foram canonizados. Desde 1588, quando foi criada a instituição hoje chamada de Congregação para as Causas dos Santos, o processo fora sistematizado nos mínimos detalhes. Primeiro, os promotores de uma causa designavam um postulador que, por sua vez, escrevia uma tese, ou *positio*. Esta era encaminhada a consultores históricos para que verificassem se o trabalho tinha sido feito com rigor; depois, a *positio* era estudada por consultores teólogos, que avaliavam o candidato por suas "virtudes heróicas". Se fosse aprovada nessas etapas, a causa era encaminhada aos cardeais, que então a enviavam — com sua recomendação — para o papa. E se o papa confirmasse a adequação de todo o processo, ele declarava a pessoa "venerável". Tudo o que restava para que o venerável fosse beatificado, e se tornasse "beato", era a comprovação de um milagre. A beatificação permitia a devoção a um indivíduo, mas apenas a canonização obrigava toda a Igreja a conceder "honras universais" a alguém. E a diferença entre a beatificação e a canonização era apenas mais um milagre.

A maioria dos superiores da Igreja, observou monsenhor Sarno, achava que, numa época em que as pessoas educadas acreditavam mais na ciência do que na religião, seria um grande erro interromper um processo que muitas vezes demonstrara à mente racional que até a lei natural se subordinava à fé. Era essa obrigação de tranqüilizar o ceticismo e persuadir a irreverência que, aparentemente, fazia com que tantos que pertenciam à Igreja moderna relutassem em postular, e muito mais validar, intervenções miraculosas que não se prestassem prontamente à comprovação científica.

Até mesmo Peter Gumpel parecia pouco à vontade ao relatar um milagre que não era de ordem médica e que a Igreja reconhecera durante o século XX, uma "multiplicação de alimentos", como disse o padre, que ocorrera ao anoitecer de 25 de janeiro de 1949, numa aldeia espanhola chamada Ribera del Fresno. Mais de 350 anos antes, nessa aldeia nascera Juan Macias, um dominicano venerado por sua santidade, que morreu no Peru no ano de 1645 e foi beatificado pela Igreja em 1837. Os fatos por fim aceitos como exemplo da intervenção divina tinham ocorrido num refeitório paroquial de Ribera del Fresno, onde toda noite as crianças de um orfanato próximo jantavam e em cuja entrada se distribuíam alimentos a famílias pobres da aldeia. Na noite em questão, porém, a cozinheira do refeitório viu que o arroz e a carne que havia não seriam suficientes (pouco mais de 1,5 quilo de um e de outro) para alimentar os 59 órfãos, e que nada sobraria para os pobres. A cozinheira ajoelhou-se para pedir ajuda ao "beato" — Juan Macias — e em seguida foi preparar a refeição da noite. Poucos minutos depois, ela percebeu que o arroz que fervia estava transbordando da panela onde estava sendo feito; com uma concha, ela encheu mais uma panela de arroz, e depois uma terceira. A mulher passou mais quatro horas junto ao fogão, enquanto o arroz continuava transbordando. Tanto o pároco como sua mãe foram chamados para testemunhar o que estava acontecendo. Ao todo, 24 pessoas juraram ter visto esse milagre. Os que estavam presentes disseram que o arroz, embora tendo ficado horas no fogo, continuou solto e saboroso até a última colherada. O pároco e a cozinheira guardaram um pouco do arroz que, 25 anos depois, foi examinado por cientistas que trabalhavam para a congregação. Esta, em 1975, aprovou o milagre que resultou na canonização de Juan Macias, que passou a ser santo.

Paulo Molinari, conforme me disseram, estava mais disposto a aceitar milagres que não envolviam aspectos médicos do que outros membros da congregação. Uma notável situação de perigo iminente ocorreu durante a apresentação diante da congregação de um ataque fracassado, na Segunda Guerra Mundial, de bombardeiros aliados a uma cidade chamada Kaufbeuren, na Alemanha. A meta era arrasar algumas pequenas cidades ao sul de Augsburg, onde havia instalações militares (incluindo uma fábrica de dinamite). Naquele dia não havia nuvens no céu; as pessoas em terra não só podiam ouvir, mas também ver a formação dos B-52 nos ares. Alguns civis ajoelharam-se para rezar, invocando a Beata Crescentia (Maria Crescentia Hoss), a antiga madre superiora reputada mística cujo corpo estava guardado numa caixa de vidro sob o altar da igreja conventual. Eles literalmente podiam ver as bombas nas barrigas dos B-52, disseram os que estavam em terra, mas as bombas nunca caíram — pelo menos não em Kaufbeuren. O testemunho desses cidadãos ficou quase quarenta anos guardado nos arquivos do Vaticano, até 1983, quando foram abertos os arquivos militares tanto dos Estados Unidos como da Alemanha Ocidental, e a documentação necessária tornou-se então disponível. O postulador designado para a causa não só reuniu todos os dados existentes, como entrevistou todos os pilotos americanos sobreviventes; além disso, encaminhou sua investigação para o Ministério da Defesa alemão, que, entre outras coisas, procurou saber dos meteorologistas se seria possível os pilotos terem sido enganados por uma miragem, e, dos engenheiros militares, se os giroscópios dos B-52 poderiam ter tido problemas de funcionamento. Por fim, as autoridades em Roma decidiram que o bombardeio aéreo fracassado havia resultado de causas naturais, e, conseqüentemente, não foi possível provar a existência de milagre nenhum.

Um alegado milagre em que estava envolvido um alpinista que sobrevivera a uma queda que tinha sido fatal para todos os seus companheiros vinha sendo examinado havia mais de um ano, mas poucos em Roma acreditavam que a causa poderia ser ganha. Esses mesmos padres se mostravam até menos otimistas com relação ao esforço feito por certos postuladores para aprovar os então chamados "milagres de ordem moral". O caso usado como argumento era o de Matt Talbot (1856-1925), um operário das docas de Dublin que se tornou alcoólatra na adolescência, mas venceu o vício aos vinte e tantos anos, e acabou se tornando uma espécie de padre-operário leigo, alguém cujos atos de oração e jejum inspiraram e ajudaram a moderar seus companheiros estivadores. Tendo levado uma vida obscura, Talbot inspirou o cultivo da devoção após sua morte, primeiro na Irlanda e por fim nos Estados Unidos, onde há hoje diversas associações Matt Talbot que dão apoio a alcoólatras em recuperação.

Em 1975, o papa Paulo VI declarou a "virtude heróica" de Talbot, e o papa João Paulo II não fez segredo do seu desejo de ver o irlandês beatificado como um santo operário. Mais de mil testemunhos de homens que juraram ter se livrado do vício da bebida por intercessão de Talbot foram reunidos e mandados a Roma. Entretanto, a Congregação para as Causas dos Santos negou-se a aceitar o alcoolismo como uma doença que pudesse resultar numa cura milagrosa. A Consulta Médica e, em especial, o Dr. Cortesini foram inflexíveis quanto a este ponto: somente a cura de um "mal físico" poderia ser validada tomando como base os princípios científicos.

Nem mesmo as causas que alegavam milagres de ordem moral, eu viria a saber, perturbavam tanto a paz sonolenta que ocupa o palácio das Congregações do Vaticano quanto os prodígios realizados por aqueles que por séculos alimentaram a fé dos humildes e frustraram o domínio dos exaltados, ou seja, os profetas da Igreja e seus místicos.

Nenhum outro católico que tenha vivido neste século desperta tanta paixão, tanto mal-estar, tanta controvérsia como aquele chamado Francesco Forgione, ao nascer, mas mais conhecido como padre Pio. Durante as primeiras entrevistas que fiz no Vaticano, eu disfarcei, envergonhado, a minha completa ignorância a respeito desse homem, que, antes de sua morte, em 1968, tinha sido o mais renomado "santo vivo" dos últimos séculos. Depois de algumas leituras, comecei a usar o nome dele como provocação, assombrando-me com os profundos suspiros que qualquer menção desse frade capuchinho de uma pequena aldeia do sul da Itália provocava naqueles que consideravam ser sua tarefa distinguir o que era milagroso do simplesmente mistificador.

No decorrer dos últimos cinqüenta anos de vida, padre Pio foi um estigmatizado, um homem que levava nas mãos e nos pés as chagas do

Cristo crucificado. O sangramento, quase contínuo, foi testemunhado por milhares de pessoas. Desde a adolescência, o frade, conforme relatou, conversava com Jesus Cristo, a Virgem Maria e o seu anjo da guarda. O homem santo também contou das muitas noites em que participou de violentas batalhas com Satanás, conflitos dos quais saía ensangüentado e machucado. Após sua morte, os capuchinhos afirmaram que o padre Pio fora o instrumento de milhares de curas milagrosas durante sua vida, sendo a mais conhecida a recuperação completa do globo ocular de um trabalhador gravemente ferido.

Ele foi ainda mais amado pelos fiéis como confessor. O padre Pio, diziam os que se aproximavam dele, lia o coração e via a alma; bastava ele olhar nos olhos de uma pessoa para saber dos pecados dela. Nos últimos anos que antecederam sua morte, as filas do lado de fora de seu confessionário eram tão grandes que os capuchinhos distribuíam senhas. Quando os doentes e penitentes não podiam ir até ele, diziam que o padre Pio ia até eles — sem sair de seu quarto. Há um espantoso conjunto de provas que fundamenta a alegação dos capuchinhos de que o padre Pio podia estar em dois lugares ao mesmo tempo.

E ele também era profeta. Sua mais famosa predição foi feita em 1947, quando ele recebeu a visita de um jovem padre polonês chamado Karol Wojtyla. "Um dia", disse ele a Wojtyla, "você será papa." Consta dos arquivos que, em 1962, como arcebispo de Cracóvia, Karol Wojtyla escreveu ao padre Pio pedindo orações por uma mulher que havia sobrevivido a um campo de concentração nazista, mas que estava então morrendo de câncer. Menos de uma semana depois, o arcebispo Wojtyla mandou uma segunda carta ao padre Pio, contando que a mulher fora curada. Em 1972, o arcebispo apoiou publicamente os que promoviam a santificação de padre Pio, e, em 1987, exatamente quarenta anos depois de seu primeiro encontro com o venerável capuchinho, o padre polonês, então conhecido como papa João Paulo II, celebrou a missa no túmulo do frade, em San Giovanni Rotondo.

A maioria dos que promoviam a sua causa acreditava que a consagração do padre Pio como santo não demoraria. Entretanto, mais de 25 anos depois de sua morte, a canonização do frade ainda não ocorreu.

Apesar de inúmeros médicos terem declarado solenemente que as feridas do frade não eram auto-infligidas, "não podemos levar em conta os estigmas do padre Pio", informou-me Peter Gumpel, bruscamente. As visões do frade venerável, suas profecias, suas curas com imposição de mãos e seu poder espiritual como confessor também não significavam nada, pelo menos quanto à santidade: "Só nos interessa saber se é possível demonstrar que após a morte do frade as pessoas invocaram o nome dele e foram curadas, de modo absolutamente inexplicável, de algum mal físico."

Essa declaração do padre Gumpel viria a se ramificar continuamente no decorrer dos três anos seguintes, e freqüentemente me fazia lembrar que aquilo que importava ao coração (da Igreja, neste caso) poderia não significar nada para a cabeça, e vice-versa. Ao se defrontar com a manifestação de fenômenos como os do caso do padre Pio, os intelectuais, tanto de dentro como de fora da Igreja, inevitavelmente recorriam à parapsicologia. Embora, à primeira vista, as teorias dos especialistas parecessem tranqüilizadoras, fiquei surpreso com sua inconsistência quando examinadas de perto, pela falta de evidências empíricas que constituem a base de toda boa ciência. A atitude predominante no Vaticano em relação ao que se conhecia como "causas místicas" parecia ser exatamente o oposto da posição diante das curas milagrosas: o que não pode ser explicado, muitos padres pareciam estar dizendo, deve ser ignorado. Entretanto, eu concordava, cada vez mais cônscio de que nada neste mundo tem sido mais bem escondido de nós do que aquilo, seja lá o que for, que separa a santidade da histeria.

Por volta do quinto dia da minha própria versão de férias romanas, passei uma tarde inteira na igreja de Santa Maria in Cosmedin, onde as pessoas fazem fila para enfiar a mão direita na Bocca della Verita e responder a maridos, esposas e amantes, instigadas pela lenda de que a Boca da Verdade irá se fechar sobre a mão daquele que mentir. Até mesmo no final do século XX, é possível ver expressões de alívio e sorrisos de satisfação no rosto dos que se afastam dali, permitindo que o próximo casal, nervoso e entre risadinhas, se aproxime. Sentei-me num banco próximo, lendo uma compacta biografia intitulada *Breve História de uma Vítima*, publicada em diversas línguas por um certo Comitê em Prol de

Teresa Musco. Teresa, que passou toda a sua vida numa pequena cidade ao norte de Nápoles, conta das visões de Jesus, Maria e seu anjo da guarda que teve aos cinco anos de idade. Aos nove, ela se tornou uma estigmatizada, depois de um sonho em que se via pregada numa cruz. Os que a conheciam bem diziam que Teresa podia ver a alma humana numa única olhada, e que lhe foi atribuída a cura milagrosa de uma pessoa que estava morrendo de leucemia.

Teresa, porém, passou sua própria vida breve com dores quase constantes, suportando uma espantosa quantidade de males. Segundo seu diário, Teresa, aos seis anos, atou uma veste na cintura como sinal de penitência e prometeu dedicar sua vida a sofrer em reparação aos pecados dos outros. Por fim, ela pediu que lhe fosse permitido sentir a dor que Cristo sentira na cruz. Ela também lutou contra um pai brutal que a molestava e uma mãe que acabou expulsando-a de casa. Baixa, gorducha e feia, Teresa, aos 13 anos, contou que, ao ter uma visão, recebeu a ordem de consagrar sua virgindade. E ela a consagrou, numa cerimônia em que usou um vestido de noiva branco.

Teresa só passou a chamar a atenção dos de fora de sua pequena cidade em 1969, quando ela estava com 26 anos, e seus estigmas começaram a sangrar regularmente. Durante o mês de fevereiro de 1975, quando as estátuas e imagens de santos em sua casa começaram a verter sangue sempre que Teresa chorava pelo sofrimento de Jesus e pela dor de Maria, ela se tornou uma figura nacional na Itália. Muitas testemunhas, entre elas alguns padres, incluindo o bispo de Caserta, presenciaram esses fenômenos. Teresa faleceu em 1976, aos 33 anos, sofrendo de tantas doenças e sintomas não diagnosticados que não foi possível determinar nenhuma *causa mortis*. Mais de 2 mil pessoas compareceram ao seu enterro.

Os padres que encabeçaram o comitê que visava promover a canonização de Teresa Musco reuniram uma enorme quantidade de provas, oferecidas por dezenas de testemunhas. Um dos que endossavam a causa era o muito venerado cardeal de Gênova, José Siri, que descreveu o caso de Teresa Musco como o mais bem documentado dentre quaisquer outros de natureza semelhante: "Fatos são fatos", escreveu Siri, "e não há zombaria ou desprezo que possa desfazê-los." Desfazê-los, talvez não, mas afastá-los, certamente. Embora a causa tivesse um postulador, os membros do tribunal do Vaticano consideravam Teresa Musco mais uma curiosidade do que uma séria candidata à santidade. As evidências de um mundo além do visível que a vida de Teresa propiciava ou foram descartadas, por desnecessárias, ou então menosprezadas, por mórbidas e "masoquistas". Alguns, entretanto, levantaram até possibilidades mais terríveis.

Enquanto a abordagem racional em relação aos pretensos fenômenos sobrenaturais pressupõe que eles sejam fraudes ou alguma forma de histeria ainda mal compreendida, a religião propõe uma terceira opção: a possessão demoníaca. O exemplo mais famoso de uma experiência religiosa simulada nos anais do catolicismo talvez seja o da freira franciscana Magdalena da Cruz, no século XVI. Magdalena viveu na Espanha no mesmo período em que a mais importante visionária da história da Igreja, Teresa d'Ávila, mas, naquela época, ela era não só mais conhecida como extremamente considerada. Os estigmas de Magdalena e suas levitações públicas (numerosas testemunhas oculares contaram tê-la visto flutuar acima do chão), assim como seus êxtases dramáticos e profecias, causavam enorme sensação. Havia uma verdadeira corte de bispos e nobres ilustres em torno dela, no mosteiro para o qual fora designada abadessa. Todo teólogo espanhol importante daquele tempo ia ao mosteiro com a finalidade de investigar a suposta visionária, e todos concluíam que ela era uma mística genuína de enorme importância. Até as freiras que viviam sob suas ordens acreditavam que a santa mulher vivera anos sem ingerir nem um pedaço de alimento sólido sequer.

Só na velhice, perto da morte, a freira admitiu que tudo não passara de uma fraude diabólica. Ela se infligia os estigmas, confessou Magdalena, e o seu jejum de décadas era uma farsa bem elaborada. Suas levitações, assim como sua capacidade de predizer o futuro, eram verdadeiras, relatou a freira, mas esses poderes, longe de serem fruto da inspiração divina, tinham sido concedidos a ela por Satanás em troca de sua alma. Em seu leito de morte, Magdalena foi exorcizada. Nos trezentos anos que se seguiram, ela serviria de símbolo do poder do mal e de advertência à credulidade.

Quase dois séculos depois da morte de Magdalena, o papa Bento XIV escreveu o mais completo e longo ensaio visando estabelecer padrões para julgar os processos dos místicos. Visões, êxtases e especialmente manifestações do sobrenatural, advertiu Bento aos chefes da Igreja no século XVIII, podiam provir não só de Deus como de Satanás. Bento deu conselhos práticos para se distinguir entre a revelação divina e as reações de uma mente doentia ou da esperteza diabólica. Devia-se suspeitar de doença mental, escreveu Bento, se o êxtase viesse acompanhado "de cansaço, fraqueza nos membros, obscurecimento da mente e da compreensão, esquecimento de fatos passados, palidez no rosto e tristeza no espírito". O tratado sugeria que havia envolvimento do Diabo quando os êxtases resultavam em movimentos "indecentes" ou "grandes contorções do corpo", enquanto o êxtase divino ocorria "quando o indivíduo se mostra inteiramente tranqüilo, tanto externa quanto internamente". E, quando a pessoa em êxtase "volta a si", observou Bento, ela parece humilde, alegre e segura, e não demonstra prazer algum diante da atenção dos curiosos.

Ao descrever as recomendações para se separar a "fé humana" da "fé sobrenatural", Bento recorreu em grande parte ao seu próprio trabalho para a então chamada Sagrada Congregação dos Ritos. Seu título na congregação era o de "promotor da fé" — ou "advogado do Diabo", como o cargo passou a ser mais popularmente conhecido. Basicamente, cabia ao "advogado do Diabo" (antes que o cargo fosse eliminado, em 1983, pelo papa João Paulo II) apresentar os argumentos contrários à causa de um candidato à santidade. Para Bento, a mais memorável das causas a que se opôs foi a do "frade voador", José de Cupertino. Alegava-se que José levitara mais de uma centena de vezes. Obviamente, apenas a prova apresentada por uma "testemunha ocular excepcional", argumentou Bento diante da congregação, poderia validar essa afirmação. As alegações de "elevações freqüentes" e "grandes vôos", apresentadas em defesa de José de Cupertino, constituíam aquele raro exemplo, concederia Bento, de relatos de feitos milagrosos que se apoiavam em depoimentos fidedignos de pessoas confiáveis.

O testemunho que mais impressionara Bento foi o do embaixador espanhol junto ao Vaticano. O embaixador, sua esposa e sua comitiva pediram para conhecer José na igreja próxima da cela do frade, em Assis. De início, José se negou a encontrá-los, e só cedeu ao receber ordens de seu superior. Assim que entrou na igreja, segundo os presentes, o frade fixou o olhar por um momento na estátua de Maria Imaculada que ficava perto do altar, e depois levitou, erguendo-se uns 12 palmos acima das pessoas e pousando aos pés da imagem. Após rezar em silêncio, José deixou escapar o seu "grito agudo" costumeiro, conforme os testemunhos, e de novo levitou, passando sobre as cabeças dos presentes, depois voltando para sua cela sem pronunciar palavra alguma.

"O extasiado e apaixonado servo de Deus" foi como Bento chamou José de Cupertino, ao presidir, como papa, à canonização do frade voador, um acontecimento que, mesmo há mais de duzentos anos, representou um dos raros momentos em que a Igreja acolheu um de seus místicos sem reservas.

Se "é melhor acreditar do que não acreditar" nas revelações dos místicos, conforme aconselhava o papa Urbano VII, é uma questão que se torna cada vez mais espinhosa para a Igreja a cada década que passa, principalmente entre os teólogos determinados a se adequar à revolução científica.

CAPÍTULO 3

Antes de chegar a Roma, eu acreditava que havia três explicações possíveis para os êxtases dos visionários religiosos: eles eram truques, manifestações de histeria ou a expressão da verdade. Uma semana passada no Vaticano me persuadira de que havia pelo menos mais duas hipóteses a considerar. Uma, a possessão demoníaca, algo que para mim era ainda mais difícil de imaginar do que as aparições da Virgem Maria. A outra possibilidade era talvez um corolário da expressão da verdade: uma interpretação de experiências envolvendo alguma função misteriosa do inconsciente que seria o meio — ao mesmo tempo simbólico e real — para que o ser humano obtivesse a experiência direta do divino. Eu sabia que Carl Jung tinha sugerido algo semelhante, e eu estava recolhendo indícios dessa teoria de alguns dos padres mais intelectuais do Vaticano. Contudo, toda versão dessa explicação ouvida ou lida por mim servia mais para banalizá-la do que para esclarecê-la.

Não se podia deixar de levar em conta o caso de Alexandrina da Costa. Nenhuma causa mística levada ao Vaticano tinha em seus componentes mais matéria-prima para interpretação psicológica, ou em sua totalidade estava tão além da mera análise. Como Teresa Musco, Alexandrina passara a maior parte da vida na cama. Nascida e criada numa aldeia litorânea que ficava a uns 50 quilômetros do Porto, em Portugal, a jovem saiu da escola depois de dois anos em sala de aula, para trabalhar na fazenda de um vizinho. Quando adolescente, ela pulou de uma janela de um segundo andar para fugir do assédio sexual de seu patrão, e sofreu uma fratura nas costas. Pouco antes de seu vigésimo aniversário a paralisia tomou conta do corpo de Alexandrina e ela permaneceu imóvel por 27 anos — com exceção dos momentos de êxtase religioso.

Seu primeiro êxtase espiritual, em 1931, foi uma aparição de Jesus, momento em que ele, conforme relatou Alexandrina, pediu que ela dedicasse o resto da vida a amar, sofrer pelos pecados do mundo e "repará-los", particularmente os pecados contra o pudor, em especial os cometidos por padres. Durante os dez anos que se seguiram, ela contou ter sido atormentada por Satanás quase diariamente. O demônio lhe aparecia como cão, serpente ou macaco, disse Alexandrina, e a instigava a blasfemar e a realizar diversos atos pervertidos de natureza sexual. Testemunhas disseram que durante esses episódios a jovem parecia possuída, e gritava obscenidades.

Em 1934, aos trinta anos, Alexandrina relatou uma visão em que Jesus lhe pedira que ela O ajudasse a redimir a humanidade partilhando com Ele o sofrimento da crucificação. Ela não se tornou uma estigmatizada, mas quatro anos depois começaram os seus "êxtases da Paixão". Estes ocorriam todas as sextas-feiras ao meio-dia e duravam três horas e meia. Segundo relatos de testemunhas oculares, em geral médicos e padres, o corpo de Alexandrina se erguia — como se ela levitasse — e depois caía no chão. Ao chegar ao chão, ela recuperava os movimentos em seus braços e pernas (que permaneciam inertes o resto do tempo), e então começava a se levantar e se contorcer. De joelhos, Alexandrina percorreria as estações da via-sacra, falando o que Jesus falara, segundo os relatos do Evangelho, sobre Sua tortura e morte. Quando a via-crúcis terminava, Alexandrina caía num estado de semiconsciência, e de novo seus membros se imobilizavam.

Essa situação ocorreu quase duzentas vezes, num período de cinco anos.

Histórias sobre os êxtases de Alexandrina logo atraíram à aldeia peregrinos de todo o Portugal, e depois da Espanha, e afinal de toda parte da Europa. Fosse lá a crença que tivessem, todos os que a conheciam eram unânimes em dizer que a jovem mulher não estava em busca de atenção. Alexandrina detestava ser posta em evidência, mas era o que ocorria; os clérigos selecionavam os que iriam assistir ao êxtase de toda sexta-feira, e, numa ocasião, chegaram a permitir que câmeras a filmassem.

O último êxtase da Paixão foi vivido por Alexandrina na sexta-feira santa de 1942. Ela nunca mais saiu da cama, e daquele dia em diante recusou-se a ingerir qualquer alimento ou bebida, a não ser a Eucaristia. Em junho de 1943, Alexandrina foi transportada a um hospital da cidade do Porto, onde uma equipe de médicos e enfermeiras a manteve dia e noite sob observação, por seis semanas. A equipe médica tentou persuadi-la a se alimentar. Todavia, Alexandrina recusou não só o alimento como os remédios. O chefe da equipe, especialista em doenças nervosas e membro da Real Academia de Medicina de Madri, atestou que a capacidade de Alexandrina de viver sem comida ou água por quarenta dias era "cientificamente inexplicável". Além disso, dois outros médicos afirmaram que o peso, a temperatura, a respiração, a pressão arterial e o pulso da mulher não sofreram modificação no decorrer daquele período, e disseram que ela estava perfeitamente lúcida e demonstrava excelente disposição. "As leis da fisiologia e da bioquímica não dão conta de explicar a sobrevivência dessa mulher", escreveram os dois médicos, que então concluíram: "Os êxtases de Alexandrina pertencem à ordem dos fenômenos místicos."

Alexandrina viveu mais 12 anos sem se alimentar, e suas visões cresceram de intensidade nesse período. Por fim, ela relatou que não só lhe tinha sido permitido vivenciar a Paixão de Cristo, como a Ressurreição e a Ascensão Dele. Durante os últimos anos de sua vida, cerca de 3 mil peregrinos chegavam à casa de Alexandrina todo dia, pedindo que ela rezasse por eles. Após sua morte, em 1951, a imprensa passou a denominá-la "consoladora dos aflitos". Segundo testemunhas, o corpo de Alexandrina não se decompôs, mas se transformou em cinzas, como ela previra, e essas cinzas, disseram, encheram o ar de perfume — o odor da santidade.

O exame das "virtudes heróicas" de Alexandrina, no processo conduzido pelo Vaticano, havia se baseado menos no testemunho de diversas pessoas do que nas 3.650 páginas dos escritos dela. Dois consultores elaboraram a única *positio* que há sobre Alexandrina da Costa. As preocupações do primeiro consultor relacionavam-se a questões teológicas. Ele se perturbara, conforme disse, com os relatos de Alexandrina sobre conversas com Jesus em que a natureza da "reparação" vivenciada por ela (por meio de sofrimentos) sugeria algo ameaçador, de caráter punitivo. Jesus lhe dissera: "Devo me vingar em você daqueles cujas faltas você deseja reparar", escreveu Alexandrina durante os estágios iniciais de seus êxtases da Paixão. "Ou você sofre, ou eu perco almas." Ao ver que essa necessidade premente de vingança desapareceu dos textos de Alexandrina após 1940, o consultor teológico se tranqüilizou. Uma outra preocupação do primeiro consultor foram as descrições de Alexandrina de suas lutas contra Satanás, particularmente quando ela dizia acreditar que o Demônio fizera dela objeto da luxúria satânica. Embora as vidas dos santos estivessem repletas de batalhas em defesa de sua própria castidade, observou o consultor, ele nunca soubera de nada parecido com o que Alexandrina relatara. Todavia, o fato de Alexandrina não ter desejado essas experiências, escreveu o padre, era, para ele, prova de que a luta da visionária para se manter pura tinha sido "heróica".

O segundo consultor analisava a causa principalmente de uma perspectiva psicológica. Os textos de Alexandrina eram insuficientes para explicar seus êxtases, observou esse consultor. A única coisa que ele poderia afirmar era que Alexandrina fora "subjetivamente sincera" ao manifestar sua crença de que as visões procediam de Deus. Ele não encontrou nenhum sinal de doença mental nas cartas de Alexandrina, nas quais havia muitos exemplos de sagacidade, de bom senso nos assuntos da vida prática, e de uma notável ironia. O segundo consultor admitiu ter se deparado com certos "detalhes desconcertantes" no diário de Alexandrina. As descrições em que ela contava ter recebido consolo através de um "tubo de amor" dourado que a ligava a Jesus, e o relato de uma pomada extraída do próprio coração de Jesus e usada por Ele para massagear o peito dolorido dela, encerravam "conotações um tanto estranhas", salientou o consultor psicológico. Entretanto, apesar dessas apreensões, ele concordou com seu colega em que os escritos de Alexandrina "parecem em geral comprovar uma virtude incomum e um compromisso muitas vezes heróico de fidelidade e de amor a Deus".

Os nomes dos consultores contratados pela Congregação para as Causas dos Santos não são divulgados, mas, em 1988, Kenneth Woodward, da revista *Newsweek*, encontrou o consultor psicológico John Lozano em Chicago. Lozano era um padre espanhol com doutorado em teologia espiritual que, por iniciativa própria, fizera cursos de aperfeiçoamento em psicologia, e tinha certa familiaridade com as teorias freudianas que era bastante rara entre consultores do Vaticano. O padre Lozano não contestou a observação de Woodward de que o "tubo de amor" era uma imagem bastante fálica: "Todos os freudianos estavam vociferando", admitiu ele. "A paralisia de Alexandrina poderia muito bem ser um meio de protegê-la dos homens. E veja as obsessões dela com o Diabo: ora ele lhe aparece como cão, ora como cobra ou macaco; todos, símbolos freudianos." Lozano explicou não ter se aprofundado nesses aspectos em seu relatório, "porque em Roma eles não sabem o que fazer com a psicologia freudiana". Entre psiquiatras que "atribuem tudo ao sexo", disse Lozano, e teólogos que "atribuem tudo a Deus", ele se via isolado.

Em seguida, o padre dava uma declaração a que eu voltaria muitas vezes nos meses seguintes à minha primeira leitura: "O problema é que há muito pouco diálogo entre psicologia e religião."

Ele era um daqueles raros padres que acreditava na possibilidade de explicar as experiências de uma visionária por meio da psicologia, conforme Lozano disse a Woodward. Entretanto, para ele, os êxtases de Alexandrina da Costa não eram conseqüência de psicose ou histeria. Alexandrina havia curado sua obsessão com o Demônio, acreditava o padre, por intermédio da oração: "Psicologicamente, ela era uma pessoa doente que voltou a ficar boa." A Igreja, lembrou Lozano a Woodward, "não propõe como candidatos a santo modelos de uma normalidade perfeita".

Eu aprendi no Vaticano, entre outras coisas, que, embora a ignorância possa parecer uma cópia grosseira da inocência, aquela goza de muitas das vantagens desta, e a principal delas é que as pessoas querem nos ensinar, e que, ao fazê-lo, elas inevitavelmente revelam suas intenções mais profundas. Descobri também, o que é igualmente surpreendente, que eu estava aprendendo tanto com os que me evitavam como com os que me acolhiam. As portas fechadas na minha cara, os telefonemas não respondidos, as alegações de que havia outra pessoa mais habilitada a responder a determinadas perguntas e, principalmente, o sigilo exigido por aqueles que estavam dispostos a abordar, ainda que brevemente, certos tópicos "perigosos" começaram, afinal, a revelar muito não só da natureza como da proporção do conflito existente na Santa Sé.

Após dez dias em Roma, fui aos poucos compreendendo que aquilo que de início me parecera ser mera intriga palaciana — maquinações mesquinhas de carreiristas clericais — era algo muito mais profundo, um embate não só entre ambições mas entre crenças fortemente enraizadas, um conflito que muitos no Vaticano — em especial nos níveis superiores — consideram uma luta apocalíptica pela própria alma da Igreja. Contribuía para aumentar a dramaticidade da situação o fato de que essa luta ia se aproximando de um clímax em que a chegada do novo milênio coincidia com a saúde cada vez mais debilitada de um papa que os dois lados viam como o personagem central.

Tendo chegado a Roma como alguém para quem o papa João Paulo II era menos uma personalidade do que uma figura decorativa, poucos dias depois eu estava inteiramente fascinado por ele. Esse papa provocava, até mesmo em seus críticos, uma consideração pessoal — não necessariamente respeito, mas um reconhecimento indiscutível — que o tornava, para mim, uma presença a cada dia mais profunda e misteriosa. Deparei-me com alguns que questionavam o seu julgamento, com um número considerável que se opunha a suas políticas, e até com alguns que pareciam se ressentir de sua autoridade, mas nem um sequer dos padres que conheci, fossem pró ou contra ele, demonstrou a menor dúvida sobre a profundidade de sua vida espiritual ou a força de sua convicção moral. Até os que diziam claramente que ele devia morrer, e assim permitir a eleição de alguém mais "moderno", pareciam abatidos quando falavam desse papa, como se nostálgicos de um mundo a que ele fosse mais apto. Os que eram conhecidos por se opor à sua liderança lutavam, audível e visivelmente, para compreender como era possível um homem de intelecto tão admirável viver de uma fé tão simples, tão humilde, tão "medieval".

Meses depois, eu viria a saber que o especialista em assuntos do Vaticano, Malachi Martin, chamara os dois lados principais da luta que se travava ao meu redor de "tradicionalistas e conciliaristas". Os conciliaristas, segundo Martin, não viam mais a Igreja como instituição sagrada, mas como "força social estabilizante". Eles eram globalistas, e queriam moderar a doutrina da Igreja em áreas delicadas como divórcio, controle da natalidade, aborto, homossexualidade e celibato dos padres — não por convicção moral, mas por achar que essa política reduziria a discórdia e a controvérsia. Considerando o Vaticano como um todo, havia quase tantos conciliaristas quanto tradicionalistas, mas os primeiros estavam mais bem representados, acreditava Martin, no Colégio dos Cardeais, e eram muito mais influentes no mundo secular devido a suas alianças com instituições acadêmicas, humanitárias e governamentais. Eles tinham a certeza de que venceriam no final, o que ocorreria assim que o papa João Paulo II falecesse.

Dentre os conciliaristas, o que havia de mais peculiar no papa João Paulo era sua devoção à Virgem Maria. A relação do papa com a Virgem adquiriu uma aparência de espetáculo místico desde o atentado contra a vida dele na praça de São Pedro, em maio de 1981. O primeiro tiro desfechado pelo atirador, um fanático comunista que alegara ter elos com a polícia secreta búlgara, teria atingido o papa na cabeça, dizia-se (o atirador disse, entre outros), caso ele, no exato momento em que o gatilho foi puxado, não tivesse se inclinado em direção a uma jovem no meio da multidão por ter visto que ela estava portando uma imagem da Virgem de Fátima. O pretenso assassino atirou mais duas vezes, e as balas atingiram o tronco de João Paulo, mas ele sobreviveu.

Durante sua convalescença, lembraram o papa de que a data do atentado correspondia ao 64º aniversário da alegada primeira aparição de Fátima. Naquelas semanas, ele meditava diariamente sobre o significado das aparições de Fátima, e começou até a se corresponder com a única vidente que ainda vivia, Lúcia dos Santos. Contou-se que o papa talvez fizesse o que os papas vinham prometendo desde 1960, que era revelar o terrível terceiro Segredo de Fátima. Entretanto, assim como os três papas que o precederam, João Paulo anunciou que a mensagem permaneceria fechada numa caixa de madeira na residência papal.

O que o papa fez, e que nenhum de seus antecessores fizera, foi ir a Fátima: a visita se deu em 13 de maio de 1982, primeiro aniversário do atentado sofrido por ele, e 65º aniversário das aparições em Portugal. Ele fora agradecer à Virgem a salvação de sua vida, explicou João Paulo.

Para aqueles que consideravam tudo isso excessivo, havia o consolo de que Fátima tinha adquirido, com o tempo, uma importância mais mítica do que mística. Acontecera no passado e não apresentava uma ameaça real aos planos deles para o futuro. "Você sabe o que é o terceiro segredo de Fátima, não sabe?", perguntou-me um padre pós-moderno com um sorriso matreiro. "A conta a pagar da Última Ceia."

Esse padre, como outros de sua espécie, admitia estar muito mais preocupado com a devoção sustentada, no presente, por aquelas alegadas aparições que vinham ocorrendo na Bósnia, e pelo papel que João Paulo parecia estar desempenhando como "protetor de Medjugorje".

Em toda a sua história, a Santa Sé nunca reconheceu nenhuma aparição da Virgem, nem em Lourdes nem em Fátima, informou-me o padre Gumpel durante minha primeira entrevista no Vaticano. E essa informação era algo que, acrescentou o padre, a maioria dos católicos desconhecia. Bernadete de Lourdes tinha sido canonizada 54 anos depois de sua morte, e com a ocorrência de quatro curas milagrosas comprovadas pelo conselho médico. "Este fato dá mais credibilidade ao que ela disse", admitiu o padre Gumpel. "Mas a Igreja absteve-se de dar qualquer declaração pública conclusiva a respeito da ocorrência de milagres ou aparições ou qualquer coisa dessa natureza."

Percebi que o padre Gumpel não queria estimular o meu interesse por Medjugorje; ele parecia até mesmo um pouco desapontado comigo por esse motivo. Não era tanto pela controvérsia em torno do sítio da aparição na Bósnia, parecia-me, como pelo fato de que os diversos conflitos talvez nunca viessem a ter uma solução satisfatória. "Houve uma intensa investigação em Medjugorje que resultou numa grande divergência de opiniões", disse ele. "Certos bispos se mostram radicalmente contra o que ocorre, e outros, radicalmente a favor. Pode-se dizer que, por certo, Medjugorje suscita opiniões extremas e experiências instigantes. Houve várias comissões aqui em Roma que se reuniram para examinar as provas, mas não chegaram a nenhuma conclusão. Há uma questão que permanece em aberto." Num caso como o de Medjugorje, a ciência pode ser usada para refutar a fraude, mas não para provar a autenticidade, observou Gumpel. Era óbvio que a inevitabilidade dessa situação de "indefinição" o perturbava. "Pode-se reunir muita gente que afirma ter tido visões, mas sabemos que há casos em que as pessoas vêem coisas que não existem. Podemos reunir centenas de depoimentos, mas será que isso tem algum valor?" Ainda bem que o problema de Medjugorje e das outras aparições da Virgem pertencia não à Congregação para as Causas dos Santos, disse o padre, mas à muito mais poderosa e secreta Congregação para a Doutrina da Fé.

Se comparada a seus críticos, a Igreja Católica está muito menos propensa a considerar importante o fato de que esse ramo proeminente da cúria romana era chamado, quando foi fundado, em 1542, de Congregação para a Santa Inquisição da Malignidade Herética. Naquela época, a Inquisição já vinha atuando há mais de trezentos anos, desde que o papa Gregório IX promulgara a *Excomunicamus*, em 1231. A notoriedade maior da Inquisição deve-se à forma como essa instituição atuou no século XV, na Espanha, onde o principal inquisidor, Tomás de Torquemada, supervisionava a prisão, a tortura e a execução (freqüentemente com a pena da fogueira) de milhares de acusados de heresia. Os atos da Inquisição foram mais discretos em Roma, onde o pai da revolução científica, Galileu, ao afirmar que a Terra se movia, não foi condenado à morte, mas recebeu apenas a sentença de prisão perpétua e a permissão de cumpri-la em sua própria casa. Já no século XVIII, menos preocupada com a supressão da heresia do que com a inspeção minuciosa e bem fundamentada da doutrina teológica, a Inquisição passou a ser conhecida em Roma como Santo Ofício. Somente a partir do Segundo Concílio Vaticano, na década de 1960, tomou o nome de Sagrada Congregação para a Doutrina da Fé.

O principal membro da congregação, aquele que a preside como prefeito, é o cardeal alemão Joseph Ratzinger, um ex-professor de teologia a quem os padres americanos que o conheciam no Vaticano invariavelmente se referiam como "o principal homem do papa". Nascido na Baviera, filho de um policial e de uma cozinheira de hotel, conhecia-se Ratzinger, na época do Vaticano II, como um jovem e brilhante padre progressista. Em 1962, aos 35 anos, ele foi levado a Roma para servir ao movimento reformista. Dizem que Ratzinger mudou muito desde então, e que, neste momento, ele é considerado o líder da corrente tradicionalista.

Foi a reputação de Ratzinger como pensador importante que (até mesmo mais do que no caso do papa João Paulo II) tornou sua fé fundamentalista tão inexplicável aos que, dentro do magistério eclesiástico, estavam determinados a libertar a Igreja moderna de tudo o que consideravam anacrônico. Entre esses padres, a reputação de Ratzinger como reacionário chegou ao auge com a publicação de um livro chamado *O Relatório Ratzinger*, em 1987. Para os que se opunham às posições do cardeal, *O Relatório Ratzinger* representava um escândalo intelectual que revelava o prefeito como "exemplo de um retrocesso à Idade Média". Ao descrever a Igreja como propensa à "dissensão" e à "decadência", Ratzinger jogava a maior parte da culpa nos teólogos mais preocupados em atender ao mundo do que em defender a fé católica. A Igreja estava se abrindo demais às influências externas, queixava-se Ratzinger, e se enfraquecendo por causa dos bispos a quem faltava coragem para aceitar críticas. Ele deplorava o declínio dos valores morais e principalmente o "conformismo", responsável por deixar muitos católicos sem vontade de se opor ao que a elite cultural apresentava como progressista, lógico e evidente por si só. A descrição que o cardeal fazia do Demônio como uma presença inescrutável, mas muito real, possuidora de poderes sobrenaturais e de uma capacidade incansável de se opor a Deus, era particularmente constrangedora para muitos intelectuais. Os horrores do século XX eram inexplicáveis sem Satanás, insistia Ratzinger, para quem era óbvio que a influência do Mal crescia a cada ano que passava.

Os intelectuais também se incomodavam com o forte apoio que Ratzinger dava ao que era talvez o principal obstáculo à reconciliação com os protestantes, a veneração à Virgem Maria. O cardeal estimulava a prática de se rezar o rosário e não poupava elogios aos movimentos religiosos ligados a Lourdes e a Fátima. Ratzinger não mencionava Medjugorje, mas era voz corrente no Vaticano que o prefeito — talvez pelo desejo expresso de João Paulo, e certamente com o apoio do papa — tinha impedido o avanço dos mais inclinados a providenciar para que as devoções relacionadas ao que ocorria ali fossem condenadas.

Em Roma, o meu próprio interesse por aquela minúscula paróquia aumentava cada vez que eu pronunciava o seu nome. Descobri que, na

Santa Sé, não havia nem uma palavra sequer que provocasse tão instantaneamente um sorriso enlevado, um muxoxo de desdém ou um silêncio embaraçoso quanto "Medjugorje". O que me fascinava era que aqueles que incensavam Medjugorje como um lugar sagrado de força incomparável tinham empreendido peregrinações, atravessando o Adriático, com o intuito de ter a experiência do que acontecia no vilarejo em primeira mão, enquanto os que o desprezavam sabiam apenas do que tinham lido ou ouvido. Os padres propensos a descartar os relatos de milagres em Medjugorje (primeiro como um insulto a sua inteligência, segundo como um constrangimento para a Igreja) pareciam estar, todos, curiosamente mudos. Por fim, compreendi que essa situação se devia à indisfarçável simpatia do papa pela devoção ligada ao que ocorria na Bósnia. Embora ele não tivesse dado nenhuma declaração pública sobre o assunto, alguns bispos que tinham tido conversas privadas com João Paulo contaram que o papa se mostrara muito comovido com o que vinha acontecendo em Medjugorje.

Por acaso eu estava em Roma no momento em que Medjugorje vinha aparecendo na primeira página dos jornais de toda a Itália, principalmente por causa da relação com a controvérsia provocada pelo relato de milagres supostamente ocorridos numa pequena cidade chamada Civitavecchia. Aproximadamente uns 60 quilômetros ao norte de Roma e a pouco menos de uma hora de trem da estação Termini, Civitavecchia é uma cidade portuária encardida no mar Tirreno, com uma população de 60 mil habitantes e um índice de desemprego de mais de 20%. Antes do último mês de fevereiro, quando lágrimas de sangue foram vistas pela primeira vez nas faces de *La Madonnina*, Civitavecchia passara a ser mais conhecida pelo brutal ataque de uma gangue que estuprou três garotas em 1993, principalmente porque o pai de uma das vítimas tornou-se herói para muitos italianos quando vingou a filha ao castrar um dos agressores dela.

La Madonnina era uma estátua de gesso da Virgem, de cerca de 40 centímetros, que tinha sido comprada como lembrança por dom Pablo Martin, pároco da igreja de Santo Agostinho, em Pantano, distrito de Civitavecchia, durante uma peregrinação a Medjugorje em setembro de 1994.

Ele tinha escolhido especificamente essa estátua, diria dom Pablo, por interferência do espírito do padre Pio, que lhe assegurara que essa opção traria como conseqüência "o acontecimento mais belo de sua vida". Pouco depois de sua volta para casa, o padre de Pantano presenteou a estátua a um paroquiano particularmente devoto, Fabio Gregori, para que ela protegesse a família deste do mal. A estátua começou a chorar lágrimas de sangue, disseram, na noite de 2 de fevereiro de 1995, festa da Purificação da Virgem. Fabio, que era eletricista, estava pondo o filho de dois anos no carro, para seguirem para a igreja de Santo Agostinho, onde aconteceria a noite do rosário, quando a filha de seis anos gritou dizendo que a pequena Madona estava chorando. Fabio entrou em casa, viu os veios úmidos, de um vermelho vivo, no rosto de *La Madonnina*, e levantou a mão para tocar num deles com a ponta do dedo. Assim que tocou na imagem, descreveria Fabio, "uma grande explosão de fogo" o percorreu.

Durante as seis semanas seguintes, quase sessenta pessoas, entre elas dom Pablo Martin, dois policiais, o chefe da polícia de trânsito local e um fotógrafo de jornal declararam que eles também tinham visto as faces de *La Madonnina* banhadas de lágrimas rubras. Em meados de março, toda a Itália acompanhava atentamente o drama, que tinha sido anunciado nas manchetes de Milão a Nápoles. O pároco de Pantano declarou que as lágrimas de *La Madonnina* eram proféticas, e faziam parte de "um desígnio misterioso" que seria realizado durante o novo milênio. Dom Pablo, no entanto, há muito vinha se inclinando ao "maravilhamento", segundo os relatos de alguns jornais: o padre, espanhol de origem, afirmava que desde sua chegada à Itália, em 1969, vinha recebendo um chamado do céu do então recém-falecido padre Pio.

O estimado bispo de Civitavecchia, Gerolmo Grillo, declarou publicamente o seu ceticismo. Quando dom Pablo se negou a destruir a imagem, como o seu bispo lhe pedira, Grillo telefonou para a polícia, solicitando que investigassem a família Gregori, e depois pediu que o médico de sua própria família colhesse uma amostra da alegada *lacrimazioni*. As lágrimas eram de fato sangue, respondeu o médico. O bispo Grillo então prontamente anunciou a formação de uma comissão de investigação e tomou posse de *La Madonnina*. Depois de exorcizar a imagem da Virgem, Grillo levou-a a Roma para ser examinada por duas equipes diferentes de médicos, uma delas chefiada pelo principal perito médico forense de toda a Itália. Esses médicos também disseram que as lágrimas eram de sangue, de sangue humano.

Àquela altura, a comissão de bispos era apenas um dos muitos grupos que investigavam o fenômeno de Civitavecchia, assim como havia mais de uma dezena de outros relatos, provenientes de toda a Itália, de estátuas que sangravam. Os céticos ficaram particularmente irritados com o oportunismo do prefeito de Civitavecchia, um comunista que pendurou um crucifixo acima de sua mesa na prefeitura, declarou-se agnóstico, e não ateu, e convocou algumas entrevistas coletivas para anunciar que o seu projeto de um santuário religioso em Civitavecchia propiciaria um grande incremento comercial ao lugar. Depois de alocar mais de 10 milhões de liras para melhoramentos na igreja de Santo Agostinho, o prefeito revelou seus planos de um santuário em forma de lírio que se abriria para o céu, com capacidade para mil pessoas, e com um estacionamento ao lado. Em uma das entrevistas, o prefeito falou de lanchas que poderiam ficar ancoradas ao largo e que serviriam para acomodar os romeiros. O ano 2000 levaria uma enxurrada de peregrinos a Roma, observou o prefeito mais de uma vez. Por que Civitavecchia não deveria se aproveitar desse movimento?

Já no início de março, a investigação que a Igreja fazia sobre *La Madonnina* tinha sido suplantada por uma queixa-crime apresentada em nome do povo italiano pelo mais importante grupo de proteção ao consumidor, o Codacons. A lei invocada, que existia desde os anos 1930, condenava o "abuso da credulidade pública". Quase ao mesmo tempo, um grupo com sede na Sardenha, e mais conhecido do que qualquer outro na Itália (apesar do nome espantosamente incômodo: Linha Direta Antilavagem Cerebral, Contra Trapaças de Feiticeiros e Seitas) por levar a público as fraudes de teor religioso, mandou para a Procura (a promotoria pública), em Civitavecchia, um fax anônimo que fora enviado por alguém que afirmava "estar muito arrependido de Pantano. Disseram-me que era uma brincadeira de mau gosto, mas em vez disso sirvo de instrumento para colegas fanáticos".

Na manhã de 8 de março, cedo, a Procura (com o consentimento do bispo Grillo) organizou investidas policiais simultâneas nas casas de Fabio Gregori e de cinco parentes dele, mas não encontrou nada que os incriminasse. O chefe da Linha Direta Antilavagem Cerebral permanecia a principal fonte das teorias que poderiam esclarecer as lágrimas de sangue da pequena Madona. Uma seringa cheia de sangue, encaixada no gesso e ligada a uma pequena bateria acionada por controle remoto, disse Giovanni Panunzio, era a explicação mais plausível. Ou então os suspeitos poderiam ter empregado lentes de contato que, ao serem expostas ao calor, expandissem e liberassem o líquido. As tomografias computadorizadas da estátua da Virgem, feitas a pedido da Igreja Católica, do Codacons e da Procura, separadamente, mostraram que não havia nada escondido em *La Madonnina*.

Os outros relatos de imagens que sangravam, que surgiram no início de 1995, tinham sido desmentidos; num dos casos, descobriu-se que o sangue era azeite de oliva; num outro, tinta vermelha. Entretanto, os médicos que examinaram o líquido vermelho tirado do rosto de *La Madonnina* concluíram que o que havia ali era o sangue de um homem de seus trinta e poucos anos. A idade de Fabio Gregori, disseram os céticos. E era também a idade com que Jesus morrera na cruz, retrucaram os fiéis.

Os colunistas de jornal engendraram teorias cada vez mais fantásticas. Um deles sugeriu que alguém fizera uma "brincadeira macabra" com dom Pablo e os Gregori que já estava escapando ao controle de todos. Outros punham a culpa em inimigos do catolicismo (em testemunhas de Jeová, por exemplo) que poderiam ter encenado "um milagre de mentira" para deixar a Igreja envergonhada. Houve até a alegação — levada a sério pela Procura — de que havia uma organização secreta de bandidos que, unicamente pelos ganhos financeiros, estava por trás de toda a história.

O *giallo* (suspense) tornou-se ainda mais dramático quando, no dia 5 de abril, o bispo Grillo apareceu no programa de notícias nacional, no horário nobre, e anunciou que três semanas antes — 15 de março era a data exata — ele, sua irmã, o marido desta e duas freiras, que tinham vindo da Romênia, viram *La Madonnina* verter uma lágrima de sangue. Enquanto ele segurava a imagem em suas mãos, disse o bispo, a irmã estendeu o braço para tocar a lágrima com a ponta do dedo, mas, ao fazê-lo, a gota vermelha desapareceu. Até aquele instante, disse o bispo Grillo ao seu público televisivo, ele tivera esperanças de que "toda aquela história simplesmente desaparecesse". Ele passou semanas sem conseguir dormir direito, e passava a maior parte da noite rezando, pedindo uma orientação. Agora, porém, disse o bispo, ele seria a principal testemunha diante de sua própria comissão.

Naquele momento, *La Madonnina* estava sendo preparada para uma procissão de Sexta-feira Santa, na qual seria levada para uma capela especialmente construída dentro da igreja de Santo Agostinho, iluminada por lâmpadas halógenas e cercada de vidro à prova de bala. As festividades programadas foram suspensas no dia seguinte, quando o promotor anunciou que ele pusera a imagem da Virgem em quarentena, e que, portanto, ela estava trancada num armário na casa do bispo. E também informou que havia pedido à polícia federal italiana que fizesse novos exames das amostras de sangue colhidas no rosto de *La Madonnina*, e que comparasse os resultados com os do sangue de Fabio Gregori e dos homens da família dele.

Fabio, então oficialmente acusado tanto de abuso da credulidade pública como de conluio num ato criminoso, continuava a mostrar uma calma que impressionava até mesmo os céticos. Ele forneceria o sangue, disse Fabio, mas só se recebesse uma ordem da comissão dos bispos. Os outros homens da família Gregori disseram que tomariam a mesma posição. O bispo Grillo protestou por intermédio da mídia afirmando que o Estado italiano violara o acordo com o Vaticano ao interferir indevidamente numa questão da Igreja. Centenas de pessoas desfilaram pelas ruas de Pantano para pedir que *La Madonnina* fosse libertada a tempo para a procissão da Sexta-feira Santa. A Procura negou-se a ceder.

Não foi senão em 17 de junho, véspera da minha chegada à Itália, que o bispo Grillo teve permissão para tirar *La Madonnina* do armário de sua casa e levá-la para a capela da igreja de Santo Agostinho. Durante uma emocionante homilia, na missa ao ar livre, o bispo Grillo parecia estar em dúvida sobre o que ele afirmara ter testemunhado três meses antes. Ele sofrera horrivelmente desde o relato que fizera do choro de *La Madonnina*, explicou o bispo, e se sentia obrigado a dizer que não tinha certeza do que acontecera: "Eu nunca falei em milagre", insistiu ele.

No Vaticano, a perturbação que toda a história estava causando era considerável. O bispo Grillo era, afinal, um clérigo de bastante influência, um dos poucos padres que, apesar de hierarquicamente inferiores aos cardeais, tinham permissão para participar do conselho da Congregação para as Causas dos Santos, e um homem muito respeitado por sua integridade. Ao mesmo tempo, a imprensa italiana, tanto secular como religiosa, estava alardeando o fato de que o bispo era também um afamado *miracoloto* (objeto de um milagre). Quando criança, aos cinco anos de idade, durante uma brincadeira violenta com amigos, em sua Calábria natal, seu olho esquerdo foi atingido por uma pedra. Segundo o médico da família, o pequeno Gerolmo sofrera a perda permanente da visão daquele olho. Sua mãe recusou-se a aceitar o diagnóstico e ajoelhou-se para rezar do lado de fora do consultório do médico, implorando à Virgem que pedisse a Deus a cura do menino. Quando os curativos foram retirados, ele havia recuperado a visão do olho esquerdo.

Os céticos acusavam o bispo Grillo de predisposição para a credulidade, enquanto os fiéis argumentavam que a devoção do religioso a Nossa Senhora era fundamental para os milagres em Civitavecchia. Quando cheguei à Itália, havia peregrinos de todas as partes do país, afluindo, em ônibus cheios, a Santo Agostinho, e que, ao entrar na igreja e se aproximar de *La Madonnina*, desmaiavam e cantavam. Entretanto, a Santa Sé e o seu jornal oficial, o *Osservatore Romano*, não tocaram publicamente no assunto Civitavecchia nem uma vez sequer. "Somos extremamente cautelosos nesses assuntos", disse Peter Gumpel. ("Cautelosa" foi a palavra usada muitas vezes por Gumpel ao descrever a atitude da Igreja em relação a milagres e místicos; eu nunca fiquei totalmente convencido de que ele não tencionasse usar outros termos como "desconfiada" ou "astuta".) "Não interviemos em Civitavecchia, e não iremos intervir. A nossa preocupação deve se voltar para aquelas pessoas histéricas, excessivamente impressionáveis, que tendem a confundir emoção forte com experiência religiosa."

Na véspera de minha partida de Roma, eu soube que o bispo Grillo fora chamado a comparecer diante do conselho da Congregação para a Doutrina da Fé, e que nessa reunião estariam não só o cardeal Ratzinger como o próprio papa. Fiquei decepcionado por estar partindo sem saber o que se passara nesse encontro. "Não se preocupe", disse-me um padre escocês. "Você vai ler sobre isso lá onde estiver; os croatas consideram Civitavecchia uma história importante. Tudo tem a ver com Medjugorje, você sabe, e não há notícia melhor do que Medjugorje."

A dialética da Igreja que eu acreditava ter descoberto — a luta épica entre liberais ou conciliaristas ou secularistas ou sofisticados ou fosse lá o que fossem, de um lado, e os que estavam determinados a preservar as tradições sagradas, do outro, e o futuro do catolicismo suspenso no meio — era tanto uma realidade subjacente como uma generalização ampla, algo que dava origem a categorias a que a maioria dos padres de Roma não se adequava. Monsenhor Sarno, por exemplo, aparecia como totalmente tradicional em matéria de fé e, no entanto, completamente racional em sua maneira de ver o mundo, ou seja, alguém persuadido pela investigação científica a acreditar que os milagres aconteciam, mas cético até a intolerância quanto às alegações dos místicos religiosos.

Uma tarde, Sarno me levou de carro ao condomínio de belos jardins que ficava num bairro romano distante e rico onde ele e muitos padres americanos que trabalhavam no Vaticano residiam. Tivemos uma das melhores refeições da minha vida num restaurante que ficava pouco adiante, à beira da rua, e, no decorrer de nossa segunda garrafa de vinho, revelei meu interesse por Medjugorje. O monsenhor balançou a cabeça. "O senhor não acredita em aparições da Virgem?", perguntei. "Eu não diria isso", respondeu Sarno. "Eu acredito em Lourdes." A canonização de Bernadete, que tinha requerido quatro milagres, era para ele prova de que as visões dela eram genuínas. Por outro lado, apenas alguns meses antes, a congregação examinara as causas dos videntes de Fátima, ou pelo menos dos dois que tinham morrido (a terceira e mais importante dos três videntes de Fátima, a correspondente do papa João Paulo II, Lúcia dos Santos, ainda estava viva), e se negara a aprová-las, uma vez que não podiam ser comprovadas. "E me inclino a acreditar mais no que ocorreu em Fátima do que em Medjugorje", acrescentou Sarno, "por causa da facilidade com que a Mãe Santíssima aparece na Bósnia, e toda essa história de Segredos."

O monsenhor ainda falava sobre os videntes de Medjugorje uma hora depois, durante a nossa volta para o Vaticano: "O meu ceticismo não está relacionado à sinceridade deles. Mas lembre-se de que eles podem estar sinceramente iludidos." Ele ficou alguns segundos em silêncio. "Claro, um maluco pode estar certo." Passou-se um instante e ele acrescentou: "E a graça de Deus pode operar no que em termos humanos seria considerado errado."

"Objetivamente, é verdade? Esta é a pergunta diante de nós", declarou o padre enquanto passávamos pelo portão de ferro manobrado por guardas armados. Fiz que sim com a cabeça, mas não disse nada enquanto seguíamos pelo caminho estreito que serpenteava por entre os magníficos jardins até chegarmos ao estacionamento cercado de prédios de todos os lados. Ligeiramente atordoado com a grandiosidade do ambiente, desci do pequeno Fiat do padre com as pernas trêmulas e me vi diante de uma enorme construção de pedra. Assombrado, fiquei algum tempo olhando fixamente para o prédio até me dar conta de que eu estava parado, literalmente, à porta dos fundos da igreja de São Pedro.

"Quando você chegar à Bósnia", aconselhou-me monsenhor Sarno, "lembre-se das palavras que o Senhor disse a Seus discípulos sobre a hora de Sua volta: 'Nenhum sinal será dado, a não ser o sinal de Jonas no ventre da baleia.'"

CAPÍTULO 4

O que eu via da minha janela do avião que fazia o vôo semanal de Roma a Split, das Linhas Aéreas da Croácia, era um motor numa asa que se sacudia precariamente — como se estivesse pendurada em vez de presa — durante toda a travessia do Adriático. Eu teria aproveitado mais aquele vôo caso eu soubesse, naquela época, como a improvisação estava desenvolvida no Leste Europeu, e da destreza com que se improvisava na Croácia, mais do que em qualquer outro lugar. O próprio papa confiara nas Linhas Aéreas da Croácia para levá-lo de Zagreb a Roma num jato exatamente como aquele apenas dez meses antes, conforme dizia o artigo intitulado "Um Acontecimento para a Eternidade", na página 7 da minha revista de bordo. O que era um consolo.

Enquanto bebericava o meu segundo drinque, decidi que, em vez de me preocupar com um acidente de avião, seria mais prudente pensar no que fazer para obter o visto na fronteira. O país em que eu estava prestes a desembarcar, como seus vizinhos, estava sob lei marcial. Alguns dos soldados que serviam de agentes aduaneiros recebiam propina, disseram-me, mas a maioria não, e não eram poucos os que nos mandariam para a prisão por insultá-los caso houvesse algum oferecimento de dinheiro. Eu não tinha idéia do que poderiam fazer com um viajante solitário que não falava a língua deles e só poderia mostrar um passaporte dos Estados Unidos, além de credenciais de uma revista chamada *Rolling Stone.*

De novo a sorte me favoreceu. Minha vizinha de assento, uma mulher atraente e namoradeira, de nome Carmen Sinatra, declarou, depois de algum tempo de viagem, que ela e sua bonita filha adolescente me achavam com jeito de escritor. As duas ficaram encantadas quando eu disse que era, embora fosse evidente que eu me tornara menos sedutor depois de confessar que, de Split, eu iria a Medjugorje. As Sinatras, no entanto, animaram-se de novo quando salientei que a cidade santa se tornara a principal área de atuação, entre a costa dalmática e Sarajevo, não só de membros da força de paz da ONU e da polícia da União Européia como de agentes de organizações humanitárias, soldados mercenários e contrabandistas.

Carmen e a filha claramente gostavam mais de mim como aventureiro do que como peregrino. Ainda bem que elas se mandaram, porque quem estava à espera no aeroporto de Split era Silvio, marido e pai, que era não só filho de pai italiano e mãe croata, mas também representante das Linhas Aéreas Croatas em Roma, e, portanto, homem de considerável influência na fronteira. Foi Silvio quem me apresentou ao comandante do aeroporto, autorizou-me o visto, providenciou a troca de dólares por *kunas* a um câmbio razoável, e me pôs no ônibus que seguiria para o centro de Split.

Enquanto nosso ônibus ia se arrastando, em primeira, passando por casas de pedra e pocilgas e se dirigindo para uma fileira de chaminés, meus companheiros de viagem me olhavam de soslaio, parecendo confusos. Nenhum deles sorriu. Ao desembarcar do ônibus no ponto final, no ancoradouro do outro lado do palácio de Diocleciano, passeei pela deslumbrante esplanada à beira do porto, a Obala Hrvatskog Norodnog Preporda, por entre palmeiras magníficas plantadas pelos venezianos durante o período de sua ocupação, quase trezentos anos atrás. Anoitecia, e o sol parecia meio submerso no mar azul-prata, um arco alaranjado e pulsante coroado de anéis de ouro e rosa. E, exatamente naquele momento, um navio da Jadrolinija, vistoso com suas luzes acesas, vinha entrando no porto. Acima da margem coberta de relva viam-se lampiões a gás que brilhavam em meio aos bancos já tomados por jovens amantes à espera do manto da noite.

Extasiado, perambulei por mais ou menos um quarteirão, até notar que as pessoas ao meu redor, nas calçadas e nos bancos, nos cafés ao ar livre ou nos fechados, ao longo das vitrines e junto às entradas, estavam se virando e olhando fixamente, e suas expressões não tinham nada de acolhedor. Tudo o que encontrei nos seis quarteirões seguintes foi animosidade, desconfiança e ondas de uma violência oculta. Quando cheguei ao Hotel Belvue, no fim da rua, eu me sentia como se estivesse portando o sinal da abominação. O empregado que estava à mesa da portaria cumprimentou-me com um olhar gelado e um longo silêncio, e depois me informou, num inglês com forte sotaque, que um quarto com banheiro privativo custava 120 dólares por noite. Um croata pagaria 1/4 disso, e ainda assim acharia o preço excessivo.

Uma hora depois, aventurei-me na noite de ar quente e pesado para conseguir uma cerveja e um prato de lulas, grato por encontrar soldados na rua, embora eles, também, me lançassem olhares de uma hostilidade implacável. Eu estava abalado. Estar chegando à entrada de uma zona de guerra não me desconcertava tanto quanto ter a percepção abrupta da minha vulnerabilidade. Escolhi um café no porto e ocupei uma mesa com uma vista livre de obstruções. Havia um grupo de seis jovens adultos sentados a uma mesa próxima; assim que me sentei, os rapazes fizeram as moças passar para cadeiras do outro lado da mesa, e ficaram me encarando com caras amarradas, como se estivessem me desafiando a roubar um olhar. E eu então roubei. Uma das moças me dirigiu um sorriso superficial, provocador, enquanto as outras exibiram fisionomias indiferentes, vagamente apreensivas. Tive a impressão de que os rapazes estavam ao mesmo tempo zangados e inseguros, como se a minha ousadia lhes tivesse surpreendido. Trocaram olhares rápidos uns com os outros, e depois ficaram se remoendo e tomando suas bebidas, tentando decidir, imaginei, se seria apropriado me dar uma surra mortal naquelas condições.

O garçom, apesar dos meus *molims* e *hvalas* (por favor e obrigado), só se dignou a me dirigir um breve aceno de cabeça. Quase ao final daquela noite, cheguei à conclusão de que era uma sorte eu ter a mim mesmo com quem falar, já que ninguém mais me diria palavra alguma.

Pelo menos até o dia seguinte, quando então encontrei o meu agente de viagens, tradutor e motorista, Ratko Mikulić. "As pessoas acham que você é da ONU", explicou-me Ratko enquanto tomávamos cerveja num café localizado nas profundezas do palácio. "Todo mundo detesta a ONU. Agora que estão vendo você comigo, a situação vai melhorar." Ratko era o sobrinho que o padre Milan levara para o Oregon, quando adolescente, para estudar no Jesuíta, o melhor ginásio católico do estado. Ele era a estrela do time de futebol do Jesuíta, gabou-se Ratko, e recebera ofertas para jogar na faculdade, mas preferiu voltar para Split. Ali, ele era casado, pai de dois filhos, e tocava um negócio chamado Viagens Aquarelle, que tinha florescido antes da guerra. E ainda mantinha o ônibus no qual transportara grupos de turistas a Medjugorje, muitas vezes por semana, durante os verões de 1988 e 1989. Naquele momento, Ratko levava no máximo um grupo por mês, que, apesar de único, era pequeno. Para sobreviver, fora forçado a aceitar serviços como o que eu lhe propunha, e pelo qual receberia 320 *kunas* — mais ou menos 65 dólares — pelas três horas que levaríamos para cruzar a fronteira e entrar na Bósnia no seu pequeno Opel branco.

Combinamos de nos encontrar na manhã seguinte no meu hotel, onde quase todos os outros hóspedes, contou-me Ratko, eram contrabandistas de armas ou de outras mercadorias. Enquanto tomavam o café-da-manhã, esses homens falavam uma variedade de dialetos do Leste Europeu que meus ouvidos não distinguiam, a não ser o de dois negociantes árabes que me lançavam olhares severos entre goles de expresso, e cochichavam especulações sobre o que eu estaria planejando. "Eu me manteria longe deles", aconselhou-me Ratko.

Banhado de suor, sofrendo com o calor e a umidade espantosos, perguntei a Ratko onde seria possível encontrar um lugar para uma boa nadada. O melhor era uma enseada a uns 3 quilômetros dali, disse Ratko; ele me levaria de carro até lá, mas eu teria de voltar para o hotel de carona. Uma hora depois, eu estava empoleirado num imenso rochedo meio imerso na ponta do Adriático, lendo avidamente um *International Herald Tribune* de três dias atrás que seria o último jornal de língua inglesa que eu veria nas seis semanas seguintes. Na primeira página havia um artigo sobre o grande evento de aniversário da semana anterior em Bijeljina, em que Radovan Karadžić e Ratko Mladić e o resto das lideranças servo-bósnias se reuniram para comemorar o dia de São Vito. O programa noturno de canções patrióticas e discursos inflamados tinha sido um prelúdio para o desfile das forças armadas marcado para a manhã seguinte. Entretanto, a alvorada não tinha sido anunciada por bandas militares, mas por sirenes de ataques aéreos em que os muçulmanos começaram a lançar morteiros contra a cidade, a fim de estragar a festa dos sérvios. Uma semana depois, as cenas dos sérvios fugindo à procura de abrigo ainda estavam sendo mostradas na tevê croata, e a cada repetição eram recebidas com aplausos nos bares e cafés de Split. E, jogando o jornal para o lado, eu pensava: Bijeljina ficaria a uns cento e poucos quilômetros dali? Mais perto do que a distância de Seattle a Portland. Mal dava para acreditar.

Mergulhei no mar para nadar mais um pouco, depois tornei a subir na pedra. Com os pés pendurados dentro d'água e o corpo secando ao sol, e usando as pestanas para tornar difusa a luz brilhante que a superfície refletia, eu sorria o sorriso feliz de um idiota quando vi surgir um enorme e barulhento helicóptero do Exército que, voando rente à água ao longo da praia, vinha na minha direção. Da porta aberta, um jovem soldado me olhava lá de cima, e então, de brincadeira, mirou a sua AK-47 bem na minha testa; por um instante pude ver o olho dele através da mira. Ele baixou a arma enquanto o helicóptero ia me deixando para trás, e então sorriu — não exatamente com malícia. Era mais como se quisesse dizer: "Tenha um belo sonho, *Americanski*, mas não se esqueça de que posso te matar quando me der na telha."

Pouco depois me ocorreu que estávamos no dia 4 de julho, e que eu era um americano sozinho num lugar em que não era nada conveniente nem ser americano nem estar sozinho.

Passei a minha segunda e última noite em Split passeando pelo labirinto cheio de gente do palácio de Diocleciano. É a ruína mais impressionante do Leste Europeu, e está entre os monumentos mais evocativos da resistência cristã que existe na terra. Imperador de Roma por mais de vinte anos (284-305 d.C.), Diocleciano era ilírico, natural da Dalmácia. (Ao todo, 13 dálmatas ascenderam ao trono do império, entre eles, Constantino.) Foi durante seu governo que o poder foi transferido da aristocracia para os militares e que Roma foi substituída por Milão como a principal cidade do império. Contudo, Diocleciano tornou-se mais conhecido como o imperador que retomou a perseguição aos cristãos.

A religião de Diocleciano era o mitraísmo, um culto persa sangrento e dramático que propunha a adoração de um deus guerreiro, Mitra, do qual se dizia ter matado o touro divino cuja carne em decomposição dera origem a todas as plantas e animais que há no mundo e que são úteis para a humanidade. Era uma religião imensamente popular entre os legionários romanos; quando Diocleciano a adotou, Mitra tornara-se um deus solar — intimamente identificado com Apolo — e propiciava aos crentes a imortalidade da alma.

O cristianismo tinha sido tolerado nos primeiros anos do comando de Diocleciano, mas a preocupação do imperador foi crescendo ao saber que a religião se infiltrava nas camadas superiores (muitas esposas de governadores e um punhado de comandantes dos exércitos receberam o batismo). O oráculo de Apolo, ao ser consultado, recomendou guerra total à Igreja; milhares foram presos, torturados e chacinados. Então, no quarto ano do século IV, Diocleciano abdicou, passou o comando do império para dois sucessores, e retirou-se para o seu palácio que ficava onde hoje é Split. A construção, que ocupa mais de 3,5 hectares, é uma fortaleza de paredes maciças guarnecidas de torres. À medida que o império um dia chefiado por ele desmoronava diante de seus olhos — as estradas tinham sido fechadas, as propriedades, abandonadas, as terras, ocupadas por bandos de saqueadores, os mares, dominados por navios piratas —, Diocleciano enfrentava em sua própria terra duas derrotas ainda maiores, a conversão ao cristianismo, primeiro, de sua esposa, depois, de sua filha. No centro de seu palácio, e ainda intacto, encontramos o Peristilo, uma praça cercada de colunas em que predomina um edifício com uma cúpula octogonal por fora, e redondo por dentro, projetado por Diocleciano para ser o seu mausoléu. Algumas centenas de anos depois de sua morte, a construção tornou-se a catedral de Split; o antigo templo de Júpiter passava a ser um batistério.

Dizem que os que vivem hoje em Split vêem o palácio de Diocleciano como um marco comemorativo de uma seqüência de vinganças, começando com a da Dalmácia contra seus conquistadores e terminando com a do cristianismo contra seus perseguidores. O que eu vi, passeando por ali na noite em que meu próprio país celebrava o seu nascimento, foi o triunfo da cultura popular americana, estampado nos cartazes de Stallone e Schwarzenegger nas paredes externas dos cinemas ao longo das ruas estreitas de pedras, adjacentes ao Peristilo, e, em tamanho menor, nos maços de Marlboro que nos espiavam de tudo o que era bolso de camisa. Através das portas abertas de todo café, bar e discoteca na praça estrondava a batida dos sintetizadores do que o resto da Europa chama de "iugo-rock", uma fórmula que parece ter casado "In-A-Gadda-Da-Vida" com o tema musical de *Miami Vice*.

Nos olhos dos jovens que circulavam aos montes do lado de fora das portas abertas para a praça, eu via o preço da vitória americana, aquela mistura insolúvel de emulação e ressentimento, de querer o que nós temos e odiar o que nós somos. Tendo passado por uma mesa onde uma mulher vendia camisetas que exibiam logotipos de times inexistentes — New York Lions, Chicago Tigers, Los Angeles Bears —, saí do palácio pela porta norte, e me vi sozinho diante de uma imensa estátua negra que setenta anos antes tinha sido a obra-prima do mais famoso artista moderno do país, Ivan Meštrović. Meštrović escolhera como tema um herói nacional, o líder religioso do século X, Gregorius de Nin, que granjeara para os padres daquele país o direito de rezar a missa em croata.

O que eu deveria — o que deveria qualquer americano — pensar de um lugar como esse e de um povo como esse?

No ar abafado da noite, andei rumo ao lado oeste da cidade velha, tendo passado pelo ancoradouro de iates onde a esplanada à beira-mar torna-se Setaliste Ivana Meštrovića. Nessa rua, o edifício mais impressionante é a residência que o grande escultor construiu para ocupá-la quando se aposentasse. Mestrovic nunca morou ali, pois emigrou para os Estados Unidos pouco depois da Segunda Guerra Mundial.

Ratko e eu partimos na manhã seguinte, às nove. Ele não gostou quando insisti em tomarmos a estrada do interior, o que nos faria atravessar barreiras em Grude e Vitnia, e me castigou com uma sacudidela de ombros, um gesto significativamente fatalista. Defrontamo-nos com o nosso primeiro destacamento de forças das Nações Unidas em Gorica, onde um tanque da Forpronu, a Força de Proteção da ONU, havia derrubado uma cerca; o tráfego parou enquanto soldados e o proprietário discutiam o custo do conserto. Foi perto da cidade em que o padre Milan morava, Imotski, que começamos a ver casas destruídas por bombas. Os sérvios viviam nelas antes da guerra: "Dentro da casa dos que fugiram, punham uma bomba para que eles não voltassem. Mas os que ficaram", garantiu-me Ratko, sem muita convicção, "não foram incomodados."

Ratko era um desses — "e somos muitos" — que acreditavam que os muçulmanos eram o maior problema do país, a longo prazo. "Essa guerra só vai ter solução se nós e os sérvios dividirmos a Bósnia entre nós e tocarmos os muçulmanos lá para a Romênia", disse-me ele. Mas os croatas e os muçulmanos eram aliados, observei, e se juntaram contra os sérvios, então considerados o inimigo comum. Ratko deu de ombros de novo. "Isso por enquanto", acrescentou.

As estradas não tinham nome na antiga Iugoslávia, e esta, que era simplesmente "a estrada para Split" ou "a estrada para Mortar", dependendo da direção que se tomasse, serpenteava de um precipício a outro por vertentes de morros que um dia tinham sido densamente cobertos de florestas mas que naquele momento estavam devastados. "'Não cresce mato onde os turcos pisam' é o que dizemos", informou-me Ratko. Entretanto, eu já sabia que tinham sido os venezianos os responsáveis por cortar a maioria das árvores dessas montanhas, para construir o que por um tempo fora a maior frota da Terra, e que a pilhagem dos próprios croatas, pastores de cabras, foi o que deixou as encostas nuas.

À medida que nos aproximávamos da fronteira bósnia, observei que todas essas cidadezinhas pelas quais estávamos passando o mais rápido possível — "para evitar complicações", como disse Ratko — pareciam estar florescendo; os cafés e restaurantes em Grude estavam tão cheios que havia uma fila de gente à espera de lugar. "Mercado negro", explicou Ratko. Era o setor principal da economia na Croácia e na Bósnia nesses dias, e o controle estava dividido entre a máfia de Zagreb e os soldados da ONU. O regimento espanhol estava ali naquele momento, mas os holandeses e os italianos já tinham levado o seu ganho mais cedo. Ratko falou sem rancor; a situação não duraria, e, enquanto isso, todo mundo pegava o seu quinhão. Apenas um ano antes, o armamento era a *commodity* mais preciosa, mas o mercado de armas desabou quase da noite para o dia. "Oferta e procura", observou ele com o dar de ombros de que eu vira até então dezenas de variações e que servia para realçar cada afirmação que ele fazia. "São tantas as armas por aqui que se pode comprar uma Uzi por 500 marcos. Em Amsterdã, se vende a mesma arma por 5 mil marcos, só que se tem de cruzar cinco fronteiras para chegar lá." Os suprimentos médicos tinham sido o grande lance por um tempo, mas também acabou havendo um excesso deles no mercado. Qual era o produto mais procurado nesse momento?, perguntei. "Uísque Ballantine", respondeu o croata. "Sem dúvida. Mais do que qualquer outra coisa, as pessoas precisam esquecer."

Ladeando a estrada entre Vitina e Ljubuški, havia muros de pedras calcárias que tinham sido tiradas dos campos onde, não havia muito tempo, levava-se um mês de trabalho para se abrir um sulco através da *karst* (que, pelo que pude saber, traduz-se por "terreno árido de calcário"). A paisagem de um e de outro lado começava a sugerir algum registro de eventos arqueológicos, surrealista e mórbido, em que guerras que remontavam a mais de mil anos sucediam-se em camadas, umas sobre as outras: eram ruínas de vilas romanas, de castelos turcos, de fortes húngaros e de quartéis austríacos que extravasavam das encostas das montanhas por todo lado da Croácia, da Bósnia e da Sérvia.

O lugar em que Ratko e eu estávamos naquele momento era, eu sabia, tema não só de debate como de derramamento de sangue. Ali era legalmente a Bósnia, mas não havia nem uma parte sequer administrada pelo governo de Sarajevo. A maioria dos policiais e soldados era de croatas cujos uniformes os identificavam como representantes de um "protetorado", patrocinado por Zagreb, chamado Herzeg-Bosna. Em Belgrado, Slobodan Miloševic insistia em afirmar que aquele ainda era um estado da Iugoslávia; Karadžić e Mladić referiam-se ao território como parte de "uma Sérvia maior". Durante séculos, os que viviam nessa região chamaram-na de Herzegóvina Ocidental. Antes da guerra, a Herzegóvina era em geral considerada a província menos agradável de toda a Iugoslávia: "seca", "árida" e "acidentada" eram os adjetivos mais empregados pelos escritores de livros de viagens. O terreno e o céu são pedregosos. A oeste, os portos da costa dalmática, de traçado romano e inspiração veneziana, desaparecem atrás de um baluarte de montanhas. A leste, o rio Neretva, de águas verde-escuras, vem cavando incessantemente gargantas sombrias nos Alpes dináricos, famosos por seus heróis marginais e suas víboras negras e venenosas. Essas montanhas estendem-se até a fronteira do norte, notável pela agreste mas fascinante planície do Duvno: "eternidade azul petrificada", como o mais famoso poeta da região descreveu o que se vê nessa direção.

Aos meus olhos, a luz estonteante formava silhuetas espantosas de cada protuberância de terreno ou de cada penhasco esfacelado. O que crescia naturalmente na terra vermelha vicejava com a intensidade de um sobrevivente. Os espinheiros — mais cinzentos do que verdes, e cheios de agulhas tão pontiagudas que poderiam dilacerar mortalmente uma cabra ou uma vaca que se prendesse entre as sebes — eram a vegetação nativa mais abundante. Para onde quer que eu olhasse, havia túmulos: eram túmulos ilíricos, estelas romanas, obeliscos otomanos, em canteiros cobertos de mato que eram cemitérios, perto das mesquitas, e por entre as cruzes juncadas de flores dos abarrotados cemitérios católicos.

Em Ljubuški, na linha do horizonte, víamos, no topo de um morro bem próximo da estrada principal, as ruínas de uma fortaleza de pedra construída pelos moradores da região há seiscentos anos para se defenderem contra os turcos invasores. "Aqui, toda criança cresce ouvindo esta história", informou-me Ratko.

Enquanto descíamos rapidamente as montanhas e entrávamos no platô de Brotnjo, rumo à paróquia de Medjugorje, não demorei a perceber que havia uma diferença. Nos rostos das pessoas que encontrávamos ao longo do caminho havia uma característica que me parecia difícil descrever: "serenidade desafiadora" era o melhor a que eu podia chegar. Aparecia nos rostos de duas velhas, que usavam lenços triangulares na cabeça e camisas engomadas, e se serviam de varas de choupo para fazer um rebanho de gado atravessar a estrada próxima ao acampamento das forças da ONU (um antigo "acampamento de turistas", comunista, então cercado de sacos de areia e arame farpado). Um comboio de caminhões havia parado na pista oposta, e os soldados de boinas azul-claras da Forpronu estavam gritando obscenidades. As duas velhas não estavam desatentas, mas apenas tranqüilas. Elas não estavam tentando obstruir o caminho nem se afastar dali; era como se qualquer um desses esforços fosse indigno delas.

Quando a estrada ficou desimpedida, passamos por um arvoredo de carvalhos e bétulas e chegamos a uma clareira de onde avistei pela primeira vez os montes Trtla, uma pequena mas impressionante cadeia de montanhas que divide Medjugorje (que significa "entre montanhas") do resto do Brotnjo. Fazendo uma curva de leste para oeste, o último dos Trtlas é também o mais alto, um pico espetacularmente escarpado que se conhece por pelo menos quatro nomes diversos, cada um deles significativo. Em geral, chamam-no Križevac — a montanha da Cruz. O impacto da imensa construção branca no cimo da montanha assombrou-me: o cruzeiro era claramente visível a cerca de 8 quilômetros de distância e, decididamente, dominava o horizonte. Ele fora construído, eu viria a saber, em 1933, e os acontecimentos que se seguiram foram considerados pela gente de Medjugorje como prelúdio do drama das visões que teve início quase meio século depois.

Observei que Ratko nunca olhava diretamente para o topo da montanha, mas lançava olhadelas de soslaio naquela direção. Ele estava mais interessado nos negócios do que na religião, disse-me Ratko. "É difícil a gente se preocupar com algo que não se vê", explicou-me o companheiro de viagem com um sorriso vulgar. Ele era uma grande decepção para seu tio, o padre Milan, observou Ratko pouco depois, e dessa vez não sorriu.

Ratko, manobrando o seu Opel, tomou a única estrada pavimentada que, serpenteando em curvas em forma de oito, atravessava a paróquia e ia dar no trecho em que havia cafés ao ar livre e lojas de turistas diretamente opostos às torres gêmeas da enorme igreja ocre. Estacionamos em frente a um restaurante chamado Dubrovnik, onde Ratko pagou por limonadas para nós dois e me apresentou a Slavica, uma mulher atraente de cabelo castanho-avermelhado e feições bem marcadas, olhos azuis e uma pele azeitonada, características típicas da região. Ela era mais ou menos da idade de Ratko, e tinha se conservado com uma aparência bem melhor do que a da maioria das mulheres croatas, que tendem a desabrochar cedo — figuras esculturais de pernas espetacularmente compridas e um porte empinado e orgulhoso — mas fenecem rapidamente depois do casamento. Slavica ainda estava solteira e era conhecida, eu saberia mais tarde, como "rainha dos guias", posição que se devia tanto à sua longevidade como à altivez da sua presença.

Ela viera de Mostar, contou-me Slavica, e, no mesmo instante, comecei a lhe fazer perguntas, querendo primordialmente saber dos riscos de uma ida à cidade devastada pela guerra, a pouco mais de 16 quilômetros de carro dali. Slavica reagiu assustada, quase zangada: "Não vá. Mas, se for, fique longe da parte leste." Os muçulmanos, eu sabia, viviam na margem direita do rio Neretva, que atravessava Mostar, dividindo-a ao meio. Das posições que eles estavam ocupando nas montanhas já havia três anos, explicou Ratko, os sérvios continuavam bombardeando a parte muçulmana da cidade. "Nunca se sabe onde os rojões vão cair, nem quando", disse Slavica. "Ontem, eles começaram às dez e meia da manhã." E as pessoas que moram lá?, perguntei. Para onde vão quando começam os disparos? Slavica olhou para mim, espantada e triste por alguns momentos, e depois balançou a cabeça, assombrada com a minha ingenuidade. "Para o subsolo, se puderem", respondeu. Pouco depois, Slavica nos disse que ela tinha de encontrar uma pessoa. Ao se levantar para sair, pôs a mão no meu braço. "Por favor, tenha cuidado", disse ela. "Não tenha pressa para morrer."

Ratko pareceu-me desanimado depois que Slavica partiu. Senti-me responsável. É melhor irmos andando, disse o meu guia, já que ele tinha de voltar a Split antes de anoitecer.

Seguimos pela estrada de uma única pista, com altos e baixos, e, tendo passado por campos de trigo e figueiras, chegamos a um bairro de prédios mais novos, todos de estuque branco e com telhados vermelhos. Enquanto o pequeno Opel avançava, beirando uma fileira de cafés sombrios e lojas de turistas poeirentas, Ratko queixou-se mais uma vez de que a guerra havia levado a economia do turismo do seu país à ruína. "Em 1990, Medjugorje recebeu mais de 3 milhões de visitantes", observou ele. "Todo o mundo aqui pedia dinheiro emprestado para construir. Este ano, vamos ter muita sorte se chegarem 10 mil peregrinos. As pessoas não podem pagar os empréstimos; algumas vão perder tudo."

Assenti com a cabeça, mal ouvindo o que ele dizia. Entretanto, Ratko conseguiu prender minha atenção quando, dando uma guinada brusca para a direita, saiu da estrada pavimentada para um caminho de terra bastante irregular que no decorrer da semana eu estaria chamando de "caminho das visões". O meu motorista mostrou-me a casa da vidente Vicka, primeiro, e me disse que a de Marija viria logo adiante. Em seguida, passamos, aos solavancos, pelo casarão de estuque branco onde Ivan morava com a esposa, uma americana, ex-rainha de um concurso de beleza, a quem os irreverentes se referiam como Miss Massachusetts. "Como ele pode manter uma casa dessas?", perguntei. Ratko sorriu enigmaticamente, e disse: "Eis a questão."

Logo adiante, vimos a casa mais modesta do mais jovem vidente de Medjugorje, Jakov, cercada das flores tropicais de que ele passava horas cuidando. Do outro lado da rua, havia um condomínio com portão e duas casas novas: Mirjana, o marido, Marco, e as duas filhas moravam numa delas, enquanto sua mãe, seu pai, seu irmão e sua irmã ocupavam o andar térreo da outra. A mãe de Mirjana, Milena, recebeu-nos no caminho de entrada com um sorriso no qual faltava meia dúzia de dentes. Ela parecia gentil, mas confusa, como se a minha chegada, embora esperada, fosse um mistério. A mulher olhou-me de alto a baixo como se estivesse procurando pistas, ao mesmo tempo em que falava com Ratko em croata, explicando que Mirjana e Marco estavam na Itália e só voltariam para casa na noite seguinte.

"Enquanto isso, você pode ir explorando", disse-me Ratko enquanto traduzia. "A montanha da Cruz está ali" — e apontou para sudoeste — "e a igreja fica para lá" — e ele fez o braço girar para o norte. "O caminho é muito mais curto se você atravessa os campos. É só se guiar pelas flechas das torres." Ele apertou minha mão. "Espero que consiga o que precisa. Até a vista." Ao ver o Opel ir embora, senti-me como que abandonado.

Milena, que não falava nenhuma palavra de inglês, entregou-me uma chave e apontou para um lance de escada com degraus ladrilhados. Abri a porta e descobri que eu teria um andar inteiro para mim. Arrumado como uma espécie de dormitório, o lugar em geral abrigava grupos de oração que chegavam a ter trinta pessoas. O quarto maior e mais bonito era o da frente, em que a janela parecia uma moldura à volta da enorme cruz branca no topo da Križevac. Deslumbrado por aquela vista, recolhi-me a um quarto menor, de fundos, em que as janelas eram sombreadas por figueiras. Deixei minha mala numa cama no canto, e então saí para o calor e a luz ofuscante do lado de fora.

Sem tomar conhecimento da guerra e do conselho do próprio governo contra as viagens à Croácia ou à Bósnia, pequenos grupos de peregrinos vindos dos Estados Unidos continuavam a chegar a Medjugorje. Do outro lado da rua, em frente à casa de Jakov, um desses grupos tinha se reunido enquanto eu descia o caminho da casa de Mirjana e chegava à rua. O próprio Jakov saiu pouco depois, bem diferente do garoto louro e magro de traços finos e enormes olhos espantados que eu vira nas fotografias. Esse Jakov era, aos 24 anos, um rapaz baixo e flácido de corpo, de rosto largo e cabelo castanho-claro que estava timidamente parado ao sol, e que piscava os olhos enquanto encarava o grupo com uma expressão que parecia mais precavida do que afetuosa.

Por intermédio de um intérprete, os 12 peregrinos americanos fizeram uma série de perguntas espantosamente inúteis — a maioria sobre acontecimentos ocorridos há mais de dez anos. Eu sabia que esse rapaz provavelmente dera as mesmas respostas nas inúmeras ocasiões anteriores. Diversas vezes, percebi que Jakov olhava por cima das cabeças do grupo e procurava encontrar o meu olhar por uma fração de segundo. Jakov, na primeira vez que olhou para mim, acenou ligeiramente com a cabeça; eu estava certo de que ele sabia que eu devia ser o escritor americano que se hospedava em casa de Mirjana. Os olhos eram o traço mais atraente de Jakov, e ao olhar dentro deles, percebi que o rapaz estava me dizendo algo que eu não queria ouvir. O que ele tinha a dizer já tinha sido falado; se eu o compreendera, não havia nada mais a ser falado.

Quer essa comunicação entre nós estivesse toda na minha cabeça, quer não, emocionou-me ver a paciência e a sinceridade doce com que Jakov respondeu a toda e qualquer pergunta formulada pelos peregrinos. "Deve ter sido muito difícil; você tinha apenas dez anos", observou um homem idoso, com voz chorosa. Jakov assentia com a cabeça enquanto ouvia o tradutor. "Foi terrível e glorioso", disse ele. "Nunca tive tanto medo, e nunca me senti mais feliz. Nossa Senhora estava conosco; tudo o mais parecia sem importância."

PARTE II

ENTRE AS MONTANHAS

Todos os místicos falam a mesma língua, pois eles se originam do mesmo país.

— Saint-Martin

CAPÍTULO 5

Na Herzegóvina, a santidade e o horror coexistiram por séculos. Entretanto, logo após a Segunda Guerra Mundial, houve um período em que as trevas pareceram extinguir a luz. Os soldados tchetniques sérvios e os rebeldes ustachis croatas estavam se matando uns aos outros impiedosamente, e só eram suplantados em selvageria pelas tropas de *partisans* comunistas que "pacificaram" a região pouco antes da rendição da Alemanha, ao norte. Cerca de 3 mil ustachis refugiaram-se nos desfiladeiros inacessíveis de Trtla e das cordilheiras dináricas, e lá viviam como pequenos bandos de fora-da-lei que atacavam prédios do governo e depósitos do Exército. Uma imensa rede de homens da polícia secreta e de informantes locais foi utilizada numa campanha, que parecia infindável, para expulsá-los do país. Os civis, quando considerados suspeitos de apoiar os bandos ustachis, eram impiedosamente castigados.

Em Medjugorje, a igreja que tinha resistido durante cinqüenta anos foi demolida em poucos dias, e seus destroços foram usados na construção de uma passagem temporária entre uma margem e outra do rio Lukoc (onde os ustachis tinham feito uma ponte ir pelos ares). Križevac recebeu um novo nome, Titovac, e a igreja ortodoxa no sopé do monte também foi arrasada. Os padres católicos foram obrigados a se juntar às equipes de operários que carregavam as pedras da igreja sérvia para o cume e com elas construiriam uma estrela de cinco pontas. A estrela era então o novo símbolo da Iugoslávia, conforme informaram aos habitantes do povoado, e Titovac era um santuário estatal onde "os heróis do povo" seriam festejados anualmente sob a supervisão dos chefões do Partido Comunista. Não participar das comemorações significava, no mínimo, cumprir uma longa pena na prisão. Havia espiões por toda parte, e a observância de atos religiosos era um delito que merecia castigo. Até mesmo um "Deus te abençoe" poderia fazer uma pessoa acabar na cadeia.

Em abril de 1945, ao mesmo tempo em que a Terceira Unidade do marechal Josip Broz Tito desfilava por Sarajevo como exército de libertadores, os cidadãos de Medjugorje estavam sendo quase diariamente lembrados da matança dos sérvios pelos croatas, e punidos por isso. Na ocasião oportuna, todo homem do vilarejo seria chamado a participar das turmas que trabalhavam na beira do barranco onde corpos tinham sido jogados, usando marretas e formões para talhar degraus na parede do talude que levariam ao monumento em homenagem aos "Mártires do Povo".

Essas humilhações faziam parte do esforço nacional feito pelo governo comunista para eliminar as animosidades que tinham alimentado uma guerra atrás da outra por quase mil anos. Os sérvios, uma população de quase 14 milhões, constituíam o grupo majoritário da "Federação Iugoslava" de Tito, e o de maior influência no Partido Comunista. Entretanto, o próprio Tito era filho de mãe eslovena e pai croata, e, embora mantivesse a sede do governo em Belgrado, o ditador continuava a passar seis meses no ano em seu palácio de verão na Croácia. Os croatas e os eslovenos eram o segundo e terceiro maiores *narods* (povos), em número de indivíduos, na nova Iugoslávia, e a cada qual foi concedida uma república, como ocorreu com os macedônios e os montenegrinos. Reconheceram-se oficialmente outras 18 "minorias nacionais", entre elas, as de albaneses, húngaros e judeus, além de 14 línguas e dois alfabetos (romano e cirílico). A sexta e de longe a mais diversificada das repúblicas da Federação Iugoslava era a Bósnia-Herzegóvina, descrita por Tito como "nem sérvia, nem croata, nem muçulmana, mas sérvia, croata e muçulmana".

O titoísmo era uma mistura engenhosa e cruel de terrorismo e diplomacia que, por três décadas e meia, aferiu e equilibrou com sucesso as tensões étnicas da Iugoslávia mas nunca chegou a extingui-las de fato. Tito foi um ditador que fez o melhor que pôde para ser tudo para todos: em 1953, divorciou-se da segunda esposa e casou-se com uma jovem assistente sérvia, unindo simbolicamente as duas nacionalidades mais antagônicas do país. Depois de 1957, quando as últimas guerrilhas ustachis e tchetniques já tinham sido mortas ou afastadas do país, o líder comunista começa a ceder no controle que exercia, instituindo reformas econômicas liberais e promovendo a descentralização no governo. Estimularam-se os casamentos mistos e as escolas integradas em toda a Iugoslávia, ainda mais especialmente na Bósnia-Herzegóvina. A estratégia foi bem-sucedida, pelo menos superficialmente, nas cidades, mas quase não causou impacto nos vilarejos do interior. Os camponeses sérvios e croatas que migraram para as cidades da Bósnia-Herzegóvina — principalmente Sarajevo e Mostar — logo descobriram estar em considerável desvantagem se comparados aos muçulmanos cosmopolitas, que passavam pelo processo de assimilação com facilidade e tiravam grande proveito do sistema educacional de Tito. O que, para os muçulmanos, não era senão um complexo de inferioridade a ser descartado, para os sérvios e croatas do interior, era um ressentimento encoberto que só precisaria de um leve aumento de temperatura para entrar em ebulição e transbordar.

Tito impediu que isso acontecesse, em parte ao ampliar as oportunidades de expressão individual que incluíam até uma limitada prática religiosa. Em Medjugorje, os franciscanos tiveram permissão para erguer uma nova igreja católica (em terreno mais firme) que foi inaugurada em 1972. Construído com blocos de concreto cinzento, o edifício não tinha nada de belo, mas as duas flechas gêmeas e o tamanho sem precedentes faziam dele uma presença imponente; a igreja de Medjugorje era sem dúvida a maior do platô de Brotnjo, e nela havia lugar para cinco vezes mais fiéis do que os que compareciam à missa de domingo.

O catolicismo na Iugoslávia emergira da Segunda Guerra Mundial muito maculado pela associação com o governo dos ustachis. Aos olhos dos cidadãos do país, só os franciscanos estavam livres das máculas. Durante a campanha de pacificação dos *partisans*, mais de setenta franciscanos foram assassinados na Herzegóvina ocidental, incluindo os sete frades do mosteiro em Humac (entre eles, Bernadine Smulyan, o padre que super visionara a construção da cruz no topo da Križevac) que foram mortos com tiros na cabeça e depois jogados na correnteza do Neretva.

Em 1956, o Vaticano teve permissão para se aplicar à controvérsia então conhecida na Igreja como "caso Herzegóvina", e, desse modo, reafirmar o seu comando sobre o clero católico em toda a Iugoslávia. Os franciscanos, nessa ocasião, ainda controlavam 63 das 79 paróquias na Bósnia-Herzegóvina, e ocupavam uma posição influente na região que não se comparava à de nenhuma outra ordem em qualquer outra parte do mundo. No início dos anos 1960, a autoridade dos frades estava sofrendo o ataque não só de Roma mas também de Mostar. Em 1966, quando o marechal Tito reatou relações diplomáticas com o Vaticano, o bispo de Mostar (homem que tinha sido condenado à prisão como colaborador nazista dez anos antes) elogiou o governo de Tito e afirmou que o cristianismo e o marxismo eram inteiramente compatíveis. Ao mesmo tempo, o bispo estava persuadindo Roma a devolver 21 paróquias franciscanas à diocese; nos dois anos seguintes, o bispo obteve o controle de outras 11 paróquias.

Dizer que os padres diocesanos — jovens e originários das cidades, em sua maioria — não tinham tido boa acolhida em seus novos lares seria atenuar os fatos; por toda a Herzegóvina ocidental, os paroquianos fecharam as portas de suas igrejas ao clero diocesano e em algumas ocasiões investiram contra os padres que tentaram forçar a entrada deixando-os inconscientes. As tensões chegaram ao auge em 1975, quando o bispo de Mostar pediu a Roma mais cinco paróquias — as cinco que tinham sido os principais postos de recrutamento de franciscanos na Herzegóvina durante quase nove séculos. O superior da Ordem dos Franciscanos em Roma, quando mandou uma carta ao papa explicando a importância dessas paróquias, foi imediatamente suspenso.

Em agosto de 1980, quando Pavao Žanić se tornou o novo bispo de Mostar, ele anunciou que a paróquia da cidade seria dividida em duas: 3/4 do território de Mostar constituiriam a nova catedral da diocese, enquanto 1/4 da cidade permaneceria sob a supervisão dos franciscanos. O tumulto que se seguiu foi descrito pelo novo bispo como "revolta". No domingo seguinte, quase todos os católicos de Mostar assistiram à missa numa das quatro pequenas capelas nos arredores de uma cidade onde os frades franciscanos continuavam a ministrar os sacramentos, deixando as igrejas da nova catedral da diocese praticamente vazias. No domingo posterior a esse, os padres diocesanos enviados pelo bispo Žanić surgiram nas quatro capelas franciscanas e anunciaram que os prédios tinham sido readjudicados à catedral da diocese. Os padres diocesanos só se afastaram depois que suas novas congregações de fiéis lhes fizeram ameaças de violência. Žanić logo acusou os frades de incitar o povo à revolta e proclamou que dali em diante nenhum franciscano teria permissão para entrar na catedral da diocese de Mostar sem o consentimento pessoal dele.

Mesmo na Iugoslávia de Josip Broz Tito, Medjugorje era conhecida tanto pela fé como pela pobreza. E o símbolo dessa fé era o enorme cruzeiro caiado de branco no topo da montanha de muitos nomes. Embora houvesse dois nomes "oficiais", Sipovac e Titovac, o pico fora conhecido, há séculos, primordialmente como Grmljavinac — a montanha do trovão. Durante a ocupação de um exército após outro — romano, eslavo, húngaro, otomano, austríaco e sérvio —, os moradores dessa paróquia realizaram rituais de oferendas e sacrifícios nas encostas da montanha. Tradicionalmente, acreditava-se que o cume fosse o refúgio da força mais aterrorizadora do povo de Brotnjo, mais poderosa ainda que os romanos e mais cruel que os turcos: Gromovnik, o espírito do trovão. Durante décadas e mais décadas, o povo do lugar tinha se afligido com Gromovnik, que quase todo verão conseguia convocar pelo menos uma terrível tempestade que escurecia o céu e se desencadeava sem qualquer aviso. A força mais destruidora era a da chuva de pedras, que, do tamanho de um punho de criança, podiam arrasar uma plantação em segundos. Também se temiam os ventos tórridos que sopravam das montanhas e provocavam incêndios espontâneos que, sem controle, podiam durar horas.

A Igreja Católica atribuiu a construção do cruzeiro no topo de Grmljavinac a uma visão do papa Pio XI, que, em 1932, chamou o pároco de Medjugorje a Roma e contou que um sonho lhe revelara que uma cruz enorme deveria ser construída na montanha mais alta da Herzegóvina, para comemorar os 1.900 anos da crucificação de Cristo. No ano seguinte, o povo de Medjugorje teria a fama de povo mais católico de toda a Bósnia-Herzegóvina, ao carregar mais de 20 toneladas de pedra, areia e água nas costas, atravessando pedras gigantescas e um matagal de arbustos espinhosos até chegar ao cume da montanha. Quando se inaugurou o cruzeiro, em setembro de 1933, a cerimônia serviu não só para se consagrar uma montanha à fé católica, como para pedir a proteção de Gromovnik, em quem os moradores do vilarejo nunca deixaram de acreditar.

O que decorreu da transformação de Grmljavinac em Križevac tornou-se lendário em toda a região dos Bálcãs: as chuvas de pedra de verão que por séculos tinham assolado as plantações de Medjugorge praticamente cessaram, assim como não ocorreram mais os incêndios de outono que pareciam nascer de um passe de mágica. O granizo caía de vez em quando, mas com uma freqüência dez vezes menor do que antes, segundo os habitantes do vilarejo, que também contaram que as pedras que caíam eram muito menores. À medida que os anos passavam, as nuvens negras que se juntavam em cima da montanha, como os trovões e os relâmpagos que delas resultavam, passavam a ser vistas mais como curiosos fenômenos da natureza do que ataques ameaçadores e fatais de um espírito furioso.

Foi contra essa tela de fundo e nesse contexto que as aparições de Medjugorje iriam se desenrolar.

Em junho de 1981, Mirjana Dragičević, então com 16 anos, era uma estudante de ginásio, de Sarajevo, que estava passando o verão na casa do tio em Bijakovići, um dos cinco vilarejos que formavam a paróquia de Medjugorje. Como todos os outros jovens acima de dez anos, Mirjana trabalhava diariamente nas plantações de tabaco e nos vinhedos que constituíam toda a riqueza econômica de Brotnjo. Em 1981, as plantações ainda eram regadas manualmente com a água tirada de cisternas de pedra. Apenas algumas famílias possuíam tratores, e, em suas viagens, as pessoas usavam mais carroças puxadas por mulas do que automóveis. Quase toda casa da paróquia era construída de "pedra seca", o que na Herzegóvina significa uma casa feita de pedras de calcita tão bem assentadas que dispensam argamassa, coberta de telhas de ardósia e isolada com palha. A maioria dos homens de Medjugorje tinha trabalhado na Alemanha como operários de obra, e esses ganhos respondiam por quase tudo o que levara as pessoas do vilarejo a viver acima do nível de subsistência.

A tempestade violenta que atingiu a região na noite de 23 de junho de 1981 levou a maioria dos cidadãos mais velhos de Medjugorje a dizer que não havia ocorrido nada parecido em meio século — desde a construção do cruzeiro, muitos insistiam em afirmar. Ao anoitecer, raios cruzaram o céu e se espalharam em todas as direções, e houve trovões ensurdecedores. Armada com um crucifixo que brandia como se fosse uma arma, a esposa de um plantador de tabaco do lugar foi passando de casa em casa e borrifando tudo com água benta.

Os raios que explodiram em Medjugorge durante a noite provocaram mais de uma dezena de incêndios; árvores queimavam como tochas. Caminhões de bombeiros chegaram da capital municipal de Čitluk a tempo de salvar metade da agência dos correios, mas o velho salão de reuniões que os adolescentes haviam transformado em discoteca foi inteiramente destruído pelo fogo. De manhã, não havia mais fogo, e, ao crepúsculo, o céu estava azul-claro no horizonte.

O dia 24 de junho era consagrado ao último profeta do Velho Testamento, João Batista. Medjugorje comemorava o dia santo com uma missa matinal e todas as crianças eram dispensadas das tarefas no campo. Naquela tarde, Mirjana e sua amiga Ivanka Ivanković, de 15 anos, aproveitaram o feriado para dar um passeio, e assim, depois de caminharem pela ruela suja que constituía a via principal de Bijakovići, tomaram a estrada pavimentada que seguia na direção oeste. Por ter vindo da cidade mais cosmopolita de toda a Iugoslávia, e porque era uma loura bonita, com planos de ir para a universidade, a gente do lugar considerava Mirjana uma moça meio sem-vergonha. Talvez fosse por isso que ela e Ivanka tenham durante muito tempo se negado a admitir que, naquela tarde, o que elas pretendiam era surrupiar alguns cigarros. As amigas, enquanto caminhavam, iam cantando, não hinos religiosos, mas músicas *pop* que haviam aprendido ao ouvir os programas de rádio de Zagreb.

As duas tinham andado menos de um quilômetro quando chegaram ao austero monte conhecido na região como Podbrdo (o Contraforte). Mirjana mal percebeu quando Ivanka parou ao sopé da grande encosta rochosa na face sul do monte, mas interrompeu a caminhada ao ouvir a companheira gritar: "Olhe! A Nossa Senhora!" Mirjana olhou assombrada não para a encosta mas para a amiga, e se perguntou se ela estaria passando bem. A mãe de Ivanka morrera havia menos de um mês, acontecimento que chocou toda a paróquia: a senhora Ivanković não só tinha sido a mulher mais bela de Medjugorje, como muitos a consideravam a mais religiosa. No enterro, Ivanka, chorando histericamente, jogara-se sobre o caixão, negando-se a deixar que os coveiros o fechassem. Quando Ivanka de novo insistiu em pedir que ela olhasse para a encosta, Mirjana se alarmou com o tom de voz da amiga. "Ande!", gritou, acenando para que Ivanka fosse adiante. "Você acha que Nossa Senhora apareceria para nós?"

Após um instante de hesitação, Ivanka acompanhou Mirjana. "Eu não acreditava no que eu achava estar vendo", explicou ela, posteriormente. "Eu estava confusa, não sabia o que tinha acontecido, não sabia se aquilo era algum tipo de alucinação." O que Ivanka achava ter visto, conforme relatou, era "uma figura reluzente" ou "um perfil" que por algum motivo ela estava certa de que era a Virgem Maria.

Mirjana e Ivanka não tinham se afastado muito do monte Podbrdo quando encontraram uma jovem pastora, Milka Pavlović. Milka, então com 13 anos, pediu às duas garotas mais velhas que a ajudassem a juntar os carneiros e a levá-los de volta para casa. As três voltaram a seguir em direção ao leste. Na base do Podbrdo, Ivanka disse ter visto de novo uma jovem mulher iluminada que mais parecia estar flutuando do que em pé, distante quase 200 metros delas, perto do topo da encosta. Dessa vez, as companheiras de Ivanka também olharam para o Podbrdo.

Mirjana viu uma silhueta luminosa que aos poucos foi se transformando numa bela e jovem mulher, de manto cinza-prata e véu branco, que carregava uma criança enrolada numa manta. A menina sabia que ninguém do vilarejo jamais subia o Podbrdo, a não ser para buscar alguma cabra desgarrada, o que implicava galgar pedras enormes e atravessar o matagal espinhoso. Até isso era difícil de se enfrentar no verão, quando, segundo diziam, as cobras aninhavam-se nas pedras.

A mulher próxima da encosta descobriu, depois cobriu, e de novo descobriu a criança que ela levava nos braços. Mirjana percebeu que estava sendo chamada, embora não tivesse ouvido palavras nem sons.

Algum tempo depois, uma outra garota, Vicka Ivanković, de 16 anos, juntou-se às três que lá estavam. Vicka era uma das poucas jovens da paróquia que não assistiram à missa naquela manhã, pois tomara o ônibus para Mostar, onde assistiu à aula no curso de férias; ela não se saíra bem em matemática no período escolar da primavera e estava aflita para estar preparada quando o ano escolar recomeçasse, em setembro. A viagem de ônibus de volta para Medjugorge, naquela tarde, tinha sido quente e desagradável, e Vicka, que tinha ficado enjoada, deitara-se para tirar um cochilo pouco depois de chegar em casa. Às cinco e meia da tarde, sua irmã mais moça a acordou, e lhe disse que, enquanto ela descansava, Mirjana e Ivanka tinham passado por lá porque queriam que Vicka as acompanhasse num passeio pela estrada que levava a Cerno.

A pressa para alcançar as amigas era tanta, que Vicka saiu de casa de chinelos. Ao se aproximar do Podbrdo, ela avistou Mirjana, Ivanka e Milka, que, ainda caminhando, já tinham chegado ao sopé da encosta. "Todas as três olhavam fixo para algo", recordou-se Vicka. "Pareciam assustadas." Ela achou que as amigas tinham visto uma cobra. "Com gestos, elas me chamaram. Eu corri. Estranho! O que é que elas estão olhando com tanta atenção? Então todas gritaram: 'Vicka, veja a Virgem Maria!'"

Subitamente apavorada, Vicka chutou longe os chinelos, e, descalça, "fugiu dali como uma louca". E não parou de correr no caminho de volta para o vilarejo até cair de encontro a um muro de pedra, e se desfazer em lágrimas. Os dois Ivans, o Dragičević e o Ivanković, surgiram na estrada pouco depois, levando maçãs recém-colhidas em sacos plásticos. Para eles, a visão de Vicka Ivanković soluçando descontroladamente era algo espantoso. Vicka era a mais corajosa e franca das garotas da paróquia de Medjugorje, conhecida pelas observações ousadas que fazia — consideradas irresponsáveis por alguns — e que mais de uma vez lhe causaram problemas com as autoridades comunistas. (A polícia secreta estava particularmente aborrecida com ela naquele momento, por Vicka insistir em usar as calças *jeans* — o símbolo mais representativo dos valores corruptos do Ocidente — que o pai lhe trouxera da Alemanha.) Ainda entre soluços, Vicka, arfando, persuadiu os dois Ivans a levá-la de novo ao lugar onde estavam as três garotas que afirmavam estar vendo a Virgem.

Quando chegou perto das amigas, no sopé do Podbrdo, Vicka, segundo o seu relato, levantou os olhos e viu uma jovem mulher reluzente, de pé, perto do topo da encosta, com uma criança no colo. De início, o assombro emudeceu Vicka. Quando afinal conseguiu falar, ela pediu ao Ivan mais moço (o Dragičević) que descrevesse o que tinha visto, mas àquela altura o garoto estava correndo estrada abaixo na direção oposta, deixando cair as maçãs enquanto saltava um muro de pedra e atravessava os campos em disparada. O Ivan mais velho permaneceu ali, mas disse que só conseguia ver que havia algo "branco e que girava". Alguns minutos depois, ele recolheu as maçãs espalhadas e foi embora atrás do amigo.

As quatro garotas permaneceram. Todas disseram que a mulher na encosta continuava a cobrir e descobrir a criança. Num certo momento, parecia que ela estava acenando, como se as incentivasse a ir em frente. Mas nenhuma delas conseguia se mexer. Por fim, a jovem mulher reluzente e a criança que ela carregava nos braços começaram a esmaecer, e pouco depois sumiram. "Eu tremia", recordou-se Ivanka. "Eu não sabia o que as outras tinham visto ou em que acreditavam... Eu estava com medo. Estávamos todas com medo."

De volta ao vilarejo, os seis jovens "contaram tudo", como disse Vicka. Poucos acreditaram. Marija, a irmã mais velha de Milka, famosa por sua simpatia — aos 16 anos, ela já era confidente de quase todas as mulheres do lugar —, riu quando as outras disseram que tinham visto a Virgem, e "não quis levar o assunto a sério", contou Vicka. O tio Simun repreendeu Mirjana por ser "uma garota inteligente da cidade", e advertiu-a de que não dissesse mais nada. A avó de Ivanka irritou-se: "O que é que há com você? Alguém põe uma lanterna na cabeça e fica dando voltas." As alegações de Vicka foram levadas a sério pelo menos por sua própria avó, que preveniu as garotas de que elas poderiam ter visto o Diabo: "Às vezes ele se disfarça de anjo de luz para enganar as pessoas." Ao anoitecer, quase todo mundo em Bijakovići parecia ter uma opinião sobre o que as quatro garotas tinham visto. "Dizem que era um disco voador, ou alguma luz estranha", escreveu a irmã de Vicka no diário, e foi dormir.

Mirjana ficou acordada a noite toda, alternando momentos em que rezava e outros em que tremia de medo, e depois, de madrugada, saiu para colher folhas de tabaco e cuidar do rebanho. Ela e as outras três ouviram as provocações incansáveis de muitos rapazes, entre os quais um que não se cansava de ameaçar subir o monte Podbrdo e "pegar a Virgem". Quando o sol nasceu, Mirjana, Ivanka e Vicka já tinham decidido voltar ao Podbrdo mais tarde, naquele mesmo dia. "Era uma coisa estranha: não queríamos desistir", lembrou-se Vicka. "Decidimos, ao mesmo tempo, ir ao lugar em que tínhamos visto a Virgem na véspera. Se ela fosse realmente a Nossa Senhora, talvez voltasse a aparecer."

No meio da manhã, Vicka e Marija Pavlović pegaram carona com o vizinho Marinko Ivanković, mecânico de automóvel, que as levou a Citluk onde elas tomaram o ônibus para Mostar, onde assistiriam à aula do curso de férias. Vicka, em geral animada, parecia "sonhadora, distraída", conforme o relato de Marinko. Foi Marija quem contou ao mecânico que Vicka e as outras três disseram ter visto a Virgem Santíssima no Podbrdo. "Fantasias de adolescentes", foi o que Marinko, de 39 anos, comentou. Ao ouvir esse comentário, Vicka saiu de seus devaneios e se mostrou indignada: "Era a Mãe Santíssima", insistiu. "Ela também carregava Jesus no colo. E Ela estava nos mostrando Seu Filho."

Marinko balançou a cabeça. Talvez ele tivesse acreditado se ouvisse um dos Ivans dizer que tinha visto a Virgem, concordou o mecânico, mas ele não estava disposto a acreditar no que qualquer garota boba dizia. Entretanto, Marija ficou muito impressionada com o humor de Vicka. "Se isso acontecer de novo", disse Marija à amiga, "venha me apanhar." "Vou, sim", prometeu Vicka.

Vicka estava só quando começou sua caminhada rumo ao Podbrdo pouco antes das seis da tarde do dia 25 de junho. Encontrou Mirjana no meio do caminho, e, quando chegaram ao sopé da encosta, encontraram Ivanka que estava à espera, acompanhada de um grupo de umas vinte pessoas do vilarejo. De início, as três garotas viram apenas clarões repentinos e intermitentes. Vicka tinha certeza de que a Virgem estava chegando de novo, e, conforme prometeu, voltou correndo ao vilarejo para chamar Marija, que estava ocupada com a preparação da refeição noturna da família. "Venha!", chamou Vicka, que naquele momento estava acompanhada de seu sobrinho de dez anos, Jakov Čolo.

Marija saiu de casa tão apressada que calçou os sapatos do pai, grandes demais para ela. Marija perdeu um dos sapatos antes de sair dos limites do vilarejo, e o outro, quando chegou ao Podbrdo. Descalça, ela permaneceu ali no sopé da encosta, com as outras três amigas e o pequeno Jakov.

Pouco depois, Ivan Dragičević, de 16 anos, juntou-se a eles. Ivan tinha dito, mais cedo, que ele não voltaria ao Podbrno porque tinha de ajudar os pais na colheita das folhas de tabaco. Entretanto, no decorrer da tarde, Ivan foi se tornando mais e mais agitado e distraído. Por fim, mais ou menos às cinco e meia, ele pediu para ser dispensado do trabalho, e, atravessando os campos, rumou para a encosta.

O Ivan mais velho, o Ivanković, também se negara a voltar ao Podbrdo naquela tarde, dizendo que o que tinha acontecido na véspera, fosse lá o que fosse, era "coisa de criança". Ele também acabou mudando de idéia no último instante e foi para o monte, mas só a tempo de servir como uma das 15 testemunhas oculares que deram depoimentos sob juramento sobre o que veio a ocorrer depois.

Para Mirjana, Ivanka e Vicka, a luz no Podbrdo tornara-se tão intensa que chegaram a imaginar que a encosta pudesse se derreter. Mas naquele momento a jovem mulher resplandecente, de manto cinza-prata e véu branco, pareceu atravessar a luz e ficar parada — ou flutuar (por algum motivo, a única parte da mulher que eles não viam eram os pés) — no mesmo lugar em que ela aparecera na noite anterior. Dessa vez ela não carregava nenhuma criança.

De novo foi Ivanka que afirmou ter sido a primeira a ver a Virgem; Mirjana disse ter sido a segunda, e Vicka, a terceira. "Elas diziam: 'Aí está ela!'", relembrou Marija. "Mas eu não a vi ali na colina." Nem Jakov viu. Ivan viu "alguma coisa", não sabia dizer o quê. A imagem na colina estava chamando-os para perto de si, disseram Mirjana, Ivanka e Vicka aos outros, mas de início nenhum dos seis se mexeu. Então, alguns minutos depois, as crianças começaram a subir a estreita trilha das cabras que desaparecia na fenda do morro: Ivanka, Mirjana e Vicka na frente, Ivan em seguida, e, mais atrás, Marija e Jakov.

O que mais espantava o grupo que seguia atrás deles era a velocidade com que os seis subiram a encosta. "Começamos a correr como se tivéssemos asas", lembrou-se Vicka, que, como Marija, tinha perdido os sapatos. "Subimos direto por entre os espinheiros. Corríamos como se estivéssemos sendo levados. Não sentíamos nem as pedras nem os espinheiros. Nada. Como se o chão estivesse coberto de esponja ou borracha. Impossível explicar." Nem mesmo o rapaz mais forte e mais ágil do vilarejo subiria o Podbrdo até o cume em menos de dez minutos. Os seis jovens conseguiram fazê-lo em menos de dois.

Quando chegaram ao lugar em que a jovem mulher reluzente os esperava, numa clareira entre três moitas de espinheiros, Ivan afirmou ser capaz de vê-la nitidamente. Assim como Jakov. Marija, porém, viu apenas "contornos brancos meio apagados". Os outros cinco ajoelharam-se e fizeram o sinal-da-cruz, e Marija os acompanhou. Mas foi apenas quando ela rezou junto com os outros o pai-nosso, contou Marija, que ela viu a jovem mulher: "Primeiro o rosto, depois as mãos. Como uma névoa que se dissipasse."

A jovem mulher sorriu para cada um deles, lembrou-se Mirjana, e disse, numa voz que era mais canto do que fala: "Louvado seja Jesus." Tanto Ivanka como Mirjana perderam os sentidos por alguns instantes. Jakov, de tão estarrecido que ficou, tonteou, caiu de costas e desapareceu numa densa moita espinhosa. Os outros não tinham dúvida de que ele sairia de lá todo rasgado, mas, pouco depois, esgueirando-se, Jakov conseguiu sair da moita sem nem um arranhão sequer. De novo, todos os seis jovens se ajoelharam e continuaram a recitar o pai-nosso.

"Rezávamos porque não sabíamos o que mais poderíamos fazer", disse Vicka. "Chorávamos um pouquinho e rezávamos um pouquinho." A jovem mulher diante deles continuava a sorrir, "gloriosa e alegre", relembrou-se Vicka, "de uma beleza indescritível". Então ela começou a rezar o pai-nosso junto com eles, disseram os seis. Ao terminarem de rezar, Ivanka, a primeira a falar, perguntou: "Onde está minha mãe?" E a jovem mulher sorridente respondeu: "Ela está comigo."

Àquela altura, o medo deles estava se transformando em êxtase, conforme explicou Vicka: "Não há palavras que possam descrever o que acontecia. Era como se não estivéssemos na Terra. Nada nos incomodava, nem calor nem espinhos. Nossa Senhora estava ali, e nós esquecemos tudo o mais." Mirjana, que os outros consideravam a mais forte e mais madura, passou a implorar à aparição: "Ninguém vai acreditar em nós.

Vão dizer que estamos loucos. Dê-nos um sinal." A jovem mulher respondeu com um sorriso, mas, por alguma razão, Mirjana olhou o relógio e viu que os ponteiros estavam girando ao contrário.

Então todos os seis ouviram a aparição lhes dizer: "Vão na paz de Deus." "A senhora voltará?", perguntou Mirjana. A jovem mulher fez que sim com a cabeça, depois desapareceu na luz enevoada.

Os seis jovens desceram o morro muito mais devagar do que o tinham subido, todos se desmanchando em lágrimas. O grupo que os esperava na encosta parecia mais impressionado pelo fato de nenhum deles apresentar nem um arranhão e nem um corte sequer, apesar de terem passado pelo mato cheio de espinheiros. Muitos insistiram em examinar as solas dos pés descalços de Marija e Vicka e ficaram espantados ao ver que estavam intactas.

Na noite de 25 de junho, o mecânico Marinko Ivanković estava chegando a Podbrdo justamente no momento em que os seis jovens estavam voltando para a base da encosta. As primeiras palavras que ele ouviu foram as de Ivanka, exatamente quando ela estava contando à avó, entre soluços, que a Virgem lhe dissera que sua mãe estava no céu. O tom de voz da garota e a intensidade de suas lágrimas o afetaram profundamente, disse Marinko, e ele decidiu no mesmo instante contar o que ouvira aos clérigos da igreja em Medjugorje.

O clérigo que Marinko esperava encontrar era o padre Jozo Zovko, o novo pároco da igreja de São Tiago. Pregador apaixonado, os longos sermões do padre Zovko tinham inflamado — e exaurido — os paroquianos desde que ele chegara a Medjugorje, nove meses antes. Entretanto, o padre estava ausente, por estar pregando em um congresso de freiras, em Zagreb. O seu primeiro assistente, padre Zrinko Cuvalo, era mais velho, simples e calmo, e não apreciava quando via Marinko entrar no presbitério com manchas de suor e sujeira, e sem camisa por cima do macacão. O padre deu um risinho quando o mecânico lhe disse que a Virgem tinha aparecido para um grupo de jovens, em Bijakovići. "Tomei como piada", o padre idoso explicaria mais tarde, "porque as pessoas falavam de aparições em janelas e coisas assim, aqui e ali. Achei que era uma brincadeira de criança, e disse isso a Marinko." O mecânico ficou desapontado e confuso: "O padre Zrinko agiu como se a Virgem ter aparecido não lhe importasse a mínima. Eu não entendia aquilo... não me parecia possível."

Já em Bijakovići, os seis jovens videntes não foram mais bem acolhidos do que Marinko, nem mesmo por suas famílias. O irmão de Ivanka, que a vira tentando tocar na mulher invisível com quem ela falava, chamou a irmã de louca. A avó da garota chorou, pedindo-lhe que tivesse juízo. O tio e a tia de Mirjana também ficaram fora de si, e telefonaram para os pais dela, que estavam em Sarajevo, dizendo-lhes que, a seu ver, a garota tinha tido um ataque de nervos. A mãe e o pai de Ivan ficaram furiosos com o filho, e não paravam de perguntar como era possível ele ter visto o que outros não viram. De todos os parentes, só a mãe de Vicka se mostrou disposta a aceitar que os seis pudessem estar dizendo a verdade. "Minha filha, não minta... é pecado mortal", disse ela a Vicka. "Mas se você A viu, diga: 'Eu A vi.' Não tenha medo."

No dia seguinte, ela e os outros cinco cumpriram suas tarefas o mais rápido que puderam, lembrou-se Vicka, e, "impacientes", esperaram a chegada da noite. No final da tarde, os seis saíram do vilarejo juntos e encontraram uma multidão de quase 3 mil pessoas que se reuniram na base do Podbrdo, e que lá haviam chegado em carroças puxadas por mulas ou em cima de tratores. O sol ainda estava alto naquela época do ano, e o sufocante calor do verão balcânico tornava-se quase insuportável no meio das centenas de corpos suados que rodeavam os videntes.

Foi Vicka quem de novo puxou o terço, rezando o pai-nosso, a ave-maria e o glória-ao-padre, acompanhada pelos outros companheiros, e depois pela multidão ali reunida. Foi quando estavam rezando o credo que os seis jovens videntes começaram a gritar: "Vejam a luz! Vejam a Nossa Senhora!" Uma luz branca e pura tinha "cintilado" três vezes, explicaria Vicka depois. Ela entendeu — assim como os outros — que a Nossa Senhora emitira aquela luz para "nos mostrar o lugar em que ela se posicionaria".

Muitos dos que faziam parte da multidão também diriam ter visto essas cintilações, apesar de não terem avistado a jovem mulher que os videntes diziam ter visto surgir da luz. A luz tinha cintilado quase 100 metros acima do ponto em que a aparição surgira no dia anterior. Os seis videntes começaram a correr em direção àquele ponto, seguidos de uma multidão que tropeçava nas pedras e abria caminho por entre as moitas espinhosas.

Dentre os do primeiro grupo encontrava-se o jovem Jozo Ostojić, de apenas 12 anos, na época, mas muito conhecido por ter então recém-batido o recorde regional dos 100 metros rasos. Dizia-se que ele um dia participaria da equipe olímpica. Jozo soubera da alegada aparição da Virgem, mais cedo, naquela mesma tarde, de um sujeito a quem ele e seu irmão mais velho tinham dado carona na estrada de Čitluk a Medjugorje. Ele sabia que os alegados videntes eram seis jovens de Bijacovići, disse Jozo posteriormente, mas ninguém lhe dissera como se chamavam. O que mais o espantou foi saber que um deles era o pequeno Jakov Čolo: "Jakov era dois anos mais moço que eu, e não era exatamente um atleta; em geral, eu ganhava dele de muito. Mas, naquele dia, eu não conseguia nem chegar perto dele. Jakov e os outros pareciam estar voando ao subir o morro. Ali não há nenhuma trilha, só pedras e moitas de espinhos, mas todos os seis se movimentavam a uma velocidade incrível, pulando de pedra em pedra, dando passadas enormes. Eu corria o mais rápido que podia, mas ficava cada vez mais para trás, o mesmo acontecendo com os homens que estavam correndo junto comigo. Ficamos ofegantes, quase chorando, não conseguíamos acreditar no que estava acontecendo."

Ivan foi o primeiro dos videntes a chegar ao lugar da aparição naquele dia, contou Vicka; um por um, ela e os outros chegaram ao local, caíram de joelhos e começaram a rezar. Quando a jovem mulher cintilante apareceu, os outros seis concordaram posteriormente, ele só disse "Louvado seja Jesus" antes que Mirjana e Ivanka desmaiassem de novo. A imagem desapareceu por um ou dois minutos, enquanto Vicka e Marija reanimavam suas amigas. Quando os seis voltaram a se ajoelhar e retomaram a oração, "ela voltou", disse Vicka, "como na véspera, apenas ainda mais alegre. Maravilhosa, sorrindo."

Jozo Ostojić estava entre as primeiras testemunhas a chegar ao lugar em que os seis jovens estavam ajoelhados. "Todos estavam com o rosto vermelho e com os olhos úmidos, fixos no mesmo ponto. Só pela aparência deles, eu podia afirmar que era verdade; então também me ajoelhei e comecei a rezar."

Marinko, o mecânico, fazia parte do grupo que chegou a seguir ao local da aparição. Ele levou um frasco de água benta, que logo entregou a Vicka, pedindo-lhe com insistência que a borrifasse na mulher que ela estava vendo, e assim pudesse "saber quem ela era, se Nossa Senhora ou o demônio". A multidão ali reunida assistiu a Vicka aspergir a água com os dedos num ponto logo acima de sua cabeça, gritando: "Se a senhora é a Virgem, fique conosco! Se não, vá embora!"

A resposta da jovem mulher foi um sorriso, relatou Vicka: "Acho que ela estava satisfeita."

Vicka e os outros videntes ajoelharam-se outra vez e recitaram o credo várias vezes. Passaram-se dez minutos até a aparição dizer algo, dirigindo-se aos jovens: "Levantem-se. Não se ajoelhem mais."

E as pessoas que lá estavam ouviram Ivanka perguntar: "Por que a senhora veio até aqui? O que deseja?"

"Eu vim lhes dizer que Deus existe", respondeu a aparição, segundo o relato dos seis jovens. "Eu vim porque há muitos fiéis de verdade aqui. Eu quero estar com vocês para converter e reconciliar o mundo todo."

"A minha mãe disse alguma coisa?", Ivana então perguntou.

"Obedeça à sua avó e a ajude, porque ela já é velha", foi o que os seis ouviram.

"E o meu avô, como ele está?", Mirjana perguntou, pois o pai de sua mãe havia morrido mais cedo naquele mesmo ano.

"Ele está bem", foi a resposta, somente ouvida pelos seis jovens.

Algumas pessoas começaram a gritar, pedindo um sinal. Alguns dos jovens videntes as acompanharam nesse pedido: "Dê-nos um sinal que possa provar a sua presença."

A aparição sorriu mas permaneceu alguns momentos em silêncio, contaram os jovens, e depois lhes disse: "Abençoados os que não viram e crêem."

"Quem é a senhora?", Mirjana perguntou.

"Eu sou Maria, a Virgem Santíssima."

"Por que a senhora aparece para nós?", Mirjana continuou a perguntar. "Não somos melhores que os outros."

Como resposta, a Virgem sorriu de novo, e então falou aos videntes: "Eu não escolho necessariamente os melhores."

Os seis então souberam, sem poder explicar como sabiam, que a imagem estava desaparecendo. "A senhora voltará?", a multidão ouviu Mirjana perguntar.

"Voltarei, ao mesmo lugar de ontem", as crianças ouviram a aparição responder. "Vão na paz de Deus." Então ela desapareceu, disseram os seis, exatamente como ocorrera na véspera.

O acontecimento todo tinha durado menos de meia hora, embora os seis videntes tenham dito que lhes parecera muito mais demorado. "Aqueles seis garotos pareciam... eu não saberia descrevê-los... perdidos", lembrou-se o operário de fábrica Grgo Kozina, que, com seu irmão Ante, chegara ao local da aparição quase no momento exato em que os videntes gritaram: "Ode!" ("Ela se foi!") Naquele calor sufocante, cercados pelos corpos pegajosos da multidão que os acompanhou morro acima, os videntes pareciam prestes a desfalecer, observou Grgo. Marinko abanava os jovens e os borrifava com água. Tanto Mirjana como Ivanka e Vicka precisaram de ajuda para descer o morro. Por algum motivo, Marija Pavlović pôde descer adiante dos outros. Ele e Grgo estavam pouco mais de 4 metros atrás de Marija, relatou Ante Kozina, quando de repente a garota virou para a direita e olhou para o céu: "Ela esticou os braços, seus movimentos eram muito rápidos... e, de repente, se ajoelhou." Os outros que estavam atrás dela pararam e ficaram atentos. Dez minutos se passaram e Marija se levantou, o rosto banhado em lágrimas. "Onde estão os meus amigos?", perguntou ela, e então continuou a descer o morro.

Dentre a multidão que acompanhou a garota, havia algumas pessoas que acusaram tanto ela como os outros jovens de tomar drogas levadas de Sarajevo pela garota da cidade, Mirjana. Um grupo maior de pessoas insistiu com Marija para que ela interrompesse a descida e lhes dissesse por que havia parado no meio do caminho. Outras exigiam que ela lhes mostrasse os pés, de novo, descalços. Marija mostrou as solas dos pés para que vissem que nem as pedras nem os espinhos lhes deixaram marcas. Marija explicou que lhe parecia ter sido carregada ao subir o morro e que o mesmo acontecera em parte da descida. No meio da descida ela passou a sentir que estava sendo refreada. Quando parou, disse Marija, a Nossa Senhora tornou a lhe aparecer: dessa vez, havia uma cruz acima de Sua cabeça que parecia sair de um arco-íris em que as cores mais nítidas eram tons de azul. A Virgem então começou a chorar, contou Marija, e a lhe dizer com voz chorosa: "Paz, paz, paz. Reconciliem-se. Somente a paz. Façam as pazes com Deus, e entre vós."

Enquanto ele ouvia o relato de Marija, o coração quase explodia em seu peito, disse Ante Kozina posteriormente: "Estou absolutamente certo de que aconteceu algo de sobrenatural àquela garota."

Já passava das oito horas quando o padre Cuvalo voltou do mosteiro em Široki Brijeg, onde ele passara o dia num retiro de franciscanos. Do lado de fora do presbitério de Medjugorje, ele encontrou quatro padres de vilarejos vizinhos, um deles, secretário do bispo de Mostar, que tinham ido lhe pedir para conhecer os seis jovens videntes. Escoltado por esse grupo, o padre mais velho chegou minutos depois a Bijakovići, mas se surpreendeu com a multidão que ainda se encontrava no vilarejo, perambulando de um lado para outro pela única estrada maltratada que havia, tentando vislumbrar os videntes e ansiando por ouvir o que a Virgem lhes dissera. Os padres encontraram o caminho para a casa de Marinko, onde dezenas de pessoas se espremiam e, aos gritos, faziam perguntas aos videntes. Era óbvio que os que tinham presenciado a suposta aparição estavam muito emocionados, choravam e rezavam, e imploravam para que os padres os ouvissem em confissão. Exausto e confuso, o padre Cuvalo não tinha condições de dizer ao certo quais eram os jovens que afirmavam ter visto a Virgem. Havia gente demais falando ao mesmo tempo, disse ele, já era muito tarde, todo mundo estava cansado, todos deveriam ir para casa, descansar e tentar ver tudo aquilo com mais clareza na manhã seguinte.

Mesmo depois da volta do padre Cuvalo a Medjugorje, centenas de pessoas permaneceram em Bijakovići, entre elas, o apicultor Ivan Dugandzić. Ele chegara ao Podbrdo naquela noite como um homem cético, explicou o apicultor posteriormente, e o que lhe parecera mais impressionante foram o calor e a multidão. Incapazes de abrir uma brecha na turba que rodeava o local da aparição, ele e os amigos subiram uns nos ombros dos outros para poder ver algo, mas estavam tão longe que não conseguiram distinguir os videntes dos demais. Todo aquele espetáculo lhe parecera uma grande farra, bizarra e ao mesmo tempo divertida, disse o apicultor, até mais tarde naquela mesma noite, depois das onze horas, quando ele se deparou com a única dos seis videntes que ele conhecia pessoalmente, Vicka Ivanković, no momento em que ela voltava da casa de Marinko para a dos pais dela. Assim que ele viu o rosto de Vicka, lembrou-se o apicultor mais tarde: "Eu entendi que aquilo era verdade. Daquele momento em diante, eu não tive nenhuma dúvida, tão enorme era a intensidade que havia ali".

Bem cedo no dia 27 de junho, o padre Cuvalo pediu aos pais dos videntes que levassem os filhos à igreja para que ele pudesse ter uma conversa particular com os jovens. Quatro, dos seis, foram à igreja de São Tiago naquela manhã: Ivanka, Vicka, Marija e Ivan. Ele só conversaria com os dois que decidiram fazer suas confissões antes da missa, declarou o padre, e então levou Ivan e Vicka para o seu escritório na casa paroquial. Eles permaneceram lá até o meio-dia, e um gravador funcionou durante toda a entrevista.

O velho padre não fez muito esforço para disfarçar o seu aborrecimento com o relato tosco que os dois adolescentes propiciaram. "Você mentiu?", perguntou padre Cuvalo a Ivan a uma certa altura. Foi a única vez que o menino reagiu com alguma veemência: "Eu não minto!" Por fim, parecendo mais exasperado que intrigado, o padre mandou os adolescentes embora, e depois ele próprio saiu da igreja e foi para uma reunião em Capljina, nas proximidades, decidido a não deixar que o assunto o preocupasse tão completamente como o resto da paróquia deixara.

O padre Zovko chegaria de volta a Medjugorje durante a ausência de seu assistente. E se espantou ao ver a igreja cercada de carros, caminhões, tratores, carroças puxadas por mulas e uma grande multidão. Ao entrar no presbitério, o padre viu o gravador sobre a mesa, ligou-o e ouviu as entrevistas do padre Cuvalo com Ivan e Vicka. Padre Zovko estava rindo quando o assistente idoso chegou a São Tiago pouco tempo depois. Aquilo não era nenhuma brincadeira, disse o assistente, mas algo muito sério a ser tratado imediatamente, antes que esse frenesi se tornasse incontrolável. Os seis jovens tinham prometido voltar à igreja naquela tarde, explicou o padre mais velho, para que cada um fosse interrogado pelo próprio padre Zovko.

Zovko não era nem de longe tão conservador quanto seu assistente. A alegação de que a Virgem Maria aparecera a seis jovens no monte Podbrdo era no mínimo duvidosa, disse ele, e, na pior das hipóteses, perigosa. Reuniões religiosas do lado de fora de igrejas eram consideradas ilegais na Iugoslávia, e os envolvidos podiam ser presos e acusados de um crime que acarretaria pesados castigos. Ele e o padre Cuvalo reconheciam que o mais prudente seria entrevistar cada jovem individualmente, e gravar todas as entrevistas, para que as histórias pudessem ser comparadas, e as discrepâncias, percebidas.

O padre Zovko começou as entrevistas com Mirjana. De início, o religioso também parecia curioso e cético. Entretanto, ele rapidamente perdeu o interesse; como aconteceu com o seu assistente, ele pareceu ficar indignado com a linguagem simples, até sem graça, com que os seis jovens descreveram o êxtase que haviam vivenciado. O ceticismo transformou-se em irritação quando ele falou com o pequeno Jakov: "Você não a viu!", disse ele severamente ao menino. "Eu vi a Virgem", retrucou um Jakov resoluto. "Eu A vi como se Ela estivesse na minha frente, eu A vi como estou vendo o senhor."

A veracidade era uma qualidade que as pessoas que conheciam aqueles seis jovens atribuiriam a cada um deles. Em outros aspectos, eles pareciam formar um grupo sem nada de extraordinário. Apenas Mirjana mostrava uma inteligência acima da média. Para o padre Zovko, parecia totalmente improvável que a Virgem Maria tivesse escolhido seis jovens tão comuns para receber a graça de uma visita. Entretanto, havia algo de comovente nesses jovens, que, apesar de se encresparem diante de qualquer insinuação de desonestidade, pareciam bastante dispostos a aceitar que poderiam ter ficado malucos. Além disso, intrigava o padre a consistência das descrições dos aspectos físicos da Virgem, apresentadas pelos seis videntes: ela era uma jovem mulher de uns vinte anos, disseram eles, de olhos azuis, cabelo preto, e trazia uma coroa de estrelas à volta da cabeça; estava usando um véu branco e um manto cinza-azulado. Cada um deles disse não ter podido ver os pés da Virgem, que Ela estava como que flutuando pouco acima do chão numa nuvem branca, e descreveu a voz com que Ela falava como maviosa.

O fato de nenhum dos seis ter usado exatamente as mesmas palavras, nem mesmo ao citar o que a Virgem dissera, surpreendeu o padre. Perguntou-se a cada um dos videntes o que a Nossa Senhora dissera ao responder por que ela estava aparecendo ali, em Medjugorje. Ivanka lembrou-se de que a resposta fora: "Porque (aqui) há muitos fiéis." Mirjana lembrou-se de ter ouvido: "Porque todos nós somos fiéis." Ivan disse ter ouvido: "Porque vocês são os mais fiéis." Mais perturbado do que estimulado, o padre Zovko decidiu não se juntar à multidão reunida ao sopé do Podbrdo, e, em seu lugar, mandou o padre Cuvalo e seu assistente mais moço, o padre Viktor Kosir.

Os videntes haviam avisado que ninguém poderia persuadi-los a ficar em casa aquela noite: "Teríamos ido [ao Podbrdo] mesmo que tivessem dito que levaríamos um tiro", lembrou-se Vicka. "Mas havia uma coisa que nos intrigava; não sabíamos aonde ir, não sabíamos onde a Nossa Senhora apareceria." Pouco depois da chegada dos padres, os seis videntes resolveram subir o Podbrdo em dois grupos: Vicka, Ivanka e Mirjana iriam por um caminho; Marija, Ivan e Jakov, por outro. Aqueles que vissem a Virgem primeiro alertariam os outros. O resultado foi que os dois grupos começaram a gritar ao mesmo tempo, dizendo ter visto os clarões que indicavam o lugar da aparição, e, partindo de pontos opostos, seguiram morro acima.

Naquela noite, relatando os acontecimentos ao padre Zovko, o padre Kosir declarou-se "assombrado" com o que se passara depois: os seis jovens tinham escalado a encosta acidentada a "uma velocidade incrível", disse o padre, um rapaz atlético que reconheceu que os videntes tinham subido o Podbrdo em menos da metade do tempo que ele levaria para subi-lo. Ninguém neste mundo seria capaz daquele feito, muito menos crianças, afirmou ele: o que ele testemunhara ultrapassava qualquer explicação.

Os videntes pararam uns 20 metros acima do lugar em que tinham visto a aparição na tarde anterior. E então a Virgem apareceu para eles apenas por um breve momento, permaneceu calada, depois desapareceu, contaram eles. A multidão que os acompanhara na subida ao Podbrdo era de aproximadamente 5 mil pessoas; e mais uma vez os seis jovens se viram espremidos por uma quantidade de corpos suados. Por alguns momentos, os dois grupos se perderam um do outro na multidão, e então Jakov descobriu Ivanka, Mirjana e Vicka. Juntos, os quatro encontraram Marija. Ivan juntou-se aos outros pouco depois. Reunidos, os seis rezaram de novo o terço, e em seguida começaram a cantar. Muitos os acompanharam nas orações e nas canções. As crianças pareciam ter certeza de que a Virgem voltaria. E então todos os seis se calaram, e ficaram olhando fixamente para o mesmo ponto pouco acima de suas cabeças.

Alguns dos que lá estavam disseram ter visto a luz e, à força, seguiram em direção ao ponto em que a Virgem supostamente aparecera. Muitos dos que estavam de pé perto dos videntes perderam o controle de suas emoções e movimentos. Os videntes disseram, aos gritos, que as pessoas estavam pisoteando o longo e branco véu da Virgem, pediram-lhes que não o fizessem, mas àquela altura a turba não se continha mais e seguiu em frente. A Nossa Senhora desaparecera de novo, gritaram os videntes; todos parecendo estar à beira das lágrimas. Muitos homens respeitados do vilarejo forçaram passagem através da confusão de corpos castigados e insistiram para que a multidão recuasse e formasse um círculo ao redor dos seis jovens, deixando-lhes espaço para respirar.

A Virgem reapareceu pouco depois, disseram os videntes, mas naquele momento um menino se precipitou à frente da multidão. Ele havia pisado o véu da Virgem, gritaram os seis, e Ela desaparecera outra vez. (Nossa Senhora não estava aborrecida com ele, disseram os videntes ao menino, algum tempo depois; na realidade, Ela não parou nem um instante de sorrir.) Segundos depois, a Virgem reapareceu aos videntes. Enquanto os homens que estavam na frente continham a multidão, os videntes disseram que a aparição prosseguiu cantando: "Louvado seja Jesus." Seguindo a instrução do padre Cuvalo, Jakov perguntou: "O que a senhora quer dos franciscanos?"

"Que eles perseverem na fé e protejam a fé dos outros", respondeu a Virgem, conforme relataram todos os seis.

Então tanto Jakov como Mirjana pediram um sinal, Jakov porque "as pessoas nos chamam de mentirosos", Mirjana porque "as pessoas dizem que somos usuários de drogas e epiléticos".

A Virgem a princípio respondeu apenas com um sorriso, mas depois lhes disse, relataram os videntes: "Meus anjos, não temam a injustiça. Ela sempre existiu."

Alguns dos videntes perguntaram como deveriam rezar. "Continuem a recitar sete pai-nossos, sete ave-marias e sete glórias", respondeu a Virgem, "mas acrescentem o credo." Pouco depois, ela desapareceu.

Um dos que tinham ajudado a controlar a multidão que cercava os videntes naquela noite era Jozo Vasilj, mais conhecido como Postar (durante anos ele fora o carteiro do vilarejo). Postar era merecedor de enorme respeito na paróquia de Medjugorje, em parte por ser o patriarca de um clã tão numeroso, que o lugar em que moravam costumava ser identificado nos mapas oficiais como "Vasilj", mas talvez, e o que era mais importante, por causa de sua reputação de homem que não falaria sobre nenhum assunto a menos que tivesse certeza de que era verdade. Postar negara-se a ir ao Podbrdo nas três noites seguidas à primeira aparição. Sua mulher e sua mãe tinham subido o morro e disseram ter a impressão de que os jovens diziam a verdade. "Eu lhes disse: 'Vocês estão malucas!'", contou ele posteriormente. "'Por que Nossa Senhora está aparecendo aqui?' Eu não sentia nada, eu era contra aquilo tudo."

Na quarta noite, Postar decidiu ver por si, e chegou quase duas horas antes do momento em que a aparição deveria começar. Naquele momento, já havia mais de mil pessoas no morro. Ele estava tão preocupado em controlar a turba, combater o calor e proteger os jovens, que mal notou quando o fenômeno da aparição teve início. "Eu não vi nada, não senti nada", lembrou-se Postar. "Não ver nada não me incomodou, mas, ao não sentir nada, observei melhor."

Depois que a aparição desapareceu, os seis jovens tomaram o caminho de descida. Postar sentou-se numa pedra atrás de uma moita espinhosa que crescia na margem da trilha das cabras. O primeiro vidente que ele avistou descendo a trilha foi Mirjana: "Ela estava caminhando como se estivesse meio bêbada, cambaleando. Passou direto por mim, mas a multidão era tão grande que nada podia interessar. Então ela não me viu sentado atrás da moita. Dez metros atrás, vinham Vicka e Jakov. Eu estava espiando de trás da moita quando Jakov olhou para Mirjana, à frente, e disse a Vicka: 'Olhe, agora a Nossa Senhora está ajudando Mirjana.' Olhei para Mirjana, mais abaixo, e naquele momento ela começou a andar direito. Nada do que eu estava vendo poderia estar sendo manipulado. E Jakov tinha falado em uma voz tão baixa, e no mesmo instante Mirjana estava andando normalmente.

"Então me levantei e segui os dois, Vicka e Jakov, por uns 20 metros, talvez mais um pouco, até ouvir Vicka dizer: 'Ode!', que em croata quer dizer: 'Ela está indo embora!' E naquele instante Mirjana levantou os olhos para ver, e se sentou numa pedra. Mirjana não poderia ter ouvido Vicka... ela estava muito longe e havia muita gente fazendo muito barulho; não era possível.

"É muito difícil até mesmo agora descrever o que senti. Primeiro, comecei a suar muito, depois desandei a chorar. Realmente me debulhei em lágrimas, e corri para dentro do mato, para não ser visto. Chorei ainda por mais uma hora antes de tomar o caminho de volta para casa. Desde aquele dia, eu nunca mais estive com os jovens numa aparição. Porque eu sei que não verei coisa nenhuma. Mas aquele dia foi tão intenso que não preciso de nenhuma outra prova. Aquela sensação de ter tanta certeza, de estar tão perto do céu, nunca mais me abandonou."

Na manhã do quinto dia, 28 de junho, os seis videntes foram submetidos a um interrogatório exaustivo pelo padre Zovko, que entrevistou cada um separadamente. O padre ia de momentos de ceticismo e exasperação até a hostilidade franca.

Os padres Zovko e Cuvalo reconheciam os diversos níveis de ameaça que esses ajuntamentos no Podbrdo representavam, e se sentiam tentados a enfrentar o perigo pessoalmente. Ambos sabiam que o fervor que Zovko havia levado à paróquia não era apreciado por muitos em Medjugorje. Suas homilias apaixonadas que demoravam duas, três, quatro vezes mais do que os sermões de outros padres tinham deixado muitos paroquianos enfurecidos, assim como acontecera com suas preleções particulares e aulas de catecismo extras que tiravam muitos jovens do trabalho nos campos. O padre Zovko chegara até a formar um grupo de oração com oito moças particularmente religiosas, e escolhera o padre Cuvalo, mais idoso, para liderá-lo. O fato de nenhuma dessas moças fazer parte do grupo dos seis supostos videntes levou os padres a se perguntarem se não haveria algum tipo de subversão — com o intuito de ressentimento ou de desdém — influindo nesse caso.

Além disso, os padres estavam convencidos de que a situação "saíra do controle e estava chegando a um ponto crítico", como lembrou o padre Cuvalo: "O morro estava cheio de gente. Deveríamos estar prontos para ajudar, mas nós mesmos estávamos confusos." Os dois padres concordaram em que a explicação mais provável para a existência das aparições — caso não fossem fraudes — seria o uso de drogas alucinógenas levadas a Medjugorje pela forasteira, Mirjana. A garota da cidade "me parecia pálida demais", explicou Cuvalo, e concordei com Zovko em que eles deveriam se concentrar em interrogá-la. Mas ele não era senão apenas um dos muitos que acreditavam que "tudo isso era bobagem", disse o padre Zovko a Mirjana naquela manhã. Se as aparições fossem dignas de crédito, continuou o padre, Nossa Senhora teria revelado alguma mensagem importante. A única resposta de Mirjana foi a promessa de que pediria, mais uma vez, um sinal à Virgem.

A sós com Ivanka, padre Zovko enfatizou que esses ajuntamentos no Podbrdo eram não só ilegais mas prejudiciais à verdadeira fé, e perguntou: "Por que agora as pessoas têm de atravessar moitas espinhosas e subir a encosta do morro, em vez de vir aqui para a igreja?" Todavia, houve momentos, durante o interrogatório, em que o padre sem dúvida se emocionou, como, por exemplo, quando perguntou a Marija o que ela sentia durante as aparições. "Simplesmente não sei como descrever a enorme alegria quando eu vejo", respondeu a jovem.

A brusca postura desafiadora de Vicka e sua irritação com as perguntas importunas fizeram os padres rir a despeito de si mesmos. Quando lhe perguntaram se a Virgem tinha se "incomodado" com as pisadelas das pessoas no seu véu durante a aparição da tarde anterior, Vicka respondeu: "Olhe, Nossa Senhora não pode ser 'incomodada'. Ela não é como nós. Ela nem se importou." Quando um dos padres perguntou por que o véu era tão comprido, a jovem respondeu: "Como é que eu posso saber?" E quando o padre Zovko quis saber o motivo do desaparecimento da Virgem, Vicka lhe disse: "Pergunte a Ela."

Algum tempo depois, naquela mesma tarde, Zovko tornou a mandar seus dois assistentes ao Podbrdo para observar os videntes durante as alegadas aparições. A multidão que se reunia no morro e nos arredores, naquele dia, era a mais numerosa jamais vista na paróquia de Medjugorje. Havia ali mais de 10 mil, talvez 15 mil pessoas comprimidas, pingando de suor, e resfolegando por causa do calor. Por acaso, ele e o padre Kasir encontraram Jakov e Marija já fora dos limites de Bijakovići, e foram caminhando juntos pela estrada que levava ao Podbrdo. Pouco depois do encontro dos padres com os jovens, Jakov e Marija começaram a gritar, apontando para um determinado lugar perto do cume do morro. "De repente o rosto de Marija ficou muito vermelho", recordou-se o padre Kosir. "'Olhe! Olhe! Olhe!', gritava ela. Jakov não falou nada, mas, juntos, seguiram em frente, correndo a uma velocidade aparentemente inacreditável. Marija estava de blusa branca e saia vermelha, de modo que eu podia vê-la bem adiante de mim, quase como se estivesse voando. Para mim, seria impossível alcançá-la."

Entre os que estavam na frente da multidão e subiram o morro atrás dos jovens, via-se Grgo Kozina, levando um gravador que propiciaria o primeiro registro das aparições além dos diários individuais. A gravação começa com a voz do próprio Grgo sussurrando: "É domingo, 6h29... seis e meia. Está ventando e as moitas estão se mexendo. Os seis estavam ajoelhados e agora estão se levantando... agora estão se ajoelhando de novo."

"Ela veio?", ouvia-se Grgo perguntar, em voz mais alta.

"Sim. Sim. Ela veio", responderam os videntes.

Podia-se então ouvir os seis cochichando uns com os outros, tentando decidir que perguntas fazer à Virgem. "Vamos perguntar a Nossa Senhora o que Ela quer de nós", sugeriu uma das garotas, a quem os outros logo acompanharam: "Nossa Senhora, o que a Senhora quer de nós? Vamos todos perguntar. Nossa Senhora, o que a Senhora quer de nós?"

"Onde Ela está?", perguntou Grgo, de novo falando em voz baixa. "Aqui", sussurrou Jakov, e então, acompanhado dos outros, repetiram a resposta da Virgem à pergunta deles: "Que as pessoas rezem e perseverem na fé."

Em seguida, os videntes repetiram três vezes a pergunta que o padre Zovko lhes propusera: "Nossa Senhora, o que a Senhora quer dos nossos padres?" Pouco depois os seis videntes repetiram a resposta da Virgem: "Que os padres sejam firmes em sua fé e os ajude." Grgo gritou para a multidão: "Eles perguntaram o que Ela queria de nossos padres, e Ela respondeu: 'Uma fé firme.'"

Em seguida, ouvem-se as vozes dos videntes falando entre si: "Vamos perguntar, como o padre Jozo perguntou, por que Ela aparece aqui e não na igreja", sugeriu Ivanka.

"Nossa Senhora, por que a Senhora não aparece na igreja para que todos possam vê-la?", os seis perguntaram em uníssono. Mirjana apenas repetiu a resposta da Virgem: "Abençoados os que não vêem mas crêem."

"Abençoados os que não vêem mas crêem", gritou Grgo para a multidão.

"A senhora virá até nós de novo? A senhora voltará?", perguntaram os seis. Pouco depois, transmitiram a resposta dela: "Sim, Ela virá para esse mesmo lugar. Ela virá de novo para cá, para o mesmo lugar."

Algum tempo depois, ouviu-se novamente a voz de Vicka: "Olhe, ei-La!"

"Onde Ela está?", perguntou Grgo. "Na moita ou na pedra?"

"Aqui", disse Vicka. "Aqui. Ela agora está desaparecendo lentamente. Ela está desaparecendo aos poucos. Ela se foi! Ela se foi! Rezemos mais uma vez."

"Ela se foi; eles estão rezando outra vez", a voz de Grgo sussurrou no gravador. "Dezenove minutos para as sete horas." Vicka e Marija incitaram a multidão a cantar um hino. De repente, porém, os videntes tornaram a gritar: "Ei-La! Ela está aqui!"

"Sete horas", sussurrou Grgo. "Eles acabaram de vê-La de novo."

Vicka fez outra pergunta: "Querida Nossa Senhora, o que a Senhora espera dessas pessoas?" Um minuto depois Vicka transmitiu a resposta: "Que os que não vêem acreditem como os que vêem."

"A Senhora vai nos deixar um sinal para que as pessoas acreditem que não somos nem mentirosos nem comediantes?"

A única resposta da Virgem, disseram os videntes a Grgo logo depois, foi um sorriso, acompanhado das palavras que tinham sido as últimas em todas as aparições dela — "Vão na paz de Deus" — e o Seu brilho foi lentamente desaparecendo na luz perolada de onde Ela surgira menos de uma hora antes.

Na manhã de 29 de junho, o padre Zovko interrogou os jovens mais uma vez. A pressão sobre os seis aumentava a cada hora. O apoio de suas famílias era cada vez mais escasso. Os pais de Ivan lhe disseram muitas vezes que as aparições só ocorriam na imaginação dele. Fossem elas realidade ou fantasia, disse Ivan, viver as aparições "era difícil". As aparições eram "um grande choque", explicou ele, "e nós nos perguntamos o que estava acontecendo conosco, se estávamos na Terra, no Céu, se estávamos vivos ou mortos. Não sabíamos mais de onde éramos". Marija disse ao padre Zovko que nos dois dias que se seguiram à primeira vez em que ela viu a Virgem Santíssima, "eu vivia apavorada e não conseguia comer. Minhas mãos estavam completamente brancas; quando eu A vi pela primeira vez, minhas mãos estavam frias como gelo".

Os pais de Mirjana tinham ido de Sarajevo para Bijakovići, prevenidos pelos parentes que "achavam que eu tinha ficado louca", conforme disse a garota. A jovem da cidade dava a impressão, desde o início, de estar mais preocupada que os outros com as suposições que se levantavam sobre a sua saúde mental. Mirjana se tranqüilizou quando seus pais, depois de tê-la interrogado até a meia-noite, declararam que ela lhes parecia bem, e que voltariam para Sarajevo no dia seguinte: "Minha mãe disse ao meu tio: 'Deve estar acontecendo alguma coisa.' A minha família sabe que não minto."

Ivanka de novo admitiu que, na noite de 24 de junho, ela se convencera de que sua visão da Virgem tinha sido uma "alucinação". Entretanto, como todos os outros, ela se mostrava cada vez mais confiante e segura. Para o padre Zovko, a garota afável expressou não só o seu desapontamento com o clero local e as autoridades governamentais, como também insinuou um certo desdém por eles. "A maioria não acredita", disse ela ao padre, dando a entender que o incluía no grupo.

Cada um dos videntes estava firmemente convicto de que a Virgem reapareceria naquela tarde. "Ela nunca nos decepcionou", observou Ivanka. Mirjana disse acreditar que a Virgem apareceria "ainda que estivéssemos na cadeia". Vicka disse ao padre Zovko que Nossa Senhora os encontraria "ainda que na América".

A posição do padre parecia ter se tornado mais dura. Ele confrontou os jovens com os relatos de algumas testemunhas. Estas disseram que, embora eles parecessem estar em êxtase durante as aparições, depois, alguns deles foram vistos chorando. Todos os videntes confirmaram a verdade do relato, mas nenhum dos seis apresentou uma explicação. Pela primeira vez, o padre tentou impressioná-los com advertências e ameaças. E fez uma imposição a Ivanka: "Parem de decepcionar os outros!" Quando a garota voltou a dizer com insistência que estava falando a verdade, o padre perdeu as estribeiras: "Estamos aqui diante de Deus e da cruz. Brincar com a religião é algo terrível. Deus não pode deixar esse ato impune."

"Mas eu vi", respondeu Ivanka. "Não é mentira. Eu A vi como estou vendo o senhor." Respirando profundamente para tentar manter a compostura, o padre Zovko perguntou se a Virgem pretendia deixar algum sinal. "Não sei", respondeu Ivanka. "Você se dá conta de que a multidão está enormemente perturbada?", Zovko perguntou. "Eles não vêem sinal nenhum, você não muda. Por sua causa, as pessoas se sentem muito decepcionadas; elas se sentem usadas. Como você pode fazer uma coisa dessas?"

"Eu acredito que A vejo. O que posso fazer?"

Na missa daquela tarde, os bancos não foram suficientes para a quantidade de gente. Zovko usou a homilia para fazer uma declaração pública relacionada às aparições; ele insistiu em dizer que estava com sua cabeça aberta, mas que era muito importante que os paroquianos pusessem sua fé primordialmente nas Escrituras. Enquanto ali na igreja o padre falava, os seis videntes estavam sendo objeto do primeiro de uma série de interrogatórios conduzidos pelas autoridades civis do regime comunista da Iugoslávia.

A polícia municipal do gabinete do Ministério do Interior em Čitluk chegou a Medjugorje naquela tarde em dois veículos — um deles, uma ambulância — e mandou que os pretensos videntes entrassem nela. A polícia alegava estar preocupada com a saúde mental dos jovens; suas apreensões, no entanto, eram principalmente políticas.

Os rituais católicos eram o último vestígio evidente de uma identidade croata, e os que haviam herdado o poder de Tito temiam que uma sublevação nacionalista pudesse emanar da Igreja. As notícias de que milhares de croatas estavam se reunindo num morro na Herzegóvina já tinham sido recebidas com grande alarme na capital bósnia de Sarajevo. Além disso, Mostar e depois Čitluk receberam ordens para reprimir tudo o que se referisse àquele espetáculo antes que a situação se tornasse incontrolável.

Primeiro, os jovens videntes foram levados à delegacia de polícia em Čitluk, onde foram interrogados. Bloqueados pela insistência dos jovens em dizer que tinham visto a Virgem, os policiais mandaram os seis voltar para a ambulância e os acompanharam ao centro médico da região. Lá, os seis foram examinados por um pediatra, cujo relato foi de que os jovens se encontravam fisicamente saudáveis e não pareciam estar sob o efeito de drogas. Os policiais então mandaram-nos ao hospital municipal de Mostar. Lá, os seis foram submetidos a uma forma crua de terapia de choque — levaram-nos ao necrotério do hospital onde viram cadáveres que estavam passando por diversos estágios de autópsia. Mirjana mostrou-se a mais visivelmente perturbada, mas todos admitiram estarem assustados — com exceção de Vicka, que disse: "Por que eu deveria ter medo? Todo mundo morre. É o destino comum."

Entretanto, até Vicka pareceu abalada quando os seis ficaram algum tempo à espera, junto com alguns doentes mentais, no saguão da ala psiquiátrica do hospital. A psiquiatra que examinou os seis descreveu a consulta da jovem como "basicamente uma conversa". "Eu achava que era uma alucinação, e queria acalmá-los, queria chamá-los à razão", a médica explicaria. Mas a lembrança de Vicka é diferente: "A médica tentou nos fazer parecer meio malucos. Ela insinuou que estávamos imaginando coisas; que éramos uma espécie de drogados; que estávamos enganando as pessoas."

Eles estavam vivendo uma vida imaginária, disse a médica aos seis videntes, para evitar a realidade; se persistissem na fantasia, acabariam num hospital psiquiátrico com pessoas como as que eles tinham visto à espera no saguão. A informação assustou principalmente Mirjana, que soubera de muitos casos de opositores das autoridades do partido que foram trancafiados em enfermarias psiquiátricas em Sarajevo, e nunca mais se ouviu falar deles. Depois de feita a ameaça, a médica tentou mais um apelo à sensatez. "Você perdeu sua mãe", disse ela a Ivanka. "Por isso você teve a impressão de que ela lhe aparecia." "Mas eu não perdi minha mãe", aparteou Mirjana, "e também presenciei a aparição." Após duas horas com os jovens, a psiquiatra mandou-os embora, e escreveu um relatório no qual admitiu ter ficado impressionada com a "concentração e o equilíbrio" que eles pareceram demonstrar.

Em seguida, os videntes foram levados de volta a Čitluk para que outro médico os examinasse. Ele recebera orientação da polícia para procurar possíveis influências de drogas alucinógenas, explicou o Dr. Ante Bijević. Os seis chegaram ao consultório do médico às quatro da tarde, e o Dr. Bijević falou com cada um individualmente. "Normal, equilibrado, bem situado no tempo e no espaço, nenhuma alucinação", foram as conclusões a que chegou em cada caso. O exame foi interrompido às cinco e meia da tarde quando os jovens começaram a se agitar, preocupados em voltar para Bijakovići a tempo da aparição do anoitecer. Foi Vicka, como não podia deixar de ser, que originou a crise, adentrando o consultório do médico para perguntar: "Já acabou?" "Ainda não é a sua vez, mas pode se sentar", respondeu o doutor. "Graças a Deus, sou jovem e saudável", respondeu Vicka. "Posso ficar em pé. E quando eu precisar de um exame médico, virei por minha livre e espontânea vontade. Já acabou?" Aturdido, o médico pediu que a garota lhe mostrasse as mãos. Vicka mostrou. "Olhe, aqui estão as minhas duas mãos e os meus dez dedos", disse ela, sacudindo-os junto ao nariz dele. "Se o senhor não acredita, conte." Ela deu meia-volta e saiu porta afora. Essa garota lhe pareceu tão sensível, explicou o Dr. Bijević mais tarde, que ele considerou inadequado prosseguir o exame, e então deixou que os jovens fossem embora.

Às 5h45, os videntes, empilhados num táxi, tomaram o caminho de volta para Bijakovići, tendo parado em casa para tomar um copo d'água e depois seguido direto para o Podbrdo. Ivan não foi com eles até o sopé do morro naquele dia, acedendo aos pedidos dos pais, que ficaram aterrorizados ao ver a polícia secreta parada em frente à porta da casa deles. Quando os outros cinco videntes chegaram ao Podbrdo, a multidão que os aguardava era de pelo menos 5 mil pessoas, mais de cinco vezes a população de toda a paróquia de Medjugorje. No meio daquela multidão, havia algumas autoridades civis e clericais que tinham sido mandadas como observadores.

Mais uma vez, os padres Cuvalo e Kosir tinham sido enviados ao Podbrdo para observar os videntes; o primeiro foi "disfarçado", usando roupas civis e carregando uma máquina fotográfica. Ele chegou ao local da aparição do dia anterior muito antes dos videntes. O lugar estava cercado por uma multidão ainda pequena, que, de pé, formava um círculo ao redor de uma clareira de talvez 25 metros de diâmetro; no meio da clareira havia um grande arbusto espinhoso e uma pedra. Fingindo não ter a menor idéia da importância do local, ele entrou no círculo e se sentou na pedra. Quando algumas pessoas começaram a objetar, Cuvalo lhes disse que era padre, e acrescentou, brincando: "Quando Ela vier, eu Lhe darei o meu lugar."

Ali estavam também três médicos mandados pelo chefe de polícia para que assistissem aos jovens durante a aparição. Um deles era a jovem especialista em pediatria que os examinara naquela manhã, Darinka Glamuzina, uma ardente agente secreta comunista que se vangloriara de seu ateísmo diante dos jovens videntes, ao contar que, em sua adolescência, se negava a receber os sacramentos sempre que os pais a obrigavam a assistir à missa.

De novo, o tempo estava ensolarado e fazia calor, e os videntes levaram a multidão que transpirava primeiro a cantar, e depois a rezar, até que, às 6h26, pelo relógio de Grgo Kozina, os cinco ficaram em silêncio e passaram a olhar fixamente para um ponto um pouco acima de suas cabeças. "Eles simplesmente ajoelharam", sussurrou Grgo no seu gravador.

Em seguida, ouvem-se as vozes de alguns videntes na fita, perguntando: "Nossa Senhora querida! A senhora está contente de ver essas pessoas aqui?" Pouco depois, as vozes gritaram: "Ela está sorrindo. Ela está contente."

"Nossa Senhora querida!", os videntes perguntaram em seguida: "Quantos dias a Senhora ficará conosco?"

"Quanto tempo vocês quiserem", foi a resposta da Virgem, os videntes contaram posteriormente.

"A senhora deixará um sinal?", perguntou um dos videntes.

"Eu voltarei amanhã", foi a única resposta da Virgem, segundo os jovens, que passaram a repetir mais ou menos as mesmas perguntas feitas na véspera: "O que a Senhora deseja de nós aqui?" ("Que sua fé seja sólida e que vocês continuem confiantes.") "O que a Senhora espera das pessoas que aqui vieram apesar dos espinheiros e do calor?" ("Que as pessoas creiam com firmeza e nada temam.")

"Seremos capazes de agüentar tudo isso?", perguntou um dos jovens. "Muitos nos perseguem porque 'vemos'", um outro explicou.

"Meus anjos, vocês serão capazes de agüentar", respondeu a Virgem, conforme os jovens disseram. "Não temam. Vocês serão capazes de agüentar qualquer coisa. Vocês devem acreditar e ter confiança em mim."

Os videntes fizeram então um pedido espantoso. Virando-se para a Dra. Glamuzina, perguntaram: "Essa senhora pode tocá-La?"

"Sempre existiram Judas incrédulos", respondeu a Virgem. "Que ela se aproxime." Enquanto a multidão perplexa observava, Vicka ajudou a jovem médica a pôr a mão no véu comprido da Virgem. "Ela A está tocando", gritaram os videntes logo depois, e, em seguida: "Ela partiu! Ela partiu!"

Era visível a reação da médica. Ela mostrava uma expressão que emocionava alguns, mas alarmava outros: parecia que ela estava sendo abalada por uma espécie de choque elétrico, disseram aqueles que estavam mais perto dela. A própria médica descreveu o que sentiu como um "arrepio". Por um momento, ela se mostrou apavorada, depois deu meia-volta e, cambaleando, começou a descer o morro. Chegando à base do Podbrdo, a Dra. Glamuzina disse à polícia, que estava à espera, que ela não teria mais nada a investigar, e se negou a dar qualquer outra declaração sobre o que havia vivenciado.

Já no local da aparição, os jovens continuavam em silêncio, aparentemente assombrados, e depois recomeçaram a cantar, em alguns momentos acompanhados pela multidão. Na fita de Grgo Kozina, passaram-se muitos minutos antes que se ouvissem de novo as vozes dos videntes, que gritaram: "A luz! A luz! Ei-La!"

Pouco depois, os videntes chamaram à frente outra pessoa que estava entre a multidão, um menino de três anos, tragicamente incapacitado, chamado Daniel Setka. E os jovens disseram: "Nossa Senhora querida! Será que esse menininho, Daniel, algum dia poderá falar? Por favor, opere um milagre para que todos acreditem em nós. Essas pessoas A amam muito. Nossa Senhora querida! Faça um milagre!"

"Ela está olhando para ele!", alguns videntes informaram aos que ali estavam. "Nossa Senhora querida! Diga alguma coisa, querida Senhora!"

"Ela ainda está olhando para ele?", Grgo perguntou.

"Ela ainda está olhando!", alguns videntes disseram, depois, tornaram a gritar: "Nossa Senhora querida! Diga alguma coisa, nós Lhe pedimos! Diga alguma coisa, querida Senhora!"

Tendo se passado quase um minuto, os videntes contaram, antes que a Virgem respondesse: "Que [os pais de Daniel] acreditem firmemente que ele será curado."

"Vão na paz de Deus", disse-lhes a Virgem pouco depois, segundo o relato dos videntes, que então tornaram a gritar: "Ela partiu! Vejam, a luz!" Depois voltaram a cantar, acompanhados da multidão.

O padre Kosir tinha se posicionado muito mais perto dos videntes do que o padre Cuvalo, e estava a cerca de 3 metros dos cinco quando estes pararam de cantar e passaram a olhar fixamente para a frente, extasiados. O jovem padre não conseguiu esconder inteiramente o impacto que a experiência lhe causara: "Quando vi a expressão nos rostos deles, senti que a aparição, como eles chamam o fenômeno, tinha tido início. Observei Jakov com muito cuidado; ele estava olhando para baixo e para a frente. Depois que a 'conversa' que tiveram com a Virgem terminou, aproximei-me de Jakov e lhe perguntei de onde Nossa Senhora viera: de cima, da esquerda ou da direita. 'Eu a via bem na minha frente', respondeu-me o menino. Se Jakov tivesse dito que a vira em algum outro lugar, ele teria mexido a cabeça, e eu saberia que ele estava mentindo. Mas ele não mexeu." Pouco depois do término da aparição, Marinko aproximou-se dos jovens, levando uma pedra em que havia uma cruz pintada, lembrou-se o padre Kozina; quando Marinko perguntou onde a Virgem aparecera, todos os cinco apontaram o mesmo lugar.

Os padres tornaram a levar os jovens para o presbitério e os interrogaram, individualmente, pedindo-lhes que descrevessem a aparência da Virgem e contassem o que Ela lhes respondera. A consistência de suas respostas convenceu-o de que os videntes estavam dizendo a verdade, disse o padre mais moço. "Minha intenção tinha sido demonstrar que as versões de cada um deles eram contraditórias, e, conseqüentemente, depreciar suas alegações, preservar a paróquia da ingenuidade e de se tornar objeto do ridículo público", explicou ele. "Mas eles passaram em todos os testes."

Pouco depois, o padre Cuvalo foi procurar Ivan, o vidente que não fora ao morro naquela noite, para saber se ele teria desertado e estaria preparado para admitir sua decepção. Mas não se tratava disso. A decisão de obedecer aos pais e de não ir ao Podbrdo lhe perturbara o estômago, disse Ivan. Em meio a ondas de enjôo, ele andou a metade do caminho entre a casa dos pais e o ponto de encontro no morro e ficou parado à beira da estrada, vendo a multidão se reunir no local da aparição. E prometeu a si mesmo, num voto silencioso, nunca mais se ausentar daquele acontecimento, contou Ivan, e nesse momento a Virgem apareceu diante dele. "Fique em paz, e tenha coragem", foi só o que ela disse, segundo o relato do menino.

Quando Ivan voltou para casa, ele soube que guardas armados da polícia política do Estado, a que em geral se referia como "*milicija*", tinham sido designados para a casa de cada um dos videntes. Os guardas, instruídos para acompanhar os movimentos dos videntes e impedi-los de voltar ao que então passara a se conhecer como "morro da Aparição", vigiavam portas, barrando a passagem, espiavam pelas janelas, e até subiam em telhados, prevenindo os jovens e suas famílias de que haveria "sérias conseqüências" caso voltassem ao Podbrdo. Um agente da polícia mais velho tentou persuadir os seis de que as enormes multidões, cada vez mais desenfreadas, atraídas à encosta pelas aparições, também representavam perigo para eles. "Desapareçam", disse ele a Vicka.

"As pessoas estão abandonando seus serviços. Ninguém mais quer fazer nada. Todo mundo só pensa em ver vocês."

O padre Zovko reuniu-se com os dois assistentes, na manhã de 30 de junho, para discutir uma situação que estava então ameaçando toda a paróquia. Ele e o padre Cuvalo ainda estavam céticos, mas também bastante confusos; os dois concordavam em que não podiam ter certeza de que as aparições eram fruto da invenção dos jovens nem de que estes estavam vivendo alguma profunda aventura imaginária. O padre Zovko logo se mostrou irritado e abalado quando o padre Kosir confessou o quanto se emocionara com o que ocorrera no Podbrdo na noite anterior, e afirmou que ele, naquele momento, considerava que as alegações dos seis jovens deveriam ser levadas a sério.

Contribuindo para complicar mais a questão, um quarto padre que havia sido enviado à paróquia, padre Tomas Pervan, declarou que ele também achava a experiência dos jovens genuína; entretanto, o padre Pervan estava convencido de que as aparições resultavam de possessão diabólica, e insistiu na necessidade de submeter os seis a um ritual de exorcismo, sem demora.

O pároco convocou os videntes para outra sessão de interrogatórios imediatamente depois da missa matinal. A primeira a ser interrogada foi Ivanka, que ainda estava muito abalada pela visita da véspera à ala de psiquiatria do hospital em Mostar. O padre, pouco depois de ouvir a garota admitir ter sentido muito medo, sugeriu que as aparições poderiam ser obra do Diabo. "Você não vê que quem está ali é Satanás, e não a Virgem?", perguntou Zovko a uma certa altura. Ivanka balançou a cabeça, decididamente firme: "É Ela. Eu sei." Abruptamente, o padre mudou de tática, tentando convencer Ivanka a admitir que tudo era uma farsa: "Quanto tempo Marinko levou para anotar essas perguntas, as respostas, e tudo o que vocês deveriam dizer?", perguntou o padre. "Ele não anotou as respostas, só as perguntas", respondeu Ivanka. Pouco depois, ele quis saber se não seria melhor que ele, um padre, fornecesse as respostas. "Que respostas?", perguntou Ivanka, sem conseguir disfarçar a exasperação. "As respostas são da Virgem, não nossas."

Em seguida, o padre mandou chamar Mirjana, a vidente que parecia mais enredada nas próprias apreensões. "Não tenho medo da *milicija*", disse ela a Jozo, "mas fico paralisada de medo ao pensar que podem me internar no hospital". Ele imediatamente se pôs em posição de explorar o pavor da garota, esperando forçar uma confissão de fraude. "Deus castiga implacavelmente aquele que engana os outros", o padre lembrou a Mirjana. "Você sabe disso?" Ela sabia, respondeu a garota. "Os que estão enganando as pessoas, os que estão transmitindo mensagens equivocadas", continuou o padre, "recebem castigos severos... Como é que você vai se sair dessa?"

"O que posso fazer", perguntou Mirjana, "se eu A vejo e outras pessoas não?" O padre continuou a fazer ameaças: "Talvez o castigo de Deus a vocês seis ocorra amanhã", foi o aviso dele. "Não acho que Ele vai nos castigar", respondeu a garota. "Por que não?", provocou o padre Zovko. "Porque não estamos mentindo", disse Mirjana.

Ela sentia pena dos que não podiam ver a Virgem?, perguntou o padre de repente. Ela sentia "uma pena imensa", respondeu a garota. Mas talvez ela gostasse da atenção daqueles para quem ela se tornara uma pessoa especial, uma entre os abençoados, sugeriu Zovko. Mirjana balançou a cabeça. "Isso nos perturba. Preferíamos estar sozinhos."

Mirjana e cada um dos outros videntes revelaram uma área vulnerável importante ao mostrarem sua preocupação com o possível término das aparições; todos perguntaram sobre isso ao padre. Mirjana contou que ela decidira pedir que a Virgem "nos dissesse exatamente quantos dias Ela permaneceria conosco". E o padre então perguntou o que ela achava dessa informação. "Algo me diz que são mais dois ou três dias", respondeu a garota.

Antes de terminar o interrogatório, o padre Zovko pressionou cada um dos videntes a perguntar se as aparições poderiam sair do morro e ocorrer na igreja, e deu aos seis uma lista de perguntas a serem feitas na próxima ocasião em que eles vissem a Virgem. Mal os jovens tinham cruzado a porta, o padre recebeu um telefonema do dirigente local do Partido Comunista, exigindo que ele fosse a Čitluk naquela tarde dar uma "explicação" dos fatos recentes ocorridos na paróquia. Ele e o padre Cuvalo partiram imediatamente para a capital municipal, plenamente cientes de que sua situação se tornara periclitante.

Quase ao mesmo tempo, chegaram a Bijakovići duas assistentes sociais — uma, do Conselho da República de Sarajevo — que convocaram os videntes e suas famílias para uma reunião em casa de Vicka. Lá, as duas assistentes sociais informaram aos parentes dos seis que tinham recebido ordens de levar os jovens para um "passeio", ocasião em que seriam discutidas as experiências deles no decorrer da semana que passara. E as moças então explicaram que os jovens seriam levados por elas, ou por agentes da polícia secreta, que, naquele momento, se deslocavam de Čitluk para Medjugorje. Segundos depois, os videntes, empilhados num carro grande tipo sedã, rumaram para o sul.

Em Čitluk, os padres Zovko e Cuvalo estavam justamente descobrindo o grau de gravidade que as autoridades civis estavam atribuindo aos acontecimentos em Medjugorje. O dirigente da Liga Comunista local começou a reunião avisando aos padres que eles tinham de "acabar com aquela farsa", imediatamente. Os dois franciscanos tentaram explicar que os acontecimentos fugiam ao seu controle, mas o dirigente os interrompeu, e observou: esses ajuntamentos no morro em Medjugorje eram de caráter religioso, e, portanto, isso significava que a responsabilidade pelo restabelecimento da ordem cabia ao clero local. Pouco depois, o dirigente confidenciou que, como os padres, ele podia esperar "conseqüências terríveis" caso a situação não se mantivesse sob controle: os superiores dele, em Sarajevo, queriam o fim imediato dessas "manifestações" e asseguravam que cabeças rolariam se elas continuassem. O máximo que os dois podiam fazer, disseram os franciscanos, seria tentar deslocar a multidão das encostas do morro para a igreja. Uma solução satisfatória, disse o dirigente: "Eles podem rezar o dia todo, e a noite toda, contanto que não rezem no morro."

Para os seis jovens videntes, o que a princípio parecera ou um resgate ou uma abdução estava se transformando numa aventura. As duas assistentes sociais os levaram, numa espécie de excursão de carro, à magnífica cachoeira que havia em Kravica; depois, em Caplijna, ofereceram aos jovens a primeira refeição em restaurante realmente cara de suas vidas. As assistentes sociais deram uma parada para tomar sorvete, em Cerno, e sugeriram que o passeio continuasse até um *resort* na costa dálmata. Completamente encantados, os videntes não entenderam o que estava acontecendo até quase as seis horas da tarde: ao tomarem a direção oeste, e atravessarem os campos de grãos, eles viram a montanha da Cruz e a enorme multidão que se aglomerava no Podbrdo. Imediatamente, os seis pediram que as assistentes sociais parassem o carro e os deixassem sair. Como estavam a mais de 10 quilômetros de Bijakovići, as duas mulheres estavam certas de que os jovens não poderiam chegar ao sopé do morro a tempo da aparição do fim do dia. Assim, fizeram o que lhes fora pedido.

Os jovens só se deram conta da situação em que se encontravam depois de sair do carro comprido e correr pelo campo à beira da estrada. Então, pararam, entreolharam-se, e, depois de se ajoelharem junto a um grupo, começaram a rezar. Minutos mais tarde, disseram todos os seis, eles viram uma nuvem luminosa que se formava acima da multidão — quase 20 mil pessoas naquele anoitecer — reunida no Podbrdo. E tiveram a certeza, no mesmo instante, de que era a Virgem, lembrou-se Vicka, e começaram a chorar: os seis a viram claramente minutos depois, deslizando no ar na direção deles, com o longo véu arrastando-se atrás dela. Os videntes começaram a cantar.

As assistentes sociais, que pouco antes tinham feito piadas sobre a situação ("Perguntem à Virgem o que Ela vai fazer comigo por tê-los roubado desse jeito", falou a assistente de Sarajevo), passaram a dizer que elas também tinham visto algo ("uma luz" foi só o que admitiriam posteriormente). Apavoradas, as duas moças entraram rapidamente no sedã e saíram em disparada, deixando os jovens à beira da estrada.

Como sempre, a Virgem os cumprimentou naquele fim de tarde com um "Louvado seja Jesus", contaram os videntes, e então os acompanhou enquanto rezavam o pai-nosso, que na voz dela soava mais como música do que como oração.

Mirjana falou primeiro: "A Senhora está zangada por não estarmos no morro?" A Virgem respondeu que isso não importava. Em seguida, Mirjana perguntou:"A Senhora vai ficar zangada se não viermos mais para cá, para o morro, mas ficarmos à espera na igreja?" Mirjana e os outros também diriam que a Virgem respondeu com um sorriso curioso, e depois acrescentou: "Sempre à mesma hora." Mais uma vez os videntes pediram que a Virgem deixasse um sinal. A resposta Dela foi se afastar lentamente deles, conforme disseram os seis, até a luz brilhar mais uma vez sobre as pessoas reunidas no Podbrdo. E eles então ouviram suas palavras de despedida: "Vão na paz de Deus", e a luz sumiu pouco depois.

Os videntes levantaram-se e começaram a atravessar os campos em direção a Medjugorge, onde chegaram quase uma hora depois. No Podbrdo, a multidão que descia a encosta aos tropeços resmungava, desapontada, e, entre as pessoas, corriam histórias de que os jovens tinham fugido, que estavam na cadeia, ou num hospital psiquiátrico, e que haviam admitido ser tudo um jogo que lhes fugira ao controle.

Antes de irem para casa, os videntes pararam na igreja de São Tiago, onde o padre Zovko os fez entrar rapidamente no presbitério. O padre ficou muito satisfeito quando os videntes lhe disseram ter perguntado se as futuras aparições poderiam ocorrer na igreja, em vez de acontecer no Podbrdo. "Seja como for, Ela pareceu hesitante quando Lhe perguntamos isso", relatou Mirjana. "Ainda assim, Ela disse que não se importava." Zovko achou que seria uma boa idéia os videntes se dirigirem às pessoas que ainda estavam à espera no Podbrdo. E perguntou: "Mirjana, o que você acha?" A jovem de novo parecia acreditar que o seu desejo de agradar ao padre era fruto da inspiração divina: "Algo me incita a ir de novo ao morro... algo parece estar me fazendo dizer: 'A Virgem apareceu num outro lugar. Ela nos disse que fôssemos à igreja para recebermos as visões.' Nós devemos dizer que todos os verdadeiros cristãos devem ir à igreja."

"Então vá e fale com as pessoas!", o padre insistiu com Mirjana.

Vicka se contrapôs, temerosa de que a multidão não deixasse os jovens em paz se eles aparecessem em público. Os outros concordaram, sugerindo que eles simplesmente contassem aos amigos e parentes que a próxima aparição ocorreria na igreja, e deixassem a notícia se espalhar.

"E se as pessoas não vierem à igreja?", o padre perguntou.

"Tudo bem", Vicka respondeu. "Seria melhor se nós seis estivéssemos sozinhos. É como preferimos."

"A Virgem aparece aqui por causa de vocês ou por causa das pessoas?", perguntou o padre.

Essa pergunta calou os videntes por alguns minutos. "Por nossa causa", disse Ivanka, fazendo uma pausa, e depois perguntando: "Por que Ela nos escolheu?" Marija balançou a cabeça, e falou: "Acho que tanto por nossa causa como por causa das pessoas, igualmente." Mirjana concordou: "Por nossa causa e por causa das pessoas, para fortalecer a fé das pessoas." Vicka disse que de fato eles tinham uma responsabilidade perante as pessoas, mas que assim mesmo ela considerava desnecessário se dirigir à multidão naquela noite: "Os que acreditam em Deus sabem o que é de Deus, e saberão tudo o que precisam saber."

O padre Zovko acabou cedendo ao argumento, e mandou os jovens para casa às nove horas daquela noite. Os videntes chegariam a Bijakovići a tempo de saber que a polícia levara Marinko a Čitluk para ser interrogado. Os seis imediatamente chamaram um táxi e rumaram para lá. Liderados por Vicka, entraram no quartel da polícia e exigiram a soltura de Marinko.

Defrontaram-se então com o chefe de polícia local, que os informou de que o mecânico tinha sido acusado de estimular ajuntamentos religiosos num espaço público. Vicka respondeu desafiadoramente, insistindo em dizer que Marinko não estimulara nada: "Prenda-nos se for necessário, mas solte esse homem." Furioso, o policial despejou sua raiva na mãe de Vicka, que acompanhara os videntes: "Que bela educação a senhora está dando aos seus filhos!" E ele acrescentou: "Este país de Tito, que nós libertamos à custa de tanto sangue, vai ser destruído por vocês!"

"O senhor fique com o seu Tito", Vicka disse ao chefe de polícia. "Nós temos a Nossa Senhora."

As crianças esperaram horas no quartel da polícia, até a soltura de Marinko. Eram quase duas da manhã quando voltaram para Bijakovići.

Na manhã de 1º de julho, cedo, o padre Zovko soube de Daniel Setka, o menino de três anos que fora recomendado à Virgem pelos videntes na aparição da noite de 28 de junho. O padre imediatamente chamou Mirjana e pediu-lhe que relatasse a resposta da Virgem. "Ela olhou para a criança por uns dois ou três minutos", respondeu Mirjana. "Era um olhar cheio de misericórdia... havia uma profunda confiança em que a criança ficaria curada."

"Então por que não se curou?", perguntou Zovko.

"Ela disse que tivéssemos fé e a criança ficaria curada."

"Como é possível a criança ter fé se ela é tão pequena?"

"Ela disse: 'Vamos ter confiança e ela será curada'", disse Mirjana. "Acho que ela quis dizer que a criança e os pais tinham de ter muita fé."

"Você acha que o menino vai ficar bom algum dia?", perguntou o padre.

"Acho que sim, porque o olhar dela para ele era de muita misericórdia."

"Quando ele vai melhorar?", insistiu o padre.

"Dentro de um ano, mais ou menos, acho eu", cogitou ela.

O que nem o padre nem a vidente sabiam era que a cura do menino já acontecera.

Daniel Setka foi considerado muito doente — "enrijecido e azul" — aos quatro dias de nascido. Sem conseguir determinar a causa, o pediatra que o atendia mandou-o para o Hospital das Crianças em Mostar. Um mês depois, o mal de que o bebê sofria não tinha sido diagnosticado; os médicos diziam que ele não completaria um ano de vida. A reação dos pais foi mandar Daniel fazer exames em diversas clínicas. Os eletros mostravam que a criança apresentava de três a cinco "paroxismos" por segundo, mas nenhum médico deu uma explicação satisfatória para a doença, até que um professor da escola de medicina de Sarajevo a diagnosticou como uma combinação de hemiparesia espástica e epilepsia. Aos dois anos e meio, Daniel era um pequeno ser patético: não falava nem andava, e mal sustentava a cabeça ereta.

A família do menino era religiosa, e fez peregrinações a vários santuários na Iugoslávia, mas não houve nenhuma mudança. Os Setka, porém, continuavam em busca de um milagre, e correram a Medjugorje assim que ouviram falar das aparições no Podbrdo. Um vizinho, em Bijakovići, apresentou a família aos seis videntes. "O menininho parecia meio morto", lembrou-se Vicka, que o conheceu na casa de seus pais na tarde de 28 de junho. O pai de Daniel carregou-o pela encosta do Podbrdo acima naquele fim de tarde. A pedido dos videntes, a multidão permitiu que a criança ficasse perto deles enquanto cantavam e rezavam; foi Vicka quem apresentou o menino à Virgem durante a aparição.

O pai de Daniel sentia, de forma vaga e intuitiva, que seu filho estava mais forte, contou o pai, embora não houvesse nenhum sinal dessa melhora, até os membros da família pararem no café que ficava perto da igreja, em Medjugorje. Pouco depois de pedido o jantar, e na presença de diversas testemunhas, o menino deu um tapa na mesa e, numa voz que foi ouvida por quem estava perto, disse: "Me dá uma bebida." Essas foram, afirmaram seus pais, as primeiras palavras faladas pelo menino. A mãe e a avó de Daniel começaram a chorar; o pai gritou: "Isso é uma cura."

No dia seguinte, os pais tornaram a levar Daniel ao Podbrdo. Embora longe de se movimentar com agilidade, o menino conseguiu dar dois passos por si mesmo, antes de cair. Ele ainda não mantinha a cabeça ereta por mais que alguns segundos e não falara mais nada depois da frase dita no café. Os pais o carregaram quase o tempo todo ao subir o morro, parando de 20 em 20 metros para que o menino pudesse dar alguns passos cambaleantes até as pernas lhe falharem. A um certo ponto da subida, na metade do caminho, os pais puseram Daniel no chão e ficaram observando enquanto ele, depois de ficar de pé por alguns segundos, começou a andar com aparente desenvoltura. Minutos depois, o menino falou, embora as testemunhas dissessem que as palavras saíram tão emboladas que era impossível entender o que ele dizia. De repente, ele passou a galgar as pedras. Em pé numa delas, ele se virou e gritou, em voz alta e clara: "Mamãe, olhe, estou andando!"

Enquanto os pais de Daniel se ajoelhavam e rezavam, os que haviam presenciado a cena espalharam a história pelo vilarejo. A notícia da cura do menino chegou a Sarajevo naquela tarde; equipes de tevê e repórteres de jornais começaram a chegar de toda a Iugoslávia — houve até a presença de repórteres da Itália. Essa afluência agitou as autoridades civis em Mostar e Sarajevo, que já haviam se espantado naquele dia, quando as duas assistentes sociais designadas a impedir que os seis videntes fossem ao Podbrdo na noite anterior apresentaram seus pedidos de demissão, insistindo em dizer que não podiam continuar no serviço depois do que testemunharam no campo além de Cerno.

Durante a tarde, chegaram mais agentes da milícia a Medjugorje, e, em poucas horas, o número deles havia dobrado. Enquanto isso, em

Čitluk, os milicianos continuaram a ameaçar o padre Zovko, prevenindo-o de que ele seria acusado de crime caso não conseguisse controlar os "manifestantes" que se reuniam no Podbrdo todo fim de tarde.

O pároco de Medjugorje sentia-se não só impotente como cada vez mais isolado; naquele momento, seus dois assistentes pareciam acreditar que aquelas aparições fossem reais. O que o persuadia era tanto a força das confissões que ouvia como as conversões que testemunhava, explicou o padre Cuvalo. O que mais o impressionou, disse Cuvalo, foi o que ocorreu com uma mulher ali residente que fizera uma cena pública no Podbrdo, na noite de 29 de junho, deblaterando contra os chamados videntes e todos os que acreditavam naqueles contos de fadas. A certa altura, a mulher gritou: "Deus existe, seus idiotas, mas só na sua imaginação!" Entretanto, algo acontecera àquela mulher naquela noite, e a confissão que ela fez ao padre na manhã seguinte foi a mais comovente das que ele ouvira em seus trinta anos de sacerdócio.

A direção da Liga Comunista estava mais determinada do que nunca a reprimir o culto que se relacionava a essas alegadas aparições. Equipes da polícia política convocaram as famílias dos videntes para uma reunião na escola primária e avisaram-nas de que, a menos que todo aquele espetáculo chegasse ao fim imediatamente, seus filhos seriam internados em hospitais psiquiátricos e as famílias seriam mandadas para a prisão. Os habitantes do vilarejo que queriam agradar aos comunistas visitaram as casas dos videntes e preveniram seus pais de que eles deveriam temer pela vida dos filhos. Naquela tarde, as famílias providenciaram uma reunião com o padre Zovko, a quem pediram que interviesse. "Angustiado", como ele descreveu o seu estado, o padre se trancou na igreja enorme, a sós, e, ajoelhado aos pés do altar, implorou por uma orientação.

Enquanto o padre rezava, dois agentes da *milicija* tentaram uma artimanha, oferecendo a quatro videntes uma carona na *van* da polícia, de Bijakovići até a igreja em Medjugorje. Desse modo, os dois lados conseguiriam o que queriam, explicaram os policiais: a polícia manteria os videntes longe do Podbrdo e os videntes não teriam de atravessar a assustadora multidão que àquela altura já enchia as ruas do vilarejo. Ivanka, Marija e Vicka aceitaram, mas começaram a esmurrar os vidros da *van* — gritando por socorro — quando os agentes da milícia, sem parar na igreja, rumaram para Čitluk.

As três jovens contariam depois que a Virgem aparecera brevemente diante delas, encorajando-as, mas que aquela aparição inesperada as deixara apavoradas: "Ficamos paralisadas de medo", foram as palavras de Vicka. Os dois agentes, alarmados com a expressão de pavor nos rostos das garotas, gritaram, chamando-as de bruxas, e pararam o carro. As três abriram imediatamente a porta da *van*, saltaram, e, atravessando a plantação de tabaco em disparada, tomaram o caminho de volta para Medjugorje. Os agentes da *milicija* abandonaram a *van* e foram à caça a pé.

Para o padre Zovko, o que aconteceu em seguida foi "decisivo". Ele ainda estava na igreja, ajoelhado ao pé do altar, recordou-se o padre, quando ouviu, nitidamente, uma voz lhe dizer: "Saia e proteja os jovens." Ele obedeceu sem pestanejar e foi direto para a porta central da principal entrada da igreja. Assim que a abriu, contou o padre, ele viu as garotas que estavam saindo dos campos e correndo na direção dele. "Elas me disseram: 'A polícia está no nosso encalço! Esconda-nos!'", relembrou o padre. "Chorando, elas se juntaram à minha volta... abracei as garotas e as levei para o presbitério, deixando-as trancadas num cômodo desocupado." Logo depois o padre ouviu os policiais batendo na porta. "Eles me perguntaram: 'O senhor viu as garotas?' 'Vi', respondi. Eles fizeram que sim com a cabeça e dispararam em direção ao vilarejo de Bijakovići para pegá-las."

Por volta das quatro horas daquela tarde, os outros três videntes chegaram à igreja. Entre os peregrinos que se dirigiam ao Podbrdo, corria o boato de que haveria uma cerimônia especial na igreja de São Tiago naquela tarde. Às cinco horas da tarde, aproximadamente, o padre Cuvalo conduziu a recitação do rosário, e às seis, o padre Zovko começou a celebrar a missa. "Não há nada que eu pudesse comparar à quantidade de pessoas que havia na igreja", recordou-se Zovko. "Estava tão cheia, que eu não podia estender as mãos."

Foi durante a homilia do padre Zovko que a Virgem lhes apareceu no pequeno cômodo do presbitério onde ainda permaneciam escondidos, disseram os seis videntes. E, posteriormente, eles contaram ao padre:

a Virgem ficou o tempo todo em silêncio, oferecendo-lhes apenas um sorriso, e, pouco depois, desapareceu.

A manhã de 2 de julho de 1981 começou com mais outra rodada de ameaças da polícia política. A pressão sobre as autoridades locais vinha sendo exercida não só de Sarajevo como de Belgrado. Os milicianos postados do lado de fora das casas dos videntes davam gritos que atravessavam as janelas, blasfemando contra os jovens, seus pais, a sua Virgem e o seu Deus. Os agentes apontavam para os coldres que estavam presos aos cintos deles, prevenindo a todos de que o revólver ali dentro não era nenhum "ornamento".

Após o café-da-manhã, os seis videntes de novo se reuniram na casa de Vicka, e depois, à tarde, atravessaram juntos os campos de tabaco e chegaram à igreja. Na missa daquela tarde, pela primeira vez, o padre Zovko apresentou os videntes à congregação. Jakov descreveu para os fiéis uma aparição que ocorrera no presbitério havia apenas dez minutos: dessa vez a Virgem dissera apenas três palavras, relatou o menino — a saudação dela, "Louvado seja Jesus". Jakov tinha sido, outra vez, aquele que lhe pedira um sinal. Como resposta, a Virgem sorriu, mas permaneceu em silêncio, disse o menino à multidão ali reunida, embora ele e os outros videntes fossem unânimes em dizer que ela parecia ter assentido com a cabeça.

O ritual que se seguiu ao breve depoimento de Jakov seria comparado por um crítico a um *revival* pentecostal. A multidão compacta permanecia no calor abafado do interior da igreja de São Tiago, transpirando, soluçando, gritando, choramingando. Para a maioria dos presentes, a atmosfera de renascimento espiritual tornara-se palpável, algo que se podia provar e ver. Quase todo homem, mulher e criança que ali estava acompanhou a promessa feita pelo padre Zovko de jejuar três dias como sinal de penitência e conversão.

Na manhã seguinte, dia 3 de julho, o bispo de Mostar, Pavao Žanić, chegou a Čitluk, onde perguntou aos padres da região de Brotnjo quais eram as respectivas impressões deles sobre os acontecimentos em Medjugorje. Em seguida, o bispo aconselhou-lhes prudência em tudo o que dissessem ou fizessem, e depois pediu que houvesse pelo menos um padre presente em todas as aparições daquele momento em diante, e que toda sessão fosse gravada.

Os videntes, porém, acreditavam que a aparição daquele fim de tarde seria a última. A semente dessa idéia fora plantada na cabeça dos videntes desde 25 de junho, quando uma prima de Vicka deu a Mirjana um livro sobre as visões de Bernadete em Lourdes. Nenhum dos seis tinha conhecimento do que se passara em Lourdes, mas, em 27 de junho, Mirjana e os outros começaram a ler o livro em voz alta uns para os outros. Depois de saber que a Virgem aparecera para Bernadete em 19 ocasiões, os videntes de Medjugorje concordaram entre si em que eles provavelmente também veriam a Virgem 19 vezes. E começaram a contar cada aparição, calculando que, em alguns dias, houve três ou quatro aparições.

Mirjana, particularmente, preocupava-se em saber quando as aparições terminariam. Ela fez a pergunta à Virgem, na aparição ocorrida em 30 de junho, e depois relatou: "Algo me disse: 'três dias.'" Nenhum dos outros videntes ouvira a resposta; e essa foi a única vez que um deles afirmou ter ouvido algo que os outros, presentes na ocasião, não ouviram. Entretanto, todos os seis pareciam aceitar a idéia de que a aparição do final do dia 3 de julho seria a última.

A multidão que se reuniu em Medjugorje durante a tarde do dia 3 era tão grande que se estimou que lá havia de 25 mil a mais de 50 mil pessoas. De novo havia pessoas aglomerando-se na igreja, à volta dela, uma quantidade de pessoas paradas entre os carros estacionados, os carros de polícia e o mato alto, cantando, acompanhadas pelas cigarras. Por volta das cinco horas da tarde, começou a recitação do rosário. Uma hora depois, cinco dos videntes reuniram-se no cômodo do presbitério separado para uso deles (Mirjana fora naquela manhã para Sarajevo, pois queria assistir à última aparição em casa). "Os jovens pareciam muito inquietos e amedrontados, como pintos se escondendo do gavião", observou um padre que estava fazendo um diário detalhado de cada aparição. Ivanka, ainda de preto por causa do luto, pediu aos padres que acompanhavam os videntes no cômodo que, por favor, saíssem, porque ela e os outros pretendiam aproveitar a ocasião para fazer algumas perguntas de cunho privado à Virgem. Os padres responderam que a instrução recebida de seu bispo era de que estivessem presentes, mas prometeram manter o mais absoluto sigilo sobre o acontecimento.

Os jovens pareceram não gostar do que ouviram, mas entregaram os pontos. Marija disse aos outros: "Rezemos; a aparição vai começar." Os cinco rezaram o rosário em voz alta, depois, começaram a cantar. Às 6h25 em ponto, ficaram quietos, segundo contaram os padres, ajoelharam-se, e ficaram olhando fixamente para um ponto acima de suas cabeças. "Também nos ajoelhamos, e ficamos atentos, observando", contou um dos franciscanos posteriormente, "mas nenhum de nós viu nada."

Algo mudara: Jakov parecia estar falando com a Virgem, mas o que ele dizia era inaudível para os padres ali reunidos. Os outros também moviam os lábios, mas não produziam nenhum som que as testemunhas pudessem ouvir, até que, de repente, exclamaram "Ode!". Ainda de joelhos, Ivanka virou-se para Jankov e perguntou: "Por que você está pedindo isso?" Jakov mais uma vez pedira um sinal, explicaram os outros.

Pouco depois, os videntes foram levados para dentro da igreja, e se postaram junto ao altar acompanhados do padre Zovko. Vicka e Jakov dirigiram-se à multidão, de novo falando ao microfone e com sua fala sendo gravada. "A Virgem realmente apareceu para nós", disse Jakov. "Trata-se de um fato. Juro pela minha própria vida. Eu pedi um sinal. E Ela abaixou a cabeça como se concordasse. Depois Ela desapareceu."

"Esta noite a Virgem nos deu mensagens, para nós, não para o mundo", disse Vicka. "Quando Ela apareceu pela última vez esta noite, Ela disse: 'Meus anjos! Eu os abençôo, vocês serão felizes, e serão acolhidos no coração de seu Pai. Conservem sua fé.'"

"Vão em paz", disse Vicka à multidão. "Adeus para todos." Ela e os outros saíram sob muitos aplausos, não só tristes como aliviados, diriam eles, por tudo ter terminado.

A notícia do término das aparições ainda não chegara a Sarajevo, onde o presidente da República Comunista da Bósnia-Herzegóvina anunciou na manhã de 4 de julho que as "manifestações" em Medjugorje tinham sido oficialmente consideradas "contra-revolucionárias". Desatentos, os videntes se separaram naquele fim de tarde. Vicka estava colhendo flores com algumas amigas às 6h25, quando ela se queixou de que de repente seus dedos tinham ficado dormentes; pouco depois, ela caiu de joelhos e começou a olhar fixamente para um ponto logo acima de sua cabeça. A Virgem aparecera para ela, Vicka disse a suas companheiras alguns minutos depois, parecendo, disseram as meninas, ao mesmo tempo assustada e alegre. Cada um dos outros relatou uma história semelhante. Ivan disse que vira a Virgem enquanto estava se lavando após um dia de trabalho, com sua família, na plantação de tabaco; Marija contou que a Virgem lhe aparecera em seu quarto, em sua casa, em Bijakovići. Mirjana foi quem fez o relato mais emocionante: ela telefonou de Sarajevo para dizer que a Virgem lhe aparecera durante um extenuante interrogatório feito pela polícia, que começara cedo naquela manhã e se estendera até a noite.

Na noite de domingo, 5 de julho, os cinco, ainda em Bijakovići, reuniram-se na igreja e, mais uma vez, conforme contaram, a Virgem lhes apareceu. "Percebemos então que aquilo não se parecia com Lourdes", recordou-se Marija.

CAPÍTULO 6

No Vaticano, os que sabiam das histórias da Bósnia-Herzegóvina enchiam-se de pavor ao imaginar uma incursão naquela terra assustadoramente complexa de êxtases religiosos e velhas inimizades. Para eles, a idéia de que a Virgem Maria tivesse ido a Medjugorje como mensageira da paz parecia não só bizarra como apavorante, por tudo que pudesse vir à tona antes que uma investigação sobre as alegadas aparições estivesse concluída.

O solo da Herzegóvina ocidental é um dos mais encharcados de sangue da Terra. Uma profusão de invasores, voltados para a conquista e a pilhagem, assolou a região por 250 anos, e cada horda que por ali passou deixou para trás ao menos uma pequena parcela do que é hoje o povo do lugar. Os ilíricos foram os primeiros a colonizar a Herzegóvina e o platô de Brotnjo, tendo procedido da costa da Dalmácia durante a Idade do Bronze. Em seguida, a região foi invadida por gregos e celtas, vindos de pontos diversos — os mesmos de onde eles saíram quando expulsos pelas legiões romanas comandadas pelo imperador Augusto. No vilarejo que viria a se tornar Medjugorje, os romanos construíram uma pequena basílica, na qual havia altares dedicados a Silvano* e Diana.

Quando o império de Augusto se dividiu em 395 d.C., a Croácia, a Eslovênia e a Bósnia-Herzegóvina permaneceram como parte do Império Romano do Ocidente, enquanto a Sérvia, o Kosovo e a Macedônia passaram a fazer parte do Império Romano do Oriente. Foi o início de

* Na mitologia romana, divindade das florestas. (N. da T.)

uma dialética histórica que poderia ser sintetizada numa sucessão de banhos de sangue nos 1.600 anos que se seguiram.

Desde o início do século V, os romanos eram vítimas de invasões sucessivas de visigodos, hunos e lombardos. Tribos eslavas da Polônia oriental e das planícies do centro da Rússia, que dariam origem à Iugoslávia (que significa "eslavos do sul"), chegaram à região, acompanhadas dos hunos saqueadores, durante o século VII. Mais altos e de cabelos mais claros do que suas coortes, com as maçãs do rosto mais altas e olhos mais azuis, os eslavos passaram a ser um povo civilizado na época do imperador bizantino Heráclito, que lhes prometeu a Ilíria caso eles expulsassem os hunos. A única condição exigida era a conversão dos eslavos ao cristianismo. Nenhum dos lados poderia imaginar que esse casamento de conveniência produziria talvez os católicos mais devotos e mais inclinados ao misticismo do mundo.

Não havia católicos na Ilíria daquela época: só nos últimos anos do século VIII é que a religião da Igreja Romana foi importada pelos exércitos francos de Carlos Magno. A forma de meia-lua da fronteira atual entre a Croácia e a Bósnia sublinha com exatidão assombrosa a fronteira oriental do império de Carlos Magno, que com o tempo tornar-se-ia a fronteira ocidental do Império Otomano. Sabendo disso, não é difícil compreender por que os católicos croatas há séculos se consideram as sentinelas do cristianismo ocidental, guardiões que impedem a entrada tanto da perversão bizantina como da infidelidade otomana. A Herzegóvina, particularmente, tem sido tanto um campo de batalha como um estado-tampão: a magnífica Stari Most (Ponte Velha) sobre o Neretva, em Mostar, serviria como símbolo de uma passagem entre o Oriente e o Ocidente para inúmeros poetas, historiadores, pintores e fotógrafos.

O que as autoridades do Vaticano conheciam melhor do que talvez qualquer pessoa fora da Iugoslávia era o impacto duradouro na região do primeiro acontecimento importante e histórico do segundo milênio, o que se originou da maior heresia que um dia atormentou a Igreja cristã. Os gnósticos (conhecedores) surgiram como movimento religioso, esotérico, no final do primeiro ou início do segundo século, e a promessa de um conhecimento secreto do divino atraiu adeptos de todos os cantos do mundo conhecido. Se o gnosticismo surgiu como reação ao cristianismo ou o precedeu é motivo de argumentos veementes de ambos os lados. A heresia tem sido atribuída a diversas origens, tais como as mitologias pagãs da Mesopotâmia, as visões de um sacerdote indo-iraniano, a rebelião intelectual de judeus sectários, a metafísica de Platão, as religiões dualísticas do Oriente, ou uma combinação de todos esses elementos.

O que se pode dizer com uma certa segurança é que as duas forças propulsoras de maior importância na história do gnosticismo foram dois sábios persas, Zoroastro e Mani. Foi Zoroastro quem, quase dois séculos antes do nascimento de Cristo, relatou ter tido uma visão na qual o deus Ormasde se revelou como o Ser Supremo. E também foi Zoroastro o primeiro a descrever o universo como um campo de batalha cósmico no qual as forças da luz e das trevas travavam um conflito eterno.

Mani nasceu, mais de duzentos anos depois de Jesus, numa família que vivia na região sul da Babilônia e professava uma austera seita batista, na qual ele foi criado. Todavia, aos 12 anos, Mani passou a relatar visões em que um anjo de Deus lhe dizia que ele seria o profeta de uma nova e definitiva revelação. Essas visões perduraram até Mani completar 24 anos e seguir para o Oriente como missionário cristão. Na Índia, o rapaz foi introduzido ao budismo, o que o influenciou profundamente. Ao voltar para a Pérsia, ele se proclamou o último profeta numa sucessão que incluía Zoroastro, Buda e Jesus, cujas revelações parciais, explicou Mani, subordinavam-se aos seus próprios ensinamentos. Sob a proteção do imperador persa, Mani pregou em todo o Oriente Médio e mandou missionários ao Império Romano. O imediato e enorme sucesso do profeta como professor e religioso foi de início menos uma ameaça ao cristianismo do que ao zoroastrismo ortodoxo, cujos líderes tentaram silenciá-lo. Estes conseguiram fazê-lo quando um novo imperador subiu ao trono persa no ano 274; logo depois, Mani foi executado como herege.

Antes de sua morte, Mani dera uma contribuição significativa às doutrinas do gnosticismo. Enquanto a maioria dos gnósticos ocidentais professava o cristianismo, sua cosmologia lembrava mais a dos hindus: do Deus original, não-criado, originava-se, por meio do que os gnósticos chamavam de "emanação", uma série de divindades menores. A última delas era a deusa da sabedoria, Sofia, que não podia evitar o seu anseio de conhecer o incognoscível Ser Supremo. Esse desejo corrupto produzira uma espécie de irmão gêmeo de Deus que, por sua vez, criara o universo físico. Embora os gnósticos julgassem que esse universo da matéria fosse inteiramente mau, eles também acreditavam que nele haviam entrado "centelhas" do Ser Divino, que ficaram aprisionadas nos corpos humanos. Reanimadas pelo conhecimento, essas centelhas divinas que habitavam a humanidade podiam voltar para o reino transcendente e espiritual de onde se originavam.

Particularmente perturbador para a Igreja cristã em seus primórdios era o fato de que muitos gnósticos identificavam sua divindade maléfica com o Jeová do Antigo Testamento, um livro que eles interpretavam como um relato da disposição desse deus cruel de manter os seres humanos presos ao mundo material. A expulsão de Adão e Eva do Paraíso, o Dilúvio e a destruição de Sodoma e Gomorra eram, todos, compreendidos como esforços desse deus do mal para castigar as tentativas que os seres humanos tinham feito para adquirir conhecimento.

E, um aspecto ainda mais ofensivo para os cristãos ortodoxos (a palavra "ortodoxo" foi cunhada no século II para distinguir os verdadeiros e corretos seguidores do Cristo dos falsos e desorientados crentes "heterodoxos") era a rejeição dos gnósticos não só à reparação de Jesus por meio do sofrimento e da morte como também à sua ressurreição. Cristo, o espírito divino, não nasceu no corpo de um homem, Jesus, mas o habitou ou "o dominou", ensinaram os gnósticos, e não morreu na cruz, mas, ao contrário, ascendeu ao reino divino de onde veio. (Há relatos gnósticos alternativos em que Jesus é substituído por um bode expiatório, que é crucificado em seu lugar, ou ele é tirado da cruz ainda vivo e levado para fora de Jerusalém para viver como monge entre os essênios à margem do mar Morto, ou morrer velho na Caxemira, ou acabar morto pelos romanos em Masada, ou viajar para a Europa e gerar a dinastia real francesa futura.) Fosse lá no que eles acreditassem, os cristãos das seitas gnósticas, em sua maioria, repudiavam a cruz como símbolo religioso, dizendo ser errado adorar um instrumento de morte e tortura. Eles também desafiavam a autoridade dos padres e rejeitavam todos os sacramentos, até mesmo o batismo e a eucaristia, e os ritos que praticavam incluíam hinos sacros e fórmulas mágicas.

Mani, como Zoroastro, dividiu a existência em reinos rivais, do bem e do mal: o reino da Luz (ou espírito) era governado por Deus, enquanto o reino das Trevas (ou matéria) era governado por Satanás. Os dois reinos tinham sido inteiramente separados, até uma catástrofe primal na qual o reino das Trevas invadiu o reino da Luz. Esse fato condenou as forças do bem e do mal a uma luta perpétua que por fim produziu o seu campo de batalha consumado — a raça humana. O corpo humano era material e portanto mau, enquanto a alma humana era um fragmento da luz divina que havia de ser redimida e liberta da prisão da Terra.

Os maniqueus dividiam-se, conforme o grau de sua perfeição espiritual, em duas classes distintas: os Eleitos praticavam as regras estritas do celibato e do vegetarianismo, abstinham-se de vinho, evitavam o trabalho e dedicavam-se a pregar; os Auditores, muito mais numerosos, podiam se casar, mas eram proibidos de procriar, deviam observar jejuns semanais e eram obrigados a servir aos Eleitos. O melhor que um Auditor podia esperar era renascer como membro dos Eleitos. (Mani aceitara a doutrina budista da reencarnação.)

Enquanto formas mais antigas do gnosticismo já tinham sido suprimidas no fim do século III, o maniqueísmo floresceu durante o século IV, disseminando-se pela China e atraindo seguidores em todo o Império Romano, principalmente no norte da África. Por nove anos, antes de sua conversão ao cristianismo, santo Agostinho foi maniqueu, e, tempos depois, escreveu os primeiros e mais importantes textos apologéticos contra a heresia.

Já na Idade Média, o maniqueísmo tinha praticamente desaparecido do Ocidente. Ainda permanecia no Leste Europeu, e veio a gozar de um recrudescimento sangrento e uma expansão sufocante nos Bálcãs durante os últimos anos do século X, orientado por um padre ortodoxo búlgaro de origem obscura que se denominou Bogomil (querido de Deus). Bogomil logo aceitou e adaptou a cosmologia de Mani e dos primeiros professores gnósticos. Deus gerou dois filhos, pregava Bogomil: o mais velho, Satanael, primeiro rebelou-se contra a autoridade do pai, e depois tentou usurpar o papel de Deus como criador. Entretanto, o que esse filho moldou foram paródias grotescas da obra do pai. Em vez de Céu, Satanael fez a Terra; em vez de anjos, homens. Todavia, as criaturas de Satanael não conseguiam se mexer nem respirar até ele roubar uma chama do fogo divino e esconder uma centelha dela em cada coração humano. Esse mesmo ato mostrar-se-ia o causador da queda de Satanael quando Deus reagiu e mandou o Seu segundo filho, Logos — o Cristo —, descer do céu, assumir um corpo ilusório e anular o poder do Mal sobre a criação Dele, a raça humana.

Como os primeiros gnósticos, os seguidores do profeta búlgaro (que se chamavam bogomilos) menosprezavam as imagens e rejeitavam os sacramentos. Eles aceitavam o Novo Testamento, integralmente, mas, do Antigo, só os Salmos e o Livro dos Profetas. As práticas dos bogomilos na vida pessoal variavam muito, indo de um rígido ascetismo ao hedonismo mais famigerado, sendo que cada um desses aspectos fundamentava-se na crença de que o corpo físico não era apenas mau como também irrelevante. Os ascéticos jejuavam e rezavam praticamente sem cessar. Eles eram literalistas que consideravam o excremento humano como o mais acabado símbolo do mal material e freqüentemente tomavam doses imensas de purgativos. Já os hedonistas achavam que uma vez que o corpo humano era irredimível, o que cada um fazia com ele não era importante. Foi assim que a promiscuidade sexual e a perversidade dos bogomilos tornaram-se notórias em toda a Europa.(A gíria, em inglês, para sodomita, "*bugger*", provém de "búlgaro".)

Não foi a pregação religiosa de Bogomil, mas sim os seus apelos à insurreição que ocasionaram ao búlgaro a inimizade das grandes potências que o cercavam de todos os lados. No início do século XI, Bogomil começou sua carreira exortando os camponeses macedônios, sob a proteção da crença difundida por ele, a se sublevarem contra o governo de Constantinopla. O grande príncipe bósnio Kulin foi um dos primeiros conversos ao bogomilismo, e, por causa dele, a nova religião passou a ser identificada com a independência Bósnia. Defrontando-se com uma ameaça que era então não só espiritual, mas temporal, tanto a Igreja Católica romana como a Ortodoxa grega perseguiram os bogomilos incansavelmente nos 250 anos seguintes. O Concílio de Constantinopla decretou que todos os hereges fossem queimados vivos. Roma, porém, que também tinha autoridade na região, insistiu em tentar "reconverter" os bogomilos, que seriam mortos caso não concordassem com a reconversão. Os primeiros monges franciscanos a entrar na Bósnia tinham sido mandados pela Igreja com a missão de salvar os hereges de si próprios.

A premência dessa missão aumentou quando o gnosticismo se espalhou pela Europa Ocidental, indo dos Bálcãs para a Itália, de lá para os Alpes suíços, e, por fim, chegando ao sul da França, onde um grupo chamado albigense tornou-se o fulcro das idéias heréticas, e passou a ameaçar a primazia da Igreja cristã, uma situação que não ocorria havia quase mil anos. Quando as constantes tentativas de reconverter os hereges por meios pacíficos falharam, o papa Inocêncio III convocou uma cruzada contra os albigenses que devastou o interior da França. Acusando os albigenses de devoção ao demônio, sacrifícios humanos, canibalismo, incesto, perversão sexual e prática da missa negra, os soldados da Igreja mataram milhares de adeptos da seita. No início, os homens que acompanhavam o cavaleiro que chefiava a cruzada lhe perguntaram quem, dentre os hereges, deveria ser trespassado pela espada. E ele respondeu com uma frase que se tornou um refrão por mais de sete séculos: "Matem todos; Deus saberá qual é o Dele." Em março de 1244, os albigenses sofreram a última derrota, em Monsegur, ao pé dos Pireneus, onde mais de duzentos padres hereges foram massacrados.

A extinção do movimento gnóstico nos Bálcãs ainda demoraria. O próprio Bogomil foi executado pelo imperador bizantino, mas suas idéias religiosas sobreviveram, mesmo sob uma investida furiosa vinda tanto do Oriente como do Ocidente, da Igreja Ortodoxa grega de um lado e da Católica romana do outro. A heresia enraizou-se com mais profundidade na Bósnia-Herzegóvina, a única região da Europa onde ela se tornou objeto da fé não só de camponeses rebeldes como de senhores que detinham o domínio.

E entre seus baluartes havia um vilarejo chamado Medjugorje.

Se as aparições de Medjugorje não foram semelhantes às de Lourdes, o que elas haviam sido estava sendo revelado lentamente — lentamente demais, alguns reclamariam — e parecia sujeito a mudanças quase constantes. Na maior parte daquele mês de julho, os cinco jovens reuniam-se na igreja, em Medjugorje (Mirjana permanecera em Sarajevo), todo fim de tarde, encontrando-se inicialmente para a aparição diante do grupo numa saleta do lado oposto à sacristia.

Segundo a opinião da maioria dos observadores, as visões dos jovens pareciam, paradoxalmente, aprofundar-se mesmo quando adquiriram características mais ritualísticas: no final da tarde, os cinco entrariam no que passou a ser conhecido como "sala da aparição", juntos, em geral acompanhados de alguns padres e convidados diversos que depositariam medalhas, rosários e outros objetos na mesa defronte dos videntes, para que a Virgem pudesse benzê-los. Ainda de pé, os jovens começariam rezando os sete pai-nossos, sete ave-marias e sete glórias que diziam ter sido solicitados pela Virgem.

É evidente que o que ocorreu em seguida afetou profundamente todos os que haviam sido admitidos como testemunhas na sala das aparições, entre os quais havia cientistas céticos e ateus confessos: assim que começavam a rezar o terceiro pai-nosso, os videntes caíam de joelhos — como se tivessem sido eletrocutados, mais de um observador relataria. Eles continuavam a mexer os lábios, murmurando as palavras das orações do rosário, mas não se ouvia nada, nenhum som. Os olhos dos videntes sempre se fixavam no mesmo ponto, perto de um crucifixo que estava uns 2,50 metros diante deles. Eles pareciam enlevados, mesmo que seus rostos refletissem uma gama de emoções, entre lágrimas de tristeza a sorrisos de êxtase. As aparições em geral duravam de dois a 15 minutos, embora houvesse algumas que se prolongaram por 45 minutos. Os cinco pareciam falar com a visão no decorrer do fenômeno, mas não se ouvia som nenhum, até eles começarem a rezar o pai-nosso de novo. Nesse momento, ao dizerem as palavras "que estais no céu", todas as vozes tornavam-se instantaneamente audíveis.

Segundo as explicações dos videntes, o que eles percebiam quando as aparições começavam era uma cintilação, uma luz brilhante mas suave, da qual a Virgem parecia emergir. No momento em que Ela aparecia, eles iam perdendo toda a consciência do mundo material e começavam a experimentar uma separação do tempo e do espaço que foi se aprofundando até chegar ao afastamento completo nas aparições que continuaram a ocorrer em agosto e setembro. Quando lhes pediam que descrevessem a Virgem, todos os jovens falavam de sua beleza, mas em geral usavam uma linguagem descritiva insuficiente. A falta de eloqüência deles frustrava muitos padres que os interrogavam. A Virgem "brilhava na sua santidade", diziam, vestida com um manto longo que caía, solto na cintura, e que cobria Suas extremidades inferiores (eles ainda não tinham visto os pés da Virgem). E descreviam a cor da roupa como "um cinza luminoso", o que não os deixava satisfeitos, porque o manto não lhes parecia exatamente ter uma cor, mas uma determinada qualidade. Por outro lado, concordavam que a pele Dela era azeitonada, e as faces, rosadas. O longo véu cobria inteiramente o cabelo da Virgem, disseram, a não ser por um cacho de cabelo preto que aparecia no lado esquerdo do Seu rosto.

A Virgem, acrescentaram os videntes, falava com eles num croata perfeito: "Eu ouvia a voz Dela e as palavras normalmente", disse Ivanka a um padre que a inquiria, "tão bem quanto o que os outros diziam."

O padre Zovko ficava satisfeito ao ver que, quando o episódio da visão chegava ao fim, os videntes participavam da missa como paroquianos comuns, cantando com o coro e os fiéis; às vezes Jakov pedia para ajudar como sacristão. Quando a missa terminava, os jovens se reuniam com os peregrinos, respondendo com "muita humildade, muita piedade" às perguntas, conforme observou um padre cético vindo de uma paróquia vizinha. Essa ausência de grandiloqüência da parte dos videntes era uma tranqüilidade para todos os clérigos que lá chegavam para inquiri-los. Vicka, a quem um padre perguntou se ela considerava a Virgem "como alguém que abençoa ou alguém que reza para Deus", respondeu no mesmo instante: "Como alguém que reza para Deus." Quando o mesmo padre perguntou se uma oração feita na igreja em Medjugorje valia mais do que uma oração rezada numa outra igreja, a jovem disse que faria essa pergunta no decorrer da próxima aparição. A Virgem lhe dissera que o valor de uma oração dependia da fé de quem reza, respondeu Vicka no dia seguinte.

Em meados de julho, os videntes disseram que houve cinco tardes seguidas em que a Virgem não apareceu. Parecia que, finalmente, as aparições estavam chegando ao fim, mas os videntes não mostravam a serenidade que haviam demonstrado duas semanas antes. Todos, na realidade, pareciam mais desanimados, incapazes de compreender por que a Virgem os abandonara sem nenhum aviso. Entretanto, continuaram a se reunir na igreja durante a missa do fim do dia, e, na sexta noite, contaram que a Virgem voltara, agradecera-lhes por terem permanecido fiéis, e prometera não partir outra vez sem avisá-los com antecedência.

Os videntes afirmaram que continuavam a pedir um sinal à Virgem. "Mesmo que eu deixasse um sinal, muitos não acreditariam nele", disse a Virgem no dia 21 de julho, segundo relataram os videntes. "Muitos virão aqui e inclinar-se-ão. Mas as pessoas precisam se converter e fazer penitência." Numa aparição especial, pouco antes da meia-noite do dia 27 de julho, eles, mais uma vez, pediram um sinal, contou Vicka, e a Virgem respondeu com símbolos que foram vistos apenas por eles — um coração e uma cruz que surgiram no céu enquanto Ela desaparecia. Dois dias depois, Jakov perguntou à Nossa Senhora se ele e os outros podiam abraçá-la. Ela respondeu que podiam, um de cada vez. Os que estavam lá presentes relatariam que as mãos dos videntes, depois de terem "tocado na Virgem", pareciam espantosamente frias — "literalmente como blocos de gelo", como disse uma testemunha.

Àquela altura, tanto a polícia como os dirigentes da Liga Comunista estavam pedindo que o padre Zovko interrompesse a celebração das missas noturnas. Ele pediu aos jovens que consultassem a Virgem; a resposta Dela, eles contaram ao padre, foi: "Continuem a celebrar a missa." Depois disso, os padres de Medjugorje foram chamados para prestar depoimentos diários. Os oficiais da polícia federal interrogavam peregrinos e padres que vinham de outras regiões do país, e exigiam informações sobre a natureza das conversas deles com os videntes e com o padre Zovko. Os comunistas de Čitluk espalharam o boato de que os franciscanos tinham fabricado as aparições em Medjugorje a fim de levantar dinheiro para construir uma ampliação da igreja, e depois, no final de julho, exigiram que a igreja de São Tiago fosse fechada "enquanto se aguardava o resultado das investigações".

O padre Zovko negou-se a obedecer, e se dirigiu a Sarajevo para apresentar seus argumentos diante da Comissão de Assuntos Religiosos.

Naquela noite, o presidente da comissão defrontou-se com o padre numa reunião, na qual se queixou de que as pessoas da paróquia de Zovko haviam abandonado o trabalho nos campos e nas fábricas, de que as plantações em Medjugorje estavam não só largadas à própria sorte como vinham sendo pisoteadas pelos peregrinos, e de que a água do lugar, em vez de servir para irrigar os campos, estava sendo gasta com os peregrinos. Como o padre Zovko não reagiu, o presidente começou a gritar, alegando que as reuniões em Medjugorje eram mais políticas do que religiosas, que o verdadeiro propósito deles era o incremento do nacionalismo croata, e afirmando que o cabeça por trás de tudo aquilo seria acusado de "inimigo do povo".

Para proteger a igreja, os videntes anunciaram que eles de novo estavam prontos a se reunir todo fim de tarde, ao ar livre, no Podbrdo, para aguardar a aparição da Virgem. Essa volta das grandes multidões à encosta enfureceu os dirigentes da Liga Comunista em Sarajevo e Belgrado, e suas ameaças tornaram-se ainda mais violentas. No dia 11 de agosto, o padre Zovko foi chamado a comparecer à sede do Partido Comunista em Mostar. Lá, advertiram-no, pela última vez, de que ele teria de impedir a reunião daquelas multidões no monte Podbrdo, e ordenaram-lhe que abolisse a missa noturna na igreja de São Tiago. Ele continuaria a celebrar a missa, respondeu o padre, enquanto as pessoas comparecessem à igreja. Naquela noite, ele pregou o sermão que falava dos quarenta anos de Moisés no deserto; as autoridades interpretaram-no como uma referência velada aos quarenta anos de domínio comunista.

Na tarde seguinte, dois helicópteros do Exército sobrevoaram o cume da Križevac e baixaram diretamente pouco acima da multidão reunida no Podbrdo. Alternando mergulhos súbitos e giros, os helicópteros levantaram nuvens imensas de poeira vermelha com suas pás giratórias. Os motores barulhentos abafavam os gritos dos que estavam em terra, provocando praticamente uma debandada geral. Houve dezenas de feridos, embora não tenha havido nenhuma morte. Pouco depois, uma tropa de milicianos, vinda de baixo, tomou a encosta de assalto, brandindo armas e ordenando a evacuação do morro. Naquela noite, a polícia de segurança ergueu barreiras de cordas, impedindo o acesso a todas as trilhas que levavam ao Podbrdo, e posicionou guardas armados ao longo de toda a base do morro.

Na tarde de 13 de agosto, dois esquadrões de milicianos chegaram de Mostar com uma matilha de cães policiais e se posicionaram à entrada da igreja de São Tiago. Um padre idoso que protestou recebeu voz de prisão, foi algemado e levado embora.

Proibidos de se reunir em público, os videntes, para testemunhar as aparições da Virgem, passaram a se encontrar nos campos e nos pomares ao redor de Bijakovići, todo fim de tarde. A sensação de perigo aumentou muito em 17 de agosto, quando o padre Jozo foi preso, acusado de sedição. No dia seguinte, uma equipe da polícia secreta, enviada pelo Ministério do Interior, chegou a Medjugorge para dar uma busca na igreja de São Tiago. Os agentes se apossaram não só da caixa de coleta da igreja (na qual havia aproximadamente 4 mil dólares), mas de todos os documentos e cartas relacionados às alegadas aparições, assim como fitas gravadas das primeiras entrevistas do padre com os videntes. Os assistentes do pároco foram presos e postos sob vigilância armada, e as portas da igreja foram trancadas do lado de dentro.

Naquele fim de tarde, como em todos, dali em diante, os videntes se reuniram — nos campos e nos pomares, ou na casa de Vicka — para assistir à aparição da Virgem. Segundo Vicka, a mãe de Deus lhes disse, naquele anoitecer em que o pároco foi preso: "Não temam. Eu gostaria que vocês se enchessem de alegria, e que essa alegria pudesse ser vista em seus rostos. Eu protegerei o padre Zovko." Durante esse período transitório, disseram os jovens, a Virgem lhes apareceu pela primeira vez com uma roupa diferente do véu branco e do manto cinza-prata: na festa da Assunção, ela surgiu com vestes douradas que a cobriam da cabeça aos pés.

Também foi em agosto que outras pessoas, além dos videntes, começaram a relatar terem sido testemunhas de visões miraculosas. Houve uma abundância de relatos desse tipo especialmente com relação aos dias 2, 3 e 4 de agosto. Na aparição de 2 de agosto, festa de Nossa Senhora dos Anjos, um grupo de cerca de 150 pessoas relatou ter visto o sol girar em sua órbita, descer em direção à multidão e, depois, recuar. Todos os presentes ou choravam, ou rezavam, ou corriam. Os cento e poucos que permaneceram ali disseram ter conseguido olhar para o sol sem que seus olhos sofressem qualquer dano, e ter visto "figuras" que saíram da órbita, se materializaram e se dispuseram em forma de cruz. Minutos depois, essas testemunhas insistiriam em contar, surgiram no céu seis pequenos corações ao redor de um coração grande. Em seguida, formou-se uma nuvem branca que cobriu o Podbrdo; aos poucos, a nuvem se dissipou, o céu clareou, e o sol brilhou de novo em sua posição habitual.

Na tarde de 24 de agosto, Vicka, que estava na casa de Ivan, ouviu uma gritaria na rua, correu para fora e se deparou com um bando enorme de gente olhando fixamente para a montanha Križevac. Ela também olhou, contou Vicka, e, como os outros videntes, viu a Virgem no lugar da cruz, no topo da montanha. Mais de uma dezena de pessoas, dentre as que estavam na multidão, disseram ter visto não só a própria Virgem, como uma "estátua" de Nossa Senhora, conforme elas descreveram, no lugar em que a cruz deveria estar. E elas contaram que, quando a estátua desapareceu, a cruz voltou a ser visível. Naquele momento, conforme Vicka e os outros videntes relataram, eles viram a palavra "*mir*" (paz, em croata) escrita em letras douradas no céu acima da montanha. Mais de cem testemunhas alegaram ter visto o mesmo fenômeno.

O padre Cuvalo era o mais proeminente dentre um grupo de clérigos que fazia o máximo para desencorajar essa "credulidade", defrontando-se regularmente com as multidões de peregrinos que se reuniam na rua com esperança de ver o sol "fazer suas estripulias". "São suas cabeças que estão girando, não o sol", foi a repreensão do padre feita a um grupo. Entretanto, dezenas de testemunhas continuaram a contar ter observado que as pulsações e os giros do sol produziam bolhas gigantescas vermelhas, roxas e azuis, ou então que cruzes apareciam e desapareciam, ou ter se espantado com lampejos repentinos antes e durante as aparições. Falaram em bem mais de duas dezenas de curas milagrosas, apenas durante o mês de agosto. Os padres tiveram pouco tempo para se ocupar da investigação dessas curas, por estarem cada vez mais preocupados com o padre Zovko, que naquele momento enfrentava um processo no qual era acusado de conspiração e traição, cuja possível sentença seria um longo período na prisão.

Em Mostar, os comunistas marcaram o julgamento do padre Zovko para a última semana de outubro. Em 19 de outubro, os videntes de Medjugorje contaram que a Virgem lhes pedira que jejuassem durante uma semana, ingerindo só pão e água, e rezassem o mais que pudessem por Zovko. Então lhes permitiram ver o padre em sua cela na cadeia. Durante a aparição na noite seguinte, Vicka implorou à Virgem que interviesse em favor do padre: "Cause paralisia em alguém; golpeie alguém na cabeça. Sei que é pecado falar assim, mas o que podemos fazer?" A Virgem respondeu apenas com um sorriso, contaram os jovens, depois os estimulou a entoar a canção "Jesus Cristo, em Vosso Nome".

O julgamento do padre Zovko começou e terminou no mesmo dia, 21 de outubro. Ele foi acusado de sedição, um crime que poderia levar à pena de morte. Na aparição daquele anoitecer, em Medjugorje, foi de novo Vicka quem falou: "Querida Virgem, a Senhora sabe que não é a vingança que nos move, mas tente de algum jeito conduzir certas pessoas à razão."

"Não temam por Jozo", respondeu a Virgem, segundo o relato dos videntes. O padre seria condenado à morte?, perguntou Vicka. O veredicto só seria pronunciado no dia seguinte, respondeu a Virgem, segundo os videntes, e a pena não seria "severa".

Na realidade, o padre Zovko não foi sentenciado senão na manhã seguinte, quando lhe deram uma pena reduzida, três anos e meio na prisão. Durante a aparição daquela noite, Vicka disse à Virgem que ela e os outros estavam tristes. "Vocês deviam se regozijar!", retrucou a Virgem.

A aparição daquela noite seria decisiva para dois dos padres mais céticos de Medjugorje, sendo o primeiro o padre Cuvalo, cuja repreensão aos crédulos se mostrava cada vez mais veemente. Ele próprio testemunhara algo que só poderia ser descrito como um fenômeno sobrenatural, admitiria o padre mais velho no dia seguinte, "uma brancura incandescente" que emanara da cruz no alto da montanha Križevac exatamente no momento em que os videntes disseram ter presenciado a aparição da Virgem. O segundo padre era Luka Susac, que chegara a Medjugorje naquela tarde vindo de Humac onde fora ouvir confissões. Durante a aparição dos videntes, ele olhou para a Križevac através da janela e viu, em vez da cruz, uma coluna brilhante de luz branca que gradualmente se tornou a "silhueta" de uma mulher de pé, parada, com os braços estendidos, e olhando em direção à igreja. Susac então chamou outros três padres, que, todos eles, testemunhariam ter presenciado, por meia hora, o mesmo fenômeno.

Muitos, dentre a multidão de peregrinos que circulava pelo adro da igreja, contaram ter observado essa "figura" ou "estátua" ou "silhueta" de mulher no alto da montanha naquele mesmo instante. Não demorou para que centenas de pessoas se ajoelhassem no gramado à volta da igreja, rezando, cantando, suspirando e soluçando até a cruz reaparecer e o céu começar a escurecer.

Os acontecimentos daquele anoitecer foram eclipsados na tarde de 28 de outubro, uma semana depois do julgamento do padre Zovko, quando um estranho incêndio irrompeu no Podbrdo no lugar da primeira aparição. Mais de quinhentas pessoas jurariam ter visto as chamas; havia, entre elas, quase uma dúzia de guardas armados da milícia que tinham se posicionado na base do morro. O fogo ardeu por uns 15 minutos, com intensidade cada vez maior, sem nenhum combustível aparente. Os guardas insistiram em afirmar que alguém tinha encharcado uma moita de gasolina e posto fogo. Eles subiram o morro para investigar, mas não encontraram sequer os restos de um incêndio: nem brasas, nem cinzas, nada.

Depois da aparição daquela noite, os videntes contaram que a Virgem lhes dissera que o incêndio no Podbrdo era "um arauto do Grande Sinal" que viria. O que esse Grande Sinal seria e quando ele apareceria, somente os seis estavam autorizados a sabê-lo de antemão.

"Como é possível sermos nós? E por quê?", espantou-se Vicka. "Não podemos sequer imaginar tal coisa."

Em novembro de 1981, o padre Zovko tinha desaparecido no labirinto límbico do vasto e notório sistema prisional da Iugoslávia, e seus deveres em Medjugorje tinham sido assumidos pelo padre Cuvalo. Entretanto, a administração do padre idoso já tinha sido sobrepujada pela liderança de seu assistente mais moço, o padre Tomislav Vlasić.

Anteriormente pároco da grande congregação da igreja de São Francisco de Assis em Capljina, o padre Vlasić era um renomado intelectual

— também considerado o principal liturgista da região — que estivera pela primeira vez em Medjugorje em 29 de junho, o quinto dia das aparições na paróquia. Naquela manhã, ele chegara tarde, exatamente quando os videntes estavam voltando de um interrogatório na delegacia de polícia em Čitluk. Jakov foi o primeiro dos jovens a falar, lembrou-se o padre Vlasić, que considerou o menino excepcionalmente franco e à vontade: "Logo me convenci de que ele estava passando por uma experiência incomum, mas eu não tinha noção do que poderia ser." Mas foi Mirjana quem o impressionou mais fortemente, disse Tomislav. Quando ele falou com ela naquela manhã, a jovem de Sarajevo lhe disse que não voltaria ao Podbrdo naquele fim de tarde: "Se eles me levarem para me fazer perguntas, vou ter um ataque de nervos", explicou Mirjana. Entretanto, naquele fim de tarde, ele viu Mirjana com os outros na encosta do morro, e, após a aparição, perguntou-lhe o que a fizera mudar de idéia. "Ela disse: 'Quando chegou a hora, ninguém poderia ter me impedido de prosseguir; não se tratava mais de ir ou não ir.'"

Ele havia interrogado cinco ou seis videntes na casa de Marinko, o mecânico, depois de ocorrida a aparição daquele anoitecer, e comentou posteriormente: "Para mim, não havia dúvida nenhuma. Com exceção de Mirjana, eles eram jovens camponeses comuns, de conhecimentos escolares modestos, imaginação limitada, e, além disso, não eram especialmente devotos. Eles estavam vivendo uma experiência religiosa genuína."

Em poucas semanas, o padre Vlasić pediu que o substituíssem no posto prestigioso que ele ocupava em Capljina, a maior cidade entre Split e Mostar, de modo a poder ser nomeado pároco-assistente na minúscula Medjugorje. No início de agosto, o padre Zovko lhe mandou este recado: "Não demorarei a ir-me embora. Esteja a postos para ocupar meu lugar." O padre Vlasić chegou a Medjugorje em 18 de agosto, no dia seguinte ao da prisão do padre Zovko, e já em outubro ele assumira o papel de "conselheiro espiritual" dos videntes.

Foi no decorrer desse período que as mensagens relatadas pelos jovens aumentaram em abrangência e presságios. Ao mesmo tempo, muitos assuntos sobre os quais os videntes afirmavam ter conversado com a Virgem pareciam bastante pessoais, alguns até ligeiramente fúteis.

Mirjana, principalmente, parecia considerar a Virgem uma doadora de conselhos maternais, que lhe pediu que rompesse um relacionamento com uma garota que estava usando drogas ou lhe avisou que ela deveria evitar discussões na escola. Os outros contaram que a Virgem de novo os estimulara a fazer jejum e passar a pão e água, e também lhes pedira que largassem a televisão, o álcool e os cigarros. Entretanto, a Virgem sempre enfatizava que eles próprios sabiam o que era necessário fazer. "Vocês são livres", a Mãe Santíssima repetiu muitas vezes, disseram os videntes. "A escolha cabe a vocês."

Durante as aparições, disseram os videntes, eles eram instigados a perguntar sobre qualquer assunto, e a Virgem raramente deixava de responder, embora as respostas fossem às vezes cifradas e em muitas ocasiões ofendessem os que se intitulavam guardiões dos dogmas católicos. "Todas as religiões são boas?", os jovens perguntaram na aparição de 1º de outubro. "Todas as religiões se assemelham diante de Deus", disse a Virgem, uma declaração que muitos padres consideraram chocante. Mais tranqüilizadora foi a resposta da Virgem a uma pergunta feita pelos videntes seis dias depois: "Há, além de Jesus, outros intermediários entre Deus e o homem? Qual é o papel deles?" "Só há um único mediador entre Deus e o homem, e esse é Jesus Cristo", respondeu a Virgem.

A resposta da Virgem a uma pergunta sobre a reencarnação foi inusitadamente longa e detalhada: "Vamos para o céu plenamente conscientes; com a consciência que temos agora. No momento da morte, temos a consciência da separação entre corpo e alma. É errado ensinar às pessoas que renascemos muitas vezes e que passamos por corpos diferentes. Só se nasce uma vez. O corpo, afastado da Terra, decompõe-se depois da morte. Ele nunca mais volta à vida. O homem recebe um corpo transfigurado. Quem fez muito mal durante a vida pode ir direto para o Céu caso confesse, se arrependa do que fez e receba a comunhão no final da vida."

Os padres ficaram quase tão perturbados quanto intrigados ao perceberem que os videntes pareciam não se dar conta da importância de certas declarações que eles atribuíam à Virgem, principalmente as que se referiam ao objetivo das aparições em Medjugorje. Nada era tão auspicioso quanto o anúncio da Virgem de que essas seriam Suas últimas aparições na Terra, e que elas visavam propiciar à humanidade uma oportunidade decisiva de arrependimento e conversão. A Virgem então explicou que ela aparecera em Medjugorje com o seu aspecto definitivo, segundo os videntes, dizendo-lhes, na aparição de 12 de outubro: "Eu sou a Rainha da Paz."

Por ocasião do outono de 1981, as devoções praticadas no vilarejo de Medjugorje encontraram um inimigo que iria se mostrar mais poderoso e intransigente do que o Estado comunista. Tratava-se do bispo de Mostar, Pavao Žanić. O bispo Žanić parecera ser um adepto entusiasta em sua primeira ida a Medjugorje em julho de 1981. Depois de entrevistar os seis videntes, o bispo declarara: "Estou firmemente convencido de que ninguém os influenciou... Seis jovens inocentes como esses teriam dito tudo em meia hora caso alguém os estivesse manipulando... Também estou convencido de que os jovens não estão mentindo." O padre Zovko precisou dissuadir Žanić de proclamar a autenticidade das aparições naquele momento, persuadindo o bispo a permitir que a Igreja conduzisse uma investigação formal antes que qualquer pronunciamento fosse feito.

Em agosto, o bispo foi chamado a Sarajevo para uma entrevista com funcionários da polícia de segurança estatal. Quando voltou a Mostar, Žanić parecia estar mais apreensivo com os céticos. Em 16 de agosto, o bispo deu sua primeira declaração pública, na qual repetiu não acreditar que os jovens estivessem mentindo ou sendo manipulados. "Entretanto", acrescentou, "a pergunta mais difícil permanece: será que os seis estão passando por experiências sobrenaturais subjetivas?"

Padre Zovko foi preso no dia seguinte, e o bispo não se pronunciou sobre o assunto Medjugorje nos cinco meses seguintes. Não houve nenhuma revelação de que a posição dele havia mudado até janeiro de 1982, quando o bispo Žanić constituiu a primeira comissão episcopal destinada a investigar as aparições em Medjugorje; todos os quatro teólogos selecionados pelo bispo para participar dessa comissão haviam declarado anteriormente que, a seu ver, os jovens videntes eram farsantes. Apenas um desses quatro iria a Medjugorje conhecer os videntes, e, depois, quando esse teólogo mudou de opinião e concluiu que as aparições eram autênticas, Žanić acusou-o de ter cedido a uma "lavagem cerebral", e o demitiu do posto que ocupava.

Assim que encontrei Mirjana, percebi que ela não era nem mentirosa nem maluca, pelo menos não como os mentirosos e malucos que eu conheço. Os olhos da jovem eram de um azul de lagos alpinos, luminosos na claridade, tranqüilos em seu repouso. E seu olhar era penetrante, mas não inquisidor. Ela me pareceu bastante segura de si, ainda que inteiramente despretensiosa. E era também mais bonita do que nas fotografias que eu vira, e muito mais elegante do que eu imaginara; ali estava, esbelta e bronzeada, vestindo o seu conjunto de seda próprio para viagens.

Tive a impressão de que eu também não era o que ela esperava, e nossa breve conversa foi um tanto vaga, constrangida. Parados diante da porta da frente de sua casa, conversamos principalmente sobre logística. Mirjana pareceu satisfeita ao ouvir que eu preferia jantar nos cafés de Medjugorje a continuar comendo as enormes refeições que sua mãe vinha preparando para mim. Ela sugeriu estradas boas para caminhadas, perguntou quem mais eu pretendia entrevistar, propôs uma hora em que pudéssemos nos sentar e conversar, e me explicou a melhor maneira de entrar em contato com quem me interessava. O inglês de Mirjana me pareceu bastante bom, mas ela insistiu em dizer que era necessário um tradutor para quando falássemos de "assuntos importantes", e disse que tinha alguém para sugerir. Propôs que eu me servisse da mesma pessoa quando fosse falar com Vicka, cujo inglês era bastante limitado.

Desculpei-me pelo meu vocabulário servo-croata, que consistia em mais ou menos uma meia dúzia de palavras. O rosto de Mirjana refletiu uma preocupação genuína. "Olhe, diga simplesmente 'croata', e não 'servo-croata'", ela me aconselhou. "Eu não sou nacionalista, mas muitos são. Se você falar com sérvios, diga 'sérvio'. Se falar com muçulmanos, diga simplesmente 'a sua língua'." Eu sorri, pensando em como essa conversa era diferente da que eu imaginara. Mirjana arqueou as sobrancelhas. "É sério", disse ela, "você está num país em que as pessoas são mortas por dizerem a palavra errada na hora errada."

Tentei transmitir um ar humilde, mas aparentemente não convenci. Mirjana balançou a cabeça e sorriu. E perguntou: "Você vai ficar quanto tempo?"

"Não sei ao certo", respondi.

Essa resposta também pareceu diverti-la. "Alguns que dizem isso nunca vão embora", observou ela.

"Não serei um desses", eu a tranqüilizei.

"Você acabou de chegar a Medjugorje", ela me disse. "Ainda não sabe o que vai ser de você."

Na manhã seguinte, tornei a entrar no labirinto de trilhas poeirentas que dividiam os campos das vinhas e ligavam os vilarejos da paróquia de Medjugorje. Eu havia andado quase um quilômetro sem avistar nem uma alma sequer, quando parei à sombra de uma imensa figueira para aproveitar a brisa fresca. Talvez pela quinta ou sexta vez desde que saí naquele dia, olhei para trás, para a imensa cruz branca no cimo da Križevac. A cruz dominava o horizonte sul tão completamente, que a pessoa se sentia constantemente ou inspirada, ou oprimida por aquela presença que avultava — mas nunca indiferente a ela.

De repente, surgiu um grupo de peregrinos irlandeses, que vinham marchando em fila única na minha direção. Eles estavam rezando em voz alta e estridente, de olhos baixos, e, com as mãos à frente, agarravam firmemente rosários de contas azuis. No rosto corado, onde o suor escorria, da mulher que liderava o grupo, havia uma expressão que outra pessoa talvez visse como uma piedade sóbria, ou talvez uma determinação implacável. Para mim, a moça parecia meio louca, e quando ela se juntou aos outros nos pedidos para que fossem salvos do fogo do inferno, senti arrepios intermitentes que me sacudiram por uns 15 minutos.

Oportunidades fáceis para ridicularizar Medjugorje não faltaram enquanto eu me esforçava para vencer os últimos 800 metros até a praça que circundava a igreja. O primeiro prédio comercial com que me deparei, bem no limite dos campos, foi uma livraria chamada Devoções, em cujas vitrines brilhavam os logotipos vermelho, verde e laranja da Coca-Cola, do Sprite e da Fanta; só quando me aproximei alguns passos mais é que vi as imagens menores e menos coloridas de Jesus e Maria dispersas entre os letreiros dos refrigerantes. Na rua principal, quando afinal lá cheguei, enfileiravam-se tendas de camelôs de bugigangas variadas, atulhadas de rosários de acrílico e Madonas de gesso. Tinha sido mais um mau dia para os negócios, e os donos, sentados onde havia pequenos bolsões de sombra rodeados de asfalto quente e sol fulgurante, exibiam expressões carrancudas, com exceção de uma mulher que, chamando a minha atenção, sacudia uma cruz brilhante numa corrente e gritava "14 quilates".

Dei mais uma olhada para a montanha Križevac, dando-me conta de que aquele era o meu terceiro dia em Medjugorje e que eu ainda não visitara nem a montanha da Cruz nem o morro da Aparição. Havia uma meia dúzia de táxis, em geral Mercedes de modelos antigos, parados ao longo do meio-fio próximo da igreja; por 5 dólares eles deixariam seus passageiros ao sopé de um desses lugares. Continuei a andar e, pouco depois, eu estava de novo no largo da igreja. Eu também não voltara a entrar na igreja de São Tiago. Sentei-me num banco perto da entrada principal por alguns minutos, observei as pessoas que enchiam seus recipientes de plástico com a água tirada de uma bomba manual, pensei em tomar meu café-da-manhã no Café Colombo, mas em vez disso atravessei a rua e fui a um café, com mesas na calçada, chamado Mira's, freqüentado pela gente do lugar, por soldados croatas e peregrinos religiosos.

Pouco tempo depois de ter me sentado no café, minha atenção se fixou num freguês que estava a uma mesa próxima. Ele devia ter mais ou menos a minha idade, talvez alguns anos mais, usava o cabelo comprido muito bem penteado, e tinha um bigode farto que parecia excessivamente bem cuidado. O sujeito exalava sofisticação, riqueza e boa educação. Suas calças e a camisa de listras eram do melhor algodão penteado e pareciam feitas sob medida; no bolso da camisa via-se um monograma, e, nos mocassins de couro de bezerro, borlas. O homem tinha deixado preparado, na mesa diante dele, um *notebook* da Apple, ligado a um cabo que vinha da área fechada da cozinha do café. O dono era extremamente solícito, assim como os muitos fregueses que paravam junto à mesa do bigodudo. No espaço de vinte minutos eu o ouvi conversar em alemão, francês, croata e, por fim, inglês, que ele falava como um americano.

Para mim, o mais interessante em relação a ele era uma edição da *Time* que estava dobrada em cima da mesa, ao lado do computador. Eu o ouvi contar a uma jovem que falava inglês com sotaque espanhol que ele a conseguira no dia anterior em Split. Desde a minha chegada a Medjugorje, eu estava ansioso por notícias do mundo. Finalmente, perguntei se ele poderia me emprestar a revista. O homem não hesitou em fazê-lo, acrescentando que a queria de volta quando eu terminasse. Eu já tinha lido metade das notícias internacionais quando nós dois iniciamos uma conversa sobre informes de que os três exércitos — sérvio, muçulmano e croata — estavam se concentrando no norte da região, perto de Bihać, para o que muitos pensavam pudesse ser a batalha decisiva da guerra. O que levou a um interrogatório sobre o que eu estava fazendo em Medjugorje. Quando lhe contei, o sujeito pediu para ver algum documento de identificação. Eu ainda não tinha idéia de qual papel seria o dele, mas acedi, intuindo que ele seria uma pessoa influente. Além disso, apesar do tom peremptório que usou, gostei dele.

Abri a pasta de papéis que eu levava comigo. Por cima, estava a minha credencial da revista *Rolling Stone*, anexada a uma carta escrita pelo editor-chefe. Ele abriu um sorriso satisfeito. "A *Rolling Stone* em Medjugorje", disse ele com uma risadinha. "Isso é demais." Em seguida, apresentou-se: Nicholas Maria Johannes Alexander Graf zu Eltz, mais informalmente, Nicky Eltz. "Onde você está hospedado?", perguntou. Quando eu lhe disse que estava em casa de Mirjana, seus olhos se arregalaram de espanto. "Você é da *Rolling Stone* e está hospedado na casa da Mirjana", disse ele, e depois balançou a cabeça e riu com estrondo. "Ah, rapaz, que situação a sua."

Conheci Vicka na manhã do meu quarto dia em Medjugorje. O encontro, assim como a intérprete, tinha sido arranjado por intermédio de Mirjana, a quem eu entrevistaria naquela tarde.

Eu sabia, do que havia lido a respeito de Vicka, que durante os últimos sete anos ela sofrera uma espantosa variedade de doenças malignas, sendo a mais conhecida um tumor cerebral. Eu estava ciente de que

Vicka era a única dos seis videntes que não se casara, e também tinham me contado o quanto as pessoas a admiravam por ela ter mantido o compromisso de dedicar sua vida a servir e a se sacrificar. Tudo isso me predispôs a imaginar uma moça inflexível, piedosa, mas seca e complicada. Entretanto, face a face, Vicka iria talvez se mostrar o ser humano mais radiante que eu jamais encontrei.

Toda manhã, ela abençoava os peregrinos que formavam fila do lado de fora de sua casinha azul, e estava cumprindo esse ritual quando cheguei lá. Fiquei imediatamente comovido, observando como Vicka olhava atentamente cada visitante nos olhos, oferecendo-lhe não só o calor das boas-vindas, mas um sentimento profundo — de amor — que eu só teria dedicado aos amigos mais íntimos. O entusiasmo da reação dela variava de uma pessoa para outra, mas ela nunca se mostrava indiferente, nem por um minuto.

Depois que os peregrinos se foram, retiramo-nos para um cômodo pequeno e vazio no andar de cima, mobiliado com quatro cadeiras de madeira simples, decorado com um crucifixo e um quadro da Virgem. Era ali que ela testemunhava as aparições da Mãe Santíssima todo anoitecer, explicou-me Vicka. No vestido que usava, nas maneiras e no modo de falar, Vicka era uma camponesa, inteiramente sem afetação. A franqueza era a característica mais atraente de seu rosto largo e marcado, fora aqueles olhos escuros e lustrosos, que, como os de Mirjana, pareciam não piscar nunca.

"Agora, o que você quer saber?", ela perguntou, e sorriu. Sua expressão tinha algo de divertido, e um traço, talvez, de zombaria. Comecei a inquirir sobre os variados exames médicos e científicos a que Vicka e os outros videntes tinham se submetido: por que ela concordara em se submeter a esses procedimentos, e o que significavam para ela? Vicka deu de ombros, como se achasse essa linha de investigação estranha e bastante irrelevante, mas respondeu a cada uma das perguntas. Ela e os outros aceitaram fazer os exames porque Nossa Senhora lhes dissera que a escolha cabia a eles, e porque os padres lhes pediram que colaborassem. E quanto ao que isso significava para ela, a resposta era: nada. "Deus não pode ser testado", Vicka me disse. "Por fim, todos devemos acreditar. Ou não."

Vicka prometera me conceder uma hora de entrevista, mas tínhamos conversado apenas uns 15 minutos quando comecei a lutar para encontrar as palavras, sentindo-me incapaz de formular até a pergunta mais simples. Um tempo depois, eu tentaria imaginar quem mais teria me afetado dessa maneira, e não consegui me recordar de nome nenhum. Lembrei-me então de minha entrevista com o Dalai Lama, 12 anos antes: o líder tibetano exilado me pareceu muito agradável — ninguém que eu tivesse encontrado antes me falara de seus pontos fracos com tanta graça genuína —, mas o Dalai Lama não me impressionou tanto quanto Vicka. Olhando nos olhos dessa jovem mulher simples, de cabelo escuro cortado rente e pele clara com marcas de varíola, eu não sabia bem se estava assombrado ou amedrontado, nem qual seria a diferença entre um sentimento e outro. Balbuciando, consegui dizer que havia lido sobre suas doenças e sofrimentos. Vicka respondeu com um aceno de cabeça, mas não houve nenhuma mudança na sua expressão. Eu tentava pensar por que motivo eu mencionara esse assunto, e depois me peguei falando inadvertidamente: "Vicka, você já se sentiu infeliz algum dia?" Por um certo tempo, ela me contemplou em silêncio. Um dos olhos piscou; eu tinha certeza de que ela sabia que eu nunca acreditaria nela se a resposta fosse não. Ela sorriu: "Não", respondeu-me a moça. "Nunca."

"Quando o câncer no cérebro a vitimou", insisti, "você não passou por nenhum momento de raiva ou de medo?"

Vicka olhou para mim como se estivesse vivendo um momento de alívio cômico, embora realmente não tivesse necessidade dessa pausa. "Eu estou com Nossa Senhora todo dia", ela afinal me respondeu. "Como posso me sentir infeliz, ainda que por um momento?"

Encontrei o olhar dela, tomei fôlego, e me permiti ficar em silêncio. Não que eu não conseguisse pensar no que eu queria perguntar; o fato é que eu me tornara literalmente incapaz de falar.

Vicka sorriu de novo, mais afavelmente, e então disse que me prometera uma conversa de uma hora, e que se ficássemos ali juntos, em silêncio, ela consideraria esse tempo bem gasto. A intérprete, porém, estava empenhada em ganhar o seu dinheiro, e insistia em mencionar um ou outro ponto interessante, com esperança de provocar uma discussão. A cada vez que isso acontecia, eu assentia com a cabeça e Vicka sorria. Nos quarenta minutos seguintes, nenhum de nós disse uma palavra sequer.

Então Vicka levantou-se e eu também. "O que você precisa saber", disse-me ela, "é que o Senhor Jesus e a Nossa Senhora o amam muito. Eles o trouxeram aqui por algum motivo, e cabe a você procurar compreender por quê. A resposta está no seu coração."

Ela saiu porta afora sem olhar para trás.

Pouco mais de uma hora após ter me afastado de Vicka num estado que se assemelhava a algo entre atordoado e extasiado, sentei-me para conversar com Mirjana, determinado a sair daquele transe. O piso de cerâmica lisa e as paredes de estuque espessas do cômodo subterrâneo onde ocorriam as aparições testemunhadas por Mirjana ajudavam, uma vez que mantinham a temperatura uns bons 7 graus abaixo dos 37 graus abrasadores lá de fora.

A princípio, Mirjana pareceu não notar meu tom agressivo ou não se importar com ele. Comecei a lhe perguntar sobre o fato de estar sendo testada, não por cientistas, no caso dela, mas pela perseguição das autoridades comunistas, durante os 15 meses passados em Sarajevo depois de ter saído de Medjugorje, em 3 de julho de 1981.

Por causa de sua disponibilidade e por estar separada dos outros "subversivos", Mirjana tinha sido escolhida pelos funcionários do Ministério do Interior como alvo primordial da investigação empreendida pelo Estado sobre as "manifestações antigovernamentais" que continuavam a ocorrer a 50 quilômetros ao sul, em Medjugorje. Toda manhã daquele ano letivo começava com a chegada de dois agentes da polícia secreta à porta da frente do apartamento dos pais dela. Durante uma, duas, ou três horas, ela seria submetida a um interrogatório a que a regularidade não tornava menos exaustivo: sentados à mesa, defronte dela e de uma pilha de documentos, os agentes faziam o jogo implacável de bandido e mocinho, no qual um fazia ameaças enquanto o outro seduzia.

"Primeiro eles disseram que eu não tinha permissão nem para terminar meus estudos nem para freqüentar a universidade", contou Mirjana. "Depois disseram que eu iria para a prisão, ou passaria o resto da minha vida num manicômio. Disseram que tinha gente que queria me ver morta. Depois de algum tempo eles perceberam que eu não me assustava com nada que eles pudessem fazer comigo, e então começaram a dizer que fariam isso e aquilo com os meus pais, que eles perderiam seus empregos, a nossa casa, e que meu pai seria preso. Depois disseram que se eu afirmasse ser tudo mentira, eu poderia ir para a melhor escola ou para a universidade, ter o trabalho que eu quisesse, a minha família poderia ter uma casa melhor... quer dizer, eles ofereceram muitas coisas."

Afinal, os interrogatórios dos policiais foram mais fáceis de Mirjana agüentar do que o que aconteceu depois que ela deixou a escola. Ali, seus professores — tendo recebido instruções — humilhavam-na e atormentavam-na implacavelmente, estimulando os outros alunos a acompanhá-los. "Todos os meus amigos me abandonaram, todo mundo", lembrou-se ela. "Durante o dia eu fico totalmente só."

O pai de Mirjana, vendo a filha de 16 anos ser levada, com as mãos algemadas, toda manhã, e chegar em casa toda tarde em prantos, sofreu horrivelmente. "O cabelo dele ficou branco em um ano", disse ela. "Mas minha mãe sempre diz que eu tenho de falar a verdade, e que se a Mãe Santíssima aparece para mim, isso é o mais importante."

Fiquei espantado quando Mirjana acrescentou que ela considerava aqueles 15 meses em Sarajevo o período mais abençoado de sua vida. "O quê?", perguntei. Ela fez que sim com a cabeça. "Os outros tinham de compartilhar as aparições, mas os meus momentos com a Mãe Santíssima eram muito intensos e muito particulares. Ela aparece no meu quarto todo dia, e me ajuda a compreender qual é o plano de Deus."

Será que Mirjana também poderia me ajudar a compreender? "Posso contar apenas um pouquinho", ela me respondeu. "No devido tempo, tudo será revelado." Apesar de saber que era inútil, comecei a provocá-la, insistindo em saber por que o plano de Deus tinha de continuar secreto, e informando que ela, ao dizer que sabia qual era, mas não poderia revelar, provavelmente levantaria suspeitas. Mirjana engoliu tudo, depois assentiu com a cabeça mais uma vez. "Agora eu sei por que você veio me ver primeiro... você não acredita."

"Eu não diria isso", retruquei.

"Então você acredita?", perguntou a moça.

Eu também não diria isso.

"Temos de parar agora", Mirjana me disse.

E eu: "Por quê?"

"É impossível prosseguir até você saber em que você acredita", respondeu Mirjana. O seu tom de voz mudara abruptamente, tornando-se mais peremptório. E ela então perguntou: "Você esteve na Križevac?"

Admiti que ainda não subira a montanha, mas que pretendia fazê-lo em breve. "Você precisa ir", disse Mirjana. "Vá até o cruzeiro, descubra aquilo em que você acredita."

Tentei mudar de assunto com uma pergunta sobre o motivo de sua volta de Sarajevo para Medjugorje: foi por causa da guerra?

Ela balançou a cabeça, recusando-se a me deixar comandar. "Você precisa ir", disse-me a moça.

Usando apenas *short* e camiseta com as minhas botas de caminhada, eu podia sentir o sol me queimando a pele do pescoço e dos ombros enquanto eu seguia rumo ao oeste. A estrada era em aclive, e logo eu estava olhando para baixo através das vinhas e vendo lá embaixo os quintais das casinhas de pedra. Eu tinha andado talvez uns 800 metros, numa subida íngreme, quando vi um letreiro pintado à mão que dizia: "Montanha da Cruz." Aí me dei conta de que estava me dirigindo para o topo da Križevac. Era uma hora tão boa como qualquer outra, decidi, e continuei naquela direção. A subida ficava mais puxada enquanto eu atravessava penosamente o lugarejo chamado Vasilji, e, quase sem ter me dado conta, eu estava escalando pedras com dificuldade e atravessando as moitas espinhosas que havia no sopé da montanha. Subi rapidamente e passei pela primeira das estações da via-sacra, onde um casal já maduro estava ajoelhado, rezando, sob a imagem de cobre marchetado em que se via Jesus, com sua coroa de espinhos, postado diante de Pôncio Pilatos.

Quando cheguei à quarta estação da via-sacra, na qual Maria está vendo o Seu filho carregar a cruz a caminho do Calvário, o canto das cigarras nos campos havia cessado. Por alguns minutos, os únicos sons que eu ouvia eram aqueles produzidos por mim: o fôlego cansado, o suor que pingava, os escorregões nas pedras; as batidas do coração pareciam estrondosas. Em algum ponto próximo da sétima estação, achei que ouvira vozes acima de onde eu estava e me perguntei se teria sido a minha imaginação. Foi um alívio descobrir que eram reais, quando me deparei com um grupo de freiras na oitava estação, cantando em francês enquanto se ajoelhavam diante de uma tosca cruz de madeira que parecia ter sido fincada na rocha dura. Passei por ali sem me deter, mas, ao fazê-lo, notei pela primeira vez que o céu estava mudando. Quando iniciei a minha subida da montanha, trinta minutos antes, não havia nem sinal de nuvens no céu. Agora, eu via que um denso aglomerado de nuvens escuras, cinzento-arroxeadas, estava se movimentando na minha direção com uma velocidade surpreendente. Quando o sol desapareceu, a temperatura na montanha Križevac caiu quase 7 graus em dez minutos. Entretanto, a leste, o céu continuava de um azul claro e perfeito; a luz do sol ainda se refletia na brancura das paredes de estuque e nos telhados vermelhos do vilarejo que ficava naquela direção.

Comecei a me inquietar quando percebi que as nuvens tinham se amontoado num determinado lugar; elas estavam se reunindo num ponto negro diretamente em cima do pico de Križevac. Meus joelhos tremeram quando um raio caiu bem na minha direção; por um instante, o que eu podia ver eram apenas silhuetas, realçadas pelo lampejo branco e brilhante. O trovão que estrondou logo depois pareceu sacudir toda a encosta da montanha. As nuvens se precipitaram instantaneamente e caiu uma chuva torrencial. Em segundos, eu estava ensopado, mas os meus tremores eram mais de medo do que de frio. Nunca acreditei mais no Deus da ira do que naquele momento. Aquele paroxismo dos céus destinava-se a mim, eu tinha certeza, era um castigo à minha indiferença. A tempestade ganhava forças a cada passo que eu dava. Entretanto, me parecia vã a idéia de voltar, e, conseqüentemente, continuei a subir, esperando cair morto a qualquer instante, insensível de tanto medo e, ao mesmo tempo, ansioso para chegar ao fim da jornada. O Juízo estava à mão, e eu admitia ser culpado qualquer que fosse a contagem.

Na nona estação, em que a imagem de cobre mostrava Jesus em sua terceira e última queda, parei, me ajoelhei nas pedras molhadas e rezei, pedindo perdão. Também me ajoelhei na décima estação ("Jesus é despojado de suas vestes"), e na 11ª ("Jesus é pregado na cruz"). As freiras cantoras me alcançaram na 12ª estação, na qual se via a imagem de Jesus morrendo, crucificado. Quando me levantei, uma jovem de cabelos escuros e sardas, que usava uma saia cinzenta comprida até o tornozelo, uma camiseta azul e um boné branco de aba pontuda, aproximou-se de mim. Ela está com as freiras, pensei. A jovem mulher sorriu, mas parecia preocupada — aparentemente porque a pouca roupa que eu usava estivesse totalmente ensopada. Ela tirou o boné e o entregou a mim, pedindo com gestos que eu o pusesse na cabeça. Tentei recusar, mas ela fez acenos de cabeça insistentes, e cobriu a dela com o capuz do blusão.

Então assim se foi o boné enquanto eu me esforçava para galgar o trecho mais íngreme da trilha que ia dar no cimo da montanha. Fiquei assombrado com a cruz branca quando por fim a vi bem de perto; a distância, eu a imaginara um monumento altaneiro, de pelo menos uns 70 metros. A cruz no cume da Križevac tinha, na realidade, apenas cerca de 12 metros de altura; era grande, mas não imensa. Essa discrepância me espantou por me parecer, de algum modo, o símbolo da minha vaidade; eu precisava que a cruz tivesse uns 70 metros para justificar o efeito que ela causava em mim. Ajoelhei-me a uns 7 metros da larga base de concreto do monumento, e, assim que o fiz, a jovem mulher de blusão azul apareceu de novo, dessa vez com uma pequena toalha branca na mão. Quando ela cobriu meus ombros com a toalha, como se esta fosse um xale em miniatura, não pensei em resistir.

Ajoelhado na lama e nas pedras, de olhos fixos numa cruz de apenas 12 metros de altura, e não 60, imaginando como eu devia estar parecendo ridículo com aquele boné de aba pontuda dado pela jovem mulher, e com aquela toalhinha cobrindo os meus ombros, desatei a rir um riso diferente de qualquer outro que me tivesse ocorrido. Eu já rira de mim antes, claro, muitas vezes, mas nunca com tanta alegria. Tentei me conter, por respeito às sete ou oito pessoas que estavam ali no topo da montanha, todas de cabeça baixa, rezando, mas eu não conseguia. Quando me dei conta de que aquilo que talvez fosse a primeira experiência religiosa de verdade em toda a minha vida culminara numa risada, ri até com mais veemência, ri até as lágrimas começarem a correr pelo meu rosto, inteiramente convencido de que o mesmo Deus que eu acreditara, apenas alguns momentos antes, estar planejando o meu desaparecimento naquele momento me acompanhava numa gargalhada sagrada.

Eu não podia imaginar ter em mim a capacidade de me deleitar tão plenamente no meu próprio absurdo. O que eu sentia era mais do que alívio; era uma libertação.

Quando a risada terminou, eu estava sozinho no cume da montanha. Levantei-me e me perguntei sobre o que acontecera; até ter percorrido com esforço quase 100 metros, encosta abaixo, eu não havia notado a saída das freiras, nem sequer percebido que havia parado de chover. As nuvens estavam se separando e se afastando quase tão rapidamente quanto tinham surgido. O sol queimava de novo minhas costas até eu chegar à décima estação da via-sacra. Daquele ponto em diante, desci a montanha o mais rápido que pude sem correr riscos de tombos sérios. Embora a minha velocidade entre as pedras viesse a ser comentada antes que eu partisse de Medjugorje — muitas pessoas do vilarejo disseram nunca ter visto ninguém descer tão rápido —, não cheguei a alcançar as freiras, nem a jovem que as acompanhava. Ao chegar ao sopé da Križevac, concluí que de algum modo eu passara pelo grupo sem percebê-lo. Voltei a subir a encosta até a sexta estação, mas ainda assim não encontrei nenhum sinal delas.

Voltei correndo para a base, esperei mais uma meia hora, depois deixei o boné e a toalha numa pedra grande à beira da trilha, na primeira estação da via-sacra. Quando voltei no dia seguinte, eles tinham desaparecido, mas nunca mais vi a jovem que me dera os dois.

CAPÍTULO 7

Minhas roupas e cabelos estavam quase secos quando cheguei ao largo da igreja. Procurei um lugar à sombra, nos degraus de pedra que levavam à porta de entrada da igreja, e me sentei ali por algum tempo, escutando as conversas daquela gente à minha volta. O assunto principal era a tempestade que eu presenciara muito mais de perto que os peregrinos canadenses que estavam dizendo como ela havia sido "pavorosa". O guia da excursão deles, morador da região, observou que não tinha havido granizo. "Já vi outras tempestades que duraram muito mais", disse ele ao grupo, "mas poucas, se é que houve alguma, foram tão repentinas e barulhentas." Que o guia tivesse se mostrado realmente impressionado pela fúria da tempestade foi algo que de certo modo me tranqüilizou. Eu, literalmente encharcado, me sentia ligeiramente ridículo, mas extremamente feliz.

Alguns minutos depois, encontrei Nicky Eltz no Mira's, estacionado diante de seu *notebook*. Ele logo me deu um fora ao me informar sobre a tempestade: "Todo verão há uma ou duas como essa", mas me pareceu ansioso para saber onde eu estava quando ela caiu. E me perguntou: "Foi a primeira vez que você subiu a Križevac?" Fiz que sim com a cabeça. "Maravilhoso", disse ele, e deu uma risadinha. Meu relato do que ocorrera no cume deixou-o ainda mais feliz. Ele ria e batia na mesa com a mão. "Todo mundo que sobe a Križevac pela primeira vez volta contando uma história", e acrescentou, "mas a sua vai virar uma das minhas prediletas. Deus lhe mostrou o senso de humor Dele. E há uma graça excepcional nisso."

Durante os sessenta minutos seguintes, Nicky regalou pelo menos uma dúzia de passantes com a história da minha incursão à montanha da Cruz. Eu me sentia incapaz de dizer qualquer outra coisa sobre o assunto, mas Herr Eltz parecia gostar muito de falar por mim, e tornava a história mais divertida cada vez que a contava. O que me surpreendeu foi o prazer genuíno que as pessoas demonstravam ao ouvir o relato cômico da minha ida ao cume da Križevac; eu tinha imaginado que os piedosos pudessem me considerar irreverente.

Entre um passante e outro que chegava à nossa mesa, incitei Nicky a contar sua própria história. O que ele me contou foram fragmentos tão descontínuos que algumas vezes eu não sabia se ele estava falando da semana passada ou de dez anos atrás. A técnica me pareceu proposital, como se fosse sua intenção me desorientar. Nicky se mostrou mais coerente ao tratar da história de sua família. O seu jeito não provinha da afetação, mas da hereditariedade, foi o que pude perceber; os assentamentos da família Eltz remontavam ao século X, pelo menos, na Renânia, região ao longo do que é hoje a fronteira entre Alemanha e Áustria. O Dvořać [castelo] Eltz, na Baviera, é considerado um clássico da arquitetura medieval e durante décadas esteve entre as principais atrações turísticas da Alemanha. O ramo da família de Nicky aventurara-se até mais longe, desde o início do século XVIII, quando aceitaram o convite do arquiduque Carlos VI para se estabelecerem com outras três famílias aristocratas à margem sul do Danúbio. A missão declarada era "domar e industrializar" os croatas; e a não declarada, fortificar a fronteira ocidental do Sacro Império Romano contra a agressão expansionista dos turcos. Nos dois aspectos, a aventura foi bem-sucedida: já no início do século XIX, os domínios dos Eltz em Vukovar estendiam-se por 70 mil hectares, e a família construíra o primeiro porto para navios mercantes da região, a primeira tecelagem, o primeiro ginásio católico e a primeira fazenda de criação de cavalos Lipizzaner.

As reformas que se seguiram ao colapso do Império Habsburgo no final da Primeira Guerra Mundial, por volta de 1918, tinham reduzido a propriedade dos Eltz a menos de 1/3 de seu tamanho inicial. Todavia, os Eltz ainda permaneciam a família mais rica e influente da região.

Nicky mostrou-me o que fora a principal residência da família em Vukovar tirando do bolso uma nota de 20 *kunas* croatas, com imagens do Dvorac Eltz na frente. Seu avô era o mais moço de dois irmãos, e morava no que era então conhecido como Mali Dvor, o pequeno castelo, ali perto. Já em 1921, importava pouco saber qual irmão residia em qual castelo, porque naquela época a família vinha perdendo seus bens regularmente à medida que uma propriedade após outra era "federalizada" pelo governo da então recém-criada Iugoslávia.

A partir daí, a história familiar de Nicky tornava-se cada vez mais vaga. Não havia, porém, nenhum envolvimento sórdido com o Terceiro Reich a encobrir: o pai de Nicky, depois de receber o título de doutor em história da arte e arqueologia em Viena e Berlim, passou os anos 1934 e 1935 supervisionando a escavação de sítios no Curdistão, e, em 1937, evitou o alistamento no Exército alemão como oficial emigrando para a Suíça e, alguns meses depois, mudando-se para os Estados Unidos. Nicky não diria tal coisa, mas era evidente que àquela altura a fortuna da família tinha sido quase inteiramente dilapidada. Renunciando a algumas ambições um tanto grandiosas, o pai de Nicky aceitou uma posição insignificante, mas remunerada, numa empresa americana sediada em Newark, no estado de Nova Jersey. A estima de Nicky pelo pai, morto havia vinte anos, era claramente desmesurada. Ele parecia manter uma relação mais ambígua com a mãe, que fora criada numa casa com mais de trinta empregados e achava difícil sobreviver na propriedade de 65 hectares no condado de Essex que seu marido comprara pouco depois do casamento deles. A Sra. Eltz mantinha um apartamento em Salzburgo e um chalé em Martha's Vineyard.

De sua juventude, Nicky só diria que tinha sido educado para levar uma vida confortável, mas de modo nenhum indolente, que sua família falava alemão em casa e inglês fora dela, e que se graduara em arquitetura na Universidade da Pensilvânia.

Nicky conseguia ser ao mesmo tempo evasivo e loquaz quando falava sobre o que fizera depois da faculdade. Contou-me uma longa e divertida história sobre uma viagem de Paris a Dacar em seu Peugeot novo com dois "colegas de escola" durante o verão, após sua formatura, e descreveu minuciosamente os meses em que trabalhou para o guia de caça de seu pai, no Alasca, mas pouco falou dos motivos que o levaram a Eugene (no Oregon), a cidade universitária onde passou a maior parte de sua vida adulta. Eu já sabia que em Eugene, Nicky tinha administrado uma galeria chamada Tapetes e Adornos Tribais e Citadinos do Oriente Próximo, que causou uma breve sensação internacional ao vender um tapete caucasiano pelo preço então recorde de 161 mil dólares, mas me espantei quando ele mencionou que ainda tinha mulher e duas filhas adolescentes, que viviam no Oregon.

Nicky se mostrou inamistoso e sombrio quando lhe perguntei por que ele não estava com a família. O pouco que ele diria me fez perceber que algo terrível resultara da desintegração familiar: houve uma ligeira referência a uma ação judicial de milhares de dólares que a mulher ganhara dele, e outra a uma detenção, por motivos não especificados, no aeroporto de Eugene. Então, logo em seguida, o que eu soube foi que Nicky havia chegado a Medjugorje pela primeira vez em 1987, acompanhado da rainha de Liechtenstein.

Quando voltei a perguntar sobre sua família, Nicky preveniu-me de que eu não insistisse. Pouco depois de ter me informado que sua mulher estava sendo "atacada" por forças demoníacas, ele se levantou da mesa e foi embora.

Voltei à Križevac no dia seguinte à minha primeira ascensão. Levei muito mais tempo para subir porque parei em toda estação da via-sacra. Eu não me via inclinado a recitar a litania de pai-nossos, ave-marias e glórias que os letreiros afixados em cada estação sugeriam. Em vez disso, eu simplesmente me ajoelhava nas pedras e tentava conviver com as sensações de clareza e convicção que vinham me mobilizando constantemente durante as últimas 24 horas.

Com uma espécie de deslocamento, eu me espantava ao ver que minha mente funcionava como um rádio, explorando incansavelmente as estações, sintonizando ora com um programa, ora com outro, atraída tanto pelas más idéias como pelas boas. Às vezes eu tinha certeza de que ouvia a estação de Deus emitindo sinais por meio da estática, mas eu sempre perdia a freqüência e então não conseguia manter a sintonia por mais de alguns segundos de cada vez. Em seguida, fiquei me perguntando se tudo aquilo não se passava na minha imaginação. O que era uma indagação inútil, porque a parte mais profunda do meu íntimo continuava a insistir em mostrar que ela sabia o que era. A felicidade e o espanto me pareciam unidos como jamais me pareceram. A minha noção de tempo também tinha se alterado. Eu me sentia cercado pela eternidade e saturado de história. "Como o mundo devia ser há uns 2 mil anos", pensei.

No cume da montanha, me vi sozinho. Sentei-me na larga base de concreto da cruz e olhei a distância, em todas as direções. O passado, que no meu país mal parecia existir, estava ali, não só presente como visível. Atrás do morro das Aparições, perto do cume da montanha chamada Crnica, eu via as ruínas do forte que os ilíricos haviam construído setecentos anos antes do nascimento de Cristo. Os túmulos ilíricos — sepulturas cobertas por montes de pedras — formavam estranhas bossas em bolsões de terreno plano espalhados por todos os montes que circundavam Medjugorje. Eu podia ver, defronte de Capljina, os ciprestes que circundavam a grande propriedade romana devastada pelos godos no início do século V. A maioria das pedras tumulares dos centuriões fora levada para o Museu Regional de Sarajevo.

Os marcos de túmulos foram o principal instrumento das pesquisas históricas na Herzegóvina. As necrópoles mais ornamentadas encontradas na região eram as que haviam sido entalhadas entre os séculos XII e XIII. Cobrindo as pedras tumulares desse período, há motivos florais, relevos de cenas de caça e duelo e diversos desenhos simbólicos. Por quase todo o período de dois séculos, atribuiu-se essa arte sepulcral aos bogomilos, mas, em anos recentes, os estudiosos chegaram à conclusão de que parte desse trabalho de escultura havia sido feita por católicos, ou, talvez, por bogomilos que tivessem optado por adotar sacramentos católicos. Essas descobertas tiveram o efeito perturbador de confundir os limites entre os dois sistemas religiosos, e, por conseguinte, levaram os eruditos a discussões exaustivas sobre quem fizera o quê.

Os mais antigos registros escritos dessa região foram produzidos pelos monges franciscanos que chegaram a Brotnjo em meados do século

XIII, tendo saído, em colunas e em marcha, da Áustria e da Hungria. A tenacidade e a criatividade eram as marcas dos franciscanos, não só na batalha contra o bogomilismo, mas também na luta para sobreviver às ondas de exércitos conquistadores que assolaram a região dos Bálcãs nos seiscentos anos que se seguiram. Na aldeia que eles foram os primeiros estrangeiros a identificar como Medjugorje, os frades encontraram um povo cuja adoção ao bogomilismo era em grande parte o reflexo de como as heresias gnósticas haviam conseguido incorporar com sucesso as religiões pagãs tradicionais, baseadas no animismo e no culto aos ancestrais, da Europa Oriental. No platô de Brotnjo, os rituais importantes praticados pelo povo eram os que pretendiam apaziguar o temido Gromnovik: na época então chamada de "estação perigosa", os idosos dos clãs de Medjugorje subiam a montanha do deus do trovão cantando, aspergindo água e pisoteando as plantas novas e os frutos verdes ao passar. No cume, sacrificavam um cabrito, e depois encerravam o rito acendendo fogueiras que circundavam o pico da montanha.

Os franciscanos, para quem a cerimônia tinha sido introduzida na região pelos bogomilos, opunham-se a ela, ensinando ao povo de Medjugorje métodos práticos de lutar contra o poder de Gromnovik, como por exemplo construir casas de pedra em vez de madeira, para que não queimassem nem fossem destruídas pelos ventos com tanta facilidade; construir anteparos ao vento plantando fileiras de cipreste nas bordas dos campos; cavar poços mais fundos; guardar a água em cisternas. Os frades chegaram até a ajudar os habitantes do vilarejo a criar equipes de combate ao fogo. Então, aos poucos, os monges conseguiram transformar as cerimônias pagãs realizadas nas encostas de Grmljavinac em ritos católicos. Nos dias santos católicos, por exemplo, os padres conduziam uma procissão iluminada que subia a montanha do Trovão para venerar o Cristo e a Virgem Maria.

Foi a conquista da Bósnia-Herzegóvina pelo Império Otomano, no século XV, que cimentou o elo entre o povo dessa região e os seus franciscanos. Tradicionalmente, a Igreja de Roma utilizava os monges como missionários, que então construíam uma infra-estrutura paroquial que, com o tempo, seria ocupada por padres diocesanos. Depois da conquista turca da Herzegóvina, porém, o clero diocesano fugiu, enquanto os franciscanos lá permaneceram para combater e sofrer junto com o seu rebanho. Na Bósnia-Herzegóvina, toda igreja católica foi ou inteiramente destruída pelo fogo ou convertida em mesquita, e os rituais religiosos católicos foram proibidos, sob pena de serem castigados com a morte. Os frades recorreram às montanhas, onde passaram a celebrar as missas em cavernas e no que restava das florestas dos Alpes dináricos.

Ainda assim, os franciscanos persistiam em voltar aos seus vilarejos, ministrando sacramentos a bandos marginais chamados ustachis (rebeldes), que, de seus esconderijos nas montanhas, realizavam constantes assaltos a coletores de impostos e caravanas de mercadores turcos. O líder ustachi mais famoso, o príncipe-bandido Mijat Tomić (figura heróica ainda homenageada em inúmeras canções folclóricas croatas), mantinha seu acampamento principal num conjunto de cavernas próximo de Medjugorje, no lago Blidi. Os turcos reagiam com represálias brutais aos que ofereciam ajuda e abrigo aos rebeldes, e organizavam a caça aos chefes ustachis de vilarejo em vilarejo. Quando os rebeldes eram capturados, primeiro eles, depois seus familiares eram executados na hora, decapitados ou empalados vivos. Se os rebeldes conseguissem fugir, os habitantes do lugar, escolhidos ao acaso, seriam torturados até revelar o esconderijo ustachi mais próximo.

As diversas guerras de vendeta inspiradas nessas táticas eram mortíferas, mas localizadas, e parecem quase insignificantes se comparadas ao legado mais atroz e duradouro deixado pelo domínio turco sobre a Bósnia-Herzegóvina, o ódio étnico que foi gerado quando os bogomilos se tornaram muçulmanos. O islamismo praticado pelo Império Otomano, com sua forte tendência mística e seus elementos sincréticos, parecia a muitos hereges balcânicos uma religião bem mais acolhedora do que o cristianismo. Como muçulmanos, os bogomilos não reconheciam a autoridade de padres, nem sequer de papas. E, como muçulmanos, os bogomilos consideravam Jesus um grande profeta, mas não um ser divino, e rejeitavam tanto o símbolo da cruz como a prática da comunhão.

E, ainda mais importante aos olhos de seus vizinhos, a conversão ao islã propiciaria aos bogomilos um grande número de vantagens materiais. Os turcos prometiam a todo bósnio que se tornasse muçulmano não só proteção contra a perseguição das Igrejas Católica romana e Ortodoxa como um leque de oportunidades de que eles se beneficiariam nos trezentos anos seguintes: educação fornecida nas melhores escolas, acesso a profissões, nomeações para postos administrativos e o reconhecimento do direito a terras em disputa. Com o tempo, os novos muçulmanos eslavos viriam se considerar uma raça à parte — "os bosníacos", como se chamavam uns aos outros. Para os croatas católicos e os sérvios ortodoxos, no entanto, os muçulmanos não passavam de traidores que venderam seus vizinhos a um inimigo odioso.

A Igreja Ortodoxa sérvia lidava melhor com os turcos do que a Igreja Católica romana, e, a uma certa altura, os sérvios estiveram autorizados a recolher o dízimo de praticantes católicos. Os monges franciscanos chefiaram a resistência a essa prática, dando início a uma tradição de militância católica, e de padres guerreiros, que se espalhou pela Bósnia-Herzegóvina. Os turcos reagiram ao estimular os clãs sérvios a ocupar ou colonizar vilarejos católicos. Em Medjugorje, os otomanos primeiro fecharam o monte Grmljavina (ou Sipovac, como os turcos queriam que ele fosse chamado), e depois o converteram numa fortaleza militar. Pouco depois, os otomanos convidaram uma família sérvia para tomar posse da terra perto da base da montanha. Mesmo quando os sérvios se tornaram católicos, eles continuaram a ser vistos como intrusos, e disputas sanguinárias entre eles e os clãs croatas vizinhos resultaram em explosões de violência que semearam a paisagem de cadáveres pelo século XVI adentro.

Por fim, os franciscanos conseguiram se introduzir primeiro entre os sérvios e seus vizinhos, depois entre os turcos e o povo então conquistado da Herzegóvina. Com promessas de promover a paz e de estimular a cooperação (incluindo o pagamento regular do tributo aos turcos), os frades obtiveram proteção para seus paroquianos e alguma liberdade para si próprios. Foram especialmente bem-sucedidos no platô de Brotnjo, onde o governador otomano propiciou habitação gratuita e isenção de impostos aos franciscanos, e, além disso, o direito de construir seis pequenas capelas em cemitérios católicos.

O sucesso dos franciscanos em apaziguar disputas entre os clãs e propiciar um recolhimento de impostos previsível agradou aos turcos, e, em breve, os frades, por intermédio de suas negociações, puderam recompensar seus paroquianos ao negociar uma redução dos impostos cobrados aos camponeses de Medjugorje. O papel de mediadores entre conquistadores e conquistados acabou permitindo aos frades uma libertação do domínio de Roma que poucas ordens monásticas conheceram na Europa. Em pouco tempo, para o povo da Bósnia-Herzegóvina, os frades *eram* a Igreja Católica. A liberdade franciscana e a autoridade que a acompanhava não seriam ameaçadas senão no século XIX, quando os turcos foram expulsos da Bósnia pelos exércitos dos Habsburgos e do seu Império Austro-húngaro.

Na manhã do meu sétimo dia em Medjugorje, entrei em pânico. Durante o café-da-manhã no Mira's, informei a Nicky que eu estava de partida. Ele sabia o motivo sem que eu o tivesse revelado: eu percebera que a mudança que estava ocorrendo em mim poderia ser irreversível. Desesperado para ir-me embora antes que fosse tarde, decidi procurar lugar no primeiro ônibus que estivesse de partida.

Nicky ouviu tudo isso com um sorriso e me aconselhou a esperar um ou dois dias. "Você não é o primeiro a se sentir assim", disse ele. "Se você deixar, isso passa." Seu tom protetor me enfureceu. "Eu nem sequer sou católico", foi tudo o que pude pensar em dizer. O que aborreceu Nicky. "E o que é que isso tem a ver? Você acha que Nossa Senhora está aqui só pelos católicos?"

"Eu não sei se Ela está aqui ou não, mas quem me dera que *eu* não estivesse."

"Você tem tanto a proteger, não é mesmo?", foi o que ele perguntou depois de uma pausa. "E tem muito medo de que, se desistir, não lhe reste mais nada."

"Talvez o que me apavore seja acabar como você, numa retirada que nunca termina."

Ele ficou vermelho, mas segurou a língua por algum tempo. Eu sentia a raiva ir se esgotando.

"A única coisa que eu não esperava", disse Nicky por fim, "era vê-lo fugir com o rabo entre as pernas."

"Sinto muito desapontá-lo, Nicky, mas eu não estava preparado para este lugar. Acho que me excedi."

"Exceder-se é, para você, provavelmente o único jeito de ir a algum lugar." O que parecia ser verdade. "Vou lhe fazer uma proposta", acrescentou Nicky. "Fique mais 48 horas, e se você ainda continuar querendo partir, eu mesmo o levo ao aeroporto de Split."

Após um momento de hesitação, assenti com a cabeça. "Vou ficar por aqui", eu disse, falando mais para mim mesmo do que para ele, "e assistir ao *show*."

"Tudo bem", concordou o sujeito, sorrindo. "Assista ao *show*."

Estranhamente, saber que eu partiria dali a dois dias não só me ajudou a relaxar, como também contribuiu para que eu me interessasse mais pelas pessoas à minha volta. Àquela altura, eu já conhecia, por intermédio de Nicky, a maioria dos outros ocidentais que tinham acesso direto aos videntes, aos padres e ao presbitério da paróquia de Medjugorje. Eu os chamei de "peregrinos permanentes", embora fossem mais conhecidos como "enturmados", palavra adotada por um inglês, agente de uma organização humanitária, para descrever os que estavam "no círculo do poder".

Nicky era, sem dúvida, o Poderoso principal, mas quem ocupava a posição mais difícil naquele momento era a outra americana desse grupo, Rita Falsetto. Alta e bronzeada, com luminosos olhos azuis e um emaranhado de cachos, louros de verdade, que ela se negava a escovar ou pentear, Rita era uma ex-jogadora de basquete de faculdade, tipicamente americana, cujo brilho despojado perturbara muitos rapazes do vilarejo. Trabalhando 12 horas por dia, de graça, como principal assistente dos padres da paróquia, ela vivia de sua poupança limitada e fosse lá de que dinheiro pudesse obter de seus parentes, dado ou emprestado, vindo lá da sua terra, o Colorado. O resto das horas de vigília ela dedicava às orações e penitências. Depois da faculdade, contou-me Rita, ela passara seus dias empenhada numa variedade de modalidades atléticas (tornando-se, entre outras coisas, fisioculturista de nível mundial), e suas noites, indo a bares pegar homens. O que transformara sua fútil vida pregressa na vida de adoração perpétua que levava naquele momento provinha, conforme me pareceu, do relacionamento incomum entre seus pais. Rita e sua mãe, que era católica, tinham sido abandonadas pelo pai e marido judeu quando ela era pequena, e, desde então, as duas mulheres tinham lutado por sua sobrevivência. Rita crescera menosprezando o pai e adorando a mãe, cuja fé era o farol que guiava a vida familiar. Tendo abandonado a Igreja quando era adolescente, Rita, quando jovem mulher, defrontou-se com uma espantosa mudança: o pai, que havia mais de vinte anos não procurava nem a mulher nem a filha, apareceu, um dia, à porta da casa delas e anunciou que estava morrendo de câncer e não tinha para onde ir. Sem titubear, a mulher há muito abandonada acolheu o homem, cuidando dele com ternura durante os últimos meses de vida dele. Acompanhar, quase sempre de longe, a capacidade da mãe de perdoar e de se sacrificar foi uma experiência dolorosa para Rita. Dividida entre a raiva surda contra o pai e a assombrosa admiração pela mãe, a jovem quase enlouqueceu antes de optar pelos sentimentos cristãos inspirados por sua mãe. Ela voltou à religião com grande fervor e, assim, empreendeu sua primeira peregrinação a Medjugorje. Logo que chegou lá, Rita se deu conta de que aquele era "o lugar mais sagrado da Terra" e prometeu a si mesma permanecer ali o tempo que fosse possível. Depois de gastar todo o dinheiro que tinha em sua primeira temporada na Bósnia, ela voltou aos Estados Unidos, trabalhou em dois lugares para poder guardar algum dinheiro, e depois voltou o mais rápido que pôde. Dessa vez, ela, que chegara há pouco mais de um ano e gastara menos de 4 mil dólares, não iria embora, me disse Rita, enquanto tivesse como se alimentar.

Karen poderia ser incluída entre os "enturmados", por ser a jovem que os batizara com esse nome. Ela era uma espécie de projeto de recuperação, a quem Nicky e principalmente Rita dedicavam muitas horas. Muito acima do peso ideal, de pele ruim e dentes irregulares, Karen estava pelo menos ligeiramente bêbada toda vez que a vi. Barulhenta, desbocada, malcriada e esnobe, ela aparecia no Mira's todo fim de tarde, entornava rapidamente dois ou três copos de vinho tinto, e depois começava a discursar sobre os defeitos de diversos colonizadores. Os ianques grosseiros tornaram-se um dos alvos preferidos logo após a minha chegada. "Quando se é rica como eu, pode-se dizer o que se tem vontade", aconselhou-me a moça na noite em que nos conhecemos. Era um certo consolo Karen não gostar de hunos, nem de franceses, nem de italianos, e não ter lá uma impressão muito boa dos croatas. Ela dedicava um desprezo especial a padres piegas e freiras boazinhas e insuportáveis de qualquer nacionalidade. Todos aqueles estúpidos peregrinos que eram vistos por toda parte, dedilhando aquelas malditas contas dos seus terços, eram dignos de pena. O sujeito que Karen detestava mais do que qualquer outro era Jesus Cristo. Ao cair da noite, completamente exausta embora curiosamente coerente, ela não só invocava o nome do Senhor em vão como o xingava de mentiroso e vigarista. "Foda-se, Jesus!", eu a ouvi gritar em muitas ocasiões, enquanto ela cambaleava ao pisar nas pedras que calçavam o largo da igreja.

Mas Karen, é claro, tinha seu lado bom, principalmente um senso de humor aguçado e uma inteligência viva. E era também curiosa, estando entre os poucos agentes humanitários dispostos a levar suprimentos médicos a qualquer parte da Bósnia onde houvesse necessidade deles, ainda que o lugar estivesse sob o cerco da artilharia sérvia. "Não há nada de especial em arriscar a vida se a pessoa não liga para viver", informou-me Karen, alegremente.

A família que adotara Karen quando pequena era dona de uma das empresas mais antigas e conhecidas da Inglaterra. E seus familiares, que eram os líderes do maior círculo satânico que havia em Londres, afirmou Karen, a sujeitaram a violações horríveis desde que ela se tornou adolescente. Ela odiava Jesus, particularmente, explicou-me, porque durante toda a sua infância ela lhe pedira, ao rezar, que a salvasse do inferno que era a sua vida, mas o desgraçado nunca fez nada para ajudá-la.

Karen não detestava todo mundo. Ela admirava Nicky, adorava Rita, e, como eles, estava esperando ansiosamente a chegada iminente a Medjugorje da Chefona mais admirada, Milona de Habsburgo. Monika Ilona von Hapsburg Erzherzogin von Osterreich era o nome completo dessa filha do arquiduque da Áustria, Jozsef Arpad Erzherzog von Osterreich, e de sua esposa, a Prinzessen zu Lowenstein. Desde a primeira visita dela a Medjugorje, em 1984, o papel que Milona desempenhara nas cerimônias religiosas tornou-a uma figura de enorme importância tanto para os peregrinos como para o povo do vilarejo. Dois anos antes, porém, ela se envolvera numa relação romântica, a primeira em mais de uma década, com um sujeito dez anos mais moço do que ela, cujas pretensões a sangue azul Nicky ridicularizava, chamando-o de Carlos V. Eu ainda não estava a par dos detalhes, mas, aparentemente, algo bastante estranho ocorrera quando Carlos estivera em Medjugorje no verão anterior. Por causa dos "acessos" de Carlos, tudo o que se referia ao lugar de Milona na iconografia da paróquia era motivo de dúvida. O fato de que ela estaria voltando dali a alguns dias, sozinha, era assunto de enorme interesse e grande ansiedade.

"Dá para você entender o que significa para o povo deste lugarejo, esses camponeses simples, ver uma Habsburgo ajoelhada ao lado deles na igreja?", Nicky me perguntou.

"Sou um americano legítimo, Nicky", respondi. "Não tenho a menor idéia."

Ajudou-me saber que os Habsburgos, cujo Santo Império Romano incluía não só a Áustria e a Hungria, mas também grande parte da Alemanha, Espanha, Itália, Bélgica, Holanda e a futura República Tcheca, dominaram a Croácia por quase duzentos anos antes de expulsar o Império Otomano da Bósnia-Herzegóvina. Para a Áustria, a Krajina (fronteira militar) entre a Croácia oriental e a Bósnia ocidental serviu como linha de frente numa batalha de um século de duração que impediu os turcos de atingir sua meta suprema, Viena. Com relutância, a Croácia tornara-se um dos "confins militares" do Império dos Habsburgos, aquelas regiões em que toda a população masculina que tinha entre 16 e sessenta anos era considerada parte de um exército permanente.

"Os croatas sempre foram soldados soberbos", escreveu Rebecca West em sua obra-prima, *Cordeiro Negro e Falcão Cinzento*, de 1941, mas o mesmo podia-se dizer dos sérvios, que se estabeleceram na Krajina a convite dos Habsburgos, com a atribuição tanto de fortificar as fronteiras do império como de reprimir os anseios nacionalistas da Croácia. Desse modo, o conflito tripartite de identidades e animosidades étnicas estava garantido.

Até o final do século XIX, a Herzegóvina permaneceu nas mãos dos turcos, embora o controle otomano já não fosse tão rígido, enquanto os croatas continuavam a servir, cada vez com menos disposição, aos austríacos. Os sérvios, enquanto isso, aplaudiram o surgimento da Rússia como potência mundial e os czares como chefes da religião ortodoxa. A inquietação étnica e as tentativas de diferentes pretendentes a esse ou aquele título tornaram-se adendos à lenta deterioração do Império Otomano.

Em 1878, o Congresso de Berlim deu o controle da Bósnia-Herzegóvina aos Habsburgos. Embora não tão cruéis quanto os turcos, os austríacos não eram menos prepotentes. Por todas as contribuições feitas pelos Habsburgos à região — estradas, linhas férreas e projetos de construção que uniam o interior — eles cobravam pedágios e taxas. E também lutaram contra os franciscanos pelo controle do catolicismo na Herzegóvina. Aliados aos clérigos de Roma que consideravam os frades obstinados e nada ortodoxos, os Habsburgos estimularam o Vaticano a criar um sistema diocesano para a Igreja na Bósnia-Herzegóvina que forçaria os franciscanos a aceitar um papel muito menos importante em toda a região.

Em Medjugorje, os padres húngaros e eslovenos designados para o vilarejo pelo bispo de Mostar, tão logo chegaram, anunciaram que pretendiam construir uma nova igreja paroquial. O povo do vilarejo lutou contra eles em todas as etapas. No momento em que os padres diocesanos começaram suas visitas, de porta em porta, para angariar fundos, os moradores os rechaçaram com ancinhos e foices. As pessoas do lugar não só se negaram a ajudar na construção da nova igreja, como a vender comida aos trabalhadores estrangeiros, quando estes chegaram a Medjugorje. O ato de subversão mais eficaz do povo do vilarejo foi estimular os padres húngaros e eslovenos a construir a nova igreja num antigo pântano cujo solo era tão mole que a primeira parede começou a ruir antes que terminassem de erguer a segunda. Quatro anos depois, a nova igreja foi dada por terminada, mas os paroquianos se recusaram a entrar nela. Ao final do século XIX, o bispo de Mostar admitiu a derrota e ordenou que os padres diocesanos voltassem para casa. A maioria voltou, mas um bom número deles permaneceu e entrou para a ordem dos franciscanos.

Àquela altura, o Império Austro-húngaro começara a ruir. A Bósnia-Herzegóvina era um terreno fértil para as tensões étnicas e a agitação insurgente que por fim derrubaram os Habsburgos, principalmente depois que o resto da Europa começou a fazer suas escolhas: enquanto a Alemanha opunha-se inflexivelmente ao crescente nacionalismo dos sérvios, a Rússia e a Grã-Bretanha o apoiavam com entusiasmo. Foi nesse período que a região dos Bálcãs passou a ser conhecida na imprensa ocidental como um "canteiro de paixões sombrias e vingança sanguinária". A imagem mal se dissipava quando o rei da Sérvia e sua esposa foram assassinados no palácio de Belgrado, em junho de 1903, e seus corpos nus, jogados da janela de um dos quartos.

Em junho de 1914, a Áustria, cada vez mais preocupada com a aliança da Sérvia com os russos, despachou o herdeiro imperial, o arquiduque Francisco Ferdinando, para a Bósnia, onde ele supervisionaria as manobras militares na fronteira sérvia. Em Sarajevo, no dia de São Vito, o arquiduque foi assassinado por Gavrilo Princip, membro de um grupo nacionalista sérvio chamado Ordem da Mão Negra (no selo da ordem, havia um punho fechado com uma caveira e ossos cruzados, rodeado de uma faca, uma bomba e um frasco de veneno). Quando se revelou que um adido militar russo em Belgrado pagara 8 mil rublos para os chefes da Mão Negra, a mobilização para a Primeira Guerra Mundial teve início. Antes, porém, os austríacos mandaram prender todos os que na Bósnia-Herzegóvina acalentavam sentimentos anti-Habsburgos, e depois mandaram enforcar a maioria deles, tanto mulheres como homens. Nos edifícios públicos em toda a Herzegóvina, ainda se vêem fotografias com os cadáveres pendurados, que as comunidades sérvias tratam como ícones.

Depois que a Grande Guerra acabou com o reinado dos Habsburgos, a Herzegóvina tornou-se parte da nova nação conhecida como o reino dos sérvios, croatas e eslovenos. O rei à frente dessa nação, Alexandre, era simplesmente um sérvio, alguém cuja ação política levou o caos às populações católicas e muçulmanas. Na margem direita do rio Neretva, ao longo de toda a antiga rota comercial da Costa dálmata até Mostar, as guarnições otomanas foram convertidas em povoados de "guardiões" sérvios que impunham pesados pedágios a pessoas e mercadorias. A população sérvia de uma cidadezinha chamada Zitomislići não só controlava o acesso ao platô de Brotnjo como mantinha a única prensa de lagar da região, cobrando uma taxa exorbitante pelas uvas utilizadas na fabricação dos afamados vinhos Zilavka e Blatina, que eram os principais produtos comerciais da Herzegóvina ocidental.

Em Medjugorje, um comerciante sérvio adquiriu a exclusividade para comprar sumo de uva e grãos dos pequenos fazendeiros locais, e logo se tornou o morador mais poderoso da paróquia. O plano do comerciante de erguer um mosteiro ortodoxo no sopé de Sipovac foi a gota d'água para a reação; pouco depois, os bandos rebeldes dos ustachis reapareceram, destruindo as propriedades dos sérvios e atacando os funcionários sérvios. O rei Alexandre reagiu, extinguindo as instituições democráticas e governando com as unidades militares de sérvios leais ao rei conhecidos como tchetniques.

Por toda a Herzegóvina, os tchetniques pilharam vilarejos croatas e muçulmanos impunemente, esmagando a resistência local e apossando-se de todo bem que lhes agradasse. Zitomislići tornou-se o principal palco para os ataques tchetniques ao platô de Brotnjo. A pouco mais de 12 quilômetros de Medjugorje, em Capljina, unidades tchetniques treinavam para a batalha jogando criancinhas católicas para o alto, e as amparando nas pontas de suas lanças. Construíram-se muitos prédios na cidade com a única finalidade de servir de cadafalso para os croatas rebeldes; os tchetniques também adotaram o costume turco de empalar publicamente os rebeldes em estacas. (O sofrimento dos muçulmanos não era menor; mais de 3 mil bosníacos foram mortos por unidades tchetniques na Herzegóvina ocidental apenas no decorrer de 1942.)

Muitos croatas fugiram da Herzegóvina. Quase todos dentre os rapazes que ficaram aderiram às unidades de ustachis, que, àquela época, adotaram táticas quase tão brutais quanto as dos tchetniques. Os motivos tornavam-se cada vez mais confusos, até mesmo na prática da religião; quando a construção da cruz no cimo da montanha depois conhecida como Križevac terminou, em 1933, muitos comemoraram o acontecimento como uma vitória do nacionalismo croata. O que havia sido uma série de escaramuças isoladas tornara-se uma verdadeira guerra em 1934, quando os líderes ustachis planejaram o assassinato do rei Alexandre numa reunião com o presidente francês (que também foi morto) em Marselha. Embora o aperto deles tivesse afrouxado, os sérvios mantiveram o controle da Iugoslávia até 1941, quando as potências do Eixo invadiram o país e o desmembraram. Em Zagreb, o general alemão no comando proclamou o "Estado Independente da Croácia" e nomeou Ante Pavelić, o líder ustachi, presidente. Nos quatro anos seguintes, enquanto o resto do mundo se consumia na luta entre o Eixo e os Aliados, os iugoslavos lutaram principalmente entre si no que talvez tenha sido a mais intrincada guerra civil na história da humanidade.

Ante Pavelić havia vivido na Itália e era protegido de Benito Mussolini, que o ajudara a construir a organização clandestina responsável pelo assassinato do rei Alexandre em Marselha. O governo Pavelić, inicialmente apoiado pela Igreja Católica, logo adotou não só uma orientação política fascista como táticas fascistas, determinado a lidar com os sérvios com métodos parecidos aos que os nazistas alemães empregavam com os judeus. O programa ustachi oficial proclamava: "um terço dos sérvios mortos, um terço expulso e um terço convertido ao catolicismo." Entretanto, quando a Igreja renunciou ao apoio inicial a Pavelić, esses planos de expulsão e conversão foram abandonados, para que as forças nacionalistas croatas pudessem se concentrar em reunir os sérvios atrás do arame farpado e executá-los. No campo de concentração ustachi em Jasenovac, perto da fronteira bósnia, exterminaram-se aproximadamente meio milhão de sérvios, muçulmanos, ciganos, judeus e dissidentes croatas. No campo não havia câmaras de gás; em compensação, a matança se fazia principalmente com balas, machados e facas (há também uma famosa fotografia de três militantes ustachis posando com uma serra de fita encostada à garganta de um prisioneiro sérvio pouco antes de decapitá-lo).

Entre os diversos exércitos à solta pelo interior, a Bósnia-Herzegóvina era o principal campo de batalha. Os ustachis formavam suas colunas mais enfurecidas com militantes nacionalistas da Herzegóvina, enquanto as milícias tchetniques mais ferozes se reuniam na Bósnia. Durante meses e meses, sérvios e croatas atacaram os vilarejos uns dos outros, matando, estuprando e saqueando até receberem o apoio de uma terceira força, a dos *partisans* comunistas, chefiados por Josip Broz Tito, que afinal ultrapassariam em brutalidade tanto os ustachis como os tchetniques.

Os tchetniques ultradireitistas de início combateram ombro a ombro com os *partisans*, depois viraram as costas aos comunistas e aliaram-se às forças fascistas italianas. Todavia, os tchetniques que foram mortos eram, em sua maioria, muçulmanos. Alguns muçulmanos bósnios formaram sua própria coluna ustachi para participar da guerra da Croácia contra os tchetniques, enquanto outros alistaram-se nas "Brigadas Muçulmanas" dos *partisans* de Tito. E depois que os tchetniques começaram a dizimar aldeias inteiras na Bósnia-Herzegóvina, praticamente todo croata antifascista foi forçado a se aliar às forças *partisans*. Ao mesmo tempo, por cima, por baixo e por entre todo esse labirinto pavoroso encontravam-se as disputas sanguinárias, localizadas e antigas, dos diversos clãs.

"Até a chegada dos *partisans*, o principal problema em Medjugorje era a falta de comida", recordou o tio de Postar, Pero Valilj. "Todos tinham fome. Não havia *partisans* de verdade entre nós por aqui, só alguns sujeitos trabalhavam como espiões, contando aos outros quem tinha mandado os filhos deles lutar contra eles mesmos. Os homens dessa parte da Herzegóvina tinham fama de serem os mais durões em todo o país, mas, quando os soldados vieram, eles tinham armas e nós não tínhamos nada."

"Para a maioria de nós, foi um tempo muito confuso", me disse Iva Vasilj, a avó materna da vidente Ivanka. "Tantos lados, todos brigando. O povo desta região não sabia qual era o exército certo. Todo mundo que chegava dizia que eles é que tinham razão. Temos medo de todos eles. Não sabemos em quem confiar. Muitos, quando ouvem dizer que os soldados estão chegando, simplesmente fogem para se esconder em algum lugar." O marido de Iva estava entre o 1,7 milhão de pessoas — mais de 1/10 da população da Iugoslávia antes da guerra — que tinham morrido quando a luta terminou. Na Herzegóvina, mais da metade das casas foi destruída e quase 2/3 dos vilarejos, abandonados. Medjugorje pagara um preço alto por ter sido a única comunidade que sobrevivera.

A guerra atingiu a paróquia em maio de 1941, quando um bando de ustachis, conduzido por um membro de um clã croata, abateu rebanhos inteiros de vacas, cabras e galinhas que pertenciam a uma família sérvia. Tensões étnicas pipocaram aqui e ali, e houve explosões de violência ocasionais até o último verão de 1942, quando um incidente marcou a paróquia de Medjugorje. O incidente foi tão vergonhoso que o povo de lá passaria os cinqüenta anos seguintes tentando esquecê-lo.

Nas 48 horas que se seguiram ao trato que selei com Nicky, eu me dei conta de que ninguém escapa de um lugar como Medjugorje fugindo. Sem outra opção, comecei a explorar. Logo descobri uma comunidade cheia de caminhos ocultos e entradas secretas. Eles levavam a cemitérios, muitas vezes, ou a postos de sentinela abandonados que tinham sido construídos nas montanhas. Sempre me senti vagamente intruso e dissimulado quando seguia mais do que alguns passos por uma dessas trilhas. Entretanto, a minha curiosidade em geral ganhava da minha discrição, o que me valia algumas situações constrangedoras, uma das quais, realmente, se mostrou perigosa.

Uma tarde, caminhando no trecho em que a rua principal de Medjugorje faz um oito, ao contornar Crnica, a segunda montanha mais alta da cadeia Trtla, eu tropecei num fragmento do piso da trilha que levava a uma estrada de uma via, de chão áspero de pedregulhos. Serpenteando, enquanto mergulhava e depois surgia de novo, a estrada era um rio de pedregulhos interrompido por ilhas de asfalto que desapareciam numa paisagem sinistra de cinzas vermelhas e pedras cinzentas descoradas. A pouco mais de 1,5 quilômetro da beira da estrada, penedos escarpados começavam a se erguer de um lado, enquanto do outro, despenhadeiros profundos iam aos poucos sumindo. As margens da estrada transformavam-se em valas cheias de lixo, e, em alguns pontos, o mau cheiro era repugnante. A distância, vi um redemoinho de aves comedoras de carniça volteando sobre algum animal morto. Continuei a andar, mas não tinha ido muito longe quando um grupo de quatro rapazes, num Mercedes conversível último tipo, veio em minha direção, todos vestindo camisetas de camuflagem, sem manga, equipadas com detalhes de uniformes militares. Com exceção do motorista, todos portavam ou um fuzil ou uma metralhadora, com os canos apontados para o alto. Imaginei que deviam ser membros da terrível FDI (Força de Defesa Interna).

Os quatro me olharam no mínimo tão espantados de me ver quanto eu estava de vê-los. Freando o carro bruscamente e levantando uma nuvem de poeira vermelha, ficaram alguns minutos me olhando com assombro, depois passaram a me empurrar para trás com os canos de suas armas. "Para peregrinos, não", um deles disse em inglês, e me apontou a estrada principal. Eu não iria discutir. Mascarando o medo com uma expressão de confusão, dei meia-volta e tomei o caminho de onde eu viera.

Meia hora depois, eu estava de novo no asfalto e cercado de casas. O que acabara de acontecer parecia surreal demais para ser verdade. Uma sensação que se agravou ainda mais quando perguntei a algumas pessoas do lugar aonde a estrada levava e elas me responderam que ali não existia nenhuma estrada desse tipo. Um rapaz admitiu que havia uma estrada, mas disse que ela não levava a parte alguma. Foi Nicky quem me disse, alguns dias mais tarde, que a estrada levava ao pequeno povoado de Surmanci. Eu não podia ir a Surmanci, acrescentou Nicky após uma pausa. Era longe demais para ir a pé e nenhum táxi me levaria lá. Nem nenhum outro morador dali. Aliás, nem ele. Quando perguntei por que, a única coisa que ele disse foi: "Não é necessário."

Passaria algum tempo antes que eu viesse a me inteirar, ainda que muito ligeiramente, do motivo pelo qual a população da paróquia de Medjugorje parecia tão determinada a fazer segredo sobre Surmanci. A história remontava a agosto de 1942, quando os oficiais ustachis decidiram que os sérvios deveriam ser "varridos" do platô de Brotnjo. Naquele mês, toda a população de "guardiões" sérvios de Zitomislići tinha sido capturada e levada para um *bunker* construído na encosta de um penhasco por engenheiros alemães. Os ustachis planejavam lacrar a entrada e deixar os sérvios morrerem de fome lá dentro. Mas esse plano mudou quando um comboio de caminhões nazistas atulhados de prisioneiros sérvios chegou a Zitomislići. Com ordens de voltar a suas unidades o mais rápido possível, os alemães entregaram os prisioneiros e os caminhões aos ustachis e partiram rapidamente. Após breves deliberações, os ustachis tiraram os seus prisioneiros do *bunker*, empilharam-nos nos caminhões com os outros sérvios e tomaram o rumo do povoado isolado de Surmanci. Lá, na estrada à beira do vilarejo, os caminhões pararam. Os sérvios foram descarregados dos veículos e receberam ordens de se postar ao longo da estrada. Minutos depois, todos eles — homens, mulheres e crianças — foram assassinados e atirados num barranco. Quantos foram mortos naquele dia não se sabe exatamente, mas sabe-se que foram pelo menos algumas centenas.

Medjugorje, identificada como o quartel-general ustachi, foi destacada pelos *partisans* para receber especial atenção nas represálias que se seguiram; quase nenhuma família escapou do ciclo de encarceramento, tortura, violação e confisco que perdurou por 12 anos. Os "comitês de libertação" instituídos pelos *partisans* para administrar os territórios logo se tornaram oligarquias que governaram com uma barbaridade que não se comparava sequer à dos otomanos. Nos vilarejos espalhados por toda a Bósnia-Herzegóvina, as unidades *partisans* chefiadas pelos sérvios e montenegrinos obrigavam croatas e muçulmanos a estuprar e matar vizinhos enquanto os filhos destes observavam. Mataram mais de 1/4 da população de Brotnjo.

Encontrei algumas pessoas que se dispuseram a falar da selvageria em que o platô mergulhara depois de 1945, mas ninguém podia sequer admitir o massacre ocorrido em Surmanci. Nem mesmo no grande mapa de pedra que havia no largo da igreja eu encontrei qualquer sinal de Surmanci ou da estrada que levava ao povoado. Era como se, para o resto da paróquia, esse lugar não existisse. Mas Surmanci estava lá, escondida de todos, atrás do morro das Aparições.

CAPÍTULO 8

Já na primavera de 1982, tanto a Igreja como o Estado vinham se interessando cada vez mais pela história e experiência dos seis jovens videntes de Medjugorje. As autoridades seculares e as religiosas pareciam igualmente confusas ao perceber que os videntes eram adolescentes comuns. Ivan, particularmente, era responsável por essa má impressão. "Conversando com ele, temos a impressão de que ele tem pouca iniciativa e é muito pouco articulado", observou um padre croata que foi a Medjugorje interrogar os jovens. "Sombrio e taciturno, e um tanto parvo", foi o que um segundo investigador escreveu sobre Ivan, que, no outono de 1981, anunciou sua intenção de se preparar para o sacerdócio. Depois de entrar para um seminário perto de Dubrovnik, Ivan só permaneceu lá alguns meses antes de se afastar, frustrado por não ter conseguido obter notas para passar em nenhum curso.

Vicka também não era dada aos estudos, tendo deixado o ginásio naquele outono, e Marija foi forçada a repetir o primeiro ano. As duas jovens tinham, "no máximo, uma inteligência mediana", como disse um dos investigadores, ainda que inspirassem elogios de quase todos os que as conheciam. Vicka, "líder natural, cheia de energia, corajosa e franca", era também a mais expressiva, emocionalmente, dos videntes. Palavras como "natural" e "simples" eram muitas vezes usadas para descrever Vicka, cujas mãos calosas demonstravam que ela continuava a trabalhar diariamente no campo com os outros de sua família. A maioria que esteve presente às aparições considerava Vicka irresistível de ser vista: "Ela simplesmente irradia prazer", testemunhou um investigador.

Marija foi avaliada como "a mais serena e mais profundamente espiritual" dos seis. Um repórter (e ateu confesso) de jornal que tinha saído de Belgrado para entrevistar os videntes escreveu: "Se não há nada autêntico em Medjugorje senão Marija, isso já basta. Observei-a de perto, e poria minha mão no fogo por ela; garanto que essa garota não está representando."

Embora muitos visitantes notassem a beleza de Ivanka, a maioria se desapontava ao conversar com ela. Conforme observou um investigador, "ela, apesar de ser uma adolescente moderna típica, parece ser mais superficial do que as outras jovens do grupo".

"Agitado" foi o adjetivo aplicado com mais freqüência ao jovem Jakov. Ao mesmo tempo, alguns investigadores descreveram o menino como talvez a prova mais persuasiva da autenticidade das aparições: "Qualquer criança normal de sua idade, e ele é uma, logo se rebelaria contra participar de um espetáculo todo dia", observou um padre que entrevistara os seis jovens. "Na realidade, Jakov é, dos seis, o que freqüenta a igreja com mais regularidade; ele nunca deixou de comparecer a nenhuma cerimônia."

Mirjana continuava a favorita dos que se mostraram frustrados com a língua tola dos outros: "Ela é a mais inteligente e bem-educada do grupo", observou um investigador, "e quem faz as melhores descrições e os relatos mais claros das aparições e das mensagens." Embora não estivesse em Medjugorge para receber os peregrinos nem falar com os repórteres, Mirjana continuava a atrair a atenção da maioria das autoridades civis em grande parte por suas vulnerabilidades: ela morava com a família num apartamento de propriedade do Estado, pretendia freqüentar a universidade, esperava fazer um curso profissional, e era filha não de um lavrador, mas de um radiologista de hospital que poderia ser ameaçado com a perda do emprego. Obstinada, Mirjana foi expulsa do curso ginasial no início de 1982 porque faltara aulas demais no período dos interrogatórios policiais a que teve de se submeter. Seus pais a matricularam numa nova escola em que quase todos os outros alunos eram muçulmanos ou sérvios. "Eles não me conheciam e não estavam interessados nisso", ela me diria 13 anos depois, "de modo que de alguma maneira a escola era mais fácil." Foi mais fácil pelo menos até o último semestre, quando a polícia secreta contatou os funcionários da escola e lhes disse que Mirjana não poderia se formar. Ela obteve o diploma apesar de tudo, ajudada por um professor compreensivo que a ajudou a esconder a data em que ela prestaria os exames finais.

Em Mostar, o bispo Žanić, à boca pequena, dizia que os videntes de Medjugorje eram ou histéricos, ou impostores. O entusiasmo dos que acreditavam nas aparições, por sua vez, diminuiu por causa de uma atmosfera política que se tornava mais perigosa a cada dia que passava. Pouco depois da condenação e do aprisionamento do padre Zovko, mais dois franciscanos que tinham se mudado para Medjugorje foram acusados de rebelião e também foram sentenciados à mesma pena, acompanhando-o na prisão. Na cidade de Duvno, a equipe que editava um jornal que publicara um artigo inócuo sobre a condenação dos padres foi violentamente atacada pelo secretário da Comissão Religiosa da República; em um mês, o jornal fechou.

Embora relutante em convocar a segunda e muito mais ampla comissão que deveria conduzir o inquérito oficial da Igreja, o bispo Žanić começara a estimular alguns investigadores independentes que ele acreditava pudessem desacreditar as aparições de Medjugorje. Um dos primeiros a ir ao vilarejo por injunção do bispo foi o padre Radagost Grafenauer, um "especialista no reconhecimento de espíritos" que tinha sido apresentado a Žanić por um membro da comissão original no final de 1982. Após ouvir vinte fitas cassete com as entrevistas dos videntes, padre Grafenauer declarou não ver nenhum motivo para ir a Medjugorje, "uma vez que a Madona não está aparecendo lá". Apenas pela insistência do bispo é que ele concordou em fazer o percurso de 20 quilômetros até o vilarejo. Lá, ele passou dois dias revendo a "crônica" das aparições feita pela paróquia, conversando com os padres do lugar e entrevistando os videntes. Grafenauer voltou a Mostar não só convencido de que as aparições eram genuínas, como um ardente defensor dos videntes de Medjugorje.

Quando Grafenauer submeteu o seu relatório ao bispo, este ficou furioso e destituiu o padre da função de investigador, acusando-o de ter se "convertido" às mentiras dos franciscanos. Nada perturbou Žanić mais, porém, do que Grafenauer ter relatado que os seis jovens videntes estavam rezando por ele, diariamente — conforme o pedido insistente de Nossa Senhora, disseram eles. "Vocês rezam por mim como pecador?", Žanić perguntou a Marija depois de tê-la chamado a Mostar. "Não", respondeu a jovem. "Rezamos pelo senhor como nosso bispo."

O outro "especialista" convidado por Žanić para investigar as aparições em Medjugorje foi o Dr. Ludvik Stopar, professor de psiquiatria na Universidade de Maribor e membro da prestigiosa Comissão Internacional de Médicos. O Dr. Stopar recebera a permissão de examinar os seis videntes por um período de algumas semanas, no final de 1982, tendo então realizado uma bateria de testes neurológicos, psicológicos e de inteligência e personalidade em cada um dos seis. Sem exceção, o médico escreveu no relatório que submeteu ao bispo um mês depois, os resultados "mostram que os jovens são absolutamente normais e estão isentos de todas as reações psicopatológicas". Os videntes haviam lhe permitido observá-los algumas vezes durante as aparições que eles testemunharam, relatou o Dr. Stopar, e a única palavra que ele poderia usar para descrever o estado deles no decorrer dessas sessões era: "inexplicável". Ao mesmo tempo em que ele verificou que a percepção e a sensibilidade deles ao mundo externo tinham diminuído muito, as ondas cerebrais dos seis indicavam um tremendo aumento da atividade mental. "Não conheço nenhum termo técnico que expresse a abrangência desse estado especial", admitiu o médico.

Como muitos cientistas que se seguiriam a ele, o Dr. Stopar ficou assombrado ao ver que os videntes ficavam em silêncio absoluto assim que o fenômeno da aparição tinha início, embora parecesse que todos ainda estavam falando normalmente. E, o que era ainda mais inacreditável, acrescentou Stopar, as vozes de todos eles tornavam-se audíveis exatamente quando pronunciavam as palavras "que estais no Céu". Apesar de saber que o relato o exporia ao sarcasmo e ao ridículo profissional, para não falar do desprezo do bispo Žanić, o professor finalizou o seu relatório da seguinte maneira: "A minha impressão é de que, em Medjugorje, tive contato com uma realidade sobrenatural."

A administração estatal da Iugoslávia encontrava-se na mesma posição do bispo Žanić. Após mandar um dos mais respeitados psicólogos infantis a Sarajevo a fim de examinar os videntes de Medjugorje, o governo recebeu um relatório no qual se concluía que o estado da saúde mental de todos os seis era excepcionalmente bom. Apenas algumas semanas tinham se passado, antes que se apresentasse diante tanto do bispo como do Estado comunista a melhor das oportunidades apresentadas até então de se ridicularizarem as devoções praticadas em Medjugorje: primeiro Vicka e Jakov, e depois Mirjana afirmaram ter ido, de corpo e alma, ao Céu, ao Inferno e ao Purgatório, levados pela Virgem Maria.

Senti uma imediata antipatia por Ivan, e o sentimento foi recíproco. "Estúpido e mal-humorado", eu diria dele mais tarde, uma descrição que levou sorrisos reprimidos ao rosto de muitas pessoas que conheciam Ivan melhor do que eu. Nicky preveniu-me de que eu estava sendo injusto: "O Ivan é simples e tímido. Esse exterior grosseiro é algo de que ele se utiliza para lidar com pessoas que o confundem ou o ameaçam. Você, imagino eu, exerce as duas funções."

Ao que me constava, o problema entre mim e Ivan começou quando a mulher dele, Lureen, ex-miss Massachusetts, soube que eu escrevia para a revista *Rolling Stone* e logo preveniu o marido de que essa publicação destinava-se a corromper a moral da juventude. E a juventude, eu descobriria, era encargo especial de Ivan. "Você não está aqui para saber a verdade. Você está aqui para nos ridicularizar", disse Ivan, em tom acusador, durante o nosso breve encontro na varanda na frente de sua casa.

E Mirjana iria permitir que eu ficasse na casa dela se isso fosse verdade?, perguntei. A casa de Ivan ficava exatamente do outro lado da rua; eu sabia que ele me vira entrar e sair. "Mirjana e eu não somos a mesma pessoa", ele retrucou. "Ela fez uma opção, eu fiz a minha. Mas você acha que somos todos iguais." Como ele sabia o que eu estava pensando?, tornei a perguntar. A pergunta o fez parar um momento. "Você não precisa de mim", disse Ivan, por fim. "Se você anda dando ouvidos a outros, você vai acabar conseguindo o que quer." A mulher de Ivan estava bisbilhotando por cima do ombro dele. A expressão vazia e bestificada no rosto dela me enfureceu. "Você é que sabe", disse eu a

Ivan, depois me virei e fui-me embora, espantado de me ver tão trêmulo de raiva.

Era um certo consolo saber que Ivan era de longe o mais impopular dos videntes, principalmente para os visitantes que procediam dos Estados Unidos e da Europa Ocidental, uma vez que ele era conhecido pelo comportamento rude. Seus compatriotas croatas pareciam gostar dele, a não ser por alguns que se queixavam de Ivan ser menos prudente que os outros videntes quanto a aceitar presentes e benefícios. Depois de esfriada a minha raiva, percebi que eu estava mais perplexo do que ofendido com a atitude de Ivan.

"Lembre-se de que todo mundo por aqui o está vigiando", Nicky me aconselhou mais tarde naquela manhã enquanto tomávamos *cappuccinos* no Mira's. "Quando eles vêem que você é sincero, cara, aí mesmo é que eles dificultam as coisas para você. Tente lembrar-se de que repórteres, escritores e os chamados intelectuais do Ocidente abusaram da confiança deles inúmeras vezes." Assenti com a cabeça, apenas entreouvindo, pensando em Mirjana. A minha desavença com ela tornara-se muito mais difícil de agüentar desde aquele fracassado e desagradável encontro com Ivan.

Naquela mesma tarde, apresentou-se uma oportunidade de reconciliação quando avistei Mirjana, sentada ao lado de sua filha de quatro anos, Maria, no jardim próximo da casa delas. Ela se mostrou cordial, mas desconfiada, quando me aproximei, cumprimentei-a e me sentei. Eu sabia que retomar a nossa conversa anterior (a que estimulou a minha subida à montanha Križevac) seria um erro, e, em vez disso, puxei um papo furado sobre cuidar de dálias e combater pragas lá no Oregon. Mirjana me pareceu aliviada de ver que eu só queria desfrutar a companhia dela por alguns minutos.

Maria, uma menina muito viva de cabelos escuros, logo começou a se mostrar para mim, dando chutes num regador e arrancando um chocalho de sua irmãzinha menor. Em croata, Mirjana repreendeu a filha, pedindo que ela se comportasse, mas a menina, satisfeita de estar chamando a minha atenção, afastou-se da mãe e, virando-se para mim, lançou um olhar de total despreocupação. Mirjana me pareceu meio sem-jeito, corando ligeiramente enquanto olhava para mim e dava de ombros. "Maria é o que na minha terra se chama de 'espoleta'", eu disse a Mirjana, que sorriu, agradecida.

"Algumas pessoas esperam que videntes sejam mais humanos", disse ela. Ficamos calados por alguns instantes. Enquanto vigiava a filha, a expressão de Mirjana foi se tornando mais triste. "É difícil ser vidente e mãe ao mesmo tempo", disse a moça de repente. "Amo minhas filhas, meu marido, minha família. Mas não há nada que se compare à Mãe Santíssima. Esse é o maior amor, eu sei disso, e em todo momento, mesmo quando estou com minhas filhas e meu marido, o que eu mais queria era estar com Nossa Senhora."

Havia uma pungência na voz de Mirjana que me desarmou inteiramente. Senti-me mais próximo dela naquele momento do que jamais iria me sentir.

"As pessoas têm inveja de nós, por vermos a Mãe Santíssima e falarmos com Ela, mas eu não desejo isso a mais ninguém", disse-me Mirjana. "Conhecer o Céu e viver na Terra é um sofrimento que ninguém pode imaginar o que seja."

Ela deixou a Terra pela primeira vez no Dia dos Mortos (2 de novembro), em 1981, lembrou-se Vicka, quando a Virgem apareceu de repente para ela e Jakov, explicando que queria levá-los para uma visita ao Céu, ao Inferno e ao Purgatório. Jakov, com 11 anos recém-completados, começou a chorar, pedindo à Virgem que o deixasse ficar na Terra. Depois, Jakov admitiria: "Eu disse: 'Nossa Senhora, leve Vicka. Ela tem sete irmãos; eu sou filho único.' Mas Nossa Senhora disse que não devíamos ter medo porque Ela estava conosco. E então, depois disso, nós fomos."

O Céu era "tão indescritível", disse Vicka, que ela se achava uma boba ao falar dele. O Paraíso lhe pareceu um "imenso túnel sem fim, inundado de uma espécie de luz que não era terrena". Ela pôde ver uma quantidade infinita de pessoas que pareciam estar usando túnicas de um luminoso cinza-amarelado, "e era como se houvesse uma alegria indescritível dentro delas. Nosso coração se acalma quando vemos isso". Tudo o que ele conseguia se lembrar do Céu, Jakov disse, era que havia "muitas pessoas rezando, todas falando ao mesmo tempo".

"E o Céu tem limites?", um padre croata perguntou a Vicka. "Tem e não tem", a jovem respondeu. Ela se lembrou do litoral do mar Adriático: "No lugar em que você está parado, você vê que tem limites, mas, bem mais adiante, não tem nenhum." Vicka seria implacavelmente ridicularizada por ter dito que o Céu tinha "uma espécie de porta" na entrada, mas, mesmo assim, continuou a afirmar que era verdade: a Virgem explicara que havia uma "passagem estreita" à espera de todos que tentassem entrar no Paraíso.

Em seguida, eles foram ao Purgatório, os dois disseram. Jakov viu apenas "uma nuvem", dentro da qual havia pessoas se movimentando. A descrição de Vicka foi de novo muito mais detalhada. Ela viu o Purgatório como um "abismo escuro", suspenso entre o Céu e o Inferno. A atmosfera se assemelhava a uma neblina cheia de cinzas; ela se lembrou da impressão que teríamos ao entrarmos num cemitério coberto de nevoeiro num dia de inverno. Ela ouviu "gemidos e lamentações, e o ruído de inúmeros dedos batendo, como se quisessem sair dali". A Virgem lhes dissera que o Purgatório era "o lugar em que as almas se purificam, e é preciso rezar muito para as pessoas que estão lá", Vicka acrescentou. A impressão que ela teve foi a de um lugar de sofrimento.

O Inferno, claro, lhes pareceu bem pior. "Não quero falar do Inferno", disse Jakov. "O Inferno existe; eu o vi. Talvez antes eu tivesse alguma dúvida, mas agora sei que ele existe, de verdade." Vicka descreveu o Inferno como um imenso poço em cujo centro havia "um oceano de chamas devoradoras". Ela viu os condenados aproximarem-se do fogo nus, e depois atirarem-se voluntariamente nas chamas: "Antes de se encaminharem para o fogo, eles pareciam pessoas normais. Quanto mais eles se rebelam contra a vontade de Deus, mais fundo eles entram no mar de fogo, e quanto mais fundo entram, mais raiva eles sentem Dele." Cada uma dessas almas emergia do fogo com a pele horrivelmente enegrecida, disse Vicka: "Eles já não têm mais a forma humana; parecem mais animais grotescos, embora diferentes de qualquer coisa terrena."

Ela e Jakov estavam na casa de Jakisa naquele dia em que a Virgem os levou, lembrou-se Vicka. Ao "voltarem à Terra", eles sentiram como se tivessem estado fisicamente ausentes, uma sensação que foi confirmada quando a mãe de Jakisa perguntou onde eles tinham se escondido, e então explicou que ela passara uns vinte minutos procurando por eles.

Pouco tempo depois desse acontecimento, Mirjana contou também ter tido a oportunidade de conhecer o Céu, o Inferno e o Purgatório, mas disse que só aceitou o convite da Virgem para uma ida ao Paraíso. Ela não tentaria descrever o Céu, disse Mirjana, por não haver palavras que pudessem transmitir a beleza do lugar. Afinal, diante da insistência da Virgem, continuou Mirjana, ela aceitara dar uma olhada no Purgatório, onde a única coisa que pôde ver foram "pessoas tiritando, se debatendo, se contorcendo de dor". A Virgem Santíssima lhe explicara que um lugar como aquele era necessário: "Como nada pode viver perto de Deus, a não ser o amor puro, a justiça de Deus limpa." A Virgem descreveu o Purgatório como uma série de níveis que se estendiam das portas do Inferno ao portal do Paraíso. As almas do Purgatório, que rezavam com freqüência, vez por outra tinham permissão para se comunicarem com os vivos, disse a Nossa Senhora; como os mortos já não possuem o livre-arbítrio, eles não podem reparar seus pecados e dependem inteiramente das orações dos que ainda estão vivos.

Muito apavorada com o que vira, era difícil para Mirjana aceitar a existência de um lugar em que os tormentos fossem ainda piores: "Perguntei à Nossa Senhora como era possível Deus ser tão inclemente a ponto de jogar as pessoas no Inferno, onde elas sofreriam eternamente." A Virgem então respondeu que as almas que estão no Inferno foram para lá por seu livre-arbítrio, recordou Mirjana. E os que querem sair?, Mirjana perguntou. Como é possível Deus não ouvir suas preces? "Então a Madona me explicou: no Inferno, as pessoas não rezam; ao contrário, elas culpam Deus por tudo. Na realidade, essas pessoas e o Inferno tornam-se um só, e elas se acostumam com isso. Elas esbravejam contra Deus, e sofrem, mas sempre se negam a rezar a Deus. No Inferno, elas O odeiam ainda mais."

Ela perguntou à Virgem se ia muita gente para o Inferno, contou Mirjana, e ouviu a seguinte resposta: "Hoje, a maioria das pessoas vai para o Purgatório, um pouco menos da maioria vai para o Inferno, e apenas algumas pessoas vão diretamente para o Céu."

Para o bispo Žanić, os relatos dessas visitas ao além eram a prova irrefutável de como as alegações dos videntes de Medjugorge tinham se tornado absurdas. O que espantava o bispo era a quantidade de pessoas inclinadas a acreditar em tamanha bobagem. Mais de 50 mil pessoas, de todos os cantos da Iugoslávia, tinham se reunido em Medjugorje para comemorar o primeiro aniversário das aparições, em junho de 1982, e a expectativa era de que quase o dobro desse número se reunisse no vilarejo para o segundo aniversário, em 1983.

Insistindo em dizer que algo deveria ser feito para abalar essa histeria em massa, Žanić deu prosseguimento à sua campanha de denúncias. A salva de abertura dessa campanha foi talvez a explicação mais plausível das aparições que ele jamais ofereceria. Permitindo-se uma certa dose de análise junguiana, o bispo observou que tinha sido Ivanka, "cuja mãe morrera alguns meses antes, e que estava muito interessada em saber para onde a mãe tinha ido", a primeira a afirmar ter visto a Virgem Maria. A dor da jovem tinha sido, obviamente, "o catalisador psíquico" dos acontecimentos que se seguiram, observou o bispo.

Logo depois desse pronunciamento, porém, o avanço de Žanić foi bloqueado pelos relatórios do Dr. Stopar e do psicólogo infantil de Sarajevo, cuja conclusão era de que as aparições em Medjugorje, fossem lá o que pudessem ser, não eram alucinações. Mas, para Žanić, desmascarar as aparições e defender sua reputação pessoal eram metas que tinham se tornado inseparáveis. E isso ficou claro para todos depois que o principal teólogo católico na Iugoslávia declarou publicamente que a motivação que levava Žanić a atacar os videntes de Medjugorje era a necessidade que o bispo tinha "de atenuar a culpa de sua própria covardia". Determinado a dar uma resposta de grande efeito, o bispo tornou a afirmar que as aparições eram fraudulentas e mostrou-se decidido a obter as provas que o demonstrassem.

Em busca de inconsistências nas declarações dos videntes, o bispo Žanić mandara os membros de sua primeira comissão a Medjugorje, no final de 1981, com a missão de exigir que os videntes lhes dissessem quando aquele "Grande Sinal" prometido pela Madona se manifestaria. Todos os quatro meninos que moravam no vilarejo àquela época recusaram-se a falar do assunto, assim como Mirjana, quando os membros da comissão a acompanharam a Sarajevo. Por fim, os investigadores do bispo puseram Ivan contra a parede no seminário onde este tinha sido admitido alguns meses antes, exigindo que ele descrevesse o Sinal e dissesse a data de seu aparecimento. Vencido, Ivan concordou em dar uma declaração por escrito afirmando que o Sinal surgiria em Podbrdo no lugar da primeira aparição, e que ele consistiria numa chama que arderia continuamente sem se consumir. Ivan também declarou que o Sinal apareceria no mês de junho, mas então se deu conta — "no meu íntimo", como o jovem disse — de que ele não deveria revelar o ano, e deixou cair a caneta sobre o bloco à sua frente. O bispo Žanić afirmaria que Ivan declarara por escrito que o Sinal apareceria em junho de 1982, unicamente para ser desacreditado quando o "documento" fosse dado à inspeção pública.

O bispo não esperou muito para trazer à tona novas acusações, alegando que os videntes de Medjugorje haviam prometido curas milagrosas que contribuíram para a morte de pelo menos três pessoas. Primeiro, Žanić mencionou uma menina de Grude cujos pais tinham recebido a promessa de que a Virgem a curaria da leucemia; a menina morreu alguns meses depois, observou o bispo. Os pais, no entanto, disseram que os videntes não tinham prometido nada disso, mas, sim, tinham simplesmente aconselhado que eles fizessem jejum e rezassem. Em seguida, Žanić citou o caso de uma adolescente que morrera depois que os jovens videntes lhe disseram que a Virgem a aconselhava a não se submeter a uma cirurgia que poderia tê-la salvado. A irmã mais velha da adolescente retrucou que as informações atribuídas pelo bispo aos videntes eram "totalmente falsas". Žanić tentou mais uma vez, afirmando que um homem de Belgrado morrera depois que os videntes teriam lhe assegurado que uma operação já marcada seria bem-sucedida "desde que ele rezasse". Foi a filha do morto que se adiantou dessa vez, declarando que seu pai só falara com um dos videntes, Ivan, cuja única promessa tinha sido de que ele recomendaria o homem à Nossa Senhora quando ocorresse a próxima aparição.

Àquela altura, os franciscanos continuaram a ofensiva, observando que havia se passado mais de um ano desde que Žanić recebera ordens da Conferência dos Bispos Iugoslavos de convocar uma nova comissão investigativa; eles queriam saber por que o bispo de Mostar negara-se a agir. A pressão sobre Žanić aumentou enormemente em dezembro de 1983, quando o muito respeitado arcebispo de Split, Frane Franić, manifestou publicamente o seu apoio tanto aos franciscanos como aos videntes. Apenas no que se refere a conversões, o arcebispo observou: "Medjugorje realizou mais em dois anos do que toda a nossa ação pastoral conseguiu realizar em quarenta."

Seis semanas depois, o bispo Žanić anunciou os membros de sua nova comissão investigativa, e se apresentou na televisão vangloriando-se de que os 14 designados eram "todos doutores em doutrina religiosa, moral, teologia pastoral e psicologia". Ao responder, os franciscanos revelaram que um desses "doutores em doutrina" era um indivíduo que se especializara em catalogar cães. O principal requisito para que alguém fosse indicado para a nova comissão do bispo, acusaram os frades, parecia ser a hostilidade franca contra as aparições em Medjugorje. A acusação dos franciscanos se confirmou quando a comissão emitiu sua primeira declaração à imprensa, pedindo a cessação imediata de todas as peregrinações a Medjugorje, e depois anunciando que não haveria outra reunião por algum tempo. "A Santa Sé propõe que não nos precipitemos na investigação nem na emissão de uma sentença final", foi a explicação dada.

Os padres em Medjugorje receberam ao menos um certo estímulo quando o padre Nicolau Bulat, professor de doutrina religiosa no seminário em Split, foi a Medjugorje pouco depois de nomeado para a nova comissão do bispo. O padre Bulat pediu para observar uma aparição, e lhe deram permissão para ocupar um lugar na reitoria diretamente atrás dos videntes. Usando óculos escuros e uma batina comprida, Bulat parecia estar rezando junto com os videntes no momento em que estes entraram em êxtase. De repente, porém, o professor lançou-se para a frente e enfiou uma comprida agulha de costurar couro na omoplata esquerda de Vicka. A força do golpe empurrou a jovem para a frente e para o lado. Entretanto, ela não demonstrou nenhuma reação à dor, e continuou a rezar, ainda que o sangue estivesse ensopando sua blusa. Bulat então golpeou Vicka uma segunda vez, e de novo não houve nenhuma reação. O padre saiu do recinto minutos depois, silencioso e trêmulo, recusando-se a falar com qualquer pessoa. O "ataque" de Bulat a Vicka, embora lastimado publicamente, seria comemorado entre alguns franciscanos como mais um argumento irrefutável de que os jovens não eram nem impostores, nem histéricos.

A atenção tanto dos que apoiavam as devoções em Medjugorje como dos que lhes faziam oposição foi quase imediatamente desviada pela chegada em cena dos primeiros investigadores de fora da Iugoslávia. Tratava-se de uma equipe de médicos italianos que chegou ao vilarejo no início da primavera e anunciou haver recebido permissão do Vaticano para empreender o primeiro exame médico e científico sério dos videntes de Medjugorje.

Eu estava em Medjugorje havia pouco mais de uma semana quando fui apresentado ao padre Slavko Barbarić. Mais conhecido depois como o "diretor espiritual" dos videntes, o padre Slavko fora visto como um quinta-coluna em potencial quando passou a fazer parte do clero da paróquia em 1983, quase dois anos após o início das aparições. Slavko havia sido criado a uns 30 quilômetros dali, no vilarejo de Rasno, e era muito conhecido na área. Na juventude, ele foi considerado talvez o intelectual mais brilhante jamais gerado pela região. Foi uma grande decepção para o governo quando o rapaz entrou para a ordem dos franciscanos no início da década de 1970, pouco depois de terminar seus dois anos de serviço militar. Aos vinte anos, Slavko parecia ser um padre mais inclinado a passar mais tempo em bibliotecas do que em sacristias. Intelectual poliglota, ele, por volta dos trinta anos, era possuidor de diplomas de diversos graus de várias universidades européias. O bispo Žanić aprovara pessoalmente sua transferência para a paróquia de Medjugorje. Na ocasião, o bispo observou: trata-se de um padre com doutorado em psicologia (da Universidade de Freiburg, na Suíça), um cientista cético que não exibia nenhum dos excessos emocionais nem tendências carismáticas que eram a marca registrada de homens como Jozo Zovko e Tomislav Vlasić. Frade, ele próprio, Slavko, poderia ser o homem perfeito para se infiltrar no embuste franciscano em Medjugorje e expô-lo ao mundo externo.

Eu já ouvira falar muito sobre o padre Slavko antes de conhecê-lo, e estava um tanto intimidado com a reação que esse homem parecia causar nas pessoas; o amor e o respeito que ele inspirava eram diferentes de tudo o que eu encontrara. "O protagonista mais convincente", foi como Nicky descreveu o padre. À primeira vista, porém, Slavko não me causou maior impressão; um homem de meia-idade e altura mediana, magro mas rijo, de rosto comprido e nariz adunco. Havia uma faísca em seus olhos, mas até esse brilho estava esmaecido pelas lentes espessas dos óculos de aro de osso. Nele, havia apenas um detalhe realmente notável. "Não paro de olhar para as mãos do padre", foi a observação de Nicky alguns dias depois. "Nem eu", admiti. Eram mãos inusitadamente grandes, de dedos compridos e espessos que não se afilavam, dedos perfeitamente redondos nas pontas. O tipo de mão como as do padre Slavko poderia pertencer a um homem num sonho, mas não a alguém na vida real.

O padre começou nosso encontro com o desmoronamento de seu próprio mito. Ele nunca foi tão cabeça-dura como imaginavam que ele fosse, disse Slavko: "Desde o início, aceitei a possibilidade de haver aparições. Se houve o fenômeno em Lourdes e em Guadalupe, por que não em Medjugorje? Mas confesso que tinha mais dúvida do que fé. Quando conheci os videntes, eu estava esperando que eles me convencessem. Mas eles não fizeram nenhum esforço para tal. Foi isso que me fez querer examiná-los mais de perto."

A primeira possibilidade que se apresentou a ele foi a de que as aparições tinham sido orquestradas por padres zelosos ao extremo. "Pois bem, o que é preciso para se organizar um grupo de jovens?", perguntou Slavko. "Primeiro, você precisa de um organizador, um líder. Depois, de uma motivação, talvez de um interesse nacional, talvez de atenção, de dinheiro. Algo que possa interessar mais a esses jovens do que futebol, basquete, música, moda, seja lá o que for. Tudo bem, talvez, como tanto os comunistas como o bispo acreditam, o organizador seja o pároco, padre Jozo. Talvez ele convença esses jovens de que eles precisam fazer algo de grandioso neste lugar. Talvez ele diga: 'As pessoas vão aparecer, vocês terão dinheiro, terão uma boa vida' etc.

"Mas eu vejo problemas nessa teoria. Por exemplo, quando o grupo se reúne da primeira vez, o organizador não está presente. Tudo bem, talvez o grupo possa escolher o organizador depois. É possível. Mas quando a polícia chega e manda o organizador para a cadeia, o que acontece? Nada muda. E quando o próprio grupo começa a sofrer, todos sofrem juntos. Ninguém tenta fugir. São 11 delegacias policiais nessa região, cada uma com três policiais de serviço o tempo todo. E eles mudam de turno de oito em oito horas, e assim esses jovens estão sendo interrogados, vigiados, seguidos por uns cem agentes todo dia, por meses e meses. Em Sarajevo, Mirjana é levada à delegacia diariamente, durante seis meses. Todos os seus amigos são também levados à polícia, para que informem o que ela lhes disse. E vemos toda essa perseguição e esse sofrimento, o organizador está preso, os jovens e suas famílias estão sob pressão, estão sendo ameaçados e ridicularizados. E no entanto tudo continua a acontecer. Psicologicamente, não dá para explicar como é possível."

A segunda teoria levada em conta por ele foi a do fanatismo religioso, disse Slavko. "Mas eles não agem como fanáticos. Eles são jovens, têm de dez a 16 anos, mas quando você lhes diz: 'Eu não acredito', eles não investem contra você, não tentam convencê-lo, não discutem com você. Assim como o carteiro, eles entregam a correspondência e vão embora para casa. Eles não se preocupam nem um pouco com o que as pessoas esperam deles. Olhando para esses jovens, você logo vê que eles não são os mais inteligentes, nem os mais fortes, e, sem dúvida, sequer os mais devotos. Eu já lhes disse: 'Se eu fosse organizar algo desse tipo, eu nunca escolheria nenhum de vocês.' Não se pode encontrar a resposta examinando esse grupo. Portanto, a resposta deve estar fora deles.

"Então eu penso: 'Talvez haja uma explicação parapsicológica.' Para mim, há dois tipos principais de parapsicólogos. Se um deles é crente, ele vai ver que os membros desse grupo não são histéricos, nem esquizofrênicos, nem psicóticos, e então ele vai dizer que talvez isso seja obra de Deus. Se o observador é ateu, ele vai dizer: 'Está certo, não sabemos como explicar isso agora, mas talvez daqui a cem, mil anos, quando a ciência estiver mais avançada, a gente possa entender.'

"Também existe uma outra interpretação, do materialista, do marxista. Para o marxista, a religião é o ópio do povo, e Deus é uma projeção:

'Nós, pobre gente, não podemos encontrar solução para os nossos problemas aqui na Terra, e por isso estamos inventando alguém que, do mundo além das nuvens, nos ajude.' Temos de considerar essa hipótese. Por exemplo, olhe para nós. Estamos sofrendo aqui já há uns mil anos, sempre guerras, sempre sangue, como agora mesmo. Então as pessoas talvez passem a dizer: 'Vai chegar alguém para nos salvar.' Pode ser. Talvez esses jovens tenham absorvido todo esse desejo e comecem a projetá-lo nas pessoas, para lhes propiciar paz e esperança. Mas, de novo, é preciso conhecer os videntes. Mirjana não podia ser mais indiferente ao nacionalismo. Jakov mal pode esperar o fim das aulas e das orações para ter tempo de jogar futebol. Esses jovens não são pessoas que estejam passivamente num canto à espera da próxima aparição, que estejam vivendo em busca da atenção que o fenômeno lhes possa propiciar. Eles são jovens normais sob todos os aspectos. Até mais do que fingidos, eles estariam deprimidos caso isso fosse uma projeção. E eles não são jovens que tenham um dom natural para uma situação tão problemática. Eles não são depressivos. E nem são jovens de imaginação muito viva. Longe disso.

"Portanto, depois de avaliar essas várias teorias, eu vejo que nenhuma funciona. E chego a essa conclusão por eliminação."

Slavko tinha sido o principal intermediário entre a paróquia e a equipe de médicos italianos que apareceu em Medjugorje no início de 1984. "Se eles têm uma explicação para esses fenômenos, quero ouvi-la", explicou o padre.

O foco da atenção de todos os médicos italianos, sem exceção, foram os videntes durante as aparições. O Dr. Enzo Gabrici, um neuropsiquiatra, passou quatro dias observando Ivan, Jakov, Marija e Vicka, e depois preparou um relatório no qual ele excluía qualquer possibilidade de "fenômenos alucinatórios, epilepsia ou sugestão pós-hipnótica". O médico mostrou-se particularmente impressionado com Vicka; a desenvoltura e a espontaneidade da jovem contrapunham-se à interpretação do comportamento como histeria. Ele também não viu nenhum sinal de neurose ou psicose em nenhum dos outros videntes nos exames que fez, relatou o Dr. Gabrici, e ressaltou que os videntes de Medjugorje, ao contrário dos médiuns, "conservam-se perfeitamente conscientes de sua identidade". Ele se declarou fascinado ao perceber que "Vicka não demonstra nenhum sinal de carência emocional". Depois de uma das visões da jovem, o Dr. Gabrici fez o seguinte comentário: "A aparição não a deixa cansada como acontece com os transes histéricos; ao contrário, ela se sente mais revigorada." Jakov, Gabrici relatou, saía correndo para jogar futebol imediatamente após presenciar uma aparição; um comportamento tão natural simplesmente não combinava com traços encontrados em visões histéricas ou alucinatórias.

A Dra. Lucia Capello, neurologista, observou que os jovens não demonstravam quase nenhuma agitação no decorrer das aparições. No relatório, a Dra. Capello afirmou ter ficado não apenas impressionada, mas profundamente abalada com as "três sincronizações" que ela percebia no comportamento dos videntes: primeira, os videntes caíam de joelhos e as vozes tornavam-se inaudíveis precisamente no mesmo instante; segunda, sem que se percebesse que nenhum deles estivesse ciente do outro, as vozes tornavam-se audíveis exatamente no mesmo momento, ao ser dita a terceira palavra do pai-nosso; por fim, a cabeça e os olhos de cada vidente levantavam-se no mesmo instante em que a aparição terminava (quando a Nossa Senhora ascendia), quando os cinco pronunciavam a palavra "Ode". Não havia "nenhuma explicação natural" que pudesse dar conta de uma simultaneidade tão perfeita, relatou a Dra. Capello, principalmente no segundo e no terceiro momentos de sincronização.

O cirurgião e cardiologista Mario Botta analisou o eletrocardiograma feito por Ivan e observou que o coração do jovem manteve o ritmo perfeito de oitenta a 99 pulsações por minuto durante uma aparição, exatamente o que ocorrera antes e depois dos momentos de êxtase. Devido ao extraordinário nível de atividade demonstrado pelas ondas cerebrais de Ivan, o Dr. Botta, em seu relatório, tendia a acreditar que o que quer que sucedesse aos videntes no decorrer das aparições "transcende a fisiologia normal". (Ivan contaria depois que a Virgem sorrira ao vê-lo ligado a um eletrocardiógrafo, e que ele perguntara o que Ela achava daquilo. "Não é necessário", foi a única resposta Dela.)

Os testes mais agressivos a que os videntes se submeteram foram os aplicados pela Dra. M. Frederica Magatti. Esta, embora tivesse experimentado gritar com os jovens, dar-lhes socos e beliscões no decorrer de uma aparição, não obteve "nenhuma reação observável" deles. Por fim, depois de notar que os olhos dos videntes tinham se "dilatado enormemente" durante o fenômeno, a Dra. Magatti usou um projetor de filmes com uma lâmpada de 1.000 watts para que a luz lhes alterasse as pupilas. Nenhum dos cinco reagiu, escreveu a Dra. Magatti; não só as pupilas permaneceram extraordinariamente dilatadas, como as pálpebras de cada um dos videntes continuaram a piscar normalmente. Esses testes eram apenas "preliminares", acrescentou a médica. Apesar disso, ela estava em condições de afirmar que os videntes de Medjugorje, durante as aparições, estavam mostrando "uma ruptura na relação consciente entre eles e o mundo exterior" que era a mais categórica jamais observada por ela em algum outro indivíduo.

O padre Slavko considerava a invulnerabilidade dos jovens à dor, fosse esta provocada por uma agulha que lhes enfiassem na carne ou por uma luz cegante dirigida aos olhos deles, bem menos importante do que o contexto em que isso havia sido demonstrado. "Olhem para os faquires da Índia, que depois de longas horas de meditação conseguem bloquear qualquer sensação de dor, que podem até se cortar sem haver sangramento", disse-me ele no nosso primeiro encontro. "Então olhem para Jakov, que volta correndo da escola, atira os livros num canto, se senta para rezar o rosário, recebe a aparição, e então, uns cinco minutos depois, já está lá fora jogando com as outras crianças. Os médicos examinam esses videntes e dizem que está tudo dentro da normalidade, a não ser nos cinco, dez ou 15 minutos de duração da aparição; ninguém sabe explicar o que acontece com eles durante esse tempo.

"Eu então lhes recomendo: observem o que está acontecendo aqui a partir de todos os pontos de vista, ouçam os críticos, façam todas as perguntas, examinem todas as possibilidades. Mas se vocês não têm nenhuma explicação melhor a oferecer do que a dos próprios videntes, considerem que o que eles dizem pode ser verdade. Depois de utilizar a razão para tudo isso, submetam a pergunta ao seu coração e vejam qual é a resposta."

Slavko chegara a essa conclusão já no verão de 1984, quando ele mandou para o bispo Žanić a análise metódica dos videntes de Medjugorje que lhe tinha sido pedida havia quase um ano. Ele começou o seu relatório afirmando que os testes psicológicos que ele supervisionara não mostravam nenhum traço de psicose ou alucinação, e depois fez um resumo dos resultados. O que o impressionava mais, continuou o padre com suas observações, era que "o êxtase não enfraquecia mas, ao contrário, acentuava a identidade e a liberdade dos videntes. Eles compreendiam o desejo da Virgem, mas Ela os liberava, e eles por sua vez se sentiam totalmente livres para tomar suas próprias decisões".

Durante uma das primeiras aparições, os videntes contaram que haviam perguntado à Virgem se Ela queria que eles entrassem para ordens religiosas. A Virgem respondeu que esse era o desejo Dela, mas que a decisão cabia a cada um deles. Entretanto, já em 1983, Ivanka estava envolvida com o rapaz com quem ela iria se casar; Mirjana estava estudando economia na Universidade de Sarajevo. Após abandonar o seminário, Ivan disse que talvez entrasse para a ordem dos franciscanos, mas aos poucos abandonou a idéia e passou nas provas para freqüentar um curso de formação de garçons, em Mostar, cujo diploma lhe permitiria trabalhar nos restaurantes controlados pelo Estado iugoslavo. Jakov disse que era jovem demais para pensar no futuro. Marija contou aos padres que ela pensava muito em se tornar freira, mas que, por enquanto, estava se preparando para ser cabeleireira numa escola comercial em Mostar. Vicka respondeu que entrar para um convento era algo que ela levava em consideração, mas, naquele momento, a jovem continuava a trabalhar com a família no campo.

No final das contas, nenhum dos seis tornar-se-ia padre nem freira. O padre Slavko suspirou quando perguntei se os videntes haviam desapontado a Virgem nesse aspecto. "Provavelmente", respondeu ele. "Afinal, todos decidiram por si. Chamam-me 'diretor espiritual', mas eu dirijo muito pouco. Eles ouvem o que digo. Algumas vezes, concordam, mas a maioria das vezes, não. Eles sempre fazem o que querem. Como eu lhe disse antes, esses não são os seis que eu teria escolhido. Quando cheguei aqui, a mais moça estava com 11 anos e a mais velha com 18. As duas 'líderes', Vicka e Mirjana, eram tão individualistas que logo percebi claramente que eu não controlaria esse grupo. Seria impossível 'produzir' o que estava acontecendo em Medjugorje, porque esses não eram jovens inclinados a aceitar ordens de ninguém."

Slavko achava bastante significativo o fato de nunca ter havido nem uma ligeira interrupção das aparições apesar das idas e vindas tanto dos videntes como dos padres que os aconselhavam. Além disso, no decorrer do tempo, as experiências dos videntes pareciam se tornar, em vez de menos, cada vez mais individualizadas. Só Vicka afirmou ter sido aconselhada a comprar "três cadernos" nos quais deveria narrar a história da vida da Virgem. Foi Ivan quem relatou que Jesus tinha sido apresentado por Sua mãe em quatro ocasiões, duas vezes quando criança, e duas quando adulto, enquanto Marija contou que Nossa Senhora lhe transmitira uma mensagem para o papa João Paulo II, e que, nas palavras dela, "eu escrevi ao Santo Padre, como Ela me pediu". Ivanka disse que ela vira sua mãe morta quatro vezes desde o início das aparições, e a jovem fez uma pausa, tendo depois respondido: "Talvez haja luz ao redor dela. Não sei. Nunca me concentro na luz. A presença Dela me parece tão pessoal que não me dou conta de nada a não ser de Seu imenso amor, Sua imensa beleza e Sua imensa presença."

Nada do que qualquer dos jovens disse sobre suas visões da Virgem causou um impacto remotamente parecido com as palavras de Mirjana, ao anunciar, em janeiro de 1983, que as aparições testemunhadas por ela tinham terminado no dia de Natal do ano anterior, depois que a jovem havia recebido o último dos dez "segredos" que descreviam uma série de acontecimentos iminentes, que, como já o sabemos, trariam o fim do mundo.

CAPÍTULO 9

As aparições da Virgem Maria, principalmente as "mais importantes", são vistas por aqueles que acreditam nelas tanto como uma promessa de salvação como um prelúdio do apocalipse. Entretanto, até mesmo a maioria dos católicos desconhece que os relatos das visitas da Virgem remontam ao século III pelo menos, quando São Gregório, o Taumaturgo, atestou que Maria aparecera uma noite, acompanhada de João Batista, para introduzi-lo no "mistério da piedade". Mais de 1.100 anos iriam se passar antes que a alegada primeira aparição gerasse um interesse mais prolongado (e o reconhecimento do papa). Esse fato ocorreu em 1491, quando um grupo de aldeões alsacianos jurou ter ouvido da Virgem o aviso de que a ira de Deus não demoraria a surgir como uma tempestade de granizo.

Talvez a mais impactante de todas as aparições da Virgem então relatadas tenha ocorrido em 1531, num morro nos arredores da Cidade do México. Ali, um camponês asteca chamado Juan Diego alegava ter encontrado uma bela e jovem mulher que se identificara como a "eterna Virgem, a santa Mãe do verdadeiro Deus". Essa visão ordenou ao camponês que ele fosse diretamente ao bispo do México e lhe dissesse que o desejo Dela era que exatamente naquele lugar se construísse uma igreja, relatou Juan Diego. O bispo exigiu um sinal, e Juan Diego recebeu um, um ramo de rosas que floresciam no inverno. A Virgem lhe disse que as rosas deviam ser levadas bem atadas dentro do poncho, disse Juan Diego, e disse também que ele não devia abrir o agasalho até chegar à presença do bispo. Quando Juan Diego abriu o poncho, porém, ele e o bispo viram que havia uma imagem da Virgem entranhada no tecido. O poncho de Diego era feito de fibra de cacto, material que em geral se decompõe depois de vinte ou trinta anos. Mas acontece que o poncho de Juan Diego e a imagem de Nossa Senhora estampada nele duraram quase cinco séculos. Mesmo ao final do século XX, mais de 10 milhões de pessoas vão à igreja de Guadalupe todo ano para ver a imagem no poncho de Juan Diego, objeto que talvez seja o maior motivo do sucesso da Igreja Católica na América Latina.

Popularmente, considera-se que as "modernas" aparições marianas tiveram início com as visões de Bernadete, em Lourdes, em 1858. Na realidade, elas começaram 28 anos antes, no convento das Irmãs de Caridade, na rue du Bac, em Paris. Ali, uma freira chamada Catarina Labouré afirmou que a Virgem lhe aparecera como uma figura luminosa, parada, com um pé sobre um globo branco e o outro pisando a cabeça de uma serpente de manchas amarelas. Nas mãos, disse Catarina, a Virgem levava uma esfera dourada que representava o mundo. Acreditava-se que essas imagens pertenciam ao Livro das Revelações, no qual se lê que "uma mulher vestida de sol" luta contra Satanás pelo destino das almas humanas. Catarina Labouré nada fez para desestimular essa idéia, e contou que a Virgem lhe prevenira de que o mundo estava prestes a ser dominado por "males de toda espécie". Maria também a encarregou de mandar cunhar uma medalha que reproduzisse a pose com que Ela se apresentara, relatou Catarina. A "medalha milagrosa", como o objeto tornou-se conhecido, foi um imenso sucesso junto aos católicos; milhões de medalhas haviam sido distribuídas pelo mundo afora por ocasião da morte de Catarina, em 1876, e hoje esse número chega a bilhões.

A primeira aparição mariana em que "segredos" proféticos foram revelados aos videntes ocorreu em 1846, num pequeno povoado chamado Salete, nos Alpes franceses. Os videntes de Salete eram dois jovens pastores, Melanie Calvat, de 14 anos, e Maximin Giraud, de 11. Os dois contaram que a Virgem lhes aparecera enquanto eles estavam dando de beber ao gado numa fonte, e que Ela chorava enquanto lhes dizia estar sofrendo por causa da humanidade, e depois lhes avisou que coisas terríveis ocorreriam. Houve algumas curas milagrosas na fonte que logo chamaram a atenção das autoridades da Igreja, que não tardaram a afastar Melanie e Maximin dos pais deles e os levaram a freqüentar a escola das Irmãs da Providência em Corps. Os padres franceses que examinaram os dois ficaram muito impressionados com os jovens, descrevendo-os como "mal-educados". Mesmo os clérigos mais céticos admitiriam, porém, que quando os dois falavam de suas experiências com "a Senhora", eles pareciam transformados, já que falavam desses fatos com uma eloqüência e sobriedade que nenhum deles demonstrava em nenhum outro momento.

O boato de que a Virgem revelara um "segredo" a cada um dos videntes de Salete começou a se espalhar pela França no decorrer de 1847. Além de dizer que esses segredos existiam, os dois jovens negaram-se a revelá-los e explicaram que a Senhora lhes pedira que não os contassem a ninguém. Ofertas de recompensas, ameaças de prisão e morte, trapaças e armadilhas de todo tipo não conseguiram convencer os jovens a revelar os segredos. Os inquisidores admitiriam estar impressionados com a determinação dos jovens. Maximin era considerado um tanto aparvalhado, mas, ao se recusar a revelar os segredos, mostrou "uma correção, uma discrição e uma firmeza inteiramente estranhas à sua idade e situação", observou um padre. Quando informado de que tinha obrigação de contar o que sabia ao confessor, Max pensou um instante, e depois respondeu que, como o segredo não era nenhum pecado, ele não precisava confessá-lo.

Em 1848, os segredos de Salete tornaram-se objeto de enorme interesse para os que esperavam restaurar a monarquia francesa. Profecias falsificadas circulavam por toda parte. Ao mesmo tempo, os dignitários da Igreja redobravam seus esforços para convencer Melanie e Maximin a revelar o que lhes tinha sido dito. Os inquisidores concentraram suas energias em Max, insistindo com o jovem durante todo o ano, tanto em 1849 como em 1850, chegando até a tentar extrair o segredo do jovem pelo medo, defrontando-o com um homem de quem se dizia estar possuído do demônio. Foi o arcebispo de Lyon que afinal persuadiu Max, em 1851, a confiar o segredo ao "representante de Deus na Terra", papa Pio IX. Depois de escrever a carta ao papa contando o que ele afirmava ser o que a Virgem lhe revelara, Max pareceu se regozijar, atirando o papel para o alto e gritando: "Estou livre! Não tenho mais segredos! Sou como os outros!"

Com Melanie foi mais difícil, mas ela acabou concordando em escrever uma carta ao papa contando-lhe o segredo, desde que apenas ela pudesse pessoalmente selar e endereçar o envelope. Enquanto escrevia a carta, Melanie perguntou aos padres ali presentes o que significava "infalibilidade" e também como se escreviam as palavras "maculada" e "anti-Cristo". O papa Pio IX leu as cartas diante de dois padres. "Aqui temos toda a candura e simplicidade de uma criança", comentou o papa após a leitura da carta de Max, a que ele pareceu reagir com pouco entusiasmo. Entretanto, ao ler a carta de Melanie, o papa chorou abertamente. Um amigo e confidente do papa diria apenas que a carta de Max anunciava "misericórdia e recuperações", enquanto o texto muito mais longo de Melanie prevenia o mundo de "grandes castigos".

Em três anos, alguns panfletos que supostamente revelavam os segredos de Salete começaram a circular na Europa. Quase todos eram atribuídos, pelos autores, a Max. Apenas um desses foi considerado autêntico, um folheto publicado em 1871 que tratava principalmente dos temas conversão e paz, embora terminasse com uma advertência a respeito de um monstro que apareceria na Terra no início do século XX. Max não alcançou nada que se assemelhasse ao sucesso quando adulto, tendo tentado uma variedade de profissões, de traficante de bebidas a padre, e fracassado em todas. Em 1874, ele se mudou para o novo santuário de Nossa Senhora de Salete, onde viveu da caridade alheia até sua morte, dez meses depois.

É quase certo que Melanie tenha sido a autora de um panfleto intitulado "O Segredo de Salete", publicado em 1879. O texto era um relato extenso dos males que assolariam o mundo em seus últimos dias, notável pela condenação dos padres infiéis e por descrever como os justos seriam vingados no período de paz em que os anjos, comandados por Jesus, executariam todos os homens ligados ao pecado. A obra de Melanie terminava com uma nota de triunfo extraída diretamente das Revelações, na qual se lia sobre a derrota da Besta pelo arcanjo Miguel, a purificação da Terra, a extinção das obras do orgulho e a restauração de tudo o que é bom. Depois da publicação do panfleto, Melanie passou o resto de sua vida tentando fundar o que ela chamava de "Ordem da Mãe de Deus" (a contrapartida masculina deveria se chamar "Apóstolos dos Últimos Dias"), mas entrou em choque com as autoridades eclesiásticas; conflito que não se resolveu até a morte dela, em 1904.

As aparições de Lourdes ocorreram 12 anos após as de Salete, e, no início, não foram menos controversas. Na realidade, Bernadete Soubirous, então com 14 anos de idade, foi tratada pelas autoridades até com mais menosprezo do que Melanie e Maximin haviam sido. Seus pais eram trabalhadores temporários cuja moradia alugada foi descrita, num relato feito logo após as primeiras aparições, como um "cômodo sujo e sombrio", num prédio que um dia fora a cadeia do povoado, então abandonada por falta de condições sanitárias até para criminosos. O promotor de Lourdes descreveu os Soubirous como "gente miserável", cuja linguagem, hábitos e reputação inspiravam "não só desconfiança, como nojo".

Nas entrevistas com o comissário de polícia do povoado, Bernadete contou que as aparições começaram a ocorrer na manhã de 11 de fevereiro de 1858. Ela estava recolhendo ossos ao longo da margem do rio Gave de Pau, contou a jovem, quando ouviu um ruído farfalhante numa sebe acima da gruta chamada Massabeille, levantou os olhos, viu a sebe se mexer e então percebeu algo branco atrás da moita que foi tomando a forma de uma moça. Bernadete chamou sua aparição de *aquero*, que, no dialeto local, quer dizer "aquela". Ela olhou fixamente para *aquero* por um minuto, então, ajoelhou-se e rezou. *Aquero* respondeu com um sorriso, disse a jovem, e depois desapareceu na gruta. Sua mãe lhe disse que a visão era um sonho, lembrou-se Bernadete, e sua tia descreveu-a como ilusão.

A aparição seguinte ocorreu três dias depois, em 14 de fevereiro, logo após a missa de domingo, quando ela voltou à gruta com outras meninas, levando um frasco de água benta da igreja que freqüentavam. Elas se ajoelharam e começaram a rezar o rosário, quando *aquero* apareceu de novo (apenas para Bernadete), logo acima da entrada da gruta. Sua intenção era perguntar a *aquero* se esta estava ali em nome de Deus ou do Diabo, relatou Bernadete, mas, naquele momento, uma menina que havia seguido o grupo jogou uma pedra; isso apavorou tanto as outras meninas, que elas então se aprumaram e dispararam para o povoado. *Aquero* desapareceu imediatamente.

Quatro dias depois, Bernadete foi à gruta com uma senhora da sociedade local que estava intrigada com a história que ouvira da jovem. Juntas, ajoelharam-se e rezaram o rosário. *Aquero* então apareceu, disse Bernadete, e fez sinal para que ela se aproximasse. Quando a menina chegou perto, *aquero* lhe pediu que "fizesse o favor" de voltar à gruta nos próximos 15 dias.

Alguns vizinhos sugeriram a Bernadete que *aquero* poderia ser o fantasma de uma adolescente particularmente piedosa que morrera no mês de outubro então passado. Bernadete disse apenas que *aquero* lhe parecia uma menina da sua idade, que usava um vestido branco com uma faixa azul na cintura e levava um rosário na mão. Conforme lhe tinha sido pedido, Bernadete voltou à gruta todas as manhãs entre 18 de fevereiro e 4 de março, e relatou as aparições ocorridas em todos esses dias, exceto em três deles. Já em 22 de fevereiro, quando um jornal local publicou um artigo sobre as aparições, muitos vizinhos acreditavam que aquela que Bernadete estava vendo era a Virgem Maria. A menina nunca fizera essa afirmação, mas de fato contara que a própria *aquero* referia-se a si como a "Imaculada Conceição".

As pessoas que acorriam em grande número à gruta descreviam Bernadete como rígida e imóvel durante os êxtases, de olhos abertos e fixos num ponto pouco acima da gruta. A menina tornava-se muito pálida durante as aparições, disseram. Em certos momentos, seus lábios se mexiam como se ela estivesse falando. Bernadete sorria de vez em quando, mas havia outros momentos em que seus olhos se enchiam de lágrimas. Fosse o que fosse, havia algo na menina que causava uma profunda impressão nos que estavam presentes ao acontecimento.

A multidão que foi à gruta na manhã de 25 de fevereiro era de mais de mil pessoas. Nesse dia, Bernadete assombrou os que a testemunhavam por ter se arrastado de gatinhas até o fundo da gruta, onde cavou, com as mãos nuas, um buraco que se encheu de água lamacenta. Após algumas tentativas, Bernadete conseguiu beber um pouco da água, sujando o rosto de lama. Depois, quando lhe perguntavam o que estava fazendo, Bernadete disse que *aquero* mandou-a beber a água "da fonte" e lavar-se nela. Mais tarde, naquele mesmo dia, algumas pessoas, usando pás, cavaram no mesmo lugar, e viram que na realidade havia uma fonte abaixo do solo. Elas então levaram frascos de água ao voltarem para o povoado, e, numa semana, algumas pessoas juraram ter se curado de males diversos por ter bebido dessa água.

Em 4 de março, na última aparição presenciada por Bernadete, calculou-se que de 5 mil a 20 mil pessoas teriam ido à gruta. Um repórter de Paris ressaltou que todas as ruas, trilhas, montes e campos ao redor da gruta estavam cheios de gente. O barulho era ensurdecedor, observou ele, não só por causa das orações e invocações mas também pelos insultos e provocações. Havia garotos pobres pendurados nas árvores como macacos, e ricos que tratavam os camponeses rispidamente, dizendo-lhes que não lhes sujassem as roupas. Bernadete apareceu, levando uma vela na mão como de hábito, e parou para abraçar uma menina parcialmente cega chamada Eugenie Troy. A aparição daquela manhã tinha sido breve; *aquero* se zangara com a descrença dos presentes, o que a fizera se calar, explicou Bernadete. Embora a própria vidente parecesse não ter notado, alguns espectadores disseram que havia uma pomba adejando sobre a cabeça de Bernadete durante o êxtase. Seja como for, o resultado foi que os olhos de Eugenie Troy voltaram a enxergar.

Depois que suas aparições terminaram, Bernadete, que sofria de asma havia anos, foi levada de Lourdes para convalescer nas águas de Cauterets. Dali, transferiu-se para o abrigo-escola administrado pelas Irmãs da Caridade em Nevers. Prestou dois testemunhos diante da comissão espiscopal que investigava suas aparições, o primeiro em 1858 e o segundo em 1860, e em 1862 o bispo de sua diocese declarou suas aparições dignas de confirmação, e emitiu um decreto sancionando um culto de devoção no santuário de Lourdes.

Bernadete entrou para a ordem das Irmãs de Caridade em 1866, tendo permanecido na casa matriz da ordem até sua morte em 1879. Foi beatificada pela Igreja em 1925, e, com a comprovação de quatro curas milagrosas, foi canonizada em 1933, para a satisfação do Vaticano. Até hoje, ela permanece o padrão que a Igreja Católica adota para julgar os seus outros místicos.

Bernadete ainda não tinha sido plenamente reconhecida quando ocorreram as aparições em Fátima, Portugal, fenômeno que "tocaria a Igreja, no grau de papado, mais do que qualquer outro de sua espécie", conforme observou o teólogo Michael O'Carroll. Houve um interesse extraordinário, demonstrado não só por uma sucessão de pontífices, como também por milhões de católicos, nos três segredos que a vidente Lúcia dos Santos alegava ter recebido da Virgem.

A determinação das autoridades em extrair de Lúcia o que ela proclamava saber sobre o futuro da humanidade era até mais implacável do que aquela exercida sobre os videntes de Salete. Imediatamente após ter conhecimento desses alegados segredos, o prefeito do vilarejo de Fátima, um anti-religioso, mandou chamar Lúcia e seus dois primos mais moços, Francisco e Jacinta Marto, à presença dele, e lhes disse que revelassem tudo e prometessem não voltar ao local da aparição. Como nem subornos nem ameaças tivessem nenhum efeito nas crianças, o prefeito preveniu Lúcia de que ele obteria o que queria, mesmo que isso significasse tirar-lhe a vida. O prefeito então mandou prender os três e avisou que, enquanto estivessem na cadeia, um caldeirão de óleo fervente estaria sendo providenciado. Lúcia e os primos ficaram muitas horas à espera, atrás das grades, até serem tirados de lá, e, um de cada vez, receberem a notícia de que aquela era a última chance de dizerem o que sabiam. Caso se negassem a dizer a verdade, seriam atirados no óleo. Nenhum dos três disse nada. Derrotado, o prefeito determinou que as crianças fossem interrogadas por uma equipe de teólogos e padres, o que durou dois meses. Durante esse período, a única informação obtida pelas autoridades sobre os segredos foi a declaração de Francisco de que o povo ficaria triste se os ouvisse. O que Lúcia lhe contara fora apenas isso, explicou o menino.

Lúcia era sem dúvida a principal protagonista dos fenômenos ocorridos em Fátima. A primeira aparição, no lugar conhecido como Cova da Iria, onde as crianças estavam pastoreando ovelhas, aconteceu em 13 de maio de 1917. Como descreve Lúcia, "uma senhora vestida de branco, mais brilhante que o sol, reluzindo mais clara e intensa que um copo de cristal, cheio de água cristalina, atravessado pelos raios de sol mais ardentes", apareceu diante das três crianças enquanto elas descansavam à sombra de um carvalho. Francisco e Jacinta disseram ter ouvido a mulher de branco dizer: "Eu venho do Céu. E os convido a estar comigo aqui, durante seis meses consecutivos, sempre no dia 13, à mesma hora. Então eu lhes direi quem sou e o que quero." A senhora lhes dissera outras coisas, os menores acrescentaram, mas apenas Lúcia saberia repeti-las. Depois, a prima mais velha advertiu Jacinta e Francisco de que não dissessem a ninguém o que acontecera, mas Francisco não pôde se conter, e exclamou: "Ah, que linda senhora" diversas vezes depois de terem voltado para casa. Foi Jacinta quem disse aos pais que ela e o irmão tinham visto "Nossa Senhora". Lúcia, quando lhe perguntaram sobre o seu pedido de silêncio feito aos primos, explicou que não estava muito certa de que a "moça bonita" que eles viram fosse a Virgem Maria, e queria evitar o ridículo.

A mais moça de sete filhos, Lúcia era considerada em sua aldeia uma menina excepcional, de memória extraordinária e grande capacidade de distrair os outros. Nas festas, as irmãs a vestiam e pintavam, e faziam com que ela cantasse e dançasse. Todos a admiravam. Ela aprendeu o catecismo aos cinco anos e teve permissão para fazer a primeira comunhão aos seis, embora o habitual fosse fazê-la aos dez anos. Lúcia perdeu sua posição especial aos sete anos, quando a mãe a mandou pastorear o rebanho da família. Quando as irmãs de Lúcia se opuseram a essa ordem, a mãe respondeu que sua filha mais moça era "exatamente como os outros".

Em um ano, as outras meninas pastoras que acompanhavam Lúcia na tarefa de cuidar do rebanho de ovelhas entre as colinas, nos arredores da aldeia, começaram a relatar experiências memoráveis. Em 1915, um grupo de meninas contou ter visto uma figura semelhante a "uma estátua de neve" em cima de um arvoredo. Lúcia pediu que elas não contassem nada a ninguém, mas as meninas contaram e foram ridicularizadas pelos outros aldeões. A própria mãe de Lúcia chamou essas narrativas de "bobagens de criança" e a menina tornou-se uma figura risível para muitos em sua própria aldeia.

A segunda aparição ocorreu na Cova da Iria em 13 de junho, dia de Santo Antônio. Lúcia ficou preocupada ao ver que havia uma multidão à espera quando ela chegou, com Jacinta e Francisco, à Cova da Iria naquela manhã. Enquanto os dois primos almoçaram e brincaram com outras crianças, Lúcia permaneceu sentada, em silêncio, com uma expressão séria. Passava pouco do meio-dia quando a menina mais velha chamou os primos: "Nossa Senhora está chegando." Os três correram para o carvalho, onde a mulher de branco, segundo disseram, havia aparecido. Lúcia levantou as mãos juntas e disse: "A senhora me pediu que viesse aqui; por favor, me diga o que a senhora quer." Logo, muitos na multidão ouviram um barulho que descreveram como "o zumbido de uma abelha". Momentos depois, as pessoas ouviram um barulho "que parecia o de um foguete, bem demorado", como disse uma testemunha, mas só puderam ver que havia uma nuvenzinha a alguns centímetros do carvalho que se ergueu lentamente e desapareceu na direção do leste. Os três videntes ficaram olhando fixamente naquela direção, até Lúcia gritar: "Ela voltou para o Céu! As portas se fecharam!" Conforme o relato de algumas testemunhas, os brotos novos que, antes da aparição, estavam eretos no topo da árvore passaram então a se inclinar para o leste. As pessoas começaram a subir na árvore, arrancando ramos e folhas dos galhos mais altos. Lúcia gritou, pedindo que eles só os tirassem da parte mais baixa da árvore, não tocada pela Virgem.

Havia uma multidão muito maior à espera de Lúcia e dos primos na Cova da Iria, no dia 13 de julho. Dois homens, mantendo afastados os que estavam na frente, impediam que Jacinta e Francisco fossem esmagados. A uma certa distância, Lúcia ajoelhou-se, rezando o rosário; depois, levantou-se rapidamente, olhou para o leste e pediu que as pessoas fechassem suas sombrinhas porque Nossa Senhora estava chegando. O pai de Francisco e Jacinta, Manuel Marto, homem cético, disse que olhou atentamente, mas não conseguiu ver nada; depois, notou que havia uma nuvenzinha cinzenta pousada no cimo da árvore e que a única coisa que sentiu foi "uma deliciosa brisa fresca". E também ouviu um zumbido, disse Manuel, como se fosse um mosquito dentro de uma garrafa vazia. A uma certa altura, Lúcia ficou "mortalmente pálida", lembrou-se Manuel, e repetiu "Nossa Senhora", com voz amedrontada, muitas vezes. (Foi nesse momento que ela recebeu os Segredos da Virgem, explicaria Lúcia mais tarde.) Ele então ouviu um estrondo como o de um trovão, contou Manuel. Lúcia levantou-se, apontou para o céu, e gritou: "Lá vai ela!"

Depois daquele dia, Manuel passou a acreditar nas aparições, como muitos outros habitantes da aldeia. Os três videntes ainda continuavam sendo ridicularizados pela maioria dos vizinhos, mas uma importante minoria passou, dali em diante, a tratá-los como santos; homens do campo prostrar-se-iam aos pés das crianças, implorando-lhes que pedissem algum favor à Virgem. A mãe de Lúcia, entretanto, apenas se mostrava mais determinada a obrigar a filha a admitir que tudo não passava de mentira, e, de vez em quando, recorria a surras de vassoura. Lúcia continuava insistindo que estava dizendo a verdade, e, na Cova da Iria, as multidões aumentavam a cada mês.

Quase 70 mil pessoas, entre elas, repórteres de jornais de Lisboa, Madri e Paris, estavam presentes para testemunhar a última aparição, em 13 de outubro. A maioria estava ensopada; a região fora assolada por uma tempestade de proporções monumentais, no entardecer do dia 12, e a chuva continuou durante toda a manhã seguinte. Lúcia e Jacinta, usando vestidos novos e coroas brancas nas cabeças, foram levadas, debaixo de guarda-chuvas, ao local da aparição, acompanhadas de Francisco. Um padre que passara a noite ali, rezando, perguntou quando a Virgem apareceria. Ao meio-dia, gritou Lúcia. O padre olhou o relógio, disse que já era meio-dia, e depois acrescentou que a Virgem não mentia. Poucos minutos depois, o padre começou a gritar dizendo que já passava da hora, que a aparição era uma ilusão e que as crianças deviam ir para casa. Lúcia, quase em lágrimas, disse que os outros podiam ir embora, mas que ela ficaria. Apenas alguns minutos se passaram antes que a multidão visse a menina se virar para o leste, depois dizer a Jacinta que se ajoelhasse, porque ela havia visto relâmpagos e sabia que a Virgem estava chegando.

Lúcia pediu que a multidão se calasse, e que se fechassem os guarda-chuvas. Naquele momento, segundo testemunhas (entre as quais todos os repórteres ali presentes), a chuva parou e as nuvens se abriram. Lúcia levantou o rosto e gritou: "Olhem pra o sol!" A sua ordem foi seguida pela multidão, e muitos começaram a chorar e a perguntar o que estavam vendo. Até a maioria dos repórteres ali na Cova da Iria diria ter visto o sol estremecer e dançar, e emitir feixes de cores mais brilhantes do que a de qualquer arco-íris. Muitos afirmaram ter visto o sol girar como uma roda gigantesca, depois avançar em direção à Terra como se quisesse incendiá-la. Um bando de céticos, quase todos jornalistas, admitiria apenas que o sol parecia ter irradiado um calor incomum, que fizera, em minutos, suas roupas ensopadas ficarem completamente secas.

A virgem apareceu novamente vestida de branco, Lúcia diria posteriormente, acompanhada de São José, que carregava o menino Jesus. De repente, Maria se mostrou triste, e ao lado dela um Jesus adulto olhou com piedade para a multidão, e ergueu Sua mão para abençoá-la. Bem no final do êxtase, disse Lúcia, ela vira a Virgem como Nossa Senhora do Monte Carmelo, vestida de marrom-escuro. Jacinta e Francisco disseram que viram apenas Maria com São José e o Menino Jesus; Jacinta alegou ter ouvido algo do que a Virgem dissera; e Francisco contou que não ouvira nada da Virgem, apenas A vira.

O interesse cada vez maior pelas aparições pouco ajudou Lúcia em sua terra natal. A maior parte dos moradores da aldeia passou a se esquivar da menina depois que o padre querido abandonou a paróquia de Fátima para evitar qualquer relação com o que estava acontecendo ali. A própria mãe de Lúcia continuava se negando a acreditar na filha. Menos de um ano após as aparições, houve na região uma epidemia de gripe e a senhora Santos foi uma das vítimas. Convencidas de que a mãe estava à morte, as irmãs de Lúcia pediram-lhe insistentemente que rezasse à Virgem. A senhora Santos melhorou, mas negou-se a mudar de opinião. "Que estranho!", disse a mãe de Lúcia. "Nossa Senhora me curou e, mesmo assim, eu não acredito!" Mais tarde, quando lhe contaram que havia pessoas na aldeia que se preparavam para matar sua filha, a mãe de Lúcia disse que não se oporia, "desde que a obriguem a confessar a verdade".

Francisco e Jacinta ficaram doentes de gripe durante essa epidemia, e nenhum dos dois se recuperou totalmente. Francisco morreu em abril de 1919, aos 11 anos. Dez meses depois, Jacinta, então com nove anos, também morreu.

Lúcia estava com 14 anos quando entrou para o colégio das Irmãs de Santa Dorotéia, em Vilar do Porto, em 1921. Em 1925, ela entrou para a ordem e fez seu postulado em Pontevedra. Ali, sozinha em sua cela, ela recebeu a primeira de uma série de visões que acabariam por convencê-la a revelar o que ela anteriormente jurara manter em segredo. No dia de Natal, disse Lúcia, a Virgem lhe apareceu acompanhada de uma criança que se ergueu numa nuvem luminosa. A Virgem mostrou um coração rodeado de espinhos e a criança pediu que ela tivesse compaixão de Sua Mãe Santíssima. Menos de dois meses depois, enquanto ela estava trabalhando no jardim do convento, Jesus lhe apareceu como menino e perguntou se ela dissera ao mundo o que a Virgem queria. No final de 1927, depois que seu diretor espiritual pedira um relato escrito de suas experiências, Lúcia foi ao tabernáculo levar a questão a Deus. Enquanto rezava, ela não via Jesus, mas o ouvia dizer que ela devia escrever o que o padre pedira, com exceção do último dos três segredos, que não deveria ser contado. A última aparição da Virgem reconhecida por Lúcia ocorreu em 13 de junho de 1929, na capela do convento de Tuy, onde ela viveu os últimos setenta anos. Ela recebeu o pedido, contou Lúcia, de se sacrificar por aqueles que pecavam contra o Imaculado Coração de Maria.

O bispo de Leiria, em 1930, declara as aparições de Fátima "dignas de crédito", mas estas só se tornam conhecidas fora de Portugal no início da década de 1940, quando as *Memórias* de Lúcia começam a ser publicadas. A descrição de Lúcia dos dois primeiros segredos que recebera foram bastante detalhadas. A Virgem lhes mostrou, a ela e a Jacinta, uma visão do Inferno semelhante a um mar: "Mergulhados nesse fogo, demônios e almas, como se fossem brasas transparentes e negras, ou bronzeadas, como formas humanas que flutuassem no incêndio levadas pelas chamas que delas mesmas saíam, juntamente com nuvens de fumaça, caindo para todos os lados, como o cair das fagulhas de um grande incêndio, sem peso nem equilíbrio, entre gritos e gemidos de dor e desespero, o que nos horrorizava e fazia estremecer de pavor." O segundo segredo explicava como a devoção ao Imaculado Coração de Maria poderia salvar as almas dos pecadores. Lúcia escreveu: a Virgem lhe dissera que o que ela conhecia como Primeira Guerra Mundial terminaria logo, mas que, se a humanidade não deixasse de ofender a Deus, outra guerra pior surgiria no pontificado de Pio XI.

Depois de publicado o último volume das *Memórias* de Lúcia, os pedidos insistentes para que ela revelasse o "terceiro segredo de Fátima", então ainda secreto, aumentaram. O bispo de Leiria era a autoridade responsável pela mulher então conhecida como "irmã Lúcia", mas ele relutava em mandar que ela revelasse o último segredo que recebera. No verão de 1943, porém, Lúcia adoeceu gravemente. Afinal, em setembro daquele ano, o bispo encontrou-se com ela na enfermaria, em Tuy, e perguntou se ela poderia escrever o terceiro segredo para que este ficasse registrado. Um mês depois, ele ordenou que ela o fizesse. A superiora de

Lúcia no convento contou que, em 2 de janeiro de 1944, a Virgem aparecera para a Irmã Lúcia pela primeira vez em 15 anos, e, durante esse encontro, a autorizara a deixar registrado o terceiro segredo. Em 17 de junho de 1944, uma carta escrita com a letra de Lúcia foi enviada ao bispo de Leiria. Embora Lúcia tivesse lhe permitido a leitura da carta, o bispo negou-se a lê-la, e depois fez o possível para que as autoridades eclesiásticas superiores se responsabilizassem pela guarda do documento. Uma oportunidade para livrar-se do fardo apresentou-se ao bispo no início de 1957, quando a Congregação para a Doutrina da Fé pediu as fotocópias de todos os escritos de Lúcia. O bispo então enviou o original e a única cópia do terceiro segredo para Roma, num envelope lacrado.

"Irmã Lúcia" tinha àquela altura se tornado uma espécie de tesouro vivo da Igreja. Escondida atrás das paredes do convento em Tuy, Lúcia era um personagem de enorme importância e mistério para muitos católicos. Em 1954, ela deu sua primeira entrevista, para publicação, ao fundador do Movimento por um Mundo Melhor, que perguntou se a organização que fundara era a resposta à mensagem de Maria. Lúcia respondeu que, dada a situação da humanidade naquele momento, apenas um número limitado de pessoas seria salvo. Ela estava dizendo que muitos iriam para o inferno?, ele perguntou. Sim, era isso, Lúcia respondeu: "Muitos se perderam." A segunda entrevista de Lúcia foi dada em 1957 ao padre mexicano que fora designado para advogar pela beatificação de Jacinta e Francisco. Durante essa conversa, Lúcia confirmou uma notícia que viera à tona dez anos antes, a de que o terceiro segredo de Fátima seria revelado em 1960. Então, irmã Lúcia deu o primeiro e único sinal do que poderia ser o conteúdo do terceiro segredo, explicando que a Virgem Santíssima estava empenhada numa luta decisiva contra Satanás, que sabia que o tempo dele era breve, e que, portanto, estava determinado a roubar tantas almas quantas pudesse. Quando essa luta chegar ao fim, disse Lúcia, as pessoas serão "ou de Deus ou do Maligno". Ela acrescentou que, se a Rússia não se converter, o país tornar-se-á um instrumento do castigo de Deus para o mundo todo, e muitas nações serão aniquiladas.

Ao observar o impacto dos comentários de Lúcia nos católicos, muitas autoridades levantaram objeções. Era extremamente perigoso, escreveu um teólogo, quando "as afirmações de um indivíduo, mesmo uma mulher sincera e santa como a irmã Lúcia, são tratadas como se fossem a palavra de Deus".

A única cópia existente do terceiro segredo de Fátima estava guardada num cofre de madeira, onde se lia a inscrição *Secretum Sancti Offici*, sobre uma mesa no apartamento privado do papa Pio XII. A importância que a Santa Sé atribuía às aparições ocorridas na Cova da Iria foi formalmente reconhecida em 29 de outubro de 1950, quando, em meio a muita fanfarra, a "estátua peregrina" da Virgem de Fátima chegou a Roma depois de viajar pela Europa por quase três anos. Exatamente no dia seguinte, numa reunião de que participavam mais de quatrocentos bispos, o papa Pio XII anunciou sua intenção de definir o dogma da Assunção, considerando que a Virgem Maria subira ao Céu não só espiritual como fisicamente. Mais tarde, naquele mesmo dia, Pio XII deu uma volta a pé, sozinho, nos jardins atrás do Vaticano, onde havia sido posta uma estátua da Virgem de Fátima. Ele estava passeando pela esplanada de Lourdes, contou o papa, quando de repente ele viu o sol se transformar "num globo amarelo-claro, opaco, circundado de um halo luminoso". O halo parecia ter sido formado de uma nuvem muito tênue que cobria o globo, disse Pio XII, e que possivelmente permitia que ele olhasse diretamente para a luz sem nenhum incômodo para sua vista. O globo começou a se movimentar, afastando-se, girando lentamente sobre o próprio eixo, primeiro deslocando-se da esquerda para a direita, depois, da direita para a esquerda, antes de voltar a ser o sol como ele o conhecia.

Depois da morte do papa Pio XII, em 1959, a caixa que continha o terceiro segredo de Fátima foi enviada para o novo papa, João XXIII, que leu a carta de Lúcia, mas não fez nenhum pronunciamento público. Amigos íntimos de João XXIII contaram que o papa lhes dissera que como o texto não pertencia ao seu tempo, ele preferia deixar que seus sucessores dispusessem sobre o documento. O papa Paulo VI leu o terceiro segredo pouco depois de sua coroação em 1963, mas não se pronunciou publicamente sobre o assunto. Não se sabe se João Paulo I leu o terceiro segredo durante as poucas semanas do seu fatídico papado, mas imediatamente antes de sua eleição, o papa de vida curta tinha feito uma peregrinação a Fátima, e, depois, tivera um encontro privado com Lúcia.

Publicaram-se relatos afirmando que João Paulo II lera o terceiro segredo pouco antes de sua visita a Fátima, em 1982, mas o papa negou-se a comentá-lo. Entretanto, em 1984, o cardeal Ratzinger confirmou que o papa lera o terceiro segredo, mas que João Paulo não levaria essa informação a público. E o assunto não foi adiante, a não ser por duas breves declarações feitas pelo papa. Numa, em 1982, João Paulo II diz que "Fátima é mais relevante e mais premente do que nunca", e na outra, em 1991, que "Fátima é a capital mariana do mundo".

Entre Fátima e Medjugorje, houve apenas uma aparição da Virgem, relatada, que resultaria em profecias apocalípticas de influência comparável. As alegadas visitas da Madona a Garabandal, na Espanha, que começaram no verão de 1961, estão cercadas de mistério e controvérsia. Os videntes, mais uma vez crianças, quatro meninas de 12 e 11 anos. Como em Fátima, uma vidente desempenhou um papel mais importante do que as outras.

Essa vidente foi Conchita Gonzalez, que, na manhã de 18 de junho de 1961, persuadira as companheiras a acompanhá-la na ida ao quintal da professora do lugar para apanhar maçãs de uma macieira. As meninas, comendo as maçãs, seguiam pelo caminho pedregoso que ia do vilarejo a um aglomerado de nove árvores conhecidas como "os pinheiros", quando ouviram um barulho como o de um relâmpago. De repente, tomadas de remorso, as meninas apanharam pedras no chão e passaram a atirá-las para a esquerda (onde o Diabo ficava à espreita, segundo uma lenda local). Cansadas disso, começaram a jogar amarelinha, e assim continuaram até ouvir o grito de Conchita, que afirmava estar vendo uma bela figura luminosa, cujo brilho era intenso, mas inofensivo aos seus olhos. Era um anjo, disse ela. Acreditando que a amiga estava tendo um ataque, as outras já iam levando Conchita para casa, quando, de repente, elas também viram a figura luminosa. Apavoradas, as quatro meninas correram para a igreja do vilarejo.

A história espalhou-se pela vila, ora como escândalo, ora como farsa. Na tarde seguinte, quando as meninas voltaram ao caminho que levava aos pinheiros, os vizinhos passaram a insultá-las e um bando de meninos lhes atiraram pedras. Elas admitiram não ter visto o anjo naquele dia, nem no seguinte. No quarto dia, ao tomarem a direção dos pinheiros, as pessoas zombavam delas e gritavam, dizendo que melhor seria se elas rezassem numa ruela do que na igreja. Alguns adultos do vilarejo, chefiados por uma mulher particularmente cética chamada Clementina, seguiu as meninas até o lugar onde elas pararam para rezar o terço. Pouco menos de uma hora depois, as meninas começaram a dizer em voz alta que estavam vendo o anjo de novo. Clementina se convenceu de que elas haviam entrado em êxtase, e a crença dela persuadiu muitos outros habitantes do lugar.

As quatro meninas disseram ter visto o anjo em cinco dos sete dias seguintes. O anjo não falava nem gesticulava, disseram elas, mas apenas sorria. Em 24 de junho, o anjo apareceu pairando no ar acima do que as meninas descreveram como "um sinal" com algo escrito. Apenas Conchita lembrava-se das palavras, que formavam o fragmento de uma frase. No anoitecer de 1º de julho, elas contaram que o anjo aparecera de novo, e o sinal também, e dessa vez ele falou, dizendo que a Virgem Maria explicaria o significado do que estava escrito.

A Virgem apareceu para as meninas no anoitecer do dia seguinte como Nossa Senhora do Monte Carmelo, usando uma veste branca, um manto azul e uma coroa de estrelas douradas. Ela parecia ter uns 18 anos, seu rosto era comprido, a boca, delicada, e ela usava o cabelo castanho-escuro dividido no meio. Apesar de muito bonita, a Virgem parecia muito frágil. Segundo os videntes, ela estava acompanhada de dois anjos, um deles, São Miguel. Perto do outro anjo, cujo nome ela não sabia, disse Conchita, havia um grande olho que ela acreditava ser o Olho de Deus. Na primeira aparição, a Virgem falou às meninas de assuntos triviais, tais como trabalhar no campo, colher o feno e ver a pele escurecer sob o sol do verão. A Virgem riu ao ouvir os comentários delas, contaram as meninas, ensinou-lhes a maneira correta de rezar o terço, prometeu voltar no dia seguinte, e depois desapareceu. As meninas contaram sobre outras aparições a intervalos regulares depois dessa, e o interesse que se espalhara pelas aldeias vizinhas era cada vez maior. As multidões que acorriam a Garabandal cresceram tanto que construíram um cercado em redor do local da aparição para proteger as videntes.

Nos relatos das aparições de Garabandal, havia muitas características que, por serem excepcionais, perturbavam as autoridades eclesiásticas. As aparições da Virgem eram precedidas por três "chamados interiores" recebidos por elas, disseram as meninas. O primeiro chamado lhes causava uma "sensação de alegria mais fraca", como descreveu Conchita, e ocorria muito antes do segundo chamado, que era bem mais intenso e as perturbava bastante. As meninas sempre saíam do cercado após o segundo chamado, e ficavam muito emocionadas e felizes em seguida ao terceiro chamado, porque a Virgem invariavelmente aparecia minutos depois. Alguns vizinhos desconfiados sugeriram separar as meninas para testar a veracidade dessa alegação de "chamados interiores". Uma noite, depois de terem ouvido, todas as quatro, o primeiro chamado, duas delas foram para uma casa numa extremidade da aldeia, enquanto as outras foram levadas para outra casa na extremidade oposta. Meia hora depois, as meninas, nas duas casas, disseram ter recebido o segundo chamado, e todas elas chegaram ao cercado no mesmo instante. Por fim, encarregaram guardas civis de separá-las, e trancafiá-las, em quatro casas diferentes. Mesmo assim elas continuaram a relatar ter ouvido o segundo chamado e chegaram ao cercado simultânea e infalivelmente.

As mesmas "capacidades paranormais" que tanto incomodavam as autoridades eclesiásticas eram o que convencia a multidão de espectadores, cada vez maior, de que as videntes estavam sendo testemunhas de aparições genuínas. Os semblantes das quatro meninas se transformavam durante os êxtases, disseram os que as viram; as expressões de serenidade e prazer tornavam cada uma delas extraordinariamente bela. Os que presenciaram esses acontecimentos também se espantaram com a velocidade com que elas chegavam ao local da aparição após ouvirem o segundo chamado. Enquanto as pernas pareciam estar andando a uma velocidade normal, disseram as testemunhas, as meninas davam passadas enormes e percorriam a distância num ritmo três vezes mais rápido do que o habitual; rapazes atléticos, de seus 15, vinte anos, acostumados a correr pelas trilhas montanhosas, não conseguiam competir com aquelas meninas que tinham a metade do tamanho deles. E nenhuma das pessoas que iam a Garabandal a fim de desmascarar as aparições poderia imitar a postura das meninas ao sair do cercado: elas andavam de costas, algumas vezes de joelhos, e a uma velocidade incrível; muitas testemunhas se deixavam dominar pela emoção quando viam que as pernas das meninas estavam intactas, sem nenhum arranhão ou machucado. Talvez o mais estranho de tudo fosse o fato de que a força da gravidade parecia aumentar em volta das meninas quando elas viam a Virgem. Elas se tornavam tão pesadas que nem o homem mais forte da aldeia poderia levantá-las do chão. Alguns trabalhadores bascos, que se orgulhavam de sua força, foram chamados para tentar levantá-las, mas, uma vez que nada conseguiram, relataram as testemunhas, eles se afastaram, trêmulos de medo.

Durante uma aparição, testemunhas disseram ter ouvido as quatro meninas falarem línguas diferentes: uma rezava em grego, outra em alemão, a terceira em inglês e a quarta cantou um hino em francês. Logo depois, as quatro contaram que a Virgem, depois de beijar alguns pedregulhos que elas haviam levado, quis que eles fossem distribuídos a pessoas entre a multidão. Imediatamente, algumas pessoas começaram a levar pedregulhos para o local da aparição para que a Virgem os benzesse. Elas então empilhavam as pedras, formando montículos, perto das videntes que, ajoelhadas, rezavam. Durante o êxtase, as meninas erguiam alguns pedregulhos em suas mãos, e depois os deixavam cair, espalhando-os ao redor. Ainda assim, elas sempre conseguiam devolver cada pedra à pessoa que a ofertara, infalivelmente. Quando as aparições terminavam, as videntes também conseguiam identificar todos os padres que tinham comparecido com roupas civis, chegando até a dizer a que ordem cada um deles pertencia.

Entretanto, o bispo de Santander não via com bons olhos o fenômeno das aparições em Garabandal, e a comissão investigativa nomeada por ele adotou uma atitude extrordinariamente agressiva, como denotam os "exames" pedidos pelos médicos da comissão, que visavam, na maioria das vezes, medir a sensibilidade dos videntes à dor. Durante as aparições, os médicos continuamente beliscavam ou arranhavam os videntes, além de, algumas vezes, espetar as pernas das meninas com agulhas. Houve uma ocasião em que alguns médicos direcionaram os raios de uma lâmpada elétrica potente para os olhos dos videntes enquanto outros lhes fincavam agulhas na carne. As meninas sorriram, segundo o relato de testemunhas, e, dirigindo-se à visão, disseram: “São...? Mas não estamos sentindo nada.”

Desconfiando de que Conchita de certo modo dominava e influenciava as outras meninas, a comissão do bispo perguntou se a menina poderia ser mandada para Santander. Somente depois de ter sido considerada física e mentalmente saudável pela equipe de médicos e padres que a examinou é que a menina foi entregue à mãe. Mas a ausência de Conchita havia alterado permanentemente a natureza das aparições. Após a volta da menina, os êxtases vividos pelas quatro videntes passaram a ocorrer cada vez mais individualmente, em momentos diferentes e em lugares diferentes, às vezes duas ou três ocasiões diversas no mesmo dia. E também foi nesse período que as qualidades paranormais das videntes se mostraram mais impressionantes. Alguns padres que testemunharam esses fenômenos se acorvadaram e advertiram que as aparições poderiam ser obra do Diabo.

Foi nessa segunda fase das aparições que as videntes começaram a receber “mensagens” da Virgem. Muitas dessas mensagens eram comunicações confidenciais destinadas a pessoas ali presentes, disseram as meninas, mas a Virgem também lhes dava informações que elas não deveriam revelar. Conchita recebeu a maior parte das informações secretas, disseram as outras. A Virgem só lhe dera permissão para revelar três acontecimentos futuros que mudariam a vida da Terra para sempre, disse Conchita. O primeiro seria “o Aviso”, uma oportunidade de arrependimento e conversão que a vidente descreveu como uma clareza de consciência, que permitiria a todos os homens se ver como Deus os via. Doze meses após o Aviso haveria “o grande Milagre”, como Conchita o chamou, um acontecimento sobre o qual ela só podia dizer que ocorreria entre os pinheiros de Garabandal e que seria a maior manifestação sobrenatural da história do mundo, um sinal irresistível da presença de Deus. Ela teve permissão para dizer às pessoas que o grande Milagre aconteceria às oito e meia de uma noite de quinta-feira, disse Conchita, e que esse dia cairia no dia comemorativo de um mártir da Eucaristia. Os que reagissem ao Aviso e ao Milagre com descrença ou ingratidão, continuou a contar Conchita, acarretariam para si o terceiro acontecimento, "o Castigo". Ela e as outras meninas tiveram um vislumbre do Castigo, relatou Conchita, e o horror que presenciaram foi tanto que seria impossível descrevê-lo.

Embora nem ela nem as outras meninas tivessem tido nenhum vislumbre do que seria o grande Milagre, a visão desse fenômeno foi permitida a um padre que fora a Garabandal para a aparição, no início de agosto de 1961. Isso ocorreu durante um período de intenso interrogatório por parte das autoridades da Igreja, uma época em que as quatro meninas pediam insistentemente à Virgem um sinal para que os incrédulos pudessem acreditar no que elas diziam. Durante uma aparição ocorrida diante do altar da igreja, no dia 8 de agosto, ao meio-dia, ouviram Conchita dizer: "Em Lourdes e em Fátima a senhora lhes deu uma prova!" Naquela mesma noite, as quatro videntes caíram em êxtase e foram caminhando até os pinheiros. No decorrer da aparição subseqüente, um padre jesuíta que estava por perto, Luis Maria Andreu, levantou a cabeça e, com uma expressão extasiada, gritou: "Milagre!" quatro vezes, e tão alto, que todos na multidão o ouviram. Em geral, disse Conchita, ela e as outras videntes não tinham a menor noção de quem estava ao redor delas. Nessa ocasião, todos tinham visto o padre Andreu. E no momento em que ele se tornou visível para elas, disseram as meninas, a Virgem lhes disse que o padre estava tendo a visão tanto Dela como do grande Milagre.

Eram quase seis horas da tarde quando a aparição terminou. O padre Andreu saiu de Garabandal num jipe e tomou o caminho de Cosio, vilarejo vizinho, onde foi encontrar o pároco. O belo e jovem jesuíta disse que passara a acreditar nas meninas, relatou o pároco, mas este pediu que o padre Andreu não espalhasse essa notícia. De Cosio, o padre Andreu foi, numa caravana de quatro carros, para Reinosa. O jovem padre "irradiava felicidade", foi o que comentou o motorista do carro dele. Após acordar de um breve cochilo, o jesuíta contou aos companheiros de viagem da sua alegria e da gratidão pelo "favor" que a Virgem lhe concedera. Eles eram muito afortunados em ter uma mãe como Ela no Céu e não deviam temer a vida futura, disse Andreu aos outros, e depois proclamou em voz alta: "Este é o dia mais feliz da minha vida!" Pouco depois, padre Andreu levantou a cabeça e ficou em silêncio. Outro viajante perguntou se havia alguma coisa de errado. O jovem jesuíta respondeu que estava com sono, depois baixou a cabeça, tossiu debilmente, virou os olhos e morreu.

O acontecimento que despertou o maior interesse e a maior controvérsia em Garabandal se deu quase um ano depois, em 18 de julho de 1962. Foi o "Milagre da hóstia visível". No dia 1º de maio daquele ano, as videntes disseram que elas vinham recebendo a comunhão de um anjo. (Quarenta e cinco anos antes, Lúcia dos Santos, em Fátima, fizera afirmação semelhante.) No momento em que o anjo aparecera, no dia 22 de junho, disse Conchita, ela de novo implorara um milagre. Em 30 de junho, o anjo lhe disse que ele faria com que a hóstia eucarística ficasse visível para todos que estivessem na presença dela, e que esse milagre ocorreria no dia 18 de julho.

As autoridades da Igreja advertiram a menina da humilhação que recairia sobre ela caso o milagre não ocorresse, mas Conchita repetiu com insistência que o milagre ocorreria. Na manhã de 18 de julho, havia milhares de pessoas reunidas em Garabandal. A multidão ficava cada vez mais inquieta à medida que a noite chegava e não se testemunhava nenhuma aparição. Eram quase duas horas da manhã quando Conchita entrou afinal em êxtase. As centenas de pessoas que ali estavam à espera aglomeraram-se ao redor da menina quando ela saiu da casa onde passara a noite e caiu de joelhos na rua. Um aldeão chamado Pepe Diaz, que estivera perto de Conchita desde aquela manhã, teve de lutar para abrir caminho na multidão e se aproximar da menina. As pessoas começaram a gritar quando eram jogadas ao chão ou quando tropeçavam umas nas outras. Homens e mulheres agarravam Diaz para tentar ocupar o lugar dele perto de Conchita, lembrou-se o aldeão, rasgaram-lhe a roupa, e o deixaram sem camisa e sem cinto. Lutando para se equilibrar, cercado pelo barulho da multidão, ele não podia ouvir Conchita, mas a via claramente, iluminada pela luz da lanterna dele.

Enquanto ele via Conchita pôr a língua para fora, "uma forte sensação de desgraça" tomou conta dele, relatou Diaz, cujo rosto estava a poucos centímetros do da menina. Quando ele percebeu que não havia nada na língua dela, ficou muito decepcionado, mas, então, observando melhor, ele viu "uma hóstia real, bem-feita" surgir na língua da menina. A hóstia aumentou de volume e foi vista por uns três minutos. "Percebi naquela hóstia uma força viva que me fez lembrar as ondas do mar, brilhando e se movendo sob o sol, quando as vemos a distância", ele descreveria por escrito.

Dentre a multidão, dezenas de outras pessoas também juraram ter visto a hóstia. Uma testemunha disse ter visto "uma sombra branca". Outra disse que o objeto na língua de Conchita parecia "um floco de neve iluminado por raios de sol". Um homem ali presente conseguiu focalizar Conchita com uma filmadora, e há um único fotograma no qual muitos crêem avistar a hóstia se formando na boca da menina. Posteriormente, a única conclusão a que os investigadores chegaram foi de que o filme não fora adulterado; o que ele mostra, acrescentaram, depende da opinião de cada um.

Muitas pessoas interpretaram o Milagre da hóstia visível como prova de que as aparições de Garabandal eram obra de Satanás. A própria mãe de Conchita foi, por algum tempo, uma das pessoas que subscreviam essa teoria. Os cinco membros designados pelo bispo de Santander para constituir a comissão de investigação continuavam a insistir na idéia de que as aparições não passavam de uma farsa.

Segundo as quatro meninas, a Virgem lhes prevenira, numa das aparições anteriores, de que elas sofreriam por causa da dádiva que Ela lhes concedera, e disse a Conchita que ela, como as outras, a uma certa altura negaria o que viram. O que começou a ocorrer na primavera de 1963. O primeiro desmentido (e o único que perdurou), em março desse ano, foi o de uma menina chamada Maria Cruz. Muitos, dentre a multidão, tinham notado que durante o êxtase das videntes, Maria parecia estar olhando numa direção contrária à que as videntes olhavam. Por fim, alguém lhe perguntou diretamente, depois de uma aparição, se ela vira Nossa Senhora. Maria respondeu, com uma voz monocórdia, como se fosse a voz de uma outra pessoa, e que assustou muita gente: "Não, eu não vi a Virgem."

Os êxtases das outras meninas terminaram logo depois desse episódio, e, após uns dois meses, as quatro videntes passaram a admitir haver dúvidas. As meninas pareciam estar "em transe", diria a mãe de Conchita. Aos poucos, todas as outras afirmaram, como Maria Cruz, que as aparições não tinham acontecido realmente. Entretanto, essas negações delas soavam estranhamente ambíguas. As meninas disseram aos pais, por exemplo, que elas nunca tinham visto a Virgem Maria nem nenhum anjo, mas, no entanto, insistiam em declarar que nunca tentaram enganar ninguém, e continuavam a afirmar que o que tinham dito sobre os três "chamados interiores" e o milagre da hóstia visível era verdade.

O mais interessante, como Conchita observaria depois, era que ela e as outras sabiam que tinham visto a Virgem mesmo quando negavam tê-La visto. A pressão que as multidões exerciam sobre elas e a oposição da Igreja, disse a vidente, não eram suficientes para explicar o desmentido feito por ela. A própria Conchita não sabia por que ela o fizera.

O antagonismo das autoridades da Igreja era real. Um membro da comissão avisou a Conchita que as pessoas a tachariam de louca se ela não negasse as aparições e que, portanto, ela poderia passar o resto da vida num hospício. Se ela cooperasse com a comissão e admitisse a falsidade das aparições, disseram a Conchita, ela seria considerada uma *señorita* e poderia até freqüentar uma faculdade. Todas as meninas foram informadas pelo confessor delas de que ele não lhes daria a absolvição se elas não se retratassem publicamente do que haviam alegado. Durante os meses de setembro e outubro, as quatro meninas foram interrogadas pelo bispo e cada uma assinou um documento declarando que as aparições eram falsas.

Antes do fim daquele ano, Conchita havia "voltado à realidade", como ela explicou, junto com duas outras videntes, e de novo afirmou que as aparições eram genuínas. Ela voltara a vivenciar êxtases (e continuaria a experimentá-los por mais quase dois anos), disse ela. As duas outras meninas disseram que não viam mais a Virgem, mas estavam certas de que A tinham visto anteriormente, e declararam também não saber por que haviam negado essas visões.

Conchita obteve uma audiência com o papa Paulo VI em janeiro de 1966, cerca de seis meses após o término das aparições, quando, segundo disseram, ela confidenciou a data do Grande Milagre. Apenas um mês depois, quando acabara de entrar para um convento carmelita, em Pamplona, as dúvidas voltaram a dominá-la. Ela queria fazer parte da irmandade, disse Conchita, mas, numa conversa interior, percebeu que essa não seria a sua vocação e que Deus queria que ela continuasse no mundo. O seu novo confessor negou-se a dar a absolvição a Conchita, a menos que ela fizesse uma outra retratação pública. Pouco depois, Mari Loli, outra das videntes, visitou Conchita em Pamplona e levantou dúvidas sobre as experiências delas. Alguns padres estimularam as dúvidas de Conchita, que, afligindo-se cada vez mais, acabou por assinar uma segunda retratação. Essa retratação também não demorou a ser negada, mas, àquela altura, o bispo de Santander tinha o documento em suas mãos e o tomou como base de um julgamento negativo sobre os acontecimentos em Garabandal que ele deu a público em março de 1966.

Conchita se casara com um americano e estava morando no estado de Nova York quando o Vaticano ordenou a criação de uma nova comissão eclesiástica para investigar as aparições ocorridas em Garabandal. Essa comissão, fundamentada principalmente nas entrevistas de testemunhas, chegou a um veredicto positivo e o enviou ao Vaticano em outubro de 1991. A Igreja não emitiria nenhum juízo até que o Grande Milagre previsto em Garabandal ocorresse, relatava o documento.

Conchita, embora voltada para a sua vida privada, continuava a afirmar que o Aviso, o Grande Milagre e o Castigo ocorreriam enquanto ela vivesse (Conchita nasceu em 1949). Maria Cruz mantinha a sua refutação das aparições, enquanto as outras duas videntes pareciam viver numa espécie de limbo de equívocos. Quando entrevistou Mari Loli no início da década de 1990, o jornalista Michael Brown a encontrou "dando risinhos e vivendo numa semi-amnésia". Ele perguntou a Loli se ela tinha dúvidas quanto à aparição da Virgem, e recebeu a seguinte resposta: "Bem, não me lembro com muita clareza, me parece algo que aconteceu a alguém algumas vezes... não sei. Não penso muito nisso, e minha vida não se baseia no que aconteceu comigo."

Entretanto, ela continuava a ser uma cristã devota, freqüentadora diária da missa, conforme relatou Loli, e alguém que se horrorizava com a decadência do mundo moderno. Quando Brown lhe perguntou sobre os avisos e castigos profetizados em Garabandal, ela se mostrou vaga, quase evasiva: "Quanto ao Aviso, eu sei o ano em que deve ocorrer. Com relação ao Castigo, eu... eu era tão pequena." Ela admitiu ter medo do que poderia acontecer, acrescentou Loli pouco depois, mas, no entanto, disse: "Espero que Deus faça algo logo. Na realidade, eu espero alguma coisa, até um castigo... É preciso que venha algo diretamente de Deus para que o mundo mude."

"Temer Deus é conhecer Deus", eu ouviria muitas vezes durante minha temporada em Medjugorje. De vez em quando, a sabedoria das Escrituras era citada por alguém determinado a me ajudar a compreender a necessidade dos Segredos ou a razão de ser de um roteiro em que houvesse o Aviso, o Milagre e o Castigo. Eram as mesmas pessoas que viam enorme importância (e muitas vezes uma sublime ironia) no fato de eu estar hospedado na casa da mulher que elas acreditavam saber mais sobre essa parte do plano de Deus do que qualquer outra pessoa na Terra.

"Eu não compreendo amar a Deus e temer Deus ao mesmo tempo", eu disse a Mirjana numa tarde escaldante em que nos reunimos no refúgio fresco do porão da casa dela. "Os que amam a Deus de verdade não precisam temê-Lo", ela me disse. As palavras dela me causaram um arrepio de pavor. Mirjana o percebeu e assentiu com a cabeça, com seriedade. "Pou cos de nós amam a Deus de verdade", disse ela. "E, por isso, nós o tememos."

Parecia-me que Mirjana contribuíra muito para estimular esse medo. "Eu me apavoro", disse-me a moça, "toda vez que encontro um incréu."

"E isso porque você sabe quais são os Segredos?", perguntei; Mirjana começou a assentir, depois parou e me olhou como se eu tivesse tentado atraí-la para um terreno proibido. "Eu já lhe disse que não sei nada sobre os Segredos", ela me fez lembrar.

"Você já falou dos Segredos alguma vez", eu disse, e Mirjana sacudiu a cabeça. "Nunca. Seja lá o que você leu ou ouviu, foram as pessoas que inventaram."

O que ela afirmou não era inteiramente verdade, embora eu não tivesse segurança para dizê-lo senão mais tarde, depois de verificar que

Mirjana falara demoradamente sobre o assunto "Segredos" durante duas entrevistas gravadas em fitas separadas concedidas a padres croatas em Medjugorje.

A primeira dessas entrevistas foi realizada em janeiro de 1983 pelo padre Tomislav Vlasić, que, pouco depois, revelou que as aparições de Mirjana ocorreram até dezembro de 1982. Na noite de Natal, ela ouvira o último dos dez Segredos que ela receberia. A última aparição de que ela fora testemunha, na noite de 25 de dezembro, foi especialmente demorada, tendo durado 45 minutos. Ela e a Virgem "resumiram tudo o que havia sido dito entre nós". A Virgem lhe dissera que Ela também não tornaria a aparecer para os outros, depois que eles tivessem recebido os dez Segredos. "Eu perguntei por que, por que eu teria de ser a primeira", disse Mirjana ao padre. "Ela disse que esteve conosco muito tempo, mais do que o necessário, mas que aquela era a última aparição na Terra."

O padre Vlasić quis saber se Mirjana queria dizer que "aquela era a última aparição nesse período da história da Igreja, ou se aquele seria o fim do mundo ou se aquilo significava que Maria nunca mais apareceria". Mirjana admitiu não ter certeza, mas disse que não sabia que as aparições e os Segredos se relacionavam a um antigo acordo feito entre Deus e Satanás. "A Virgem me disse que Deus e o Diabo conversaram, e que o Diabo disse que as pessoas só crêem em Deus quando a vida corre bem para elas. Quando as coisas andam mal, elas passam a não crer mais em Deus. Então as pessoas se queixam de Deus, ou agem como se Ele não existisse. Assim sendo, Deus permitiu que o Diabo exercesse um amplo poder sobre o mundo durante um século, e o Diabo escolheu o século XX."

No decorrer daquela aparição, no dia de Natal, a Virgem a consolara com a promessa de que apareceria todo ano no aniversário de Mirjana, relatou a vidente, e em momentos de "sérias dificuldades", mas deixou claro que "eu teria de viver sem as visitas pessoais e diárias Dela". Depois que a Virgem partiu, "eu simplesmente fiquei ali sentada, como uma estátua. E com uma sensação estranha. Pensei comigo mesma: 'Isso não pode ser verdade... Ela virá de novo. Vou rezar às mesmas horas, e Ela voltará.'" Noite após noite, "eu rezava, muito, como se estivesse em transe", contou Mirjana ao padre. "E me perguntava: 'Por que isso aconteceu?

Por que Ela não está aqui? Ela não virá mais.' Ah! Que horror, que horror!"

Mirjana revelou muito mais sobre os segredos numa entrevista com um padre de quem se aproximara em Sarajevo, o padre Petar Ljubičić, durante o final do verão de 1985. No dia 4 de setembro desse ano, o padre Ljubičić contou que Mirjana vira e falara com a Virgem Maria no dia do aniversário dela (18 de março) em todos os últimos três anos, e depois ele divulgou o seguinte relato:

"Anteriormente, em algum momento, Mirjana me disse que eu seria o padre a quem ela confiaria os Segredos... No dia 1º de junho, ela afirmou que definitivamente ela me confiaria os Segredos. E me disse que dez dias antes da ocorrência de cada Segredo ela me daria uma folha de papel semelhante a um pergaminho. Três dias antes da ocorrência eu deveria divulgar o Segredo em questão. Quando os acontecimentos ocorressem, eu devolveria o papel a Mirjana e esperaria o segredo seguinte.

"Mirjana enfatiza que está próxima a hora em que o primeiro Segredo será revelado", acrescentou o padre. "É por isso que ela insiste em nos pedir vigilância e orações em nome de Nossa Senhora."

Pouco depois, o padre Ljubičić deu a público a transcrição de sua entrevista com Mirjana. Nela, Mirjana diz que tomara conhecimento do primeiro Segredo "como se eu estivesse vendo uma espécie de filme". De todos os encontros com a Virgem, disse Mirjana ao padre, esse fora "o pior": "Fiquei triste e Lhe perguntei se aquilo teria de acontecer tão depressa", lembrou-se Mirjana. "Ela respondeu que 'Sim'."

Esse primeiro Segredo seria "o Sinal"?, perguntou o padre Ljubičić. Ao responder, Mirjana revelou mais sobre os Segredos do que em qualquer outro momento: "O Sinal apareceria depois da realização dos primeiros dois Segredos", disse ela. "Os primeiros Segredos não são tão horríveis quanto os outros", explicou a vidente. "Eles servirão de aviso para sacudir e acordar o mundo... para fazer com que as pessoas reconheçam que Deus realmente existe." O primeiro Segredo, embora não anunciasse "propriamente uma enorme catástrofe", seria um acontecimento de magnitude suficiente para convencer a maioria das pessoas da existência de uma intervenção divina. Entre o primeiro e o segundo Segredos haveria um intenso período de graça em que muitos iriam se converter. Haveria muito mais conversões depois do segundo Segredo, acrescentou Mirjana, mas muitas pessoas, principalmente nos países do Ocidente, insistiriam em encontrar "uma explicação natural" para tudo o que ocorresse. O Sinal "permanente, indestrutível e belo" seria o terceiro Segredo, disse Mirjana, e depois que ele se realizasse, a conversão seria difícil, se não impossível.

Mirjana referiu-se ao quarto, quinto e sexto Segredos com evasivas, como nesta frase: "Para os que se converterem, será um tempo de grande alegria." Os quatro últimos Segredos referiam-se a acontecimentos tão graves que ela mal suportava conviver com o que sabia deles. Ela chorou durante horas ao tomar conhecimento do oitavo Segredo. "Implorei que os acontecimentos fossem menos graves. Todo dia eu suplicava à Nossa Senhora que diminuísse a gravidade do que fora anunciado, e por fim Ela disse que se todos rezassem, o pedido poderia ser atendido. Mas então Ela me revelou o nono Segredo, que era até pior. Quanto ao décimo, o que se anunciava era terrível, e nada podia ser alterado. Ele será realizado."

Quando perguntei se a humanidade chegara ao fim de seus dias, ou se a Segunda Vinda e o Apocalipse constavam do que lhe fora revelado, Mirjana respondeu: "Isso faz parte dos Segredos."

Muitos anos depois, Mirjana falou brevemente sobre os Segredos numa entrevista com um investigador do Vaticano, que disse não acreditar que os acontecimentos descritos nos Segredos fossem inevitáveis. "Se todos nós nos convertermos e nos tornarmos santos", perguntou o padre, "os dez Segredos ainda vão se consumar?" "Não é possível que todos se tornem santos", respondeu ela. "Mesmo quando Jesus veio ao mundo, muitos não acreditaram." E quanto ao relato de que a oração "atenuou" o conteúdo do oitavo Segredo?, perguntou o inquisidor. Esse relato não era muito preciso, disse Mirjana. Foi um aspecto do sétimo Segredo, e não do oitavo, que tinha sido abrandado, explicou a vidente. E, ao mesmo tempo que soube disso, relatou Mirjana, a Virgem lhe informou que nenhum dos três últimos Segredos poderia ser alterado. Entretanto, não se podia tomar nada como certo, disse Marija em diversas ocasiões quando lhe perguntaram sobre os Segredos; a situação tinha sido criada pelo comportamento humano, e, se as pessoas mudassem — mediante a oração e a penitência —, a situação também poderia mudar.

A segunda das videntes a relatar a revelação dos dez Segredos foi Ivanka, que, em 6 de maio de 1985, partilhou uma rara aparição com Marija, Jakov e Ivan. Enquanto a Mãe Santíssima apareceu para eles por apenas dois minutos, disseram os outros três videntes, Ivanka teve uma visão que durou mais seis minutos. Nesse tempo a mais, disse Ivanka, a Virgem lhe revelou o décimo Segredo e lhe pediu que a esperasse, sozinha, na noite seguinte. Depois de ter testemunhado uma aparição particular em 7 de maio, Ivanka entregou ao padre Slavko uma folha de papel em que ela escrevera: "Como todo dia, Nossa Senhora chegou com a saudação 'Louvado seja Jesus'. Eu respondi: 'Que Jesus e Maria sejam louvados para sempre.' Nunca tinha visto Maria tão bela como naquela noite. Ela estava tão linda e delicada. Ela usava a túnica mais bela que já vi em minha vida. No vestido, no véu e na coroa havia lantejoulas feitas de luz dourada e prateada. Dois anjos a acompanhavam, vestidos como ela. Nossa Senhora e os anjos estavam tão belos. Não tenho palavras para descrever o que vi; é algo que só se pode viver. Nossa Senhora me perguntou o que eu desejava e lhe pedi para ver a minha mãe terrena. Então Nossa Senhora sorriu, fez que sim com a cabeça e no mesmo instante minha mãe apareceu. Ela sorria. Nossa Senhora me pediu que eu me levantasse. Levantei-me, minha mãe me abraçou e me beijou, e disse: 'Minha filha, você me deixa orgulhosa.' Ela me beijou e desapareceu."

A Virgem lhe disse que aquela era a última aparição diária diante dela, explicou Ivanka por escrito, "depois disse que eu não ficasse triste porque ela voltaria sempre no dia do aniversário [da primeira aparição], a não ser naquele ano. Ela me disse: 'Não pense que você tenha feito algo de errado. De todo o coração, você aceitou os planos que eu e meu Filho... O que eu lhe contei sobre os Segredos, no correr desses anos, não conte a ninguém até eu lhe avisar.' Antes que Ela partisse, perguntei-Lhe se eu poderia beijá-La, e Ela assentiu com a cabeça; eu A beijei e pedi que Ela me abençoasse, e Ela abençoou".

Apenas três semanas antes, em 17 de abril de 1985, Vicka contou que ela também estava recebendo os Segredos, que foram revelados quase tão rapidamente quanto tinham sido revelados a Mirjana. A jovem, habitualmente animada, causou grande apreensão em Medjugorje no dia 22 de abril de 1986, quando, depois de ser vista chorando copiosamente durante a aparição habitual da noite, contou que a Virgem acabara de lhe revelar o nono Segredo. Quase uma década depois, Vicka ainda estava à espera da revelação do décimo Segredo. O único Segredo de que Vicka se mostrou inclinada a falar, naquela época, foi o terceiro, o do Sinal. O Sinal apareceria em Podbrdo, disse Vicka, no próprio lugar da primeira aparição. Apareceria "no chão" e de repente. Todo mundo poderia vê-lo?, perguntaram a Vicka. "Todos os que vierem", respondeu ela, acrescentando: "O Sinal será não só permanente como indestrutível." Durante a mesma entrevista, Vicka declarou que ela e os outros videntes não falavam sobre os Segredos entre si, e disse que ela desconhecia o que havia sido revelado aos outros.

Para muitos em Medjugorje, a maior prova tanto da força profética das aparições como da proporção dos acontecimentos descritos nos Segredos encontra-se num relato feito por Mirjana após uma aparição ocorrida em 1982. Isso se deu durante aquele período em que os videntes ainda propunham à Virgem as perguntas que os padres franciscanos tinham preparado. Um frade pedira a Mirjana que perguntasse se a Croácia seria independente algum dia. A resposta da Virgem, relatou Mirjana, foi: "Sim, depois de uma pequena guerra."

"Trezentos mil já morreram", observou Slavko durante uma de nossas conversas, em 1995. "Se isso é 'uma pequena guerra', como será uma grande?"

Quando eu a conheci, já haviam se passado quase dez anos desde que Mirjana falara publicamente dos Segredos. Eu já sabia que essas profecias recebidas particularmente pelos videntes tinham sido a maior fonte de controvérsias entre os padres e os teólogos que acreditavam na autenticidade das aparições de Medjugorje. O padre Slavko me disse que ele aconselhara Mirjana a não dizer nada mais sobre o assunto. Para ele, havia um fascínio nos Segredos que ora estimulava "uma espécie de fatalismo" nas pessoas, explicou o padre, ora fazia com que elas "vivessem para o futuro, em vez de viver no presente".

O padre Vlasić não se mostrou tão ponderado em seus comentários. Ao ser perguntado por um entrevistador: "O senhor pessoalmente acha que estamos nos tempos profetizados pelo Apocalipse de São João?", ele respondeu: "Sim, sem dúvida." Momentos depois, ele abrandou ligeiramente a sua resposta, ao explicar: "Nunca se sabe o que realmente significa 'últimos tempos'... mas podemos estar certos de que estamos agora num tempo de grandes acontecimentos, um tempo em que Deus quer nos proporcionar uma mudança, e por isso os videntes dizem que essas aparições são as últimas a serem recebidas pela humanidade, e que, com esses acontecimentos, o tempo de Satanás terminou."

O arcebispo Franić comparou os videntes de Medjugorje aos profetas bíblicos que transmitiam mensagens que eles mesmos não compreendiam inteiramente. Uma frase como "o tempo está próximo", observou ele, poderia significar que esse dia chegaria em 5 mil anos.

Quando perguntei a Slavko por que, na opinião dele, Deus achara necessário transmitir os Segredos aos videntes, o padre deu de ombros e respondeu: "Só posso dizer que os Segredos não seriam segredos se as pessoas tivessem conhecimento deles."

Repeti a pergunta durante meu encontro com Mirjana no porão de sua casa. A resposta dela foi até mais obscura que a do padre: "O que torna os Segredos necessários faz parte dos próprios Segredos." Um dilema sem solução, foi o que observei para mim mesmo. Mirjana me olhou com uma expressão curiosa, depois disse: "Nem mesmo nós, videntes, sabemos tudo sobre o plano de Deus. Nós também precisamos ter fé."

Estranhamente, o único assunto relacionado aos Segredos em que Mirjana tocaria seria aquele papel "como um pergaminho", no qual estavam registrados os dez Segredos, e que ela afirmava ter recebido. Qual a necessidade disso?, perguntei. "Isso é necessário porque, esteja eu viva, ou não", disse ela, "os Segredos continuarão ali." Ela não dissera anteriormente que os Segredos iriam se realizar enquanto ela vivesse?, foi o que perguntei. "Contaram que eu disse isso", respondeu ela, com um leve sorriso, e depois acrescentou: "O que Deus planeja para mim é algo que nunca posso dizer que sei com certeza absoluta. Se eu soubesse, eu não precisaria ter fé."

Perguntei de novo sobre o pergaminho, e Mirjana respondeu que era um material diferente de tudo o que há na Terra. Ela estava séria, mas também bastante à vontade; sua expressão não traía nenhuma hesitação nem o menor embaraço. Então perguntei se ela o mostrara a alguém. "A duas pessoas", respondeu Mirjana, "uma prima e uma amiga. Minha prima leu uma oração. Minha amiga disse que era uma carta em que alguém pedia ajuda a outro alguém. Nossa Senhora depois me disse que as pessoas que o vêem lêem coisas diversas." Mirjana me dirigiu um sorriso estranho. "Você poderia estar sentado neste mesmo cômodo com o papel na mão, agora", disse ela, "e não saber o que é aquilo."

CAPÍTULO 10

Numa manhã, quase no fim da minha segunda semana em Medjugorje, fui acordado por um grande grupo de peregrinos que, vestindo conjuntos floridos e cantando hinos religiosos em francês, estavam ali na esperança de persuadir Mirjana a sair de casa e se juntar a eles. (Conseguiram.) Seis horas depois, eu estava sentado a aproximadamente 50 metros de um grupo de índios algonquinos, com tranças e camisas enfeitadas com fitas. Os índios tinham se reunido sob o choupo, onde passaram a tarde toda rezando ao ritmo de tambores tribais. Após uns 15 minutos, um coro de adolescentes tchecos de pernas esbranquiçadas, usando bermudas, sapatos de couro rústico e biqueira de metal e meias pretas, juntou-se aos índios.

No início daquela semana, a praça tinha sido invadida por um bando de feministas australianas que pararam em Medjugorje para receber a bênção do padre Slavko antes de seguir para Sarajevo, onde pretendiam fazer uma manifestação pela paz em Sniper Alley.* O padre tentou dissuadi-las, mas não conseguiu. "Boa sorte às que saírem vivas de lá", foi o comentário de Nicky. Naquele momento, os franciscanos estavam se mobilizando contra um "ataque" de uma grande quantidade de recrutadores do culto Meninos de Deus que procuravam atrair os jovens católicos do lugar para as delícias do sexo promíscuo. "Onde quer que Nossa Senhora esteja, o grande bem que Ela traz inevitavelmente atrai o grande mal", me disse o padre Slavko.

* Apelido, em inglês (Beco do Atirador, em português), dado à via principal de Sarajevo, muito castigada pela guerra. (N. da T.)

A minha imagem favorita daquela noite era a da gangue de ciclistas de Berlim que entraram ruidosamente no vilarejo, numa tarde, usando roupas de couro negro e correntes cromadas, e estacionaram suas BMW flamejantes ao longo do largo bem em frente ao Mira's. O pároco de Medjugorje, padre Ivan Lindeca, apressou-se em sair, armado com sua polaróide, para dar assistência a essa turma heterogênea. Depois de uma meia hora de disputas verbais e poses de machão, alguns dos ciclistas entraram atabalhoadamente na igreja para se confessar. Essa conquista deixou os frades radiantes por alguns dias.

Entre a miscelânea de personagens que chegavam e saíam, apenas alguns conseguiam se relacionar com os "poderosos". O mais tocante deles era Francis, um padre ugandense que chegou a Medjugorje vestindo roupas civis e dizendo não se considerar digno de usar o seu colarinho clerical. Os horrores que testemunhara desde o reinado de Idi Amin fizeram com que ele se revelasse um covarde, alguém desprovido da verdadeira fé, explicou o padre Francis. Só depois de ouvir muitos sermões de Nicky é que o padre africano concordou em usar suas vestes sacerdotais e ajudar na hora da comunhão, na missa vespertina. Em pouco tempo estaria usando o seu colarinho clerical mesmo durante o dia. Pouco antes de sua partida, Francis sentou-se ao meu lado no Mira's com um sorriso radiante e anunciou que se sentia renovado: ele estava confessando pessoas, e cada uma que ouvia o levava às lágrimas. A atmosfera de santidade em Medjugorje era algo que ele não encontrara nem em Roma, disse Francis. "Aqui, é como se estivéssemos no tempo de Cristo."

Mais ambíguos eram os motivos de um ex-traficante de drogas e armas, de Roterdã, que viera de carona, de Marselha a Medjugorje, ao ganhar a liberdade depois de ter cumprido cinco anos de pena numa prisão francesa. Ele estava ali para comemorar o primeiro aniversário de sua conversão ao catolicismo, o homem me declarou pelo menos uma dezena de vezes. O sujeito se constituía numa mistura perturbadora de sinceridade e insinuação, um bicão que se aproveitava da comida e da cerveja dos outros peregrinos mesmo quando os introduzia nos Mistérios Gloriosos. Dia sim, dia não vestindo a mesma roupa, sujo, com dentes que pareciam não ser escovados há anos, o homem empregava a gíria de um vigarista em diversas línguas, e era observado com desconfiança pela população local enquanto se movimentava pelo vilarejo carregando todos os seus pertences nos bolsos de suas calças-cargo, importunado apenas por um apelido cruel que eu lhe dera, "o Holandês Fritador".* Entretanto, o padre Slavko disse que o sujeito tinha o coração puro, e, para me redimir, passei a comprar uma cerveja para o holandês toda tarde, e a escutá-lo solenemente enquanto ele confessava os pecados horríveis que cometera em metade das cidades da Europa Ocidental.

A profunda convicção de que os últimos serão os primeiros e de que devemos acolher o filho pródigo tornou Medjugorje um ímã para as almas perdidas que buscavam refúgio na comunidade de expatriados da paróquia. "Todo mundo que vem para cá está doente e tem esperança de se curar", Nicky me preveniu. Tive mais boa vontade de escutar quando, uma noite, o meu novo amigo saiu do personagem e se juntou a Rita e Michelle numa apresentação hilariante de algumas figuras memoráveis e recentes. Iam desde uma ex-estrela pornô — "Miss Quádruplo de X", Nicky a chamava — convencida de que todo homem que olhasse para ela se consumiria nas chamas da luxúria — a uma irlandesa virginal que imaginou ter despertado um interesse romântico no padre Slavko, e ficou de tocaia, do lado de fora da sacristia, depois da missa, insistindo em dizer que os dois tinham sido feitos um para o outro, como São Francisco e Santa Clara.

Talvez o mais notório dos peregrinos permanentes de Medjugorje — e por certo o mais conhecido dos americanos — era David Hoepp, dono da livraria Devoções. Hoepp tinha sido ridicularizado num artigo infame da *Harper's* que o retratou como um pateta texano cuja loja comercializava a mais doentiamente absurda coleção de fotografias de milagres fabricados em toda a Medjugorje. Se a articulista da revista tivesse enxergado além desse mero nugá de sarcasmo, ela teria encontrado um verdadeiro banquete de escândalos. A última parada de Hoepp tinha sido

* O autor utiliza-se de um trocadilho, irreproduzível em português, entre "The Frying Dutchman" (O holandês fritador), nome de um restaurante num desenho animado famoso e mordaz, e "The Flying Dutchman" (O holandês voador, ou errante), uma conhecida lenda européia, de muitas versões. (N. da T.)

realmente o Texas, mas as raízes do sujeito estavam em Massachusetts. Uma informação que o povo do vilarejo havia tido na Semana Santa anterior, quando um peregrino apareceu com um artigo sobre Hoepp recortado do *Boston Globe*. A reportagem do jornal não só detalhava as numerosas queixas de assédio sexual que tinham sido registradas contra o dono de livraria em seu estado natal, como descrevia os esforços dele para evitar a extradição por crimes desse tipo, que aparentemente o levaram a Medjugorje. As notícias do passado de Hoepp espalharam-se rapidamente pela paróquia, e incitaram um debate acalorado sobre a natureza do dever do cristão. As autoridades civis do vilarejo queriam que Hoepp recebesse o tratamento tradicional dado a um pedófilo: joguem-no na cadeia, disseram elas, e deixem que os outros presos acabem com ele. "Se isso não for feito, pelo menos levem o sujeito para trás das moitas e o castrem", o proprietário de um café sugeriu. Os padres insistiram em dizer que o arrependimento do homem poderia ser sincero, e que deveriam lhe dar uma oportunidade de se reconciliar com a misericórdia de Cristo. O argumento dos padres prevaleceu, mas só sob a condição de que Hoepp prometesse nunca ficar a sós com alguém com menos de 18 anos. Pouco depois de ter chegado a Medjugorje, alguns moradores do lugar contaram ter visto o dono da livraria com dois jovens. Os militares prontamente informaram ao americano que ele tinha duas semanas para deixar o país. Hoepp se declarou inocente e jurou que estava dizendo a verdade, mas os franciscanos, depois de uma enorme aflição, concluíram que ele deveria ir embora.

Quanto mais não fosse, o caso de Hoepp serviu para ilustrar o grau de complexidade do processo de governo em Medjugorje. Naqueles dias, a paróquia funcionava não só como uma democracia iniciante e uma teocracia de fato, mas também como uma ditadura militar, um esconderijo para os fora-da-lei, e uma comunidade sob ocupação estrangeira. As tropas das Nações Unidas e os policiais da União Européia comportavam-se como se fossem os responsáveis, mas pareciam nunca estar por perto quando alguma coisa importante acontecia. Era evidente que o presidente croata, Franjo Tudjman, tinha mais influência na região do que o chefe de Estado bósnio, Alija Izetbegović. Como eu, a maioria das pessoas acatava as ordens de qualquer um que estivesse apontando uma arma para elas. O que me impressionava era que os franciscanos pareciam ter a última palavra sobre praticamente qualquer assunto que não fosse a ação dos militares.

A autoridade dos padres parecia enfraquecer sempre que um bando de guerrilheiros HOS* entrava no vilarejo. Exibindo cabeças raspadas ou rabos-de-cavalo, os HOS eram em geral bandidos sanguinários que usavam camisetas de camuflagem e tiravam uma onda ao empilhar ruidosamente suas Uzis e AKs em cima da mesa sempre que paravam em Medjugorje para comer num restaurante. A sensação de ameaça que havia em torno desses homens de olhos vazios aumentava consideravelmente ao sabermos que nada lhes aconteceria se lhes desse na telha nos matar. Os HOS em geral dirigiam grandes sedãs Mercedes ou BMW, novos em folha, que, depois de roubados, entravam clandestinamente no país pelas fronteiras austríacas e eslovenas. Quando voltei para os Estados Unidos, o que mais me irritava na cobertura da guerra era quase não se fazer alusão ao papel desempenhado pelo crime organizado. Metade dos HOS, pelo menos, pertencia a alguma gangue ligada ao crime, o que também se podia dizer das forças irregulares sérvias e muçulmanas; o túnel, o único acesso a Sarajevo que restava, ainda permanecia aberto naqueles dias porque nenhum dos três lados queria interromper o fluxo das mercadorias contrabandeadas.

Embora a liderança nacional estivesse fixada em Zagreb, os chefes locais dirigiam seus bandos das discotecas das cidadezinhas. Na vizinha Ljubuški, cuja população era de apenas 6 mil pessoas, tinham sido computados 12 assassinatos no mês anterior à minha chegada, uma cifra incomum. Os soldados desses exércitos de discoteca alegavam estar combatendo paramilitares tchecos e bósnios chamados *mujahadins*, e sem dúvida matavam a sua cota de sérvios e muçulmanos. Entretanto, a impressão que se tinha era de que eles estavam principalmente esperando uma oportunidade para ganhar uma grana. Encontrá-los na estrada vazia e entrever os sujeitos no assento de trás enquanto eles espreitavam algo além dos canos de suas armas através do vidro escurecido de um BMW 700 nunca deixou de me embrulhar o estômago.

---

* Sigla referente a uma unidade de organização paramilitar croata de extrema direita (ligada ao partido HSP, de direita), ou aos membros dela. (N. da T.)

Os cidadãos de bem em Medjugorje pareciam ao mesmo tempo tolerar e desdenhar essa confusão: sempre que uma unidade de guerrilheiros ocupava uma mesa do lado de fora do restaurante Dubrovnik, o garçom muçulmano ficava do lado de dentro; e os HOS eram atendidos por um croata, um refugiado vindo de Tuzla, que um dia fora gerente de uma fábrica de calçados. As pessoas ali vinham convivendo com estranhos e estranhezas, tanto sagrados como profanos, há tanto tempo, que raramente se perturbavam. "Cerca de 20 milhões de pessoas já estiveram aqui", observou Postar, quando lhe perguntei se ele queria ir aos Estados Unidos. "Eu não preciso conhecer o mundo, porque o mundo vem a Medjugorje."

Os primeiros peregrinos estrangeiros, disse Postar, chegaram ao vilarejo no verão de 1983. Os primeiros hóspedes que ele abrigou foram um casal de estudantes austríacos que ele escondera num quarto dos fundos. "A senha era que se me ouvissem falar a palavra '*milicija*', eles teriam de sair pela janela e disparar montanha acima", recordou ele. "E dois dias depois de tê-los recebido na minha casa, isso ocorreu." Naquela ocasião a imprensa comunista ainda descrevia as aparições em Medjugorje como parte de um movimento "fascista" de extremistas ustachis, e, se um cidadão iugoslavo fosse apanhado acolhendo estrangeiros desconhecidos, a única opção que lhe restava eram cem dias na cadeia ou uma multa de cem dias de renda. O Podbrdo esteve fechado por dois anos, o toque do sino da igreja foi proibido por ser considerado "provocativo", e o presbitério foi invadido dezenas de vezes pelos agentes da milícia em busca de "literatura de propaganda hostil ao Estado". Os sermões dentro da igreja foram muitas vezes abafados pelos vôos baixos dos helicópteros, e a caixa de coleta de São Tiago foi confiscada cerca de uma dezena de vezes.

A campanha anti-Medjugorje na mídia estatal não só fracassou como fez aumentar o interesse nas aparições, ao torná-las públicas. Peregrinos do interior do país e do exterior continuavam a chegar ao vilarejo; a cada mês, o número deles aumentava. Durante o verão de 1983, quarenta franciscanos encontravam-se em Medjugorje para atender aos fiéis que queriam se confessar.

Os comunistas deram a impressão de reconhecer que estavam travando uma batalha perdida desde o mês de fevereiro anterior, quando reduziram a sentença do padre Zovko e o libertaram, sob a condição de que ele não voltasse a Medjugorje. A ausência forçada do padre só serviu para torná-lo um mártir mais venerado, alguém que saiu da prisão macilento, pálido, e quase surdo de um ouvido. No final do verão de 1983, os comunistas abriram o Podbrdo, permitiram que se celebrassem serviços religiosos perto da igreja, e começaram a afrouxar a proibição quanto à presença de estrangeiros. Oficialmente, essa "condescendência" explicava-se como uma recompensa às lideranças da Igreja que tinham cooperado com as autoridades governamentais. Todos na Iugoslávia sabiam que o dinheiro era o verdadeiro motivo da mudança na orientação política do governo: as peregrinações a Medjugorje eram uma boa fonte da moeda estrangeira corrente de que tanto necessitavam, e os comunistas pretendiam recolher o mais que pudessem dela.

Como era de se prever, muitos dos primeiros e mais agressivos especuladores eram funcionários do governo local. Os mesmos agentes da milícia que durante meses tinham agredido, prendido e interrogado as pessoas de Medjugorje passaram a aparecer na igreja aos domingos, posando de fiéis enquanto espreitavam uma oportunidade para comprar terrenos onde pudessem construir hotéis ou pousadas. Muitos moradores que se recusaram a vender foram punidos com a perda de empregos e pensões; algumas famílias chegaram a perder os benefícios da previdência social. Entretanto, quase ninguém em Medjugorje, ainda que pobre, aceitaria uma oferta pela terra que possuía. "Em Medjugorje, os que cooperaram com os comunistas são considerados os piores traidores", contou-me Postar. "Ninguém olha para eles. Mas foram eles que ficaram ricos desde aquela época, e quem tem mais. Por aqui se comenta, como piada, que os maiores comunistas são agora os maiores capitalistas."

Já no verão de 1984, duas agências de viagens estatais obtiveram licença exclusiva para organizar "excursões turísticas" a partir de Medjugorje, enquanto uma terceira agência estatal garantiu o monopólio do transporte dos peregrinos que entravam e saíam do vilarejo. Naquela época, os moradores de Medjugorje viviam tão distantes do mundo exterior que, para eles, todos os estrangeiros procediam da Alemanha ou da Áustria. "Quando chegou o primeiro grupo da Itália", recordou Postar, "eles os chamaram de 'alemães italianos'".

O número de peregrinos continuava a aumentar, principalmente depois dos Jogos Olímpicos de Inverno em Sarajevo. Vários correspondentes que estavam cobrindo os Jogos tiveram notícia dos acontecimentos e conseguiram fazer visitas clandestinas ao vilarejo. Dentre os artigos produzidos, havia um, escrito por Richard West e publicado no *Spectator* de Londres, que era excepcionalmente generoso e perspicaz. Apesar de advertirem que, em Medjugorje, as acomodações se resumiam a "nenhum hotel, um único *pub*, um quiosque de cachorro-quente e um banheiro público feito de três telheiros dotados de portas que não fechavam e escondiam buracos no chão cobertos de excremento", como descreveu West, logo o vilarejo começou a receber grupos de peregrinos vindos de todo o continente europeu. Estimulados pelos franciscanos, os videntes faziam o que podiam para acomodar esses primeiros visitantes, recebendo-os em suas próprias casas, alguns de cada vez, sempre durante o dia. Os estrangeiros que ficavam do lado de fora, à espera de serem admitidos, eram logo abordados por moradores do lugar que se empenhavam em vender pão, frutas e bebidas. A polícia tentava impedir esse capitalismo incipiente, multando os peregrinos pelo delito de perturbar a paz e os moradores por venderem alimentos sem licença, mas os dois lados persistiam.

Os videntes e suas famílias tentavam passar a perna nos funcionários do governo e seus espiões, mandando auxiliares de confiança (*zajednici*, como eram chamados em Medjugorje) às casas de família onde os peregrinos se hospedavam, e organizando um horário para as orações. Após se reunirem na igreja em pequenos grupos, os peregrinos seriam então acompanhados às casas dos jovens videntes. Quando a polícia secreta descobriu o que ocorria, impôs multas pesadas aos que organizavam essas "procissões religiosas ilegais". Em breve, todos os *zajednici* perderam seus empregos, e muitos se viram forçados a sair do país para sobreviver.

As duas agências de viagens autorizadas, adotando uma conduta mais pragmática, ofereceram trabalho aos *zajednici* em troca de uma quantidade certa de peregrinos. Os videntes e os padres reagiram horrorizados, e anunciaram que não permitiriam mais contato com nenhuma das agências de viagens governamentais. A essa altura, o governo interveio, forçando uma acomodação: em troca de uma quantidade regular de peregrinos para as excursões, as agências transportariam os peregrinos, na ida e na volta das casas dos videntes, acompanhados dos *zajednici* que supervisionariam toda a operação. Embora essa medida desse aos jovens e suas famílias a impressão de estarem livres da perseguição, ela também os obrigava a participar da organização daquilo que o governo chamava de "economia do turismo religioso". O grupo de oração sediado em Bijakovići, conhecido como Emanuel, logo viria a ser o quartel-general do que os críticos chamaram de "rede paternalista", fornecendo alimento e hospedagem para os peregrinos, guias de turismo e tradutores, recebendo telefonemas e respondendo a cartas, e até contratando um contador. Os membros da paróquia que não pertenciam ao grupo passaram a se referir a este como "Sindikat".

O vilarejo de Medjugorje logo teve o seu próprio grupo de oração, chamado Maria. As principais figuras do Maria eram duas meninas de 11 anos que passariam a ser chamadas de "videntes da segunda geração", as primas distantes Jelena e Marijana Vasilj. As experiências que as duas relatavam eram muito diferentes das aparições que os seis jovens haviam anteriormente testemunhado. Elas viam (e, com mais freqüência, ouviam) a Virgem "interiormente, com o coração", como explicaria Jelena, de olhos fechados e apenas enquanto "estavam rezando profundamente". Esse tipo de êxtase não era estranho à Igreja Católica, que se referia ao fenômeno como "alocuções interiores".

Esses fenômenos haviam começado a ocorrer com Jelena, que acabaria surgindo como figura extremamente importante em Medjugorje, quase tanto quanto Mirjana ou Vicka para muitos habitantes da região. Investigadores da Igreja expressaram sua irrestrita admiração pela "maturidade espiritual" e sofisticação intelectual da menina. "Determinada, decidida, sem nenhum sinal de ansiedade ou desejo de agradar", foi como um padre irlandês, a quem Jelena desconcertara, a descreveu. Os teólogos acharam Jelena muito mais fascinante que qualquer dos seis videntes originais. Entretanto, o surgimento dela foi motivo de perturbação para alguns na paróquia de Medjugorje. De início, o fato de Jelena anunciar que a Virgem queria formar um grupo de oração confundiu os padres, que gostariam de saber por que esse pedido não fora feito aos seis videntes originais. Só algum tempo depois é que os videntes originais relataram que a Virgem confirmara o desejo de que um grupo de oração fosse constituído e batizado de Maria.

O discurso de Jelena foi, aparentemente, endossado pelos videntes, mas, pouco depois, surgiu uma nova controvérsia. Quando reabriram o Podbrdo, os seis videntes originais voltaram a se reunir no monte para receber suas aparições. Quase imediatamente, no quadro da comunidade da igreja de São Tiago, apareceu uma mensagem atribuída à Virgem, na qual Ela pedia que todos voltassem à igreja. Os videntes ficaram furiosos, e, nas duas semanas seguintes, deixaram vazios seus lugares na igreja, reuniram-se toda noite no Podbrdo e receberam as pessoas em suas casas. Alguns moradores de Bijakovići acusaram os franciscanos de "inventar" Jelena e Marijana para desviar o foco das devoções da paróquia do povoado em que moravam para Medjugorje, exatamente como haviam desviado a atenção do monte Podbrdo ao exaltar Križevac. Os videntes originais deploravam essas mesquinharias, aceitavam Jelena e Marijana como videntes genuínas, mas de fato acreditavam que os franciscanos viam na influência que tinham sobre as duas meninas uma oportunidade para dominar a situação.

Jelena, ao atravessar a adolescência e se tornar uma moça assombrosamente bela, trouxe ainda mais problemas. Simplesmente, nunca tinha havido ninguém como ela em Medjugorje. Os rapazes da paróquia ou se afastavam, ou ficavam intimidados diante de Jelena, e a percepção de que não havia ninguém digno dela ali contribuiu para cercar a jovem de uma sensação de isolamento cada vez maior.

Defrontando-se com a inteligência, a beleza e "as graças especiais" dela, muitos em Medjugorje se sentiram aliviados ao saber que Jelena, ao contrário de Mirjana e dos outros, não afirmava conhecer o futuro. Durante as suas "alocuções interiores", contou Jelena, ela pediu muitas vezes que os Segredos lhe fossem revelados, mas, todas as vezes, disseram-lhe que esse conhecimento não lhe caberia. Tudo o que lhe permitiram saber foi que "o futuro do mundo depende de certo modo do que acontecer em Medjugorje".

O primeiro sinal da importância que Medjugorje assumiria — pelo menos no âmbito da Igreja Católica — talvez tenha sido a chegada ao vilarejo do velho teólogo francês, padre René Laurentin. De cabelos brancos, e muito elegante com seus conjuntos de batina e solidéu, o padre Laurentin era um homem baixo e de forte presença. O *Breve Tratado sobre a Teologia Mariana*, do padre francês, era considerado nos meios eclesiásticos uma obra seminal sobre o assunto. Também muito conhecido por seu estudo, em seis volumes, sobre as aparições de Lourdes e a biografia de Bernadete Soubirous, o padre Laurentin se encantou com os videntes de Medjugorje assim que os conheceu e não se preocupou em disfarçá-lo no livreto que publicou depois de sua volta para a França em 1984, *A Virgem Maria Está Aparecendo em Medjugorje?* Para ele, a resposta era afirmativa.

Antecipando a discussão que se seguiria, o padre venerável prontamente recuou e fez uma reverência ao dogma da Igreja, explicando que as aparições deveriam ser interpretadas como "um sinal do Céu", mas não como "uma comunicação perfeita". "Sempre há um traço relativo nas aparições", escreveu Laurentin: "Essa relatividade se deve ao fato de que Deus e a Virgem, ou qualquer dos santos ou servos de Deus, se adaptam a quem os contempla e à situação local. A relatividade se deve à interpretação presente e normal da comunicação feita a cada pessoa."

O livro (fundamentado, em grande parte, na pesquisa do teólogo croata Ljudevit Rupčić) causou um impacto imediato nos católicos franceses, que começaram a organizar peregrinações a Medjugorje no verão de 1984. E, por ocasião de sua segunda ida à Iugoslávia, em dezembro de 1984, o sucesso de padre Laurentin lhe rendeu alguns inimigos poderosos. O bispo Žanić se enfureceu com a afirmação do francês de que quaisquer "avaliações contrárias" à autenticidade das aparições "provêm de interferências infelizes e uma apreciação insuficiente". Entretanto, foram os comunistas os responsáveis pela ordem de prisão dada ao padre Laurentin, no aeroporto de Mostar, pouco depois de sua chegada à Herzegóvina, sob a acusação de que ele estava distribuindo literatura religiosa ilegalmente. Depois de passar por uma inspeção humilhante, o padre foi entregue a um juiz, e declarado culpado. Tendo pagado uma alta fiança, ele recebeu ordens de sair do país e não voltar senão depois de pelo menos um ano.

Para os comunistas, teria sido mais conveniente expulsar o grupo formado pelos companheiros de viagem de Laurentin. Tratava-se de um grupo de médicos franceses, da Universidade de Montpelier, que estava se preparando para realizar a mais completa pesquisa científica da história do catolicismo sobre um alegado fenômeno sobrenatural. O chefe (e associado a Laurentin no projeto) era o Dr. Henri Joyeux, um pesquisador em oncologia de renome internacional. Seis meses antes, Joyeux fizera a sua primeira viagem a Medjugorje acompanhado apenas de um engenheiro eletrônico. Os dois homens tinham feito vídeos (sonoros) dos videntes, durante as 35 aparições, esperando descobrir se as "sincronizações" entre os jovens teriam sido combinadas. De volta à França, após examinar as fitas por semanas a fio, a uma velocidade a mais baixa possível, o Dr. Joyeux se convenceu de que havia necessidade de testes "definitivos" para uma comprovação, e, assim, organizou uma equipe de médicos da universidade. Era evidente que ele não poderia provar que esses seis jovens estavam realmente vendo a Virgem Maria, disse o Dr. Joyeux ao padre Laurentin. Todavia, o médico tinha certeza de que poderia confirmar ou eliminar uma grande variedade de explicações médicas e psicológicas.

O problema era que os videntes se recusavam a colaborar. O que foi demonstrado ao citarem a frase que Ivan teria ouvido da Virgem quando dos exames feitos por médicos italianos quase um ano antes: "Não é necessário." Só depois de um adiamento de muitos dias e de argumentações exaustivas é que o Dr. Joyeux e o padre Laurentin convenceram Jakov de que os jovens deveriam pedir permissão à Virgem para serem testados durante a aparição seguinte. Eles pediram, conforme os seis relataram naquela noite, e a resposta da Virgem foi sucinta: "Vocês são livres." Depois de mais um dia de discussões, os seis videntes concordaram com os testes.

O médico mais eminente da equipe do Dr. Joyeux era o Dr. François Rouquerol, especialista em ouvido, nariz e garganta. Ele pôde demonstrar haver uma clara "desconexão dos canais auditivos durante o êxtase" em cada um dos videntes, relatou o Dr. Rouquerol. Para prová-lo de modo convincente, explicou o médico, ele submetera os ouvidos dos videntes, durante as aparições, aos 90 decibéis de som de um motor;

nenhum deles reagiu. Ele também observou que, enquanto os instrumentos mostraram que as vozes dos videntes permaneceram silenciosas durante as aparições, os lábios, línguas e músculos faciais deles continuaram a funcionar exatamente como quando a voz era audível. Por qualquer razão, a laringe de cada vidente, completamente independente do resto de suas faculdades físicas, cessara de funcionar durante o período de silêncio. Essa era uma anomalia singular na experiência do médico, e nunca fora diagnosticada pela ciência médica, concluiu o Dr. Rouquerol.

O oftalmologista da equipe francesa, Dr. Jacques Philippot, não só confirmou o acanhado reflexo na pálpebra, sob o efeito de uma luz muito forte, já observado pelos médicos italianos, como também atestou que, do início ao fim das aparições, o olhar de todos os jovens permaneceu fixo exatamente no mesmo ponto alguns palmos acima de suas cabeças. Mesmo quando tentou tapar a visão dos jovens com uma tela opaca, observou Philippot, os olhos deles não reagiram. O que o médico considerou mais intrigante foi ter avaliado uma sincronicidade de movimento do globo ocular entre os videntes de menos de 1/5 de segundo tanto no começo como no fim das aparições; o que mostrava uma capacidade de funcionamento tão além da normal no ser humano, que não haveria nenhuma conivência ou manipulação que pudesse explicá-la.

O Dr. Bernard Hoarau, cardiologista, declarou no seu relatório que o eletrocardiograma, a pressão arterial e o ritmo cardíaco dos videntes durante os êxtases "nos permitem excluir inteiramente a existência de fenômenos como sonhos, sono ou epilepsia". O neurologista Jean Cadhilac acrescentou que os testes a que ele submetera os videntes "eliminam formalmente todos os sinais clínicos comparáveis aos observados durante alucinações, episódios de histeria, neurose ou êxtase patológico, individuais ou coletivos".

Como quase todos os outros que estudaram os resultados obtidos pela equipe francesa, o que mais impressionou o Dr. Joyeux foram os eletroencefalogramas que serviram para medir a atividade em oito áreas distintas do cérebro dos videntes durante os êxtases. Todos os estados de consciência conhecidos dos neurologistas envolviam alguma mistura de impulsos alfa (receptivos) e beta (reativos). O Dr. Joyeux observou que a proporção de atividade nos cérebros dos videntes anterior a uma aparição era exatamente normal: dez ciclos alfa para vinte ciclos beta por segundo. No sono ou em estado de transe, os ciclos beta aumentariam, enquanto os ciclos alfa diminuiriam. Durante as aparições, ocorreu exatamente o oposto: os impulsos beta cessaram inteiramente. Os seis jovens não estavam simplesmente acordados durante as aparições, mas hiperacordados. Eles estavam num estado de meditação pura que já fora observado em alguns monges trapistas ou budistas em profunda oração. Entretanto, esses monges só haviam atingido esse "ritmo alfa generalizado", observou o Dr. Joyeux, quando seus olhos estavam fechados, enquanto os olhos dos videntes de Medjugorje permaneciam bem abertos durante todo o tempo das aparições.

Na primavera de 1985, o relatório apresentado pelo Dr. Joyeux concluía: "Os êxtases não são patológicos, nem há nenhum elemento que indique fraude. Nenhuma área científica parece ser capaz de descrever esses fenômenos." Simultaneamente à publicação do relatório, o Dr. Joyeux concordou em ser entrevistado pela revista *Paris Match*. "Os fenômenos das aparições em Medjugorje não podem ser explicados cientificamente", disse o médico ao entrevistador. "Em resumo, esses jovens são pessoas saudáveis, nas quais não há nenhum sinal de epilepsia, nem indicação de que o estado em que se encontram seja de sono ou sonho. Não se trata de um caso de alucinação patológica nem de alucinação auditiva ou visual... Também não se trata de catalepsia, porque, durante o êxtase, os músculos faciais funcionam normalmente." Os êxtases dos videntes de Medjugorje "não pertencem a nenhuma área científica", acrescentou o médico. "É mais como se os videntes estivessem num estado de oração profundo e ativo, durante o qual eles parcialmente se desligassem do mundo exterior. Nesse estado de contemplação, eles participam de um encontro inesperado e saudável com uma pessoa a quem só eles podem ver, ouvir e tocar. Não podemos chegar ao transmissor, mas podemos assegurar que os receptores estão em ordem, sadios e funcionando bem."

Em setembro de 1985, pouco depois da partida definitiva do Dr. Joyeux de Medjugorje, os italianos mandaram a sua própria equipe de craques, médicos da clínica Mangiagalli, de Milão, ao vilarejo. Os resultados mais intrigantes obtidos pela equipe italiana foram os relatados pelo Dr. Miguel Sabatini, um psicofarmacologista recém-saído da faculdade de medicina da Universidade de Columbia, onde ele passara anos estudando "o problema da dor". Na universidade, o Dr. Sabatini desenvolveu um instrumento, a que chamou de algômetro, destinado a medir a intensidade da dor provocada pela pressão em áreas do corpo particularmente sensíveis. O médico usou o algômetro em todos os videntes de Medjugorje, e os resultados mostraram que os seis entravam num estado de "analgesia completa" durante os êxtases; isto é, eles estavam insensíveis à dor. O que comprovava, sem nenhuma dúvida, conforme escreveu o Dr. Sabatini, que os videntes "não simulam nem enganam". O médico que supervisionou a equipe da clínica Mangiagalli, o Dr. Luigi Frigerio, declarou que os resultados obtidos pelo Dr. Sabatini e a conclusão dos exames neurológicos, demonstrando que os videntes não estavam apenas acordados e sim hiperacordados durante os êxtases, criaram uma contradição: "Como não poderiam ser explicados naturalmente [os fenômenos], só poderiam ser de ordem preternatural ou sobrenatural."

Nos anos que se seguiram, essa alegação seria examinada por novas equipes de cientistas italianos, poloneses, austríacos, ingleses e norte-americanos; mas, para muitos católicos, os acontecimentos de Medjugorje já tinham sido validados. Embora concordasse em afirmar que o estado de consciência dos videntes durante as aparições ultrapassasse qualquer categoria científica, René Laurentin escreveria: "A melhor explicação é a que diz que os videntes estão em contato vivo, pessoal e normal com uma pessoa de outro mundo."

Laurentin não causou nenhuma impressão ao católico que ele mais esperava convencer: o bispo Pavao Žanić. Em junho de 1984, quase um ano antes da publicação do relatório de Joyeux, o bispo recebeu a informação de que os resultados dos exames médicos dos videntes "excluíam a alucinação". Entretanto, em outubro de 1984, Žanić emitiu um comunicado — distribuído a conferências episcopais no mundo todo — anunciando: "O bispo de Mostar, após demorada reflexão, chegou à conclusão de que se deve moralmente afirmar que os fenômenos ocorridos em Medjugorje são um caso de alucinação coletiva." No início de

1985, após Laurentin ter "transmitido o seu espanto", o bispo escreveu uma carta particular ao padre francês afirmando estar se retratando da sua própria hipótese de alucinação e ter se inclinado, de novo, a adotar a teoria de que as aparições eram um embuste bem planejado.

Àquela altura, Žanić havia rebaixado o padre Jozo Zovko a um papel menor na pretensa intriga contra a diocese de Mostar, substituindo-o, na liderança, pelo "mágico, mistificador e carismático" padre Tomislav Vlasić. Para Žanić, o fato de Vlasić não ter sabido das aparições senão quatro dias depois da primeira ocorrência, e só ter feito duas visitas a Medjugorje até 18 de agosto de 1981, era irrelevante. A "natureza evangélica" das supostas mensagens traíra o envolvimento de Vlasić, o bispo insistia em afirmar. Žanić também acreditava que o padre Slavko se tornara o principal colaborador de Vlasić na fraude, e, em 1984, transferiu os dois padres da paróquia de Medjugorje. Que a ausência dos dois não tivesse causado maior impacto nem nos videntes nem nas aparições foi algo que confundiu o bispo, que acabou concluindo que a conspiração devia ser ampla e envolver alguns franciscanos, além dos próprios videntes e suas famílias.

Pouco antes do terceiro aniversário das aparições, o bispo Žanić organizou uma reunião em Mostar, da qual participaram os três padres e uma freira de Medjugorje, assim como os videntes Ivan, Marija e Jakov. O bispo contou ao grupo que ele tinha recebido informações de um escândalo envolvendo o padre Vlasić: aparentemente, o padre era pai do filho de uma ex-freira que estava então morando com o seu filho ilegítimo na Alemanha Ocidental. Quando um dos padres disse ao bispo que aquilo era uma calúnia, Žanić respondeu (segundo os franciscanos): "As coisas chegaram a um ponto tal que alguém deve perecer. Ou eu, ou Medjugorje." Um mês depois, o próprio padre Vlasić foi chamado a Mostar para uma reunião com o bispo, que tentou "chantageá-lo", contou o padre a outros frades, posteriormente, ameaçando tornar pública a acusação contra ele caso Vlasić se negasse a admitir que as aparições eram um embuste. Vlasić se negou, e ficou à espera de que o bispo Žanić levasse a ameaça adiante.

Com o tempo, Žanić o faria, mas, primeiro, ele deu seguimento à sua campanha contra Medjugorje: "O que está por trás de tudo isso são os carismáticos e pentecostais", disse ele a um repórter alemão, "e, acima de tudo, um grande grupo de franciscanos fanáticos que querem justificar sua desobediência ao seu bispo e a Roma." Convencido de que os resultados dos exames feitos pela equipe do Dr. Joyeux seriam publicados antes do fim do ano, o bispo pressionou para que a comissão apresentasse o seu relatório. No final de 1985, os resultados da votação final da comissão foram divulgados: apenas dois dos 14 membros tinham condições de dizer que acreditavam na veracidade das aparições. O arcebispo Franić prontamente respondeu com uma carta aberta ao cardeal Ratzinger na qual ele observava que, separadamente, equipes de médicos iugoslavos, italianos e franceses tinham examinado os videntes de Medjugorje e não tinham encontrado nenhuma prova de falsificação ou histeria. O bispo chegou a Roma em abril de 1986 para apresentar sua argumentação. Convocado para uma reunião com o cardeal Ratzinger, o bispo espantou-se quando o cardeal lhe pediu que suspendesse o seu parecer negativo, dissolvesse a comissão episcopal que ele coordenara e deixasse tudo o que se referia a essa questão nas mãos da Santa Sé. Antes de Žanić voltar a Mostar, a Congregação para a Doutrina da Fé anunciou que havia "liberado" o bispo e sua comissão de prosseguir com as tarefas investigativas e que solicitava à Conferência dos Bispos iugoslavos a indicação de uma nova comissão sob o comando destes.

Ao final de 1985, René Laurentin observaria, os exames a que as equipes de médicos de diversos países europeus submeteram os videntes demonstraram que nenhum diagnóstico conhecido poderia explicar o estado dos jovens durante as aparições. Do ponto de vista estritamente científico, isso deixava alguma explicação a ser encontrada na nebulosa periferia da psiquiatria, numa espécie ainda não detectada de "histeria religiosa".

Naturalmente, essa possibilidade animava os que a propuseram, e foi mais explorada por dois médicos italianos que, o que era extraordinário, teriam acesso pessoal aos videntes. O Dr. Giorgio Sanguinetti, professor de psiquiatria da Universidade de Milão, era um especialista no estudo do delírio — particularmente, no delírio religioso. O Dr. Sanguinetti estava menos interessado em estudar os êxtases do videntes do que em observar os seis no decorrer de suas vidas cotidianas. Em "pessoas delirantes com tendências místicas", observavam-se certos padrões, explicou ele: o mais destacado era uma sensação de onipotência "não necessariamente expressa com insistência veemente nem exibida fanaticamente, mas revelada por meio de um silêncio tranqüilo e complacente. O que esconde a sensação de triunfo decorrente de uma relação privilegiada com o transcendente". Essas pessoas têm pouco interesse genuíno por outras e não conseguem estabelecer uma comunicação espontânea, escreveu o Dr. Sanguinetti; se criticadas ou questionadas, "reagem com ressentimento e imoderadamente, sendo intolerantes a qualquer contradição". Esses indivíduos costumam apresentar comportamento extravagante e gestos dramáticos, mesmo quando sozinhos.

Portanto, concluía o médico, "considero de fundamental importância enfatizar que em todas as minhas conversas com os jovens 'videntes' de Medjugorje eu jamais percebi, qualquer que fosse a circunstância, nenhum pensamento, olhar, palavra, atitude ou comportamento semelhante aos estados patológicos que relacionei. Em primeiro lugar, devo esclarecer que os 'videntes' levam uma vida normal; estão integrados em sua comunidade e em suas famílias e são tratados pelos outros como se não fossem 'videntes'... eles diferem dos outros apenas no tempo que dedicam às práticas religiosas e às visões; tudo é feito com muita naturalidade, sem pieguice nem complacência; seu comportamento é, em geral, discreto, e, gentilmente, tentam se defender da esmagadora pressão dos peregrinos, quando é possível. Estão abertos a conversas e parecem estar pacientemente resignados a ter de responder às mesmas perguntas; nesse caso, não se mostram efusivos, nem distantes, nem exibicionistas. Ao contrário, parecem calmos, tranqüilos e gentis. Não tentam convencer ninguém, e não respondem além do que lhes é perguntado; seu sorriso não é presunçoso, nem malicioso, nem artificial. Seus movimentos só refletem bondade e boa vontade. Sem dúvida, eles não estão em busca de atenção, nem de público; eles não emitem interpretações nem opiniões pessoais sobre suas experiências místicas; tudo o que querem é relatar os fatos e reconhecer que são felizes".

Enquanto eu lia as observações de Sanguinetti sobre os videntes, a sensação era de que as palavras tinham sido extraídas da minha cabeça. Entretanto, o médico que mais me impressionou foi o Dr. Marco Margnelli, um neurofisiologista que foi à Iugoslávia no verão de 1988, convencido de que havia falhas nos gráficos das funções cerebrais dos videntes durante as visões, feitos anteriormente. Especialista em estados de consciência alterados, e ateu confesso, o Dr. Margnelli chegou a Medjugorje, admitiu, procurando "alguma prova de que havia alguma contradição nos testes ou de que eles eram falsificações". O médico submeteu os videntes a uma quantidade de exames médicos, mas, ao voltar para sua terra, deu a impressão de estar desinteressado dos resultados e concedeu uma entrevista na qual descreveu as visões dos jovens como "um estado de êxtase genuíno".

"Como cientista, posso apenas declarar que os jovens realmente entram num outro estado de consciência, uma condição a que só se pode chegar por meio de técnicas de meditação, tais como autotreinamento, embora não de forma tão profunda", explicou o Dr. Margnelli. Ele não se atreveria a descrever esse estado em que os videntes entravam: "Mas, por certo, estamos na presença de um fenômeno extraordinário. Se estamos lidando com uma aparição autêntica ou com algo mais, nós não temos condição de explicar, e eu não posso dizer. Essa é uma pergunta que prefiro não propor a mim mesmo."

Contudo, logo depois, Margnelli acrescentou uma declaração que espantaria os seus colegas: "Desde que voltei da Iugoslávia, tenho pensado sobre isso continuamente e, confesso, também me proponho perguntas não científicas, como, por exemplo, qual poderia ser o significado de tudo isso." O Dr. Margnelli então descreveu uma série de acontecimentos que ele havia testemunhado, desde os "movimentos sincrônicos" dos videntes até a cura aparentemente milagrosa de uma mulher que sofria de leucemia. Mas o que o afetara mais tinham sido os pássaros: no final da tarde, eles se juntavam nas árvores próximas do presbitério, onde os videntes partilhavam as aparições com o povo, e pipilavam, e arrulhavam, chamando dezenas de outros, às vezes fazendo um barulho ensurdecedor, até que "de repente, e simultaneamente, todos se calavam, num silêncio absoluto, assim que a aparição começava". Esse "silêncio absoluto dos pássaros" o assombrava, admitia o médico.

Alguns meses depois de voltar a Milão, o Dr. Margnelli passou a ser um católico praticante.

CAPÍTULO 11

Por volta de 1986, dependendo daquilo em que — e daquele em quem — se acreditasse, René Laurentin seria ou o grande cronista da aparição mariana mais importante na história da Igreja, ou o grande apologista do embuste mais infamante jamais perpetrado contra os católicos. A opinião negativa mais importante tanto sobre Medjugorje como sobre o padre Laurentin ainda era a do bispo Žanić, que àquela altura acusara o teólogo francês de, entre outras coisas, fazer o seu pé-de-meia com a venda de seus relatórios anuais sobre o que ocorria no vilarejo. O bispo também acusava o padre de participar de um esquema organizado para encobrir certas declarações atribuídas pelos videntes a Nossa Senhora, particularmente as que se contrapunham ao julgamento do bispo. Como Laurentin observou, "o principal argumento do bispo Žanić resume-se no seguinte: a aparição fez pouco do bispo. Portanto, não é a Virgem que aparece".

O bispo estava começando a encontrar aliados tanto na ala de extrema esquerda como na ala de extrema direita da Igreja. À esquerda, as vozes mais notáveis eram a do parapsicólogo franco-canadense Louis Belanger, e seu colega, padre Ivo Sivrić, um franciscano vindo dos Estados Unidos e nascido em Medjugorje. Numa entrevista publicada num jornal de Quebec, em junho de 1985, Belanger expusera uma premissa no mínimo tão despropositada como qualquer outra expressa pelos adeptos de Medjugorje: "Os movimentos tectônicos das montanhas e das rochas, que ocorrem em ciclos, podem causar efeitos piezelétricos e geomagnéticos, que são visíveis na forma de colunas de luz e podem influenciar o comportamento de um organismo vivo. Essa luz eletromagnética, quando atravessa o lobo temporal... dá origem a visões que são interpretadas conforme a cultura deles... Os jovens de Medjugorje realmente viram um fenômeno luminoso, que eles interpretaram, conforme a cultura deles, como sendo a Madona. O que mais eles poderiam ver, esses jovens criados na fé e no culto a Maria?"

O padre Sivrić, que acompanhara Belanger na breve estada do parapsicólogo em Medjugorje, escreveu um livro que ele intitulou *A Face Oculta de Medjugorje*. A obra era um espantoso compêndio barato de boatos, fofocas e falsidades explícitas que chegava à conclusão de que as aparições não passavam de uma combinação de imaginação e invencionice, e que elas eram "uma cópia de Lourdes". Essa opinião baseava-se principalmente no fato de que Mirjana ganhara um livro sobre as visões de Bernadete poucos dias após o início das aparições em Medjugorje. Os habitantes de Medjugorje logo passaram a dizer que os parentes do padre americano eram párias. Pouco antes do início das aparições, ao que parecia, um dos sobrinhos de Sivrić fora chamado para organizar a célula comunista de Medjugorje; projeto que foi abortado quando praticamente toda a paróquia se converteu a um catolicismo vigoroso.

Entretanto, muitas publicações e organizações católicas "modernistas" espalharam tanto as acusações de Sivrić como as afirmações de Beranger. O grande jornal francês moderno, e de esquerda, *La Croix* considerava as aparições ocorridas em Medjugorje não só resultado de alucinação como de manipulação. A maior parte dos que se opunham a Medjugorje, na ala da extrema direita da Igreja, ressaltava que "Medjugorje é uma obra perversa e incoerente do Diabo", como disse um padre ultraconservador. O que mais perturbava esses críticos era o "ecumenismo indiferente" das mensagens atribuídas à Virgem: a insistência da Virgem em afirmar que os verdadeiros cristãos deviam "respeitar" as outras religiões, particularmente o islamismo, era uma afronta à ortodoxia católica, argumentavam alguns teólogos anti-Medjugorje. Esses escritores se mostraram especialmente ofendidos com as palavras de Mirjana ao contar que a Virgem a instruíra a respeito da fé islâmica de seus vizinhos em Sarajevo, dizendo-lhe: "Em Deus, não há nem divisões nem religiões. É a pessoa que está no mundo que cria as divisões." Era evidente que essas idéias pretendiam minar a primazia da Igreja Católica, foi o que se argumentou.

René Laurentin explicou que a Virgem pedira aos fiéis que respeitassem os povos muçulmanos, não as doutrinas muçulmanas. E ele então observou, com uma certa graça, que a Madona de Medjugorje conseguira ofender, ao mesmo tempo, tanto os progressistas liberais como os tradicionalistas reacionários, o que era, para Laurentin, mais uma prova de que as aparições eram genuínas.

O partidário mais notável dos relatórios do padre Laurentin sobre os acontecimentos de Medjugorje era o papa João Paulo II. O teólogo francês reunira-se, numa audiência privada, com João Paulo para discutir a situação na Iugoslávia em pelo menos três ocasiões. E, embora o padre Laurentin tivesse de respeitar o caráter confidencial das observações do papa, ele se sentia compelido a mencionar tanto o grande interesse da Santa Sé em Medjugorje como o entusiasmo pessoal de João Paulo pelas devoções nessa região. A decisão tomada pelo Vaticano de impedir um parecer negativo sobre as aparições no vilarejo era sem precedentes, observou o padre, além de ser, por si só, prova da importância com que o papa considerava o que estava acontecendo em Medjugorje. Já em 1987, João Paulo, cada vez mais abertamente, mostrava acreditar que Medjugorje era um acontecimento paralelo aos de Lourdes e Fátima. Numa reunião com um grupo de bispos italianos, em junho desse ano, ao responder a uma pergunta sobre como lidar com o tema Medjugorje, o papa disse: "Estou espantado com essa pergunta. O senhor não sabe dos frutos maravilhosos que esse acontecimento está produzindo?"

No início de 1988, o papa, ao saber que um grupo de 33 padres, vindos do Brasil, havia parado em Roma a caminho de um retiro em Medjugorje, convidou todos eles para uma concelebração da missa, particular, na capela papal. Terminada a missa, João Paulo abençoou o retiro e pediu aos padres orações. Um dos três bispos do grupo contou que o papa lhe descrevera Medjugorje como "um centro mundial de espiritualidade". Em abril de 1989, Paulo Hnilica, o prelado tcheco exilado que então servia como bispo auxiliar em Roma (e também como um dos confidentes mais íntimos do papa), foi à Rússia representar João Paulo numa reunião em Moscou e, posteriormente, contou que o papa o repreendera por ele não ter dado uma parada em Medjugorje a caminho de casa. "Se eu não fosse papa", disse João Paulo a Hnilica, "já teria ido a Medjugorje há muito tempo."

Esses comentários, por mais constrangedores que tivessem sido para o bispo Žanić, foram recebidos até como mais afrontosos pela ala de extrema direita da Igreja. Um grupo intitulado A Contra-Reforma Católica, cujo chefe intelectual, Michel la Trinité, abade de Nantes, era um ferrenho oponente do ecumenismo de Medjugorje, chegou a anunciar ter excomungado João Paulo por ele defender a causa das aparições na Iugoslávia.

Muitos conservadores moderados da Igreja observaram que Hans Urs von Balthasar, o arcebispo suíço amplamente considerado o teólogo católico mais influente do final do século XX, não se pronunciara a respeito do assunto Medjugorje. Alguns até sugeriram que Balthasar se mantinha calado por não partilhar do entusiasmo do papa pelas alegadas aparições na Iugoslávia. Pouco depois da publicação da primeira *Posizione* do bispo Žanić sobre Medjugorje, porém, o arcebispo respondeu com uma carta aberta cuja introdução era a seguinte: "Meu Senhor, que documento o senhor espalhou pelo mundo todo!" Algum tempo depois, em Londres, o arcebispo Balthasar emitiu uma segunda declaração pública: "A teologia de Medjugorje me soa verdadeira. Estou convencido de sua veracidade. E tudo a respeito de Medjugorje é autêntico no sentido católico. O que está acontecendo lá é tão evidente, tão convincente." Em sua obra-prima, *Gloria*, o arcebispo discorreu longamente sobre um conceito que ele chamou de *Theodramatik*, "a encenação do drama do amor entre Deus e o mundo". O que ocorria em Medjugorje era o melhor exemplo de *Theodramatik* que ele havia testemunhado em sua vida, disse o bispo Balthasar, que, em muitas ocasiões, se referiu ao vilarejo como "um teatro de santidade".

Em julho de 1987, o bispo Žanić estimulou os que esperavam que ele tivesse abrandado, quando concordou em falar aos fiéis numa grande cerimônia de crisma, na igreja de São Tiago. Praticamente toda a paróquia foi ao templo ouvir o seu sermão, com esperança de que o bispo teria finalmente encontrado uma solução pacífica para o constante conflito entre a diocese de Mostar e os franciscanos de Medjugorje. A multidão ficou estarrecida ao ouvir Žanić anunciar que estava proibindo os padres que lideravam peregrinações a Medjugorje de celebrar missa na diocese dele, e ao ouvi-lo dizer que os padres que insistiam em atribuir um caráter sobrenatural aos êxtases dos videntes não tinham mais licença para celebrar missa em Medjugorje, e que os próprios videntes não podiam mais testemunhar as suas alegadas aparições no presbitério da igreja. Satanás tomara conta de Medjugorje, continuou ele, e o que estava ocorrendo no vilarejo era a maior impostura da história do cristianismo. A cumplicidade dos franciscanos nessa impostura "é digna das profundezas do Inferno", declarou Žanić, que então fez uma oração em voz alta pedindo à Virgem Maria que mostrasse a fraude perpetrada em Seu nome.

Em algumas semanas, o Serviço de Informações da Igreja Católica espalhara as observações do bispo Žanić pelo mundo todo, e Medjugorje tornou-se um tema mais controvertido do que nunca. Em setembro de 1987, a Conferência dos Bispos Iugoslavos tentou minorar os danos mediante a promulgação de uma "Diretriz de Medjugorje" que corrigia alguns pontos das opiniões de Žanić. Embora não fosse adequado endossar as mensagens da Madona que os videntes de Medjugorje haviam divulgado do altar da igreja, dizia a diretriz, também era errado atacar as aparições como "mentirosas e diabólicas". E nenhum padre tinha o direito de condenar as devoções em Medjugorje, mas deveria render-se ao julgamento da comissão designada pela Santa Sé.

O que quer que o bispo Žanić dissesse sobre Medjugorje ou a Conferência dos Bispos concluísse parecia cada vez mais irrelevante, dado o interesse internacional sempre crescente: de menos de 50 mil em 1983, o número de peregrinos que visitou Medjugorje em 1985 cresceu para 462 mil, para 857 mil em 1987, e chegou a 1,1 milhão em 1989, primeiro ano em que o número de visitantes suplantou o de Fátima. Até 1990, mais de trezentos bispos, arcebispos e cardeais tinham feito peregrinações a Medjugorje e alguns dos membros mais influentes do magistério da Igreja tinham sancionado as aparições. Entre esses, encontrava-se o estimado arcebispo de Praga, cardeal Frantisek Tomasek, que, numa declaração pública, disse que estava "profundamente grato a Deus por Medjugorje". O cardeal José Siri, de Gênova, afirmou: "Posso apenas dizer que vejo muitos ateus partindo de Gênova para Medjugorje e voltando com um terço nas mãos." A julgar simplesmente pelos frutos, muitos bispos e cardeais observaram, as aparições em Medjugorje se situam entre os acontecimentos religiosos mais importantes do milênio. As curas e as conversões eram os frutos mais apreciados pela Igreja Católica, era o que se comentava, e Medjugorje os produzira em quantidades espantosas.

Entre os franciscanos, as conversões eram pelo menos tão valorizadas quanto as curas, e, em muitos casos, eram consideradas inseparáveis da recuperação física. Nos arquivos da paróquia, encontrei uma quantidade de testemunhos dos que acreditavam que as alterações em suas vidas se deviam principalmente a um encontro com a Madona de Medjugorje. Havia tantos depoimentos tão emocionantes, que qualquer tentativa de selecionar os mais valiosos pareceria enormemente presunçosa. Entretanto, nenhum deles me tocou mais do que a história de um ex-membro do IRA chamado Marc Lenaghan que, em 1982, fora sentenciado a 12 anos de prisão por matar um soldado inglês na False Road, em Belfast. Ele e outros companheiros do IRA tinham xingado os cristãos de covardes e traidores, mas ainda assim assistiam a todas as missas rezadas na capela da prisão, uma vez que era a única oportunidade que tinham de partilhar informações de planos e conspirações. Foi na Semana Santa de 1984 que ele ouviu falar do assunto Medjugorje, pela primeira vez, mencionado por um capelão que voltara recentemente de uma peregrinação à Iugoslávia. Lenaghan ficou espantado ao ver um homem que, em geral, parecia sensato acreditar num conto de fadas como aquele, mas, por alguma razão, permitiu que o capelão o pusesse em contato com outros irlandeses que tinham estado em Medjugorje, e acabou aceitando um livro sobre as "mensagens" da Nossa Senhora. Ele não sabia dizer como ocorrera, nem mesmo quando, mas "o amor de Deus entrou em mim". Em 1988, liberado por bom comportamento, Lenaghan foi solto após cumprir apenas seis anos de pena, e seguiu diretamente da prisão para Medjugorje. Ele esperava ver o sol girar ou presenciar uma aparição, admitiu Lenaghan um tanto sem jeito, mas nada disso aconteceu. Mas ocorreu algo que talvez pudesse ser chamado de milagre: aos pés da cruz na montanha Križevac, ele foi abordado por um homem que se apresentou como soldado inglês, e que, logo depois, revelou ter sido um dos que patrulharam a False Road, em Belfast, em 15 de janeiro de 1982, dia em que Lenaghan matou o seu compatriota. Ao fim da conversa, Lenaghan e o inglês rezaram o terço juntos pela paz na Irlanda do Norte.

Posteriormente, muitos outros testemunhos que li naquele dia ficariam meses na minha cabeça, como lembranças que viessem à tona com uma espécie de urgência injustificada. Muitas vezes pensei na italiana, modelo fotográfico, que, aos 19 anos, descobriu que poderia triplicar sua renda trabalhando também como garota de programa, e acabou bêbada e viciada em drogas para poder lidar com o que ela chamava de seu "fardo de trabalho". O primeiro contato que ela teve com Medjugorje foi o folheto sobre as aparições que ela pegara na estação de trens de Milão. Para se consolar, lembrou-se a moça, ela passou a recitar as orações do folheto, em geral depois de voltar para o seu apartamento, às três ou quatro da manhã. Meses se passaram antes que ela partisse para Medjugorje, onde, depois de passar três dias sem comer nem dormir, na última manhã de sua estada, ela acabou se confessando com o padre Zovko. Ao voltar para casa, a moça imediatamente doou todas as suas roupas, todas as jóias e, por fim, todas as economias que tinha. Para alguns, seria uma atitude excessiva, ela reconhecia, mas, para ela, "os consolos terrenos tinham se transformado em amargor".

O relato longo e eloqüente de um viciado em heroína, natural do Zimbábue, que fora a Medjugorje para se afastar das drogas e ficou num quartinho que dava para a montanha Križevac me deixou humilhado; e a história de uma dona de casa infiel cuja conversão coincidira precisamente com a cura do marido doente me deixou abalado. O testemunho que mais me perturbou, porque me lembrava de tudo o que eu odiava em mim, foi o de uma intelectual alemã, altiva e desprovida de humor, no qual ela revelou que só acreditava na "liberdade e na autodeterminação", "considerava Deus uma invenção" e, como apóstola de Sartre, aprendera a "considerar a condição humana de um modo geral absurda". Eu me sobressaltei principalmente ao ler um trecho da longa narrativa que a mulher escrevera:

"Para mim, as pessoas pareciam ingênuas, manipuladas, repugnantes e superficiais... Minhas reações habituais eram de aversão, desprezo, crítica e autodestruição." Ela concordou em ir a Medjugorje com a família em 1986, em especial porque ela gostou de ver a mudança em seus pais quando eles voltaram para casa de uma viagem anterior: "Eles me censuravam menos", escreveu ela, "mesmo quando eu estava sendo desagradável!" Em seu primeiro dia em Medjugorje, ela conheceu um padre chamado Pero e lhe disse francamente que ela não acreditava em Deus. "O rosto do padre Pero se iluminou e ele disse: 'Fico feliz ao ver que você está aqui; a Mãe de Deus fará o resto.' Eu fiquei completamente perturbada." Ela detestava estar lá em Medjugorje, e dizia isso a quem quisesse ouvi-la. Então, numa tarde, apenas para se divertir, ela se juntou a um grupo de língua alemã no momento em que cantavam o *Sanctus*, de Schubert. "E de repente eu acreditei. Não sei de que outra maneira eu poderia descrever melhor esse momento. Entre momentos antes e momentos depois, eu passei a acreditar que Deus existia." Alguns meses depois, ela entrou para uma comunidade religiosa.

Eu estava sozinho quando li esses depoimentos, o que foi bom, porque passei um bom tempo piscando para disfarçar as lágrimas. E, ao mesmo tempo, eu me perguntava o que tudo aquilo provava, a não ser o fato de que sentimentos religiosos existem. De certo modo, ler sobre as curas era menos complicado. Os acontecimentos descritos poderiam ser até mais prodigiosos, mas os relatos eram um tanto insípidos, por serem expressos nos jargões imparciais da ciência e da medicina. A paróquia possuía uma lista de mais de quinhentas curas milagrosas no presbitério da igreja, sob a supervisão da ex-policial de rosto severo, Marija Dugandzić. O Dr. Luigi Frigero tinha sido o primeiro a rever esses arquivos cuidadosamente, em 1986, e admitiu o seu espanto com o nível da documentação que os franciscanos haviam conservado. Só para estudar e verificar os casos italianos, seriam necessários pelo menos quatro anos, previu ele. Em 1987, outro médico italiano, Antonino Antonacci, chegou a Medjugorje para fundar o Bureau de Verificação de Curas Extraordinárias. Ele tomava como modelo o Bureau Médicale, de Lourdes, cujos padrões de análise das provas, dizia-se, eram até mais rigorosos do que os que a Consulta Médica do Vaticano requeria.

Essa decisão de comprovar os milagres marianos por meio dos recursos científicos da medicina remontava ao primeiro ano do século XX, quando um verdadeiro regimento de médicos proeminentes examinou o caso de um homem chamado Gabriel Gargan. Dois anos antes daquela época, Gargan, que era um funcionário dos correios, estava trabalhando no carro correio de um trem expresso que ia de Bordeaux a Paris, quando o trem bateu num objeto que estava nos trilhos e descarrilou. Gargan, que ficou paralítico da cintura para baixo, foi condenado a passar o resto da vida num leito de hospital. Em oito meses, os pés do homem gangrenaram, e ele perdeu a metade do peso que tinha, passando a pesar apenas trinta e poucos quilos. O estado deplorável de Gargan foi comprovado em diversos tribunais franceses, e ele foi indenizado com uma soma considerável que lhe permitiria pagar as enfermeiras de que necessitava noite e dia. Uma tia que era freira na Ordem do Sagrado Coração insistiu para que ele fosse a Lourdes, mas durante 15 meses ele se negou a ir. Por fim, acossado pela mãe, o homem concordou em viajar, num percurso em que ele foi o tempo todo levado de maca. Quando Gargan se banhou nas águas da fonte que Bernadete Soubirous descobrira meio século antes, ele ficou inconsciente e não conseguiram reanimá-lo. Certa de que ele tinha morrido, a desolada família do homem empurrou a maca até uma caleche, e nela voltaram para o hotel, tendo parado no meio do caminho para a passagem da procissão do Sagrado Coração. Pouco depois, percebeu-se que havia algum movimento sob o lençol que cobria Gargan, e então ele se sentou. Enquanto a multidão observava a cena estarrecida, Gargan anunciou que queria andar. Seus parentes tentaram detê-lo, mas ele os empurrou, ficou de pé, deu alguns passos e declarou que estava curado. Os sessenta médicos que o examinaram em seguida confirmaram a cura, embora nenhum deles pudesse explicá-la. Nos 15 anos que se seguiram, ele trabalhou em Lourdes a serviço dos inválidos. Alguns a quem ele atendia se curaram; muitos outros, não. O mistério da intervenção divina tornava-se cada vez mais profundo.

Em Medjugorje, a cura mais bem documentada era a de uma mulher italiana chamada Diana Basile, da pequena cidade de Ferro. Os fatos relacionados ao processo tinham sido compilados pelo Instituto de

Especialidades Clínicas da Universidade de Milão, onde Basile um dia trabalhara como secretária. Em 1972, Basile era uma mulher de 32 anos, casada, mãe de três filhos, que começou a apresentar os primeiros sintomas de uma profunda esclerose múltipla: um tremor incontrolável na mão direita e cegueira total do olho direito. Aos poucos, ela foi perdendo quase inteiramente a possibilidade de usar a mão direita, e o joelho direito tornou-se tão rígido que ela quase não podia mais andar. O tratamento com ACTH (adrenocorticotrofina) freou um pouco o avanço da doença, mas, já no verão de 1983, Basile passara a sofrer de incontinência, não conseguia levantar o braço direito, e só conseguia andar, arrastando os pés, quando podia contar com a ajuda de um adulto que agüentasse o peso dela. No início de 1984, a deterioração de seu estado de saúde deixou-a seriamente deprimida; seus antigos colegas não acreditavam que Basile pudesse ter mais cinco anos de vida.

No mês de maio daquele ano, a mulher aceitou o convite de uma enfermeira da clínica para participar de uma peregrinação a Medjugorje. Na tarde de 23 de maio, Basile, ajudada por dois membros do grupo da excursão, foi até os degraus ao pé do altar da igreja de São Tiago, mas não conseguiu chegar à sacristia a tempo de permitirem a sua entrada com os que testemunhariam a aparição daquele fim de tarde. Um padre francês que tomava conta do vestíbulo pediu que ela não se mexesse, pois poderia incomodar os que estavam lá dentro, mas, naquele instante, a porta se abriu e ela pôde entrar na sala e se ajoelhar. Os jovens videntes se ajoelharam naquele mesmo instante, disse Basile; de repente, ela ouviu um barulho e tornou-se totalmente inconsciente do que a rodeava. Episódios obscuros de sua vida, quase esquecidos, surgiam diante de seus olhos, e ela perdeu toda noção de tempo e lugar. Com o término da aparição, os videntes saíram da sacristia e foram para a frente do altar-mor da igreja. Sem pensar, Basile se levantou e os acompanhou, caminhando normalmente. Quando ela voltou para o seu hotel em Ljubuški, os outros membros do grupo disseram a Basile que ela parecia uma pessoa completamente diferente. Durante a noite, Basile percebeu não estar mais sofrendo de incontinência; de manhã, o seu olho direito estava enxergando. Àquela tarde, na hora da ação de graças, Basile foi, descalça, caminhando de Ljubuški até Medjugorjge, uma distância de quase 10 quilômetros, e subiu o Podbrdo. Quando voltou para sua terra, todos os sintomas da doença tinham desaparecido.

Lendo sobre os outros casos, não pude deixar de notar que muitos estavam relacionados com a esclerose múltipla ou alguma outra doença que atacasse o sistema nervoso. Difíceis de diagnosticar e impossíveis de serem curadas, essas doenças também são muito resistentes à pesquisa científica, o que torna muito difícil provar a presença de uma cura milagrosa. A pessoa mais famosa a proclamar ter sido curada pela Madona de Medjugorje foi a artista de variedades Lola Falana, cuja doença, como a de Diana Basile, tinha sido diagnosticada como esclerose múltipla. Em 1989, Falana estava morando em Las Vegas, confinada à cama e a uma cadeira de rodas. Um dia, assistindo à televisão, ela começou a passar os canais e acabou parando num canal religioso que estava apresentando um documentário sobre Medjugorje. Nas palavras dela: "Quando a televisão mostrou uma multidão de peregrinos que escalava o monte das Aparições, senti um forte desejo de ir lá, de caminhar com eles, mas minhas pernas estavam inertes, mortas. Então, com lágrimas nos olhos, rezei para Maria Santíssima pedindo que ela me curasse, e Lhe prometi que eu iria lá caso um dia eu voltasse a andar." Um mês depois, todos os sintomas da doença de Falana tinham desaparecido, e, como prometera, ela foi a Medjugorje, e, ao chegar, anunciou que dedicaria o resto de sua vida a testemunhar a sua fé.

Muitos dos casos registrados no arquivo de Medjugorje envolviam danos físicos e doenças mais condizentes com atestados médicos. Pelo menos dois dos que alegavam curas milagrosas eram médicos. Um dos casos era o de uma médica clínica-geral das Filipinas cujo câncer de mama resultara em metástase; tendo ido a Medjugorje, ela, conforme relata, recebeu a graça de uma cura espiritual na 12ª ou 13ª estação da via-sacra; ao chegar a sua casa, em Cebu, todos os vestígios do câncer tinham desaparecido. O outro era o de um pediatra italiano cujo cólon tinha ulcerado e o abscesso se transformara numa fístula grave. As duas cirurgias do cólon que o médico sofreu não impediram a infiltração de material intestinal no sistema circulatório, e, no outono de 1984, sua família foi a Medjugorje pedir pela cura dele. Pela primeira vez em anos, ele também rezou, disse o médico, e prometeu à Virgem que iria a Medjugorje caso se recuperasse. Da noite para o dia, segundo relataram tanto o paciente como o médico que o assistia, a fístula se fechou.

Um caso que me pareceu especialmente difícil de descartar era o de Charlene Vance, uma mulher de Nova Orleans. Em 1986, no Halloween, Vance tinha dado uma festa em sua casa situada na orla norte do lago Pontchartrain; entre os divertimentos, haveria um passeio de carroça pelo campo. Enquanto o grupo passeava numa carroça puxada por um trator, alguns perceberam que o celeiro estava pegando fogo. O motorista do trator apressou a marcha, mas o veículo não andou tão rápido quanto gostaria Charlene Vance, que pulou da carroça para sair correndo à frente, e acabou sendo atropelada pelas rodas e arrastada por uns 10 metros. Os outros amigos gritaram para que o motorista parasse, mas o homem, em pânico, deu marcha a ré e passou por cima da perna de Vance. A tíbia e a fíbula sofreram fraturas em dois lugares. O tornozelo de Vance, que fora esmagado, ficou ainda em pior estado. Nele não havia nenhum osso em que se pudesse fixar um pino ou haste, disseram-lhe os médicos; e mesmo que os ossos da perna tivessem a recuperação adequada, ela ficaria seriamente prejudicada e mancaria o resto da vida.

Embora não fosse católica, a desesperançada Vance foi convencida por um amigo a participar de uma peregrinação a Medjugorje. O médico dela a princípio se opôs, mas por fim concordou, desde que ela usasse um aparelho de gesso especial, e pesado, que lhe daria o apoio que o tornozelo não podia dar. A viagem foi horrível, e ela se sentiu ainda pior depois de chegar a Medjugorje, lembrou-se Vance, que achou o vilarejo pavoroso. No primeiro dia, ela fez uma cena do lado de fora da igreja, gritando: "Eu detesto este lugar." Mas não havia saída. Então, entediada, Vance consentiu em acompanhar os amigos numa subida ao Podbrdo. O calor era abrasador; sua perna começou a inchar, e se formaram bolhas sob o aparelho de gesso. Os amigos dela, porém, eram incansáveis, e de uma maneira ou de outra conseguiram convencê-la a tentar subir a montanha Križevak no dia seguinte. Ao chegar à quarta estação da via-sacra, um monge de batina branca aproximou-se dela e começou a lhe contar a história de Teresa Newman, uma alemã estigmatizada aparentemente muito conhecida dos católicos europeus. O terço dele tinha tocado o estigma da mão direita de Teresa Newman, contou o monge, enquanto o tirava do bolso. Em seguida, o religioso tocou a testa e a perna de Vance com as contas do terço.

Misteriosamente, ela se emocionou, disse Vance, e passou a noite toda no topo da Križevac, rezando. Ao descer da montanha na manhã seguinte, ela percebeu que a dor no tornozelo desaparecera, mas achou que isso resultara da paz que se apossara dela durante a noite. Um dia depois de sua volta a Nova Orleans, Vance foi ao médico para tirar o aparelho de gesso e radiografar o tornozelo. As radiografias mostraram que os ossos estavam completamente recuperados. O seu médico, perplexo, preveniu-a de que ela deveria usar muletas por um tempo, porque os músculos em torno do tornozelo tinham se atrofiado. Vance respondeu-lhe saltando da mesa de exames e atravessando a sala sem dificuldade. Quase um ano depois, Charlene Vance comprou um livro sobre a vida de Teresa Newman e descobriu o que ela e a alemã tinham em comum: ambas nasceram num dia 8 de abril, ambas tinham sofrido lesões na perna ao tentar extinguir o incêndio num celeiro, e ambas tinham ficado milagrosamente curadas um ano depois do acidente.

Contudo, a cura mais divulgada de todas as relacionadas às alegadas aparições em Medjugorje foi a de uma outra americana, uma mulher chamada Rita Klaus. A atenção que a mídia dava a Klaus talvez tivesse menos a ver com sua nacionalidade do que com o fato de ela ser uma ex-freira, que perdera a fé havia quase três décadas. Mesmo antes de chegar a Medjugorje, eu sabia bastante sobre o caso. Alguns dias antes de viajar, eu recebera um envelope, com um endereço que eu não reconheci, remetido por uma pessoa que também me era desconhecida, no qual havia um artigo recortado do *Pittsburgh Press* que relatava a recuperação de Klaus em detalhes. Eu o li no avião a caminho de Roma.

Trinta anos antes, quando ela abandonou a religião pela ciência e saiu do convento para fazer uma especialização em biologia numa faculdade, seu nome era Rita McLaughlin. Pouco depois de se formar, diagnosticaram uma esclerose múltipla nela, e, por causa da doença, ela não conseguiu encontrar um lugar de professora. A jovem chegou a encontrar trabalho no oeste da Pensilvânia, mas só pôde passar no exame médico ao inventar uma história de que tinha sido vítima de pólio na adolescência, e assim poder explicar a fraqueza muscular que sofria. Casou-se com um colega ateu e teve o primeiro de seus três filhos. O primeiro filho estava com apenas alguns meses quando a mãe perdeu a capacidade de apreensão e deixou o bebê cair no chão. A doença de Rita progredia. O grau de sua debilidade física era o que tornava o caso tão instigante: já em 1986, ela estava com a visão turva e sofria de incontinência periódica, mas passava quase todas as horas despertas numa cadeira de rodas. Ela não era uma mulher pequena, e três pessoas levavam vinte minutos para levá-la para a cama, no andar de cima, à noite. Com a degenerescência dos músculos, as pernas começavam a mostrar deformações — para dentro, no joelho, para fora, no tornozelo. Ela não podia nem sequer se sentar na cadeira de rodas sem prender suas pernas em braçadeiras de aço.

Segundo o artigo do *Pittsburgh Press*, Rita, quando soube de Medjugorje no início de 1986, começou a rezar para a Virgem Maria. Na noite de 18 de junho daquele ano, ela ouviu uma voz que acreditou ser da Virgem. E então uma oração emanou de dentro dela e um choque elétrico percorreu o seu corpo. Na manhã do dia seguinte, quando acordou, Rita sentiu, pela primeira vez em anos, as pernas; uma sensação que foi se firmando no correr do dia. À tarde, Rita desafivelou a braçadeira que prendia a perna direita e viu que a perna torta estava perfeitamente alinhada. Logo depois, ela soltou a perna esquerda e se levantou. Naquela noite, sem ajuda, ela subiu a escada que ia dar no seu quarto. Na manhã seguinte, Rita desceu e tornou a subir a escada correndo. Mais tarde, naquele mesmo dia, ela caminhou mais de 1,5 quilômetro até chegar à casa da amiga que tinha sido a primeira pessoa a lhe falar de Medjugorje.

Rita Klaus fora examinada por muitos médicos e esteve em muitas clínicas durante os anos em que esteve doente, e tinha uma vasta documentação médica. O que espantou a sucessão de médicos que a examinaram tanto antes como depois de sua cura não foi o fato de sua recuperação ter sido total, mas de ter sido imediata. Uma melhora espontânea da esclerose múltipla seria inconcebível, mas o estrago nos músculos das pernas de Rita tinha sido tão grande que seriam necessários meses de fisioterapia para ela conseguir atravessar um cômodo com seus próprios pés, quanto mais subir e descer a escada correndo.

Quando examinei o arquivo Rita Klaus em Medjugorje, encontrei algumas observações de médicos que me pareceram mais desconcertantes do que esclarecedoras. Os relatos, um após o outro, pareciam concluir pela ocorrência de um milagre, mas, logo em seguida, afirmavam que não se tratava disso. Um dos médicos dizia ter certeza de que haveria uma explicação científica, mas acrescentava não poder sugerir nenhuma teoria ainda que implausível. O mesmo homem revelou pouco depois que a irmã dele, que sofria de esclerose múltipla, passara os últimos 17 anos numa cadeira de rodas. "Diga-me como isso ocorreu", disse o médico ao seu entrevistador, "e eu usarei essa mesma explicação."

Fechei o arquivo com um suspiro e saí do cômodo escuro para a luz do dia. De que é que precisamos, eu queria saber, para nos convencermos? Eu nunca teria perguntado se eu soubesse que Rita Klaus estava em Medjugorje e poderia me responder.

Sentei-me na companhia do padre Slavko numa saleta perto da sacristia, tomando goles de um refrigerante de laranja que me obrigava a fazer caretas enquanto o padre tentava explicar como a Igreja Católica podia afirmar que Deus tinha criado tudo o que existe, e ao mesmo tempo insistia em dizer que Deus não criara o mal. "Agostinho explica que o mal não é uma presença, mas uma ausência", disse ele. "Ele está para o bem como a escuridão está para a luz. O que Deus criou foi o livre-arbítrio, algo que vai permitir não só aos homens, mas também aos anjos e espíritos recusar o bem maior em proveito do bem menor. Foi por sua própria escolha, nos diz Agostinho, que as criaturas de Deus, na Terra e no Céu, introduziram o mal no mundo."

Eu estava assentindo com a cabeça como se estivesse compreendendo essas palavras, mas assim que o padre parou de falar, comecei a balançar a cabeça. Ele refreou um sorriso. "Tem alguém esperando aí fora para falar com você", disse Slavko depois de uma longa pausa.

Meu coração quase parou quando me levantei e abri a porta. Eu não tinha a menor idéia de quem ou do que encontraria. Logo depois, uma mulher grande, bonita e de cabelos brancos entrou na sala. Imediatamente reconheci nela Rita Klaus. "Deixarei vocês dois a sós", Slavko disse, e saiu, fechando a porta. Rita sentou-se na cadeira em que o padre estivera sentado e me dirigiu um sorriso bondoso. Entretanto, havia uma premência em seus olhos que me fez prender a respiração. Imaginei que essa mulher queria me contar da sua cura, e eu estava prestes a lhe contar que eu tinha lido a história dela, quando ela se debruçou para a frente, pôs a mão atravessada em cima da minha, e disse: "Satanás existe." Eu arfava ligeiramente. "O mal dentro de nós vem da tentação", acrescentou ela. "Temos de tomar uma decisão, para o bem ou para o mal. Então o mal está dentro de nós, como você acredita, mas também está fora de nós, e, acredite, é real e difuso, muito. O melhor que o Diabo pode fazer é nos convencer de que ele não existe, porque se não existe, não temos nenhuma responsabilidade."

Eu continuava sem dizer palavra, meio me perguntando se essa mulher diante de mim não seria uma alucinação. Todavia, ela me parecia muito equilibrada e segura de si. "Onde quer que Deus esteja presente, o bem está presente", continuou Rita Klaus, "e onde quer que o bem esteja presente, o mal também está. O que procede da própria base da existência. Mesmo na ciência, há cargas positivas e negativas." Consegui assentir com a cabeça.

"Deus criou o Diabo como um anjo de luz", explicou ela. "E também criou a liberdade de escolha, e o Diabo fez uma escolha muito ruim. Originada do orgulho. O orgulho é a raiz de todos os pecados. É a própria essência." E Rita sorriu de novo. "Sabemos um bocado sobre o orgulho. Mas todos temos o pecado do orgulho. É por isso que precisamos do Salvador. Erramos porque nos parece bom.

"Vou lhe contar minha história. Não quero apavorá-lo, mas acho que você precisa ouvir." Rita tinha um tal poder sobre mim que eu teria escutado até cair de exaustão. "Então, a minha história começa realmente depois da minha cura, mas vou retroceder no tempo, de todo modo, porque quero que você compreenda que o que ocorreu primeiro foi a minha cura espiritual, uns cinco anos antes, e foi muito mais importante. Uma amiga me chamou e perguntou se eu gostaria de assistir a uma cura na paróquia vizinha. Eu não queria ir, e disse: 'Não acredito nisso.' Aquilo tudo me parecia tão medieval e tão distante... 'Não existem mais curas. Sou cientista, bióloga experimentada, e não acredito em religião nenhuma.'

"Ela me ligou muitas vezes, e a cada ligação eu ficava mais zangada. Ela é uma mulher instruída. Eu queria saber como era possível minha amiga acreditar naquela bobagem. Ela perguntou: 'Você já o viu na tevê?' Ela se referia ao padre que estava ministrando a cerimônia. E eu lhe contei que meu irmão, que é um repórter investigativo que trabalha na televisão, desmascarava esses charlatães o tempo todo. Ele mostrava como essas pessoas eram introduzidas no meio do público e como tudo não passava de uma armação. Por acaso, o meu marido estava presente e ouviu essa conversa. E me perguntou: 'Por que você está se comportando assim? Eu acho bom você ir.' Ora, meu marido não é católico, nem religioso. Eu disse: 'Você está falando sério?' E ele me disse que eu estava me tornando uma pessoa chata, irascível. 'Até os nossos filhos estão com medo de falar com você, porque você parece sempre tão irritada com o que lhe aconteceu.' Eu respondi: 'E como você acha que eu me sinto?' E ficamos nesse bate-boca, até eu dizer afinal: 'Está bem, eu vou.' Ainda muito desconfiada, perguntei à minha amiga: 'Quando é que vai ser essa tal cura?' Ela respondeu: 'Depois da missa.' E eu: 'Tudo bem, mas não vou me exibir, subindo num palco com as minhas muletas.'

"Naquele dia, a igreja estava entupida; qualquer um que tivesse uma pinta no nariz estava ali para ser curado, e eu estava me divertindo com tudo aquilo. Eles me empurraram para um banco junto com todo mundo, e eu pus as muletas no chão. E os padres todos vieram pela nave central, e todo mundo se levantou para recitar o pai-nosso. Então eu tentei me levantar. Eu estava com aquelas peças nas pernas que, quando eu me levantasse, prenderiam minhas pernas, mantendo-as firmes. Eu não tinha outro jeito de andar, senão com as muletas. Então eu tentei me levantar e as peças se fecharam. Agarrei nas costas do banco à minha frente, e então o que aconteceu foi que escorreguei para baixo do banco.

As pessoas me agarraram, me puxaram para cima, tentando fazer com que eu voltasse a ficar de pé. Aquilo é que era exibição.

"Eu só queria sair dali, mas o padre me agarrava por trás e me empurrava para que eu me aproximasse do altar. Eu não podia fugir, porque ele me abraçava como um urso. Fiquei furiosa. 'Como o senhor ousa me tocar sem minha permissão?' Eu estava rubra, mas o padre já estava rezando e todos os outros padres também, e chegavam mais perto e punham suas mãos sobre mim. Eu me sentia simplesmente humilhada.

"Então, de repente, algo aconteceu. Era como se eu não estivesse ali. Todo mundo tinha sumido. Havia só uma luz branca à minha volta. E eu me sentia extraordinariamente amada. Não dá para descrever o que se passava. Eu sentia uma paz e um amor imensos e era como se nada mais importasse. De repente me vi rezando. Dizendo que estava bem, que Deus estava certo, fosse lá de que maneira fosse. Não houve nenhuma mudança no meu físico, mas eu estava curada por dentro. Quando fui para casa, eu era literalmente uma pessoa diferente. Eu tinha sido freira, mas nunca fui uma pessoa realmente religiosa. Mas naquele momento eu era.

"Fisicamente, piorei muito nos cinco anos seguintes. Eu não podia mais andar nem de muletas. Mas nunca pedi a Deus que me curasse. Um dia, porém, eu estava tão cansada de tudo aquilo, que pensei: 'Quando é que tudo isso vai terminar?' E então ouvi uma voz que me disse: 'É só pedir.' Assim que a ouvi, me dei conta de que era a voz da Mãe Santíssima. Então pedi, e em 24 horas eu estava curada, completamente curada, como se nada de errado jamais tivesse acontecido comigo.

"As pessoas acham que depois de ter havido uma cura, tudo se torna uma maravilha para a pessoa curada. E é uma maravilha. Mas quando Deus permite que algo de muito bom nos aconteça, há uma razão para isso, e sempre há alguma responsabilidade acompanhando essa dádiva. Então a minha vida não ficou mais fácil depois da cura, ficou até mais difícil. Depois, reparavam tanto em mim que eu não podia ir a lugar nenhum. O tempo todo tinha gente ao meu redor, mesmo que eu fosse só até o mercado. Teve uma menina que chegou a desmaiar quando me viu andando pela primeira vez, ela simplesmente desabou no chão. Era esse tipo de reação que eu causava nas pessoas.

"Meu marido, então, ficou apavorado. Ele não sabia por que, não sabia o que fazer com aquilo. Ele se perguntava se a melhora duraria: 'Será que ela vai acordar doente amanhã? Se nossas ações não forem perfeitas, será que Deus vai voltar atrás nessa cura?'

"Então é aí que começa a história que eu quero lhe contar, e que ocorreu mais ou menos um ano depois da cura dos males físicos, numa noite em que estávamos na cama. Eu estava dormindo, e de repente acordei com uma pressão forte no meu braço. Era o meu marido. Ele estava praticamente impedindo o meu sangue de circular, tão forte era o aperto no meu braço. E a respiração dele estava estranha. Ele estava ofegante. Desesperado. Eu disse então: 'Ron, o que está acontecendo?' Não houve resposta. Então acendi a luz e fiquei apavorada quando o vi. Os olhos dele tinham literalmente saltado para fora. Era como se algo horrível lhe tivesse acontecido e ele estivesse explodindo por dentro. Ele continuava ofegante, como se respirar fosse cada vez mais difícil. E então comecei a rezar, implorando a Deus que o salvasse. Uns cinco minutos depois, ele pulou da cama e correu para o banheiro.

"E se pôs diante do espelho; ele estava totalmente cinzento. Eu queria chamar o médico, mas ele disse: 'Não, me dê alguns minutos.' Ele ainda estava com a respiração entrecortada e tinha dificuldade em falar. Por fim, disse: 'Você não vai acreditar se eu lhe contar o que aconteceu.' E eu então disse: 'Vou, sim, me conte.'

"E ele disse: 'Eu acordei e senti uma pressão horrível no peito. Achei que estava tendo um ataque cardíaco, e então abri os olhos. E havia um enorme cachorro negro sentado no meu peito, de olhos vermelhos como fogo.' E continuou: 'E não era nenhum sonho. Pode crer, eu não estava dormindo, estava acordado. Nunca estive tão acordado na minha vida.'

"Na noite seguinte, a mesma coisa. E na outra também. Na quarta, ele se recusou a ir para a cama, e me disse que ele simplesmente não dormiria. Eu não compreendia o que estava acontecendo. E continuei a rezar, mas achei que poderia ser a pressão causada pelo interesse excessivo dos outros, pelas mudanças, por ele temer que eu tivesse uma recaída. A única coisa que ele disse quando comecei a rezar foi que estava sentindo 'aquilo' ir embora.

"Então eu chamei um padre, um grande amigo meu, e lhe contei o que estava ocorrendo. Ele disse: 'Quando você for se deitar, jogue água benta em todo o colchão. Vou lhe dar a água.' Mas passou quase uma semana antes que meu marido voltasse a subir para se deitar na cama. Ele se deitava no sofá, mas, quando adormecia, o mal acontecia de novo.

"Afinal, ele disse: 'Eu já sei o que é. É o Diabo. Ele realmente existe. Eu duvidava. Eu duvidava de tudo. Duvidava até da sua cura. Mas agora não duvido de mais nada. Que outra coisa poderia deixar o Diabo tão zangado?' E meu marido me disse que, a seu ver, o Diabo estava tentando jogá-lo contra mim. O mais espantoso foi que assim que o meu marido aceitou a idéia de que aquele bicho era Satanás, Satanás o deixou em paz. Mas ele não foi embora — começou a atormentar os meus filhos. A minha menor, Ellen, que estava então com sete anos, me contou: 'Mamãe, tem um cachorro esquisito que desce a escada atrás de mim.' Achei que seria o nosso cão, Matty, mas ela disse: 'Não, não é Matty. É um cachorrão. E tem olhos vermelhos.'

"Nós tínhamos nos preocupado muito em não dizer nada às crianças sobre isso, porque não queríamos amedrontá-las. Perguntei a minha filha quando e onde ela havia visto esse cachorro. Ela respondeu: 'Às vezes ele está me olhando do outro quarto.' E disse mais: 'Quando esse cachorro está aqui, Matty não entra.' E Matty *estava* realmente estranho, rosnando e choramingando.

"Isso tudo estava acontecendo na última semana de outubro de 1992. Nessa ocasião, eu estava me preparando para ir a Boston trabalhar no meu livro. As pessoas não paravam de me pedir: 'Por favor, escreva a sua história. Você não pode conversar com todo mundo.' Por fim, concordei: 'Está certo, o próximo editor que me procurar, eu aceito.' E assim fiz. Gravei o máximo de informações que pude, mas então eu deveria ir a Boston e começar a trabalhar com o editor.

"Aquela era a semana do Halloween, e as minhas duas filhas mais velhas queriam dar uma festa no domingo anterior ao festejo. Eu disse que estava bem, mas, uma das meninas que elas convidaram levou uma espécie de tabuleiro próprio para sessões mediúnicas ou telepáticas. Minhas filhas carregaram-no, sorrateiramente, para cima, porque sabiam que eu não permitiria o uso dele em nossa casa. E também levaram um candeeiro a óleo que eu tinha, um desses que têm um globo de vidro. Apagaram todas as luzes e fizeram perguntas, como: 'Com quem eu vou casar? Quantos filhos vou ter?'

"Mas então minha filha Ellen, que é muito inteligente, perguntou: 'Minha vida vai ser feliz?' E ela virou o ponteiro que havia no tabuleiro para baixo, e ele começou a se mexer sozinho. Primeiro, ele deu uma volta e tocou no 'Sim', depois, voltou e tocou no 'Não'. E as meninas, sem tocá-lo, fizeram: 'Ah!' Por fim, minha filha perguntou: 'Quem é você?' E o ponteiro parou no ponto de interrogação. Então elas tiveram uma idéia. Com um pedaço de esparadrapo, grudaram um lápis no ponteiro. E então puseram o ponteiro sobre uma folha de papel em branco. E depois disseram: 'Identifique-se.' E o ponteiro voltou a se mexer. Elas acharam que o lápis estava escrevendo, mas era um desenho. E depois, de repente, o candeeiro explodiu, a chama foi até o teto, chegando a chamuscá-lo. Ouvimos uma gritaria aterrorizadora, um tropel de passos descendo a escada, a porta da frente se abrindo e uma grande algazarra, enquanto elas corriam para fora. Achamos que as meninas estavam apenas se divertindo, mas depois ouvimos choros e soluços.

"Então saímos pela porta da frente, e as vimos paradas no jardim. Eu disse: 'O que vocês fizeram? Ficaram metendo medo umas às outras com histórias de fantasmas?' E pedi que entrassem, mas elas não entraram. Minhas filhas então disseram: 'Mamãe, não vá lá em cima.' Por fim, consegui que voltassem para dentro de casa, mas elas continuavam a chorar e a tremer. Pouco depois, me contaram o que tinha acontecido, mas as palavras saíam confusas. Meu marido tentou convencê-las de que estavam imaginando tudo aquilo. Afinal, Ellen disse: 'Já sei. Vai lá em cima e pega o papel que está no tabuleiro.' Meu marido subiu sozinho e voltou com o tabuleiro, o ponteiro e o papel. E disse: 'Foi isso que apavorou vocês, meninas? Quem desenhou isso?' E elas disseram: 'Desenhou? O que está aí não é um nome?' E Ron respondeu: 'Não, aqui há um desenho. Mas muito apagado.' Então acendemos a lâmpada, e, com o papel sob o foco de luz, pudemos ver o desenho nitidamente. Era a figura de um Satanás, mas não um Satanás que tivesse sido desenhado por uma criança. Era um desenho minucioso: um homem sentado numa pedra grande, de barba, chifres, pernas cruzadas, cascos fendidos e, no rosto, uma careta horrorosa.

"Ron levou o tabuleiro, o ponteiro e o papel para fora, e queimou tudo na presença delas. Só que as amigas das minhas filhas continuavam histéricas. Então elas ligaram para os pais e pediram que eles fossem apanhá-las. E disseram: 'Nós não vamos passar a noite aqui. Esta é uma casa esquisita. E achamos que a sua mãe também está esquisita.' Elas saíram em prantos, e minhas filhas também estavam em prantos.

"Os dias que se seguiram foram um verdadeiro inferno. Aquela coisa estava *dentro* de casa. Todos nós dormimos no térreo, nos sofás. Na noite seguinte, às duas da manhã, ouvimos um baque horrível, uma pancada como nunca tínhamos ouvido. E depois um choro. Ron corre e encontra nossa filha Heidi, então com 15 anos, como se estivesse imprensada contra a parede, sem poder se mexer. Heidi disse: 'Mãe, é aquela coisa. Primeiro estava junto da porta, e ficou olhando para mim.' Perguntei: 'Era o cachorro de novo?' Ela disse: 'Não, isso se parecia mais com um homem, mas não era.' Ela disse que isso era escuro, e tinha os olhos vermelhos como o cachorro, mas parecia uma pessoa. E continuou: 'Fiquei tão apavorada que não podia nem gritar. Então ele subiu na cama e foi para cima do meu peito. E começou a dizer palavrões horríveis, mas eu não sabia o que significavam.' Minha filha disse: 'Então ele me disse que ia enterrar minha alma no Inferno.' Heidi explicou que ela falava com ele sem usar a voz. E ela disse para aquilo: 'Eu não quero ir para o Inferno.' E ele: 'Quando eu fizer o serviço todo, você vai querer ir para o Inferno.' E ela contou: 'Então ele me pegou pelos calcanhares e rodou comigo pelo quarto e me atirou contra a parede.' Ela estava machucada, bem machucada.

"Eu pensei: 'Isso não pode estar acontecendo.' Era como se estivéssemos na Idade Média. Telefonei para o padre meu amigo. E ele fez pouco do que eu disse, no início: 'Por que você não larga um pouco essa história, tenho certeza de que isso não vai continuar.' Então tentei seguir esse conselho. Na noite seguinte, porém, aconteceu a mesma coisa. Então liguei para o padre Glenn e disse: 'Eu realmente estou precisando de ajuda.' Ele foi lá em casa e interrogou as meninas. Então Ron lhe contou o que se passou com ele. E o padre Glenn disse: 'Eu acredito.' E depois perguntou: 'O que será que vocês estão fazendo e que incomoda tanto Satanás?' Respondi: 'Eu deveria ir a Boston trabalhar no meu livro.' O padre disse: 'Então é por isso que essas coisas estão acontecendo! Você precisa mostrar a Satanás que você não vai desistir por medo. Quando ele compreender isso, vai deixá-la em paz.'

"Meu marido me disse: 'Você tem de trabalhar no livro.' Então eu fui, com muita ansiedade e depois de rogar muito a Jesus pelo nosso bem-estar. Pedi que o padre Glenn ficasse lá em casa, e pusemos medalhas de São Benedito por toda parte.

"Cheguei a Boston e fui para Cape, onde o meu editor mora. Liguei para minha casa e me disseram que estava tudo tranqüilo. Daquele dia em diante, não tivemos mais problemas. A única conseqüência desagradável foi que as duas meninas que tinham estado lá naquela noite contaram tudo para todo o mundo. Então foi aquela boataria. Até os professores da escola pública das minhas filhas lhes disseram: 'Vocês sabem, pode ser que sua mãe não esteja muito bem. Ouvimos falar do que aconteceu na sua casa. A sua mãe tem poderes mediúnicos?' O que podemos dizer? Nos conformamos com isso."

Eu a ouvira por mais de uma hora sem dizer nenhuma palavra. A maior parte do tempo eu sentira um tremor incontrolável, e a tensão nos músculos das minhas costas foi tão grande que a dor permaneceu por muitos dias. Eu sabia que Rita Klaus tinha viajado pelos Estados Unidos falando para grupos de católicos, e imaginei que ela tivesse dado esse testemunho muitas vezes. "Não, nunca", disse ela. "Essa é a primeira vez. Meu confessor disse que eu não deveria dizer nada. Mas o padre Slavko é o meu diretor espiritual. Então, quando vim aqui e ele me disse que viesse conversar com você, achei que eu deveria vir. 'Não é coincidência você estar aqui na mesma época em que Randall está', disse-me ele."

Ela me examinou por um certo tempo com uma expressão bastante terna. "Vejo que você está usando uma medalha", disse ela afinal. "O que é?"

Tirei a medalha de dentro da camisa. Era uma medalha religiosa que minha mãe me dera, anos atrás, o único objeto desse tipo que havia na nossa família. Há mais de cinqüenta anos, a medalha fora dada à minha mãe por sua irmã mais velha, que, pouco antes de morrer num hospital, lhe pusera o objeto entre os dedos, apertando-lhe a mão. Eu a guardara numa caixa, onde a medalha permaneceu anos. Pouco antes de tomar o avião para Roma, tirei-a da caixa e a pus num cordão ao redor do pescoço. Eu não sabia absolutamente o porquê do meu gesto, contei a Rita, e então admiti que nem sequer sabia que tipo de medalha era aquela.

"É um escapulário", Rita me informou. "O primeiro foi dado a São Simão por Nossa Senhora quando ela apareceu para ele no século XIII. Os que o usam, agora, se identificam como pertencentes ao povo de Maria. Acredita-se que ele proteja a pessoa da morte e do mal."

Levantei-me de repente; eu tinha de ir embora. Ela também se levantou, deu um passo à frente e me deu um abraço. "Nossa Senhora o trouxe aqui com uma finalidade, Randall", disse-me Rita. "Vou rezar para que você encontre força e coragem."

CAPÍTULO 12

Em 1990, a característica mais estranha e talvez mais dúbia das aparições ocorridas em Medjugorje, ao menos na opinião dos que tinham sido encarregados de investigá-las, era o tempo que esses acontecimentos tinham durado. Durante os últimos nove anos, os seis videntes bósnio-croatas relataram ter testemunhado mais de 3 mil aparições, enquanto em Lourdes e em Fátima houve 24 aparições ao todo. Todavia, entre os padres da paróquia, a sensação era de uma constante mudança e uma contínua adaptação. Os franciscanos, por exemplo, concordaram com pelo menos um dos decretos do bispo Žanić, anunciado na missa ao ar livre, em 1987, no qual se estabelecia que os videntes não mais se reuniriam no presbitério para suas aparições cotidianas. Em vez disso, o grupo passou a se reunir na galeria do coro da igreja de São Tiago, toda tarde, antes da missa vespertina (ninguém podia impedir que os jovens fossem à igreja rezar, explicaram os frades). Quase todo mundo em Medjugorje achou que a medida que o bispo tomara com a intenção de servir de punição acabou sendo uma grande vantagem: os grandes grupos de peregrinos que um dia reivindicaram ser admitidos na saleta diminuta onde se davam as aparições passaram a se sentar na igreja e rezar o terço.

Foi durante esse período que os habitantes do vilarejo e os visitantes começaram a notar a mudança em Vicka. A jovem camponesa, um dia robusta, mostrava-se, naquele momento, visivelmente abatida. "Macilenta" e "frágil" eram as palavras mais usadas para descrevê-la. O mais espantoso foi que a jovem animada e franca foi se tornando cada vez mais cautelosa — às vezes até afetada — tanto nos movimentos como nos modos, subindo os degraus que levavam ao coro com passos curtos, amaneirados, e falando num tom que muitos observadores desapontados chamaram de monótono. Vicka deixou o curso da escola têxtil de Mostar, e foi de novo trabalhar com a família no campo. Entretanto, os vizinhos da jovem disseram que raramente a viam fora de casa.

Foi seu confessor, padre Bubalo, que afinal revelou que Vicka vinha sofrendo de dores de cabeça terríveis e vertigens freqüentes, e às vezes passava algumas horas inconsciente. "Estado comatoso" era a expressão usada por aqueles que tentavam, inutilmente, despertá-la. No início de 1988, alguns membros da família contaram, chorosos, que ela podia passar até 16 horas inconsciente num dia, acordar freqüentemente no fim da tarde, pouco antes da aparição, e depois entrar mais uma vez nesse coma. Nos breves períodos em que permanecia acordada, Vicka não dava nenhuma explicação para o seu estado. Quando a mãe lhe dizia que ela deveria pedir à Virgem que a curasse, Vicka simplesmente balançava a cabeça e dizia: "Muitas almas irão se beneficiar disso." Afinal, Vicka confessou a alguns padres (entre eles, o confidente do papa, arcebispo Hnilica) que sua doença era parte de uma "tarefa" que ela recebera da Virgem. Embora ela não quisesse divulgar a natureza do seu dever, ela disse que teria de passar por certas privações, entre as quais, passar cinqüenta dias sem receber nenhuma aparição.

Pela primeira vez desde junho de 1981, correu entre os vizinhos de Vicka o boato de que ela estava possuída. Essa fofoca foi alimentada pela atitude da jovem naquele inverno, quando um rapaz americano, que estava morrendo de Aids, chegou a Medjugorje. Era uma época em que até os americanos, em sua maioria, não sabiam como se dava a transmissão da doença e temiam por causa dessa ignorância; na Iugoslávia, a disseminação do vírus era um assunto repleto de rumores apavorantes e superstições mórbidas. Até mesmo alguns membros da família da jovem vidente se perturbaram quando o rapaz moribundo foi visitá-la e Vicka despertou imediatamente para recebê-lo. O rapaz pediu-lhe um beijo, prontamente concedido por ela, que o beijou nos lábios. Chocados e alarmados, muitos vizinhos preveniram a jovem de que ela naquele momento poderia ser portadora da doença. Vicka não se preocupou muito em tranqüilizá-los, afastando essas advertências com um aceno de mão.

Em fevereiro de 1988, Vicka acabou aceitando a sugestão de fazer exames médicos. Radiografias feitas por médicos em Zagreb mostraram um pequeno cisto exatamente na base do crânio. Mas os médicos explicaram que o cisto era pequeno demais para ser a causa dos períodos de inconsciência de Vicka. Além disso, por causa da localização, a remoção dele — ou até mesmo uma biópsia — seria impossível.

Duas semanas depois, dois padres designados pela Comissão de Inquérito formada pela Conferência dos Bispos Iugoslavos chegaram a Medjugorje a fim de perguntar a Vicka se ela realmente sabia quando o seu sofrimento terminaria. Ela respondeu que sim. Os padres então pediram que ela escrevesse essa data num pedaço de papel e o pusesse num envelope lacrado. Isso seria admissível, respondeu ela, e então fez breves anotações em dois pedaços de papel, que foram postos em envelopes separados, um para ficar com a Comissão de Inquérito, e o outro com os franciscanos, em Medjugorje.

Um mês depois, Vicka confiou ao padre Bubalo o segredo da natureza da sua "tarefa": depois da ida das duas ao Purgatório, a Virgem lhe dissera que havia ali muitas almas que não tinham ninguém na Terra que rezasse por elas, e a "convidou a sofrer por essas almas abandonadas". Desde que ela aceitou essa tarefa, explicou Vicka, durante aqueles períodos de aparente inconsciência, ela estava "viajando" com a Virgem.

Ainda no mesmo ano, poucos dias depois dessas declarações de Vicka, e de uma série de sintomas de origem pouco clara, um médico italiano, designado pela associação médica Arpa para investigar os videntes de Medjugorje, diagnosticou uma "conversão histérica" no caso de Vicka. Dois dos colegas do médico, um austríaco e um polonês, assinaram o diagnóstico, mas os três tiveram de se confrontar com mais de vinte dos seus pares numa reunião em Milão, em 25 de março. Os relatórios de diferentes psicólogos e psiquiatras que examinaram Vicka mais minuciosamente (apenas um dos três médicos que a consideraram histérica passou alguns minutos com ela) e a consideraram mentalmente sã foram considerados mais confiáveis, e a comissão da Arpa votou pela rejeição irrefutável do diagnóstico do médico italiano e seus dois colegas.

O neurologista de Split que chefiava a seção científica da Comissão de Inquérito dos Bispos da Iugoslávia anunciou que ele aquiesceria com o diagnóstico de histeria, mas só se os três médicos que o assinaram voltassem a Medjugorje e examinassem Vicka mais detidamente. Eles concordaram, e uma semana depois chegaram ao vilarejo onde passaram muitas horas entrevistando-a no presbitério da igreja de São Tiago. Imediatamente depois, os três assinaram um documento declarando que ela estava em boas condições de saúde física e mental, e não apresentava nenhum tipo de patologia.

As terríveis dores de cabeça e os longos períodos de inconsciência de Vicka continuaram. Então, no dia 18 de setembro, um domingo, ela informou aos que tinham recebido os dois envelopes lacrados em fevereiro que estes deveriam ser abertos em uma semana. O bispo de Banja Luka (designado a presidir a Comissão de Inquérito) chegou a Medjugorje em 25 de setembro, acompanhado de três padres que serviriam de testemunhas. Na presença deles, os dois envelopes foram abertos, e, de dentro deles, retirados os dois bilhetes idênticos. Neles, Vicka escrevera: a finalidade de sua doença era a salvação das almas; a Virgem prometera que o seu sacrifício chegaria ao fim em 25 de setembro de 1988, e que o seu padecimento terminaria nessa data. Ao ler os bilhetes, o bispo de Banja Luka pediu que ela se submetesse a outros exames médicos: a radiografia tirada alguns dias depois mostrou que o cisto na base do crânio desaparecera. A vidente disse apenas que não se sentia mais doente e que, desde 25 de setembro, não tivera mais dores de cabeça nem desmaios.

Os moradores do vilarejo, porém, contaram que haviam notado uma mudança importante na personalidade de Vicka: a língua mordaz e irascível, que era a sua marca registrada, sumira. Embora não tão dócil como havia estado durante a doença, a jovem estava então mais serena e sua fala era mais mansa. Quando um entrevistador de Roma chegou ao vilarejo para lhe perguntar o que ela pretendia, Vicka respondeu: "Nós somos os porta-vozes da salvação de todos. O meu papel é o de dar testemunho das palavras da Madona e receber os peregrinos que chegam à minha casa. Essa é a vocação da minha vida."

Enquanto Vicka dava a impressão de estar optando por uma vida de freira secular, Ivanka foi a primeira dos videntes de Medjugorje a se casar e dar origem a uma família. Seu marido era um morador do lugar,

Branko Elez, a quem ela já namorava antes do início das aparições. Apesar disso, muitos habitantes do vilarejo ficaram chocados com o anúncio de seu casamento: tanto Bernadete Soubirous quanto Lúcia dos Santos tinham escolhido a reclusão em conventos. Assim, para esses vizinhos, era inconcebível Ivanka manter um diálogo espiritual com a Virgem Santíssima paralelamente a um relacionamento sexual com o marido.

Ivanka reconheceu que Nossa Senhora dissera que Ela "gostaria muito" que os seis videntes se tornassem padres ou freiras; ao mesmo tempo, a Virgem acrescentara, como sempre: "A escolha cabe a vocês." O casal tinha se posto à prova com separações de até um mês, admitiu Ivanka quando anunciou o noivado, mas ela e Branko ainda se sentiam mutuamente atraídos. Naquela ocasião, ela disse que adiaria o casamento para depois da aparição anual testemunhada por ela, e que o matrimônio só se realizaria se a Virgem lhe desse a bênção. O que parecia ter acontecido; Ivanka, embora não tivesse revelado as palavras ditas, emergiu do local da aparição "feliz e alegre", conforme descreveu um observador, e declarou que, naquele momento, estava livre para se casar. Os outros cinco videntes assistiram ao casamento de Ivanka, em 28 de dezembro de 1986, dia consagrado à Sagrada Família. Em seguida, de comum acordo, eles lembraram aos vizinhos que o casamento era um sacramento, não um pecado.

Dez meses depois do casamento, Ivanka deu à luz uma filha, Krystina. Já sendo a mais apartada dos videntes, ela se isolou cada vez mais na sua vida particular, mudando-se para uma casa que ficava a mais de 1,5 quilômetro do bairro em que os outros videntes moravam, e evitando o contato com os peregrinos sempre que pudesse. Qualquer tipo de "intromissão" a incomodava, até mesmo a revelação de que, em 1988, ela passara os quarenta dias da Quaresma a pão e água.

Jakov também se esquivava dos peregrinos, embora ele fosse mais fácil de ser encontrado, pois aceitara trabalhar na livraria franciscana que ficava atrás da igreja. Para alguns moradores do vilarejo, foi um escândalo ainda maior do que o casamento de Ivanka quando Jakov saiu da livraria e triplicou a sua renda ao ser contratado por uma das agências de turismo locais que o usava basicamente como chamariz. Ele ficou apenas alguns meses nesse serviço, até admitir que cometera um erro e voltar para a livraria.

Em 1988, Ivan tornou-se o primeiro dos videntes de Medjugorje a visitar os Estados Unidos. Metido em Levi's e Reeboks, o rapaz divertiu seus anfitriões com as preferências dele com relação à cultura americana: andando de carro, ele ligava o rádio em estações que tocavam música *country* ou do gênero faroeste; nos quartos de hotel, os programas de tevê que ele selecionava eram quase todos de apresentadores evangélicos, que o fascinavam. Em Chicago, Ivan aceitou entradas para um jogo do Bulls, e deixou-se fotografar apertando a mão de Michael Jordan, mas não mostrou nenhum interesse em ficar com a foto. A última parada de Ivan nos Estados Unidos foi Los Angeles, onde ele espantou seus anfitriões ao recusar o convite para ir à Disneylândia. "As pessoas de verdade são importantes para mim", explicou ele, "brinquedos mecânicos e fantasias, não." Ele voltou para casa a tempo de acompanhar os outros videntes numa novena que precedeu o Natal. Indagado sobre seus planos para o futuro, ele disse que, como filho mais velho, a sua obrigação era continuar a trabalhar com sua família no campo. Um grupo de peregrinos que perguntou sobre sua "filosofia de vida" se sentiu insultado com a resposta ríspida de Ivan: "As pessoas não precisam de filosofia; o que elas precisam é viver uma vida simples."

Foi a tímida Marija que se revelou a fonte de sensação e controvérsia mais inesperada entre os videntes. Alta e magra, de uma família tão pobre que na infância chegou a sofrer de desnutrição, ela foi talvez a mais reservada dos videntes durante os primeiros dias das aparições. Entretanto, quando chegou aos vinte anos, Marija tornou-se uma presença segura e forte; todos os padres, inclusive Slavko, concordavam em que, dentre os seis videntes, a que vivia a "vida de oração" com mais intensidade era ela.

Marija continuava o seu caminho independente. Por exemplo, ela foi a única dos videntes que decidiu não recitar o terço quando eles se reuniram na galeria do coro da igreja para se preparar para a aparição do fim do dia, explicando que ela preferia ler versículos da Bíblia e depois meditar sobre eles em silêncio. Alguns acharam a atitude apaziguadora, mas muitos discordavam do hábito de Marija de descrever as experiências mais fantásticas como se elas não fossem nem um pouco excepcionais.

Todos os videntes disseram que a Virgem aparecia para eles todo Natal com o Menino Jesus em Seus braços, enfaixado e bastante escondido. Marija foi a única que contou que, num Natal, ela e os outros viram o Menino levantar a mão, tirando-a da manta que o enrolava, e começar a brincar com o véu da Madona. Pouco depois, a criança timidamente pôs a cabeça para a frente, afastando o véu, olhou para o grupo de videntes, depois se escondeu de novo na manta. A criança fez isso mais duas vezes, contou Marija, antes de "percebermos que o Menino Jesus estava brincando de esconde-esconde conosco".

Apesar de todos os que se chocavam com essas histórias, Marija era, por volta do final da década de 1980, talvez a mais admirada dentre os videntes de Medjugorje, e o seu imprimátur foi um enorme incentivo para a "comunidade da oração" que fora fundada pelo padre Vlasić perto de Palma, na Itália. Vlasić, proibido pelo bispo Žanić de pregar em Medjugorje, isolara-se num mosteiro nos arredores de Parma, onde passou um ano como eremita. Durante esse tempo, o padre convenceu os videntes a perguntarem à Virgem, em nome dele: "O que posso fazer para servi-La, em Medjugorje e na minha paróquia?" As respostas que os seis trouxeram pareciam desencorajá-lo de formar a comunidade de oração especial e exclusiva que ele imaginava, mas em fevereiro de 1988 ele a instituiu, assim mesmo, juntando 14 jovens dos dois sexos para uma temporada de cinco meses no interior da Itália, perto do castelo de Canossa. Em menos de dois meses, o padre Vlasić difundiu uma carta intitulada "Uma Prece no Ano Mariano", que se destinava tanto a anunciar o seu novo grupo como a pedir ajuda para levá-lo adiante. "A comunidade deseja ser uma família, seguindo o exemplo da primeira comunidade cristã", escreveu o padre, e seria caracterizada pela "pobreza, pureza e obediência". A única atividade seria a "oração perpétua, a adoração perpétua, o amor eterno num ermo, e nenhum contato com o mundo exterior".

Anexado à carta, havia um "testemunho" de Marija (que entrara para a comunidade pouco depois de seu início) que expressava o apoio dela ao projeto. Os amigos e a família da jovem em Medjugorje ficaram muito desnorteados com a anuência dela, preocupados com as "ambições" do padre tão amado. Desde a sua chegada a Medjugorje, Vlasić fora uma fonte de paixões febris e fantasias sensuais; quando ele gritava do altar de São Tiago, "o Céu abriu-se para nós", as pessoas nos bancos pareciam desfalecer. Entretanto, a inclinação do padre Vlasić para o excesso fazia as cabeças mais serenas do vilarejo hesitarem. Muitos eram gratos pelo equilíbrio que as reflexões sempre mais ponderadas do padre Slavko propiciava.

Os dois padres tinham trabalhado em conjunto, e continuavam amigos, mas Slavko não conseguia esconder sua apreensão diante do que estava ocorrendo na Itália. Como muitos no vilarejo, ele ficou desconcertado com a cooperação entre Vlasić e uma enfermeira austríaca de nome Agnes Heupel, cujas alegadas curas estavam entre as mais afamadas de Medjugorje. Em 1974, aos 23 anos, Heupel foi vítima de uma paralisia no lado direito. Embora tivesse havido dificuldade em estabelecer um diagnóstico, as lesões na espinha e o tumor pulmonar que acompanharam a paralisia foram constatados nos exames feitos separadamente por quatro médicos. Ela passava a maior parte dos dias confinada a uma cadeira de rodas, e, para minorar a dor, tomava uma combinação de cortisona com analgésicos que aos poucos prejudicou a sua memória; com o tempo, ela passou a não reconhecer nem os velhos amigos.

Em 1983, Heupel afirmou ter tido a visão de uma igreja, com duas torres, rodeada de luz. Ela não tinha reconhecido a igreja, disse ela, até vê-la estampada num livro sobre Medjugorje que um amigo lhe dera. Em maio de 1986, ela fez uma viagem penosa à Iugoslávia. Ao chegar ao vilarejo, contou ter sido tomada pelo desejo urgente de abandonar as muletas e o aparelho das pernas que ela trouxera ao vir da Áustria. No dia 12 de maio, a enfermeira conseguiu um convite para se sentar ao lado dos videntes durante uma aparição, e entrou no presbitério usando apenas uma muleta. Durante a aparição, ela sentiu uma paz extraordinária, disse Heupel: era como se o tempo e o espaço não se desintegrassem, mas se expandissem; a saleta do presbitério tornou-se enorme. Depois da aparição, ela se levantou como todos na saleta e se dirigiu para a fila de saída. O padre Slavko foi atrás de Heupel, com a muleta dela na mão, gritando: "Você esqueceu isso!" Mas ela sabia que estava curada, disse Heupel, e prometeu subir o Podbrdo no dia seguinte sem nenhuma ajuda. Uma amiga (uma enfermeira) que a acompanhara disse que a subida seria impossível: "Seus músculos e pernas ficaram 12 anos sem exercício, e não vão agüentá-la nem por 100 metros." Todavia, na presença de muitas testemunhas, Heupel subiu o morro das aparições na tarde seguinte. Ela não tornou a usar nem as muletas nem a cadeira de rodas. Na Áustria, os médicos de Heupel reabriram os arquivos deles e apoiaram a alegação de que "uma enfermidade orgânica e seriamente irreversível" tinha sido inteiramente curada. Em Medjugorje, porém, o entusiasmo começa a perder a graça quando ela passa a relatar visões e revelações contínuas. A preocupação transformou-se em consternação ao se saber que ela e o padre Vlasić estavam juntos na Itália, e se comparavam a Santa Clara e São Francisco.

Embora o "testemunho" de Marija anexo à carta de Vlasić, de abril de 1988, tenha sem dúvida ajudado a levantar fundos para o projeto dele na Europa Ocidental, o documento apenas contribuiu para que os amigos de Marija em Medjugorje decidissem arrancá-la do envolvimento com ele. Os esforços deles deram resultado; em 5 de julho, Marija saiu da comunidade de Vlasić, e seis dias depois publicou um texto de duas páginas no qual afirmava: "Nunca pedi à Madona, nem recebi Dela, nenhuma confirmação do trabalho realizado pelo padre Tomislav e Agnes Heupel." O "testemunho" anterior publicado com a assinatura dela, afirmou Marija, "não corresponde à verdade".

A vidente então desapareceu por um período de semanas e disse ter estado viajando pela Europa Ocidental. Ela voltou a Medjugorje naquele outono, mas partiu de novo no final de novembro, quando fez sua primeira viagem aos Estados Unidos. Essa temporada não só restabeleceria a reputação de Marija, como a reforçaria consideravelmente: ela foi aos Estados Unidos doar um rim para seu irmão mais velho, Andrea, que morreria em poucas semanas caso não recebesse um novo órgão. Os médicos do hospital em Birmingham, estado de Alabama, que realizariam a operação disseram-lhe que, devido a um pequeno problema cardíaco, o risco de morte durante a cirurgia era de 20%, e que a chance de Andrea sobreviver era de apenas 30%. Ela não desistiu da doação, e contou, depois, ter presenciado uma aparição enquanto esteve sob o efeito da anestesia geral. O cirurgião que chefiou a equipe médica disse apenas que a jovem parecia estar sorrindo o tempo todo enquanto ele a operava e lhe extraía o rim.

O transplante de Andrea foi um sucesso; Marija recuperou-se a tempo de comemorar o Natal em Medjugorje.

Já no fim do ano de 1987, os seis videntes de Medjugorje reuniram-se para a última entrevista dada por eles como grupo. Até mesmo o padre que fez as perguntas, padre Rupčić, observou, depois, ser difícil dizer se eles haviam revelado mais pelas semelhanças ou pelas diferenças nas respostas. Quando lhes perguntaram se a Madona ainda se apresentava exatamente como tinha se apresentado desde o início das aparições, eles responderam em uníssono: "Primeiro vemos a luz, depois Ela." Quando Rupčić quis saber se os seis falavam regularmente entre si sobre as aparições e as mensagens, eles simultaneamente disseram que não se falavam com freqüência, principalmente por causa da falta de tempo e porque essas conversas eram inúteis.

Marija, Ivan e Jakov admitiram que os incomodava a opinião negativa do bispo Žanić sobre as aparições, enquanto Ivanka e Vicka disseram que não ligavam a mínima. No decorrer da entrevista, Mirjana se estendeu mais na resposta, admitindo para Rupčić que ela se sentira "sem jeito e perturbada" quando o bispo criticou as aparições pela primeira vez: "Na ocasião, eu era muito jovem e queria ver o triunfo da justiça, mas agora me é indiferente. Eu só sinto necessidade de rezar por ele, e nada mais."

A partir dessa entrevista, entendia-se por que Mirjana continuava a ser o foco da atenção dos que queriam uma resposta à pergunta que René Laurentin então recém-formulara por escrito: "Para onde vai Medjugorje?" Como escreveu Laurentin: "A realização dos Segredos parecia iminente em 1984, quando Mirjana preparou o instrumento para a revelação pública deles." Inevitavelmente, os que estavam esperançosos e alegres começaram a se inquietar à medida que os meses se passavam. Laurentin pediu que os fiéis se lembrassem de que qualquer profecia não era senão "o cintilar de luzes fugidias iluminando um futuro que o próprio profeta não compreende". Entretanto, tanto Vicka como Ivan, em momentos diferentes, disseram que eles sabiam a hora e a data exatas do aparecimento do

Grande Sinal, enquanto Mirjana continuava a insistir que ela sabia exatamente quando cada um dos Segredos seria revelado. Quando Rupčić perguntou aos seis videntes até quando a Madona apareceria para eles, Mirjana logo respondeu: "Até todos os videntes terem recebido todos os Segredos." Marija disse ao padre que ela e os outros tinham feito a mesma pergunta anos antes, e que a resposta sorridente da Madona tinha sido: "Eu estou aborrecendo vocês?" Quando Rupčić refez a pergunta, indagando se eles esperavam que um dia não houvesse mais aparições da Madona diante deles, os outros cinco responderam, um de cada vez, que não tinham a menor idéia. Mirjana, porém, respondeu: "Eu estou esperando que os outros videntes recebam o décimo Segredo."

Mirjana continuava a ser a vidente que falava com mais freqüência de acontecimentos terríveis e de Satanás. Em janeiro de 1987, ela relatou "uma aparição especial" na qual a Virgem revelou uma mensagem que se destinava tanto ao vilarejo quanto ao mundo. Segundo Mirjana, a Madona queria avisar às pessoas que o Diabo estava obtendo vantagens sobre elas: "Sempre que venho até vocês, o meu Filho vem comigo, mas Satanás também... Vocês permitiram, sem perceber, que ele os influenciasse." Mirjana vinha falando dessas "aparições especiais" desde o fim de 1985; quase todas visavam, disse ela, ajudá-la a lidar com os seus medos. Em março de 1986, Milan Mikulich, o padre franzino que providenciara a minha hospedagem em casa da vidente, perguntou-lhe por que a Virgem aparecia para ela em momentos difíceis, e não fazia o mesmo conosco. "Eu não estou falando dos problemas comuns da vida", respondeu Mirjana. "Os meus momentos difíceis se devem aos Segredos sobre o futuro do mundo, que me foram revelados por Nossa Senhora. Às vezes, mal posso agüentar, quando penso seriamente no assunto. Nossa Senhora então aparece e me dá forças e coragem para continuar."

Em setembro de 1989, o padre Mikulich estava de volta a Medjugorje para celebrar o casamento de Mirjana. O noivo era o sobrinho do padre Slavko, Marco Soldo, que tinha namorado Mirjana no tempo da Universidade de Sarajevo. A cerimônia foi celebrada num clube de caça em Čitluk. Para muitos, esse acontecimento não era menos perturbador que o casamento de Ivanka, e muito mais incompreensível: se o fim estava próximo, por que Mirjana estava fundando uma família? A pergunta confundia mais ainda quando se soube no início de 1990 que Mirjana estava grávida. Ela nunca disse que o mundo iria acabar, disse ela então, nem jamais insinuou que as pessoas abandonassem suas vidas. Ela e Marco pretendiam ter tantos filhos quantos Deus lhes desse.

Pouco tempo depois, padre Mikulich convenceu Mirjana a ir ao Oregon. Foi necessária a intervenção do senador Mark Hatfield para que se permitisse a entrada de uma cidadã bósnia grávida no país. Em 30 de janeiro, Mirjana chegou a Portland. A aparição da Virgem a Mirjana ocorreu na capela de Nossa Senhora de Sinj, em 2 de fevereiro. Na mensagem que ela recebeu parecia haver uma repreensão. Mesmo os católicos praticantes estavam "me ajudando muito pouco", disse a Virgem: muitas pessoas pareciam não compreender que elas nem iriam para o Céu, nem encontrariam a felicidade terrena, a não ser que os corações fossem puros e humildes, explicou Nossa Senhora.

Eu li que Mirjana chorou durante todo o tempo dessa aparição, assim como durante a aparição no dia do seu aniversário, seis semanas depois, mas eu não estava preparado para as fotografias do rosto dela tiradas nessas duas ocasiões e que me foram mostradas em Medjugorje. Não foram os contornos dos olhos, inchados e vermelhos, que me espantaram, nem o desaparecimento do azul brilhante de suas íris por trás de pupilas enormemente dilatadas. Foi a ausência total de expressão; eu nunca vira um rosto mais desprovido de consciência de si. Antes de ver essas fotos, eu tinha passado dias elaborando dúvidas e teorias sobre Mirjana, pensando em como o papel que ela desempenhara em Medjugorje poderia abrandar as inseguranças ou satisfazer as vaidades que ela escondia até de si mesma. Ter a posse e a manutenção dos Segredos, ocorreu-me mais de uma vez, era uma forma de guardar uma sensação de poder e importância, e ainda assim ter o reconhecimento pelo compromisso com o serviço e o sacrifício. Ou talvez suas visões fossem uma forma benigna de insanidade, uma loucura com boas intenções. Debaixo de todos os complexos processos da psique humana, talvez houvesse algo simples assim: Acreditar é Ver. Quando vi aquelas fotografias, porém, eu me dei conta de que não estava vendo a expressão de uma atriz ou de uma mulher louca. Havia algo realmente acontecendo com Mirjana, e eu teria de viver sabendo pelo menos isso, mesmo que eu não compreendesse o porquê.

Eu veria essa mesma expressão — não em fotografia, mas cara a cara — menos de uma semana depois. Eu tinha saído da casa de Mirjana três dias antes. Ela precisava de espaço para acomodar um grupo de oração de umas trinta pessoas e sabia que eu não estava interessado em me juntar a esse pessoal. Marco, cuja personalidade era muito mais afável do que a de sua mulher, pareceu bem mais preocupado em saber onde eu poderia me alojar, e se mostrou visivelmente aliviado quando eu lhe disse que Milona de Habsburgo me arranjara um quarto próximo ao dela na pensão Maja, na estrada entre a igreja e a montanha da Cruz. Em 2 de agosto, atravessando os campos, a pé, cheguei a Bijakovići para marcar um encontro com Mirjana num outro dia daquela semana. Quando ela abriu a porta de sua casa, olhei para ela e me esqueci completamente da razão por que eu estava ali. Era como se alguém tivesse lhe tirado os ossos do rosto e seus olhos tivessem aumentado, mas essa descrição não me parece adequada. Basicamente, o que eu vi em Mirjana foi uma ternura acolhedora que excedia em muito o eu vulnerável que eu vislumbrara durante a nossa conversa no jardim duas semanas antes.

Seja como for, entrei na casa, e nós dois ficamos parados no vestíbulo, sem dizer nada. Mirjana nem sequer perguntou por que eu tinha ido lá; ela apenas me cumprimentou e ficou me olhando. A desconfiança e a censura que eu sempre percebera nela estavam totalmente ausentes naquele momento. Eu senti crescer em mim uma emoção misteriosa e tive o desejo quase inevitável de abraçá-la. Não era nenhum impulso sexual; eu queria consolar, e ser consolado. Por fim, lembrei-me de que estava ali para marcar um encontro para aquela mesma semana. Mirjana assentiu com a cabeça e o seu jeito me fez pensar que ela concordaria com qualquer pedido meu. Houve outra pausa constrangedora. "Você me dá licença, por favor", disse ela afinal. Eu sabia que ela não estava pedindo que eu saísse, mas eu saí. No portão, olhei para trás e vi Mirjana em pé junto à porta. Foi apenas nesse momento que me lembrei da data.

Depois da aparição no dia do seu aniversário, em março, Mirjana tinha contado que dali em diante ela receberia a aparição da Virgem no segundo dia de cada mês. Toda a sua capacidade de lidar sozinha com o peso dos Segredos se esgotara, foi o que Mirjana me explicou durante uma de nossas primeiras conversas: "Comecei a perceber que eu realmente enlouqueceria. Saber o que vai acontecer com os incrédulos é algo que pesava demais na minha vida. O tempo todo, eu me sentia triste e apavorada. Quando a Mãe Santíssima chegou, Ela disse que sabia o quanto estava sendo difícil para mim, e que, para me ajudar, apareceria uma vez por mês. E a minha vida ficou mais leve."

Mirjana e eu conversamos naquela ocasião sobre a minha presença na aparição que ocorreria em 2 de agosto, caso eu ainda estivesse em Medjugorje. Ela me avisou que eu teria de rezar com ela durante três horas antes do momento da aparição, me pareceu duvidar de que eu fosse capaz de fazê-lo, mas não disse que eu não seria bem-vindo. E eu pensei: como era curioso tanto eu ter conseguido me esquecer da aparição como, ao mesmo tempo, chegar à casa dela menos de uma hora depois do acontecimento terminado.

De repente, me senti exausto e parei para descansar sob a figueira gigantesca, onde, quase sempre, viam-se refugiados ciganos que, em meio aos rosários de plástico e madeira que expunham, acenavam para os peregrinos que por ali passavam a caminho do Podbrdo. Não foi a primeira vez que me perguntei se algum dia eu sairia daquele lugar. De novo, pensei na minha conversa com Mirjana, no jardim, algumas semanas antes, e na tristeza na voz dela. O que me levou a rememorar a descrição feita por René Laurentin da aparição da Virgem a Ivanka durante a comemoração do aniversário em Medjugorje, em junho de 1989; eu a lera alguns dias antes. Ele estava sentado a poucos metros de distância, num sofá bem em frente a Ivanka, descreveu Laurentin, e observou que a "alegria transparente" da jovem no início da aparição tornara-se, primeiro, uma expressão "sombria", e depois, "grave". Ela e a Virgem tinham falado de novo do quinto Segredo, explicou Ivanka posteriormente. O padre francês admitiu ter se distraído ligeiramente durante o êxtase de Ivanka por causa da presença da filha de Ivanka, Krystina, de 19 meses, que ficou muito agitada quando a mãe pareceu perder o contato com ela. Vendo que "não havia nenhuma expressão" nos olhos de Ivanka, Krystina chamou "Mamãe! Mamãe!", muitas vezes, observou Laurentin, e batia no ombro da mãe, e até chegou a chutar a barriga de Ivanka na tentativa de chamar a sua atenção; mas fora tudo em vão.

Identifiquei-me com a criança, foi o que percebi, não com a mãe.

No meio da multidão que naquele dia assistiria à aparição a Ivanka estava também o Dr. Philippe Loron, ex-chefe do setor de neurologia do hospital La Salpêtrière, em Paris. O Dr. Loron, médico católico, declarou estar ali para realizar uma investigação científica. Era evidente que ele estava impressionado com o que testemunhara. Ivanka não piscou nem uma vez enquanto os *flashes* de diversas câmeras pipocavam em seu rosto no decorrer da aparição, relatou Loron, prova de que, segundo ele, o estado de consciência da jovem não era patológico, nem comum. Posteriormente, ele classificaria o êxtase de Ivanka como *sui generis*, o que significa, num diagnóstico, "desconhecido" ou "mal compreendido". Tendo revisto, a pedido do padre Laurentin, os diversos exames a que os videntes tinham se submetido anteriormente, o parecer do Dr. Loron foi explicitado numa linguagem que os adeptos de Medjugorje consideraram mais encorajadora: "Esta é a primeira vez que a ciência médica se empenha tanto em avaliar o fenômeno do êxtase. E, nessa avaliação, o que se confirmou de diversas maneiras foi a integridade moral e psicológica dos videntes."

Apesar da enorme quantidade de pesquisas médicas já realizadas, o padre Laurentin incentivou os videntes a colaborar, participando de outros testes científicos. Entretanto, muito do que se passava por ciência fazia os pesquisadores mais sérios darem risada. Talvez a "pesquisa" mais ridícula tenha sido uma que pretendia examinar as alegações de pessoas cujos terços comuns teriam se transformado em terços de ouro em Medjugorje. As reportagens da mídia sobre esse tipo de alquimia sobrenatural vinham sendo, há muito, motivo de constrangimento para os franciscanos, que não precisavam de nada além do olho nu para enxergar o óbvio. Dois cientistas americanos, um médico e um químico, utilizaram um microscópio eletrônico para examinar as quatro contas do rosário supostamente transformadas antes de relatar o seguinte: "Muitos rosários têm correntes de latão. Com o uso, a prata se gasta e adquire uma cor alaranjada do cobre subjacente. Não há nenhuma mudança nas correntes."

A resposta de René Laurentin a esse relatório levantou dúvidas sobre sua própria credibilidade intelectual; em vez de ridicularizar o absurdo dessa investigação científica, o padre se perguntou a quem interessava desmascarar aqueles "que se beneficiavam espiritualmente" da crença na ocorrência de um milagre. Laurentin também não conseguia ver nenhum motivo de riso nos esforços infrutíferos de um pesquisador de Toulouse que tirava fotos infravermelhas da Madona durante uma aparição em Medjugorje, e pareceu ter ficado desapontado quando os cientistas não conseguiram detectar mudanças nem nos campos magnéticos nem nos níveis de radiação em torno dos videntes durante os seus êxtases.

Laurentin talvez tenha ficado até mais desapontado com a recepção a uma outra equipe de médicos da Universidade de Milão que chegou a Medjugorje no verão de 1987, dessa vez para realizar o que foi descrito como "testes sincóticos (*sic*) dos músculos, do diafragma e da respiração dos videntes, antes, durante e depois das aparições". Todos, exceto Marija, negaram-se a cooperar. E quando o colaborador de Laurentin, Henri Joyeux, voltou a Medjugorje três meses depois, esperando de novo filmar os videntes durante as aparições, encontrou a mesma recusa. Joyeux partiu para Roma e obteve a aprovação do cardeal Ratzinger para o transporte dos videntes à França, mas só Ivan se dispôs a ir. Laurentin lastimou a "oportunidade perdida".

Todavia, no final de 1989, todos os seis videntes concordaram em colaborar com uma equipe de médicos, psicólogos e sociólogos reunidos pelo Vaticano, e passaram algumas semanas sendo interrogados e testados num mosteiro perto de Split. Embora os detalhes não tivessem sido divulgados, o padre franco-canadense que chefiou a equipe do Vaticano permitiu a publicação do último parágrafo do seu relatório: "A conclusão a que chegamos é de que o padrão de comportamento dos videntes, tanto sociocultural como sócio-religioso, não apresenta nenhum sinal de fraude, histeria, nem de auto-engano."

CAPÍTULO 13

O meu quarto na pensão Maja tinha não só um banheiro privativo como um pequeno balcão do qual se viam tanto a cruz no topo da Križevac como os dois campanários da igreja de São Tiago. Abaixo desses pontos inspiradores, a paisagem campestre parecia, aqui e ali, ter sido arrasada pelo desmoronamento de um arranha-céu. Sob altas latadas de uvas e kiwi, uma variedade de cabras, galinhas e porcos pastavam, bicavam e se espojavam em meio a placas de concreto e um emaranhado de vergalhões que os cobriam como trepadeiras de alguma planta petrificada. Por todo lado havia formas truncadas de obras abandonadas que, à distância, não pareciam muito diferentes dos prédios bombardeados que se viam na estrada em Mostar. Esses escombros de empreendimentos urbanos que se cobriam de mofo em meio à verdura dos campos de Medjugorje eram um testemunho dos anos de expansão econômica da paróquia. Essa expansão teve início por volta de 1987, quando o Partido Comunista em Sarajevo divulgou um curto comunicado à imprensa que dizia: "A peregrinação a Medjugorje é um fenômeno puramente religioso, apolítico e, portanto, legal."

Até aquele ano, todo mês de junho, o governo mandava equipes de agentes secretos encher a igreja e seus arredores de grafites politicamente provocadores; os moradores apanharam 12 desses agentes durante uma única comemoração do aniversário. Ainda em dezembro de 1986, a polícia secreta organizara uma investida à casa particular onde Vicka e Marija impulsionavam a população de Bijakovići a rezar uma novena de Natal. Uma vez decidida a liberação das devoções na paróquia de Medjugorje, o engajamento do governo no "programa de cooperação" foi total. Já no outono de 1988, funcionários da municipalidade de Čitluk reuniram-se com os franciscanos num almoço no presbitério da igreja para planejar em conjunto não só a organização das peregrinações como um sistema de códigos para o vilarejo. O mercado de contrabando tinha funcionado durante anos em quiosques de plástico alaranjado, recuperados dos Jogos Olímpicos de Inverno de Sarajevo, apesar das queixas quase diárias dos franciscanos; naquele momento, o governo mandou equipes de agentes para acabar com todos os quiosques, por estarem atrapalhando o tráfego. Alargaram a estrada que conduzia ao vilarejo, e começaram a construir uma nova ponte sobre o rio Lukoc. Em março de 1989, quando 32 representantes da mídia francesa chegaram a Medjugorje para levar adiante uma "investigação", funcionários do Estado os receberam com um suntuoso churrasco de ovelha, responderam a perguntas graciosamente, e insistiram em dizer que estavam abertos à idéia de autenticidade das aparições.

Em 1989, o grupo de oração Emanuel estava coordenando uma rede de 130 hospedarias: todo morador da paróquia que possuísse terra e tivesse condições de pedir empréstimo estava construindo prédios para receber os peregrinos. Ônibus, táxis e carros particulares enfileiravam-se nas ruas; algumas vezes havia engarrafamentos que se estendiam até a metade do caminho para Ljubuški. Havia mais de quarenta confessionários no adro no lado sul da igreja de São Tiago, que passou então a ser chamado jocosamente de "Purgatório" por causa dos enxames de abelhas atraídos pelos refrigerantes e os desodorantes dos peregrinos. Entre a nova ponte e a igreja, e em todo o percurso entre os montes Križevac e Podbrdo, viam-se restaurantes, cafés e lojas de suvenires à beira da rua. No início de 1990, o secretário do Partido Comunista em Čitluk confirmou que o destino de mais de 1/4 de todos os turistas que visitavam a Iugoslávia era Medjugorje.

Nem todo mundo via com bons olhos o impacto da prosperidade. O padre Zovko, que não pregava em Medjugorje desde 1985, apareceu no púlpito em 1º de janeiro de 1990, e surpreendeu os paroquianos ao denunciá-los por preferirem o lucro à prática da religião. O vilarejo estava "desfigurado" pela profusão de lojas de suvenires, disse Zovko: "Precisamos entender que todo esse mercantilismo é prejudicial a Medjugorje... esta situação realmente me desagrada muito." Embora usasse uma voz mais branda, Zovko não foi menos incisivo na sua oposição aos especuladores, e exigiu que eles se afastassem pelo menos da Križevac e do Podbrdo. Os comerciantes, porém, muitos deles não-católicos, tinham o apoio do governo e permaneceram onde estavam.

Em 25 de junho de 1990, a homilia da missa do nono aniversário das aparições foi proferida pelo padre Leonard Kustić, editor do maior semanário da Croácia, *Glas Koncila*. Ele nunca temera o "materialismo ideológico" do comunismo, disse o padre Kustić à multidão, "pois podemos responder aos argumentos dele". Entretanto, o que o fazia se sentir genuinamente assustado, confessou o padre, era o "materialismo mais prático, mais insinuante" que vinha sendo importado do Ocidente, particularmente dos Estados Unidos: como Satanás por certo compreendeu, a sedução era um método muito mais eficaz de minar a espiritualidade do que a repressão.

O rolo compressor da pressão econômica parecia irrefreável. Já em 1991, esperava-se que Medjugorje recebesse 2 milhões de peregrinos por ano. Todo dia chegavam à igreja de São Tiago de duzentas a quinhentas "declarações" de peregrinos afirmando que suas preces tinham sido respondidas. Havia um clima de *showbiz* até no que cercava as aparições. Toda noite a mensagem da Virgem era lida por um padre e transmitida por um sistema de alto-falantes. Ao surgirem da galeria do coro da igreja, os videntes eram recebidos pelos clarões dos *flashes* e pelos toques dos peregrinos que pareciam acreditar na possível absorção de alguma força sobrenatural.

Apenas Mirjana queixava-se publicamente dos peregrinos: "Há alguns que pedem coisas impossíveis. Eles pensam que eu sou Nossa Senhora. Acham que posso fazer tudo por eles, e não compreendem que Nossa Senhora não pode fazer nada sem Deus. Ela também precisa rezar para Deus." Todos os videntes disseram ter recebido ofertas de dinheiro dos peregrinos, e, nessa mesma ocasião, disseram que a Virgem lhes proibira de aceitar um centavo que fosse. "Seria um sacrilégio", explicou Mirjana.

Ao redor deles, porém, as pessoas estavam enriquecendo. O cultivo do tabaco foi abandonado, e, pela primeira vez na história do vilarejo, as uvas, abandonadas, apodreceram nos vinhedos. Mas nem mesmo os que lhes avisaram que o dinheiro traria a condenação eterna estavam preparados para serem salvos pela guerra civil mais sangrenta da Europa.

Cada dia me incomodava mais a facilidade com que Medjugorje esquecia a existência da guerra, ou no mínimo a concebia como um acontecimento já encerrado, cujas conseqüências se arrastavam. Sempre que eu mencionava esse mal-estar aos meus anfitriões, eles me olhavam com espanto, incapazes de imaginar uma pessoa que pudesse se queixar de uma dádiva daquelas.

O sentimento incômodo de que eu me refugiara no medo e na negação persistia. Às vezes, eu pegava o meu mapa Michelin do que havia sido a Iugoslávia para examiná-lo e, com a mão, traçava as distâncias entre o lugar em que eu estava e as cidades sitiadas do norte: Goražde, Tuzla, Zenica e, é claro, Sarajevo. Nenhuma se situava a mais de duas horas de distância. Entre os "enturmados", era considerado uma traição jantar no bastião laico de Medjugorje, o Café Colombo, mas, vez por outra, eu jantava, só para encontrar a turma da ONU e me atualizar com as notícias da guerra. Relatos boca a boca estavam exatamente começando a filtrar pelas linhas de frente do massacre que ocorrera numa pequena cidade chamada Srebenica menos de uma semana depois da minha chegada à Bósnia. Dizia-se que uns 10 mil muçulmanos tinham sido mortos, e os sobreviventes contavam histórias de covas coletivas e de cadáveres de mulheres estupradas que pendiam de árvores onde elas tinham se enforcado.

Pelo menos, eu era menos desatento que a maioria dos peregrinos americanos, que chegavam em grupos guiados em ônibus com ar-condicionado e pareciam se sentir mais distantes da guerra do que poderiam se sentir em Winnetka ou Woodland Hills. Por ter feito amigos entre a população local, eu ouvia uma história a cada dois ou três dias que me lembrava da proximidade do horror à minha volta. Ivan Bencun, o ótimo sujeito que era o proprietário da casa de Mira, e tinha uma irmã em Sarajevo, contou que no inverno passado ela e a família tiveram de tirar os tacos do assoalho da casa deles e fervê-los, um de cada vez, em água para que o caldo servisse de sopa; e depois, cortando os tacos lavados em lascas, alimentar o fogo da manhã seguinte. Um dos padres revelou quase ter tido um esgotamento nervoso após ouvir as confissões de mais de uma dúzia de freiras que, depois de terem sido estupradas por bandos de sérvios e terem ficado presas até aparecerem grávidas, foram soltas com três opções na vida: dar à luz um filho bastardo cujo pai era um estuprador sérvio, abortar, ou se suicidar; e quase todas pediram permissão para se matar, disse o padre.

No início da guerra, Mirjana revelou a promessa de Maria Santíssima de que Medjugorje estaria protegida. E a paróquia de fato saíra de uma série de ataques aéreos e bombardeios de artilharia praticamente intocada, o que provava até para os observadores descrentes que as aparições eram autênticas. Para mim, as evidências não eram tão claras. Era verdade que Medjugorje parecia ter sido protegida de agressões vindas *de fora* no decorrer da guerra, às vezes tão assombrosamente que só alguma intervenção sobrenatural poderia explicá-las. O que acontecia dentro da paróquia era ao mesmo tempo mais perturbador e mais inspirador. Desde o início das aparições, os videntes de Medjugorje falaram das súplicas pela paz, feitas pela Virgem com voz chorosa, assim como de Suas contínuas advertências prevenindo-lhes de que as dissensões religiosas eram obra do Mal. Mesmo em 1981, mensagens desse tipo eram perturbadoras para o povo da região: sob as estruturas rígidas e os processos estéreis do governo comunista, a Iugoslávia nunca deixou de ser palco de lutas sanguinárias e vendetas assassinas. Histórias das imitações grotescas desse ou daquele invasor passavam de uma geração a outra, assim como paródias usando nomes de família daqueles que eram considerados colaboradores. Reivindicações e contra-reivindicações — em especial as relacionadas à posse de terras confiscadas — alimentavam ódios que tinham se originado há séculos. Mesmo sob o domínio de Tito, a violência ligada a essas animosidades explodia regularmente nas áreas rurais, e a paróquia de Medjugorje não constituía nenhuma exceção. Em 1978, uns três anos antes da primeira aparição, uma das parentas de Marija encontrou o filho com a garganta cortada, atirou no homem que cometera o crime e se matou.

Bandos de croatas armados que se denominaram ustachis voltaram à atividade na Bósnia-Herzegóvina no início da década de 1970. Convencidos (com razão) de que os sérvios pretendiam controlar todas as instituições políticas e militares do país, esses jovens cometiam atos de vandalismo contra prédios públicos, roubavam fábricas de armas e atacavam funcionários do partido. Medjugorje tinha a sua própria célula ustachi, que fazia parte de uma rede regional de muitos milhares de membros. Bandos de sérvios rivais que se denominavam tchetniques não tardaram a disputar território com os ustachis renascidos. Contribuindo para uma situação mais ameaçadora, o Exército federal controlado pelos sérvios entrincheirava-se nas encostas acima de quase toda cidade importante na Bósnia-Herzegóvina, cavando *bunkers* enormes cheios de peças de artilharia e morteiros. Já no início dos anos 1980, a Bósnia sediava tanto a maior densidade de armas de fogo como o maior arsenal militar de toda a Iugoslávia — talvez de toda a Europa. Fábricas de munições e de veículos blindados espalhavam-se pela região rural; quase todo vilarejo ou pequena cidade tinha o seu próprio depósito de armas.

Logo depois da morte de Tito, tornou-se óbvio para os cidadãos de todo tipo que a vontade férrea do líder tinha sido a única força capaz de reunir a Iugoslávia. O *slogan* predileto dos sucessores do ditador apenas enfatizava a fraqueza deles: "E após Tito, Tito." Amontoada ao redor do legado do morto, a segunda geração de líderes comunistas da Iugoslávia, a qualquer sinal de mudança, recuava. No país, todas as pessoas educadas reconheciam que haviam chegado a uma encruzilhada em que as únicas opções eram a reforma ou a repressão.

A esperança num futuro imediato para a Iugoslávia terminou com a ascensão de Slobodan Milosevic. Um bandido de unhas feitas, que falava inglês e se vestia como o banqueiro internacional que um dia fora, Milosevic assumiu o controle do partido sérvio em 1987, e em algumas semanas expeliu as lideranças do Partido Comunista em Kosovo e na Macedônia. O povo via a marca da Besta em Milosevic, dizia-se em Medjugorje, onde tudo o que de fato se sabia sobre o líder sérvio era que ele tinha sido criado num lar dividido — seu pai era um padre ortodoxo, sua mãe, uma ardorosa comunista — e que os pais tinham se suicidado.

Seguindo a tendência da perestróica, Milosevic admitiu que as "repúblicas" da Iugoslávia convocassem eleições livres multipartidárias no decorrer de 1990. Naquela primavera, realizaram-se as primeiras eleições na Eslovênia e na Croácia, e os candidatos nacionalistas venceram com grande vantagem. Franjo Tudjman era o novo líder da Croácia. Outrora *partisan*, seguidor de Tito, marxista fervoroso e, aos 39 anos, o general mais jovem na história do Exército da Iugoslávia, Tudjman sofrera uma metamorfose por volta de 1970, emergindo de um período de reclusão no Instituto Militar de Zagreb como um nacionalista arrebatado. Numa manifestação notoriamente infame, Tudjman apresentou uma história revisionista do campo de concentração de Jasenovac, na qual sustentava que muito poucos sérvios tinham sido mortos lá, e que, de todo modo, o campo tinha sido dirigido por judeus. Entretanto, Tudjman foi festejado por sua liderança no que se tornou conhecido como "Primavera Croata", um movimento democrata-nacionalista que surgiu em Zagreb em 1971, apenas para acabar sendo rapidamente esmagado pelas forças de segurança de Tito. Tudjman, ao ser preso por chefiar a "sublevação", tornou-se o maior herói vivo da Croácia.

Foram as eleições de novembro de 1990, na Bósnia-Herzegóvina, que permitiram prever com mais exatidão o futuro da Iugoslávia. A Bósnia tornara-se sem dúvida a mais diversificada das repúblicas da nação: os muçulmanos constituíam o maior grupo, mas, uma vez que eram apenas 44% da população total, não podiam reivindicar a maioria absoluta. Os sérvios chegavam a ser 31% da população da Bósnia, mas havia outros 600 mil vivendo na Croácia, a maioria ao longo da velha fronteira militar ainda conhecida como Krajina. Os croatas representavam apenas 17% da população da Bósnia, mas tinham maioria na Herzegóvina ocidental, onde cidades como Grude, Duvno e Čitluk eram 99% croatas. Além disso, e não menos importante, a Herzegóvina ocidental era considerada a fonte do espírito nacional croata (muito semelhante ao que Kosovo era para os sérvios); o primeiro rei croata fora coroado na cidade agora conhecida como Duvno, a menos de uma hora de carro de Medjugorje. As cidades grandes da Herzegóvina ocidental eram decididamente mais misturadas quanto à população do que suas pequenas cidades e vilarejos: Capljina, por exemplo, era 28% muçulmana e 13% sérvia, enquanto em Mostar, de longe a cidade mais importante da Herzegóvina, havia uma distribuição quase equilibrada, 35% de muçulmanos, 34% de croatas e 19% de sérvios, além de conjuntos substanciais de judeus, ciganos e uma variedade de "outros".

Os *slogans* e as táticas empregados durante as eleições foram alarmantes. Radovan Karadžić falava quase incessantemente numa "Sérvia maior", e citava com regularidade a máxima de Milosevic: "Todos os sérvios num Estado único." Muçulmanos e croatas observavam, nervosos, enquanto jovens sérvios começavam a se identificar pública e orgulhosamente como tchetniques, deixavam crescer a barba, usavam gorros de pele com emblemas de caveira e ossos cruzados, e se cumprimentavam com a velha saudação real de dois dedos formando o vê de Vitória, e o polegar para cima. Nos bares, viam-se alguns deles cantando a velha canção guerreira dos tchetniques: "Muçulmanos, suas formigas amarelas, seus dias estão contados!" Pela primeira vez em quase cinqüenta anos, os europeus se sentiam impelidos a recorrer a um argumento usado primeiramente nos anos 1930 por Adolf Hitler: "As fronteiras do continente devem ser revistas conforme as fronteiras de suas raças."

Os croatas reagiram com provocações próprias, principalmente uma lei que Tudjman impingiu ao parlamento, em Zagreb, exigindo um voto de lealdade à república "do povo croata". A retórica de Alija Izebegović apelava para os medos e os ressentimentos étnicos tanto quanto a de Milosevic e a de Tudjman, mas o líder muçulmano pelo menos trazia um conceito que ele chamou de "co-habitação", e sugeria que a Bósnia fosse governada por uma presidência coletiva, e rotativa, composta de três muçulmanos, três croatas e três sérvios. Quando o próprio Izebegović se nomeou "primeiro presidente da presidência", tanto os sérvios como os croatas começaram a se afastar não só de Sarajevo como de Belgrado e Zagreb.

Um mês depois da ida dos eleitores às urnas na Bósnia, a proclamação do resultado das eleições na Sérvia e em Montenegro levou Slobodan Milosevic à presidência da Iugoslávia. Assim que tomou posse, em janeiro de 1991, Milosevic imediatamente ordenou a dissolução de todas as forças de "defesa territorial" controladas pelas repúblicas da Iugoslávia, e exigiu que o Exército federal controlado pelos sérvios entregasse as armas. Essas ordens foram desacatadas em toda a Eslovênia e a Croácia, o que também ocorreria na Herzegóvina ocidental. Unidades blindadas do Exército federal partiram para toda base importante ou depósito de armas que pudesse incitar os "rebeldes". Um dos maiores arsenais de armas na Bósnia-Herzegóvina situava-se cerca de 16 quilômetros ao sul de Medjugorje, perto de Capljina. O vilarejo conhecido em toda a Iugoslávia como o "Centro da Paz" estava prestes a se tornar o centro de irradiação da guerra.

O quartel-general do Exército croata na Herzegóvina localizava-se atrás de uma padaria abandonada de Medjugorje. Embora os soldados guardassem esse segredo muito bem (eu só o desvendaria três anos depois de voltar para o meu país), eu não deveria me surpreender se descobrisse esse endereço em Medjugorje. Afinal, podia-se dizer que a guerra na ex-Iugoslávia tinha começado no décimo aniversário das aparições, 25 de junho de 1991, uma data escolhida deliberadamente por Franjo Tudjman para a declaração da independência da Croácia. O discurso de Tudjman naquele dia invocava as aparições da Virgem em Medjugorje como "um chamado ao povo croata".

Nenhum dos videntes apoiou o uso que Tudjman fizera da Madona, mas a única a se opor foi Mirjana, que causou um considerável mal-estar ao sugerir que o governo de Sarajevo — liderado por um muçulmano — deveria ser aceito. "Não sou nacionalista", dissera-me Mirjana no primeiro dia em que nos vimos; na ocasião, eu não poderia avaliar a gravidade dessa declaração.

Quase todo croata na Herzegóvina ocidental *era* nacionalista, o que incluía o povo de Medjugorje, para quem o obelisco altaneiro em Surmanci já há tempos constituía-se no centro da luta étnica na paróquia. A humilhação da população local pelos comunistas sérvios continuara quase sem tréguas desde que o monumento aos mortos no massacre de Surmanci foi revelado em 27 de abril de 1973, e, a cada primavera, provocava um novo ciclo de sabotagem e punições que culminava no aniversário da inauguração do monumento. Quando o dia 27 de abril afinal chegava, chegavam também dezenas de carros cheios de sérvios, vindos de todo canto do país para celebrar o heroísmo dos *partisans* e a lealdade ao Partido Comunista. Barulhentos, bêbados e obscenos, eles xingavam à vontade os habitantes do vilarejo, que tinham de limpar a sujeira deixada pelos "convidados" caso protestassem.

Mesmo os cínicos e os comunistas empedernidos reconheceriam que a revivescência religiosa, inspirada pelas alegadas aparições da Virgem em Medjugorje, parecera aliviar as tensões e diminuir as animosidades, nos primeiros anos e até meados da década de 1980, não só na paróquia, ou mesmo na Herzegóvina ocidental, mas em toda a Iugoslávia. O reaparecimento do orgulho croata que começou a crescer por volta de 1988 mudou tudo. "Foi muito emocionante no início", lembrou-se Gabriel Meyer, jornalista americano então sediado em Medjugorge. "As pessoas desfraldavam a bandeira croata e cantavam canções nacionais pela primeira vez em cinqüenta anos." Mas no final de 1990 e início de 1991, os sentimentos croatas adquiririam "traços cada vez mais infames" e o próprio relato de Meyer tornar-se-ia um elemento do conflito que se espalhava pela Iugoslávia. Como sempre, Surmanci era o baluarte da revolta local.

Durante o verão de 1990, correu o boato de que um grupo sérvio de Belgrado estava a caminho de Surmanci, com a autorização do governo para escavar a grande cova onde os cadáveres tinham estado enterrados por quase meio século. Ao mesmo tempo, em toda a Iugoslávia, estavam se descobrindo covas coletivas da Segunda Guerra Mundial. Todos, fossem eles croatas, sérvios ou muçulmanos, estavam fazendo a contagem dos corpos, para demonstrar o que lhes fora feito pelos ustachis, ou os tchetniques, ou os *partisans*. "Principalmente na televisão de Belgrado, viam-se metros e metros dessas covas sendo escavados", disse Meyer, "e fogueiras, adormecidas desde os anos 1940, sendo reabastecidas."

A situação de Meyer era peculiar, mesmo para um repórter. Ele era conhecido do único padre americano em Medjugorje, Philip Pavich, que conhecera Meyer quando este, então rapaz de seus vinte anos, viajava pelos Estados Unidos com a missão de falar em nome da Renovação Carismática Católica. Mais tarde, Meyer chefiou comunidades católicas laicas em São Francisco e Fênix, tendo depois se mudado para Jerusalém, onde comprou o Hotel American Colony, na Porta de Damasco, com a intenção de torná-lo uma base da Santa Sé para um grupo chamado Comunidade do Compromisso. Naquela ocasião, o fervor de Meyer começou a esfriar, ao mesmo tempo em que suas faculdades críticas se reacenderam. Seja como for, ele achou que a sua verdadeira vocação era o jornalismo, e foi como correspondente para o *National Catholic Register* que ele chegou a Medjugorje, em 1988. O passado de Meyer como ativista religioso, assim como a recomendação do padre Pavich, ajudaram-no a entrar no círculo dos "enturmados". Providenciou-se para que ele tivesse um escritório no presbitério, onde ele organizaria um centro de informações semi-oficial e serviria de contato para os correspondentes estrangeiros que estavam acorrendo a Medjugorje cada vez em maior número.

Depois de começar a escrever sobre o recrudescimento do nacionalismo croata para vários jornais leigos, os textos de Meyer adquiriram um tom que alguns padres julgaram irreverente, e até desleal. "Esses caras, os franciscanos da Herzegóvina, são de pedra", ele me diria um dia. "Eles brigam com todo mundo. Eles são padres-guerrilheiros das montanhas, e de chicote na mão. Mas também havia uma certa crença entre eles de que eu deveria ser, em vez de um repórter objetivo, só um porta-voz para a mitologia política croata, segundo a qual as aparições eram um meio de Deus validar o sofrimento do povo croata."

Quando se começaram a ouvir convocações para a luta até no adro, do lado de fora da igreja de São Tiago, Meyer acusou os franciscanos de subverter a principal intenção da Nossa Senhora: "A grande tragédia, no meu entender, não era ver que as mensagens se dirigiam primeiro, e acima de tudo, aos habitantes do vilarejo, e só depois ao resto do mundo. O que os franciscanos fizeram foi transformar a mensagem da Madona revelada em Medjugorje numa espécie de ato piedoso vago e geral sobre a paz dirigido a todos, ignorando as questões mais difíceis a respeito do que fazer sobre as divisões de nacionalismo na própria região deles. Mesmo entre os videntes, Mirjana foi a única a ressaltar que as mensagens tinham uma dimensão política: 'Amem os seus irmãos sérvios, amem os seus irmãos muçulmanos.' A meu ver, Deus estava tentando criar um lugar em que essas divisões poderiam ser eliminadas, e que pudesse se tornar um centro de um certo tipo de resistência aos conflitos que estavam explodindo no resto do país. O que não significa que os franciscanos não tenham feito nada. Slavko podia afirmar, com razão, que ele impediu que o pior acontecesse em Medjugorje. Quando as pessoas quiseram desfraldar a bandeira croata na igreja, ele as impediu. Mas mesmo assim Slavko continuou com essa idéia de que as aparições foram uma graça concedida ao vilarejo por tudo o que seu povo havia agüentado, e os militantes nacionalistas souberam se aproveitar disso."

Em agosto de 1990, quando os sérvios chegaram a exumar os despojos humanos em Surmanci, os alto-falantes nos cafés passaram a alternar hinos religiosos com canções folclóricas croatas há muito proibidas. Por toda a paróquia, até na base dos montes Podbrdo e Križevak, via-se o símbolo da identidade nacional croata com o xadrez vermelho-e-branco (o mesmo visto na bandeira ustachi) pintado em pedras e em postes. Junto com os terços, os crucifixos e as estatuetas da Virgem, muitas lojas de suvenires perto da igreja vendiam suásticas e bustos negros do presidente Tudjman.

A situação já estava extremamente tensa quando Meyer chegou ao obelisco de Surmanci na tarde em que ele foi lá acompanhado de dois tradutores. Os três se viram imediatamente cercados por moradores zangados que lhes perguntaram o que faziam. "Por fim, chegou o líder sérvio e de certo modo nos salvou. Ele disse: 'Vocês estão comigo.' E então entramos juntos na cova, e eu conversei com alguns homens do vilarejo de onde tinham vindo as mulheres e crianças que haviam sido mortas. Foi muito emocionante. Esses sujeitos estavam bebendo há dias, e havia muita raiva, muita tristeza. Tinha lá um velho dos seus oitenta anos que ficou olhando as pilhas de crânios e ossos enfileirados, e então disse: 'Agora eu sei onde estiveram minha mulher e os meus seis filhos.'"

Os moradores de Medjugorje, incluindo quase todos os franciscanos, ficaram furiosos quando souberam que Meyer pretendia escrever um artigo sobre a escavação em Surmanci. "A atitude deles não era apenas do tipo: 'Se você disser a todo mundo o que fizemos, as pessoas não vão lembrar de que o pior foi feito a nós'", disse Meyer. "Mas era assim: 'Nós sofremos o suficiente pelo que fizemos. Pagamos 300%, e algumas dessas outras coisas foram completamente ignoradas.' Os franciscanos decididamente resistiram a estabelecer qualquer relação entre as aparições e Surmanci. Eles disseram que era um sacrilégio sugerir uma coisa dessas."

O artigo dele sobre a exumação da cova coletiva em Surmanci seria publicado no *National Catholic Register* na primavera de 1991, bem próximo da época em que as unidades paramilitares sérvias começaram a fazer provocações por toda a Croácia para forçar a intervenção dos militares iugoslavos. Pouco depois, os croatas declararam a sua independência da Iugoslávia, os sérvios étnicos concentrados em Krajina declararam a sua independência da Croácia, e pediram a proteção do Exército federal iugoslavo. Uma luta feroz explodiu perto da cidade de Knin, ao norte de Split, e depois na Eslavônia, perto de Vukovar. O Exército federal com 180 mil membros e 18 mil tanques entrou imediatamente para "proteger" os sérvios em situação "irregular". Os croatas responderam ocupando o campo de concentração de Jasonovac, destruindo metodicamente museus e exposições do governo, e deixando apenas os montes enormes que assinalavam as covas coletivas dos que foram mortos durante a Segunda Guerra Mundial. A intervenção da União Européia resultou numa trégua curta; em duas semanas os sérvios estavam mandando jatos militares atacar vilarejos croatas perto de Vukovar, e depois disso a carnificina aumentaria a cada semana sangrenta que passasse.

CAPÍTULO 14

Quando afinal entrei em Mostar, eu estava acompanhado da filantropa que detestava Jesus, Karen, e seu assistente, o londrino franzino chamado Andy. Provavelmente, o trecho mais perigoso da viagem era a descida das colinas que iam dar no vale do rio Neretva. A estrada era só curvas, e, por causa da pavimentação gasta e coberta de óleo, reconhecidamente escorregadia, principalmente depois de uma chuvarada como a daquela manhã. Veículos pesados, como o velho Land Rover de Karen, muitas vezes não conseguiam evitar a tempo um desvio ou a derrapagem num declive. Os primeiros americanos a morrer na Bósnia, um grupo de inspetores da ONU, estariam perdidos alguns meses depois, quando o Land Rover em que viajavam despencou de um penhasco nessa mesma estrada. Quase toda casa de pedra ao longo do Neretva pegou fogo, e muitas foram reduzidas a pó. O vale do rio, profundo e verde-escuro, que parecia deserto, visto de cima, nos pareceu mal-assombrado quando chegamos embaixo. As primeiras pessoas que encontramos foram os soldados que vigiavam a barreira croata; homens troncudos, mal-encarados, de uniforme verde-oliva, que permaneceram o tempo todo com uma das mãos na metralhadora que traziam a tiracolo.

Vindos do oeste, entramos no lado croata de Mostar. Os prédios de apartamentos, cheios de grafites e buracos de balas, com suas janelas arrebentadas e paredes enegrecidas pelo fogo, me fizeram lembrar vagamente do sul do Bronx, por volta de 1978, e eu falei disso a Karen. Ela sorriu e me disse: "Esta é a parte bonita da cidade." Os prédios iam parecendo mais velhos e mais destruídos à medida que nos aproximávamos do centro da cidade. No hospital de Mostar, aquele em que Mirjana e os outros videntes tinham sido ameaçados em junho de 1981, havia alguns caminhões grandes encostados de ré nas baias das ambulâncias. Eram centros de cirurgia móveis, contou-me Karen. Quando o bombardeio atingiu o auge, os sérvios miraram o hospital, e, por isso, os médicos croatas e muçulmanos tiveram a idéia de tratar os pacientes mais graves em *trailers* pela metade, o que lhes permitia se afastar um pouco do hospital e continuar operando quando os disparos recomeçassem.

Aproximando-nos do rio, e avistando a catedral, passamos por um longo trecho da estrada ladeado de ruínas. Nenhuma das construções podia realmente ser chamada de prédio; o que restava entre pilhas de tijolos e pedras eram escombros das fundações e fragmentos pontudos de parede, às vezes presos a um caco de telha. A certa altura, para onde quer que eu olhasse, a única coisa que eu via era a destruição total. "Essas eram as linhas de frente", informou Karen. Eu nunca vira nenhuma devastação de proporções nem de longe tão grandes quanto a que se via ali; o lugar ecoava a morte. Até aquele momento, eu acreditaria que nada, a não ser uma explosão nuclear, poderia ocasionar tamanha desgraça.

Quatro anos antes, essa cidade era considerada uma das mais belas do país: "A jóia da coroa da Iugoslávia", como um escritor alemão a chamou. Mostar era dividida pelo rio Neretva, cuja margem direita, muçulmana, fora talvez o legado mais rico deixado pelos otomanos na Bósnia, e era renomada pelas sinuosas ruas de pedras arredondadas do seu fabuloso mercado turco. As belas mesquitas do século XVI da cidade foram inteiramente destruídas pelos sérvios, que usaram as mesmas bombas fosfóreas para incinerar muitos outros monumentos de Mostar, entre eles o hotel Neretva, os banhos muçulmanos e a Escola de Música. Mostar era há muito famosa por sua Stari Most. Por mais de quatrocentos anos, a ponte Velha fora considerada a construção mais inspiradora de toda a Bósnia, um arco extremamente gracioso feito de blocos de pedra calcária assentados tão engenhosamente que o parapeito no centro do vão parecia desafiar a gravidade. Quando mostraram o projeto ao sultão Suleiman, o Magnífico, ele avisou que, caso a ponte ruísse, o seu arquiteto, Hajrudin, seria decapitado. Hajrudin salvou-se ao inventar uma mistura de claras de ovos e argamassa para cimentar as pedras. E a ponte resistiu não só a quatro séculos de guerras incessantes e inúmeras enchentes como a mais de trinta terremotos. Então se fora — uma pilha de pedras destroçadas submergida no Neretva. Como muitos outros no país, eu queria acreditar que os sérvios tinham sido os responsáveis por isso. Mas, não; a ponte tinha sido destruída pelos croatas.

Até o verão de 1992, a aliança croata-muçulmana fora o único indício de esperança a surgir da antiga Iugoslávia. Atingiu-se o auge da cooperação entre esses dois lados no final de junho daquele ano, quando as forças combinadas dos exércitos croata e bósnio libertaram Mostar. A investida conjunta não só tirou os sérvios dos baluartes na margem direita do Neretva como os empurrou para os morros. Nas oito semanas seguintes, descobriram-se covas coletivas com mais de duzentos cadáveres, a maioria de muçulmanos que tinham sido trucidados pelos sérvios em retirada.

O meu amigo Jozo Ostojić, o ex-campeão de corrida de velocidade que chorou quando foi atrás do pequeno Jakov Čolo e dos outros videntes monte Podbrdo acima, na tarde de 26 de junho de 1981, lutara na batalha pela libertação de Mostar. Sobre essa guerra, ele me contou ter ficado preso no *bunker* de uma encosta sob o fogo dos atiradores sérvios. O seu pavor fora tanto que ele ficou alguns minutos parado, soluçando e tremendo, e se perguntando se deveria se matar para não ser capturado vivo. Ele tirou de dentro da camisa o crucifixo que estava preso a uma corrente, disse Jozo, e o segurou com força até se sentir mais calmo; depois, percebeu que podia ouvir os sérvios carregando e começando a descer o morro em corridas rápidas de trincheira em trincheira. Tendo avançado até a metade da linha croata, com os colhões na garganta, como Jozo disse, ele conseguiu se esconder numa trincheira ocupada por um muçulmano que pertencia à unidade dele. Alguns meses antes, esse mesmo rapaz tinha sido pego com uma arma apontada para a própria cabeça quando os pais dele foram mortos, e a irmã, estuprada e seqüestrada. Como não tinha mais família, disse o muçulmano quando se juntou à unidade, ele vivia só para matar sérvios. "Mas era como se os sérvios o tivessem matado", recordou Jozo. "Ele recebera um tiro no rosto, e estava coberto de sangue." Jozo ajudou o sujeito a sair da trincheira e os dois continuaram a descer o morro. Em algum momento, separaram-se, e Jozo chegou às linhas croatas primeiro. Quando o muçulmano ficou visível, foi atingido mais duas vezes, abaixo da omoplata e atrás da orelha. Jozo e os outros viram o muçulmano se rastejando por alguns metros, e correram para arrastá-lo para trás de uma pedra. O muçulmano pediu que os croatas cuidassem de sua irmã, e então morreu nos braços deles.

"Ele não queria matar mais, mas também não queria viver", concluiu Jozo, evitando os meus olhos. Ele me contou a história como se fosse uma confissão, e, até na minha ignorância, compreendi o esforço que ele precisara fazer para reconhecer a qualidade humana desse jovem muçulmano. Por mais emocionado que eu estivesse na ocasião, a minha comunhão com Jozo foi se tornando cada vez mais difícil de manter quando eu soube mais a respeito do que acontecera em Mostar nos meses que se seguiram à "libertação", uma vez que, tanto com relação à complexidade como à baixeza, o desvario desses acontecimentos talvez superasse tudo o que ocorreu antes ou depois.

Durante a década de 1980, ao mesmo tempo que o movimento ustachi renascido expandia-se em cidades como Ljubuški e Grude, uma organização até maior de jovens surgia em Medjugorje. Eram os *krizaris*, ou "cruzados", irmandades religiosas que funcionavam tanto como grupos de oração como sociedades de assistência mútua, reunindo-se em casas ou celeiros pelo menos três vezes na semana; vez por outra, frades franciscanos estavam presentes a essas reuniões e rezavam uma missa. Já em 1991, havia mais de setenta grupos *krizaris* na Herzegóvina ocidental, e de suas fileiras saiu a maioria dos chefes do Exército croata oficial (conhecido pela sigla HVO) da região.

Os jovens que fizeram a opção pelos ustachis formaram o núcleo do exército croata não-oficial, a Força de Defesa da Pátria, conhecida pela sigla HOS. O HOS era, entre outras coisas, a ala militar do Partido de Direitos Croatas, fundado por um ex-prisioneiro político, então recém-citado por ter dito que o governo ustachi de Ante Pavlević era "liberal demais". Os cartazes de recrutamento do HOS pareciam uma capa do álbum do Metallica: rapazes de camisas negras, olhos de aço e queixos cinzelados, que agarravam rifles de assalto com mãos metidas em luvas de dedos de fora, e estavam cercados por garotas de pernas compridas usando óculos *ray-ban* e jaquetas de motociclista. "Prontos para a pátria" era a saudação do grupo, e "Morte ou Glória", o seu credo. Eles comandavam as gangues descoladas de Ljubuški, que se tornou o quartel-general do HOS, e se denominavam "Falcões Negros" e "Legião Negra".

O HOS apoiara tanto o HVO como o exército bósnio durante a libertação de Mostar, mas, desde que os sérvios foram novamente empurrados para os morros, o HOS tornou-se mais uma vez uma organização independente, montando suas próprias "barreiras" nas estradas de acesso a Mostar e de saída, a fim de controlar o contrabando lucrativo de armas, drogas, cigarros, uísque e carros roubados. O HOS também insistiu em ter o controle total de Mostar em mãos croatas, embora o HVO já tivesse concordado com uma divisão leste-oeste com os muçulmanos. A cidade tornou-se, àquela altura, um ninho de horrores que se acumulavam. Por cima de todo esse amontoado, havia os vários "tribunais" que iam de porta em porta conquistar e executar colaboradores: o exército bósnio procurava principalmente os quinta-colunas sérvios, enquanto o HVO caçava os "fundamentalistas" muçulmanos e os "renegados" HOS. O HOS matou dezenas de croatas que foram considerados "simpatizantes" dos muçulmanos, mas estava mais interessado em capturar civis sérvios que poderiam ser usados como reféns no lucrativo negócio de troca de prisioneiros que estava florescendo em toda a Herzegóvina.

Quase imediatamente após sua derrota em Mostar, os sérvios negociaram uma trégua com os croatas. Ao mesmo tempo, o HVO "solicitou" que o exército bósnio tirasse o seu quartel-general do lado ocidental, e protegido, da cidade, e o levasse para o lado exposto, a margem direita, que ficava exatamente sob a artilharia sérvia, posicionada nas montanhas. Impressionado com o sucesso do HVO nas batalhas contra os sérvios, Alija Izetbegović concordou com a divisão de Mostar. O HOS insistia em dizer que queria a cidade toda, e que os muçulmanos tinham de ir embora. O HVO que, em Mostar, era 15% muçulmano insistia em dizer que o acordo da divisão tinha de ser honrado. As tensões entre os dois lados se exacerbaram tanto que, em meados de agosto de 1992, o comandante do HOS e oito dos seus guarda-costas foram mortos numa barreira do HVO.

O HVO não era, evidentemente, uma organização dedicada aos direitos de seus irmãos islâmicos. Menos de dois meses depois de terem expulsado os sérvios de Mostar, o Exército croata havia ocupado aproximadamente 1/3 da Bósnia-Herzegóvina. O revide dos muçulmanos foi mudar de posição e consolidar um "Triângulo Muçulmano" cuja ponta sul estender-se-ia até Mostar. A cidade de Zenica, onde o Segundo Corpo do Exército bósnio estava aquartelado, era a fonte da retórica barulhentamente pró-islâmica, por meio da qual muitos líderes militares e políticos insistiam em afirmar que a Bósnia tinha sido abandonada pelo Ocidente porque os europeus não suportavam a idéia de um país muçulmano no continente deles.

Determinado a manter sua posição, os HVO tomaram a decisão fatal de incorporar os HOS às suas fileiras, não só autorizando oficialmente que essas gangues de bandidos saqueassem e matassem, como produzindo "soldados" que muitas vezes enfeitavam suas fardas militares com suásticas e outros símbolos nazistas. Em todas as áreas designadas como "croatas", os HVO exigiam que o Exército bósnio entregasse suas armas. Quando, em Novi Travnik, os muçulmanos se negaram a ceder seus armamentos, foram as unidades HOS que os atacaram, trucidando homens, mulheres e crianças. O Exército bósnio, ao reagir, recorreu ao apoio de suas próprias unidades paramilitares, jovens de olhos grandes que orgulhosamente se chamavam de *mujahadin* (guerreiros islâmicos) e procediam não só da Bósnia, mas da Turquia, do Afeganistão e do Irã. Os muçulmanos não tardaram a responder a cada atrocidade dos croatas.

Franco Tudjman chegou a Medjugorje em maio de 1993, para uma nova rodada de "conferências de paz" infrutíferas, e de novo invocou a Madona, afirmando que as aparições Dela anunciaram "um ressurgimento da nação croata". Toda a culpa dos combates na região cabia aos muçulmanos, que estavam massacrando vilarejos croatas inteiros, disse Tudjman. Naquele momento, todos os que participavam das "conferências de paz" sabiam que as hostilidades entre croatas e muçulmanos chegariam a um ponto crítico em Mostar. Em abril, instigadas pelo governo de Zagreb, unidades paramilitares croatas efetuaram ataques violentos contra a população da cidade muçulmana. Exatamente como os sérvios tinham feito um ano antes, os croatas exigiram que os muçulmanos pendurassem bandeiras brancas em suas casas. Até mulheres e crianças muçulmanas que tinham se refugiado do constante bombardeio da artilharia sérvia na margem esquerda de Mostar foram obrigadas a voltar para a margem direita, tendo sido atacadas com pontapés e socos pelas tropas croatas que as conduziram como gado pelas pontes da cidade e atiravam nas cabeças das crianças que tentassem olhar para trás. Os homens muçulmanos, capturados na margem esquerda, foram levados em caminhões para campos de concentração, onde 15 mil deles foram encarcerados no início de maio.

Provavelmente, não foi uma coincidência o ataque croata final à cidade (uma noite inteira de fogo pesado de morteiros ou foguetes que deixou toda a margem direita em chamas) ter começado aproximadamente na mesma hora em que Tudjman chegou a Medjugorje. O inferno dos seis meses seguintes não teve precedentes mesmo numa guerra de selvageria notável e implacável; enquanto os croatas prosseguiam no seu ataque incansável e pesado de bombas de morteiro, bombas disparadas de tanques e fogo de atiradores, os sérvios continuaram a lançar o fogo de sua artilharia de suas posições nas montanhas. Todos os que estavam na área norte da margem direita, àquela altura, moravam em porões, isolados até do resto da população muçulmana, porque o terreno aberto era uma galeria de tiro ao alvo para os atiradores. Alguns tentaram fugir pelo Neretva; uma mãe e seus dois filhos jovens que tentaram a fuga foram mortos por um míssil antiaéreo disparado na direção deles.

O ataque de tanques à Stari Most não começou senão em novembro, momento em que o Exército croata decidiu que destruir a ponte Velha poderia ser a única maneira de dobrar a resistência dos muçulmanos. Por dois dias inteiros, os atiradores croatas dispararam rodadas de 100mm na Stari Most, em busca do seu ponto fraco. Na manhã de 9 de novembro, eles afinal o encontraram, e a ponte de Hajrudin, construída para durar para sempre, ruiu em 158 pedaços que afundaram na superfície cinza-esverdeada do Neretva.

O Land Rover de Karen atravessou o lado leste de Mostar por uma ponte de pranchas pesadas suspensas por correntes e cabos das vigas de aço que o Exército croata decidiu deixar no local. Bandos de crianças vagavam no lado muçulmano da ponte, e eu olhei pela janela para elas sem perceber que aqueles rostos constituiriam as imagens mais perturbadoras da guerra na Bósnia que levei para casa. Com os seus seis, sete, oito anos, eles estavam ali, fumando cigarros, com expressões de uma insolência anárquica nos rostos, ou nos mandando embora com gestos ou atirando em nós com rifles imaginários enquanto passávamos. Aqueles olhos foram os mais duros que jamais vi num rosto de criança, infinitamente mais opacos do que os dos baderneiros do gueto que eu entrevistara como jornalista. Eu os encarei e me perguntei em voz alta, como já o haviam feito tantos ocidentais fracos antes de mim: "Que tipo de Deus foi capaz de deixar isso acontecer?"

"Não o tipo que você gostaria de ter como vizinho, posso garantir", Karen respondeu.

Deixamos Andy à entrada do mercado turco, onde a namorada muçulmana o esperava. Durante o nosso trajeto, Andy me surpreendera ao dizer que ele acreditava na autenticidade das aparições de Medjugorje. Ele vira tantos acontecimentos inacreditáveis durante o ano que passou no vilarejo, que não podia duvidar de que algo de milagroso estivesse ocorrendo ali, explicou Andy. Ao mesmo tempo, ele se conhecia bem o suficiente para saber que nunca seria capaz de pautar a sua vida por aquilo que os videntes diziam ser os pedidos da Virgem a nós. "Então quer dizer que você acredita nas aparições, mas não em si mesmo", observei. Andy pensou um pouco, e então assentiu com a cabeça: "Imagino que isso lhe pareça disparatado."

Provavelmente, eu tornara o percurso muito mais fácil para nós ao dizer a Andy que o compreendia perfeitamente. De fato, a posição dele sobre Medjugorje era uma das muitas que eu procurara adotar. Nenhuma realmente me ajudara, e, naquele momento, eu estava complicando as coisas ainda mais ao tentar analisar o que ocorrera em Medjugorje durante a guerra. Todos os ataques militares à paróquia tinham sido executados pelos sérvios na primavera e no verão de 1992. Em 7 de abril daquele ano, e pela primeira vez na história da paróquia, a missa não fora rezada no altar da igreja de São Tiago, mas no porão do presbitério, que fora transformado em abrigo contra ataques bélicos, com sacos de areia barrando a entrada. Naquele dia, os jatos da força aérea sérvia atacaram fábricas de armamento em Čitluk e Široki Brijek e despejaram seis "bombas de fragmentação" (*cluster bombs*) também em Medjugorje. Apenas uma explodira, mas o estrondo foi forte o suficiente para que os peregrinos disparassem para a entrada da igreja. Americanos e ingleses em sua maioria, esses peregrinos foram evacuados no dia seguinte.

Àquela altura, Medjugorje estava sem serviço telefônico, sem eletricidade e sem água, e a frente de batalha ficava a apenas 4 quilômetros da fronteira da paróquia. Até aquele momento, mais de 4 mil bombas foram disparadas pela artilharia sérvia contra Medjugorje, mas as únicas baixas foram uma cabra, duas galinhas e um cão. O padre Slavko chamou o fato de milagre. O que mais impressionou a população local foi um ataque aéreo malogrado, duas semanas depois. Os jatos sérvios voaram em formação sobre o vilarejo, visando diretamente atingir a igreja de São Tiago. Por alguma razão, as bombas não caíram. "Nossa Senhora impediu que isso acontecesse", diriam muitos em Medjugorje, entre eles Mirjana. Posteriormente, os pilotos sérvios, segundo o que foi publicado num jornal de Belgrado, disseram ter perdido a orientação por causa de uma "estranha névoa prateada" que cobrira a paróquia de Medjugorje.

Todos os videntes, exceto Jakov, estavam no vilarejo para participar da missa comemorativa do 11º aniversário, no dia 25 de junho, assim como quase 3 mil peregrinos estrangeiros. Vicka disse então à multidão: "Nós rezamos constantemente pela paz, mas se vocês aceitam a vontade de Deus, aceitam a guerra"; em seguida, acrescentou o que a Virgem lhe dissera: "Somente por meio da prece e do jejum a guerra pode ser interrompida." Nenhuma das mensagens mensais relatadas por Marija durante esse período fazia menção explícita à guerra, embora houvesse algumas que pareciam se referir ao conflito implicitamente; a mensagem de julho incitava os fiéis a considerar a oração "um encontro alegre com Deus", mesmo "nesses dias tristes".

No fim do verão de 1992, os grandes canhões sérvios tinham sido afastados de Medjugorje, e apesar da espantosa escalada da violência ao redor, a paróquia nunca mais seria vítima do fogo de artilharia. Todavia, Medjugorje estava sendo atacada de outras formas, principalmente pelos jornalistas ocidentais que exigiam saber por que os videntes e os frades não tinham se empenhado mais em reparar, muito menos corrigir, a brutalidade dos soldados ostensivamente católicos contra os muçulmanos de Mostar. O âmbito da opinião escrita sobre o tema abarcava duas matérias publicadas com intervalo de sete meses no *National Catholic Reporter*. A primeira era um "ensaio" espantosamente vazio de um autor que perguntava: "Se a Mãe Santíssima realmente apareceu na Bósnia-Herzegóvina nos últimos 12 anos, e se ela realmente se preocupa com a paz, ninguém se pergunta por que ela não fez uma mudança radical no seu rol de videntes até agora? Mais especificamente, por que ela perdeu seu tempo com seis jovens inteiramente desprovidos de influência, relações ou credibilidade políticas?" Talvez ele devesse se perguntar por que Jesus era carpinteiro, observou Slavko. A segunda matéria, assinada por Scott Schaeffer-Duffy, era mais reflexiva e mais perturbadora. Durante uma ida a Mostar no final de 1993, relatou Schaeffer-Duffy, ele ouviu a população muçulmana da cidade perguntar muitas vezes: "Por que tantos milhares de peregrinos visitam Medjugorje, a apenas 4 quilômetros de distância, e depois não fazem nada para acabar com a guerra? Se apenas uma fração deles viesse a Mostar, a luta teria de chegar ao fim." O autor descreveu um encontro com uma freira americana que estava ajudando a recuperar casas para famílias croatas despejadas, e se mostrava aparentemente indiferente ao fato de que muitas dessas casas tinham sido tomadas à força de muçulmanos que estavam então vivendo em campos de refugiados. Schaeffer-Duffy ficou chocado ao ver um enorme escudo com o xadrez vermelho-e-branco pintado no chão sob a enorme cruz atrás da igreja de São Tiago. "Não pude deixar de me envergonhar de ser um católico romano", escreveu ele, uma declaração que magoou muitas pessoas em Medjugorje quando souberam dela.

Talvez apenas na Bósnia as críticas desse tipo pudessem ser não só justificadas como injustas. Enquanto os franciscanos de Medjugorje permitiram que as alegadas aparições se tornassem um veículo para nacionalistas veementes do círculo íntimo do presidente Tudjman, os frades também fizeram mais do que qualquer outro grupo de croatas na Herzegóvina para proteger os muçulmanos de Mostar. Os frades mantiveram linhas de comunicação abertas com os imãs da cidade mesmo no auge da guerra, e insistiram (apesar das barulhentas objeções da liderança do HVO) em instalar o escritório do grupo de paz Medjugorje Mir na margem direita de Mostar. Quando o Exército croata se negou a permitir que comboios com alimentos e remédios chegassem aos muçulmanos durante o verão de 1993, os chefes de diversas organizações humanitárias foram convidados a usar o Medjugorje Mir como intermediário na entrega de grande quantidade de ajuda humanitária.

O jovem sacerdote, padre Lindeca, insistiria em me afirmar que Medjugorje se revelou mais durante a guerra do que em qualquer momento desde o início das aparições: "O povo croata reconheceu esse lugar como um santuário de paz e equilíbrio. Por isso, numa situação em que era difícil permanecer cristão — e até mesmo permanecer humano —, as pessoas puderam vir aqui e encontrar forças. Para as famílias dos vencidos tanto como para os refugiados foi assim. E para mim, foi muito emocionante ver que, no decorrer da guerra, Medjugorje tornou-se especialmente interessante para os artistas, escritores e músicos que não haviam demonstrado muito interesse antes. Eles viram como as agressões que se acumularam fora daqui foram trazidas para cá e se dissiparam."

Alguns dias antes, Postar me explicara que eu só poderia compreender o que via entre as pessoas dali naquele momento se eu soubesse como elas tinham sido antes: "Este aqui é o planalto central da costa dálmata, lugar em que as pessoas são conhecidas como temperamentais, duras e de sangue muito quente. Até o fim da Segunda Guerra Mundial, sabia-se em toda a Europa que os melhores lutadores saíam daqui." Postar, então com quase cinqüenta anos e pai de quatro filhos, servira no HVO por dois anos e meio durante a guerra, dividindo esse tempo entre as linhas de frente e sua casa na base da Križevac. "Toda vez que eu ia para o *front*, eu rezava para não receber ordens de atirar", contou-me. "E eu sei que a maioria das pessoas nessa região era do mesmo jeito. A Nossa Senhora nos destruiu militarmente, e fico muito orgulhoso de que tenha podido ser assim."

O padre Lindeca sorriu quando eu repeti o comentário de Postar, mas se entristeceu quando perguntei o que ele dissera aos rapazes da sua paróquia que chegavam da guerra como assassinos. "Essas conversas são muito, muito difíceis", disse ele. "O que é necessário é dizer não só que essas pessoas deveriam ter uma outra oportunidade, mas que elas deveriam agarrar essa oportunidade com muito empenho. Aí, a gente entende que essa guerra só vai realmente ter um fim se o perdão for possível."

Karen estacionou o Land Rover perto da Escola de Música, um dos poucos prédios de Mostar que fora recuperado, graças em parte ao dinheiro doado pelo tenor italiano Luciano Pavarotti. Tanto quanto morar na cidade, investir dinheiro ou trabalho em Mostar era um risco calculado. Os sérvios ainda permaneciam nas montanhas, engajados naquilo que ficara conhecido na Bósnia como "psicoterrorismo". O suprimento de munição escasseara a tal ponto que naquele momento eles disparavam apenas um ou dois foguetes de cada vez, que podiam explodir num período de três ou quatro dias entre um e outro ataque. "De certo modo, é pior", disse-me um socorrista que eu conhecera em Medjugorje, "porque entre uma explosão e outra surge a tentação de se acreditar que acabou."

O chamado mais recente, disse Karen quando subimos a rua de pedras que levava ao mercado, chegara numa manhã algumas semanas antes, quando ela encontrou o seu café favorito fechado. "Fui então para esse outro lugar perto da ponte, e, enquanto eu estava lá, os sérvios dispararam um foguete. Ouvi a explosão, claro... a gente sempre ouve... mas não tinha idéia de onde teria sido. Então, na minha volta para a margem esquerda, passei pelo café onde eu tinha querido ir e vi que a bomba o atingira direto. Estava totalmente destruído. O que me deu um arrepio, devo dizer."

"Era quase para você acreditar no seu anjo da guarda", sugeri. Conforme diziam os videntes, todas as pessoas têm anjo da guarda; Vicka e Marija estenderam-se longamente sobre o tema. Karen tomou o rumo da rua onde se viam os escombros do café. "O sujeito que era dono do local tinha acabado de abrir as portas quando o foguete o atingiu", Karen contou. "O homem foi pelos ares. Fico me perguntando onde estava o anjo da guarda dele. De férias, imagino."

Seguindo o curso sinuoso das ruas do *souk*, passamos por homens em farrapos, acocorados em vãos, que, entre patéticas pilhas de panelas, caçarolas e quinquilharias, tentavam vendê-las aos socorristas como "suvenires", e chegamos afinal ao lugar onde a Stari Most um dia se erguera. Trabalhadores de organizações humanitárias a substituíram por uma ponte provisória de borracha reforçada, sustentada por cabos.

"Tenho de cruzá-la", disse eu a Karen.

"Eu não faria isso", disse ela. "Ninguém usa essa ponte; a pessoa fica inteiramente exposta ali."

Entretanto, senti-me compelido a atravessá-la, e segui pela ponte oscilante até o seu ponto central onde o parapeito gracioso da Stari Most um dia se destacara entre bandos de andorinhas em vôos vertiginosos. Olhando para baixo, para o rio preguiçoso e de um verde exuberante, que parecia mais se refugiar do que bater nas pedras esbranquiçadas ao longo de suas margens, senti uma estranha e sem dúvida injustificada sensação de proteção, como se eu tivesse entrado, por um momento breve, num outro tempo em que os atiradores urbanos e os soldados de artilharia nas montanhas não existiam. Eu não sabia se esse tempo era passado ou futuro, mas me sentia melhor ali ao ar livre, suspenso sobre o rio Neretva, do que me sentira ao entrar em Mostar. Quando levantei a cabeça, vi Karen dando passadas à beira do rio, olhando para mim com um sorriso hesitante, e senti uma súbita e incontrolada compaixão por ela. Durante alguns minutos, foi como se eu não pudesse me mexer. Por fim, atravessei o restante da ponte até chegar à margem esquerda, onde, pela primeira vez, percebi que, das janelas despedaçadas, havia gente me olhando. Uma ponta aguda de medo perfurou a minha serenidade, e me senti menos estável na travessia de volta à margem direita.

"Você é mesmo bem maluco", Karen me disse.

Fomos andando em silêncio pelos caminhos do que restava do mercado, e estávamos quase no Land Rover quando um menino de uns oito anos aproximou-se de mim com a mão estendida. Procurei, e tirei do bolso umas moedas de *kuna*. No mesmo instante, como se tivessem surgido do ar, uma dúzia, depois duas dúzias, depois não sei quantas crianças maltrapilhas apareceram à entrada do prédio de apartamentos grande e branco. Quando passamos por lá mais cedo, o lugar nos parecera deserto, pensei, enquanto as crianças, correndo pela rua de pedregulhos, aproximavam-se de mim. Karen entrou rapidamente no Land Rover, e me acenou para que eu a acompanhasse. "Rápido", disse ela. Confuso, entrei no veículo e me sentei ao lado dela. As crianças continuavam a me caçar, as mãos querendo me alcançar através da janela aberta enquanto Karen, imprimindo velocidade ao carro, se afastava.

"Nunca mais faça uma coisa dessas", Karen me disse. "Eles arrancam os seus braços."

Mortificado pela minha insensatez, fiz que sim com a cabeça, grato ao ver que o Land Rover se dirigia para a ponte da estrada e para o lado ocidental da cidade. Karen queria muito que eu visse o hotel Europa, que fora recuperado para receber os principais funcionários da União Européia e da ONU. Compreendi o motivo assim que entramos no hotel pela porta principal; era como se a cidade do lado de fora não mais existisse. O saguão era claro e impecável, e o piso, de mármore incrustado e polido, brilhava. Numa mesa, perto do balcão da recepção, havia um vaso enorme com flores frescas. No terraço onde se comia ao ar livre, encontramos uma mesa cuja localização permitia que diversas trepadeiras floridas proporcionassem sombra e um fundo verde-escuro e fresco. Karen sugeriu que eu pedisse trutas frescas, o que fiz, mas estava mais interessado no menu de saladas; eu estava ansioso por uma boa forragem, o que era quase impossível de se achar em Medjugorje.

À medida que Karen me distraía com histórias sobre a entrega de remédios e alimentos a diferentes cidadezinhas da Bósnia-Herzegóvina, fui ficando espantado com o desprezo que ela parecia sentir por seus companheiros filantropos que se imaginavam moralmente superiores. "Todos têm os seus motivos", disse ela a uma certa altura, "exatamente como eu. O que não quer dizer que eles não queiram fazer o bem, mas os motivos deles são sempre confusos. Os meus são, estou pronta a confessar. Aqueles que fingem que as coisas não se passam assim é que eu não posso suportar."

Tanto Nicky Eltz como Rita Falsetto me disseram que Karen estava em Medjugorje porque ela queria o que somente o Cristo poderia lhe dar. Karen não admitiria isso, pelo menos, não para mim. "Jesus que vá se foder, pouco me importa", foi como ela reagiu quando toquei no assunto. "Maria, porém, me parece de uma maneira ou de outra mais amável. É Mãe de Deus, e todo esse lero-lero."

Ela estava sóbria e tinha estado assim havia alguns dias, longe do copo, principalmente graças à influência de Rita, por quem Karen dizia estar apaixonada. Entretanto, ela estava curtindo estar na companhia de um homem, e não fazia questão de esconder. Karen provavelmente tinha sido uma garota bonita, pensei, mas isso era apenas uma suposição; o estrago causado pelas drogas, pelo álcool, pela má alimentação e pelos maus-tratos a si própria a transformara numa jovem obesa e quase agressivamente sem graça. A sua ânsia pela minha atenção, nunca revelada anteriormente, era comovente e dolorosa. Talvez eu tenha me aproveitado disso ao encaminhar a nossa conversa para a sua infância.

Tínhamos terminado de almoçar quando ela se propôs me contar a sua história. Sair para as ruas de Mostar me deixou atônito. No delicioso terraço do hotel Europa, eu estava começando a imaginar que estávamos numa espécie de *resort* meio exótico. Por alguns meses à frente, eu me lembraria vividamente daquele momento em que nós dois voltamos às ruas da cidade, e do meu espanto ao ver a rapidez com que minha cabeça afastara a visão daqueles prédios destroçados e daquela gente destroçada que um dia vivera neles. Karen me deixou perambular, em silêncio, por algum tempo, até chegarmos a um quarteirão em que todos os prédios tinham sido arrasados. A visão daquele terreno vazio, com suas pilhas de tijolos e blocos de concreto arrumadas, era de certo modo tranqüilizadora; talvez as pessoas pudessem recomeçar.

Ao entrarmos naquele vazio encorajador, Karen, sem nenhuma provocação da minha parte, começou a me contar o que fora crescer como filha adotiva, e assediada sexualmente, de um satanista rico e aristocrata. Um dos aspectos perturbadores de sua história era o fato de que uma parte dela sempre o amara, e ainda amava. Havia um certo romantismo depravado na técnica sedutora de seu pai, explicou-me Karen: "Ele sabia muito bem me vender essa idéia de um amor proibido. O que havia entre nós era algo especial, sabe como é, e por isso tínhamos de guardar segredo do que ocorria." No decorrer da sua adolescência, o pai passou a usar formas mais coercitivas de manipulação, "fazendo-me lembrar de onde eu tinha vindo, de que minha mãe estava 'no jogo', e de que eu nunca teria participado desse mundo de dinheiro e de relações sociais adequadas que ele me propiciava. O que ele queria dizer é que eu sempre poderia ser mandada de volta. E naquela época fiquei realmente apavorada com essa hipótese". Além disso, saber que sua mãe natural tinha sido prostituta fez com que ela achasse que estava destinada a ser um brinquedo sexual, disse Karen.

Ela foi tanto interessante como convincente nessa parte de sua narrativa, mas quando começou a descrever os detalhes horríveis de como foi usada, mais uma vez me senti à beira daquele desmaio vertiginoso que parecia ter se tornado um aspecto essencial da minha experiência na Bósnia. O pai de Karen era um maçom muito bem colocado; na hierarquia da maçonaria, havia trinta graus acima dos três de que "os comuns" tinham informação, explicou ela, e os que estavam nesses escalões superiores eram todos adoradores do Diabo. Ela só tomou conhecimento desses detalhes muito mais tarde; naquela ocasião, tudo o que ela sabia sobre o grupo provinha da sua participação nas Missas Negras, que começaram quando ela estava com cerca de cinco anos e constavam principalmente de atos sexuais praticados com diversos homens adultos, a pedido do pai, e na presença dele.

Karen diferia das outras jovens americanas que mencionavam experiências semelhantes, e sobre as quais eu lera, ao afirmar que a dela não era uma lembrança recuperada. "Eu não acredito nessa besteira", disse ela. "Sem dúvida, eu nunca esqueci o que aconteceu comigo. Era algo em que eu pensava, se não todo dia, pelo menos toda semana desde que essa história começou. Eu escapava me embebedando e me drogando, mas isso não é o mesmo que esquecer." Foi aí que a sua raiva de Jesus começou, disse Karen. "Eu descobri Jesus e comecei a acreditar nele quando fui para a escola. No mesmo instante, comecei a rezar para que Ele me salvasse do que estava acontecendo. Mas nada mudou. Pouco depois, compreendi que Ele estava deixando que aquilo me acontecesse. Ainda penso assim, e não vejo como eu possa amar um Deus que deixa uma criança ser usada como eu fui. Eu acredito em Deus, pode ter certeza, mas não O amo."

Já tínhamos andado talvez meia hora, e eu estava tão desligado do ambiente à minha volta, que comecei a admirar os "desenhos que o brilho do sol" fazia no asfalto sob meus pés, e a me deter, maravilhado, na beleza que os habitantes de Mostar imprimiram até no calçamento de suas ruas. Apenas quando me dei conta de que eu estava olhando para as marcas das explosões das granadas de morteiro foi que registrei o tamanho da minha desorientação. Eu me senti tão inteiramente perdido naquele momento, que, sem ar, dominado pelo pânico, precisei parar. Eu não sabia absolutamente quem eu era, para onde me dirigia, nem o que eu estava fazendo. Também não sabia o que pensar nem a quem perguntar o que estava acontecendo. Eu estava completamente desnorteado, e a única coisa que sentia era uma vaga vontade de sobreviver. E, por alguns minutos, eu não sentia nem isso, e mal podia lutar contra o desejo de me deitar ali mesmo, no meio da rua.

Karen estava me olhando fixamente, preocupada, mas com um jeito divertido e calmo. "É demais", deixei escapar depois de algum tempo.

"Eu estou de acordo", Karen disse.

Eu não queria lhe dar a impressão de que eu acreditava nela, nem de que eu não acreditava. "Acho que é hora de voltarmos", acabei dizendo.

"É isso, vamos voltar."

"Vamos exigir uma explicação", disse eu, procurando mais uma vez encontrar o nosso terreno comum, algum lugar na fronteira da ironia.

Karen sorriu. "E você sabe que vamos conseguir."

Saímos de Mostar por uma estrada diferente da que tínhamos usado para entrar na cidade. O caminho nos levou ao sopé das montanhas do lado leste, onde, três anos antes, a maior parte da população sérvia tinha morado. Foi aqui, entre essas pequenas propriedades rurais em patamares, que as tropas federais postaram os seus lançadores de foguetes e seus canhões lançadores de morteiros no verão de 1992, arremessando mais de 20 mil bombas na população da cidade, lá embaixo, durante as três primeiras horas da guerra. E foi também aqui que, menos de um ano depois, as forças combinadas dos Exércitos croata e bósnio chacinaram tanto os soldados sérvios em retirada como seus colaboradores civis. Os sobreviventes muçulmanos tinham se mudado para lá desde então, criando um sistema intricado de habitações humanas e currais de animais a partir dos destroços de pedra e tijolo das casas bombardeadas. Em Mostar, um arranjo de cacos tornara-se um tipo de arte.

Descendo mais uma vez e entrando no destroçado esplendor otomano da margem direita, passamos pelo que substituíra a Stari Most como a atração mais notável de Mostar. E que era uma fogueira imensa construída sobre os alicerces de um prédio arrasado na primeira semana da guerra. Ali, então já há dois anos, era jogado todo o lixo de Mostar, incluindo partes dos corpos dos que tinham estado no lugar errado na hora errada. Naquele dia, a temperatura chegava a quase 95 graus, mas o fogo ainda queimava num círculo talvez de uns 12 metros, e as chamas atingiam a altura de 5 a 6 metros. Eu diria mais tarde que, como Jakov e Vicka, eu vislumbrara o Inferno.

Àquela altura, eu estava em péssimo estado, sofrendo não só por saber que toda a fé e a esperança tinham se esvaído de mim, mas também por saber que o meu desejo desesperado era esquecer tudo o que eu tinha visto ali. E talvez até pior fosse a minha desconfiança de que eu possuía a capacidade para cometer essa deslealdade. Detesto pensar que a minha situação estaria muito pior caso eu tivesse sabido na época sobre a *mali rat*, "pequena guerra", de Medjugorje, como a população do vilarejo a chamava.

Eu nunca saberia da real extensão dessa "pequena guerra". O principal investigador externo da violência intramuros na paróquia de Medjugorje, o antropólogo holandês Mart Bax, relataria que mais de 150 tinham sido mortos durante a *mali rat*. Embora Bax tivesse feito um trabalho extremamente importante ao pesquisar as origens das hostilidades sanguinárias na região de Brotnjo, as descrições dos acontecimentos subseqüentes às aparições estão cheias de erros, e eu sabia que os números dele não eram confiáveis. Os franciscanos reconheceriam apenas que teriam ocorrido "algumas" mortes violentas na paróquia durante a guerra, o que, provavelmente, era uma meia verdade.

Se a apuração do número de mortos não era confiável, os motivos para as mortes eram bastante previsíveis. A sucessão de acontecimentos teve origem séculos atrás, evidentemente, como quase sempre acontecia nos Bálcãs. Nesse caso, começara quando os conquistadores turcos de Brotnjo convidaram a primeira família sérvia, os Ostojići, para se estabelecer em Medjugorje. Os conflitos sanguinários entre os sérvios e seus vizinhos que, num longo período de centenas de anos, ora se acirravam, ora diminuíam de ferocidade, permaneceram quase sempre abafados desde o fim da Segunda Guerra Mundial, e pareciam quase inexistentes após o início das aparições. Embora os Ostojići então se considerassem católicos e croatas, eles nunca foram totalmente aceitos na tribo por seus vizinhos, os Jerkovići e os Sivrići, que se ressentiam amargamente de ver que os "comedores de pedras" tinham prosperado com a indústria do turismo religioso que surgiu em torno das aparições. Já em 1990, os Ostojići tinham obtido as licenças necessárias para operar a maior frota de táxis em Medjugorje, tinham aberto muitos restaurantes, cafés e lojas de suvenires, controlavam o fornecimento de pão e álcool para a paróquia, e administravam as maiores sucursais locais das agências de turismo governamentais, o que, segundo seus vizinhos, fora conseguido por meio de suborno.

As tensões começaram a fervilhar no final do verão de 1990, quando os terroristas sérvios e montenegrinos fecharam muitos *resorts* na costa dálmata, o que resultou em cancelamento das viagens de diversos grupos de peregrinos que deveriam chegar a Medjugorje em agosto e setembro.

Quando a Croácia declarou sua independência em junho de 1991, a maioria das pousadas em Medjugorje estava vazia. Apenas os Ostojići continuavam a receber hóspedes pagantes, o que se devia principalmente às boas relações deles com os *biro cetnici*, como eram então chamados os funcionários do governo. Quase toda família em Medjugorje estava atrasada no pagamento dos empréstimos tomados para financiar novas construções, e quase não entrava dinheiro para pagar as contas. Os chefes dos outros clãs passaram a negociar com os Ostojići a divisão da receita do turismo, mas, à medida que os ressentimentos há muito ocultos vinham à tona, a família tornava-se cada vez mais relutante em partilhar o negócio.

Era motivo de grande vergonha para os mais crentes entre os habitantes de Medjugorje que a *mali rat* tivesse começado a sério no dia 15 de agosto de 1995, dia da Assunção de Nossa Senhora. Aproximadamente duas dúzias de homens armados e mascarados, todos membros do grupo ustachi, impediram trezentos peregrinos, hóspedes dos Ostojići, de subir a Križevac para rezar. Alguns peregrinos negaram-se a se retirar, até que tiros ameaçadores zuniram sobre suas cabeças. No dia seguinte, o grupo de peregrinos fez outra tentativa, acompanhado de alguns Ostojići e um frade franciscano, e a mesma tropa armada e mascarada barroulhes o caminho. Os Ostojići, porém, reconheceram alguns dos rostos por trás das máscaras e prontamente revelaram os nomes dos homens à polícia de Čitluk. Durante uma investida policial, realizada de manhã cedo, alguns dias depois, alguns Jerkovići foram tirados da cama e presos. Uma semana depois dessa ocorrência, todos os 32 táxis dos Ostojići foram destroçados por grupos das famílias Jerkovići e Sivrići.

Ao mesmo tempo em que esses fatos ocorriam, a "grande guerra" estava se desencadeando em toda a Bósnia-Herzegóvina. Nos montes acima dos campos armados que um dia tinham sido cidades e vilas, o campo se enchia de unidades móveis que os croatas chamavam de *rezervisti*. A maioria delas identificava-se como HOS, mas quase todas funcionavam como pequenos exércitos particulares. Os Ostojići se sentiram muito ameaçados com o fracasso da autoridade civil na Herzegóvina ocidental, principalmente depois de saber que muitos homens dos Jerkovići e Sivrići tinham se juntado aos HOS em Capljina. Em setembro de 1991, os vizinhos notaram que os Ostojići raramente saíam de casa a não ser quando escurecia, e observaram também que havia sentinelas armadas postadas ao redor das propriedades deles.

O primeiro homem residente em Medjugorje a afirmar ter sido vítima de tiro foi um Sivrići. Segundo ele, os Ostojići teriam lhe desferido dois tiros enquanto ele subia no telhado de casa para consertar uma chaminé. Na noite seguinte, ouviram-se diversas explosões em Medjugorje, vindas do cemitério. Na manhã seguinte, os Ostojići viram que quase todos os túmulos de sua família tinham sido destruídos por granadas. A situação piorou muito com a incursão dos HOS vindos de Capljina, que imediatamente fizeram barricadas na estrada principal de Capljina a Medjugorje, o que separava os Ostojići dos membros da família que moravam no sul. Logo depois, os HOS investiram contra os reservatórios de água dos Ostojići, detonando 36 cisternas da família. Quase todo dia, os atiradores HOS matavam alguma rês do rebanho dos Ostojići.

Os Ostojići logo trouxeram seus reforços: uma unidade paramilitar de quarenta homens de um vilarejo "limpo", situado ao sul, chegou às trilhas das montanhas. Perto do Natal, esses homens tinham conseguido destruir 12 cisternas dos Sivrići. A escalada da violência intensificou-se depois disso: primeiro, um idoso patriarca do clã Jerkovići foi atingido na coxa enquanto visitava o túmulo de sua mulher morta; quase imediatamente, dois Ostojići idosos foram atingidos pelas balas dos atiradores, e um ficou paralítico para o resto da vida. Mais tarde, em 6 de janeiro de 1992, dia da Epifania,* dois Sivrići foram mortos a tiros; depois disso, nenhum homem adulto de nenhum desses três clãs em guerra estaria a salvo nas ruas durante o dia.

Em março, um Ostojići bêbado lançou uma granada num estábulo dos Sivrići que ficava rua abaixo. Os Sivrići responderam ateando fogo a duas casas dos Ostojići e matando dois velhos. As batalhas armadas se acirraram, embora quase todos os que foram mortos na primavera de 1992 tenham sido primeiro capturados vivos e, depois, enforcados em árvores e vigas de telhado. Segundo Mart Bax, oitenta pessoas, sessenta

* Na Igreja ocidental, desde o século XV, Dia de Reis. (N. da T.)

ali residentes, morreram desse modo em Medjugorje no decorrer da *mali rat.* Esse número é sem dúvida exagerado, mas muitas dessas mortes foram documentadas durante o último mês da "pequena guerra", maio de 1992. Entre as vítimas, soube-se de um casal idoso Ostojići que foi encontrado pendente de uma amoreira no quintal da frente de sua casa, com as gargantas cortadas e as mãos decepadas; pouco depois, um homem Sivrići e seus dois filhos adultos foram encontrados de cabeça para baixo, os corpos pendendo de um cano, com as mãos atadas atrás das costas, mergulhados até os ombros na água de uma cisterna em ruínas.

Todos os lados concordariam em que a *mali rat* tinha terminado quando as primeiras tropas HVO chegaram a Medjugorje. Mas a explicação para o fim da pequena guerra ainda é motivo de controvérsia: Mart Bax afirmaria mais de uma vez que quase cem Ostojići marcharam em direção ao despenhadeiro e foram executados, mas todas as pessoas com quem falei sobre isso em Medjugorje insistiram em dizer que esse fato não ocorreu. De todo modo, a paz foi restabelecida, e os grupos de peregrinos voltaram a acorrer a Medjugorje com regularidade no final do verão de 1992, regozijando-se com "o triunfo da mensagem de paz". A paz por certo não triunfara em Mostar, cidade que, nove meses depois, seria cercada pelo HVO, ou em Capljina, lugar em que o prefeito croata estava prestes a propor um "programa de reprodução" aos muçulmanos. E, apenas 10 quilômetros estrada abaixo, localizava-se Ljubuški, uma pequena cidade quase inteiramente dominada por bandidos.

Os peregrinos que optaram por ficar em Bijakovići naquele mês de agosto estavam próximos o suficiente para ouvir a violenta explosão ocorrida naquela tarde em que o obelisco altaneiro de Surmanci foi pelos ares. Usaram-se pedaços do ex-monumento aos mártires sérvios para encher a cova em que os corpos foram queimados. Pouco depois, os sérvios, "guardiões da ponte" em Zitomislići, explodiram a ponte sobre o Neretva que por séculos fora a principal ligação entre o platô de Brotnjo e Mostar, mais ou menos na mesma época em que os membros do HOS croata explodiram o infame mosteiro onde, em 1941, muitos padres sérvios tinham sido enterrados vivos pelos ustachis. Era impossível determinar a seqüência precisa dos acontecimentos, mas os croatas tinham claramente sido bem-sucedidos na "limpeza" feita em Zitomislići, empurrando toda a população para as montanhas. O ciclo de violência, e talvez o processo de uma inevitabilidade histórica, completou-se quando os sérvios desalojados assentaram-se num antigo vilarejo muçulmano que fora ocupado por uma unidade tchetnique muitos meses antes.

Até mesmo em Medjugorje, Gabriel Meyer não conseguiu encontrar ninguém que reconhecesse que as unidades paramilitares croatas da Herzegóvina ocidental, assim como as unidades paramilitares da Bósnia oriental e as unidades paramilitares muçulmanas que operavam no espaço entre uma e outra, estavam envolvidas numa limpeza étnica. "As pessoas me diziam, com a cara mais limpa, que tudo o que os croatas fizeram estava relacionado a uma ação defensiva", observou Meyer. "Eu vi, como nunca havia visto, como essa mitologia de autodefesa e negação que faz parte da tradição da história oral na Europa do Leste de fato funciona. A pior parte era ouvir tantos croatas insistirem em dizer que Deus estava ao lado deles, e que as aparições em Medjugorje comprovavam isso. 'A Virgem veio nos dar inspiração para lutar por nosso país', eles lhe diriam. Era como se nunca tivessem ouvido dizer que ela viera a Medjugorje como Rainha da Paz."

Eu procurei incansavelmente o padre Philip Pavich, o principal patrocinador de Gabriel Meyer em Medjugorje e o único americano entre as duas dezenas ou mais de padres naquele momento morando na paróquia, muito pelo que eu soubera de suas viagens aos Estados Unidos como advogado do povo da Herzegóvina durante os primeiros dias da guerra. O que eu não soubera, e me espantou muito saber, foi que a guerra transformara o padre Philip no mais proeminente apóstata de Medjugorje.

Philip era de etnia croata. Seus pais emigraram para os Estados Unidos nos primeiros anos do século XX, procedentes de dois pequenos vilarejos em Krajina, fazendo percursos separados de Ellis Island a Waterloo, no estado de Iowa, onde Philip nasceu e cresceu. Aos 14 anos ele entrou para um seminário em Illinois, e aos 19 era um noviço franciscano. Matriculado pelos frades no colégio Loiola de Chicago, ele estudou filosofia, teologia e psicologia, e ainda era um rapaz quando seus superiores o designaram mestre de clérigos (o equivalente a reitor de alunos) numa faculdade de franciscanos em Quincy, Illinois. Sua carreira sacerdotal ia de vento em popa, explicou Philip, até os anos 1960 "virarem-no pelo avesso".

Eu já tinha sido avisado de que o atarracado, careca e barbudo Philip estava "doente da alma". O padre me desarmou ao fazer a ingênua confissão de que ele traíra tanto os votos sacerdotais quanto a ética profissional ao se apaixonar por uma jovem viúva que o procurava para se aconselhar: "Eu nem sequer sabia o que estava acontecendo. Eu não tinha nenhuma experiência com mulheres, e o fato de ouvi-la uma vez por semana por um ano e de me envolver profundamente com ela me estarreceu."

Em 1969, Philip entrou em crise e cogitou deixar o sacerdócio para se casar com a viúva. Em vez disso, os dois se separaram, e ele desabou. "Tudo se tornou muito público", contou Philip, "e eu me vi numa pilha de lixo clerical". Foi para Cleveland como pároco-assistente e, nessa cidade, "foi admitido como um dos primeiros colaboradores do movimento da Renovação Carismática", dando início a grupos de oração em diversas cidades do Meio-Oeste. Após três anos, Philip cansou-se de "*shows* e falsidade", e se isolou num retiro que terminou depois de 54 dias em que "obtive na oração uma orientação clara, a de ir para Israel".

Tudo correu bem na Terra Santa. Ele passou dois anos estudando a Bíblia e italiano em Jerusalém, e depois foi designado pároco-assistente da enorme igreja franciscana à beira-mar, em Jafa. Em 1983, foi designado pároco da pequena igreja católica junto ao mar da Galiléia. "Cuidei de soldados da ONU, famílias irlandesas, peregrinos católicos, observadores vindos das colinas de Golã, e ainda fui guia de grupos de excursão. Para mim, os lugares santos tornaram-se um púlpito e me tornei muito conhecido por esses sermões escolares que ensinavam a história da Bíblia. Eu achava o máximo. Você passava por toda a história de Jesus, fazia os passos Dele, revia Nazaré, Pentecostes, tudo. A primeira vez que entrei na igreja do Santo Sepulcro, eu chorava como um bebê. Ao chegar ao mar da Galiléia, a primeira coisa que fiz foi pegar a minha pequena Nikomat e entrar na água, assestar a máquina no nível da água, o mais perto da superfície possível, e bater a foto, pensando: 'Foi isso que Pedro viu quando estava afundando.'"

Ele achou que passaria o resto da vida em Israel, disse Philip, até ouvir falar de Medjugorje. "Eu queria vir aqui e ver, imediatamente", explicou Philip, "mas Roma não me deu permissão." Quando recebeu uma carta de um padre irlandês afirmando que Ivan Dragičević dissera que estaria em Medjugorje, Philip foi fazer um retiro no monte Sion para obter orientação. Lá, ele recebeu a visita do único padre católico, em Israel, que era judeu de nascença, um homem considerado "uma espécie de enigma local". "Abraão disse que eu devia ir, que eu tinha sido convidado", continuou a contar Philip, que passou quase dois anos lutando com os seus superiores em Jerusalém antes de poder ser transferido para Medjugorje em dezembro de 1986, chegando a tempo para assistir ao casamento de Ivanka.

Philip estava no adro da igreja em julho de 1987, quando o bispo Žanić pronunciou o seu sermão sobre o "Fogo do Inferno". "Ele descompôs violentamente toda a paróquia, mas as pessoas mal reagiram", lembrou-se Philip. "Naquela ocasião eu não me dei conta de que havia neles uma atitude estóica, um senso de um compromisso primitivo com a terra, os vinhedos, as pedras e o vento: 'O sol nascerá, as uvas amadurecerão, nós faremos o vinho. Os bispos vêm e vão, mas nós estaremos sempre aqui, assim como os franciscanos.' Na sacristia, os outros padres estavam rindo das palavras dele, com um ar condescendente de quem pensava: 'Nós vamos rezar pelo bispo, e ele vai entender.' Entretanto, me chocou ver o nosso bispo nos chamando de rebeldes e desobedientes. Mas então o arcebispo Franić veio nos salvar, com o seu pronunciamento em defesa das aparições."

Quaisquer restrições que Philip tivesse, ele não as revelou em suas declarações públicas. Por um período de mais ou menos três anos, ele seria o principal defensor de Medjugorje diante da mídia norte-americana. Numa entrevista ao *Miami Herald*, por exemplo, ele descreveu o antagonismo do bispo Žanić como um exemplo do que a Igreja deplorava como "negação desprezível". "Qualquer um que venha aqui vai ver que não estamos forçando nada", disse Philip ao repórter do *Herald*. "Não podemos convencer 10 milhões de pessoas sozinhos."

Philip suspirou quando lhe mostrei a citação dessas e de muitas outras palavras suas. "É, eu estava pregando com essa grandiloqüência toda", disse ele. "Na realidade, eu fui o único que usei a metáfora da Santa Sé ao falar de Medjugorje, a trindade na paisagem, as duas montanhas e a igreja entre elas, o trabalho do Pai, o trabalho do Filho, o trabalho do Espírito Santo, Nazaré, Belém, Jerusalém. Eu inventei isso, tinha meus direitos autorais sobre essa invenção. A primeira vez em que subi a montanha da Cruz olhei ao redor e pensei: 'Cara, não tem lugar como este no mundo.' Há um clima especial neste lugar, tenho certeza de que você também notou. Então eu preguei desse jeito, e me tornei grande aqui."

Entre os seus deveres, explicou-me Philip, havia a tradução das mensagens da Nossa Senhora do croata para o inglês: "Trabalhei na torre, num quartinho situado logo abaixo do sino, utilizando-me do diário oficial das aparições e do meu dicionário de croata, começando em junho de 1981 e prosseguindo dia a dia. E, quando fazemos isso, realmente pensamos sobre o que está sendo dito ali, porque vamos lendo palavra por palavra. Para mim, as mensagens eram pequenas manchas de tinta de um teste de Rorschach e eu podia ler o que quisesse nelas, bastava decolar e voar. Achei que estava interpretando zelosamente as mensagens, mas o que eu estava fazendo era simplesmente usá-las como uma plataforma de decolagem."

Philip entrou em parafuso quando leu uma mensagem que os videntes relataram ter recebido da Virgem em abril de 1985. "Eu já estava tendo dificuldades com essa abordagem da religião como uma terra de blablablá, com segredos que eram como pedras de um loto", Philip explicou. "Toda essa história de Mirjana e padre Petar, em que dez vezes ele jejua por dez dias, depois, três dias antes do acontecimento ele anuncia cada Segredo. E o pergaminho que ninguém nunca viu, feito de um material que não é da Terra: acho que precisamos de óculos especiais para essa realidade virtual. Eu não disse nada em público, mas eu andava ouvindo muita coisa que me fazia pensar: 'Qual é?' Entretanto, eu acreditava. Eu fui arrebatado. Só que eu evitava certos assuntos porque me constrangiam. Mas foi aquela Madona chorosa de 1985 que realmente me pegou, essa Senhora mimada que diz: 'Ora, ninguém está me ouvindo, então não vou mais lhes mandar nenhuma mensagem.' E alguns dias depois: 'Tudo bem, alguns ouviram, então vou continuar mandando mensagens.' Isso não combinava com a minha imagem de Maria de Nazaré, a donzela humilde de Deus que diz: 'Façam o que Ele lhes diz.' Em vez disso, Ela dizia: 'Façam o que eu lhes digo.' E eu pensava: 'Pera lá! Um minuto só. Qual é? Isso não está certo.'

"Então essas coisas todas estavam me incomodando e começaram a se acumular, mensagem a mensagem, enquanto eu ia traduzindo. Mas mesmo assim eu acreditava, em 1989 e 1990, quando tomei um avião para Birmingham, no Alabama, pois ia aparecer no ETWN, Rede de Televisão Mundo Eterno, com a madre Angélica, como era chamada. Participei de uma série, em 13 capítulos, desse canal, que era exibida uma vez por semana. O título era *A Prole de Maria.* Uma espécie de conversa que mostrava 'o melhor do padre Philip'. Esse momento foi a culminância do meu período não-questionador. Cheguei ao auge, e esse auge estava na televisão. Os programas foram tão bem recebidos que o canal ainda os passa. Tem gente aqui que me disse ter gravado todos os 13 episódios." Philip riu com amargor. "É realmente engraçado. Porque logo depois, tudo veio ladeira abaixo."

Philip e eu nos sentamos para conversar no pequeno *trailer* de madeira cor de laranja onde ele dormira nos últimos três anos, empapando as roupas de suor, e azucrinado pelas moscas. Aos 65 anos, diabético e desiludido, Philip também era um sujeito sozinho numa multidão, alguém cercado de padres-irmãos que mal o suportavam, procurado por peregrinos cuja credulidade o deixava enojado. Por seis longas sessões — nenhuma de menos de duas horas — ele me conduziu pela convergência de acontecimentos a que ele imputava a perda da sua fé. Gemendo e suspirando, zombando e se lamentando, o padre parecia descrever algo que se aproximava mais do avanço de uma doença que de um processo de tomada de consciência.

Ele estava convencido de que a guerra salvara Medjugorje: "Em 17 de junho de 1991, oito membros da Comissão de Bispos Iugoslavos chegaram aqui para uma reunião no porão do presbitério", lembrou-se, "quatro bispos e quatro teólogos. E nos deram essa tal lista de diretrizes pastorais que pretendiam publicar. A primeira era: 'Impeçam os videntes de revelar publicamente mais mensagens.' Qualquer mensagem futura, disseram eles, teria de ser submetida ou ao bispo Žanić, ou à própria comissão. Isso era uma bomba! Eles nos disseram que a instrução seria publicada dali a dez dias, em 27 de junho, mas no dia 25 de junho, décimo aniversário das aparições, tanto a Croácia como a Eslovênia declararam-se independentes, e não existe mais nenhuma Iugoslávia, assim como não existe mais nenhuma Comissão de Bispos Iugoslavos. Então as diretrizes nunca foram publicadas. Espantoso, não é mesmo? Ouvi muita gente dizer que Nossa Senhora fez a guerra irromper naquele momento justamente para proteger Medjugorje."

Para Philip, a guerra propiciou o aparecimento de uma nova causa: ele se tornou um advogado sem papas na língua do povo croata, invectivando contra as medidas políticas insensíveis da primeira administração Bush. "Deixei de lado as minhas restrições, e disse: 'Morrerei com este povo, se for preciso'", explicou-me Philip. "Mas os outros padres me disseram que eu deveria voltar aos Estados Unidos e contar a todo mundo o que estava acontecendo. Então, em maio de 1992, fui a Washington, visitei senadores, congressistas, depois fui a Nova York onde estive com a embaixadora Jeanne Kirkpatrick, na ONU. Cheguei a mandar uma carta de quatro páginas a George Bush mostrando o que os sérvios eram capazes de fazer. Ao mesmo tempo, as minhas dúvidas sobre as aparições estavam se tornando visíveis. Eu simplesmente não conseguia mais esconder o que estava sentindo."

O que realmente o deixava arrasado era o que ele chamou de "a rede de Medjugorje". Especificamente, ele se sentia indignado e assombrado com as relações entre os membros dessa rede e uma mulher que se proclamava o canal da voz de Jesus Cristo. Vassula Ryden, que nascera no Cairo, era uma grega ortodoxa que se casou duas vezes com suecos luteranos, trabalhou como modelo de moda, e foi uma vez campeã de tênis de Bangladesh. Vassula tornou-se famosa como autora de uma obra em muitos volumes intitulada *A Verdadeira Vida em Deus.* Ela não alegava apenas que seus livros tinham sido inspirados por Jesus, mas que Cristo literalmente os escrevera, usando a mão dela. Para os muitos leitores de Vassula, talvez o que mais atraísse no *A Verdadeira Vida em Deus* era que cada volume tinha sido publicado não em letra de imprensa, mas como fotocópias de um manuscrito numa caligrafia elegante bastante diferente da letra habitual de Vassula. "Então o que ela está vendendo é a própria letra manuscrita de Cristo", disse Philip. "Há centenas de milhares de pessoas no mundo que acreditam nisso."

Ele ouviu falar de Vassula pela primeira vez na primavera de 1991, pouco antes do início da guerra, quando dois dos representantes dela (um, o ex-jogador de basquete da NBA, Tom Austin) chegaram a Medjugorje com exemplares dos primeiros quatro volumes de *A Verdadeira Vida em Deus*. E Philip relatou: "Eles estavam me oferecendo um contrato de participação no primeiro Time dos Sonhos de Vassula: René Laurentin, Robert Faricy, Michael O'Carroll, e eu, padre Philip Pavich, de Medjugorje. Não dava para acreditar que Laurentin apoiasse aquela porcaria. Daí, pensei: 'Ele deve estar maluco. Isso é uma espécie de ocultismo espírita da Nova Era. É uma escrita automática. Não é possível uma coisa dessas.'" Mas era. "Laurentin já tinha endossado os frutos produzidos pela obra de Vassula", explicou Philip, "e O'Carroll tinha sido contratado como diretor espiritual dela. Esses eram os gurus de Medjugorje, os bambambãs, e estavam patrocinando essa pistoleira".

Quatro meses depois, um desertor do partido de Vassula deu a Philip cópias dos manuscritos originais de *A Verdadeira Vida em Deus*. "Kim era esse rapaz americano retraído, calmo e mirrado, que tinha sido vítima das drogas, mas era muito bom e sincero", relatou Philip. "Ele usava uma espécie de batina de monge de cânhamo feita em casa, e o cabelo preso num coque baixo, meio grego. Ele era um católico descartável que caiu fora, fumava todas, comia cogumelos mágicos e andava pelas ruas de Atenas como um traficantezinho de drogas e jóias, lendo São João da Cruz e morando numa barraca. Ele encontrou Vassula e se enterneceu, ficou inteiramente convencido de que era ela de verdade. Mas então, em setembro de 1991, ele apareceu por aqui e chegou para mim com uma sacola de plástico cheia de papéis. E disse: 'Padre, eu realmente não quero mais ler Vassula. O senhor leva esses papéis para longe de mim?' Ele não queria simplesmente jogá-los no lixo. Então ele disse algo sobre 'as mudanças que havia nesses papéis'. Eu não sabia o que ele queria dizer, mas quando dei uma olhada neles, vi o que era, porque havia muitas marcas feitas com tinta vermelha no texto que ele me dera; eram as coisas que ela havia tirado antes que os livros fossem publicados, porque ela não ousaria deixar que as pessoas as lessem. Coisas do tipo Jesus mandara que ela fosse a Roma lavar os pés do papa. Páginas e mais páginas cobertas com notas à margem sobre o que era para tirar e o que era para deixar, escritas por Vassula, mas com uma letra completamente diferente daquela do resto do manuscrito. Pensei: 'Como foi que isso aconteceu?' E disse: 'Senhor, o que o Senhor está tentando fazer comigo? Parece que agora eu tenho um trabalho, a missão de fazer algo com o que eu tenho em mãos.'

"A primeira coisa que fiz, em janeiro de 1992, foi mandar fotocópias daquelas páginas para Michael O'Carroll, junto com uma carta que dizia: 'Favor levar em conta a gravidade do que há aqui.' Entretanto, em vez de me responder, O'Carroll escreveu uma carta aberta me desacreditando publicamente, dirigida ao padre Slavko e a todos os centros Medjugorje no mundo. Ele disse estar ultrajado por eu estar 'realmente em Medjugorje', acusou-me de ensinar baboseiras e ameaçou escrever aos meus superiores em Roma se eu não parasse de difamá-lo.

"Não sei quais foram todas as repercussões da carta, mas, no geral, tornei-me um pária. Os centros Medjugorje irlandeses escreveram uma carta acusando-me de agir contra o espírito do Vaticano II etc., e pediram que eu fosse expulso de Medjugorje. A própria Vassula respondeu, com um fax, me insultando", disse Philip, e prontamente mostrou o documento, assim como a carta de O'Carroll, tirados de seu arquivo. "Desde o início, a minha pergunta para ela era: 'Espera aí, se você acredita que Jesus controla a sua mão, como ousa tirar coisas do texto? Você pretende editar Deus?' Então, no fax, ela responde dizendo que o padre Pavich não tem o direito de levantar objeções, porque é Deus que edita o texto. Pois é, ela tem dois cadernos, um 'caderno particular' e um 'caderno oficial'. Ouça: 'Deus tira do caderno particular tudo o que deve ser difundido e reescreve as mensagens no caderno oficial.' Quanta besteira!

"Então, toda essa história em grande parte explica por que eles quiseram me fazer voltar para os Estados Unidos em 1992, para que eu calasse minha boca sobre Vassula. Mas eu continuava falando. Emiti alarmes, escrevendo para alguns dos mais veneráveis teólogos conservadores pedindo-lhes que impedissem a propagação desse vírus. E eu também estava dando mais informações às pessoas sobre minhas dúvidas em relação a Medjugorje. Todavia, quando voltei para cá em março de 1993, fiquei contente por ter voltado, e me senti como se eu tivesse voltado para casa. Era uma sensação semelhante à do sujeito que está tentando se divorciar, mas simplesmente não se divorcia. A gente fica lembrando dos bons tempos etc., e se sente muito ambivalente.

"Então, em maio de 1994, fui a Roma para atender ao pedido do Vaticano de que eu trabalhasse três meses como confessor em São João de Latrão. Conheci o cardeal Ratzinger nos degraus da igreja de São Pedro durante uma sessão de fotos com alguns bispos espanhóis. De repente, o grupo se foi e ele continuou ali, sozinho. Então me aproximei dele com o meu italiano de sotaque americano, e lhe contei brevemente minha história e falei dos meus problemas com o caso Vassula. E tive a impressão de que ele me dava um sorriso compreensivo. Em seguida, o cardeal pegou a caderneta que eu levava comigo e nela escreveu o nome do sujeito no Vaticano, padre Giretti, com quem eu deveria conversar sobre tudo isso. Eu não o fiz imediatamente porque estava nos meus planos voltar a Roma na época do Natal. Então, voltei para Medjugorje, trabalhei naquele material de Vassula, e então, em dezembro, tomei de novo o avião para Roma e enviei tudo ao padre Giretti. Ele foi muito discreto... esses sujeitos da Congregação para a Doutrina da Fé nunca lhe dizem nada, eles só escutam e acenam com a cabeça... mas descobri depois que eles já estavam realizando uma grande investigação sobre Vassula e já estavam com o material que mandei e sabiam tudo a meu respeito."

Parte do que o Vaticano sabia sobre Philip era que a oposição que ele fazia a Vassula Ryden tornara-se inseparável do esmorecimento da crença dele nas aparições de Medjugorje. "Rupčić arqueja e bufa como se fosse um gigante, mas, quando vi que um depoimento dele tinha sido publicado como prefácio do volume seis de *A Verdadeira Vida em Deus*, me dei conta de que o sujeito tem os pés de barro. 'Vassula fala a própria palavra de Deus, e ela ressuma o amor divino...' Eu pensei: 'Isso me basta. Acho que é hora de dar por terminado o meu serviço em Medjugorje.' Então voltei de avião para Chicago, e fui visitar o meu novo superior. Ele disse: 'Pois bem, Philip, ouvi falar de você, me contaram de sua atitude negativa e disseram que você afastou as pessoas de Medjugorje. E, além disso, a província não quer mais você lá.' Continuamos a discutir sobre as aparições. Ele se mostrou muito firme... os acontecimentos de Medjugorje mudaram a vida dele etc. E eu não nego o que há de bom nisso, mas não é esse o problema. O problema é saber o que realmente acontece. Será a Nossa Senhora? E eu tenho de ser fiel à minha opinião a respeito desse ponto.

"Eu não sabia qual seria o meu destino, mas voltei a Medjugorje em janeiro com a intenção de fazer as malas. No meu primeiro fim de semana aqui, o padre Perevan, que era então o pároco, veio me ver, e tivemos uma conversa tensa. Ele disse algumas coisas que eram difíceis de aceitar. Mas, por fim, ele disse: 'Muitas pessoas me escrevem pedindo para eu trazê-lo de volta a Medjugorje para que possam continuar se confessando com você.' E eu fiquei muito comovido. A última coisa que eu esperava era que ele me pedisse para ficar. Tomei isso como uma permissão para que eu mantivesse o meu ponto de vista. O problema era o que dizer a todos os que queriam me ver longe dali, que haviam se queixado amargamente de mim. Então tivemos uma grande reunião aqui em 14 de fevereiro e eu decidi ficar, mas também foi dito que eu tinha de ficar calado e que não poderia ser tão controvertido.

"E o outro lado aproveitou-se disso. No informativo de Vassula, há uma citação de Michael O'Carroll que diz: 'Temos um bom motivo para acreditar que a oposição a Vassula em Medjugorje perdeu a força.' Então pensei: 'Vou ter de fazê-los saber que não é verdade.'

"Mas me encontro nessa situação muito inconveniente, nessa espécie de limbo. Estou numa posição de semi-aposentado, com um raio de ação muito reduzido. Dou palestras sobre a glória de Nossa Senhora, mas não falo das mensagens. Mas minha consciência em crise quer saber: 'Será que este é o meu lugar? Será justo para as pessoas? Para os padres? Será justo para mim mesmo? Será que estou vivendo uma negação doentia de mim mesmo, da minha verdade?'"

O padre suspirou profundamente, depois respondeu: "Bem, excluo alucinações e a imaginação dos homens. Definitivamente. Depois de oito anos aqui, estou certo de que os videntes têm contato com uma entidade espiritual. Mas será a Mãe de Deus? Há alguns testemunhos que me parecem difíceis de recusar. Rita Klaus: a história do milagre relatada por ela é notável, trata-se de uma cura maravilhosa, e ela tem uma presença forte. Mas, por outro lado, há a história de Agnes Heupel que também recebeu a graça de uma cura milagrosa, e se tornou líder de um culto. Com os frutos, é assim como se tivéssemos de escolher a dedo.

"Muitos afirmam que de início era mesmo Maria, mas que em algum momento ela se afastou e os videntes tiveram de continuar sem Ela. Também há uma teoria que diz que os videntes são apenas humanos e cometem erros. E então há essa outra possibilidade de que seja o espírito das trevas disfarçado de Mãe de Deus. O que não é raro; aconteceu com freqüência no passado. Em sua segunda carta aos coríntios, Paulo conta que Satanás freqüentemente se disfarça de anjo de luz. O material de Vassula de certa forma aponta esse caminho.

"Sei que eu não disse claramente o que acredito que seja. É quase como se eu temesse dizê-lo em voz alta. Dizer que acredito que essa entidade não seja a Mãe de Deus, mas, sim, um espírito do mal; um espírito que aparece como bom, mas deixa uma confusão danada na Terra."

CAPÍTULO 15

Na manhã em que me vi na minha sétima e última semana em Medjugorje, percebi que havia uma tremenda atividade em torno das tendas ao sul e a oeste da igreja. Equipes formadas pela população local estavam erguendo arquibancadas, instalando luzes, ligando microfones. Nas proximidades, os primeiros adolescentes a chegar do norte para o Festival da Juventude de Medjugorje estavam tirando suas bagagens dos ônibus azuis e verdes.

Parei um instante para falar com um rapaz cujo traje branco o identificava como membro da comunidade Oásis da Paz. O público do festival estaria drasticamente reduzido, disse-me o jovem, por causa do recrudescimento da guerra. Durante os últimos dias, quase todo governo da Europa Ocidental emitiu alertas sinistros aos viajantes, prevenindo os cidadãos de que não entrassem na Bósnia nem na Croácia, e aconselhando os que estavam lá a sair. As viagens de ônibus de peregrinos alemães, austríacos, franceses, belgas, suíços e holandeses com destino a Medjugorje já tinham sido canceladas, assim como as dos grupos ingleses e irlandeses que viriam do aeroporto de Split. Os ônibus de poloneses e tchecos vieram, de todo modo, ladeando as linhas sérvias à medida que se dirigiam para o sul, saindo da Hungria, e o mesmo aconteceu com um grande contingente de italianos que contornaram o golfo de Trieste e desceram cuidadosamente a costa adriática. Pequenos grupos de americanos, canadenses e australianos chegaram de Split, contra as advertências de seus próprios governos, assim como o bando habitual de adolescentes de toda parte da Europa.

A investida contra os sérvios estava suspensa há meses, desde a captura de mais de 370 membros da força de paz da ONU no fim do mês de maio, em retaliação contra dois ataques aéreos da Otan a um depósito de lixo explosivo sérvio. Imagens televisivas de soldados da ONU acorrentados numa base militar sérvia não só humilharam o Ocidente, como demonstraram a evidente fragilidade da solução.

Desde então, a missão da ONU vinha se "desintegrando", como se lê num despacho da Reuters publicado em meados de julho. Em 21 de julho, a Otan anunciou "um novo plano ousado" para deter a agressão sérvia; nas duas semanas que se seguiram, soldados bósnio-sérvios, recém-saídos do massacre em Srebenica, reagiram com a tomada do alegado "espaço protegido" de Žepa, expulsaram mais de 5 mil muçulmanos da cidade e estiveram prestes a ocupar Bihać. O Exército bósnio, cansado de promessas não cumpridas e gestos vazios da "comunidade internacional", deflagrou sua própria ofensiva contra os subúrbios ocidentais de Sarajevo, dominados pelos sérvios. A ONU respondeu com a ameaça de que poderia suspender a ponte aérea que levava alimento e remédios à capital Bósnia, o que deixaria quase 400 mil pessoas sem nenhuma ligação com o exterior.

Parecia que a situação já pavorosa iria piorar muito, mas de repente, na última semana de julho, a Croácia de novo se mobilizou contra os sérvios. Em 28 de julho, 10 mil soldados croatas atacaram os sérvios ao sul de Bihać, e avançaram até 80 quilômetros de distância da cidade sob um bombardeiro sérvio que despejou mil bombas por hora sobre aqueles. Chegaram reforços de todos os pontos da Croácia; disseram-me que os jovens de Zagreb literalmente desapareceram das ruas da noite para o dia. Eu ainda não me dera conta da magnitude do que estava ocorrendo até ver um jipe cheio de homens de uniformes verde-escuros estacionar junto a um mercado próximo da igreja, e perceber que um deles era o marido de Mirjana, Marco. "Fui convocado", ele me respondeu quando perguntei o que estava acontecendo, e depois levantou as sobrancelhas e deu um leve sorriso, como se quisesse dizer: "É, é para valer."

Alguns minutos depois, um croata que trabalhava para a empresa de turismo Paddy Travel parou e nos disse: "Agora, o fim da guerra não tarda." Ouvi essas palavras como bravata, mas não eram. As linhas que supriam os sérvios que ocuparam Bihać já tinham sido cortadas; os croatas tomaram Glamoc e estavam então bombardeando Strmica. Em 4 de agosto, o HVO atacaria a "capital" Bósnia sérvia de Knin, e já em 7 de agosto a Croácia controlava praticamente toda a Krajina.

Sem possibilidade de acesso a nenhuma fonte de informação a não ser o que eu ouvia pessoalmente, eu não tinha idéia do que ocorria. O pessoal da ONU que ainda fazia refeições no Café Colombo parecia confuso e apavorado. Os militares americanos estavam fornecendo apoio tático à ofensiva croata, diziam, ao mesmo tempo em que o governo dos Estados Unidos a condenava, e a administração Clinton ainda se negava a levantar o embargo de armas imposto à Bósnia. Os sérvios já estavam reagindo com violência, avançando até 3 quilômetros de distância do principal acampamento da ONU perto de Bihać, em Coralici, onde trezentos soldados de Bangladesh se amontoavam, aterrorizados. Se os sérvio-bósnios começassem a perder muito terreno, o pessoal da ONU avisou, Milosevic poderia mandar o Exército federal iugoslavo entrar no país novamente, e a guerra abarcaria toda a região dos Bálcãs.

Mais tarde, naquela manhã, ouvi um grupo de canadenses discutir sobre a conveniência de saírem do país. Uma mulher estava preocupada com a hipótese de ser obrigada a cancelar uma excursão a Dubrovnik, onde os sérvios retomaram seus ataques com foguetes pela primeira vez em três anos. "Dubrovnik fica a meia hora daqui", disse ela. "Nossa Senhora protegerá Medjugorje", disse outra mulher. "Mas, e Split?", perguntou o homem que estava sentado entre as duas. "Ouvi dizer que podem fechar o aeroporto."

Ao meio-dia, após me certificar de que o aeroporto de Split não corria o risco de fechar, decidi ficar, como eu planejara, até o fim do Festival da Juventude. Em Medjugorje, a guerra era um elemento do ambiente, sempre no pano de fundo do palco, não importa a proximidade do seu desencadeamento. "O que está acontecendo aqui é maior do que a guerra", disse Nicky, e eu também passara a achar que isso era verdade.

Naquela tarde, decidi subir a Križevac pela última vez. A montanha estava coalhada de crianças que tagarelavam em pelo menos uma dúzia de línguas. De vez em quando os moradores do lugar tentavam calá-las com psius, mas elas eram tão insistentes que passei por bolsões de algazarra do início ao fim de minha subida. Numa saliência da rocha acima da nona estação da via-sacra, percebi que havia um grupo de jovens olhando fixamente para o sol, aparentemente esperando que o astro lhes mostrasse gracinhas. Eu já havia observado esse tipo de idiotice em Medjugorje, e os americanos pareciam particularmente inclinados a ter essa atitude. Postar me contou uma história de um grupo do Texas que estava hospedado em casa dele no início daquele verão. Numa manhã de terça-feira, quando um vento nordeste, a *bura*, soprava, dois dos texanos sentados na varanda ficaram muito excitados, dizendo ter visto luzes piscando na base da cruz de Križevac. Postar lhes disse que eram italianos tentando acender velas naquele vento, e logo ouviu uma mulher sussurrar: "Esse aí não acredita."

"Essas pessoas que inventam milagres estragam tudo", disse ele com um suspiro. "Piores, porém, são as que realmente vêem luzes e maravilhas, depois se acham especiais por isso. É muito deprimente observá-las, principalmente quando elas voltam aqui com a esperança de tirar fotos com os videntes."

O visitante mais ansiosamente esperado em Medjugorje naquele momento era o papa João Paulo II. Dois meses antes da minha chegada a Roma, uma delegação conjunta de líderes políticos e religiosos da Croácia chegou ao Vaticano para convidar o papa a visitar Split pelo 1.700º aniversário da cidade. Ele gostaria de voltar à Croácia, respondera o papa de forma quase precipitada, e talvez estendesse a viagem a Medjugorje. Padre Philip descreveu a publicação desse comentário nos jornais de Split "como uma bomba detonando". Fizeram-se conjeturas sobre diversos motivos políticos e religiosos: Tudjman e seus adeptos naturalmente tentaram sugerir que o papa estava reconhecendo a Herzegóvina Ocidental como parte da Croácia. Ao longo das estradas entre Medjugorje, Čitluk, Ljubuški e Capljina, havia *outdoors* mostrando o rosto de João Paulo e a legenda "*Papa Je s Vama*" ("O Papa está com Vocês"). Qualquer pessoa que eu encontrasse em Medjugorje acreditava que o papa chegaria ao vilarejo e endossaria formalmente as aparições em 2000 ou antes disso. Philip escarnecia da idéia com um riso desdenhoso: "Você já imaginou o papa indo a um lugar que é praticamente o Velho Oeste selvagem, um lugar dominado por quem quer que tenha a arma maior e mais rápida? Isso nunca vai acontecer, e todos os daqui que têm cérebro na cabeça sabem disso, mas não se ouve ninguém admitir isso, porque esse entusiasmo é útil."

Mas até mesmo Philip foi obrigado a admitir que João Paulo parecia decidido a apoiar Medjugorje. Em 1988, o papa recebera um grupo de croatas católicos em sua capela particular. No mesmo instante, ele reconheceu dois membros do grupo de fotografias que ele vira e, aproximando-se deles, observou: "Ah, sim, Jelena e Marijana, que relatam alocuções interiores." Depois de cumprimentar cada membro do grupo, o papa voltou-se para as duas jovens e ficou olhando fixamente nos olhos delas por algum tempo. Dois anos depois, João Paulo mandou seu confidente, o bispo Hnilica, acompanhar Marija numa visita à Rússia; o bispo lhe disse algumas vezes que o papa desejava muito poder ir a Medjugorje, Marija contou aos amigos quando voltou para o vilarejo.

Quase uma semana depois de minha chegada a Medjugorje, a presença de João Paulo num encontro entre a Congregação para a Doutrina da Fé e o bispo Gerolmo Grillo, de Civitivecchia, foi notícia de primeira página nos jornais croatas. Segundo esses relatos, quando o bispo Grillo terminou o seu testemunho, os céticos da congregação começaram a interrogá-lo, tentando lhe dar uma rasteira com sofismas aqui e ali. Por fim, o próprio papa os interrompeu: "O bispo lhe descreveu o que viu. O senhor precisa saber mais alguma coisa?"

Eu me fizera a mesma pergunta muitas vezes desde então. Ao chegar ao cume da Križevac, peguei-me sussurrando para mim mesmo mais uma vez: "O senhor precisa saber mais alguma coisa?" Ajoelhei-me pouco tempo depois, mas, em vez de rezar, comecei a rir alto outra vez. Aparentemente, era algo que o topo da montanha me provocava. Eu estava pensando numa conversa recente com o padre Slavko na qual lhe revelei o meu medo persistente de que algum tipo de imposição de um "escrutínio secular" pudesse prejudicar esse lugar santificado. Àquela altura, eu tinha consciência de que alguns dos outros padres me consideravam perigoso — um Tomé desconfiado, pelo menos, talvez até um Judas — e, portanto, me preocupava pensar que aquele que era o mais amado dos seus irmãos pudesse reagir com inquietação a esse argumento. Slavko reagiu com uma benevolência divertida. "Não se preocupe com isso", aconselhou-me. "O único mal que você pode fazer é a si próprio."

Na manhã seguinte, acordei pensando que me restavam apenas 72 horas em Medjugorje. Partir parecia de repente uma tarefa quase impossível de realizar. Depois de semanas desejando poder sair dali, eu não conseguia me ver em nenhum outro lugar. Antes do café, atravessei os campos na direção de Bijakovići e fui até a casa de Vicka para ver os peregrinos que a procuravam para receber a bênção. Como habitualmente acontecia, Vicka estava animada, sorrindo ao sol, acenando com a cabeça para os pássaros nas árvores, e saudando cada pessoa de olhos espantados que caminhava na sua direção com uma alegria tão resplandecente, que quase todos choravam emocionados antes que ela pronunciasse uma palavra sequer.

Eu me postei de lado, sem chamar atenção, pensei, até Vicka me dirigir um olhar de relance como se ela soubesse que eu estava ali o tempo todo. Ela olhou para mim, depois para a fila de pessoas que se estendia rua abaixo, depois de novo para mim, depois mais uma vez para os peregrinos, apertando os lábios num sorriso que me parecia desagradável e talvez até malévolo. Então fechou os olhos por um momento, depois abriu, mas não voltou a olhar para mim, nem uma vez mais.

Afastei-me, sentindo-me satisfeito e perturbado ao mesmo tempo. Cinco minutos depois, eu estava andando pelo Caminho dos Videntes. Não vi nem sinal de Mirjana nem de Ivan, mas Jakov estava no quintal regando as flores. Tive a impressão de que ele ficou ansioso ao ver que eu me aproximava, mas pareceu relaxar quando passei para o outro lado da rua, e me fez um aceno pela primeira e única vez desde minha chegada a Medjugorje.

Para evitar os peregrinos, dei uma grande volta pelos campos, brevemente ameaçado por um boi cuja pastagem invadi, mas, do mesmo modo, a sós e em paz. Eu não sabia o que eu queria, a não ser compreender por que me sentia tão relutante em partir. Eu permanecera em Medjugorje mais de quarenta dias. As uvas, pequenas contas verdes aglomeradas em cachos firmes quando cheguei, agora, bem baixas, pendiam das vinhas, gordas e arroxeadas. "Quase prontas para a colheita", pensei, e de repente me deu vontade de chorar.

Quando cheguei de volta ao Mira's, Nicky me contou que o pároco de Medjugorje, padre Ivan Lindeca, estava pronto para terminarmos a entrevista que tínhamos começado havia quase duas semanas. Agradecido por ter algo a fazer, fui direto ao presbitério. Na mesma saleta em que eu passara a maior parte do meu tempo com Slavko, pedi que Lindeca me contasse a história dele. Quando era um jovem padre, ele tinha sido designado para servir em Humak uma semana depois da prisão de padre Zovko, em agosto de 1981, e "através dessa janela", disse Lindeca, ele passara sete anos estudando "o fenômeno" que era Medjugorje. Ele chegara à conclusão de que as aparições eram autênticas "muito gradualmente", comentou Lindeca, que, como tantos outros padres visitantes, fora profundamente afetado por tudo o que ouviu nos confessionários de Medjugorje.

Durante aqueles primeiros sete anos, continuou Lindeca, ele não se empenhara em ser apresentado aos videntes, mas os estudava a distância: "Fascinava-me ver que eles conseguiam, continuamente, fugir ou se desviar do perigo. E o principal perigo de que conseguiam fugir era o de se tornarem de algum modo falsas celebridades. Nem mesmo o clero conseguiu seduzi-los a isso, o que enfureceu alguns padres, pode ter certeza."

Perguntei sobre a alegação de que os videntes tinham se tornado "videntes profissionais". Lindeca levou a pergunta a sério. "De certo modo, os que dizem isso estão certos", disse ele. "Mas não é tão fácil inferir o que esses seis são como videntes, e o que são como pessoas comuns. Nunca é possível compreender muito bem a situação deles. Vi algumas coisas entre eles que me aborrecem, mas aprendi, principalmente como pastor, que não se pode lhes dar ordens. Sempre me incomodou que essa tensão existisse, mas acabei aceitando que ela de fato existe."

Quando parei para pensar o que mais eu queria perguntar, Lindeca, por sua conta, começou a me contar sobre um dia, em 1988, em que ele estava servindo de guia para um grande grupo de alemães que estava em Medjugorje de passagem, a caminho da Grécia: "De repente, metade do grupo disse que era hora de partir, e a outra metade disse: 'Não, nós vamos ficar aqui'. Então, eles se dividiram em dois. Metade ficou, metade partiu para Dubrovnik. Foi um momento de decisão muito importante para cada um deles; eles tiveram de escolher. E, naquela hora, eu me dei conta de que isso também se aplicava a mim. E optei por me mudar para Medjugorje."

O padre fez uma pausa e estudou a expressão no meu rosto. "Você está viajando pela Grécia", disse, rindo, e se despediu de mim pouco depois.

Eu estava parado do lado de fora da igreja de São Tiago, junto à porta, no início daquela noite, quando padre Slavko, tendo subido os degraus, parou ao meu lado e disse: "Você vem assistindo à missa croata regularmente", e então sorriu do meu embaraço. Era verdade. Às vezes eu até me sentava entre os que rezavam o rosário, recitado todo anoitecer na hora da aparição.

A igreja estava sempre abarrotada para a missa croata, e eu em geral encontrava assento entre os bancos localizados do lado direito do prédio. Ao entardecer, invariavelmente soprava uma brisa fresca, enquanto o sol poente espalhava um nimbo cor de laranja de um lado a outro do horizonte arroxeado da planície do Duvno. Acima dos vôos vertiginosos das andorinhas que partiam de seus ninhos nos campanários, pairava a bela voz da jovem freira que cantava, chamando à oração. Acima de tudo, a cruz no cume da Križevac cintilava à luz evanescente. Naquele lugar, naquele momento, eu me descobri como uma pessoa que me era irreconhecível, alguém que parecia não precisar conhecer as palavras para compreender o que estava sendo dito, que optava por perdoar em vez de esquecer, que ficava mais emocionado com as velhas senhoras que se ajoelhavam nos pedregulhos do que com as garotas de pernas compridas que passavam meio cambaleantes em cima de seus saltos plataforma.

"Há um clima nesse lugar", dissera Philip, mas Medjugorje era mais do que atmosfera. Até Philip concordava com isso. Os videntes não eram nem mentirosos nem lunáticos, ele também reconhecia isso; havia algo de verdadeiro acontecendo ali. Por certo, eu não acreditava na possibilidade de haver ali uma manipulação diabólica. Na realidade, toda explicação que eu ouvira até então me parecia mais absurda do que quaisquer palavras ditas pelos próprios videntes. "Se você não pode sugerir nada melhor, considere a possibilidade de admitir que o que os videntes dizem seja verdade", foi mais ou menos o que Slavko me aconselhou. "Então deixe o seu coração decidir." E aí pensei, se ao menos eu pudesse fazer minha cabeça descansar.

Na tarde seguinte, Jozo Ostojić sentou-se à mesa onde eu estava almoçando com Nicky, e disse: "Eu gostaria de saber como é vir a Medjugorje como peregrino." Ele ansiava ver esse lugar com olhos inocentes, explicou Jozo, no contexto de um mundo maior e de um ambiente menos sagrado. "Às vezes só posso perceber o quanto Medjugorje é especial olhando os rostos dos que vêm aqui pela primeira vez", disse ele. Jozo se pegou me fitando intensamente nos olhos, balançou a cabeça, e riu.

Uma parte do problema dele, sugeri, devia-se ao fato de que, ao trabalhar como guia, ele se ouvia contar as mesmas histórias, muitas vezes. "É verdade", Jozo concordou. "Depois de algum tempo essas histórias começam a soar mais como algo inventado do que como algo vivido por mim." E Jozo continuou a refletir: talvez o que ele precisasse fazer fosse tirar umas férias e visitar Lourdes ou Fátima. Lourdes e Fátima eram santuários consagrados a acontecimentos muito antigos, observei, "mas, em Medjugorje, tudo ainda estava ocorrendo".

"Então quer dizer que você acredita que alguma coisa esteja ocorrendo?", Jozo perguntou, olhando de soslaio para Nicky.

"Ah, sim, acredito", disse eu, "definitivamente, há algo acontecendo."

"Mas, o quê? Eis a questão."

"Eis a questão", concordei.

"Acho que há alguma coisa acontecendo com você", Jozo disse enquanto se afastava para encontrar o seu grupo de turistas.

"Há algo acontecendo aqui, mas o senhor não sabe o que é, não é isso, *Mr.* Jones?", disse para mim mesmo enquanto observava Jozo desaparecer no adro apinhado da igreja.

"Você vai se confessar hoje?", Nicky perguntou abruptamente.

Fitei-o por um instante, respirei fundo, e então respondi: "Vou."

Entrei na igreja de São Tiago pela porta principal, e me dirigi ao confessionário do padre Slavko que ficava encostado à parede dos fundos. A porta estava fechada. Surpreendi-me esperando que ele não estivesse ali dentro, mas, mesmo assim, sentei-me num banco para esperar e ver o que sucederia. Uns dez minutos depois, a porta se abriu, e uma mulher croata da minha idade saiu dali, o rosto banhado em lágrimas.

Slavko deu uma espiada lá de dentro e pareceu surpreso ao me ver ali. "Está esperando por mim?" Fiz que sim, me levantei, entrei na estreita cabine de madeira, e me sentei defronte dele, nossos joelhos quase se tocando. Não era como aparecia nos filmes.

Por onde começar era uma questão em que eu não me permitia pensar naquele momento. Slavko me ajudou a recapitular os passos do sacramento, explicando-me cada um. "Você não precisa me dizer desde quando você não se confessa", observou ele com um sorriso. Ficamos muitos minutos em silêncio. "Muitos pecados", disse ele pouco depois.

"Mais do que eu possa me lembrar, padre", eu lhe disse.

"Sexo?"

"Sim."

"Drogas?"

"Sim." *Rock and roll* também, quase acrescentei.

Eu me sentia muito envergonhado do que fizera, eu lhe disse, mas não realmente culpado; isso se dera no passado e eu mudara. Ele assentiu com a cabeça. "Do fundo do coração, do que é que você mais se arrepende?",

Slavko perguntou. Assim que ouvi a pergunta, eu sabia a resposta. Tão óbvia, pensei, e tão convenientemente católica. E, no entanto, era a verdade.

"Fui cúmplice de dois abortos quando eu era mais moço", eu lhe disse. Meu lábio inferior começou a tremer antes que as palavras me saíssem da boca. Tudo fora tão abstrato até aquele momento. Mas, ali, de repente, senti como se aqueles dois bebês abortados estivessem no confessionário comigo, escutando. Meus sentimentos não eram totalmente surpreendentes. Nos últimos anos eu vinha reagindo mal com as pessoas que tentavam demonstrar que "interromper uma gravidez" é um ato semelhante a arrancar um dente. Eu queria culpar todos os que fizeram propaganda em prol do direito ao aborto pelas racionalizações que eles me propiciaram. Mas, naquela cabine com Slavko, eu não podia. "Eu sabia que aquilo era errado", eu lhe disse, e mal notei as lágrimas que me toldavam a visão. "É isso que eu não posso me perdoar. Eu sabia que eles estavam vivos, mas fui até o fim. Duas vezes."

Eu estava abalado demais para poder continuar. A expressão de Slavko não transparecia nem bondade nem reprovação. Ele não era dos que consideravam o aborto o mesmo que um assassinato, disse-me o padre. "É um pecado terrível", continuou, "mas um pecado que Deus pode perdoar. E se Deus pode perdoá-lo, você também pode. Na realidade, o contrário seria uma agravante."

Eu deveria dar nomes aos meus filhos não nascidos, o padre sugeriu, e oferecer missas para que entrem no Céu. Eu assenti com a cabeça. "Qualquer coisa", pensei. "Mas não é essa a sua penitência", disse Slavko. Naquele momento, eu me preparei para engolir vidro ou me deitar sobre pregos. "A sua penitência", continuou, "será falar, nos momentos mais difíceis e nas circunstâncias mais desafiadoras, para um público que não quer ouvir, dizendo que você é contra o aborto."

"Parece-me muito fácil", pensei. "Não vai ser tão fácil quanto parece", Slavko acrescentou, e sorriu. Ele me abençoou, convidou-me a rezar com ele, e, de dentro do confessionário, me perdoou.

Saí daquele confessionário num estado de emoção tão intensa que perdi a noção das três horas seguintes. Passei a maior parte desse tempo vagando sozinho pelos campos, soluçando, tentando compreender como era possível algo em que eu raramente pensava me tocar tão profundamente. "Será que sou tão bom assim em mentir para mim mesmo?", eu me perguntei.

O sol estava se pondo quando voltei ao Mira's. Karen, que tinha voltado a beber, estava sentada à mesa de Nicky, tomando licor de ameixa num copo de água. Boquiaberta, ela me olhou fixamente, quando me sentei.

"Você parece completamente longe", disse ela, por fim. "O que estou querendo dizer", disse Karen pouco depois, "é que você está com uma expressão com que todo mundo aqui gostaria de estar."

Nicky entrou na roda e me disse que haveria uma missa especial ao ar livre às dez horas, naquela noite. Era o grande evento do Festival da Juventude. "Você deveria ir", disse ele.

Atravessando o caminho de pedregulhos que levava aos bancos de frente para o altar, ao ar livre, de São Tiago, eu vi Rita Falsetto, parada sob um foco de luz, e sugeri, pela primeira e última vez, que nos sentássemos juntos.

Havia uma atração entre nós que era doce, e estranha, e ligeiramente constrangedora. Eu me sentia atraído por ela como muitas outras pessoas se sentiam. Slavko chamava Rita de "alma bonita", um apelido que lhe caía bem. Ela era uma pessoa que se abandonava completamente a Deus, mas com um jeito tão franco, direto e despretensioso, que desarmava tanto os profanos como os piedosos. Na noite depois da nossa viagem a Tomislavgrad, nossa jovem amiga croata, Mara Marić, convencera Nicky e eu a subirmos a Križevac com ela. Era quase meia-noite quando começamos a nossa subida. Nós três estávamos na metade do caminho quando encontramos Rita descendo. Ela subia a montanha toda noite, após sair do trabalho, contou-me Rita (porque perguntei), e parava em cada estação da via-sacra para rezar.

Durante as horas do dia, com o seu cabelo louro rebelde, o corpo forte e bronzeado e os claros olhos azuis, Rita se destacava em Medjugorje como um animal fugido de um circo teria feito, e a quantidade de croatas apaixonados por ela parecia crescer a cada semana. Perto de mim, ela não se preocupava em esconder nada com que ela estivesse se debatendo, incluindo a sua sexualidade voraz, mas eu nunca detectei nem o mais débil sinal de desejo de ser seduzida. Uma vez Karen tentou convencer muitos de nós a participar de uma grande noitada de sábado que o pessoal das organizações humanitárias estava organizando. Eu respondi: "Estou nessa", e dei uma olhada para Rita, que pareceu hesitar um momento, mas então balançou a cabeça e disse: "Eu não estou em Medjugorje para me divertir."

Debaixo daquele foco de luz na noite da missa do Festival da Juventude, eu via que Rita não estava inteiramente à vontade com a idéia de se sentar ao meu lado. Mas ela consentiu, e, depois de um momento de hesitação, encontramos lugar num banco, na fileira de trás.

O padre Slavko iria celebrar a missa, assistido por pelo menos uma dúzia de outros padres e acompanhado de um coro de adolescentes que haviam ensaiado com uma pequena orquestra por muitos dias. O altar ao ar livre parecia um gazebo enorme, e incluía um palco elevado parcialmente fechado por anteparos de treliça branca. O único adorno era um grande crucifixo feito de tubos brancos que brilhavam no escuro, como brilhavam os rostos dos que estavam celebrando. O coro cantava com um fervor que parecia ao mesmo tempo envolver e compactar a multidão, a maior jamais vista em Medjugorje. Talvez umas 10 mil pessoas. Slavko, que em geral falava em voz baixa e num tom moderado, leu a liturgia com uma voz tonitruante, fazendo gestos largos com os braços e estendendo as mãos admiravelmente grandes em direção às pessoas nos bancos da frente.

Enquanto se preparava para a comunhão, Slavko desceu do palco levando a hóstia consagrada num enorme ostensório dourado, acompanhado de dois padres. Estes, atrás dele, balançavam grandes turíbulos. Slavko atravessou a multidão, que estava em pé, brandindo o ostensório como uma arma, pensei, entoando as palavras "O Corpo de Deus", e transmitindo visíveis ondas de emoção às pessoas para quem ele o apontava.

No coro, avistei uma jovem italiana que estava no vilarejo com a mãe desde pouco depois da minha chegada. Ambas eram bonitas, mas a filha era especialmente bela, embora eu nunca a tivesse visto tão resplandecente como naquela noite. Ela balançava os braços elevados para a frente e para trás, com uma expressão tão intensa em seu rosto erguido, que me fazia doer o peito.

Ao mesmo tempo, comecei a ouvir sons estranhos produzidos pelo balanço do ostensório, gritos de dor e de medo, e até uma blasfêmia de vez em quando; muitas vezes ouvi uivos e xingamentos como "foda-se", em voz alta e gutural. À medida que Slavko caminhava em nossa direção, comecei a me sentir esmagado, como se a Terra tivesse se aberto ou o céu estivesse caindo. A expressão do padre não se parecia com nada que eu tivesse visto, era feroz e extasiada ao mesmo tempo. De repente, ele estava exatamente na minha frente, apontando o ostensório na minha direção. Naquele momento, senti uma Presença tão extraordinária que nada, nem mesmo o menor pedaço de mim, poderia negá-la. "Jesus!", Slavko gritou, dirigindo-se a mim, e eu sabia que ele estava dizendo a verdade. E então senti como se eu tivesse parado de respirar, mas não precisasse respirar mais.

Os gritos de raiva e de dor pareciam crescer ao meu redor. Uma jovem que estava à nossa esquerda começou a fazer um barulho que eu nunca ouvira. Era uma tosse seca, mas que saía tão das profundezas como se a jovem estivesse tentando dar à luz um órgão. A tosse continuou, sem parar, como um eco que não sumia, mas, ao contrário, aumentava de volume a cada repetição. A moça curvou-se para a frente, depois começou a tremer convulsivamente e a espumar pela boca. Era como se um rio de espuma branca saísse dela, copiosamente. Caiu no chão, esperneando e se contorcendo, ainda espumando, mas, naquele momento, em vez de tossir, gritava obscenidades. Ouvi "Foda-se, Jesus" muitas vezes, além de xingamentos em outras línguas. O que me aterrorizava não era o que ela dizia, mas como o dizia; a voz dela foi-se tornando quase inaudível de tão rouca e gutural. Produzir um som daqueles teria acabado com a minha laringe em segundos, mas aquela moça, que devia ter a metade da minha idade, continuou a emiti-lo por muito tempo.

Àquela altura, havia muita gente ao redor da moça. Essas pessoas a mantinham no chão enquanto recitavam o exorcismo do papa Leão XIII. Slavko continuava o seu percurso sem olhar para trás, e o coro não parava de cantar, só que as vozes pareciam mais altas e mais entusiasmadas; era como se houvesse uma guerra entre o canto dos adolescentes e as blasfêmias que saíam da boca da moça, e o coro no palco soubesse que estava vencendo.

Senti-me petrificado de medo e ao mesmo tempo imune a esse sentimento. A moça que continuava no chão pareceu se aquietar por um instante, mas depois gritou mais alto do que nunca, com uma voz que soava horrivelmente desesperada. Por fim, arqueou-se para trás numa posição inimaginável de tão alongada, pondo o seu peso nos calcanhares e no cocuruto da cabeça, e emitiu um cacarejo prolongado e em voz alta que deve ter lhe esvaziado os pulmões completamente. Mas o que me pareceu mais difícil de esquecer não foi aquele som, mas o cheiro que senti. O que quer que tenha saído daquela moça naquele último grito, era de um fedor tão pavoroso que me senti chocado demais até para vomitar.

Entretanto, Rita parecia não ter notado nada. Ela estava profundamente mergulhada em suas orações, de olhos fechados, e com um leve sorriso nos lábios.

Naquele momento, vi que estavam ajudando a moça a se levantar do chão. Ela parecia esgotada, mas não arrasada. As pessoas suspenderam-na pelos braços enquanto ela se virava muitas vezes, tentando recuperar o equilíbrio. Depois, ela seguiu com o bando de pessoas que havia rezado ao redor dela, e eles desapareceram na escuridão.

Senti como se as minhas costelas tivessem se separado e o meu coração estivesse prestes a romper a carne que o protegia. Slavko estava de novo no palco com o coro, que continuava a cantar. A missa prosseguia, mas eu não conseguia mais acompanhar o que estava acontecendo e mal percebia a presença de Rita ao meu lado. Tive uma vaga sensação de ter ouvido Slavko dizer que a missa terminara, e de me mexer no escuro, saindo junto com a multidão. De algum modo, voltei para a pensão Maja, para o meu quarto, e fui até o balcãozinho, onde acordei com a luz do dia, estirado no chão de cimento, tremendo de frio e mais feliz do que eu jamais me sentira na vida.

Passei o meu último dia inteiro em Medjugorje como se estivesse flutuando. Eu me sentia não só mais leve que o ar, mas com a sensação de que as reverberações da noite anterior me encheriam de música para sempre. Quase todos os que encontrei, mesmo os que mal me conheciam, abriam um sorriso espantado, mas aprovador, ao ver a expressão no meu rosto. "Você foi realmente nocauteado", observou Karen. Eu apenas sorria, me sentindo impenetrável à ridicularização ou às interpretações. Meus sentidos me pareciam maravilhosamente aguçados, e minha mente, clara como vidro.

O mais espantoso era a convicção de que esse estado em que eu me encontrava ia perdurar. Naquela noite, todos os "enturmados" me acompanharam num jantar de despedida no restaurante mais caro de Medjugorje, Galija, onde percebi que tudo o que eu planejara dizer deixara de ser necessário. A recaída vertiginosa de Karen na embriaguez, o arrependimento de Milona por ter revelado informações pessoais demais, a sofrida penitência e as tempestades causadas pelos feromônios de Rita, até a recusa orgulhosa de Nicky em admitir a tristeza que sentia com a minha partida, tudo isso me pareceram questões a serem trabalhadas entre eles e Deus. A minha consciência estava extraordinariamente limpa.

Nicky e eu deveríamos sair para o aeroporto de Split mais ou menos ao meio-dia do dia seguinte. Eu planejara um café-da-manhã tranqüilo, um passeio a pé pelo vilarejo e uma última visita à igreja antes de partir. Pouco depois de ter chegado ao Mira's naquela manhã, porém, uma irlandesa que era amiga de Nicky deu uma parada na nossa mesa e anunciou que Jelena chegara na noite anterior ao vilarejo, e se ofereceu para me apresentar a ela. Por insistência de Nicky, lá fomos nós. Cinco minutos depois, eu estava sentado com "a segunda geração de videntes" de Medjugorje à mesa, num jardim, e me sentindo muito perturbado.

Jelena não era exatamente a figura etérea que eu esperara, mas uma jovem estonteante, de beleza semelhante à de Sofia Loren, que não poderia se parecer menos com a imagem que eu faria de uma vidente religiosa. Entretanto, Jelena tinha um ar de profunda seriedade, acentuado por olhos penetrantes e uma atitude reservada. Bastou-me meio segundo para entender por que tantos rapazes do vilarejo intimidavam-se diante dela. Jelena tinha recém-terminado o seu curso na Universidade Franciscana em Steubenville, no Ohio, onde passara os últimos três anos. Ela pretendia mudar-se para Roma em setembro, e começar o seu doutorado em teologia na Universidade Gregoriana. Enquanto isso, contou-me Jelena, ela se repartia entre o anseio de entrar para uma ordem religiosa e o desejo de ter uma família própria. "Não vou precipitar a minha decisão", disse ela. Imaginar Jelena num hábito de freira acendeu uma luzinha na minha cabeça.

Apesar de ter passado três anos nos Estados Unidos, Jelena tornara-se até mais rigidamente "ortodoxa" na sua maneira de pensar e sem papas na língua na sua invectiva contra a cultura popular americana. A intensidade do seu semblante severo aumentou tanto, quando descobriu que eu era divorciado, que, por um momento, achei que a nossa conversa terminara. Em vez disso, ela retomou a entrevista e perguntou sobre as minhas experiências em Medjugorje. E ficou espantada ao ver como eu conhecia bem Medjugorje e as pessoas de lá: "Nunca ouvi falar de ninguém que tivesse acesso a tanta informação tão rapidamente." Era um momento estranho; nós nos examinávamos mutuamente com tamanha intensidade, que aquilo se tornou uma espécie de desafio. Jelena forçou-me a baixar os olhos ao me perguntar: "Você acredita?"

Fiz uma pausa, mais apreensivo com a idéia de ser encostado na parede do que me pareceria possível uma hora antes. "Com o coração, eu acredito", eu disse por fim. "A minha razão não tem tanta certeza."

A resposta pareceu satisfazê-la. "Você tem um jeito completamente diferente do de qualquer outro escritor, ou repórter, ou pesquisador que recebemos aqui antes", disse Jelena. "Eu gostaria de saber se isso é sincero ou se não passa de uma habilidade que você adquiriu."

Eu quase disse a Jelena que essa também era uma pergunta que eu me fazia, mas fiquei calado.

"Se é uma habilidade, é muito eficaz", disse ela.

Senti-me obrigado a reagir. "Se estou enganando alguém", disse eu a Jelena, "esse alguém sou eu mesmo."

Meia hora depois, Nicky e eu estávamos indo rumo a Split pela estrada costeira, serpenteando encosta acima, cercados de rochas imensas e da raquítica vegetação dos Alpes dináricos, e depois, estrada abaixo, fazendo curvas que beiravam penhascos e nos levavam em direção à paisagem deslumbrante do Adriático onde víamos as ilhas mais famosas da costa dálmata, Hvar e Korchula.

Os campos ao redor de Makarska eram belos, muito parecidos com o que a península de Monterey deveria ter sido, imaginei, quando os únicos homens brancos eram os padres missionários. A cidade em si, em geral atulhada de turistas naquela época do ano, estava tranqüila, quase serena. À medida que passávamos pelos barcos pesqueiros azuis e brancos que balouçavam na água entre as pedras basálticas, eu me dava conta de como eu me tornara sintonizado com aquele país com o decorrer da minha estada. Esse pensamento foi afastado no momento em que chegamos ao aeroporto de Split onde os especuladores e os soldados da Otan abarrotavam o terminal. Pelas janelas, viam-se passar helicópteros barulhentos, equipados com metralhadoras armadas, enquanto jatos de caça taxiavam à distância.

Despedir-me de Nicky foi uma experiência dolorosa: de repente, percebi que daquele ponto em diante eu estaria cercado de descrentes. "Quem está à frente deste espetáculo, afinal de contas?", perguntou Nicky. Essa era uma pergunta que eu tinha deixado escapar num momento de exasperação algumas semanas antes; desde então, os "enturmados" adotaram-na como uma espécie de refrão, espalhando o pelo povo da paróquia.

Nicky e eu abrimos um sorriso largo. Pouco depois, ele estava voltando de carro para Medjugorje.

O meu vizinho no vôo de volta para Roma era um padre de Imotski que falava bem inglês e ficou muito excitado quando soube que eu estava voltando para casa depois de ter estado em Medjugorje. Ele queria a minha psicanálise das aparições, e, quando isso não aconteceu, tentou fazer com que eu me interessasse por uma desconstrução da teologia da crise de Karl Barth. Fui reduzido a uma quase afasia ao descobrir que eu acreditava mais genuinamente numa aparição da Virgem Maria do que esse padre croata. Embora o sujeito falasse quase sem parar até chegarmos à alfândega de Fiumicino, aquele vôo me pareceu horrivelmente solitário.

Exausto demais para tomar um trem, entrei num táxi. Valeu a despesa. Enquanto o motorista corria pela via de San Gregório deixando para trás o Circus Maximus e entrando na Cidade Velha, eu me sentia vivendo Roma como nunca me acontecera antes. De algum modo eu nunca registrara a enormidade do que acontecera ali durante aquele período relativamente breve da história em que os templos pagãos foram convertidos em igrejas cristãs. Das dezenas e dezenas de cultos e seitas que surgiram em Roma no decorrer dos séculos I e II d.C., um não só permaneceu, mas prevaleceu em toda a cidade. Como era possível alguém assimilar esse pensamento e afastar até mesmo a possibilidade da divindade de Cristo? — foi o que fiquei matutando.

Após deixar minha mala no hotel Campo di Fiori, tornei a sair e tomei o rumo norte envolvido pelo calor pegajoso de agosto ao longo das ruas cheias de turistas, e parei numa igreja perto do Panteon em busca de refúgio na frescura do seu interior. Fiquei algum tempo sentado diante de uma estátua pouco inspiradora da Virgem, fascinado mas não mais surpreso com o consolo que a imagem me propiciava.

Sombras compridas se estendiam na rua quando saí da igreja e, tomando o rumo oeste, me dirigi para os vapores refrescantes da piazza Navona. Na única banca de jornais que encontrei não havia o *International Herald Tribune*, por isso comprei o *USA Today* e fui saudado por uma "matéria de capa" cuja manchete era: "Aumento de Cola Provoca Queda de Valores." Conforme uma pesquisa recente, 70% dos alunos de faculdades admitiram colar nas provas, afirmava o primeiro parágrafo do artigo. Li uma citação do chefe da pesquisa na qual ele dizia ter ouvido a mesma explicação repetida muitas vezes: "Todo mundo cola. Por que me colocar numa posição desvantajosa sendo honesto?" As fotografias que acompanhavam a reportagem eram de um ator pego num automóvel com uma prostituta, uma *miss* que falsificara o currículo e um astro do beisebol recém-condenado por não pagar o imposto de renda.

"Bem-vindo ao mundo", pensei, com dor de estômago pela primeira vez em semanas.

Deixei o jornal numa mesa de café com o resto da minha cerveja de 7 dólares e contornei a fonte dos Rios, ziguezagueando entre bandos de turistas, vendedores de camisetas e artistas de rua, até parar finalmente e me empoleirar nas costas de um banco ao lado da fonte menor no lado sul da praça. Eu estava ali sentado já há uns cinco minutos quando vejo um homem elegantemente vestido andando na minha direção, tendo saído de uma ruazinha estreita próxima. Ele estava com um *blazer* azul muito bem-talhado, calças de linho creme, uma gravata amarelo-vivo, e calçava sapatos de bico fino perfeitamente engraxados. A expressão do rosto dele era uma das mais estranhas que eu jamais vira, um certo ar de zombaria malévola que não escondia inteiramente a raiva sufocante que havia por baixo. O homem começou a falar, sozinho, e em voz alta, enquanto se aproximava de mim, numa língua que não era o italiano. Meu coração martelava. Olhei para os turistas à minha volta, muito espantado com o fato de nenhum deles parecer notar a estranheza da situação. Era como se, de uma certa maneira, o homem de cabelos prateados estivesse isolado da cena ao nosso redor. De repente, ele soltou uma gargalhada louca e virou a cabeça, fitando-me com um olho só.

Naquele momento, percebi que ele não era humano. Quase imediatamente, fui tomado por uma calma sobrenatural. Agarrei a medalha-escapulário, que eu ainda usava, pendurada num cordão ao redor do pescoço, e o encarei, pensando: "Você não pode me tocar."

Ele respondeu com o esgar mais obsceno que jamais vi, e dessa vez eu entendi exatamente o que ele disse: "Vou te pegar mais tarde."

PARTE III

TESTANDO O ESPÍRITO

O perigo não é que a alma possa duvidar
de que haja pão, mas que, mentindo,
venha a acreditar que não está faminta.

— Simone Weil

CAPÍTULO 16

Seis meses depois de voltar para casa, tirei uma única frase do livro dos hebreus do Novo Testamento — "A fé é a substância das coisas ansiadas, a evidência das coisas invisíveis" — e a copiei ao lado de um bilhete manuscrito de Mirjana. E a única coisa que eu sabia ao certo era: o Detetive de Milagres era eu.

Em Medjugorje, eu obtivera uma lista anotada de todos os locais das principais aparições dos séculos XIX e XX. Embora totalmente não-oficial (os franciscanos, padre Slavko, em particular, continuavam a dizer, com insistência, que nenhum parecer público a respeito de nenhum outro alegado fenômeno sobrenatural deveria ser emitido de Medjugorje), a lista consiste num boletim de avaliação. Descreviam-se algumas aparições como falsas, outras como questionáveis e outras como autênticas. Mesmo as relacionadas como autênticas estavam agrupadas segundo a sua importância, o que tornava a leitura desse documento algo de curioso. As controvertidas aparições de Garabandal, por exemplo, apareciam relacionadas como autênticas, mas também como extremamente importantes. Algumas das outras alegadas aparições, que acarretaram uma enorme quantidade de seguidores devotos, constavam na lista como falsas ou duvidosas. Alguns locais onde houve aparições de que eu nunca ouvira falar — Akita, no Japão, por exemplo, e San Nicolas, na Argentina — foram considerados muito importantes. Entretanto, os acontecimentos listados como os que mais se relacionavam com os de Medjugorje eram os de Kibeho, em Ruanda.

As aparições ocorridas na Bósnia e as testemunhadas em Ruanda tiveram início no mesmo ano. Em Kibeho, como em Medjugorje, os videntes eram jovens, seis meninas adolescentes e um menino. Em novembro de 1981, os sete contaram que uma mulher iluminada que se identificou como "a Mãe da Palavra" vinha aparecendo para eles, prevenindo-os de horrores futuros e rogando que se arrependessem antes que fosse tarde demais. Isso ocorrera num momento e num lugar em que membros de sua tribo diziam à boca pequena que algo muito mais terrível do que o reinado de Idi Amin em Uganda não tardaria a advir. A atmosfera estava "pesada de anticlímax e mistério", como o padre belga que viria a ser o cronista de Kibeho, padre Gabriel Maindron, a descreveu. Durante quase dois anos a fio, o interior da África Central fora varrido por uma "fúria diabólica", observou Maindron, dirigida principalmente contra as igrejas cristãs, onde ocorriam profanações quase diariamente.

Os êxtases dos videntes de Kibeho eram muito diferentes dos vivenciados pelos videntes de Medjugorje (Maindron atribuiu a diferença à "psicologia do africano"). As aparições em Ruanda eram muito mais longas do que as da Bósnia, muitas vezes demorando três ou quatro horas, sendo que uma delas chegou a oito horas. Enquanto as aparições relatadas pelos jovens de Medjugorje eram coletivas e contemplativas, as aparições testemunhadas pelos videntes de Kibeho eram individuais, mas sempre em lugares públicos, e na presença de espectadores que interagiam constantemente. As expressões serenas e o comportamento calmo dos videntes de Medjugorje contrastavam nitidamente com os olhos esbugalhados e os braços e corpos que se agitavam e se sacudiam dos videntes de Kibeho. E, o mais impressionante, os videntes de Kibeho, no fim de cada aparição, invariavelmente desmaiavam, caíam pesadamente ao chão e ficavam paralisados, como se em coma, e só recobravam a consciência depois de um certo tempo, que uma vez chegou a 15 minutos.

Ao que parecia, os sete de Kibeho também não viam a Virgem tão claramente quanto os seis de Medjugorje: "Ela não era realmente branca como a vemos nas imagens", explicou o primeiro vidente a falar de uma aparição, Alphonsine Mumureke. "Eu não saberia dizer a cor de sua pele, mas ela era de uma beleza incomparável." Além disso, em Kibeho, a Mãe da Palavra fora bastante específica e rigorosa quanto ao que deveria ser renunciado por aqueles que esperavam a salvação: a idolatria, a fornicação e a hipocrisia.

Como Vicka, Jakov e Mirjana em Medjugorje, os sete videntes de Kibeho contariam que tinham sido levados pela Virgem numa "viagem mística" a três lugares que existiam além do tempo e do espaço. Embora não chamassem esses lugares que visitaram de Inferno, Purgatório e Céu, as descrições equivalem quase inteiramente às que foram feitas em Medjugorje. Primeiro, Maria os levou a um lugar cercado de fogo, disseram os sete, onde as almas sofriam o castigo mais horroroso possível, a "privação de Deus". Em seguida, foram a "um lugar de reconciliação" onde as almas que viram pareciam sorrir apesar de alguns sofrimentos também horríveis. Por fim, foram levados a "um lugar de luzes maravilhosas, alegria perfeita e felicidade total".

O que tornava esses relatos instigantes era que os viajantes anunciaram essas viagens místicas com antecedência. Alphonsine foi a primeira a partir, advertindo as freiras e os padres em Kibeho: "Vou ficar como uma pessoa morta, mas não temam e não me enterrem." Na hora aprazada, Alphonsine entrou no que os observadores descreveram como coma, e ficou nesse estado por 24 horas. O corpo dela estava tão rígido, que dois homens fortes não conseguiram separar as mãos entrelaçadas da jovem. A viagem de uma jovem chamada Vestine Salima durara quarenta horas, e a equipe de médicos que a observou na ocasião relatou que ela permaneceu absolutamente imóvel por todo esse tempo, mesmo quando recebeu beliscões ou agulhadas; o pulso e a respiração da jovem eram os de uma pessoa em coma, e o corpo estava rígido como o de um cadáver em adiantado estado de *rigor mortis.* Além disso, relataram os médicos, o corpo de Vestine adquiriu uma densidade incomum, como se ele estivesse num campo de gravidade muito diferente do da Terra; até mesmo uma equipe de homens teve dificuldade em levantar ou virar a jovem.

Durante o período da Quaresma, em 1983, três dos videntes de Kibeho contaram lhes terem sido pedidos períodos extraordinários de silêncio e jejum: monitorados dia e noite por uma equipe de médicos e voluntários da Cruz Vermelha, os três jejuaram 18, 14 e oito (quarenta, no total) dias, respectivamente. Após a Páscoa daquele ano, Alphonsine anunciou ter sido designada para disseminar a mensagem da Mãe da Palavra, que era tripla: 1) a Virgem Maria tinha vindo preparar o mundo para a volta do seu Filho; 2) o mundo está chegando ao fim; 3) o fim do mundo não é um castigo.

Entre os católicos marianos, os acontecimentos de Kibeho e Medjugorje estavam relacionados desde o início, mas, por volta de 1994, as semelhanças tornaram-se espantosas mesmo para os que tinham um conhecimento superficial do que ocorria nos dois vilarejos. Naquele momento, Bósnia e Ruanda eram os países mais assolados pela violência no mundo, e estavam tão mergulhados no sangue dos civis massacrados, que um levantamento dos mortos em qualquer dos dois países só poderia começar a partir de um milhão. Tanto em Kibeho como em Medjugorje, os videntes preveniram dos fatos terríveis e dos grandes sofrimentos que só poderiam ser evitados com o arrependimento e a conversão. Esses avisos foram principalmente insistentes em Kibeho, onde os videntes relataram que a Mãe da Palavra pedira que se construísse uma capela e que a chamassem de "a Reunião dos Dispersos". Os padres africanos resistiram, por não entenderem o sentido desse nome tão estranho, mas quase no final de 1994, havia aproximadamente 2,2 milhões de refugiados em Ruanda, e, como Medjugorje, Kibeho era o centro dos esforços de ajuda humanitária e um ímã para refugiados.

Em Medjugorje, os videntes anunciaram durante as primeiras semanas da guerra na Bósnia que a Virgem lhes prometera que o seu vilarejo seria poupado das atrocidades da guerra, e isso ocorreu. O vilarejo ruandês não teve tanta sorte: dois meses antes de minha partida para Roma, diversas unidades de soldados *hutus* invadiram Kibeho, massacrando habitantes e refugiados às centenas. O *New York Times* informou que o rio Kagera, próximo de Kibeho, estava cheio de corpos decapitados que boiavam, corrente abaixo, em direção ao lago Vitória. Entre os mortos estavam três dos videntes africanos; os outros quatro só sobreviveram por terem fugido de avião para o Zaire.

Enquanto eu lia sobre Kibeho e outros locais de aparições na minha lista, não pude deixar de ficar impressionado com a preponderância de jovens mulheres entre os videntes, e com a recorrência de uma Madona chorosa que avisava da iminência de acontecimentos terríveis. Descobri também que muitas das alegadas aparições tinham sido exploradas politicamente. Os críticos de esquerda, naturalmente, foram os mais veementes em chamar atenção para o fato de que as devoções marianas foram adotadas por governos repressores (evidentemente, o generalíssimo Franco, ao enfatizar o elemento anticomunista nas mensagens de Fátima, pôde revigorar a ditadura espanhola), mas a devoção a Maria também foi essencial para inúmeras lutas pela libertação, particularmente na América Latina.

A proliferação de supostas aparições durante a segunda metade do século XX era o que mais preocupava os superiores da Igreja. O Vaticano não forneceria números, mas, num comunicado à imprensa, registrou "o aumento surpreendente" de alegações recentes "de pseudomisticismo, pretensas aparições, visões e mensagens" associados à Virgem Maria. René Laurentin contou mais de duzentas alegações de aparições da Madona desde 1950, sendo que a grande maioria tinha sido "definitivamente negada". Os bispos locais, delicada mas firmemente, rejeitaram alegações de revelação divina procedentes de lugares como Ambridge, Pensilvânia, e Marlboro Township, em Nova Jersey, apesar do enorme séquito de devotos nessas comunidades. A Igreja chegou a rotular algumas das alegadas aparições — em Bayside, estado de Nova York, e Necedah, no Wisconsin, por exemplo — de fraudes inequívocas.

Nada parecia constranger mais a Igreja do que a publicidade em torno de profecias que não se realizavam. Em 1988, três paroquianos da Igreja Católica de São João Neumann, em Lubbock, no Texas, alegaram estar recebendo mensagens da Mãe de Deus, e afirmaram que Maria apareceria para todos os que estivessem na igreja na comemoração do dia da Assunção. Medjugorje, evidentemente, foi invocada muitas vezes. Logo depois das seis da tarde do dia marcado, muitos na multidão inquieta começaram a gritar e a apontar para o céu, onde alguns observadores imparciais não viam nada além de um sol brilhando atrás de alguns cúmulos. Mas centenas de pessoas afirmaram ter visto Jesus ou Maria em meio à luz difusa. "É assim como Woodstock, só que não tem o Hendrix tocando", declarou um irônico tenista de Dallas para a revista *People*.

O bispo do lugar simplesmente lembrou aos fiéis que a tradição da Igreja não era nunca a de presumir causas sobrenaturais para "algo que possa ter uma explicação natural".

Entretanto, algumas alegações de fenômenos místicos levaram a investigações que deixaram muitas perguntas razoáveis sem resposta. Uma investigação da Igreja especialmente interessante dizia respeito a membros de uma família de Damasco, na Síria, que, na tarde de 27 de novembro de 1982, disseram aos vizinhos, aos gritos, que na casa deles uma estatueta da Virgem Maria estava vertendo um óleo estranho. Uma multidão acorreu à casa deles, e todos os presentes — muçulmanos e cristãos ortodoxos, assim como católicos — juraram ter visto o fenômeno ocorrer. Pouco depois, a jovem que era dona da imagem, Mirna Mansour, contou que vinha recebendo aparições da Virgem Maria, que fora ali para transmitir uma simples mensagem de unidade religiosa: "O Cristo é o reino do Céu na Terra. Aquele que o divide peca. Aquele que fica feliz com essas divisões também peca." Pouco menos de quatro anos depois, em 16 de abril de 1987, começou a aparecer sangue na faixa que envolvia a testa de Mansour, e, nos dias que se seguiram, abriram-se feridas também nas mãos, nos pés e no lado direito da moça. Muitos testemunharam esses fatos, que foram filmados, fotografados e atestados por uma quantidade de médicos.

Para mim, o testemunho dos céticos era particularmente persuasivo. No decorrer de 1985, os turistas que visitavam as grutas irlandesas de Armagh a Galway começaram a contar de um nevoeiro estranho que desceu sobre eles, e que, tendo desaparecido, revelou-lhes que as estátuas da Virgem que lá havia pareciam estar vivas. "O povo irlandês finalmente fez o que ameaçava fazer há gerações: perdeu o juízo", observou um colunista do *Cork Examiner*, que enviou uma equipe de 12 observadores a Ballinspittle, um vilarejo logo ao sul de Cork onde a epidemia parecia ter começado. Sete dos 12 voltaram a Cork jurando ter visto a estátua de Maria se mexer.

Quando havia uma enorme quantidade de testemunhas, as alegações de acontecimentos sobrenaturais tornavam-se ainda mais difíceis de negar. Em 1965, mais de mil pessoas disseram ter visto uma aparição de

Jesus e Maria em Turzovka, na Tchecoslováquia. Altos funcionários do governo comunista afirmaram tratar-se de um caso de histeria em massa, e talvez tivessem razão, mas um diagnóstico desse tipo não se aplicaria tão facilmente ao que ocorreu três anos depois no subúrbio de Zeitun, no Cairo, imediatamente depois da Guerra dos Seis Dias entre o Egito e Israel. Essa aparição teve início em 2 de abril de 1968, quando um operário muçulmano chamado Atwa notou que algo se mexia no domo da igreja copta ortodoxa da cidade. Achando que tinha visto uma mulher que estava prestes a se suicidar, Atwa começou a gritar: "Espere! Espere!" De repente, ele viu fragmentos de luz que pareciam pombas se materializarem no ar e pairarem sobre a cabeça da mulher, contou Atwa, que apontou para o domo com um dedo enfaixado, incentivando os outros companheiros da obra a olhar para lá. Tanto eles como um grupo de mulheres que por ali passava também viram a mulher. O dedo que Atwa apontara estava seriamente gangrenado e a cirurgia para amputá-lo já estava marcada para o dia seguinte. Entretanto, quando Atwa chegou ao consultório do médico, disseram-lhe que sua mão tinha ficado boa. A notícia se espalhou, naturalmente, e multidões começaram a se reunir, principalmente depois que os jornais relataram a estranha história ocorrida na igreja mencionada. Conforme a legenda, Zeitun era o lugar onde José e Maria tinham se escondido com o Menino Jesus depois de fugirem para o Egito por causa da perseguição do rei Herodes. A igreja cristã da pequena cidade só fora construída em 1918, e sua construção tinha sido financiada por um homem rico chamado Khalil, a quem a Virgem Maria teria aparecido num sonho. Nessa ocasião, relatou Khalil, a Virgem pediu que ele construísse um santuário imediatamente, e prometeu que, se ele realizasse a obra e a concluísse, Ela voltaria em cinqüenta anos para abençoar a igreja.

Já na segunda semana de abril de 1968, em algumas noites, a multidão reunida do lado de fora da igreja de Zeitun chegou a mais de 2 mil pessoas. Afinal, uma multidão de mais de um milhão de pessoas — entre elas o presidente do Egito, Gamal Nasser — alegaria ter visto a "Mãe da Luz". Membros de uma equipe de investigação designada pelo patriarca local também relatariam ter visto a mulher brilhante no domo da igreja, e não foi preciso mais de um mês para se atestar a autenticidade da aparição. O Departamento Geral de Informação e Queixas realizou uma outra investigação, mais rigorosa, que empregou equipes de soldados e policiais. Essas equipes, em buscas efetuadas num raio de 25 quilômetros da igreja de Zeitun, tentaram encontrar qualquer aparelhagem elétrica que pudesse ter sido usada para projetar a imagem da mulher. Por fim, o departamento emitiu um relatório no qual se lia: "As investigações oficiais realizadas concluíram que é inegável o fato de que a Virgem Maria Santíssima tem aparecido na igreja de Zeitun sob a forma de um corpo claro e luminoso que é visto por todos os que se encontram na frente da igreja, sejam eles cristãos ou muçulmanos." As alegadas aparições continuaram por quase cinco anos, e então terminaram pouco antes da Guerra do Yom Kippur.

Mesmo enquanto eu tomava conhecimento de tudo isso, eu estava sendo lembrado de que esses prodígios talvez significassem pouco, ou pelo menos pouco para que fossem considerados dignos de confiança. O que dizer, por exemplo, de Maria Esperanza? Muitas testemunhas contaram que em 14 momentos distintos elas tinham visto uma rosa — uma rosa de verdade, com o talo e tudo o mais — romper a pele do peito de Esperanza e florir gloriosamente. Dois dos que assinaram as declarações nas quais juravam ter observado esse fenômeno eram médicos. Outras testemunhas alegaram ter visto Esperanza se transfigurar durante as orações e levitar em uma missa. Numa Sexta-feira Santa, conforme atestaram diversos médicos, surgiram perfurações nas mãos, nos pés e no lado direito dela. Enquanto isso, mais de oitocentas pessoas alegaram ter visto a Virgem Maria durante as aparições diante de Esperanza, em Betania, na Venezuela. Quando o bispo local (fazendo ver as "numerosas semelhanças com Medjugorje") divulgou um relatório no qual declarava a autenticidade das aparições da Virgem a Esperanza, e reconhecia Betania como um lugar sagrado, apenas dois dos 37 bispos da Venezuela contestaram. Esperanza (descendente de uma família aristocrata de Caracas) foi saudada por devotos marianos no mundo inteiro. Entretanto, em Medjugorje, preveniram-me de que Esperanza não era apenas uma vidente falsa ou uma impostora, mas uma feiticeira que estava aliada a Satanás.

Curiosamente, tanto o papa como o cardeal Ratzinger permaneceram afastados das devoções praticadas em Betania, talvez desconcertados com o fato de Esperanza ter advertido as pessoas do perigo que a ascensão das "raças amarelas" representava. Durante uma viagem ao Vaticano, o bispo ligado a Esperanza obteve uma audiência breve com o papa, que fez "uma observação geral sobre a prudência", relatou o prelado, e depois recomendou que este lesse o livro de René Laurentin sobre Medjugorje.

Achei fascinante o fato de todas as quatro alegadas aparições na minha lista terem ocorrido nos Estados Unidos, e depois de 1988. Além disso, era interessante notar que nenhuma dessas foi reconhecida como autêntica, e apenas uma (em Conyers, na Geórgia) foi relacionada como falsa. Das três aparições americanas consideradas questionáveis, uma claramente provocou tanto o maior interesse como as opiniões mais divergentes. Essa aparição ocorrera em Scottsdale, no Arizona, e envolvia nove jovens adultos. Os mais notáveis investigadores internacionais de alegações de aparições, René Laurentin, da França, e a equipe irlandesa, padre Robert Faricy e irmã Lucy Rooney, endossaram a autenticidade das aparições em Scottsdale, mas o parecer deles deixou grande parte dos outros observadores indignados.

Já no verão de 1996, eu chegara à conclusão de que precisava ver uma pretensa aparição no contexto da minha própria cultura. Talvez, refleti, eu tenha me impressionado com a simples estranheza do cenário de Medjugorje, com o ambiente obviamente devoto do lugar, sem falar da atmosfera definitivamente tensa dos tempos de guerra na Bósnia. Quem não ficaria ao menos um tanto abalado num lugar como aquele numa época como aquela?

Scottsdale seria completamente diferente, como percebi pouco depois de me registrar no *resort* vizinho à principal rua do subúrbio de Phoenix e entrar na minha suíte. Na mesinha do café, ao lado de uma cesta de frutas frescas, estava o número mais recente da *Scottsdale Scene*. Folheando-a, vi um anúncio que exaltava "a nova lipoescultura tumescente" ocupando toda a primeira página da revista; na última página, antes da contracapa, uma coluna regular, escrita por um cirurgião plástico local, que escolhera "renovando a pele com *laser*" como assunto do mês. Entre uma capa e outra, páginas e páginas de anúncios de condomínios em campos de golfe, pacotes para *spas* e "oportunidades de compras", tudo servindo para empacotar o artigo principal que se intitulava: "Scottsdale: A Decisão Começa Aqui."

Eu ainda estava desfazendo a mala quando o recepcionista ligou para me lembrar de que os hóspedes estavam convidados a participar do *tour* semanal pela cidade, o Passeio das Artes. Só para me distrair, eu lhe agradeci, mas disse que eu tinha um encontro religioso já marcado.

Na realidade, eu deveria me encontrar com uma jovem chamada Mary Cook no adro da igreja Santa Maria Goretti, onde o antigo grupo de oração dela iria se reunir. Como já não tivesse havido suficientes circunstâncias estranhas, Mary tinha sabido, naquele mesmo dia, que seu pai doente estava moribundo; mesmo assim, ela assentiu em conversar um pouco comigo antes de tomar o avião de volta ao Leste para se despedir do pai. Ela me garantiu estar preparada para o falecimento do pai, e estar absolutamente tranqüila. Mas reconheceu sua apreensão com o que falou de suas conversas com a Virgem Maria, e com as relações que estabeleceu com os outros membros de seu grupo de oração.

Era quase noite e estávamos ao ar livre, mas a temperatura ainda permanecia em torno de trinta e muitos graus. Eu tinha escolhido o que se dizia ser o pior mês do ano, agosto, para conhecer o Vale do Sol. Será que algo na minha cabeça ligava calor abrasador com revelação mística? — foi o que me perguntei. Ou a relação seria entre uma insolação e a experiência religiosa? Mary riu docemente quando fiz essas perguntas em voz alta, e pouco depois estava me confessando que ela não sabia mais o que pensar de suas próprias conversas interiores, que há muito tinham terminado. "Não sei dizer exatamente quanto vinha de dentro e quanto vinha de fora", admitiu Mary. "Acredito que fossem reais, mas não sei exatamente o que significa ser real." Entretanto, apesar de todo o conflito e a dor que sentia relacionados ao que terminara, ela ainda relatava os encontros regulares com a Mãe Santíssima como os mais felizes que tivera em sua vida. A experiência a transformara inteiramente, afirmou Mary. Além disso, ela ainda permanecia uma católica devota, o que ela não era antes de começar a ouvir a voz da Virgem. Por que as experiências dela e dos outros que ainda estavam em Scottsdale chegaram ao fim? Ela não tinha certeza, mas achava que o choque de personalidades por certo contribuíra para isso. Àquela altura, nenhum deles sabia ao certo o que ocorrera durante aqueles três anos, com exceção, é claro, de Gianna. Gianna nunca teve dúvidas, nem foi motivo de dúvida para os outros, mesmo depois que todos passaram a se questionar, e a questionar uns aos outros. Gianna era a chave; tudo começara com ela, e, aparentemente, também era nela que tudo terminava.

Eu já tinha lido que "o acontecimento de Scottsdale" começara no verão de 1988, quando uma jovem chamada Gianna Talone informou ao pároco de Santa Maria Goretti que Jesus e Maria estavam não só falando com ela, como aparecendo para ela. Na realidade, as primeiras palavras de Gianna no encontro dos dois, naquele dia, lembrou-se o padre Jack Spaulding, foram: "Acho que estou enlouquecendo."

Gianna Talone, então com seus trinta anos, seria uma improvável candidata quer a doenças mentais, quer a revelações místicas. Contabilizando muitos sucessos e poucos fracassos, Gianna se vangloriava de ser a síntese de um personagem de metaficção. A estréia se deu aos cinco anos de idade, quando seus pais se surpreenderam ao ver a filha fazendo um número de ventriloquia (usando um boneco com cara de John Lennon) para as crianças da vizinhança. Eles lhe deram um fantoche de verdade, a que a menina chamou Alfie, e, aos seis anos, Gianna tornou-se o mais jovem ventríloquo profissional dos Estados Unidos. A família se mudou de Phoenix para Beverly Hills quando Gianna tinha sete anos, e, algumas semanas depois, ela já estava trabalhando como atriz e dançarina mirim, tendo participado de numerosos episódios de mais de uma dúzia de programas de TV, apresentados em meados dos anos 1960 (entre os quais, *A Noviça Voadora*, com Sally Fields). Aos dez anos, ela era a mais jovem candidata a talento da agência William Morris.

Quando Gianna estava com 13 anos, seu pai chegou à conclusão de que não queria que a filha crescesse no meio artístico, e então voltou com a família para o Arizona, instalando-se na comunidade mais rica do estado, Scottsdale. Lá, Gianna permaneceu um exemplo de "boa moça" bem-sucedida. Aos 16 anos, foi a segunda colocada no concurso de Miss Arizona Adolescente (e foi eleita Miss Simpatia). Aluna que só tirou A, do início ao fim do ginásio, Gianna ganhou uma bolsa para estudar teatro na Universidade da Califórnia, mas saiu ao terminar o primeiro semestre, convencida de que o pai estava certo a respeito do *showbiz*, e então voltou para casa e foi fazer a graduação em ciências, primeiro na Universidade do Arizona, depois na Arizona State. Ela participou do comitê de recepção nas duas escolas, e foi eleita representante de classe na ASU. Após obter uma licenciatura em química, passou para a Universidade Southern California, onde recebeu menção honrosa do corpo docente e o grau de doutora em farmacologia.

Naquele tempo, ao contrário do que muitas pessoas imaginavam, ela não se considerava nenhuma maravilha, Gianna me diria mais tarde. "Entrei no jogo", observou, lutando por diplomas e prêmios, principalmente por querer impressionar as pessoas, e se tornando, como ela própria explicou, "o protótipo da *yuppie*". A primeira compra que fez quando terminou seu curso na faculdade, lembrou-se Gianna (com um ar mais divertido que mortificado), foi um casaco de visom. No decorrer de alguns anos seguintes, comprou também um *apart* num condomínio exclusivo, encheu o *closet* enorme de roupas de grife, e passou a dirigir um 300 XZ. O homem com quem se casou, um artista comercial chamado Michael Bianchi, tinha fama de bonitão.

O único detalhe em relação a Gianna que parecia no mínimo peculiar era a sua alegação de que Satanás lhe aparecera numa noite de verão, em 1981. Ela estava cochilando até abrir os olhos e dar com o Diabo em pessoa, ereto, aos pés da cama dela. A parte de baixo do corpo dele era a de um animal, mas da cintura para cima, ele tinha a aparência de um homem, que lhe pareceu assombrosamente belo, até Gianna fitá-lo nos olhos. Ela ainda tremia de medo, sempre que se lembrava dos olhos do Diabo, ela me diria; havia neles uma fúria cega e um ódio absoluto.

"Eu tinha tanto medo que não conseguia falar. A única palavra que eu disse — não em voz alta, mas para mim mesma — foi 'Jesus'. E então percebi uma luz brilhante e repentina no quarto, e Satanás tinha sumido."

Só mais tarde, contou-me Gianna, é que ela entendeu que Satanás, sabedor do papel que ela desempenharia quando o tempo estivesse se esgotando, aparecera na sua frente para que ela, dominada pelo medo, se afastasse. E ele conseguiu, pelo menos por algum tempo. "Eu estava tão apavorada que me distanciei de tudo o que se relacionasse com a religião. Nem mesmo à igreja eu ia, exceto, vez por outra, aos domingos."

Foi durante uma das raras vezes em que Gianna esteve presente à missa que ela se deparou com o maluco, lembrou-se a jovem. Depois disso, sempre que ela aparecia na igreja, o sujeito estava lá, toda vez fazendo algo bizarro como acender fósforos durante a celebração para afastar inimigos invisíveis, abanar os braços, ou blasfemar furiosamente, afirmando ouvir vozes. O que a perturbou mais foi que, por um período de alguns meses, ela freqüentemente o encontrava em lugares estranhos de Los Angeles (ela estava então na USC), em *shoppings* e em cinemas, onde o maluco fazia coisas do tipo chutar lixeiras e exigir que fosse lá quem estivesse lá dentro saísse. "Não me parecia que o maluco estivesse me perseguindo, porque ele não seria capaz disso", disse ela. "Mas ele continuava a aparecer onde eu estava. E assim, como isso também fazia parte do plano de Satanás, quando comecei a ouvir vozes, eu achava que também estava maluca."

As pretensas experiências sobrenaturais que por fim resultaram nas práticas religiosas na igreja Santa Maria Goretti não principiaram no verão de 1988, como foi relatado por Laurentin e Faricy, disse Gianna, mas, sim, numa noite, em setembro de 1987. Na primeira vez, ela disse a si mesma que era um sonho: passava da meia-noite, e ela estava deitada na cama, quando uma jovem mulher, inacreditavelmente bela, apareceu de repente e começou a rezar diante dela. Gianna contou que podia vê-la nitidamente: esbelta, de altura mediana, vestindo uma túnica branca e um véu meio transparente, de cabelo escuro e comprido, olhos azul-claros, pele de porcelana, lábios de rubi e faces rosadas. Os dedos das mãos postas eram longos e perfeitos, observou Gianna; a jovem mulher não falou, mas abriu um sorriso radiante, e depois desapareceu.

No dia seguinte, Gianna continuou a pensar no sonho, querendo saber por que ele a deixara tão feliz. Ela fazia uma idéia de quem seria a mulher, e teve certeza de quem era quando o fato se repetiu na noite seguinte. Só que, dessa vez, ela sabia que não estava dormindo, porque se virou na cama e viu o marido dormindo ao seu lado; depois, tornou a se virar e viu a Virgem Maria ainda de pé ao lado da cama, rezando em silêncio e sorrindo com uma expressão do mais puro amor possível. Ao acordar de manhã, como ocorrera no dia anterior, Gianna se sentiu plena de alegria. Ela não estava nada assustada, e a sua emoção só aumentou quando Nossa Senhora voltou na noite seguinte. Na quarta noite, porém, a Virgem não veio. Gianna começou a se perguntar se aquilo tudo havia realmente acontecido. E caso tivesse acontecido, o que significaria.

O que chamou a atenção dos seus amigos e de sua família foi que Gianna, até então uma católica só de nome, de repente tornou-se bastante devota, indo à missa e comungando toda manhã, rezando o terço toda tarde e se confessando uma vez por semana. Estar na igreja, ela me explicaria, lhe devolvia a sensação de grande serenidade, prazer e fé que ela experimentara naquelas três noites em que a Virgem a visitara. Ela só veio a se assustar numa manhã, dois meses depois. Ela estava na igreja, lembrou-se Gianna, e acabara de se ajoelhar para rezar, quando ouviu uma voz, uma voz de homem, dizer, clara e nitidamente: “O Senhor a vê com benevolência, pois você clamou pelo Senhor.” Foi então que ela começou a desconfiar que tivesse enlouquecido.

Ela não contou a ninguém o que acontecera, a não ser à mãe, uma católica devota, nascida e criada na região de Abruzzi, na Itália. Gianna achava que ninguém mais acreditaria nela. Então se sentiu aliviada, uma vez que nenhum outro episódio daquele tipo lhe aconteceu nos oito meses seguintes. Entretanto, no final da primavera de 1988, ela percebeu que havia em si um enorme desejo de visitar um pequeno vilarejo na Iugoslávia.

Quase tudo o que ela sabia de Medjugorje àquela altura lhe fora contado pelo padre Jack Spaulding. Este estivera na Herzegóvina pela primeira vez em junho de 1987, e ao voltar para Scottsdale dissera aos paroquianos que a visita o estava transformando. O que ele testemunhara em Medjugorje o emocionara tanto que, numa parada em Frankfurt, em sua viagem de volta para os Estados Unidos, ele chorara como um bebê. Em parte por Spaulding ser considerado um padre um tanto frio e cerebral, nada sentimental, o seu testemunho causou um impacto considerável em Scottsdale, onde os paroquianos organizaram um dos primeiros grupos de oração dos Estados Unidos dedicados à mensagem de Medjugorje.

Embora a bonita e miúda Gianna Talone já freqüentasse o grupo de oração havia alguns meses, o padre só a conhecia de longe. Ele já notara a sua vivacidade, mas não vira nada de especial quanto a devoção ou veneração. Em maio de 1988, Gianna disse que gostaria de participar do grupo de 97 paroquianos a quem Spaulding iria acompanhar numa segunda peregrinação a Medjugorje. Ela e a mãe conseguiram os dois últimos lugares no vôo *charter* que saiu de Phoenix no dia 1º de junho. Em seu segundo dia em Medjugorje, Gianna assistiu a uma palestra dada por um homem que não soube dizer depois o que o levara a destacar uma moça do grupo de Scottsdale, e a lhe dizer: "Você vai desempenhar um papel importante no plano de Nossa Senhora." No dia seguinte, depois que essa mesma jovem se aproximou dele e lhe disse acreditar que a Virgem lhe falara, o homem admitiu que gostaria de ter ficado calado.

Ela se lembrava, palavra por palavra, do que Maria lhe dissera, relatou Gianna: "Por favor, não reze por si. Reze pelos outros que sofrem, para que o Senhor os abençoe, e reze para que haja paz nas almas, nas famílias, e no mundo. Não tema, pois eu a protegerei e a guiarei."

Toda noite, por uma semana, a Virgem lhe falou, e, no dia 6 de junho, Jesus lhe apareceu como criança. A Virgem lhe disse que Jesus se apresentava como criança apenas "quando Ele se alegra com alguém". No dia seguinte, Gianna voltou a ter medo: "Lembre-se, eu venho de um ambiente científico", diria ela quando nos encontramos, "portanto, o meu eu racional não acreditava na possibilidade de haver algo daquela natureza; a única explicação para tudo aquilo era eu estar ficando louca." Naquela noite, a Virgem sugeriu que ela visitasse Vicka Ivanković. Gianna foi andando até a casa de Vicka na manhã seguinte, mas de início não pôde se aproximar por causa da multidão. Depois, como num passe de mágica, a massa compacta de gente se dividiu e ela pôde chegar livremente até a vidente, que ouviu a história de Gianna e a aconselhou a não abandonar o seu jeito franco e destemido, e a continuar ouvindo.

A jovem americana não contou ao seu pároco da voz que ela estava ouvindo senão depois do retorno a Scottsdale. O padre fez que sim com a cabeça durante essa conversa, mas Gianna via que, internamente, ele balançava a cabeça dizendo não. "O padre Jack sabia bem como eu tinha sido, e ainda era: agressiva, materialista, sem papas na língua. Ter coisas boas e bonitas era realmente o mais importante para mim, bem mais do que uma relação com Deus." Spaulding vacilou quando Gianna lhe mostrou algumas pretensas conversas com a Virgem que ela transcrevera. "As palavras são muito simples, muito claras, e muito diretas", recordou-se o padre. "Eu pensei: 'Hummm.'"

O interesse de Spaulding — como sua apreensão — aumentou muito alguns dias depois, quando uma jovem chamada Stephanie Staab foi vê-lo. Como Gianna, Stephanie, então com 25 anos, era uma jovem mulher atraente e ambiciosa que se mostrava pouco interessada em religião. Mas Stephanie era uma sedutora, de sorriso atraente e jeito natural, e seu maior problema parecia ser o de se deixar apaixonar toda vez que conhecia um homem "excitante". As primeiras palavras saídas da boca de Stephanie foram quase as mesmas com que Gianna começara a falar de si, lembrou-se o padre: "Padre, acho que estou ficando louca." Ela vinha ouvindo uma voz, explicou Stephanie, a voz de uma mulher que lhe mandara transcrever uma pesquisa extensa. Depois de ter lido as muitas páginas que ela lhe entregara, o padre pareceu visivelmente abalado. Stephanie era uma moça inteligente, mas não tinha sido dotada nem de eloqüência nem de imaginação. Tendo se apelidado de "calculadora ambulante", ela trabalhava como contadora num banco local. O que ela entregara ao padre naquela tarde, porém, era o mais comovente tratado, lido por ele, sobre a conversão de um coração. "Eu disse: 'Stephanie, isto é simplesmente surpreendente'", lembrou-se Spaulding, e depois perguntou se ela conhecia Gianna Talone. Não, ela não conhecia ninguém com esse nome, respondeu Stephanie, que não estava no grupo que fora a Medjugorje. Assim como fizera com Gianna, o padre pediu que Stephanie não falasse nada a respeito de tudo aquilo por enquanto, mas que fosse vê-lo "se algum outro fato acontecesse".

Mal se passara uma semana, apareceu na sala do pároco o jovem vaqueiro Steve Nelson, lembrou-se Spaulding, que começou dizendo: "Acho que estou ficando maluco." O padre o interrompeu: "Deixe-me continuar. Você vem ouvindo a voz de uma mulher." Espantado, Steve assentiu com a cabeça. O padre perguntou o que a mulher dissera, e Steve falou: "'Aproxime-se do Meu Filho. Reze.'" Steve, que cursara a faculdade com uma bolsa destinada aos praticantes do rodeio, e nutria uma única ambição, tornar-se campeão mundial de vaquejada, parecia temer que aquela ordem significasse ter de desistir do seu sonho e se tornar padre. "Ela lhe pediu que você se tornasse padre?", Spaulding perguntou. "Não", disse Steve. "Então não se preocupe", aconselhou o padre.

A irmã de Steve, Wendy, entrou depois, contando praticamente a mesma história dos outros. Spaulding suspeitou que o irmão lhe confidenciara o segredo dele, mas Steve, que pareceu a Spaulding incapaz de mentir, jurou não ter dito nada a ninguém. Spaulding sabia que Wendy, pelo menos, já demonstrara alguma propensão para a Igreja, tendo saído da sua irmandade estudantil, na Universidade Estadual do Arizona, para morar um ano com as Missionárias da Caridade de Madre Teresa, em Calcutá.

Susan Stevens, por sua vez, não tinha mostrado, senão recentemente, nenhuma tendência para a religião. Após se formar em *business*, na Universidade do Arizona, Susan entrou para um programa de treinamento para executivos, e parecia a Spaulding ser apenas "mais uma *yuppie* de Scottsdale" que raramente ia à missa. E, quando ia, era só para que os pais não a chateassem. E foi Jesus quem falou com *ela*, contou Susan, de 29 anos, a Spaulding. Essa conversa com o pároco ocorreu pouco depois de Susan ter começado a se queixar de uma série de males curiosos e não diagnosticados que reunia intensas reações alérgicas com uma hipersensibilidade ao toque e dores crônicas nas juntas. Ela estava com sua família na recepção de casamento de um amigo, contou Susan a Spaulding, quando ouviu uma voz de homem perguntar: "Você deixaria sua família por Mim?" Ela olhou o círculo de parentes à sua volta, e respondeu: "Sim, Senhor, deixaria."

Pouco depois, ela estava participando da feira do estado do Arizona, relatou Susan, quando Jesus tornou a lhe falar, mostrando-lhe pessoas particularmente feias, uma de cada vez. A primeira pessoa apontada era um homem de cabelo comprido, esfiapado, e uma barba rala, que estava usando um *jeans* ensebado e uma camiseta rasgada, e que, na opinião de Susan, era "o mais pobre dos pobres". "Você sofreria por ele?", Jesus lhe perguntou. Ela respondeu que sofreria. Em seguida, Jesus apontou para uma mulher obesa, mexicana ou índia — "alguém a quem eu teria olhado com desprezo", admitira Susan — e perguntou: "Você sofreria por ela?" E, naquele dia, ela respondeu muitas vezes que sim, disse Susan.

O padre da paróquia dela sabia apenas que Susan estava assistindo à missa diariamente, e, que, depois, permanecia na igreja rezando horas a fio. Ela ia a sua casa e, uma hora depois, voltava à igreja. Spaulding logo ficou ciente de que a saúde da moça estava se deteriorando rapidamente, sem que se tivesse descoberto nenhuma causa para isso. O mal de Susan tinha sido diagnosticado ora como lúpus, ora como fibromialgia, ora como esclerodermia, mas pelo menos dois médicos lhe disseram que a doença dela era psicossomática. A maioria dos outros clínicos que a examinaram admitia que os sintomas expostos por ela eram autênticos, mas eram tantos e tão graves que era impossível afirmar o que os produzia. Ela sabia, disse Susan a Spaulding, estar sofrendo pela salvação das almas, como Jesus lhe pedira.

Estava tudo ficando um tanto pesado demais para Spaulding, mas Gianna disse que Susan era uma do núcleo de seis que aparecia na visão. Essa visão, disse Gianna, lhe fora mostrada por Nossa Senhora, que solicitava a formação de um grupo de oração de jovens de 18 a 23 anos de idade. Ela pôde ver que no grupo havia seis jovens, um deles ela própria, ajoelhados num altar, explicou Gianna. Os outros eram: Steve e Wendy Nelson, Susan Evans, e mais dois, Mary Cook e Jimmy Kupanoff. Ao lado, havia duas outras jovens: uma de pé, a quem ela reconheceu como Stephanie Staab, e a outra ajoelhada, a qual ela não se lembrava de ter visto. Nessa visão, ela percebeu que um dos membros do grupo, Jimmy, se afastou, mas depois voltou.

O padre Spaulding conhecia Jimmy Kupanoff, então com 21 anos, como um rapaz bonito que queria ser músico, mas que, em vez disso, estava se formando em comunicação pela Universidade Estadual do Arizona, preparando-se para explorar sua boa aparência como repórter de telejornal. Jimmy juntou-se ao grupo de oração da igreja Santa Maria Goretti, naquele verão, exatamente como Gianna dissera que aconteceria, mas saiu poucas semanas depois, mudando-se para Ohio com a família. A visão de Gianna seria então testada, disse Spaulding para si. Duas semanas depois, Jimmy voltou a Scottsdale, dizendo que a Virgem falara ao seu coração, e que ele se convertera. Jimmy mudara tanto que chegou a morar algum tempo com os padres, no presbitério da igreja.

Mary Cook simples e prontamente recusou o "convite" da Virgem. Para Spaulding, Mary não tinha sido uma boa escolha. Ela era talvez a moça mais bonita da paróquia, de família rica, e, aos 26 anos, já estava ganhando muito dinheiro, vendendo celulares num momento em que estes estavam entrando no mercado. Entretanto, Mary parecia estar sempre correndo de uma relação destrutiva para outra, mal fazendo uma pausa entre uma e outra. E ela se sentia culpada por ter cometido um dos pecados mais graves para os católicos, o do aborto, não apenas uma, mas três vezes.

Gianna lhe falou do grupo de oração, da visão, e de tudo o mais que ocorrera durante o mês de julho, lembrou-se Mary, "mas achei tudo muito assustador, e nada me pareceu verdade, e tive certeza de que o que ela me contava não tinha nada a ver comigo". Duas semanas depois, ela avisou que estava voltando para o Wisconsin, onde ela havia crescido. Gianna garantiu a Spaulding que Mary voltaria. "Imaginei: 'Tudo bem, agora vai ser o verdadeiro teste'", lembrou-se o padre. Duas semanas depois, Spaulding viu o nome de Mary Cook na agenda dele. Quando foi à igreja naquela tarde, Mary explicou ao padre que, logo após chegar ao Wisconsin, ela ouvira a voz de uma mulher. Mary sabia que era a Mãe Santíssima, pedindo-lhe que voltasse para o Arizona e se juntasse ao grupo de oração, mas, apesar da súplica, a moça não cedeu. A Virgem tornou a pedir, mas dessa vez Ela solicitou que Mary voltasse a Scottsdale e procurasse o padre Spaulding. No momento em que disse sim, Mary explicou, uma sensação de paz a invadiu. Ela ia ficar ali e dar uma chance ao grupo de oração.

E ela sempre se sentiria feliz por ter ficado, mesmo que as coisas tivessem tido um fim tão estranho, disse-me Mary quando nos sentamos para conversar, do lado de fora de Santa Maria Goretti, naquele calor implacável da minha primeira noite em Scottsdale. Surgiram dúvidas, é claro, disse ela — dúvidas sobre si e sobre os outros. "Às vezes, acho que perdemos algo, outras vezes, me parece que simplesmente era hora de terminar. Ainda me pergunto o que houve: 'Será que tudo deu errado, ou ainda vamos nos reunir um dia, quando todos estiverem prontos?' Não sei. Mas tenho a sensação de que ainda estou esperando algo. Não sei se tudo acabou. Gianna acha que não; ela diz que todos nós estamos sendo 'preparados'." Mary sorriu e balançou a cabeça ligeiramente quando abri a boca para fazer uma pergunta. "Preparados para quê, não sei", acrescentou. O seu tom me confundiu. "Esse 'não sei' quer dizer que você não sabe mesmo, ou que você não pode me dizer?", perguntei. "As duas coisas", respondeu Mary, e a expressão dela me mostrava que esta era a melhor resposta que eu poderia esperar.

Desde que Gianna confessou pela primeira vez que estava ouvindo a voz da Virgem, disse-me o padre Spaulding quando nos reunimos em sua sala no dia seguinte, "eu sabia que a minha, abre aspas, carreira, fecha aspas, estava chegando ao fim".

Até aquele momento, Spaulding era conhecido entre seus irmãos do Arizona como "o padre expresso". Homem franzino, inteligente, de rosto comprido e traços finos, manco de uma perna por causa da pólio contraída na infância, Spaulding se tornara, aos 35 anos, o reitor católico mais jovem do país, escolhido pelo bispo James Rausch para administrar a diocese de Phoenix. Era o tipo de escolha que praticamente garantia a um padre o bispado um dia, e, possivelmente, até um lugar entre os cardeais do sacro colégio. Entretanto, Rausch morreu nove meses depois, e foi substituído por Thomas O'Brien, homem modesto que não possuía nem grandes ambições nem habilidades excepcionais.

Spaulding serviu no cargo por um ano, mas se sentiu restringido pelo bispo O'Brien, e pediu para ser de novo designado padre de uma paróquia. Suas esperanças de ascendência ao magistério não esmoreceram, porque, voltando a ser indicado para Santa Maria Goretti, Spaulding estava recebendo a paróquia mais rica, *per capita*, do estado.

Renomado como gerente (no seminário, ele se formara em administração), Spaulding assumiu o seu novo encargo no final de 1982 e ajudou a tornar aquela paróquia o que um autor especialista em religião descreveu como "uma das mais bem administradas do país". Ele começou a mudar (e quase todo mundo achou que fosse para melhor) depois de sua primeira viagem a Medjugorje em 1987, e voltou à Herzegóvina cinco vezes nos 14 meses seguintes. Depois, no decorrer de julho de 1988, Gianna Taloni e Stephanie Staab começaram a transmitir "mensagens" da Virgem destinadas a toda a paróquia. Eram recados simples, diretos, delicados e repetitivos. "Voltem para Deus agora, enquanto ainda é possível" era a instrução-chave, embora ainda houvesse muitas menções a misericórdia, perdão e cura. Cada mensagem da Virgem começava com a saudação "Meus queridos filhos", segundo Gianna e Stephanie, e terminava com o fecho "Obrigada por responder ao Meu chamado".

Já no fim de 1988, haveria quatro grupos de oração distintos na paróquia de Santa Maria Goretti. Os adolescentes tinham o seu próprio grupo, e a presença na reunião dos adultos jovens nas noites de sexta-feira tinha aumentado de trinta jovens para mais de trezentos. O grupo nuclear supostamente eleito pela Virgem (cujo número aumentara para oito com a inclusão de James Pauley, de 18 anos de idade) fazia uma reunião privada com o padre Spaulding nas noites de segunda-feira. O grupo de oração de terça-feira (no qual Gianna apresentava a mensagem a ser transmitida para a paróquia) estava aberto a todas as idades e então se constituía de mais de mil membros, sendo que, algumas vezes, estavam presentes à reunião cerca de setecentos.

Gianna sentira, desde o início, que Spaulding "não queria que fosse eu, porque eu era agressiva demais, materialista demais, franca demais, e nada humilde". Ele foi vencido, explicou-me o padre na manhã em que nos conhecemos, ao observar as mudanças não só em Gianna como nos outros. Ele se reunia com cada um dos oito (ainda estavam esperando pelo número nove) uma vez por semana, "e os via sofrer, mas dispostos a aceitá-lo". Na realidade, foi a falta de coesão entre o grupo que o convenceu de que o que estava ocorrendo não podia ser "macaqueação". "Eles não procuravam se amoldar uns aos outros, de jeito nenhum", explicou-me o padre. "Era exatamente o contrário."

E embora todos os oito dessem a impressão de estar agindo normalmente na vida mundana, eles começaram, um por um, a sacrificar suas ambições. Gianna renunciou à posição muito bem-remunerada que ocupava numa empresa farmacêutica por um emprego atrás de um balcão numa drogaria Walgreens. Mary Cook abandonou a sua franquia de telefones celulares por um trabalho no restaurante O Ovo Bom, onde ganhava uma pequena fração dos seus antigos rendimentos. Mas o mais impressionante para Spaulding foi o caso de Steve Nelson, que um dia chegou e contou que a Virgem lhe pedira que deixasse a vaquejada; e ele respondera, disse Steve, que Ela podia pedir o que Ela quisesse.

E, aparentemente, Ela queria muito. Gianna informou aos outros que a Virgem estava solicitando um compromisso de três anos de cada um deles, período durante o qual eles não poderiam estabelecer nenhum laço permanente. Alguns notaram que isso seria mais fácil para Gianna, que já era casada, mas todos os oito concordaram em dedicar ao grupo de oração os 36 meses seguintes de suas vidas.

Ele tentava continuar cético, insistia em dizer Spaulding ao recontar os acontecimentos desse período, "mas a capacidade de comprometimento que eu vi nesses jovens era muito convincente". O padre também se impressionou ao saber que os que alegavam ouvir a Virgem diziam que Ela lhes lembrava periodicamente de que eles tinham a liberdade de escolha. E cada um dos que A estavam ouvindo disse que a Virgem lhes assegurara que se eles optassem por dizer não, eles não seriam menos amados.

Mas Spaulding de novo se sentiu abalado quando Gianna chegou, num dia de outono de 1988, e contou que, naquele momento, Jesus também estava falando com ela. A primeira vez foi no dia 10 de agosto. Ela estava no trabalho, quando O ouviu dizer: "Minha filha, saiba que você nunca está sozinha. Eu estou em você, e você está em Mim." Não muito tempo depois, disse Gianna, Jesus começou a ditar uma série de "lições", e disse que elas deveriam ser publicadas. A resposta de padre Spaulding foi um não peremptório. "Simplesmente me parecia demais, e cedo demais", explicou-me o pároco.

Gianna continuou a voltar à igreja, e, em novembro de 1989, o padre concordou em ajudá-la a encontrar um editor para as "lições", e acrescentou que não tinha a menor idéia de como conseguir isso. Três dias depois, Spaulding recebeu uma carta, não solicitada, dos donos da Faith Publishing, querendo saber se as mensagens que estavam sendo recebidas em Scottsdale serviriam para uma coletânea. Na ocasião da minha ida a Scottsdale, a editora de Ohio já editara mais de 900 mil exemplares do livro *Eu Sou o Seu Jesus de Misericórdia* (de cuja venda Gianna não recebera um centavo).

Foi no final de 1989 que Gianna anunciou que a Virgem dera a cada um dos jovens que tinham sido escolhidos, e ao padre Spaulding também, um símbolo. Eram dez ao todo, e eles representavam, segundo Gianna, "as virtudes do coração de Jesus". De início, os outros acharam que estavam sendo escolhidos por seus pontos fortes, mas Gianna disse que não, que cada um deles fora escolhido para que desenvolvesse os seus aspectos mais fracos. Essa era uma revelação particularmente difícil para ela, uma vez que seus símbolos eram o amor e a misericórdia. O padre Spaulding também teve um sobressalto quando Gianna lhe disse que o símbolo dele era a verdade. Susan Evans recebeu o símbolo da caridade, e Stephanie Staab, o da alegria. Wendy Nelson recebeu o da força, e seu irmão, Steve, o da fé. O de Mary Cook foi a esperança, o de James Pauley, a coragem, e o de Jimmy Kupanoff, a compaixão.

Perplexos, como alguns ficaram, com os símbolos, ninguém pareceu se surpreender com a virtude atribuída a Annie Ross, a nona e última dos jovens adultos a se juntar ao grupo de oração das segundas-feiras: a virtude de Annie era a humildade.

Momentos depois de Annie Ross abrir a porta e dizer alô, comecei a sentir que meus pés estavam perdendo o contato com a terra. Quaisquer diferenças entre realidade e irrealidade eram mais ou menos como as que me confundiram durante aquele meu passeio em Mostar, com Karen, de quem Annie imediatamente me fez lembrar. As duas tinham a mesma triste combinação de obesidade e pele devastada, embora Annie não desse a impressão de ter se violentado tanto quanto Karen se empenhara em fazê-lo. Entretanto, ela possuía as mesmas características de rapidez, brilho e mania que marcavam os períodos de sobriedade de Karen. E exatamente como Karen, Annie parecia lutar contra alguma vergonha subconsciente com uma franqueza quase exibicionista, às vezes parecendo que ela estava se gabando do seu passado mesmo quando era o horror dele que ela estava descrevendo.

Como Karen, Annie era de família rica. "Meus pais tinham dinheiro de família, ambos", foi o que ela respondeu quando perguntei sobre sua educação. "Tive uma infância aparentemente maravilhosa em St. Louis e em Michigan, com fazendas aristocráticas e acampamentos nos bosques que eram da nossa família. No fundo, porém, eu vivia, sozinha, um pesadelo horroroso."

Como acontecera com Karen, o pesadelo de Annie começou quando ela foi violentada em criança. "Primeiro, foi um parente adulto que me violentou", lembrou-se ela, "mas o meu principal estuprador foi meu irmão mais velho, que começou a fazer sexo comigo quando eu tinha sete anos." Essas violações coincidiram com as primeiras aparições vistas por ela. "Nossa Senhora vinha me ver quase todo dia", lembrou-se, "principalmente para me dizer que eu não estava sozinha, que Deus me amava e Ela também. Eu falava com Ela, e Dela, tantas vezes, que meus pais achavam que Maria era o nome que eu dera a uma amiga imaginária."

Anjos, que também a visitavam, contou Annie, tornaram-se os seus únicos companheiros após ela completar nove anos, momento em que as outras crianças da escola "souberam da minha história". De início, o irmão contou apenas aos amigos dele, mas, depois, ele mostrou fotos dela para todos os meninos. "E então ninguém queria nada comigo. Eu reagia me tornando muito sociável, muito despachada, muito agressiva. Pode parecer estranho, mas essa era a única maneira de esconder a minha insegurança. Eu era também extremamente inteligente; o tédio que eu sentia na escola foi em grande parte responsável por eu começar a ter problemas. Quando eu tinha dez, 11 anos, eu ia para o gabinete da diretora pelo menos uma vez por dia. Era uma escola católica e eu era a criadora de caso da área. O meu castigo habitual era ser mandada para a capela e ficar diante do Santíssimo por uma hora. Eu não sabia que a diretora estava me salvando a vida."

Pouco depois de ter chegado à puberdade, lembrou-se Annie, as aparições que testemunhava terminaram "porque eu quis assim". Como adolescente, ela foi ficando com raiva e querendo saber por que um Deus supostamente amoroso deixava aquilo acontecer a uma criança. "E, quando Nossa Senhora chegou, eu A tratei com desdém, usando palavras veementes. Eu queria que Ela me deixasse em paz, e Ela o fez."

Na sucessão de colégios internos que ela freqüentou na adolescência, ela era conhecida como a garota mais promíscua da escola, lembrou-se Annie, e teve relações sexuais com quase todo garoto que mostrasse algum interesse por ela. Durante esses anos, ela também tentou o suicídio duas vezes, uma vez cortando os pulsos e outra tomando uma *overdose* de drogas. "Mas, nessas duas vezes, as pessoas me encontraram e chamaram uma ambulância. Não só não lhes agradeci, como as odiei por isso." Por volta dos 16 anos, ou ela estava bêbada, ou drogada — "os meus esteios eram a cocaína e o uísque" — nas horas em que estava acordada, para sufocar a dor, explicou Annie, porque ela não era pessoa que se esquecesse de tudo aquilo. Aos 18, no primeiro semestre da faculdade, ela foi brutalmente violentada e ficou grávida. "Rezei por um aborto espontâneo, e isso aconteceu", contou-me ela, pela primeira vez com a voz trêmula. Mesmo com uma hemorragia violenta, ela se negou a procurar um médico, e adquiriu uma inflamação pélvica que a deixou estéril.

Naquele verão, Annie mudou-se para a nova casa de seus pais, em Scottsdale, entrou para a Universidade Estadual do Arizona e arranjou um trabalho de garçonete. "Na minha primeira noite no restaurante, conheci um rapaz e me apaixonei; foi o que pensei. Na realidade, caí na luxúria, e ele encontrou uma chupadora." O seu novo namorado era um turco cuja única esperança de permanência nos Estados Unidos era o casamento com uma cidadã americana. "Facilitei as coisas para ele."

O novo pároco da igreja dos pais de Annie, padre Spaulding, negou-se a celebrar o casamento dela. "Eu disse: 'Tudo bem, arranjo outro'", relatou a moça. "A minha vontade era dizer: 'Como ousa?'" Annie logo se viu num casamento "onde eu era espancada quase desde o primeiro dia". Contudo, ela viveu com o marido quase cinco anos, e o introduziu num programa de mestrado em administração internacional. Sua família quase perdeu tudo em razão de uma série de maus investimentos e da doença do pai, e, assim, Annie teve de arranjar três empregos de tempo integral — trabalhando como guarda-livros, vendedora, e garçonete — para pagar as contas. "E eu continuava a beber para valer, principalmente uísque, mas tinha parado de usar drogas, o que me fazia sentir mais a minha dor.

"Por fim, decidi procurar o padre Jack, com quem eu não tinha falado desde o meu casamento. E lhe contei o que estava acontecendo, e perguntei: 'O que faço?' Lembro-me de que ele me respondeu: 'Annie, há limites até para a perseverança. Sugiro que você pergunte ao Senhor.' Achei que ele estava meio pancada. De algum modo, porém, só o fato de falar com alguém, qualquer um, me fez perceber a mentira que eu estava vivendo. E fui direto da sala dele para a igreja assistir à missa, o que eu nunca fazia naquela época. Pois bem, eu não acreditava na eucaristia, mas, naquela noite, no momento da elevação da hóstia, eu rezei. E roguei: 'Tudo bem, Senhor, o que devo fazer? O senhor tem de me dizer. Devo sair desse casamento? Sim ou não? Eu preciso saber disso agora.' E ouvi uma voz, muito nitidamente: 'Sim.'"

Annie providenciou os papéis para o divórcio no dia seguinte, e mandou o marido sair de casa. Naquele mesmo fim de semana, ela conheceu Eric Fitch. "A primeira vez que meus olhos bateram nele, eu soube que ele era o homem com quem eu me casaria. E fiquei desolada. Ele era católico, eu era católica, e naquele momento eu me tornaria uma divorciada. Não houve nenhuma anulação. Desmoronei. Simplesmente me senti destroçada. Comecei a beber mais constantemente, o que só fazia piorar a depressão. Depois de obtido o divórcio, eu estava sozinha em casa, à noite, e me sentia muito mal porque não conseguia conciliar o sono com o meu choro. E fui me dando conta de que eu fizera coisas que prometera a mim mesma nunca fazer: uma relação para me vingar do meu marido, dois abortos aos 17 e 19 anos, drogas pesadas e sexo perverso — as fronteiras que eu ultrapassara!"

Annie chegou ao auge da crise no mesmo período em que sua mãe lhe implorava quase diariamente que ela fosse a uma missa solene na igreja Santa Maria Goretti, cuja intenção era consagrar uma nova estátua da Virgem. "Meus pais estavam participando intensamente de uma campanha para levantar fundos para a igreja, e estavam ajudando o padre Jack", lembrou-se Annie. "E eu disse: 'Eu não tenho nenhuma relação com ele. O padre Jack não gosta de mim, nem eu dele.' Mas meus pais continuaram insistindo. Eles eram fiéis de comunhão diária, e o fato de que pessoas tão devotas e tão boas não tivessem a menor idéia do que estava acontecendo com a própria filha era, de certo modo, um dos motivos para eu ter raiva da Igreja. Minha mãe por fim conseguiu que eu fosse à consagração, mas isso graças à promessa de comprar para mim a roupa que eu queria."

"Então, ali estava eu na missa vespertina de 31 de março de 1989, data em que minha vida mudou."

Percebi que a voz de Annie começava a se alterar, e era mais do que a quebra no ritmo da respiração. Eu já notara essa característica, embora não tão dramaticamente, quando ela falou da visão que teve da Virgem Maria, quando criança. Era um tom de júbilo, quase melodioso. Senti-me muito atraído por essa voz, apesar de fazer tudo para não sucumbir: eu estava ali sentado, numa espécie de torpor assombrado diante da estranheza da história que estava ouvindo, quando comecei a sentir a minha atenção mais aguçada.

"Ora, como eu disse, nunca acreditei na presença divina na Eucaristia", continuou Annie. "Para mim, era uma espécie de brincadeira sem graça, realmente. A minha atitude era de deboche: 'Vamos lá, gente, cai na real... é só uma bolacha.' Sempre tive vontade de pegar aquilo e sacudir na frente das pessoas: 'Oi, gente! Vocês acham que isso se parece com Deus?' Seja como for, durante a oração da consagração, eu ria comigo mesma da voz melodiosa do padre Jack, como acontecia quando eu o ouvia falar na igreja. De repente, porém, ouvi essa outra voz, uma voz de mulher, dizer: 'Minha filha, você tem de optar, ou por Meu Filho, ou contra Meu Filho.' E reconheci a voz, porque era a mesma que eu ouvia quando criança. E eu disse, literalmente: 'Tudo bem. A Senhora me pegou. Minha vida está uma porcaria, reconheço. Faça comigo o que a Senhora quiser, mas em 15 minutos eu estou dando o fora daqui.'

"Eu realmente só queria voltar ao meu normal, mas então ouvi outra voz, uma voz forte de homem dizendo. 'Não. Pare. Ouça.' Eu disse para mim mesma: 'Está bem, finalmente aconteceu. Enlouqueci para sempre. Agora não tem mais volta.' Mas então levantei os olhos e vi a hóstia na mão do padre Jack, e eu soube que eu sabia que sabia que era Jesus. Repentina e totalmente convicta. Isso... é... Deus. Aqui. Neste momento. E Ele está me chamando.

"Me deu vontade de me confessar imediatamente, mas então me dei conta de que eu não sabia o que confessar, nem sabia se o que eu fizera era tão grave que já era tarde demais para mim; porque a hora da confissão já tinha passado. Meus pais se levantaram e foram para a fila da comunhão e eu não conseguia me mexer. Meu pai me puxou, e fui atrás dele. Só o que eu via era o padre Jack parado ali, segurando Deus em sua mão. E eu estava soluçando e tremendo quando tomei a hóstia da mão dele, sabendo que aquilo era Deus, pura e simplesmente. Então me aproximei do cálice. Ora, mesmo nas raras ocasiões em que fui à missa e comunguei, eu nunca provava o vinho: 'Não vou usar o mesmo cálice que todos esses estranhos usaram.' Mas, de repente, nada disso tinha importância. E o padre Jack usa vinho branco na comunhão, mas quando olhei dentro do cálice, vi que o vinho era tinto. Era sangue. E até tinha gosto de sangue, o sangue de Cristo, o sangue que foi derramado pela minha salvação.

"'Tomei, e me senti como se eu estivesse em brasa, dividida ao meio, entre a metade de mim que é sensata, lógica, e que sabe que isso não é verdade, e a minha parte amorosa, segura, que sabe que é.

"Não sei o que aconteceu depois disso. Levei três horas para percorrer os poucos quarteirões que separavam a igreja da minha casa, e, quando lá cheguei, eu não tinha a menor idéia do que eu tinha feito, nem o que eu fizera daquele tempo. Eu me dirigi para a porta da frente e vi a minha cadela, Margaret, de tocaia num canto da sala, rosnando, como se alguém estivesse ali. Então me dei conta de que já passava da meia-noite e, portanto, já era 1º de abril, e achei que havia alguém ali querendo pregar uma peça. 'Tudo bem, quem está aí?' Mas não havia ninguém na casa. Olhei embaixo das camas, nos armários, atrás das cortinas dos chuveiros.

"Por fim, concluí que eu realmente tinha ficado maluca, e exatamente nesse instante ouvi aquela voz de mulher de novo, dizendo: 'Minha filha, eu gostaria que você escrevesse.' Eu sabia quem era, mas não acreditava que eu sabia. Era demais. Minha afilhada deixara alguns lápis de cera e papel de desenho no chão, e, me utilizando deles, tentei escrever o que a voz me dizia. Mas não deu certo. Então fui pegar um lápis e comecei a escrever, mas o lápis se partiu. Encontrei outro lápis, mas esse também se quebrou. Achei uma caneta, mas não funcionava, então procurei outra caneta. E esse tempo todo Ela continuava falando, me dizendo que Ela queria que eu escrevesse. Ora, sou disléxica, ou seja, alguém que não consegue nem anotar um número de telefone a menos que alguém repita esse número para mim algumas vezes. Mas, naquela noite, sentei-me e escrevi a noite toda; lembrei-me de todas as palavras que Ela disse, e anotei tudo."

E isso continuou por uma semana e meia, disse Annie, antes de reunir o que àquela altura eram muitas dúzias de folhas de papel cobertas de "mensagens", metê-las num envelope, escrever: "Para padre Jack, de Annie Ross (telefone-me se quiser)" na frente, e deixá-lo na igreja Santa Maria Goretti.

"O padre Jack me ligou e me pediu que o procurasse alguns dias mais tarde", continuou Annie. "Eu tinha acabado de me confessar, pela primeira vez em anos, e tinha me confessado com ele, então ele sabia tudo de mim. Ele tinha sido realmente um doce, mais maravilhoso do que eu imaginaria ser possível. Então fui vê-lo, e disse: 'O que o senhor acha?' E ele perguntou: 'Continua?' 'Continua, padre.' E ele disse: 'Então continue escrevendo, mas não diga nada a ninguém. Estou impondo a você um voto de obediência. Você sabe o que isso significa?' Respondi que sim, mas tudo o que eu sabia realmente era que tinha de me manter calada.

"O padre Jack disse que eu voltasse a vê-lo se a história continuasse, e que eu anotasse tudo o que ouvisse. E assim fiz. Essa situação continuou por semanas e meses. Comecei a freqüentar o principal grupo de oração de jovens adultos em abril, mas não tinha notícias do grupo da segunda à noite nem sabia se os outros também estavam ouvindo vozes. Eu vira Gianna e Stephanie na missa, mas nem sequer sabia seus nomes. Então me sentia realmente só. E metade de mim ainda achava que eu estava maluca, esquizóide. E pensava: 'Ótimo, agora vão me trancar num hospício e perder a chave. Vou ser só mais uma louca, uma mulher doida de múltipla personalidade.'"

Mais tarde, quando perguntei a Spaulding por que Annie fora excluída do grupo da segunda à noite por tantos meses, a única coisa que o padre me disse foi: "Ela não preencheu os requisitos." Entretanto, em algum dia de novembro de 1989, Annie soube "por um amigo de um amigo de um amigo" que Spaulding estava se reunindo uma vez por semana com Gianna Talone e outros sete que tinham tido experiências equivalentes às dela. "Fiquei muito magoada quando soube disso", lembrou-se Annie. "Eu me dei conta de que o padre Jack estava me deixando de lado."

Foi Gianna quem fez o convite para que ela se juntasse ao grupo de segunda-feira, depois de ver Annie na igreja e reconhecê-la como a jovem que ela vira ajoelhada, num canto da visão. Entretanto, assim que Annie chegou àquela primeira reunião de segunda-feira, no início de dezembro, percebeu que não era bem-vinda. "Quando entrei, todo mundo estava falando, rindo, conversando. Então simplesmente pararam de falar. O ambiente esfriou." Ela achou que isso estava acontecendo porque "todos tinham visto o meu comportamento antes, tinham me visto bêbada, desarvorada".

Annie parecia não ter mudado muito, disseram os outros do grupo. "Eu era tagarela", explicou ela. "Eu queria saber o que eles estavam passando, o que estavam sentindo. Queria poder falar de tudo e não só de besteiras. O que eu sentia era: 'Vamos lidar com isso e nos ajudar uns aos outros a encontrar a saída.'"

Contudo, quase todo mundo no grupo da segunda à noite considerava Annie vulgar e instável. "A maioria das pessoas chegava perto de mim de vez em quando e me dizia que eu tinha parte com o Diabo", lembrou-se Annie, "ou que eu não fazia parte do grupo, que Satanás estava me usando para destruir todos eles, que eu deveria me afastar. Alguns, como Mary Cook, simplesmente me ignoravam.

"Agora, parece que as coisas começaram a desandar porque eu entrei. Mas não foi a minha entrada que fez o grupo degringolar, foi a reação do grupo a mim."

Que aquele tivesse sido um período difícil, o padre Spaulding concordou quando lhe perguntei sobre esse assunto no dia seguinte, mas a inclusão de Annie no grupo não foi, para ele, o maior problema. O conflito maior dele surgiu ao ouvir o anúncio feito por Gianna, muitos meses antes, das palavras ditas pela Virgem numa aparição: "Aparecerei para você, e depois para os outros." Quando isso não aconteceu, "todo tipo de dúvida se instalou no meu coração e na minha cabeça", admitiu Spaulding.

Então, em dezembro de 1989, Gianna relatou que a Virgem por fim aparecera para ela. Aquela primeira aparição foi espantosa, disse ela: começou com uma sensação de plenitude no coração, seguida de uma explosão de luz brilhante. Então, de repente, Ela estava ali, uma jovem mulher de talvez vinte anos, vestida num traje branco admirável, de olhos azuis tranqüilos e uma voz tão melodiosa e terna, que a Sua fala era como um canto. "Louvado seja Jesus!" foram as únicas palavras ditas pela aparição. Maria desapareceu pouco depois, Gianna disse, mas a intensidade emocional da experiência foi tal, que ela ficou soluçando horas depois do acontecido.

Na noite seguinte, Gianna armou-se com um frasco de água benta trazida de Medjugorje; isso afastaria qualquer espírito maligno que tentasse enganá-la. Quase no momento em que a Virgem apareceu, Gianna borrifou-A com a água benta. A Mãe Santíssima simplesmente sorriu, e depois perguntou: "Por que você se surpreende? Eu não lhe disse que apareceria para você primeiro?" Gianna continuou a lutar com as dúvidas, mas não teve mais medo, "porque o sentimento que eu tinha era tão doce e cheio de alegria. Eu nem sequer me preocupava em perguntar por que ou para quê; eu simplesmente confiava no que sentia".

Notícias de que a Virgem Maria estava aparecendo para Gianna tornaram-se públicas durante a primeira aparição testemunhada pela vidente no grupo de oração de quinta-feira à noite. Aquelas aparições de quinta à noite eram particularmente intensas, provocando-lhe a perda total da noção do que a cercava. Às vezes, a jovem tinha consciência das pessoas que estavam na periferia da sua visão, mas elas pareciam vagas e distantes. "Nossa Senhora é tão bela, que Ela toma toda a sua atenção, toda a sua reflexão, todos os seus sentimentos", explicou Gianna. "Você vê apenas Ela."

Gianna disse que não só as aparições da Virgem continuavam, como Jesus continuava a lhe ditar lições diárias, e explicou que a voz de Jesus era muito diferente da de Maria: a voz da Virgem se parecia com a música mais delicada que ela jamais ouvira, a quintessência do amor materno. A voz do Senhor, porém, era mais majestosa do que musical. E, além disso, Jesus tinha uma personalidade extraordinária, contou Gianna aos outros, e um senso de humor notável. Ele parecia rir e chorar ao mesmo tempo diante das fraquezas humanas.

Por mais inspiradora, perturbadora, profunda e duvidosa que a experiência de Gianna fosse para os que observavam a vidente, mas não a visão, já no início de 1990, as suas alegadas aparições já não eram o assunto mais polêmico dentro da paróquia de Scottsdale. Gianna tinha sido ultrapassada no palco, pelo menos quanto à comoção que foi gerada, pelo padre Spaulding, quando este anunciou que Jesus e Maria estavam falando não com ele, mas *por intermédio* dele, usando-o, como ele próprio disse, "como microfone".

Tudo o que ele se lembrava, explicaria Spaulding mais tarde, era de ter se levantado para proferir a homilia na missa vespertina de quinta-feira e de ter lhe dado um branco: "Eu nem sequer sabia quem eu era. Era uma sensação de ter sido esvaziado. De repente, me pego falando. E não era eu que estava falando. Durou uns 45 segundos. Eu não ouvia o que estava sendo dito e nem consegui me lembrar disso mais tarde. Depois, fiquei tão cansado, que mal podia voltar para o meu lugar.

Era a Mãe Santíssima, Gianna informou ao padre na sacristia, depois da missa; a Virgem o estava usando para poder Se comunicar mais diretamente com Seus filhos. Cerca de um mês depois, houve uma ampliação desse acontecimento: enquanto de novo se preparava para proferir a homilia, na missa vespertina de quinta-feira, contou o padre Spaulding, ele teve a sensação de que seria "usado" aquela noite. "Só que dessa vez foi muito mais forte. O meu corpo todo estremeceu. Fui para a frente, e aquilo começou. Só que dessa vez não era Nossa Senhora que falava, era Nosso Senhor."

Até então, os acontecimentos de Scottsdale tinham sido encarados pelo restante da diocese de Phoenix ou com entusiasmo cauteloso, ou com indiferença desdenhosa. Quando se espalhou a notícia de que o pároco de lá alegava que Jesus e Maria falavam por intermédio dele, a indignação e o escárnio aumentaram. O que esmoreceu a comoção foi o anúncio de que se constituíra uma comissão episcopal para investigar o que pudesse estar ocorrendo em Santa Maria Goretti.

O padre escolhido pelo bispo O'Brien para presidir o tribunal foi Ernest Larkin, um teólogo carmelita admirado tanto por sua inteligência como por sua espiritualidade. Sua primeira preocupação, diria o padre Larkin mais tarde, fora "garantir que não havia nenhum tipo de escândalo ocorrendo aqui". Jack Spaulding, porém, acreditava que o principal objetivo da comissão dos bispos era "enterrar essa história o mais fundo possível".

"A 'investigação' conduzida por eles foi absolutamente disparatada", disse Spaulding. "Eles se reuniram com os jovens uma única vez. Uma só vez! E apenas em grupo, não individualmente. E se reuniram comigo uma única vez." A reunião com os jovens não foi um encontro cordial. Os membros da comissão falaram quase o tempo todo, fizeram algumas perguntas apressadas, e depois disseram que, caso os nove jovens tivessem algo a acrescentar, eles poderiam telefonar para marcar uma hora. O grupo de Scottsdale, perplexo, fez uma pausa breve, e então mostrou sua indignação. "Não é tarefa nossa ligar para a comissão", disse Stephanie Staab ao tribunal. "Os senhores disseram que a comissão foi formada para nos investigar. Não vai nenhum desrespeito nisso, mas, se os senhores quiserem falar com qualquer um de nós, a comissão tem os nossos telefones." A freira que integrava a comissão, uma franciscana do convento de Black Rock Canyon, achou que a fala de Stephanie significava uma "falta de abertura" da parte dos nove. Além disso, não lhe agradava a idéia de que os paroquianos pusessem sua fé em visões e mensagens em vez de "apenas viver uma vida de fé no espírito de Jesus".

Ainda mais frustrante para o padre Spaulding foi a sua reunião com o psicólogo indicado para participar da comissão, o Dr. James Lange. "Eu disse: 'Estou maluco?'", lembrou-se Spaulding. "Ele disse que não, que eu estava no meu juízo perfeito. Então perguntei: 'O senhor acha que eu estou mentindo?' Ele disse que não, que tinha certeza de que eu estava dizendo a verdade. Então eu disse: 'Só um instante. O senhor diz que eu não estou enganando, que eu não estou mentindo. Mas também diz que isso não está acontecendo.' Ele nunca conseguiu me dar uma explicação." O Dr. Lange, na verdade, foi o membro da comissão que mais se impressionou com o grupo de Scottsdale, observou o padre Larkin: "É provável que ele tenha tratado o grupo com mais respeito do que eu. Ele estava convencido de que algo realmente extraordinário estava acontecendo aqui."

Afinal, o relatório apresentado pela comissão de bispos no início de 1990 descreveu os fatos ocorridos em Santa Maria Goretti como "explicáveis no âmbito da experiência humana comum", mas não os explicava. O relatório da comissão não pretendia ser desabonador, disse o padre Larkin ao jornal diocesano: "Não achamos que sejam truques, nem que haja nenhuma intenção de enganar. Simplesmente afirmamos que não há evidências suficientes para que possamos dizer que são milagres." Na sua seção do relatório, o Dr. Lange declarou que não havia encontrado nada psicologicamente aberrante em nenhum dos nove jovens e que a fé destes lhe parecia genuína e intensa. Larkin acrescentou que o padre Jack Spaulding "demonstrara ser um bom padre, que deveria ser recomendado por sua devoção".

O pároco de Santa Maria Goretti, entretanto, não se tranqüilizou. "Julgo que eles deveriam ter nos dado uma resposta clara", disse Spaulding quando lhe perguntei sobre o relatório da comissão. "Do meu ponto de vista, ou eu estou delirando, ou estou mentindo, ou não é verdade. Isso de dizer que uma coisa está acontecendo e que essa coisa não está acontecendo me confunde."

Ernest Larkin também parecia estar bastante confuso, e, seis anos depois, ainda estava lutando para expressar com clareza suas conclusões "reconhecidamente ambíguas" a respeito do que encontrara no grupo de Santa Maria Goretti. Ele concordava com o Dr. Lange quando o médico dizia que "todos pareciam estar em perfeito estado de sanidade mental", contou-me Larkin quando nos falamos pela primeira vez, alguns dias após minha chegada a Scottsdale, e também reconhecia que "todos passaram por uma conversão religiosa genuína". Além disso, para a investigação da comissão, havia muito a acatar e nada a contestar na alegação dos nove de que eles "começaram a passar por essas experiências individual e distintamente, e que uns não sabiam dos outros", o que lhe parecia particularmente intrigante, admitiu Larkin. Contudo, ele não aceitava a afirmação de que tinha havido, literalmente, uma comunicação direta de Jesus ou de Maria com eles. "Esses jovens estavam, e estão, relatando a experiência deles", explicou o padre, "mas a experiência pode ser controlada por aquilo que a pessoa quer que aconteça, ou espera que aconteça."

Admiti que não importava quantas vezes me parecessem, ao ouvi-las, exageradas ou camufladas, eu ainda tendia a aceitar as três possibilidades propostas por Jack Spaulding: ou os videntes estavam mentindo, ou estavam delirando, ou estavam falando a verdade. "Basicamente, eu concordo com você", respondeu-me Larkin, "mas também acho que delírio, que soa pejorativo, não deve ser. As pessoas podem estar falando a verdade quando dizem que vêem isso ou aquilo, mas podem não ter consciência de que a influência do ambiente, que pode ser muito sutil, estimula essas experiências."

Ele se considerava "agnóstico" com relação a esses assuntos: "Acho difícil acreditar que Maria esteja no limite da consciência humana, e que possa entrar nesse estágio vez por outra, aqui ou ali. Não acho que essas pessoas vejam a Maria autêntica, acho que vêem a imagem que elas têm de Maria, uma Maria imaginária. Maria não entra na vida de alguém como se Ela fosse um ser humano mortal. O lugar da Mãe Santíssima é nesse misterioso reino do Céu."

E não há nenhuma interligação entre esse reino e o nosso? "Acho que não", respondeu Larkin. Então ele não acreditava em nenhuma das aparições?, perguntei ao padre. Ele ficou em silêncio por alguns minutos, depois suspirou. "Não posso dizer isso", Larkin afinal admitiu. "Acredito em Lourdes. Acredito em Fátima. E Medjugorje me deixa curioso. Algo de natureza profunda ocorreu em cada um desses lugares. Não sei até que ponto esses acontecimentos são conseqüência de causas naturais e até que ponto são milagrosos. É quase impossível sabermos o que vem da natureza e o que vem da graça."

Entramos numa digressão sobre São João da Cruz; Larkin lembrou-me de que o mais famoso poeta místico do catolicismo aconselhara os fiéis a resistir a todas as experiências sobrenaturais, ainda que fossem as deles. "Eu realmente acredito que esses acontecimentos tanto afastam quanto aproximam muitas pessoas da religião, por serem tão bizarros, tão distantes da habitual providência de Deus." Se fosse a Medjugorje, disse Larkin, "poderia ser que eu ficasse impressionado com os videntes de lá como tantos ficam, mas acho que não. Porque eu não poderia deixar de perguntar: 'Por que a Mãe Santíssima aparece aqui quando o mundo também está se desintegrando por todo lado?'" É assim como se perguntássemos por que Jesus ressuscitaria Lázaro quando há tantos outros mortos no mundo, observei. Larkin riu. "Você tem razão", disse ele. "É a mesma pergunta. Tenho de recorrer ao meu princípio de natureza *a priori* de que vivemos num reino de fé, do qual não há saída."

O bispo O'Brien permanecia o mais neutro possível com relação aos acontecimentos em Scottsdale, disse Larkin. "Esse tipo de ocorrência tem de ser observado cuidadosamente por muito tempo. Precisamos seguir o conselho que Jesus deu aos seus discípulos e avaliar uma árvore pelos seus frutos." E a igreja Santa Maria Goretti, conforme Larkin reconheceu logo depois, não produzia senão bons frutos. Mais de setecentos paroquianos concordaram em participar de uma vigília de 24 horas, sete dias por semana, na capela do Santíssimo Sacramento, perto da igreja. Relataram-se curas milagrosas de natureza irrefutável, enquanto as conversões e confissões, a que a igreja dava mais valor, aumentaram em número e intensidade em Santa Maria Goretti. Uma jovem que participava do grupo de oração de quinta-feira à noite deu um comovente testemunho público, dizendo ter estado presente quando a Virgem falou, pela primeira vez, por intermédio de Stephanie Staab: "Eu sabia no mais íntimo do meu ser que aquela era a Nossa Senhora. Não tive nenhuma dúvida disso. Foi a experiência mais emocionante da minha vida, porque me abalou até as raízes. Passei os três dias seguintes sozinha, de cama, por ter ficado fisicamente doente depois do turbilhão emocional que me sacudiu por eu ter tentado reconciliar o que eu sabia ser verdade com o que eu acreditara ser verdade... E tive de avaliar seriamente a minha vida e mudá-la. De repente, Deus tornou-se Aquele que não pode ser aceito levianamente, e não pode ser mantido a distância."

Uma vez que a comissão investigadora não encontrou nada "errado" nas devoções praticadas em Santa Maria Goretti, declarou o bispo O'Brien, ele permitiria a continuação das reuniões de oração e das devoções públicas na igreja, embora "não se devesse fazer nenhuma alegação inequívoca de intervenção milagrosa".

"O bispo só quer que tudo isso termine", insistiu em dizer Jack Spaulding, que provavelmente tinha sido mais estimulado do que qualquer outro membro do grupo de Santa Maria Goretti pela chegada de Roma do padre Robert Faricy pouco depois da divulgação do relatório da comissão de bispos local. Faricy, que passou mais de um mês entrevistando cada um dos principais personagens do caso de Scottsdale, antes de se considerar pronto para se manifestar publicamente, explicou que, nessa era de "um falso misticismo predominante", era essencial fazer uma investigação meticulosa. Ele aplicou cuidadosamente cada um dos cinco critérios que a Igreja impunha às revelações presumidas, explicou Faricy, e concluiu que as aparições e as alocuções interiores em Scottsdale eram "autênticas".

O estranho resultado do veredicto positivo de Faricy foi dar aos acontecimentos devotos de Santa Maria Goretti um destaque internacional maior do que a comunidade em que se inseriam lhes dera. Spaulding viu nisso um grande consolo: "Bob Faricy também me ajudou muito no nível pessoal. A uma certa altura, contei-lhe que, apesar de todos os nove serem bons meninos, eles não eram lá essas coisas quanto à espiritualidade. Admiti que eu não teria escolhido esses jovens, porque muitos deles me deixavam louco. Mas essa era uma das chaves para a autenticidade, segundo Faricy: o fato de que esses garotos, além de não estarem atrelados uns aos outros, possuíam personalidades inteiramente diferentes."

Mas a inclusão de Annie Ross no grupo ainda era um problema para Spaulding. "Pirada", o padre a chamou, e a maioria dos outros participantes do grupo das segundas-feiras concordava com ele nesse ponto. Muitos membros do grupo de oração não sabiam lidar com a linguagem vulgar de Annie, e se arrepiavam ao ouvi-la descrever as tentativas de Spaulding para proteger a imagem pública dos nove como "um *lifting* rápido e um ajuste num peitinho". Annie também tendia a se gabar de sua posição de vidente devota, dizendo a alguns paroquianos mais jovens de Santa Maria Goretti que eles não estavam sendo muito bem-vistos pelo Senhor, como se estivesse invocando algum tipo de autoridade. E os outros não gostavam nada disso, e se manifestavam.

Apenas Gianna tinha uma visão mais ampla e compreensiva: "De início, você vê a Nossa Senhora, e por Ela ser tão bela, pode se sentir privilegiada, abençoada por Deus, você sabe disso tudo." Só que, com o passar do tempo, acrescentou Gianna, a pessoa entende que a verdade está exatamente no contrário: "O fato é que, quanto mais perto se chega de Deus, mais se sabe que nada se sabe."

O relacionamento de Annie com o grupo não mudou quando ela se tornou a segunda a relatar que estava vendo a Virgem. Uma semana antes, a Mãe Santíssima lhe prometera que isso aconteceria, explicou Annie, e pedira que ela jejuasse e rezasse por três dias antes da visita. E esta ocorreu quando o grupo de oração rezava o terço, na reunião de quinta à noite: enquanto Annie olhava atenta, uma luz brilhante e com tons de verde, laranja e amarelo rodeou a estátua da Virgem à esquerda do altar. Então, Maria pareceu sair da estátua e adquirir forma humana. Gianna, ajoelhando-se ao lado de Annie, disse que também estava vendo a Virgem, do mesmo modo e ao mesmo tempo.

Os outros fizeram a mesma pergunta: por que Annie? Alguns tiveram inveja de Gianna, mas, por alguma razão, a liderança dela já tinha sido aceita por todos. A escolha de Annie parecia insensata a todos do grupo. E o desânimo deles só aumentou quando Annie anunciou que Jesus também estava falando com ela, quase todo dia. E o que tornava essa notícia ainda mais difícil de engolir era que os encontros que Annie descrevia pareciam mais sessões de terapia do que momentos de ensinamento religioso. O Senhor estava, entre outras coisas, ajudando-a a lidar com o seu medo dos homens, disse ela, e lhe aparecendo não como um homem adulto, mas como um menino, "para que eu não me sinta ameaçada, para que eu seja a mais velha, a maior. E Ele tem amor suficiente para conseguir isso". Jesus estava lhe ensinando a entender que ela tinha direito a uma relação sexual normal, saudável (dentro do sacramento do casamento, é claro), acrescentou Annie, e Ele a autorizava a fazer perguntas sobre qualquer assunto, desde que elas fossem feitas com inocência.

Como Gianna, Annie descrevia não só uma pessoa como uma personalidade, um professor rabínico (muitos achavam que Annie enfatizava desnecessariamente o fato de Jesus ter vindo ao mundo como judeu) que a instruía por meio de perguntas: "Ele não vai lhe dizer, porque você já sabe." O que Jesus mais apreciava era uma boa piada, disse ela, e a fazia rir mais ainda quando ela propunha uma pergunta que não fosse lá muito inocente (e que sempre parecia começar com "por quê", observou Annie): "Em geral, ele revidava: 'Você é Deus?'"

Naquela época, chegavam pessoas de todo o planeta para assistir às reuniões das quintas-feiras à noite em Santa Maria Goretti, e os freqüentadores habituais se sentiam constrangidos em ver Annie como coadjuvante de Gianna: as duas sentadas no primeiro banco e depois se ajoelhando juntas, em êxtase, quando a Virgem aparecia. Alguns, pelo menos, achavam estranho a Nossa Senhora falar, separadamente, com cada uma delas. Mas Gianna, de quem poucos duvidavam, afirmava que a Virgem realmente aparecia.

Os outros membros do grupo de segunda à noite não aceitavam as alegações de Annie. "Ao escolher, Jesus nos testava", explicou Gianna. "Ele disse: 'Eu dou a compaixão aos que escolho.' E são os nossos erros que nos ensinam. É, parece inacreditável que o Senhor tenha escolhido Annie, mas é por isso, porque ela é capaz de tocar no que há de dilacerado nas pessoas, e esse é o laço que nos une, a nossa dilaceração."

Mas, fosse como fosse, muitos dos fiéis que freqüentavam a igreja Santa Maria Goretti expressaram publicamente o seu alívio quando, no outono de 1990, Annie anunciou, inesperadamente, que a Virgem dissera que não mais lhe apareceria regularmente (prometendo, porém, que apareceria no aniversário dela enquanto ela vivesse). Posteriormente, ela via a Virgem durante as reuniões de oração das quintas à noite, não em pessoa, mas apenas "sob a forma de luz", durante as aparições testemunhadas por Gianna. Esta continuava a ver a Virgem diariamente, mas, então, até mesmo ela trazia os estigmas da falha e do fracasso. No início de 1991, o marido de Gianna, Michael Bianchi, deixou-a, e requereu o divórcio. Ela ficou louca, disse Michael às pessoas.

Os videntes devotos às voltas com um processo de divórcio não são exatamente um lugar-comum na cultura católica, e a notícia de que Gianna Talore era uma divorciada abalou a paróquia de Scottsdale. "Alguns quase tiveram um colapso nervoso", recordou-se Carol Ameche, que se tornou uma espécie de escriba dos videntes de Santa Maria Goretti. "Eles estão hipnotizados, enfeitiçados e então... bum!... se deparam com essa realidade e perdem a fé inteiramente."

Para alguns, o que impressionava não era tanto o divórcio, mas "por que motivo Gianna teria se casado com aquele sujeito", disse Carol. A aparência de Bianchi parecia ser o seu único bem. Além disso, ele tinha a fama — merecida ou não — de explorar mulheres financeiramente, e teve um trabalho esporádico de artista comercial durante o seu casamento com Gianna; tendo sido ela o arrimo de família a maior parte do tempo. Quanto às experiências místicas de sua mulher, "acho que ele simplesmente rejeitou todas desde o início", disse o padre Spaulding. E Carol Ameche observou: "Ele não tinha fé nenhuma, e queria sair fora porque tudo aquilo era demais para ele, mais do que ele poderia suportar. Dizer que ela estava maluca foi a desculpa que ele deu para se mandar."

Falei com Bianchi pelo telefone no decorrer da minha estada em Scottsdale, e o sujeito provocou o que havia de pior em mim. Durante bastante tempo, tergiversamos, e não consegui dizer por que ele deveria falar "publicamente" o que pensava; por alguns minutos, estive convencido de que o ex-marido de Gianna sabia de algo que poderia me apaziguar. No fim da conversa, porém, me dei conta de que ele não tinha nada de importante a me dizer. Talvez Bianchi fosse mais cavalheiro do que as pessoas gostariam, foi a minha conclusão: afinal, ele poupou Gianna da desaprovação da Igreja Católica ao declarar publicamente que ele não queria filhos, o que deu à ex-mulher o motivo para uma anulação rápida. Naquela época, porém, a dissolução do casamento de Gianna era apenas uma cena no espetáculo público que se desenrolava em torno dela.

Uma estação de tevê local mostrou um documentário sobre os "videntes de Scottsdale", o que tornou os nove jovens figuras públicas na região de Phoenix. Gianna, apresentada no especial da tevê, estava então trabalhando como gerente da farmácia de um dos maiores hospitais da cidade. "De repente, todo mundo no trabalho se inteirou do que acontecia", lembrou-se. "As pessoas me evitavam, zombavam de mim. Eu ouvia as piadas e os comentários de segunda mão, mas às vezes eu entrava numa reunião e todo mundo parava de falar; eu sabia que o assunto era eu. Alguns não conseguiam conter o riso. Eles só se refreavam porque eu continuava a fazer o meu serviço."

Naquela época, a Virgem transmitia a sua mensagem aos outros membros do grupo: "Meus queridos filhos, não se perturbem nem se preocupem com a humilhação que vem deste mundo que os rodeia... Vocês podem se beneficiar de suas fraquezas e fracassos, medos e dúvidas, extraindo o bem das enfermidades."

Gianna conservava uma única amiga de sua vida pregressa, uma mulher que não era católica, e cujo trabalho como investigadora do Estado não a estimulava a ser crédula. "De fato, eu não sabia o que fazer das experiências religiosas que Gianna me relatava", ela me disse. "Mas observar como ela lidava com o que acontecia me impressionava. Eu sabia que ela estava sofrendo, por causa do divórcio, principalmente, mas havia uma calma nela que eu nunca vira antes. Quando éramos mais jovens, Gianna sempre me pareceu muito sensível, profundamente emotiva, de modo que vê-la assim tão serena diante de tudo o que estava acontecendo na vida dela realmente me fez parar, e não emitir nenhum julgamento."

Entre os fiéis da paróquia de Santa Maria Goretti que não se afastaram por terem se desiludido tornou-se um axioma dizer que o divórcio, com suas conseqüências, acontecera para que Gianna "tivesse a experiência da rejeição, assim como Jesus teve", um membro do grupo de oração me disse. A própria Gianna acreditou ter entrado numa "noite espiritual" que duraria quase três anos. O que ela vivenciou foi um tipo de dor, explicou, um período de luto que todos os que passam por uma conversão genuína devem sofrer. "Você está ganhando algo, é claro, mas também está perdendo algo, e isso é saber estar no mundo como as outras pessoas estão. O seu apego a coisas e aparências vai diminuindo, mas não desaparece completamente, por isso há um conflito interno. E também porque você vê o quanto Nossa Senhora é bela e amorosa, você fica ciente de todos os seus erros e pecados, do orgulho, da falta de generosidade e compaixão. Você sente a dor de tudo isso, de estar tão longe daquela beleza, daquela paz, daquela perfeição. E se sente envergonhada de si própria, e desanimada."

Percebendo a fraqueza dela, relatou Gianna, Satanás começou a atacá-la fisicamente durante a noite, e ela acordou muitas manhãs coberta de machucados: "Eu vivia exausta a maior parte do tempo", lembrou-se, "simplesmente esgotada." Alguns meses depois, ela tirou uma licença do trabalho, o que acabou resultando numa exoneração quando o hospital pôs uma outra farmacêutica no seu lugar. O seu diretor espiritual disse que a situação de Gianna ia além da capacidade de compreensão dele, e sugeriu que ela procurasse alguém "mais experiente nesse tipo de coisa".

Gianna espantou a todos com a sua escolha: o padre escolhido por ela para ser seu novo diretor espiritual foi o mesmo que havia chefiado a comissão de bispos que concluíra não haver provas de que suas conversas com a Virgem fossem autênticas, Ernest Larkin. "Muito impressionante" foi como Larkin se expressou a respeito da decisão de Gianna de se pôr nas mãos de um cético confesso. Ele passou a admirar a jovem enormemente no decorrer dos três anos seguintes, contou-me o padre: "Eu estava constantemente retornando à fé, dizendo que a vida devia ser guiada pela fé, não pela visão... E Gianna foi uma bela pessoa nesse aspecto; ela nunca tomou uma atitude defensiva ou argumentativa. Nem uma vez sequer."

Ele ainda não aceitava a possibilidade de que as experiências descritas por ela fossem "objetivamente verdadeiras", admitiu Larkin, mas foi compelido a reconhecer, pelo caráter e a conduta dela, que algo de extraordinário vinha ocorrendo. Ele sem dúvida acreditava que Gianna não tinha problemas mentais, e que nem ela nem nenhum dos outros na paróquia de Santa Maria Goretti estavam em busca de riqueza ou poder. Restava então, é claro, o desejo de atrair a atenção — "que é grande", observou o padre: "É uma tentação enormemente sedutora ter 10 mil pessoas olhando para você e ansiando pela sua palavra." Ele tinha sido obrigado a admitir que a maioria dos nove de Santa Maria Goretti não só não estava em busca de atenção, mas de fato procurava evitá-la. Na realidade, à medida que Gianna ficava cada vez mais absorvida na sua luta pessoal, as devoções públicas em Scottsdale tornavam-se mais e mais privadas.

Em 1991, tanto Mary Cook como Wendy Nelson disseram que também estavam vendo a Virgem, mas o que descreveram parecia mais nebuloso que as aparições relatadas por Gianna e Annie. "Interiores" foi a palavra que Mary e Wendy usaram para descrever suas visões, e nenhum dos dois parecia se sentir à vontade num papel público. Wendy, particularmente, torcia o nariz quando o padre Spaulding pressionava para "que fossem para a frente", e muitas vezes se negava a assistir às reuniões de oração. O sentido de "missão" de que a paróquia se imbuíra durante os primeiros anos foi se tornando cada vez mais "difuso" e o grupo de jovens adultos, até então no centro dos acontecimentos, começava a se dispersar.

O "desenlace", como alguns chamaram, aconteceu gradativa mas inexoravelmente. Stephanie Staab foi a Dallas, por três meses, no outono de 1990, trabalhar como consultora financeira de uma carteira de títulos de hipotecas, depois, em 1992, casou-se com um banqueiro de Chicago e foi com ele para o Meio-Oeste. O irmão de Wendy Nelson, Steve, também se casou naquele ano, e foi morar num sítio fora da cidade, ganhando a vida como carpinteiro; como a irmã, Steve parou de frequentar as reuniões de oração. Susan Evans, cuja saúde piorava gradativamente, estava sempre indo e voltando, entre Scottsdale e um apartamento em Vancouver, na Colúmbia Britânica, onde passava seus dias praticamente isolada. Jimmy Kupanoff começou a levar grupos de jovens à missão mexicana em Guaymas; James Pauley foi fazer palestras na Inglaterra, e depois se matriculou na Universidade Franciscana de Ohio. Mary Cook dirigiu por algum tempo uma pré-escola, depois se casou com o cantor cristão Michael John Poirier e foi com ele morar em Payson, no Arizona; eles voltaram a Scottsdale, mas Mary, que estava cuidando de mais um filhinho, explicou que, naquele momento, o seu papel seria desempenhado numa vida privada e de orações, longe do olhar público.

Annie Ross parou de freqüentar a igreja Santa Maria Goretti, optando por participar de uma paróquia menor nas proximidades. Alguns meses depois, Annie partiu de Scottsdale, estrada afora, com o padre carismático sediado em Nova Orleans, Robert Degraindis, e estiveram em 17 países estrangeiros e 32 cidades americanas. "Sei de gente que disse achar 'horrível' eu sair por aí me promovendo como 'vidente'", disse ela, "e que tudo isso era vulgar e inútil. Mas eu nunca disse a nenhuma das pessoas a quem falei que eu era um dos videntes de Scottsdale." Nas palestras, Annie ostensivamente falava de "profecias e carismas", mas suas apresentações consistiam num testemunho pessoal, e ela se viu, por exemplo, descrevendo fatos ocorridos na sua infância para um público de 2.500 pessoas, na Cidade da Guatemala.

Mesmo os que criticavam Annie, observei, sempre acrescentavam que ela "percorrera um longo caminho". O seu novo diretor espiritual era um padre que também trabalhava como psicólogo, e que vinha lhe fazendo um grande bem, uma vez que, nos anos que se seguiram, Annie foi se mostrando muito mais calma e madura. Mas, dificilmente, mais convencional. Annie dizia que falava diariamente com Jesus, Maria e vários santos, entre eles, Bernadete, de Lourdes, Teresa de Ávila, e padre Pio. De suas mãos, dizia ela, vertia um óleo aguado; Jesus lhe disse que essa substância devia ser usada para ungir as pessoas com quem ela rezava. O primeiro casamento de Annie foi anulado pela Igreja em fevereiro de 1991, e exatamente no mesmo mês do ano seguinte, após ter passado meses sem conseguir decidir se entrava ou não para um convento, ela casou-se com Eric Fitch. A Virgem lhe apareceu durante a cerimônia, contou ela, para abençoar o casamento. Alguns meses depois, Annie publicou um livro, *Cura Interior pelo Rosário.* Os membros do antigo grupo de oração das segundas à noite, que o leram, disseram estar impressionados e surpresos com a clareza e simplicidade do texto.

Entretanto, a mais procurada pelos fiéis da paróquia de Santa Maria Goretti em busca de inspiração era Gianna. E ela parecia estar desorientada. Ela tentara organizar um serviço de saúde para atender aos pobres e sem-teto, em Phoenix, mas não conseguiu levar adiante a empreitada. Durante uma visita a Roma, imaginou criar uma "comunidade católica leiga" que incluiria homens e mulheres solteiros, casais, e até membros de diversas ordens católicas, mas isso também não se concretizou. No verão de 1992, Gianna foi para um convento de carmelitas no Wisconsin, onde pretendia passar seis meses avaliando a possibilidade de se tornar freira. Tinham se passado apenas seis semanas, quando o cachorro do convento, um *collie* que nunca mostrara nenhum sinal de perversidade, mordeu-lhe o rosto com tamanha ferocidade que ela quase perdeu uma vista, precisou ser operada, e ficou cega de um olho por mais de um mês.

Gianna voltou para Scottsdale em agosto, e, já em setembro, estava freqüentando os encontros de oração das quintas à noite em Santa Maria Goretti. No início de 1993, a paróquia soube que Gianna estava de novo deixando Scottsdale, dessa vez para se mudar para o outro lado do país e se casar com um homem que ela mal conhecia. Era "a vontade de Deus", explicou a moça.

O meu último dia em Scottsdale me deixou completamente exausto. Comecei a manhã conversando muito tempo ao telefone com Jack Spaulding. Eu estava perturbado com as muitas descobertas feitas no decorrer da semana que passara, pelo seguinte: tinha ficado claro para mim que muitos ex-membros do grupo de oração das segundas à noite achavam que ele os magoara, e que pelo menos três deles viam o padre com antipatia. Spaulding se mostrou surpreso com a revelação. "Eu me envolvi muito com todos eles por bastante tempo, depois, eles começaram a seguir o caminho deles", disse ele, como se isso bastasse como explicação. Quando o pressionei, Spaulding suspirou. "Eu não concordava, integralmente, com nenhum deles", admitiu o padre, "e lhes dizia isso, o que às vezes os magoava. Então eles iam procurar outros padres para conversar, o que era uma prerrogativa deles." Ao dizer a penúltima palavra, o sarcasmo pingava da voz do padre.

Quase todos os nove se queixaram, num momento ou noutro, de que ele estava tentando "controlá-los", eu lhe disse. "Era meu dever controlá-los", disse o padre. "Eu não podia deixar que aquilo se transformasse num circo." O comentário me pareceu estranho, uma vez que a principal queixa que eu ouvira com relação a Spaulding era que ele insistia em montar um "espetáculo" em Santa Maria Goretti. Eu soubera, havia poucos dias, que Spaulding era muito ligado ao teatro quando menino, e, que, durante o final da adolescência e os primeiros vinte anos, tinha hesitado entre o sacerdócio e uma carreira de ator. Essa informação martelava na minha cabeça, juntando-se ao que eu sabia do passado de Gianna como criança prodígio nas artes, e à preocupação demonstrada por Ernest Larkin quanto ao desejo de atenção como possível explicação para muito do que ocorrera em Santa Maria Goretti. Olhando de fora, disse eu ao padre Spaulding, me parecia que todos os envolvidos tinham simplesmente resolvido deixar tudo para trás. "Todos, não", disse ele. "Eu ainda ia ao grupo de oração toda quinta-feira... eles, não. E isso também era uma prerrogativa deles." Aquela palavra de novo, soando tão corrosiva como quando ele a pronunciou da primeira vez.

Então mencionei o fato de Annie acreditar que a entrada dela no grupo tinha sido o catalisador da dissolução. "Muitos não gostavam dela", reconhecia Spaulding, "por causa da sua personalidade. O grupo já tinha se unido, o nível de confiança era alto, então Annie entra no grupo e nada volta a ser exatamente como era". O que ele queria dizer?, perguntei. "Houve uma divisão", respondeu o padre, que, depois, suspirou. "Como eu disse, para mim, foi muito difícil lidar com a personalidade de muitos deles. E ainda é, talvez. Eles me levam à loucura, para ser bastante honesto. Muitas vezes eu gostaria que eles fossem outras pessoas. Mas, você sabe, eu já tinha me defrontado com o vidente Ivan, em Medjugorje. Quando eu o conheci, pensei: 'Puxa, me dá um tempo.' O padre Slavko conversou bastante comigo sobre a necessidade de ser humilde e aceitar a escolha de Deus, e eu tentei fazer isso, em Medjugorje e aqui em Scottsdale. Acho que consegui, mas talvez outros não pensem assim."

O bispo O'Brien tinha pessoalmente ordenado a transferência de Spaulding de Santa Maria Goretti. O padre sem dúvida acreditou estar sendo marginalizado: "O bispo O'Brien e eu tivemos muitas conversas sobre isso. A última vez que me reuni com ele, falei: 'Senhor bispo, eu gostaria de poder lhe dizer que eu não acreditava nisso, porque facilitaria a sua vida, e, a minha, muitíssimo mais. Mas não posso, porque acredito nisso de todo o coração. E, bispo O'Brien, isso vai continuar enquanto Nossa Senhora quiser que continue.'"

Spaulding me pareceu quase veemente por alguns segundos, mas logo em seguida o seu tom esmoreceu. "Sei que o bispo não acha que estou mentindo, e não acho que ele ache que eu estou maluco. Não sei o que ele acha, realmente. Ninguém foi capaz de me dar uma resposta satisfatória."

Naquele momento, eu me identifiquei com o padre Spaulding, e talvez devêssemos ter parado a nossa conversa por ali. Entretanto, sentia-me obrigado a tocar no assunto Carol Ameche. Segundo Gianna, a Virgem Maria especificamente escolhera — ou melhor, convidara — Carol para ser secretária do grupo de oração de Santa Maria Goretti, e a mulher tornou-se mais íntima dos nove do que de quaisquer outros membros da paróquia. Embora tivéssemos nos falado apenas brevemente, e a maior parte das vezes por telefone, Carol me pareceu uma fonte de informações confiável; tanto as suas lembranças como suas opiniões sobre o padre Spaulding e os outros membros do grupo de oração se confirmaram com o que vim a saber posteriormente. Entretanto, também descobri que a mulher trouxe uma complicação, não só para mim como para toda a paróquia de Santa Maria Goretti. Desde maio de 1992, ela vinha contando que Jesus a utilizava como profeta da revelação; uma alegação que nenhum dos outros membros do grupo de oração aceitava. O padre Spaulding chegara a me pedir que eu evitasse falar com Carol. Por quê? — eu queria saber.

"Porque acredito que ela esteja sendo desencaminhada", disse ele. O que ele estava querendo dizer com "desencaminhada"? Ele estaria sugerindo o envolvimento de algum espírito maligno? "Não", respondeu o padre. Lembrei a Spaulding que já tínhamos concordado com o fato de haver três possibilidades básicas: a pessoa está mentindo, a pessoa está com problemas mentais ou a pessoa está falando a verdade. "Não acho que Carol esteja mentindo, nem acho que ela esteja falando a verdade", Spaulding disse. Então você acha que ela está maluca? — foi o que perguntei. "É a possibilidade que resta, não é mesmo?", respondeu o padre, num tom bastante frio. Spaulding não escondeu a sua insatisfação quando lhe contei que eu iria me encontrar com Carol naquela tarde para ouvir a sua versão dos acontecimentos de Santa Maria Goretti. "É a sua prerrogativa", disse ele, e desligou, momentos depois.

Bastante preocupado, corri para o encontro que eu havia marcado com a mãe de Susan Evans, Dawn. A sra. Evans mantinha a casa fresca e sombria, dois pontos a seu favor num dia em que a temperatura lá fora passava dos 40 graus. Ainda assim, comecei a me sentir meio tonto durante a entrevista, e, quando dei por encerrada a conversa e saí, o clarão abrasador quase me derrubou. "Amanhã à noite, estou em casa", pensei, enquanto, tropeçando, me dirigi ao carro alugado que fui obrigado a estacionar sob o maior sol. O calor dentro do veículo devia chegar a quase 60 graus; eu estava tão ensopado e tonto que mal enxergava a rua à minha frente. Quando o ar-condicionado por fim ligou, percebi que eu estava ficando doente. De volta ao hotel, baixei a minha febre com uma chuveirada, e estava estirado no chão, nu, quando o telefone tocou. Era Annie Ross, que estava ligando para retomarmos a conversa que havíamos tido, cara a cara, três dias antes.

Ela queria principalmente discutir a questão da condição de vítima, mas achava que devia me dizer que concordara em falar comigo, em primeiro lugar, porque "eu perguntei e me disseram que você precisava da conversa". Perguntou a quem?, indaguei, e enxuguei o suor da testa, ansioso por um termômetro. "O Senhor", disse Annie. "Ele explicou que você não está aqui só por ser escritor; você está aqui porque quer encontrar Deus. Está aqui porque duvida do amor de Deus, e duvida do amor de Deus porque não acredita que possa ser amado. Você está aqui para descobrir que não precisa largar tudo da sua vida para encontrar Deus. Você quer saber como vai encaixar Deus na sua vida, ou melhor, como você vai se encaixar na vida de Deus. Você tem pavor de que, se fizer isso, acabe perdendo tudo o que é importante para você, mas não vai perder. Não vai perder mesmo. Isso não vai acontecer com você. Só porque viu acontecer com outros, não quer dizer que vá acontecer com você. Deus quer que você saiba disso. Ele tem um plano diferente para cada um de nós."

Annie ouviu o meu silêncio por alguns momentos, depois deu uma risadinha, e disse: "Mas chega de falar de você. Vamos falar de mim. De como se recupera de uma experiência como a que eu tive como criança. A minha recuperação de verdade começou com a minha oblação do Adven to, quatro anos atrás. Perguntei ao Meu Senhor qual deveria ser a minha oblação, e Ele me respondeu perguntando o que eu queria Dele. Eu disse que queria não mais odiar meu irmão, queria uma vida sexual e um casamento normais. Eu disse: 'Quero que o Senhor me ajude', e Ele assentiu. Perguntei como, e Ele disse: 'Pare de se queixar e comece a Me louvar.' Eu disse: 'Louvá-Lo por quê?' Ele disse: 'Por estar lá durante aquele tempo.' Eu disse: 'O Senhor não estava lá. Rezei, rezei e o Senhor não respondeu. O senhor não fez nada para acabar com aquilo.' Ele disse: 'O que você tem de dominar primeiro é a raiva de Mim.' Com a ajuda Dele, comecei a rememorar, e vi as vezes em que pessoas me ofereceram ajuda e o amor do Senhor, e eu não fui capaz de aceitá-los.

"Perdoar o Senhor foi o primeiro passo, mas então tive de me esforçar para perdoar o meu irmão. Àquela altura, ele estava casado com a segunda esposa e tinha três lindas filhas. Eu lhe telefonei e começamos a conversar. Ele admitiu tudo. Soube que ele tinha procurado aconselhamento e que já tinha tratado de tudo isso, mas não tinha ainda conseguido falar disso comigo. Até aquele momento, ele e eu não conseguíamos nem mesmo estar perto um do outro fisicamente. Ele se consumiria de culpa se tivesse de estar no mesmo ambiente que eu, e eu o odiava amargamente. Mas dali a alguns meses, com a ajuda de Nosso Senhor, pude passar do mais absoluto e amargo ódio ao meu irmão, que perdurara anos, à percepção de que as mesmas coisas que ele fez comigo tinham acontecido com ele. A raiva dirigida ao que tinha sido feito com ele voltou-se contra ele mesmo, depois veio contra mim, porque eu era vulnerável.

"Por fim, juntos, contamos ao resto da família o que acontecera. Pude até conversar sobre essa história com a mulher dele atual, que já tinha sabido de tudo por ele. Estou certa de que esse caso parece inacreditável, mas realmente nos tornamos próximos, como um irmão e uma irmã normais. Ontem mesmo ele me ligou, feliz, para dizer que tinham lhe oferecido um cargo num banco francês. Ao telefone, eu disse à mulher dele que estava contente por ele. Rezo para a cura e a felicidade do meu irmão. Para mim, o horror ficou no passado."

A voz de Annie adquirira aquele tom profundo, voluptuoso e vibrante que tanto me encantara no nosso encontro frente a frente. Era o tom de alguém falando através de lágrimas que já tinham sido derramadas, mas que não tinham secado. A pureza estranha e partida daquela voz me deu vontade de chorar.

"O Senhor se entristece com a alegação da condição de vítima apresentada por tantos da nossa geração e das gerações que nos precederam", continuou Annie. "É tudo gente fraca. Porque é o modo de reagir ao que acontece conosco que decide quem somos. Eu não sou vítima. Você não é vítima. Jesus foi vítima. Compreender isso é o caminho para a recuperação.

"Então essa é a minha história", acrescentou Annie depois de uma breve pausa, e deu uma risadinha de novo. "Se você decidir que sou pirada, vou tentar não tomar isso como ofensa."

Uma hora depois, eu estava me perguntando se a atitude de Carol Ameche seria a mesma. A casa de Carol era a mais bonita das que conheci durante a minha estada em Scottsdale. Embora da rua parecesse uma fortaleza de barro, dentro, a casa se assemelhava a um terraço fechado, forrado de cerâmica clara, fresca, mas era cheia de luz, cercada de janelas e com muitos móveis de vime branco de qualidade. Carol, uma mulher esbelta, de cabelo louro profissionalmente bem pintado, parecia ter muito menos que setenta anos, e sem dúvida tinha sido uma mulher estonteante na sua época. Seu marido, Don Ameche Jr. (filho do ator que ganhou o Oscar duas vezes), enriquecera como corretor de ações em Chicago, e os dois viviam da renda dos seus investimentos. Quando jovem, ela trabalhara como cantora de boate e era conhecida como "garota festeira" nos anos 1960. Sua vida fora salva, disse Carol, por uma freira que ela conheceu depois de chegar ao fim da linha: "Passei por um doloroso e longo processo de conversão. Tive de me confessar muito, porque eu tinha muito a confessar." Depois de se casar com Don, teve seis filhos em nove anos. O casal mudou-se para Scottsdale após a aposentadoria dele, e ela começou a freqüentar a paróquia Santa Maria Goretti pouco antes de se formar o grupo de oração de quinta-feira à noite.

Surpreendi-me com o jeito sóbrio e saudável com que Carol contava a sua história. A única nota curiosa era o fato de Carol parecer não perceber a pouca consideração com que os antigos membros do grupo de oração de segunda à noite a tratavam. Ah, ela sabia que havia alguma "resistência", admitia Carol, mas ela estava certa de que havia mais gente que acreditava do que não acreditava nela. "O motivo para que alguns não me aceitem, nem as minhas mensagens, é que elas, como devem ser, são bastante apocalípticas", observou ela, "e assustadoras. Elas derrubam. E ninguém quer ouvir uma coisa assim."

Carol disse ter recebido a sua primeira mensagem em 5 de maio de 1992, quando se levantou à meia-noite e ouviu uma voz de homem dizer muito claramente: "Quero falar com você." Ela pediu um tempo para se preparar, comeu um pote de cereal, tomou um copo de suco de laranja, rezou o terço, depois disse: "Tudo bem, vamos lá." Fiquei menos espantado com o que Carol estava dizendo do que com o jeito como ela falava. A transformação dela ao falar dos diálogos com Jesus não era menos notável que a de Annie, mas inteiramente diferente. Em vez do tom exaltado, emocionalmente intenso que a voz de Annie adquiria, a de Carol transformava-se num guincho frívolo, coquete. Alternando risadinhas e uma voz ofegante, era como se ela, ao mesmo tempo em que não conseguia acreditar na própria história, achasse aquela experiência tão excitante que lhe faltassem palavras para descrevê-la. Por alguns minutos, foi difícil estar no mesmo ambiente que ela, mas, de repente, Carol pareceu se controlar e então voltou a falar normalmente.

Fale-me dessa voz que você ouviu, sugeri. "É como se fosse alguém ditando alguma coisa", disse ela, "mas alguém que você só ouve na sua cabeça." A minha perturbação deve ter ficado visível em meu rosto, porque Carol passou a me tranqüilizar, me dizendo que, antes de tornar públicas as mensagens, tinha "testado muito os espíritos", e pedido proteção a Deus contra quaisquer ciladas do Maligno ou da própria imaginação. A mensagem principal era que o Aviso profetizado tanto em

Garabandal como em Medjugorje estava próximo, e que, quando isso sucedesse, haveria caos e confusão em todo o mundo. "Todas as pessoas na Terra verão o Cristo crucificado no Céu", disse Carol. "Entretanto, algumas não acreditarão. Esse acontecimento não só dará energia aos crentes, mas também aos inimigos da Igreja, que darão o melhor de si para invalidá-lo por meio de explicações. O papa atual já terá partido quando isso acontecer, e, com a ausência dele, a Igreja dividir-se-á, e a importância política desta crescerá. Tanto antes como depois do Aviso haverá uma enorme devastação. Nosso país será particular e gravemente atingido, e a sociedade sofrerá um colapso geral. Não teremos outra opção senão apelar para que um organismo externo, como a ONU, ou algo que a substitua, solucione nossos problemas. E é assim que os maus dominarão. A face do mal, agora bem escondida, mostrar-se-á muito rapidamente, e a situação ficará clara para todos quase imediatamente."

Carol fez uma pausa para tomar fôlego e examinar a minha reação. Evitando revelar o que eu achava, perguntei: e onde se esconde a face do mal no momento presente? "Na mídia, principalmente", respondeu Carol. "Dominar a mídia foi o principal objetivo das forças do mal no decorrer de quase todo o século XX. Elas também estão muito comprometidas com o sistema financeiro internacional e a indústria de armamentos." Assenti com a cabeça, mas não disse nada, uma vez que eu decidira agüentar firme. "Jesus disse que a autocomplacência é o que há de pior no mundo", disse Carol de repente. "E o pragmatismo faz parte da autocomplacência, essa idéia de progresso pelo progresso, sem que saibamos para onde estamos indo." Sua voz tornou-se então muito firme e clara, uma voz de comando, realmente. Sem querer, eu estava muito impressionado. "Nossa Senhora me disse que o homem não foi feito para viver no ritmo em que vivemos hoje, e disse também que Satanás faz tudo o que pode para que caminhemos até mais rápido. O aborto, porém, foi o que fez a taça transbordar. A rejeição do Seu dom da vida a justiça de Deus não pode aceitar, e Sua mão deverá vir pesada sobre a Terra, embora Ele espere, e espere, e espere até o último momento possível."

Esse momento estava chegando, e prontamente, disse Carol. Scottsdale tinha sido escolhida para servir de Centro da Divina Misericórdia do Cristo nesse tempo terrível. "Muitos, muitos morrerão, principalmente na costa Oeste", continuou Carol, "e os sobreviventes virão para cá aos milhares, desesperados, aterrorizados, achando que Deus está investindo contra eles. E terão perdido tudo, e será nosso dever explicar-lhes que isso é a justiça, ajudá-los a entender a misericórdia de Deus, a compreender que essa é a única maneira que Deus tem de chegar até eles."

Tudo isso aconteceria enquanto ela vivesse, assegurou-me Carol — "e eu não sou mais jovem, como você já deve ter notado". Era por isso que as lições de Jesus eram tão claras, porque o tempo era curto. "Jesus é o meu diretor espiritual", explicou-me Carol. "Ele disse que eu deveria me separar do mundo, parar de sair à noite, que eu devo aprender a rezar no início do dia, quando estou mais alerta. E me disse que não devo passar tanto tempo com os amigos como eu fazia, que eu tenho de me afastar. Ele está me chamando para me unir a Ele, nesse lugar tranqüilo em que o coração e o espírito se recuperam."

Carol foi buscar um exemplar do seu livro, *Enquanto Aguardamos em Alegre Esperança*, e o pôs entre minhas mãos. "Temos de evitar essa idéia de um Deus vingador que Jesus e Maria estão refreando com suas orações", disse ela. "Deus Pai também falou comigo, e Sua voz é a mais amorosa, mais agradável, mais acolhedora que você possa imaginar. Quando ouvi Deus Pai pela primeira vez, a minha sensação foi: 'É aqui que se toma a Decisão.' Porque você sente essa idéia de fim, essa majestade, e, no entanto, Ele é muito amigo, muito fácil de entender. Foi por intermédio dessa experiência que afinal compreendi que o verdadeiro medo de Deus não é pavor, mas assombro. Deus está simplesmente nos fazendo a dádiva de Si próprio."

Ela tomou minha mão nas dela por um instante, e disse: "Acho que você já ouviu o suficiente. Não vou lhe falar do papel que você vai desempenhar nesse enredo todo, porque Jesus quer que você descubra por si."

Eu estava tão desnorteado, que meus joelhos quase se dobraram algumas vezes enquanto eu atravessava o caminho forrado de pedregulhos brancos e cheio de cactos do jardim da frente da casa de Carol para entrar no forno que era o meu carro alugado. A febre estava subindo. De volta ao *resort*, enchi a banheira de água fria e muito gelo, depois fiquei ali dentro uma hora, tomando rum e Coca-Cola. Já estava escurecendo quando me enrolei num lençol, me deitei no chão perto do ar-condicionado, e cochilei.

Acordei três horas depois com o barulho de uma trovoada. Apoiando-me nos joelhos, olhei pela janela e vi o céu riscado de relâmpagos e a poeira se levantando em rodamoinhos. Enfiei um *short* e uma camiseta e saí, descalço, para o pátio do meu quarto. Fiquei ali um instante parado, e depois continuei pelo caminho que serpenteava pelo terreno do *resort*. Enormes folhas de palmeiras eram arrancadas pelo vento e rodopiavam à minha passagem. Relâmpagos tremendos cortavam o céu, iluminando a serra da montanha Corcova de Camelo, e os trovões eram ensurdecedores. No dia seguinte, eu soube que essa tinha sido a tempestade mais violenta que a região do Phoenix havia sofrido em muitos anos; histórias de mortes e destruição enchiam a primeira página do jornal matutino. Molhado até os ossos, perambulei por mais de uma hora em meio à tempestade e não vi ninguém. Entrei numa espécie de delírio que tinha pouco a ver com a minha febre. A certa altura, comecei a gritar para os ventos a mesma frase, muitas vezes: "Deus existe! Deus existe! Deus existe!" Eu pretendia que isso fosse menos uma declaração de fé que um pedido ou para cair morto, ou para me livrar das amarras de um envolvimento mais forte. "Quem se importa?", murmurei, por fim, e voltei para o meu quarto. Quando cheguei à minha cama, o que senti foi gratidão por estar voltando para casa.

Entretanto, eu ainda não tinha chegado lá, e outro telefonema de Annie Ross me pegou exatamente quando eu estava prestes a fechar a minha conta na manhã seguinte. Ela estava ligando, disse Annie, porque havia esquecido de algo importante: ela precisava me convencer — ou pelo menos me lembrar — de que Satanás existia. O diabo existia porque o livre-arbítrio existia; se eu deixasse a minha mente absorver essa idéia, eu compreenderia. "Satanás está firme e Satanás é inteligente", disse Annie. "Satanás tentou me enganar muitas vezes fingindo-se de Jesus ou Maria, e é difícil perceber a diferença, a não ser por intermédio de um sentimento interno. É nesse sentimento que você tem de confiar. A dúvida é o nosso maior obstáculo, e Satanás, a arma mais poderosa. É a dúvida que bloqueia a voz do Senhor, e a nossa primeira dúvida é: será que estamos inventando essa voz na nossa cabeça? Eu ainda luto com as dúvidas. Eu sei quando Nosso Senhor e Nossa Senhora estão falando comigo, e no entanto eu tenho dúvidas. Porque sou humana. Só posso dizer que acredito que estou experimentando o que estou experimentando. Mas eu sempre pergunto, embora eu sempre saiba.

"Então, é só você se lembrar de que não somos tão diferentes."

Agradeci, embora eu realmente não quisesse dizer isso, e prometi transmitir uma saudação a Gianna quando a visse, o que a essa altura me parecia impossível de acontecer. Cheguei a Portland no final da tarde, fui direto para a cama, e lá fiquei por dois dias seguidos. Quando minha febre melhorou, eu estava inteiramente convencido de que toda aquela aventura, desde Boardman, tinha sido um exercício de auto-engano que não precisava continuar com uma viagem de volta ao Leste para encontrar Gianna Talone. Vazio e esgotado, passei o meu primeiro dia fora da cama andando pela casa, desanimado, me sentindo vagamente zangado com um Deus em quem eu realmente não acreditava. A minha suscetibilidade me espantava naquele momento em que eu estava numa posição de poder considerá-la, esse eu renegado dentro de mim que insistia em sentir o que eu pensava quase me levara à loucura. Eu estava tomando uma cerveja na varanda quando me lembrei do CD que Annie Ross me dera. "*Ó Anjos Sagrados*", chamava-se, e era uma coletânea de músicas *gospel* que Annie gravara para o Ministrério de MARY alguns anos antes. Mais por tédio do que por curiosidade, pus o CD no aparelho de som, apertei o botão "aleatório", e fui à cozinha pegar outra cerveja. Eu acabara de abrir a porta do congelador, quando comecei a ouvir a versão de Annie de "Prove e Veja", e me senti inteiramente imobilizado. A voz com que Annie cantava era um dos contraltos mais puros e mais elevados que eu jamais ouvira, imensa no volume e resplandecente de emoção. Fechei os olhos e fiquei ali numa espécie de estado de choque exaltado, incapaz de compreender que esse som magnífico poderia ser produzido pelo corpo disforme de Annie. Nunca cheguei a pegar aquela cerveja, e, no momento em que Annie começou a cantar "Revele-se em Mim", eu estava ofegante e piscava para conter as lágrimas.

Eu ainda estava com a cabeça baixa, metida entre os joelhos, meia hora depois, quando a música parou e eu percebi que não tinha outra escolha senão tomar o rumo Leste.

Era 31 de janeiro de 1993, lembrou-se o padre Al Pehrsson, quando um homem alto, de barba, aproximou-se dele no estacionamento perto da igreja de São José, em Emmitsburg, Maryland, e se apresentou como Dr. Michael Sullivan. Ele era vice-diretor da clínica médica Geisinger, na Pensilvânia, explicou o Dr. Sullivan, apresentando credenciais profissionais que poderiam persuadir o padre de que ele não era um lunático. "O senhor sabe algo a respeito do que vem ocorrendo em Santa Maria Goretti, em Scottsdale, no Arizona?", perguntou o médico. Ele sabia, sim, respondeu o padre; na verdade, havia uma espantosa coincidência na pergunta. Justamente algumas semanas atrás, alguém dera a Pehrsson uma fita que continha o testemunho do padre Jack Spaulding diante da sua congregação no Arizona. Parecera-lhe fascinante, disse o padre Pehrsson, e ele ouvira a fita muitas vezes no seu *headphone* enquanto caminhava pelo cemitério que ficava ali nos arredores, no santuário dedicado à única santa nascida nos Estados Unidos, Elizabeth Anne Seton.

Pehrsson passou a relatar ao médico o que ouvira. Contou-lhe que essas nove pessoas de Scottsdale tinham revelado ter recebido mensagens da Virgem Maria; quatro disseram ter realmente visto a Virgem, enquanto uma jovem afirmou ter recebido uma mensagem ditada diretamente pelo Senhor. "Sim, padre, eu sei", interrompeu o Dr. Sullivan, e fez um gesto apontando a moça que se postara atrás dele. "Eu gostaria de lhe apresentar minha noiva, Gianna Talone."

Espantado, o padre parou de sorrir. "Por que vocês estão aqui?", perguntou. O Dr. Sullivan explicou: eles tinham ido ao santuário de Lourdes em Emmitsburg (o mais antigo dos Estados Unidos) para consagrar o seu casamento ao Sagrado Coração de Jesus que havia diante da gruta da crucificação; no santuário, a Virgem Maria apareceu para Gianna e convidou o casal a se mudar para Emmitsburg. A Mãe Santíssima lhes pediu que pensassem no assunto por três dias, e, antes de desaparecer, sugeriu que eles fossem à cidade e se apresentassem ao pároco da igreja de São José. "Por isso estamos aqui", concluiu Gianna.

E, agora, eu também estava ali. Na realidade, eu estava a 13 quilômetros de distância, em Gettysburg, na Pensilvânia, quando ouvi o relato do padre Pehrsson. Através da janela do meu quarto de hotel eu via uma fileira de canhões da Guerra Civil e outros diversos monumentos relacionados com os três dias mais sangrentos da história dos Estados Unidos. "Especialistas no campo da atividade paranormal" diziam que Gettysburg era o lugar mais assombrado por fantasmas de todo o país; foi o que li num folheto que encontrei na entrada do hotel. Por que era mais fácil acreditar nisso do que na alegação de Gianna de que a Virgem Maria lhe aparecia toda noite logo ali, do outro lado da fronteira, em Emmitsburg?

Tomamos o carro, minha mulher e eu, e fomos para Emmitsburg. Ao chegarmos à igreja de São José, encontramos uma multidão. Gianna continuava aparecendo em público toda quinta-feira, quando se celebrava a missa especial durante a qual ela testemunhava a sua alegada aparição vespertina. Além disso, o padre Pehrsson estava prestes a se aposentar e faria a sua despedida à paróquia naquela noite. As pessoas estavam de pé numa fila, que vinha desde o presbitério, onde alguns lugares marcados estavam sendo distribuídos para os poucos felizardos que seriam admitidos à igreja para a celebração daquela quinta-feira. Então, não nos surpreendeu realmente que minha mulher e eu fôssemos objeto de caras feias quando, conduzidos por um homem pálido e careca, atravessamos a multidão e entramos no santuário. O homem nos levou para um banco na frente, e insistiu com duas mulheres para que elas nos cedessem os lugares que ocupavam. Envergonhados e confusos, encaminhamo-nos para os lugares no banco em meio a um coro de murmúrios indignados e um bom número de olhares atravessados.

As pessoas à nossa volta começaram a rezar o terço poucos minutos depois. Eu não tinha idéia de onde Gianna estaria até perceber que um estranho silêncio se espalhava pela igreja. Então, avistei a mulher baixa que tinha saído do seu lugar na fileira da frente e estava se ajoelhando diante do altar. Entretanto, a minha atenção fora desviada para um grupo de mulheres sentadas no banco vizinho, que ora dedilhavam as contas dos seus rosários, ora me lançavam olhares maus, e eu não conseguia me concentrar no que estava acontecendo ali.

Quando a missa terminou, juntamo-nos à multidão e nos dirigimos, ombro a ombro, para a saída. De repente, ouço o meu nome sendo chamado pelo microfone e vejo uma mulher que, do altar, me fazia sinal para que eu fosse para a frente da igreja. Minha mulher e eu, investindo contra a multidão, dirigimo-nos para lá, mas levamos quase dez minutos para percorrer uns 15 metros. A mulher ao microfone conduziu-me a uma porta atrás do altar que levava à sacristia. Pouco depois, me vi cara a cara com a pessoa cuja presença me custara uma viagem de quase 5 mil quilômetros. Gianna era atraente, com um quê de exótico; tinha uma bela pele morena, traços fortes, e olhos enormes e ligeiramente protuberantes que pareciam me perscrutar enquanto eu lhe apertava a mão e a cumprimentava. Também era bem mais rechonchuda do que a jovem mulher de tamanho médio que eu vira nas fotografias, principalmente, dizia-se, por ela ter dado à luz uma filhinha poucos meses antes. O olhar cauteloso de Gianna me lembrou muito aquele com que Mirjana me recebera em Medjugorje. Contudo, ela me cumprimentou afetuosamente, depois me perguntou se eu assistira à cerimônia do princípio ao fim, e assentiu com a cabeça quando respondi afirmativamente.

"Nossa Senhora queria a sua presença aqui esta noite", explicou-me Gianna. Senti que meu rosto ruborizava enquanto eu procurava o que dizer. Entretanto, a única coisa em que eu conseguia pensar era numa maneira de sair daquela sala claustrofóbica. Perguntei a Gianna se poderíamos ter um encontro privado no dia seguinte, mas ela já estava acenando para um homem alto de cabelo meio despenteado e barba rala e grisalha. "Este é meu marido, Michael Sullivan", Gianna disse. A inteligência que percebi nos olhos empapuçados e perscrutadores do sujeito me levou a simpatizar com ele imediatamente, mas eu continuava ansioso para sair dali. Entretanto, antes que eu pudesse impedi-la, Gianna pediu que alguém fosse buscar minha mulher que ficara na igreja. Mal podendo conter a minha agitação enquanto se faziam as apresentações, imediatamente expliquei que tínhamos feito reserva para jantar em Gettysburg, e, no mesmo instante, nos despedimos. Gianna e o marido pareceram surpresos, mas não fizeram nenhuma objeção. Minha mulher me lançou um olhar indagador (ela não tinha ouvido falar de nenhuma reserva até então), mas, tomando a dianteira, dirigiu-se para a porta lateral que nos levaria ao estacionamento.

Lá fora, anoitecia. Ao nos dirigirmos para o nosso carro alugado, pedi a minha mulher que me relembrasse o que exatamente estávamos fazendo ali. "Acho que estamos aqui para descobrir em que você acredita", respondeu-me. Eu disse que realmente não me agradava ouvir aquilo naquelas palavras.

Antes do meu encontro com Gianna no dia seguinte, passei uma hora explorando a "Emmitsburg histórica", um lugar tão ancorado em seu passado que o passeio turístico a pé era feito prédio a prédio, e constava de descrições minuciosas de cada uma das casas do século XVIII que rodeavam a Town Square. Antes que eu passasse muito tempo xeretando por ali, encontrei a corretora de imóveis que havia conseguido uma casa para Gianna e Michael quando o casal se mudou para a cidade, havia três anos. "De início, muitos moradores ficaram bastante preocupados com aqueles dois", a mulher disse.

Emmitsburg era a paróquia mais conhecida da mais antiga arquidiocese (a de Baltimore) do país, e abrigava não só o santuário Selton (onde as Filhas da Caridade mantinham sua casa provincial) e a gruta de Lourdes, como também o mosteiro do Monte de Santa Maria. A paróquia orgulhava-se de ser descrita como "berço do catolicismo norte-americano", mas ninguém ali jamais vira nada que se assemelhasse ao que ocorreu depois da chegada de Gianna, no outono de 1993. Em alguns meses, o número de participantes da reunião de oração das quintas à noite em São José era de algumas centenas, e embora a maioria dos fiéis se comportasse bem, a presença de carros com placas de outros estados circulando pela cidade toda semana e procurando vagas para estacionar nas ruas transversais irritava alguns moradores. Essa preocupação era insignificante, contou-me a corretora, se comparada à apreensão que se espalhou quando ela e outros corretores locais começaram a receber chamadas de pessoas de todo canto do país que queriam se mudar para Emmitsburg por acreditarem que aquele seria um dos lugares mais seguros para se viver quando os Castigos adviessem.

"As pessoas queriam saber se por acaso não teríamos outra Jonestown por aqui", lembrou-se a corretora, "mas os que conheceram Michael e Gianna disseram a todos que o casal parecia simpático e normal, o que trouxe uma certa tranqüilidade." Além disso, a unidade móvel em que Michael e Gianna trabalhavam, a Missão de Misericórdia, trouxera uma assistência médica de alta qualidade para muitas pessoas de baixa renda que do contrário não seriam tão bem atendidas, e assim, a essa altura, haveria provavelmente tanto gente que os queria ali como gente que gostaria de vê-los longe.

Com uma voz que era quase um murmúrio, a corretora acrescentou: "Um dia perguntei a Gianna se este lugar tinha algum tipo de proteção especial, e ela me disse que sim."

Voltei à igreja de São José, e estacionei do outro lado da rua. A igreja branca, de portas pretas, era uma espécie de caixote enfeitado de estilo georgiano, um tipo de casa de Deus solidamente construída que cidadãos de séculos passados enalteceriam. Emmitsburg, sem dúvida, tinha o seu charme, mas a cidadezinha como um todo tinha uma aparência de rigidez que a maioria dos que foram criados no Oeste americano considerava insuportável. Ninguém, por menos interessante que fosse, poderia algum dia se mudar para um lugar como esse, é o que instintivamente acharíamos, imaginando, portanto, que a sua população seria formada apenas pelos que preferem não sair. Eu estava me perguntando se uma jovem que tivesse passado a vida toda na Califórnia e no Arizona poderia agüentar viver ali, quando avistei Gianna, sozinha, sentada à sombra de uma árvore não muito longe da porta lateral por onde eu me mandara na noite anterior.

Gianna riu através de uma careta quando lhe fiz a pergunta. "Aqueles primeiros meses devem ter sido os mais difíceis da minha vida", disse ela. "Lembre-se, era janeiro quando estivemos aqui pela primeira vez, e o chão estava coberto de neve. Eu não sabia que era tão frio abaixo de 10 mil pés. E não podia haver pior momento do que aquele para mim. Minha mãe tinha acabado de saber que tinha um câncer de pulmão e que lhe restavam três meses de vida. Éramos muito ligadas. Saber que eu não estaria com ela em suas últimas semanas de vida, além de saber que eu iria me despedir de todos os meus amigos e da minha casa para ir morar num lugar do outro lado do país onde eu não conhecia absolutamente ninguém, me parecia impossível."

Então por que essa mudança?, perguntei. Gianna olhou bem nos meus olhos. "Porque Nossa Senhora me pediu", foi o que ela me respondeu. Sustentei os meus olhos nos dela o mais que pude, depois os baixei. "Você está balançando a cabeça", observou a moça. Olhei de novo para ela. "Eu sabia que Nossa Senhora nunca me convidaria a fazer nada", disse Gianna, "que não fosse para o meu bem. Por isso, transformei aquilo tudo, principalmente o meu afastamento da minha mãe, num ato de penitência oferecido ao Senhor."

Perguntei-lhe se ela poderia me descrever as circunstâncias em que esse "convite" da Virgem ocorrera. O pedido de Maria fora precedido por um anúncio que Gianna não considerou menos assombroso, contou-me. E isso ocorrera em novembro de 1992, na noite em que ela vira Michael Sullivan pela primeira vez. Michael era, naquela ocasião, um médico clínico que prosperava em sua carreira como chefe do setor de clínica médica do hospital-escola Geisinger perto do *campus* da Penn State University. Ele fora a Phoenix aparentemente para participar de uma clínica de cardiologia, mas prontamente aceitou um convite para assistir a uma reunião de um grupo de oração em Scottsdale. Michael estava passando por uma revivescência religiosa que chegara ao auge 11 meses antes, em dezembro de 1991, quando ele viajou para Dubrovnik onde serviu como voluntário no exército croata. Ele passou os três meses seguintes nas linhas de frente de Dubrovnik, cuidando dos feridos. Durante esse período, ele tirou duas licenças, ambas para ir a Medjugorje, e voltou para casa na primavera de 1992, convencido de que estava sendo chamado pelo Senhor para algum serviço extraordinário.

Ela nem sequer quisera assistir às orações daquela noite de novembro em Scottsdale, lembrou-se Gianna, "porque aquela era a hora em que Nossa Senhora em geral aparecia. Mas meus amigos me convenceram a ir". Ela mal falou com Michael naquela noite, mas convidou-o, a ele e a outros peregrinos que estavam no encontro de oração, para assistir à "aparição particular" que ocorria todo sábado à noite em sua casa:

"Havia cerca de vinte pessoas presentes naquela noite, entre as quais minha mãe. Quando Nossa Senhora chegou, as primeiras palavras que ela me disse foram: 'Permita-me apresentar-lhe o seu marido.' E raios brilharam sobre Michael Sullivan. Eu pensei: 'A senhora está brincando.' Isto é, nem mesmo num milhão de anos eu poderia imaginar ter um relacionamento com ele." O problema, Gianna logo admitiu, era a aparência de Michael. "Quer dizer, Michael Bianchi era um cara realmente muito bonito, muito 'Falcon'. Era o meu tipo. Eu ainda era muito fútil quanto a esse tipo de coisa. Então eu decidi não dizer nada sobre isso a Michael Sullivan. Realmente, eu não estava nada interessada nele, nem interessada em casamento, para falar a verdade. Eu pensei: 'Tudo bem, se é isso que Deus quer, está bem, mas essa história vai ter de se desenrolar sozinha.'"

O que parecia pouco provável quando Michael não apareceu na noite seguinte para um jantar em que Gianna era um dos convidados, mas os dois se encontraram de novo apenas um mês depois, numa conferência mariana, em Denver. Já no dia de Ano-Novo, eles ficaram noivos. No final daquele mês de janeiro, os dois foram pela primeira vez a Emmitsburg. Mas, quando ela informou a Michael que a Virgem aparecera para convidá-los a se mudarem para Emmitsburg, ele resistiu, achando que pedir que sacrificasse a carreira que ele construíra na Pensilvânia era pedir demais. "Ele podia dizer não para mim", disse Gianna, "mas não para Nossa Senhora. Então aqui estamos nós."

O que ela estava querendo conversar comigo era principalmente sobre o que significava ser vidente. Ela sabia que eu tinha perguntas sobre o que ocorrera em Scottsdale, e então enfrentamos primeiro essas questões. Entretanto, nos vinte minutos seguintes — toda vez que eu fazia uma pergunta específica —, Gianna pedia que eu desligasse o gravador antes que ela respondesse. Scottsdale era um caso de "interferência do que é humano no plano de Deus", disse ela, fazendo um resumo, quando por fim tive permissão para gravar suas palavras. "Era o ego, quase sempre, as pessoas querendo fazer as coisas à sua maneira, ou querendo controlar tudo, ou tendo ciúmes de uma, e desconfiando de outra. Orgulho e ressentimento, essas eram as questões que interferiam." Mesmo quando a fita não estava rodando, Gianna negava-se a criticar nominalmente qualquer pessoa de Scottsdale, embora ela tenha deixado claro que qualquer coisa que Carol Ameche dissesse deveria ser entendida com ceticismo. "Randall, em suas orações, você deveria pedir o dom do discernimento", disse ela, "pois este lhe será extremamente necessário." Por exemplo, o fato de Carol ser uma pessoa mais afetuosa e muito mais simpática do que o padre Spaulding não significava nada, observou Gianna: "Sentimentos não são fatos", disse ela, uma observação que me provocaria um travo de humor amargo quando eu a ouvisse posteriormente.

Gianna não se esforçou para esconder sua curiosidade com relação a Michael Bianchi, e me mostrou o lado prosaico e infantil da sua personalidade sem muito constrangimento. Ao que parecia, ela dava respostas curtas e insossas a perguntas sobre sua vida anterior não tanto por se esquivar do assunto, mas por falta de interesse. As questões pessoais e psicológicas pareciam cada vez mais triviais à medida que o tempo passava, explicou a moça; e, como vidente, tinha de lutar constantemente para que não houvesse interferência na mensagem de Deus. "Procuro ter muito cuidado e dizer apenas o que Nossa Senhora disse", acrescentou Gianna com uma expressão severa. "Entretanto, mesmo assim, a interpretação humana interfere. Sou uma pecadora. Tenho os meus defeitos. Às vezes tento ajudar as pessoas a compreender o que Nossa Senhora está dizendo, mas sei que cometo erros. Então tento não fingir que sou uma pessoa especial. Deixo que as pessoas saibam que não levo nenhuma vida maravilhosa, e que ainda vejo todos os doces atrativos deste mundo.

"A iluminação da sua alma também ilumina a sua natureza, e isso também pode tornar a vida difícil e dolorosa. Houve vezes em que me senti mais desprezada do que abençoada. Passei quase três anos, ininterruptos, na escuridão. Eu me sentia exausta quase o tempo todo naquele período. O que às vezes a maioria das pessoas não percebe é que quando alguém vê Nossa Senhora, quando vê o quanto Ela é amorosa e bela, esse alguém se torna muito mais ciente das suas próprias falhas e pecados, do seu orgulho e dureza, da sua falta de generosidade e de compaixão. Você sente vergonha de si próprio, e fica desanimado de uma maneira ou de outra. Não se está mais neste mundo, mas também não se está no outro."

Como foi que esse seu tempo de escuridão chegou ao fim?, perguntei. "Simplesmente acordei numa manhã e percebi que a tristeza tinha ido embora", respondeu Gianna. "As dúvidas, os medos, o sentimento de perda... tudo acabou. Percebi que o que eu tinha ganhado era muito mais importante. Uma coisa que eu fiz bem em fazer naquele período, acho eu, foi me manter firme. Eu não procurei evitar o meu próprio sofrimento. Passei por tudo aquilo e continuei confiando, mesmo quando o medo, a dúvida e a dor pareciam me esmagar."

A última parte da fala de Gianna me deixou triste, e ela percebeu. "Nosso Senhor e Nossa Senhora estavam comigo e me ajudavam de um modo muito especial", disse ela delicadamente. "Do contrário, eu não conseguiria ter sobrevivido àquilo tudo."

O que leva à pergunta, que fiz a Gianna: Por que você? "Sei bem qual é o meu papel, mas não sei nada sobre o motivo pelo qual ele me foi dado", respondeu-me ela. "Eu costumava pensar muito nisso, o tempo todo, por causa do meu orgulho egoísta. Mas não penso mais nisso, e estou muito mais feliz."

Chegamos à natureza das conversas interiores e aparições testemunhadas por Gianna. Ela fazia com que os seus encontros com a Virgem parecessem quase coloquiais, comentei. "De certo modo, é assim como se eu estivesse falando com você ou com qualquer outra pessoa", disse Gianna, "só que era uma conversa muito mais absorvente." Ela descreveu as vozes de Jesus e Maria com expressões muito semelhantes às que eu ouvira outros usar: "Quando Nossa Senhora fala, é como se cantasse, uma voz tão melodiosa. Jesus é diferente. A voz dele é mais profunda, por um lado, mas o tom também é diferente. Ele também é gentil, mas mais peremptório. A personalidade do Senhor é impressionante, e o Seu senso de humor, maravilhoso. Não me lembro de ter ouvido Nossa Senhora fazer uma brincadeira, mas o Senhor faz isso o tempo todo."

Eu estava fazendo uma anotação para mim mesmo sobre o meu desapontamento com a falta de eloqüência de Gianna quando lhe perguntei, meio distraído, que tipo de brincadeira Jesus fazia. "Bem, não é o melhor dos exemplos", respondeu a moça, "mas algumas vezes Ele usa uma palavra que eu não compreendo, e Ele implica comigo dizendo que preciso melhorar o meu vocabulário. E me diz que eu não sou exatamente uma poetisa. Ele caçoa do fato de ter escolhido uma pessoa que não lida bem com as palavras. Ele compreende que minha inteligência é mais do tipo científico, quantitativo, ligada a números. Eu tirei A a vida inteira na escola, a nota máxima, mas sempre tive de dar muito duro para conseguir um A nas aulas de inglês. O Senhor sempre me diz que eu simplesmente devo fazer o melhor que posso, e me aceitar como Deus me fez."

Fiquei tão aturdido diante da coincidência da resposta de Gianna com o meu pensamento não revelado, que, por alguns instantes, mal consegui acompanhar o que ela estava dizendo. Mas ela continuava a falar, e, quando me liguei na conversa de novo, ela estava me contando das diversas penitências que lhe tinham sido pedidas. Lá em Scottsdale, ela fora a única dos nove a receber o pedido de passar fisicamente pela agonia da crucificação de Cristo. O que ocorreu em agosto de 1961, lembrou-se: após um único dia de uma dor física insuportável e de total escuridão interior, ela tomou a decisão de pedir que as aparições terminassem e que ela voltasse à vida normal. "Mas, quando Nossa Senhora apareceu naquela noite, Ela me reenviou ao Senhor. Rezamos juntas, uma bela oração, e desde aquele dia eu nunca mais perguntei se tudo isso poderia parar de acontecer."

Eu chegara ao meu ponto de saturação, mas Gianna não percebeu. Ela não era especialmente sensível aos outros, eu já sabia, mas, por algum motivo, eu não a criticava por isso. Apenas quando me levantei para me despedir é que ela entendeu que nossa entrevista terminara. "Você sabe", disse ela enquanto apertava minha mão, "Nossa Senhora me disse justamente ontem à noite que o poder que conservamos em nossos corações é diretamente proporcional ao grau de confiança que temos na misericórdia do Senhor. A mensagem foi dada a todos nós, mas acho que se destina especialmente a você. Espero que você medite sobre isso enquanto estiver aqui."

Eu prometi que o faria, mas apenas porque eu queria que ela me deixasse ir embora.

CAPÍTULO 17

A frase do padre Larkin explicando que ele não pretendia ser pejorativo quando usou a palavra "delírio" continuava a voltar à minha memória. É como se alguém tivesse me mostrado uma escotilha de escape sem me explicar o que fazer para abri-la. Passei semanas procurando uma orientação nas obras completas de Carl Jung, mas terminei a pesquisa amargamente desapontado. As aparições marianas eram talvez o mais puro exemplo existente de um arquétipo surgido do inconsciente coletivo, escreveu Jung, que considerava as visões de Bernadete na gruta de Lourdes como um dos mais importantes acontecimentos da história humana. Quando fui procurar o que ele queria dizer com isso, vi que Jung descreveu, muitas vezes, as visões que resultavam de êxtases místicos tanto como reais quanto como imaginárias, tanto como naturais quanto como sintéticas, tanto como projeções quanto como precognições. Deus existe, afirmava ele, mas talvez apenas nas nossas mentes, e isso deveria ser o suficiente. Para mim, não era. "Jung sempre se preocupou em se esquivar, como você diz, da questão última", admitiu o diretor do Instituto Jung de Chicago, Dr. Peter Mudd, quando fui ouvi-lo. "Tudo o que ele diz é: 'Há algo na psique humana que age como se fosse divino.' E ele pararia aí." Ao ver a ambigüidade da linguagem do grande homem, senti-me desanimado, amedrontado e cada vez mais aflito. "Pelo menos o tal Sigmund que se dane Freud tinha certeza daquilo em que acreditava", eu disse ao Dr. Mudd, que deu um risinho ao telefone.

O nascimento dos meus filhos gêmeos, um menino e uma menina, em maio de 1997, me trouxe alívio. Afinal, eu tinha duas respostas maiores do que qualquer uma das minhas perguntas. Eu me apelidei de pai renascido. Entretanto, à medida que os meses passavam, eu percebia que havia uma melancolia crescendo dentro de mim. Começou com uma aguda sensação de vulnerabilidade. Tudo o que era escuro e perigoso passou a me perturbar como jamais havia me perturbado, pelo menos não desde a minha infância. Saber que meus filhos estavam em perigo, saber que o mundo estava cheio de gente que não se importava a mínima com eles, e, acima de tudo, saber que eu nunca poderia protegê-los completamente me deixa triste, apavorado, e, por fim, com raiva. Comecei a tomar o que acontecia de mau como algo pessoal e, de certo modo, a culpar Deus por isso. O filósofo grego Epicuro formulara o problema para mim de forma bem sucinta quando observou que só há duas possibilidades lógicas: 1) Deus pode evitar o mal e opta por não fazê-lo (e portanto Ele próprio não é inteiramente bom), ou 2) Deus opta por evitar o mal e não consegue (e portanto Ele próprio não é inteiramente poderoso).

No decorrer da primavera de 1998, eu me distanciei da questão da presença diabólica no mundo. A resposta de Jung era exatamente o tipo de tagarelice estupefaciente que me fizera considerá-lo uma grande decepção: "O Mal é terrivelmente real para cada indivíduo. Se considerarmos a essência do mal uma realidade, podemos chamá-lo de Diabo." A cada dia eu me sentia mais atado pela raiva, incapaz de ver qualquer aspecto de um plano divino ou de uma mão invisível no curso dos acontecimentos, mas só a energia aleatória de um caos que poderia rapidamente se tornar ameaçador. Eu me peguei compulsivamente recortando matérias de jornal sobre crimes. A maioria tratava de delinqüentes juvenis: uma garota de 16 anos que cortou a garganta de um sujeito para lhe roubar dinheiro para comprar drogas; dois meninos de segundo grau que foram presos por torturarem um gato até matá-lo e que eram da mesma escola onde sete alunos, quatro jogadores de futebol, tinham feito um vídeo de si próprios tocando fogo num gambá, e depois mostraram o vídeo na sala de aula; uma gangue de garotos de sete e oito anos que tentaram sufocar uma garota da segunda série por "ter rompido" com um deles. A única coisa que eu sabia era que por alguma razão eu me sentia compelido a documentar a presença do mal no mundo. Por fim, comecei a ver alguma finalidade na manhã da véspera da comemoração de um ano de aniversário dos meus filhos, quando um editor de uma revista me ligou de Nova York para dizer que tinha havido uma matança a tiros com mais de duas dúzias de vítimas na Thurston High School, em Springfield, e me pedindo que eu escrevesse um perfil do assassino de 15 anos. O sensato seria dizer não, mas a sensatez era àquela altura uma das virtudes que eu desprezava.

Eu não sabia se estava enlouquecendo, mas tinha bastante certeza de que nenhum outro jornalista designado para escrever sobre esse assunto estaria se perguntando tão francamente se as vozes dentro da cabeça de Kip Kinkel eram sintomas de um delírio psicótico ou de possessão demoníaca. Jung teria dito que ambos seriam descrições igualmente válidas do mesmo fenômeno. Durante aquela semana que passei na região de Eugene e Springfield, pouco me demorando no quarto de hotel à beira do rio Willamette, eu me senti, a cada dia que passava, mais vazio e desesperançado. O contexto em que se deu a matança da escola Thurton foi o que realmente me impressionou; de certa maneira, fiquei muito mais horrorizado com os garotos que conviviam com Kip Kinkel do que com o próprio matador. Os níveis de dessensibilização que eu estava encontrando naqueles adolescentes provocaram um clima de desespero surreal. Enquanto eu ouvia uma história sobre um amigo de Kip que curtia se gabar de que torturara o seu *hamster* passando com o *skate* em cima dele até matá-lo (caso contado por uma menina que pleiteava a fama por ter tido relações sexuais com seis meninos na mesma festa), eu sentia como se o meu cérebro estivesse sendo comido por diabinhos vorazes.

O meu estado só fez piorar nos meses seguintes, e, em agosto, a gargalhada louca daquela criatura com quem eu me defrontara na piazza Navona três anos antes parecia ecoar nos meus ouvidos incessantemente. Compreendi apenas que aquele pedaço de mim, qualquer que ele fosse, que se abrira naquela época estava rapidamente se transformando num vazio, e que se eu não encontrasse algo com que preenchê-lo, a vida tornar-se-ia insuportável. Na manhã de 8 de agosto, dia em que a Igreja Católica celebra oficialmente o nascimento de Maria, eu disse a minha mulher que estava pensando em voltar a Medjugorje. Três semanas depois, eu estava num avião que se destinava a Roma. Como quase toda decisão que eu estava tomando àquela altura, essa era uma das quais eu me arrependeria.

Split mudara enormemente nos últimos três anos e eu sabia que essas mudanças deveriam merecer o meu aplauso. Por que então a abundância que eu via ao longo da esplanada à beira da cidade me parecia tão desalentadora? A pequena mercearia, no canto sudeste do palácio de Diocleciano, cujas prateleiras quase vazias eu tinha vasculhado na minha primeira visita à cidade, era então um supermercado cuja iluminação dava um brilho lustroso a montes de laranjas e cestas de aspargos. Enormes tinas com filés de peixe e costeletas de porco repousavam dentro de caixas de vidro, enquanto os corredores pululavam de mulheres que empurravam carrinhos de compras e usavam vestidos de seda. Os barcos de turistas se balançavam uns contra os outros no porto atulhado, e, na rua, o trânsito parecia estar sempre engarrafado. As pessoas continuavam a não se mostrar particularmente amigáveis, mas, naquele momento, um americano sozinho provavelmente encontraria mais indiferença do que hostilidade. A vida ali era boa de novo, mas por algum motivo eu não a considerava assim.

Encontrei um símbolo para o meu desprezo pela nova prosperidade de Split quando segui por um largo caminho de tijolo que levava ao que era então o restaurante mais movimentado e mais caro da cidade, um McDonald's onde dezenas de croatas faziam fila e pagavam mais por um Big Mac do que pagariam por uma grande travessa de lulas frescas nos restaurantes à beira do porto. Era para isso que eles tinham enfrentado aquela guerra? Eu me envergonhava da minha má vontade, mas não conseguia me livrar dela.

Perambulando entre as lojas e cafés dentro dos muros do palácio, eu me sentia uma fera repulsiva e definitivamente desagradável. "Fora de forma, mas louco por uma briga", foi como eu me descrevi para um velho amigo logo depois de sair de casa, e o riso compreensivo dele era um dos poucos sons, dos que eu tinha ouvido naquela época, que me agradavam.

Eu mal saíra do meu quarto de hotel em Roma. A cidade toda parecia vestida de andaimes, visto que se preparava para o jubileu católico que começaria na véspera do Natal de 1999. O mais perto que cheguei do Vaticano foi ao vê-lo do alto da escada da Espanha à luz crespuscular; revestida de barras de aço, pranchas de madeira e cabos que se entrecruzavam, a igreja de São Pedro parecia não só estar prenunciando que os bárbaros estivessem às suas portas como prestes a lhe ultrapassar os muros. Caminhando de volta ao meu hotel na escuridão que aumentava, cortei caminho, indo da via Del Corso para uma ruazinha lateral, e me defrontei imediatamente com três jovens cheios de empáfia e malandragem. Quando tentaram, agressivamente, me ultrapassar — comportamento comum entre os rapazes de Roma —, reagi, ombro contra ombro, com o mais agressivo dos três. Ele levantou o braço, que eu agarrei usando o meu, e o varri do meio-fio. Os dois companheiros dele se viraram com beligerância e espanto, mas a ferocidade nos meus olhos os afastou. "Eu arranco as tuas tripas", disse eu ao jovem com quem colidi, e só me dei conta da gravidade da minha fúria quando vi a provocação se transformar instantaneamente em pavor.

Meus joelhos tremiam enquanto eu caminhava de volta para o hotel, e assim que me vi sozinho no meu quarto passei mal, mas a ânsia de vômito não veio acompanhada do remorso. "O que há comigo?", perguntei a mim mesmo. Ninguém respondia. Dormi mal naquela noite, ora sofrendo arrepios de frio, ora coberto de suor, depois, quase de madrugada, cochilei, e acordei exatamente a tempo de pegar o meu vôo da tarde para Split. E então ali estava eu, com *jet lag*, cheio de sono, esperando um ônibus para a fronteira da Bósnia.

Pouco antes de sair de casa, o meu pedido de um seguro de vida de meio milhão de dólares foi negado quando admiti ao corretor que eu iria para o além-mar. Eu não mencionara a Bósnia, mas de fato disse que iria "dar uma parada" na Croácia, e bastou isso para que a cobertura do seguro só me fosse concedida quando voltei são e salvo para casa. Desde então passei a ter pressentimentos. Essa viagem era dez vezes mais segura naquele momento do que teria sido durante a guerra, e no entanto eu me sentia muito mais ameaçado. A minha maior vantagem em situações de perigo, havia muito eu acreditava, era uma capacidade intuitiva de reconhecer o momento exato de avançar ou recuar. De algum modo, porém, eu perdera o controle sobre a minha marcha a ré. Bem no fundo do meu ser havia um histérico que gritava incessantemente com Deus para que Ele provasse que estava ali para me ajudar. Minha mulher usara a palavra "possesso" muitas vezes no decorrer da semana anterior à minha partida para descrever o que ela via em mim, e houve momentos em que me pareceu que isso era verdade.

Eu sabia, em alguma parte pré-racional minha, que aquele não era o momento certo para uma volta a Medjugorje. A sensação de estar sendo chamado que me impelira a viajar em 1995 estava inteiramente ausente em 1998. Entretanto, eu continuava a tomar a dianteira, indiferente a qualquer apreensão ou aviso de perigo. Quando o ônibus finalmente chegou, eu estava começando a imaginar a minha náusea como entidades minúsculas e malévolas que nadavam nos meus intestinos. "Vou afogar esses filhinhos-da-puta em uísque e sal de frutas", foi o que pensei enquanto entrava no ônibus, e pouco depois me perguntei se todo mundo estava me olhando espantado por eu ser americano ou por eu ser maluco.

A viagem teve início com um longo passeio pelo sul, ao longo do litoral do Adriático. Uns dois casais de alemães que batiam papo no fundo do ônibus eram arautos da transformação da Dalmácia. Embora ainda longe dos níveis alcançados no período anterior à guerra, os turistas estavam voltando à costa croata. Os alemães saltaram do ônibus em Makarska, e, ao chegarmos a Ploce, rumamos para o interior, acompanhando o Neretva e passando por jovens que vendiam melancias que eles mantinham frescas com a água tirada do rio. Somente quando chegamos à fronteira do outro lado de Metković é que me ocorreu não ter visto ninguém portando uma arma desde o desembarque no aeroporto. Os soldados bósnios que estavam ali no posto da fronteira, preguiçosamente, com seus uniformes desabotoados e as metralhadoras aos seus pés, mal me deram uma olhadela quando passei a pé e entrei no ônibus que ia para Medjugorje.

As estradas ruins, estreitas e esburacadas, eram a única mudança significativa que notei quando entramos na Bósnia, ou "B-H", como passei a ser obrigado a chamar o país dali em diante, em consideração aos croatas que continuavam a enfatizar a metade herzegóvina do nome formal do seu país. Há muito tempo já tinham limpado os destroços dos bombardeios, e em Gabela já não se viam mais nem soldados, nem outras autoridades armadas. Eu ansiava por imagens familiares e senti um certo consolo quando vi os buracos de bala e a marca dos danos causados pelas bombas nas paredes de muitos prédios em Capljina, a última parada antes de Medjugorje. Eu só conhecia esse lugar como um país em guerra, lembrei a mim mesmo.

Se eu tinha necessidade de uma atmosfera de morte e destruição, Kosovo ficava a menos de 240 quilômetros a sudeste. Os sérvios tinham destruído pelo fogo dezenas de vilarejos e deslocado mais de 250 mil pessoas de etnia albanesa desde fevereiro; quantas tinham morrido, ninguém sabia. Ali na Bósnia, a luta terminara, substituída por uma corrente subterrânea de ressentimentos pessoais e ódios étnicos que tornava as viagens perigosas para os residentes mas apenas difíceis para os visitantes. A maior parte do dinheiro estrangeiro que havia em Sarajevo naqueles dias entrava no país pelas mãos dos grupos de turistas americanos e japoneses que seguiam o que então se tornara um itinerário quase padrão: os guias os levavam primeiro a Sniper Alley, depois ao mercado Markale, onde 69 pessoas tinham sido mortas por uma única bomba em 1994; dali, os grupos em geral faziam uma parada ao lado da catedral católica onde 21 pessoas, que estavam numa fila à espera de pão, tinham sido destroçadas por uma granada da artilharia sérvia; então o dia terminava no esqueleto carbonizado do Estádio Olímpico. E que diferença havia entre mim e eles? Matutei, mas não consegui chegar a nada realmente substancial enquanto o ônibus descia, pachorrentamente, as montanhas e entrava no platô de Brotnjo.

Eu imaginara que a visão da cruz no topo da Križevac emocionaria minha alma e estimularia meus pensamentos, mas nada disso aconteceu. Eu não me lembrava de ter me sentido tão apático quanto naquele momento em que o ônibus parou para me deixar em frente do correio de Medjugorje, então reconstruído. Durante a minha caminhada de menos de um quilômetro em direção às duas torres da igreja, passei por pelo menos uma meia dúzia de obras a pleno vapor; a maior parte do tempo, eu ouvia uma cacofonia de ferramentas poderosas que abafava todos os sons humanos. Arrastando a minha mochila, que deslizava sobre rodinhas, fiz uma pausa de apenas um minuto no adro da igreja de São Tiago; em seguida, atravessando a rua, me dirigi ao Mira's, imaginando encontrar Nicky à sua velha mesa. Mas não havia mais Mira's; o espaço que o café ocupava fora incorporado ao restaurante Dubrovnik. E nem sequer reconheci os garçons. Sentei-me para fazer um reconhecimento do local, e, tomando uma cerveja, esperei encontrar alguém conhecido, mas todos os que passavam me eram estranhos. O meu pesar se temperava com uma boa pitada de contrariedade; antes de sair de casa, não me preocupei nem em avisar da minha chegada nem em providenciar hospedagem, certo de que cuidariam de mim assim que eu chegasse a Medjugorje. E naquele momento eu estava sentado a uma mesa que não era mais a do Mira's, e sem ter a menor idéia de aonde eu iria a seguir.

Quando terminei de beber a cerveja, eu estava tão triste que pensei seriamente em pegar o primeiro veículo que fosse sair dali e tomar o caminho de casa. Mas não haveria outro ônibus até o dia seguinte, por isso, andei um pouco até encontrar a primeira casa que anunciava quartos para alugar, paguei 12 dólares para deixar minha mochila num lugar seguro, e tornei a sair, ainda me sentindo perdido. Fui andando rumo à Križevac até o meu antigo pouso na pensão Maja, depois dei uma guinada em direção ao campo, procurando algo que eu não saberia nomear e não esperava encontrar. Estava atravessando um pasto, tencionando vagamente tomar a direção de Bijakovići, quando olhei para o chão, e, entre uma passada e outra, vi que meu pé quase tocou numa víbora que estava ali enrolada no meio da trilha. Mal consegui dar um passo mais longo para que meu pé não pisasse a cabeça da cobra, então, parei, como se estivesse congelado. Alguns segundos se passaram e a cobra não se mexeu. Por fim, levantei o pé e naquele momento me senti, se não protegido, pelo menos com muita sorte. Uns três metros adiante, virei-me e vi a serpente coleando e entrando no mato, então, fiquei ali parado algum tempo, ouvindo a brisa farfalhar as folhas das figueiras e dos bordos no limite do campo. Alguns minutos depois, notei que o meu humor estava consideravelmente melhor.

Dei meia-volta e voltei pelo mesmo caminho, lembrando-me de repente de que Nicky abrira recentemente uma galeria de arte, a Lírio Branco, não muito longe da igreja. Logo a encontrei, instalada num canto no térreo de um prédio de quatro andares ainda em obras. A galeria estava fechada, mas lá fora havia uma mesa e cadeiras sob um guarda-sol, bem perto da porta de entrada, então, sentei-me à sombra. Uns dois minutos depois, vi Nicky chegando no seu carro, imediatamente seguido de Ivan Bencun.

Minha alegria durou pouco. Na meia hora seguinte, soube por Nicky que eu havia chegado a Medjugorje no pior momento possível. Mirjana e Vicka estavam fora do país e não voltariam antes da minha partida; Jakov estava nos Estados Unidos, Marija estivera em Medjugorje por quase um mês, mas estava com viagem marcada para a Itália dali a dois dias. Rita saíra dois dias antes para fazer o seu retiro anual e não voltaria senão mais ou menos no dia em que eu estivesse indo de Split para Roma. E, ainda pior, o padre Slavko estava na Inglatera, e, depois, tencionava passar alguns dias na Holanda; ele poderia ou não conseguir voltar antes da minha partida.

Nicky entendeu o meu desapontamento, principalmente ao saber da ausência de Slavko, mas mesmo assim isso não serviria de desculpa, disse Nicky, "porque Nossa Senhora está aqui. É por ela que você veio, ainda que não saiba disso". Assenti com a cabeça num sinal de desespero condescendente. Ele riu, sem maldade. "É claro que a dúvida é tudo o que você quer, meu caro", disse ele, "mas o que importa é que você voltou". Bencun, que não podia entender uma palavra do que estávamos dizendo, fez que sim vigorosamente e me dirigiu um sorriso largo. O nosso amigo desistiu do Mira's, explicou Nicky, para financiar a construção do Hotel Bencun, que era como ele chamava aquele prédio que fornecia a sombra sob a qual nos sentávamos. A obra ainda demoraria meses, mas Bencun começara a receber hóspedes algumas semanas antes e insistiu comigo, por intermédio de Nicky, para que eu me hospedasse ali, com direito a um desconto substancial, evidentemente.

Tanto Nicky como Bencun não tinham mudado muito de aparência naqueles três anos; todavia, eu podia ver em seus olhos o tributo que os últimos meses haviam cobrado à minha aparência. Nicky realmente parecia sentir uma certa pena de mim, e disse que podia imaginar a exaustão de alguém que tivera dois bebês ao mesmo tempo. Perguntei sobre os outros "enturmados". A maioria foi embora, disse ele, Karen ligou uma vez de uma clínica em Victoria, na Colúmbia Britânica, mas nunca mais deu notícia. Milona se casou com Carlos, como eu já sabia, e era mãe. O marido e a filha dela acompanharam Milona quando esta chegou de Paris para uma temporada de duas semanas, em junho, que fora um total fiasco, contou Nicky; Carlos quebrou o braço durante um dos seus acessos e teve de ser levado a Split para que o tratassem. Rita permanecera, é claro, e era então, basicamente, um acessório indispensável ali, disse Nicky, que, por sua vez, estava passando apenas cerca de metade do mês em Medjugorje e o resto dos dias viajando em busca de sua mais recente obsessão, traçar a verdadeira linhagem da família real francesa. Eu não possuía o menor interesse no assunto, e não podia nem sequer fingir alguma ponta de entusiasmo.

Quando o sino tocou chamando para a missa vespertina, dirigi-me para a igreja, sentei-me no meu antigo lugar num dos bancos do lado de fora da entrada nordeste da igreja de São Tiago. A freira, de bela voz, ainda cantava "De Todas as Partes", as andorinhas ainda partiam dos campanários em vôos vertiginosos e desenhavam espirais no ar, e as velhas senhoras de vestido preto ainda se agarravam aos seus terços ao se ajoelharem nas pedras do chão. Por que, então, tudo parecia muito mais esmaecido, como se todo o brilho que banhava essa cena três anos antes tivesse sido apagado com as costas da mão de alguma divindade indiferente? Enquanto a congregação se levantava para recitar o pai-nosso e se preparar para a Eucaristia, eu sentia como se eu estivesse parado do lado de fora, olhando para dentro. Quando meus companheiros de banco me apertaram a mão e disseram: "A paz de Cristo", eu repeti as palavras, mas me senti um impostor. Até o fim da cerimônia, continuei a lutar para me livrar daquela sensação, para simplesmente estar presente ali, mas não importa o quanto eu tentasse sair daquele mal-estar, a aflição tomava conta de mim. Quando a missa terminou, a única coisa que eu queria era um travesseiro para a minha cabeça. Isso é sono atrasado, falei para mim mesmo; de manhã vou me sentir melhor.

E me senti, um pouco. Depois do café-da-manhã com Nicky, transportei minha mala para o Hotel Bencun, e passei o resto do dia andando. Primeiro, atravessei os campos até Bijakovići, depois subi o Podbrdo até o lugar da primeira aparição, onde havia talvez uma dúzia de pessoas sentadas ou ajoelhadas, em silêncio. Lá, sentei-me numa pedra que ficava bem na frente da cruz de aço que marcava o lugar em que os seis videntes se reuniram num anoitecer de junho, 17 anos antes. Na base da cruz, havia uma pilha de cartões com pedidos de oração, mas eu não conseguia nem sequer ter vontade de lê-los. Meu olhar continuava se desviando para o vilarejo lá embaixo, onde o ruído de martelos batendo pregos fazia a gente pensar num telegrafista dominado por um ataque epilético.

Parei um instante na Cruz Azul, ao descer o morro, depois entrei no Caminho dos Videntes, perto dos campos. As cortinas estavam cerradas na casa de Mirjana, e na de Jakov, também. Havia um aspersor irrigando as flores de um lado da casa, mas não vi nenhum outro sinal de vida. Continuei a andar até chegar à Križevac, depois me arrastei até chegar ao cume, parando a cada estação da via-sacra e me ajoelhando nas pedras exatamente como os verdadeiros crentes faziam. Até recitei o pai-nosso e a ave-maria nas primeiras estações, mas minhas orações me pareceram tão forçadas que simplesmente me ajoelhei em silêncio na terceira estação, como se eu esperasse, o quê, eu não sabia. Sob a cruz, no cume, sentei-me com o queixo apoiado nas mãos e me deixei ficar assim, tentando saber o quanto do que eu me lembrava era verdade. Por um momento, eu queria tanto ter certeza de alguma coisa, qualquer coisa, que eu estava disposto a bater com a cabeça nas pedras e me lamentar. Em vez disso, desci penosamente a montanha, e, ao longo da caminhada, eu mesmo me mandei parar de choramingar.

Quando cheguei de volta ao Hotel Bencun, Nicky estava na frente do prédio, e sugeriu me levar até a casa de Marija Pavlović antes que ele fosse de carro a Split onde pegaria o vôo para Milão na manhã seguinte, cedo. Eu não estivera com Marija na minha estada anterior em Medjugorje, e voltei a Bijakovići no Golf novo de Nicky, esperando que a vidente me livrasse do feitiço que tinha sido feito contra mim. Quando chegamos, Marija e seu marido, Paulo, estavam na frente da casa, observando uma escavadeira trabalhar no seu quintal. A canalização de esgoto tinha se rompido e os dois estavam atentos ao conserto que estava sendo feito para que terminasse antes que eles partissem para a Itália. Alta, de pernas compridas e ombros caídos, Marija foi afável, mas estava desatenta. Tivemos um papo inócuo de alguns minutos, mas a maior parte do que ela disse foi abafada pelo ruído da máquina.

A irmã de Marija logo surgiu num enorme Mercedes preto; ao sair do carro, vi que a moça estava usando um terninho de linho e um relógio Rolex. Milka estava então com os seus trinta e poucos anos, e tinha se casado com um empresário rico de Ljubuški, explicou Nicky. Fiquei espantado ao me lembrar de que essa era a mesma pastorinha que, com Mirjana e Ivanka, fora a primeira a contar ter visto a Virgem Maria naquele mês de junho de 1981. Nicky interrompeu a conversa de Marija com a irmã para perguntar se nós — eu — poderíamos acompanhá-la durante a aparição daquela noite. Não seria possível, respondeu Marija, e de repente ela me deu a impressão de não querer olhar para mim. "Teremos outra oportunidade", disse ela, mas eu duvidava do que ela dizia.

No caminho de volta ao Hotel Bencun, Nicky disse que aquela era a última noite de Marija em Medjugorje, e que ela obviamente tinha outros planos. Alguma coisa na expressão dele, porém, me fez ver que até ele notara que a luz ao meu redor estava mais fraca do que há três anos. Ivan e Mira Bencun insistiram em que eu fosse jantar com eles naquela noite. Entre uma garfada e outra, perguntei quais tinham sido os mais memoráveis peregrinos daqueles dias. Nicky contou que ele tinha se envolvido (como uma espécie de conselheiro espiritual, aparentemente) com dois detetives do setor de homicídios de Dublin. "Uns caras durões", explicou ele, "até o dia em que um disse para o outro: 'A minha vida não está indo a lugar nenhum.' 'Nem a minha.' 'Então vamos a Medjugorje.' Então eles vieram numa excursão de turistas, parecendo totalmente deslocados. A primeira coisa que fizeram foi subir a Križevac. Estavam quase no topo quando de repente os dois vêem chamas em volta deles, à altura do joelho, saindo das pedras. 'Harry, você está vendo o que eu estou vendo?' O outro faz que sim, depois pergunta: 'Por que ninguém mais está vendo?' 'E por que não estamos sentindo calor nem vendo fumaça? Há fogo, mas não há nada queimando.' Desceram da montanha e juraram que nunca diriam nada a ninguém. Mas um deles disse, e no resto da temporada os dois foram cercados por gente que lhes dizia que eles deveriam confiar na experiência que tinham tido, não nas suas próprias cabeças. Quando partiram, seus rostos tinham se suavizado tanto que os outros turistas do grupo disseram que não os teriam reconhecido se não tivessem visto aquilo acontecer."

A visitante que tinha afetado mais os paroquianos de Medjugorje naquele verão tinha sido uma canadense de meia-idade que quase meio século antes tinha ficado famosa por ser um dos primeiros filhos da talidomida, tendo nascido sem nenhum sinal de perna nem de braço, de um lado do corpo. "Do outro, ela tem somente um bracinho que termina com uma mãozinha ainda menor, e um cotoco de perna que vai até o meio da coxa", disse Nicky. "Um belo rosto, porém, e um cabelo ruivo magnífico. Ela chega e imediatamente anuncia que veio aqui para subir a Križevac." E isso a canadense fez, recusando todos os oferecimentos de ajuda e literalmente se arrastando por cima das pedras com aquele cotoco de perna e aquele bracinho. "O rosto, quando ela desceu...", lembrou-se Nicky. "Ninguém podia parar de olhar para ele. Nunca vi tanta determinação e alegria numa harmonia tão perfeita." Eu quase podia ver a mulher, refletida nos rostos de Ivan e Mira, que estavam lá, sentados, sorrindo um sorriso largo ainda que seus olhos se enchessem de lágrimas.

Ouvir essa história pareceu me libertar da minha aflição por pelo menos algumas horas, e naquela noite eu dormi bem pela primeira vez em semanas. Num dos meus sonhos, uma mulher que talvez fosse a Virgem Maria parecia me chamar através do nevoeiro, repetindo sem parar uma frase curta que eu não conseguia entender direito até ela desaparecer no nevoeiro e eu então ouvir claramente as palavras "Carregue a sua cruz".

Fui arrancado do sono pelo barulho produzido por uma britadeira que começara a funcionar no telhado do Hotel Bencun bem em cima do meu quarto. Fiquei quieto ali deitado mais um pouco, sentindo as pancadas da vibração da máquina, e então caí na risada. Por algum motivo, lembrei-me de uma história que tinha sido contada durante a minha visita anterior a Medjugorje, sobre um grupo de peregrinos ingleses que por acaso chegaram ao vilarejo no dia da matança anual de porcos. Seguindo uma tradição que remontava há quase dois séculos, os paroquianos de Medjugorje combinaram que todos matariam os seus porcos no mesmo dia; entre outras coisas, isso lhes permitiria vender as peles a granel para um curtume e as vísceras para um fabricante de ração para cachorro. Seja como for, os peregrinos saíram do ônibus no meio da manhã daquele dia exatamente quando a matança ia começar, e não demoraram a ser recebidos pelo barulho ensurdecedor de porcos e mais porcos guinchando em seus estertores. Esses peregrinos ficaram tão horrorizados que insistiram com o motorista deles que os levasse de volta a Split imediatamente, tirando-os daquele lugar infernal. Eu não achara muita graça na história quando a ouvi pela primeira vez em 1995, mas, por alguma razão, eu estava me acabando de rir quando me lembrei dela naquele momento. Pessoas que não compreendessem que porcos tinham de ser mortos para que eles comessem o seu *bacon*, ou que até uma vidente religiosa poderia se distrair quando o cano de esgoto da sua casa arrebentasse, não estavam preparados para esse lugar.

Depois do café, Nicky sugeriu que eu o acompanhasse a Ljubuški, de carro, onde pretendia comprar o seu primeiro telefone celular, ou "manual", como eram chamados ali. Adorei aquela chance de fugir, mesmo que fosse só por algumas horas. Ljubuški estava transformada: o centro da cidade que eu me lembrava como sujo e arrasado estava então arrumado com cafés com mesas na calçada e lojas que vendiam Nikes falsificados ou *ray-bans* contrabandeados. Nos prédios mais velhos viam-se manchas de reboco que disfarçavam os buracos de balas, mas grande parte da cidade tinha sido reconstruída. A mudança mais impressionante era que Ljubuški não nos parecia mais perigosa. Imediatamente depois de assinar os acordos de Dayton, explicou Nicky, o Exército croata tinha cercado a cidade com tropas, tanques e artilharia exigindo que os bandidos HOS que tinham governado Ljubuški durante os quatro anos anteriores entregassem suas armas. As gangues de discoteca foram desmanteladas praticamente da noite para o dia, e se ainda havia armas na cidade, os que as possuíam as mantinham bem escondidas. Entretanto, quando Nicky e eu nos sentamos para almoçar no terraço do que se dizia ser o melhor restaurante da cidade, ouvimos um bocado de palavras veementes nas mesas à nossa volta; algumas provocações barulhentas pareciam estar vindo à tona.

Eu tinha chegado à Bósnia três semanas antes das eleições nacionais do país, e num momento em que as tensões étnicas estavam talvez mais altas do que tinham estado desde os acordos de Dayton. Todos os lados estavam preocupados principalmente com o voto dos sérvios. Os candidatos moderados estavam recebendo um grande apoio da Otan, e os Estados Unidos estavam se mostrando especialmente agressivos; a secretária de Estado Madeleine Albright avisara recentemente que apenas os que tinham assinado o compromiso dos acordos de Dayton receberiam o apoio dos Estados Unidos. Essa ameaça implícita teve repercussão imediata. O candidato apoiado pela ONU para a presidência da Bósnia sérvia foi logo rotulado de fantoche do Ocidente por seu principal opositor, um nacionalista fanático que deveria vencer a eleição por larga margem. O principal adversário croata já prometera dividir a Herzegóvina da Bósnia e participar do governo croata em Zagreb. Em algumas semanas os sérvios arrasaram as casas de 96 famílias muçulmanas que se aventuraram a voltar para seus vilarejos nativos perto de Prijedor, e os croatas fizeram o mesmo com os lares de sessenta famílias de refugiados sérvios em Drvar. O "processo de paz", como Albright e seu chefe, Bill Clinton, gostavam de chamá-lo, não estava acontecendo com a rapidez desejada. Enquanto isso, a situação em todos os outros estados balcânicos estava se tornando cada dia mais volátil: a Romênia era uma ditadura militar *de facto*, administrada por ex- (mas não tanto) comunistas e nacionalistas étnicos; a força política e econômica mais poderosa da Bulgária era a máfia russa; a Grécia, como a Macedônia, estava esperando para ver se a Otan levaria a efeito suas ameaças de ir contra os sérvios em Kosovo, onde 10 mil albaneses étnicos estavam sendo tirados de suas casas toda semana. A violência e o caos estavam tão presentes na atmosfera da Bósnia-Herzegóvina, que até mesmo os diplomatas ocidentais estavam admitindo que uma nova guerra poderia ser evitada apenas se os 30 mil soldados da Otan permanecessem no país no século por vir. A Rainha da Paz, observei, estava reinando num principado que parecia encolher a cada segundo. Nicky insistia em dizer que isso significava apenas que o Aviso e o Grande Sinal eram iminentes. Até agora, eles se mantiveram "iminentes" por quase vinte anos, observei; "esperar Godot" estava se saindo bem melhor do que a profecia divina.

"Quer dizer que agora você zomba", disse Nicky enquanto estávamos ali entre assassinos aposentados num terraço ensolarado, comendo truta com amêndoas.

"'Abençoados aqueles que não vêem mas crêem'", respondi. "P. T. Barnum* teria levado essa máxima para o banco."

"Estou entendendo. Você quer continuar sendo inteligente a respeito 'disso'."

"Está ficando meio tarde para 'isso', seja lá o que for", falei. "Eu só gostaria de saber o que é real. Às vezes acho até que eu aceitaria bem uma má notícia se fosse algo em que eu pudesse acreditar."

"O que é real é a Nossa Senhora!", Nicky gritou tão alto que cabeças se viraram, a cada mesa do terraço.

Fiz que sim, mas só como sugestão para que mudássemos de assunto.

O silêncio entre nós perdurou até entrarmos no carro e iniciarmos a nossa volta para Medjugorje. Na extensa curva abaixo da antiga fortaleza de Ljubuški, construída na encosta, Nicky anunciou que estava partindo dali a 48 horas para comparecer a uma série de reuniões em Viena, e que não voltaria para Medjugorje antes da minha partida. "Você não pode fazer isso!", disse eu. "Não posso?", perguntou Nicky. Claro que sim, claro que ele podia, admiti, mas não deveria. Se o padre Slavko e Rita estivessem por lá, ou se Mirjana e Vicka não estivessem no estrangeiro, seria diferente, eu disse, mas na minha situação atual eu não me achava em condições de lidar com aquele lugar sem companhia. "Você precisa é buscar a companhia de Nossa Senhora", Nicky retrucou. "Ela está aí por você, e muito especialmente. Todos nós identificamos isso

* Figura lendária do *show business* americano no século XIX; frasista, escreveu textos como *O Príncipe dos Farsantes* e *Regras de Ouro para Enriquecer.* (N. da T.)

desde que você apareceu por aqui há três anos, mas por alguma razão você não percebeu."

Fui tomado de um silêncio vagamente culpado. Por que, eu não sabia, mas nunca tive "nenhuma atração pela Virgem Maria", como me vi me expressando, mesmo logo depois da minha primeira ida a Medjugorje. A minha experiência religiosa — mesmo enquanto eu estava ali — tinha sido com Jesus. Foram a majestade e a misericórdia do Cristo que eu tomei como metas da minha prática religiosa, supondo que eu tivesse alguma prática religiosa. Mesmo quando velejei em calmarias espirituais e me descobri tranqüilo num mar de bile estriada de sangue, a única parte da liturgia católica que não deixava de me emocionar era a litania do "Cordeiro de Deus", pouco antes da consagração da hóstia. Maria, porém, sempre permaneceu uma presença esquiva e ilusória. Matutei sobre o fato de não haver uma "relação pessoal" entre mim e Nossa Senhora durante grande parte dos dois dias seguintes, sentando-me em meio à multidão, principalmente formada de velhas mulheres, que se reunia ao redor da estátua da Virgem no adro de São Tiago. Entretanto, nada parecia mudar, e então chegou a hora da partida de Nicky.

Na véspera da viagem dele, jantamos juntos e tarde. A certa altura, ele me pediu um relatório da minha estada até ali, e eu admiti estar amargamente desapontado por achar que a minha experiência em Medjugorje tivesse sido tão menos profunda daquela vez do que fora três anos antes. "Quem você acha que é?", Nicky me perguntou. E a pergunta me soou como se ele, contra a própria vontade, estivesse mais espantado do que zangado com a minha atitude. "E você espera ser recebido com fogos de artifício toda vez que aparece?" Pensei sobre a pergunta alguns segundos, depois disse que me sentia mais culpado de premonição do que de expectativa. "Seja lá a palavra que você use, meu caro, as coisas não funcionam assim", disse Nicky. "Nem para você, nem para ninguém. Muito poucas pessoas que vêm aqui têm uma experiência que possa sequer se aproximar da que lhe foi propiciada, entretanto, alguns se sentem alimentados para a vida toda com o que encontram aqui. Você voltou em menos de três anos, insistindo em que o seu prato está vazio e que você precisa repetir. A sua ingratidão é enorme." Eu ainda estava ali refletindo sobre o que ouvira quando Nicky se despediu.

O meu desânimo só aumentou depois que a solidão se acrescentou à mistura, e os três dias seguintes foram mesmo sombrios. Lutei para sacudir as nuvens escuras num circuito fechado de um perambular sem rumo entre a base da Križevac, a Cruz Azul no Podbrdo e o altar de São Tiago. Passei horas vagando sozinho nos campos. Os outros peregrinos me pareciam enormemente patéticos e absurdos para mim, almas lastimáveis que tinham viajado milhares de quilômetros à procura de algo que não encontravam em si. Eu sabia que eu não era diferente, mas, ainda assim, não conseguia parar de procurar o fio invisível que me ligava à minha experiência de três anos antes.

Tentei uma fugida indo passar um dia em Dubrovnik com Mate, filho de Postar, que estava terminando o serviço militar e determinado a fazer uma viagem aos Estados Unidos. Durante todo o percurso até o Adriático, Mate me bombardeou com perguntas, opiniões e fofocas relacionadas com diversos personagens de Medjugorje. Suas descrições de casos extraconjugais entre pessoas que eu conhecia, e por quem eu ainda nutria uma certa admiração, me faziam sentir cada vez mais ridículo à medida que o Mercedes de Mate ia seguindo para o sul, ao longo do litoral magnífico.

A restauração de Dubrovnik era notável, e mesmo um vislumbre da cidade velha de cima do morro em que Mate estacionou o carro perfurou a minha crosta de cinismo. Um exército de artesãos voluntários vindos de toda a Europa substituíra as telhas vermelho-laranja e remendara as fachadas de pedra calcária dos prédios que absorveram as explosões de mais de 2 mil bombas de artilharia durante o cerco sérvio de 1991-1992. Mais de quinhentos prédios da cidade velha foram atingidos durante aquele bombardeio de 36 semanas, mas os muros magníficos de Dubrovnik, que em alguns lugares têm quase 12 metros de espessura, permaneceram de pé sob as bombas. As enormes pedras calcárias do calçamento da principal rua da cidade velha, a Placa, foram consertadas ou substituídas. Os sinos da igreja tocavam e, da fonte Onofrio, a água jorrava. Grupos de turistas se reuniam sob o majestoso campanário de Dubrovnik. Quase todo croata que visitava Dubrovnik pela primeira vez desde a guerra desfazia-se em lágrimas quando entrava na cidade velha e via o quanto ela ainda era bela, contou-me Mate.

Nós dois passamos algumas horas subindo e descendo os muros da cidade velha. Para Mate, subir as íngremes escadas de pedra que havia na Placa fornecia muitas oportunidades de apreciar a paisagem que as saias curtas das jovens que estavam descendo propiciavam. Ele mal podia se conter, e eu, um americano, dificilmente conseguiria imaginar as tempestades hormonais que se desencadeavam dentro de um homem virgem de 22 anos. Uma série de subidas demoradas combinadas com a luta cada vez mais hilariante de Mate com a sua luxúria nos deixou um pouco desnorteados. Ele tentou muitas vezes fazer de mim um cúmplice da sua lubricidade, e me olhou espantado e inteiramente descrente quando insisti em dizer que há muito eu já tinha investigado o que havia por baixo das saias de mais garotas do que eu precisaria investigar.

Quando perguntei a Mate se ele achava que permaneceria virgem até casar, ele ficou muito sério e respondeu que esperava que sim. Como eu, só que de maneira diferente, Mate estava vivendo em dois mundos: num momento, me confessava sem fôlego que a loura alta de vestido laranja não estava usando nada por baixo da saia, e então, no momento seguinte, perguntava se eu gostaria de conhecer a sua maior amiga em Dubrovnik, uma freira idosa que guardava as relíquias da santa mais famosa da cidade.

Ele tinha cinco anos de idade quando as aparições começaram, Mate me contou quando nos sentamos para almoçar num restaurante debruçado sobre um quebra-mar à entrada do porto, e mal se lembrava de uma Medjugorje que não fosse um centro de devoção religiosa. Ele era e permaneceria um crente, Mate me assegurou, mas durante a adolescência adotara uma atitude desdenhosa com relação a muitos peregrinos estrangeiros de Medjugorje, principalmente quanto aos que relutavam em ir embora. "Pelo menos para mim, qualquer um que fique em Medjugorje mais de três meses mostra que há alguma coisa de errado com ele", disse ele. "Eles acham que só podem crer quando estão lá. São pessoas que têm medo de enfrentar a própria vida." E alguém como Rita

Falsetto?, perguntei. "Rita deveria se tornar freira ou ir para casa e se casar", respondeu ele, sucintamente. "Ela só fica lá para não ter de decidir o que fazer." E Nicky?, tornei a perguntar. "Nicky acha que há um conjunto de regras para ele, e outro para todo o resto", Mate respondeu. "Ele diz para todo mundo que todos têm de ir à missa todo dia, mas, para Nicky, ir à missa quer dizer ficar andando pela igreja fumando cigarros. Ele é um herói pelo que fez durante a guerra, sem dúvida. Mas há um monte de gente que acha que ele deveria ir para casa e ser lembrado, em vez de ficar até todo mundo esquecer que ele está ali", declarou ele com veemência espantosa. "Eu não acredito na história dele sobre a esposa", o rapaz vociferou. "Eu conheci a filha mais moça de Nicky quando ela esteve aqui de visita, e ela era uma garota ótima. Não é possível, de jeito nenhum, que ela tenha sido criada por uma mãe possuída por demônios. Nicky é um enrolador." Sorri, sem querer; a exasperação de Mate era espetacular.

Mais uma vez, ele se distraiu quando três mulheres jovens e atraentes de vestido decotado se sentaram a uma mesa próxima. "O que você acha da morena?", perguntou o rapaz. Bonita, eu o tranqüilizei. Entretanto, quando nossos pratos chegaram, Mate fez uma oração em voz alta, sem tomar conhecimento dos olhares curiosos e expressões de desagrado das garotas da mesa ao lado. Você vai fazer isso quando estiver nos Estados Unidos?, perguntei. "Faço isso onde quer que eu esteja", respondeu Mate. "Sei que Deus existe. Nunca vou me esquecer disso." Mate falou respeitosamente dos videntes, e demonstrou a admiração especial que tinha por sua prima Jelena, a das conversas interiores, que ainda estava estudando teologia em Roma. "Jelena é tão profunda no que diz quando estou com ela, que só posso escutar; sei que não tenho nada de importante a dizer." Entretanto, admitia Mate, ele era cético com relação aos Segredos: "As pessoas que estão esperando o fim do mundo me incomodam até mais do que os peregrinos que permanecem. Eu quero que o mundo continue. Quero ser parte dele. Como você."

Por um momento, eu não sabia se ria ou chorava. Então, fiquei de boca fechada e deixei meu jovem amigo curtir suas ilusões.

Ao voltar para Medjugorje, entrei de novo na solidão opressiva. Os Bencun me trataram como um membro da família, mas nem Ivan nem Mira falavam mais do que algumas palavras em inglês. Depois de uma missa vespertina, deparei-me com o guia turístico holandês, Philip Ryan, no adro da igreja, e tive vontade de me agarrar à manga dele. Eu tinha interpretado erroneamente o rapaz, nos idos de 1995, ao considerá-lo um carola, que distribuía o seu boletim espiritual com infantilismo e inibição e um sorriso gabola, e decidira então que ele seria um dos personagens de Medjugorje para os quais não haveria tempo nem espaço no meu livro. Aparentemente, eu não percebera a dor terrível que ele suportava por causa de um acidente que sofrera ao fazer alpinismo que quase o aleijara. Então completamente recuperado, Philip estava se mostrando muito mais ponderado e realista do que eu imaginara, e nem um pouco rígido ou autocentrado. Ele até admitia, no fundo, uma certa vulnerabilidade romântica. Em 1995, eu me espantara e até me aborrecera um pouco com a indiferença de Philip diante da variedade de mulheres jovens que tentavam atrair a atenção dele. Naquele momento, eu compreendi que isso era apenas uma questão de alto padrão de exigência: ele estava carregando a tocha para Jelena Vasijl, e ansiava por ela com graça e fidelidade tocantes. Eu soubera, na véspera, por intermédio do primo de Jelena, Mate, que Philip não tinha a menor chance, mas, ao nos encontrarmos ali, ao crepúsculo, à beira de uma multidão reunida ao redor da estátua da Virgem, não tive coragem de lhe dizer o que eu ouvira, e, além disso, aquilo não era da minha conta.

Então, conversamos sobre a minha fé claudicante, e a dificuldade que eu estava encontrando naqueles dias em distinguir entre experiência e interpretação, pensamento e compreensão, percepção e imaginação. Philip observou que a oração era a única defesa que tínhamos contra a nossa confusão, e depois me contou o que iria se tornar uma das minhas histórias do padre Slavko favoritas: cerca de um ano antes, um casal de repórteres alemães excepcionalmente sinceros passara uma semana em Medjugorje preparando uma reportagem para um dos jornais mais importantes do país, e, no dia em que partiriam, admitiram o quanto tinham ficado emocionados com as experiências vividas ali. Eles ainda acreditavam que as aparições eram um fenômeno psicológico, disseram os repórteres, o trabalho exaltado de um desejo fantasioso, mas achavam que o lugar era maravilhoso, por causa da profunda veneração que testemunharam, da fé comovente e das conversões assombrosas. "Dos frutos, vocês querem dizer?", perguntara Slavko. Sim, responderam os repórteres. "Pois então, vocês são muito mais místicos na sua reflexão do que eu", disse o padre. Os repórteres riram. O quê?, disseram eles. "Eu sou apenas um homem que saiu andando por um campo e encontrou maçãs no chão que eu sei que caíram de uma grande árvore", explicou Slavko. "Vocês saem e andam pelo mesmo campo, não vêem nenhuma árvore, mas encontram maçãs, e insistem em dizer que elas devem ter caído do céu. Isso é realmente um milagre."

Eu ainda estava rindo da minha imagem mental da cara de pau do padre Slavko, quando Philip me perguntou, bruscamente: "Você acredita em Deus?" Parei de rir, pisquei e gaguejei por alguns segundos, depois me vi respondendo com uma voz surpreendentemente forte: "Eu acredito em Deus, mas não tenho certeza de que Deus acredita em mim." Era a expressão mais sucinta do meu estado interior a que eu conseguira chegar em meses. Eu estava maravilhado ao verificar como era bom falar a verdade, mesmo que essa verdade me prejudicasse, e mal escutei quando Philip começou a falar da "noite escura da alma", uma frase cunhada por São João da Cruz para descrever o período em que o converso pensa que Deus o abandonou, e contou-me histórias de diversos santos que passaram por isso. Philip não conseguiu a minha atenção, mais uma vez, até ele se calar e fechar os olhos, como se estivesse ouvindo alguma voz interior. "Sabe", disse ele um pouco depois, "tenho lutado comigo mesmo ultimamente. E tenho tido esse pensamento recorrente de que eu preciso subir a Križevak descalço, para sentir realmente as pedras na minha carne, não tanto como uma penitência, mas para me experimentar como ser humano, em toda a minha fraqueza e vulnerabilidade. Mas me bateu que talvez seja você a pessoa que precisa fazer isso." Ele sorria. "Não sei de onde me veio essa idéia", disse ele, "mas tenho absoluta certeza de que não foi de Satanás."

Eu ri, mas afastei a idéia no mesmo instante. A meu ver, eu tinha aprendido sobre a minha fraqueza e a minha vulnerabilidade bastante bem durante o ano passado. Durante todo o dia seguinte, a idéia de subir a montanha Križevak descalço voltava ao meu pensamento, e eu continuava a negar essa possibilidade. Por fim, pouco antes das seis da tarde, eu me dirigi para São Tiago com a intenção de assistir a toda a recitação do rosário que precedia a missa croata. Entretanto, deixei para trás a igreja, e continuei a caminhar em direção à montanha da Cruz. Eu não achava que eu estivesse tomando uma decisão, mas, sim, limpando a minha cabeça de pensamentos incômodos. Na base da Križevac, mesmo quando uma parte de mim se mantinha de lado e ria da aventura, sentei-me numa pedra, tirei as botas, e as pendurei, pelo cordão, num ombro. E podia ouvir o rosário sendo recitado no momento em que cheguei à terceira estação da via-sacra, e já estava me perguntando como eu chegaria ao topo. Eu ia pisando mais ou menos cautelosamente, tentando encontrar um ponto na sola dos pés que não estivesse machucado, e me movimentava tão vagarosamente que dar um simples passo atrás levou alguns minutos. Por volta da quinta estação, porém, algo em mim se libertou e comecei a caminhar acompanhado da dor em vez de tentar evitá-la. Andei muito mais rápido, e ouvia enquanto os que estavam sentados do lado de fora da igreja terminavam de recitar o rosário e começavam a participar da missa. Parei de rezar a cada estação, e senti minha cabeça gloriosamente vazia. Quando cheguei ao cimo, meus pés estavam incrivelmente quentes, como se eu tivesse andado sobre brasas, mas não havia marcas neles. Lá embaixo, eu podia ver os fiéis reunidos numa longa fila ao redor da igreja, à espera da comunhão. Não houve nenhuma epifania, mas minha cabeça se mantinha limpa; era como se os pensamentos passassem velozmente, desviados do rumo por algum escudo invisível.

Não me demorei no topo da montanha; o céu já estava escurecendo acima do horizonte, e eu sabia que seria uma sorte se eu conseguisse chegar ao sopé antes que a luz fosse embora. Mas eu tinha descido só até a 13ª estação, quando quase sofri uma queda séria. Meus pés estavam tão doídos que pareciam escorregar das pedras assim que eu punha o peso do meu corpo neles. Tentei compensar a dificuldade correndo, o que quase me levou a cair de cabeça numa pedra quando me desequilibrei entre uma passada e outra, e só escapei de uma lesão grave por ter conseguido prender o quadril na pedra grande. Persisti, mas escorreguei mais duas vezes antes de chegar à 12ª estação, quando decidi que bastava. Quando me sentei para calçar as botas, divisei duas figuras, abaixo de mim, que tentavam, de gatinhas, passar de uma pedra para a outra. Eu não sabia se estavam subindo ou descendo. Quando acabei de atar os cordões e desci até o nível em que as figuras estavam, vi que eram duas mulheres, uma, de meia-idade, a outra, dos seus sessenta e poucos anos. Ambas eram muito pesadas, estavam banhadas de suor, e pareciam muito assustadas, principalmente a mais velha. Assim que me viram, as duas começaram a gritar em alemão como se tivessem encontrado o seu salvador.

Acenando com os braços e ofegando, a mulher mais velha agarrou-me o braço, segurando-o com firmeza, e não parou de falar comigo mesmo depois de ouvir que eu não *sprechen Sie Deutsche.* Com a ajuda de sinais manuais e do meu diminuto vocabulário em alemão, as duas me explicaram que tinham pretendido subir a montanha, mas que as pernas da velha não agüentaram, e então, ficaram muito temerosas de tentar descer na escuridão que se aproximava. Convencidas de que teriam de passar a noite ali, as duas mulheres estavam procurando um lugar onde pudessem se deitar e querendo saber se sobreviveriam até a manhã chegar.

Eu mesmo, mal podendo enxergar o que havia a mais de 10 metros, àquela altura, usei as mãos para dizer às duas que elas teriam de me acompanhar na descida da montanha. A mais velha insistia que não poderia continuar a caminhar sozinha, então fui obrigado a tomar cada uma das mulheres pela mão e conduzi-las, descendo de costas, pisando nas pedras, em direção à base da Križevac. Imaginar o ridículo da cena me deixava ligeiramente tonto, mas o medo da mulher mais velha era tão palpável que não tive outra escolha senão levá-la a sério. Além disso, encontrar o lugar onde pisar enquanto eu olhava para trás, tentando enxergar no escuro, logo se tornou uma tarefa absorvente. E a velha não parava de falar. Ela deve ter dito "*Gott segnen Sie*" ("Deus o abençoe") uma centena de vezes até chegarmos ao chão relativamente mais firme do lugar em que se via a quarta estação. Cerca de duas estações antes, eu me dera conta de que aquele seria o momento decisivo da minha viagem de volta a Medjugorje. De algum lugar dentro de mim, quer da minha imaginação, quer da minha intuição, vinha uma voz que dizia que eu tinha tido a minha porção de graça três anos antes, e que tudo o que eu poderia receber dessa vez era a oportunidade de dar. Sentia-me realmente grato por isso, e ouvia com um distanciamento estranho, quase envergonhado, enquanto a mulher mais velha continuava a me agradecer profusamente. Quando chegamos ao pé da montanha, levei as mulheres a um café, instalei-as a uma mesa, comprei-lhes um refrigerante, e me despedi. A mulher mais velha tornou a me agarrar o braço, disse "*Gott segnan Sie*" mais umas cinco ou seis vezes, depois tirou um terço do bolso e o pôs nas minhas mãos. Eu o pendurei na estátua da Virgem, no adro de São Tiago, enquanto me dirigia para o Hotel Bencun; depois, dormi tranqüilamente até a britadeira me acordar às sete horas da manhã seguinte.

Eu estava tomando um expresso num café em frente ao Hotel Bencun e pensando na minha ida para casa quando, de repente, vi a cabeça de Philip Ryan. Ele entrou no café e me disse que o padre Slavko chegara a Medjugorje durante a noite, mas estaria partindo no dia seguinte, dessa vez por três semanas. Havia uma fila de gente à porta da sala dele, disse Philip, e se eu tivesse a mais tênue esperança de me encontrar com Slavko, era melhor eu correr para o presbitério imediatamente.

Quase todas as pessoas que estavam esperando nos degraus do lado de fora e no corredor que levava à sala de Slavko eram croatas cujas expressões denotavam desânimo ou determinação. Havia também um punhado de peregrinos perambulando por ali talvez esperando ter apenas um vislumbre do homem santo, e *globe-trotter*, de Medjugorje. Eu não parecia ter muita chance, mas consegui com algum esforço chegar à entrada da sala de Slavko, onde havia uma freira sentada numa cadeira fazendo-se de recepcionista. Eu sabia que Slavko devia estar do outro lado da porta fechada que levava à sala onde havíamos nos reunido tantas vezes. A freira balançou a cabeça assim que me viu, mas, como ela quase não falava inglês, fingi não compreender que ela estava tentando me mandar embora dali. Fui entrando aos poucos, fingindo estar meio atarantado, enquanto ela continuava falando comigo em croata, em voz alta. O seu tom de voz foi ficando cada vez mais ameaçador, e eu estava me preparando para uma cena, quando a porta atrás da freira se abriu e

Slavko apareceu para ver o que estava acontecendo. Ele não se mostrou muito surpreso ao me ver; levantou as sobrancelhas ligeiramente, depois as franziu. "Ouvi dizer que você estava aqui", disse ele, não parecendo muito entusiasmado com isso. Eu sabia que ele tinha de partir de novo no dia seguinte e que havia muita gente querendo vê-lo, disse eu ao padre. Mesmo assim, eu estava ali para lhe pedir um pouco do seu tempo. Por um instante, Slavko me pareceu meio exasperado, depois se forçou a sorrir. "Falando em tempo", disse ele, "eu gostaria que se você tivesse escolhido uma hora melhor." A porta atrás dele se abriu mais; lá dentro, pude ver um homem de expressão sombria e uma mulher cujo rosto estava banhado em lágrimas. Slavko observou a minha reação por um instante, depois me disse num tom seco: "Volte à uma hora e arranjarei um tempo para você. Mas saiba que é difícil."

Evitei os olhos das pessoas que estavam na fila enquanto eu saía para a luz do dia, sentindo mais culpa que alívio, e mais alívio que satisfação.

Quando voltei, à uma hora, a freira rapidamente abriu a porta que dava para a sala de reunião e me acenou para que eu entrasse rapidamente, antes que alguém notasse. Sentei-me sozinho por alguns minutos antes de Slavko entrar por outra porta, apertar meu ombro ligeiramente me cumprimentando, e, depois, se sentar à minha frente, com um ar aflito e exausto. Ele disse que estava contente em saber que eu não abandonara o meu livro, perguntou o nome dos meus filhos, depois me disse que ele estava acabando de chegar de Haia, onde parara para ouvir as confissões dos croatas bósnios que estavam à espera de julgamento como criminosos de guerra. Fora uma das piores experiências da vida dele, disse-me Slavko. Fora horrível ter testemunhado o sofrimento moral desses homens, e principalmente de suas famílias. Mas talvez pior tenha sido a hipocrisia das Nações Unidas e dos "euros", principalmente. "Esses julgamentos não tratam de justiça, mas de política e de poder. Quem os tem, e quem não tem." Eu nunca vira Slavko zangado ou angustiado, mas naquele momento era assim que ele se mostrava, e a força dessas emoções me espantou. Por três anos, eu tinha pensado em me reunir com esse padre de novo, tinha ampliado, quase diariamente, um programa de perguntas e confissões, e tinha imaginado que palavras ele poderia dizer que pudessem aliviar minha mente e me fazer recuperar a confiança. Entretanto, Slavko não quis falar de mim, e, no que me parecia uma espécie de dissociação, prosseguiu falando de como Radovan Karadžić — "um homem responsável pela morte de milhares de pessoas" — continuava a viver como um senhor feudal em Pale. O antigo dirigente sérvio-bósnio podia ser visto todo dia no assento de trás de sua Mercedes enquanto ele ia do seu chalé no topo da colina para a fábrica Famos onde mantinha seu escritório, escoltado por três jipes Cherokee cheios de guardas armados. "Há talvez 12 guardas", acrescentou Slavko. "Há 30 mil soldados da Otan na Bósnia, mas eles têm medo de prender Karadžić. Entretanto, eles prendem um oficial da polícia croata que deixa a milícia usar a casa dele como centro do comando e dizem a esse pai de quatro filhos que ele tem de ir para a prisão por 25 anos porque alguns desses homens mataram civis muçulmanos. É a injustiça que dói nesses homens, que dói em todos nós. Os que ordenaram a matança, os que orquestraram o horror, os que espalharam o mal não podem ser levados a julgamento, mas os que foram levados de roldão, sem ter outra saída, que viram suas famílias serem chacinadas, têm de ser punidos. Hipocrisia é um nome bom demais para isso."

Fiquei ali sentado, perplexo, assentindo com a cabeça, pensando no que dizer enquanto ele continuava seu discurso. Armar e treinar os soldados das federações muçulmanas e croatas para que houvesse um equilíbrio de força militar na região fora uma condição categórica do acordo de Dayton, observou Slavko, mas os europeus impediram isso, todas as vezes. Quase um milhão de refugiados croatas e muçulmanos a quem foi dito que poderiam voltar para suas casas no território controlado pelos sérvios continuaram proibidos de entrar, enquanto suas casas eram ocupadas pelos sérvios, ou inteiramente destruídas pelo fogo. "Em vez de enfrentar as condições que levaram à guerra e tentar mudá-las, a Otan e a ONU insistiram em que se eles permanecessem no país, os problemas seriam sanados. Na realidade, eles só estão criando mais ódio, mais dor, mais amargura. A paz verdadeira deve fundamentar-se na justiça, e a justiça deve fundamentar-se na verdade, mas você não pode dizer isso a homens que não se importam com a justiça e menos ainda com a verdade, e que não sabem a diferença entre um país em paz e um país ocupado por exércitos estrangeiros. A oportunidade de criar um clima de perdão e reconciliação está indo embora diante das caras deles, e eles ou não a vêem ou não a verão." Slavko estava praticamente gritando, o rosto abatido, a fisionomia torturada. "Você devia ir a Haia e conversar com os homens lá", me disse ele, "e, depois, ir a Pale e ver o que está acontecendo lá. Essa é uma situação que o mundo precisa reconhecer, ou então a próxima guerra será ainda pior... muito pior do que a anterior."

Quase antes que eu pudesse entender o que estava acontecendo, Slavko me disse que me dera todo o tempo de que dispunha e que tinha de encontrar famílias que o estavam esperando desde cedo naquela mesma manhã. "Espero que quando você vier de novo, tenhamos mais tempo e menos distração", disse o padre enquanto se levantava, depois sorriu quase tão bondosamente quanto o fizera três anos antes. "Sei que você está lutando", disse ele. "Estamos todos. Vou rezar por você. Vá com Deus." Tocou-me o ombro levemente, virou-se e saiu da sala. Eu fiquei ali sozinho, estupefato, e me sentindo vagamente mal por alguns minutos, depois, por fim, voltei, cruzei a sala, passei pelo corredor, estudando os rostos dos que esperavam por Slavko. Quando pisei lá fora, eu estava ansioso para chegar em casa.

Rita estaria voltando a Medjugorje dentro de alguns dias, e eu queria vê-la, mas não tanto quanto eu queria estar com meus filhos de novo. Naquela noite, eu disse aos Bencun que estava partindo, dei-lhes o livro de Graham Greene, *O Poder e a Glória*, que eu trouxera para a filha deles, Ivana, e me despedi. Quando o ônibus da Globaltour parou na frente do correio às sete horas da manhã seguinte, eu já o estava esperando.

Cheguei ao aeroporto de Split a tempo de pegar o vôo para Roma, depois, voltei para Nova York sentado ao lado de um joalheiro da Filadélfia que me deu uma aula sobre como comprar pérolas. "A coisa mais importante a lembrar", disse ele, "é que você tem o que você pagou para ter."

CAPÍTULO 18

Uma semana antes do dia seguinte à minha partida de Medjugorje, Jakov enviou um relatório escrito para o escritório da paróquia. "Na sexta-feira, 11 de setembro, durante a aparição habitual, Nossa Senhora me disse que me preparasse especialmente com orações para a aparição do dia seguinte porque ela me transmitiria o décimo Segredo. No sábado, 12 de setembro, Nossa Senhora chegou às 11h14. Quando chegou, ela me saudou como sempre faz, dizendo: 'Louvado seja Jesus!' Enquanto ela estava me transmitindo o décimo Segredo, reparei que ela estava triste. Então, com um sorriso gentil, me disse: 'Filho querido! Sou sua mãe e o amo incondicionalmente. De hoje em diante não aparecerei para você todo dia, mas só no Natal, aniversário do meu Filho. Não fique triste, porque como mãe, estarei sempre com você, e como toda mãe de verdade, nunca o deixarei. Enquanto você continuar a trilhar o caminho do meu Filho, o caminho da paz e do amor, procure perseverar na missão que lhe confiei. Seja um exemplo desse homem que conheceu Deus e o amor de Deus. Que as pessoas sempre vejam em você um exemplo de como Deus age nas pessoas e como Deus age por intermédio delas. Eu o abençôo com a minha bênção maternal, e lhe agradeço por ter respondido ao meu chamado.' A aparição teve fim às 11h45."

Esse fato fez ver que apenas Vicka, Marija e Ivan (cada um deles afirmava ter recebido os primeiros nove Segredos) continuavam a relatar aparições diárias, e fez surgir uma onda de especulações entre muitos dos que eram fiéis a Medjugorje sobre a hora do Aviso, que estaria muito próxima. O Y2K estava então a apenas 15 meses de distância, como inúmeras mensagens da Internet lembravam aos crentes, e o mundo precisava se preparar para acontecimentos muito mais sérios do que um vírus em programas de computador.

No decorrer dos meses seguintes, os augúrios dos curandeiros Hopi e de astrônomos maias atravessaram velozmente a tela do meu computador por meio de *e-mails*, acompanhados de perto pelas previsões de Edgar Cayce e Nostradamus, todos subsumidos por versos tirados do Apocalipse de São João, o Divino. Do bezerro vermelho, em Jerusalém, ao búfalo branco, no Wisconsin, os prodígios do retorno do Salvador estavam vindo à tona em toda a Terra, observou uma missiva, enquanto outra me prevenia de que os cristãos evangélicos, às centenas, estavam tratando de se assentar ao redor do monte das Oliveiras, onde se dizia que Jesus ascendeu ao Céu. A vidente de Garabandal, Mari Loli, estava falando de novo, descobri no início de 1999, e vinha dizendo às pessoas que o Aviso estava "muito próximo": ela não poderia precisar a data, porque o Milagre ocorreria durante aquele mesmo ano, mas tinha necessidade de nos dizer que durante o Aviso tudo na Terra ficaria parado, até os aviões no céu. "É algo terrível", disse Loli, que estava então rezando 15 dezenas do rosário todo dia. "O Aviso nos fará sentir tudo de errado que fizemos."

Enquanto as vozes dos que insistiam em dizer que as coisas não podiam continuar como estavam para sempre tornavam-se cada vez mais estridentes, os videntes de Medjugorje, observei, não respondiam às expectativas e presságios quanto ao milênio que giravam em torno deles. Mirjana estava sozinha quando surgiu numa sessão de perguntas e respostas para a mídia, logo depois de Jakov ter anunciado o fim das aparições testemunhadas por ele, e o que ela ofereceu foi pouco mais do que um conselho de que se vivesse dia a dia. Ninguém deveria imaginar que pudéssemos nos preparar para o que estava por vir retirando-nos para algum santuário supostamente sagrado, disse ela aos interrogadores. "Vocês não terão de sair de suas casas." Ela não sabia se os Segredos de Jakov eram os mesmos que os dela, reiterou Mirjana pouco depois, porque os seis sabiam que não deveriam discutir esses assuntos nem entre eles próprios. "Só posso lhes dizer que não temos Segredos particulares", acrescentou ela. "Os Segredos destinam-se ao mundo todo." Quando um interrogador perguntou: "Maria acha que os Segredos serão revelados até o ano 2000?", Mirjana pareceu quase ridicularizar a pergunta. "Segredos são segredos", disse ela. "Quando começarem a se revelar, veremos o que acontecerá e quando."

Talvez os comentários mais interessantes feitos por Mirjana tenham sido os que se referiam à alegada declaração da Virgem: "Esta é a última vez que estarei na Terra desta maneira." Embora a Mãe Santíssima não tenha propiciado nenhum esclarecimento, "tenho pensado que o que Ela quis dizer foi que aquela era a última vez que Ela apareceria por muito tempo, e para tantos videntes", explicou Mirjana, "mas não que ela não voltaria mais à Terra". A mídia tanto na Itália quanto na Croácia faria grande alarde desse "esclarecimento", sugerindo que Mirjana parecia estar minorando a importância de Medjugorje.

Para mim, as palavras mais destoantes de Mirjana foram as que ela pronunciou quando respondeu a uma pergunta sobre desastres iminentes: "Não sei de onde as pessoas tiraram essa idéia de que os Segredos sejam tão horríveis, porque nós nunca dissemos isso." Mas, durante as entrevistas de Mirjana com padres no início dos anos 1980, que foram gravadas, ela falara demoradamente de como alguns Segredos eram assustadores. Além disso, em 1995, ela me disse que se sentia acabrunhada pela tristeza e pelo pavor cada vez que pensava nas coisas terríveis que aconteceriam depois que o Sinal aparecesse no Podbrdo.

Este era uma daquelas inconsistências que se alojavam na minha cabeça como gotas de dúvida, mínimas e tóxicas. Às vezes, era como se eu tivesse me esquecido de como Mirjana me parecera tão convincente no período em que eu convivera pessoalmente com ela. Os assediadores de Medjugorje, particularmente o editor da revista *Fidelity*, E. Michael Jones, tinham focalizado Mirjana como instigadora de uma conspiração não intencional que evoluíra com o tempo, transformando-se num esquema de produção de muito dinheiro. Sendo ao mesmo tempo a mais sensível e a mais inteligente dos videntes, Mirjana, por meio de alguma "habilidade mediúnica", adivinhara as "forças psíquicas" da região e as transmitira para os outros cinco videntes, e, segundo Jones (que anteriormente insistira em que as aparições eram simplesmente uma fraude copiada de Lourdes), com o tempo, ela percebera que poderia não só servir às ambições políticas de seus mentores franciscanos, como atender às necessidades materiais de seus amigos e vizinhos. Eu sabia, de leituras anteriores, que Jones, de uma forma vergonhosamente irresponsável, vinha amealhando fatos que comprovassem os seus argumentos, mas tinha de admitir que uma compilação dos comentários dos videntes sobre o tema Segredos seria um documento preocupante. E, no entanto, eu não poderia deixar nada de lado.

Durante os últimos meses e semanas do milênio, me vi entrando numa espécie de limbo psíquico, observando tudo o que acontecia com um fascínio cada vez mais indiferente. Comecei a dizer às pessoas que considerava toda aquela conversa sobre Y2K tediosa. Eu não percebera que a minha falta de paixão era um disfarce até a tarde de 31 de dezembro de 1999, quando sirenes estridentes anunciaram que estava ocorrendo um vazamento de gás venenoso no depósito de armas químicas de Umatilla, no Oregon, onde o terreno no qual se planejara erguer um santuário de Nossa Senhora das Graças continuava vazio. Depois se soube que era um alarme falso, disparado por alguém do centro de operações de emergência que tencionava prevenir os que trafegavam na rodovia interestadual próxima da presença de neblina e gelo. Contudo, aquele momento cheio de adrenalina em que eu me pegara pensando "É tudo verdade!" continuava a voltar à minha memória, muitas vezes, como um lembrete doloroso de como eu tinha ficado alterado com a minha temporada em Medjugorje. A doutrina da Igreja que parecia se aplicar a isso era *semel credidisse*. O que quer dizer, *grosso modo*, que qualquer um que tivesse acreditado, ainda que por um instante, levaria essa crença, para sempre, com ele. A idéia de *semel credidisse* fascinara Jung, que refletiu sobre ela durante toda a sua batalha com o catolicismo. Ao contrário dele, eu não estava tentando reinventar o cristianismo, mas até mesmo aprender a viver com a religião como uma questão em aberto estava se mostrando não ser um feito nada fácil. Enquanto as pessoas à minha volta celebravam o novo século, eu me via desejando poder mudar o passado, desfazer o meu primeiro telefonema para Irma Munoz, cancelar a minha passagem para Roma, suprimir todas as lembranças da Bósnia, e ir a Scottsdale só para jogar golfe nos meses de inverno. O que eu queria era que alguma outra pessoa pensasse por mim. E foi nesse estado de espírito que me voltei para a ciência em busca de respostas.

No início do ano 2000, descobri uma passagem, num livro de um teólogo católico contemporâneo, que tratava da frustração de capelães de uma prisão, que, no século XIV, ministravam sacramentos para presos tão simplórios que não podiam nem sequer "imaginar" a existência de Deus. Num período de menos de cem anos, contou o autor, essa dinâmica mudou inteiramente, e, por volta de meados do século XX, eram as pessoas instruídas que tinham mais dificuldade em conservar a idéia de Deus. Os avanços científicos produziram essa ruptura de paradigma, na opinião do autor, e eu não discordaria dela, embora me perguntasse se essa mudança teria mais a ver com perspectiva do que com prova.

De acordo com uma pesquisa publicada pelo Instituto Nacional de Ciência pouco antes do alvorecer do novo milênio, 78% dos físicos e astrônomos dos Estados Unidos disseram não acreditar em Deus. O que era um número importante, dado que, segundo os padres cientistas que trabalhavam no Observatório do Vaticano, esses campos produziram mais indícios de uma majestade divina do que todos os outros combinados. A Santa Sé tinha sido especialmente veemente ao acolher a teoria do *big bang*, e gosta de lembrar aos secularistas que o primeiro astrônomo a aventá-la foi um padre católico belga, o *abbé* Georges Lemaître. Já em 1927, aplicando a teoria da relatividade de Albert Einstein à noção de um universo em expansão sugerida pelo trabalho de um astrônomo norte-americano, Edwin Hubble, Lemaître propôs a idéia de um "átomo primordial" que contivesse toda a matéria e energia existentes antes de se dar a explosão no espaço. Hubble, por sua vez, apoiou-se fortemente nas idéias de Lemaître para desenvolver a sua hipótese de que estrelas e galáxias não só estão se afastando da Terra em todas as direções, como a velocidade desse afastamento aumenta tanto quanto a distância de nós. Setenta anos depois, toda teoria importante que resultou da teoria do *big bang* fundamenta-se na sugestão de Lemaître de que o universo foi um dia uma "singularidade" de matéria e energia condensadas numa massa extraordinariamente minúscula e infinitamente quente. E a idéia do padre belga de que uma imensa explosão mandou matéria e energia em expansão em todas as direções levou a inúmeras deduções confirmáveis, sendo a mais importante a de que a temperatura no espaço profundo deve ser de muitos graus acima do zero absoluto. Isso foi confirmado muitas vezes, mais persuasivamente pelas leituras mandadas de volta à Terra pelo satélite *Cobe,** que confirma que o campo da radiação de fundo no espaço tem precisamente o espectro previsto pela teoria do *big bang*.

Desde Lemaître, muitos cientistas importantes observaram que a teoria do *big bang* é compatível com um conceito teístico da criação. A obra de Max Planck valida a idéia de que antes do "Evento Inicial" havia apenas uma força e uma partícula na existência, e que o tempo e o espaço se originaram desse microponto de mistério. Stephen Hawking sugeriu que o universo antigo misturou o espaço e o tempo de uma maneira tal que torna um ponto inicial e definido impossível. Nenhuma grande cabeça construiu uma teoria viável para explicar como agregados de massa, como as galáxias, poderiam ter se formado, dada a velocidade da expansão do universo; tudo o que sabem é que o que quer que mantenha as coisas juntas tinha de existir antes que os átomos existissem. Ao mesmo tempo, os cientistas foram forçados a reconhecer que o universo não poderia emergir do puro nada, uma vez que não há e não pode haver um vácuo completo. Entender o que havia antes de haver alguma coisa fez com que muitas grandes cabeças se inclinassem para um ponto de vista místico. Mesmo quando Einstein rejeitava o conceito de um Deus pessoal, ele considerava "uma religiosidade cósmica" como o supremo estado da consciência humana. "Todo aquele que está seriamente envolvido na busca da ciência torna-se convencido de que um espírito se manifesta nas leis do Universo — um espírito muito superior ao do homem, e diante do qual nós, com nossos poderes modestos, devemos nos sentir humildes", escreveu Einstein em 1936.

Embora a observação famosa e severa de Steven Weinberg de que "Quanto mais o universo parece compreensível, mais parece sem sentido"

* Cosmic Microwave Background Explorer: satélite Explorer que mede a radiação cósmica de fundo em microondas. (N. da T.)

seja muito apreciada pelos intelectuais contemporâneos, muitos físicos contemporâneos igualmente importantes chegaram a uma conclusão exatamente oposta a partir dos mesmos dados. Talvez isso aconteça porque eles ultrapassam as louvações às leis da física e se perguntam: De onde vêm as leis da física? O físico quântico e filósofo Paul Davies disse: "Por que um conjunto de leis que impulsiona gases abrasadores e amorfos saiu do *big bang* em direção à vida, à consciência, à inteligência e às atividades culturais, como religião, arte, matemática e ciência?" A pergunta adquire mais e mais ressonância diante de testes científicos que mostram que as leis da física, escolhidas ao acaso, quase inevitavelmente resultam ou em caos, ou numa estase entorpecida. Muitos físicos perceberam um sinal claro de intencionalidade num corpo de evidências, que é cada vez maior, que os leva a dizer que o universo existe num equilíbrio de liberdade e disciplina que parece guiar a evolução por um caminho claro em direção a alguma meta desconhecida. Como o ateu confesso Heinz Pagel diz, as leis da natureza parecem estar escritas em algum código cósmico, e a tarefa do cientista é decifrar esse código e enviar a mensagem que está escrita nele.

Ao mesmo tempo, cada vez mais cientistas falam de um "encerramento" que se construiu para o universo que torna impossível chegar a uma Teoria do Tudo completa e final. Quanto mais eles sabem, observam esses cientistas, mais eles percebem que pouco sabem. Isso é martelado toda vez que um novo avanço revela que as hipóteses nas quais a teoria se baseava não são mais viáveis. Quando os cientistas do Laboratório Nacional de Brookhaven começaram a testar o seu acelerador RHIC (de íons pesados relativísticos) — ou "máquina do tempo", como foi chamado — eles falaram em recriar o *big bang* e produzir o plasma *quark-gluon* que deve ter existido no primeiro milionésimo de segundo da criação, para que pudessem compreender como prótons e nêutrons se formaram e depois se combinaram para produzir os átomos. Todos os testes deveriam ser conduzidos de acordo com o modelo-padrão que por algum tempo foi a base da teoria subatômica. Entretanto, quando o Laboratório de Brookhaven relatou seus primeiros resultados importantes, eles foram acompanhados de uma declaração do diretor do laboratório, Dr. Thomas Kirk, dizendo que dali em diante o modelo-padrão seria "insuficiente para descrever o nosso universo": partículas subatômicas chamadas múons reagiram aos campos magnéticos com "grande afastamento numérico" do modelo-padrão. Os mais importantes cientistas de mais de uma dúzia de países foram incapazes de explicar isso e na realidade só puderam concluir que o universo deve conter outras partículas que eles desconhecem e cujo comportamento não compreendem, e que essas partículas de uma maneira ou de outra influenciaram os movimentos dos múons. Em outras palavras, o que a máquina de 600 milhões de dólares deles ensinou às cabeças científicas mais brilhantes do planeta foi que eles realmente sabiam muito pouco de um universo que é apenas menos misterioso do que era para os nossos antepassados tribais.

Para os pesquisadores do Observatório do Vaticano, tudo isso não é senão mais uma demonstração do Santo Mistério. Os padres cientistas do Vaticano gostam de contar a história de um encontro histórico entre Georges Lemaître e o astrônomo amador que eles conheciam como papa Pio XII. Emocionado com os primeiros resultados dos testes que pareciam validar a teoria do *big bang*, Pio XII sugeriu que a Igreja a endossasse (chamando atenção para o fato de que um padre contribuíra na elaboração dessa teoria). Lemaître aconselhou-o a não fazê-lo. Uma religião que se prende a uma ciência do século XX, observou o *abbé*, estava fadada a parecer tola no século XXII.

Saber se a pesquisa corrobora ou abala a crença no Todo-Poderoso é uma pergunta que pode ser formulada por um ou outro lado, mas o que se pode realmente saber é que Deus não foi nem provado nem desaprovado pela ciência moderna. Os superdarwinistas da psicologia evolutiva estão determinados a nos convencer de que nosso cérebro é um computador que foi programado pela seleção natural, enquanto Edward O. Wilson argumenta que a moralidade se desenvolveu inteiramente como uma resposta a nossas condições materiais e que precisamos de uma nova religião, independentemente de Deus, baseada no empirismo científico. Entretanto, a maioria de nós persiste em alguma forma no "transcendentalismo" que Wilson e companhia rejeitam, e muitos desses são cientistas, "os escoteiros ambulantes do movimento empirista", como Wilson os chama. De fato, as pesquisas continuam a mostrar que membros da maior profissão que reúne os formados nas faculdades de biologia ainda acreditam, por uma maioria razoavelmente significativa, na existência de um Deus pessoal.

Esses, é claro, são médicos. Baseados quase inteiramente em suas experiências profissionais, os médicos são talvez os profissionais mais religiosos da Terra. Segundo uma pesquisa realizada em 1999 por Yankelvich e Associados, 99% dos médicos acreditam que a fé religiosa possa curar um paciente doente. E, o que é talvez mais notável, 75% dos médicos acreditam que *orações de outros* possam contribuir para a recuperação de um paciente. E a pesquisa científica comprova. Durante os últimos vinte anos, pesquisa após pesquisa nos mostrou que pacientes gravemente doentes pelos quais se reza — incluindo os doentes que não sabem da existência dessas orações — têm melhoras mais significativas que os doentes pelos quais não se reza. O homem que trabalhou mais para integrar os resultados dessas pesquisas, o Dr. Larry Dossey, ex-chefe de equipe do Centro Médico Humano, em Dallas, os resume em três palavras: "A oração funciona." Ou, como disse um admirador de Dossey, o Dr. Herbert Benson, da Harvard Medical School: "Se a espiritualidade fosse uma droga, nós não teríamos como competir com ela."

Muito poucos investigadores de "milagres médicos" saem inalterados da experiência, não importa a paixão com que tenham protegido as suas reputações científicas da pecha de espiritualismo. Entre as mais impressionantes conversões produzidas pelo testemunho de uma cura milagrosa, por certo a mais famosa é a de Alexis Carrel, o ganhador do Nobel que estava presente em Lourdes, em maio de 1902, quando uma jovem mulher chamada Marie Bailly foi levada da beira da morte para a saúde perfeita pelas águas da fonte que Bernadete Soubirous descobrira quase meio século antes.

Carrel tinha então 29 anos, e tinha acabado de divulgar o trabalho que delineava os avanços no campo da ligadura vascular, e nas técnicas cirúrgicas correlatas, que não só salvariam milhares de vidas e lhe dariam o prêmio Nobel como também serviriam de base para os modernos transplantes de órgãos. Ele foi a Lourdes, em maio de 1902, para atender a um antigo colega da escola de medicina que pedira a Carrel que o substituísse como médico encarregado de transportar, de trem, doentes de Lyon para a gruta nos Pirineus. Nesse mesmo trem, estava Marie Bailly, que tinha sido levada a bordo, às escondidas, por parentes, a despeito da proibição ao transporte de moribundos. Naquele momento, ela estava semiconsciente, pois sofria de uma peritonite tão grave que o seu abdome estava horrivelmente distendido pelas massas duras que envolviam suas vísceras. Durante a viagem de trem, Carrel aliviou-lhe a dor com morfina, e disse aos que acompanhavam Marie que ela não chegaria viva a Lourdes. Marie sobreviveu à viagem, mas quando chegou ao santuário, os médicos do hospital não deixaram que ela fosse mergulhada na piscina sagrada, explicando que o estado dela era grave demais. A jovem fez um apelo aos que ali estavam, perguntando se alguém poderia lhe derramar água na barriga inchada. Alexis Carrel estava presente quando derramaram três copos d'água na barriga inchada de Marie, e estava entre os que viram mudanças perceptíveis na forma do cobertor que lhe cobria a parte de baixo do tronco. Quando Carrel puxou o cobertor, descobrindo-a, ele viu que o abdome de Bailly estava liso, que as massas duras que o distendiam tinham desaparecido, e que não se observava nenhum tipo de descarga. Naquela noite, Bailly se sentou na cama pela primeira vez em meses, e jantou sem vomitar. Ela se levantou cedo na manhã seguinte e se vestiu antes que o Dr. Carrel aparecesse e lhe perguntasse o que, naquele momento, ela pretendia fazer na vida. "Entrarei para a ordem das Irmãs de Caridade e passarei a vida cuidando dos doentes", respondeu a jovem. Durante os seis meses seguintes, o Dr. Carrel investigou o caso minuciosamente, confirmando que Marie Bailly tinha deixado Lyon em condições de saúde críticas, tendo sido liberada do hospital de lá por médicos que não tinham lhe dado mais que uma semana de vida. Incapaz de aceitar que aquela cura tivesse sido simplesmente "milagrosa", Carrel também não encontrou nenhuma explicação empírica, e, conseqüentemente, propôs a teoria de uma "força natural psíquica". Ele conseguiu que Bailly fosse examinada não só por médicos, como por psiquiatras durante os seis meses seguintes, até, conforme prometido, ela entrar para o noviciado em Paris, em dezembro de 1902. Ela viveu, sem recaídas, por mais 35 anos, como irmã de caridade.

Carrel negou-se a tornar público o seu envolvimento no caso de Marie Bailly, e fez o que pôde para que nem sequer soubessem que ele estivera em Lourdes, temendo que isso o desacreditasse entre seus colegas da faculdade médica da Universidade de Lyon. Um jornal local o denunciou, porém, e publicou um artigo no qual se dizia que o médico não aceitava a alegação de milagre para a cura de Bailly. Carrel respondeu com um artigo assinado que ocasionou desavenças nos dois lados da "controvérsia" e resultou na sua saída de Lyon um ano depois. Carrel se mudou primeiro para Paris, depois para Montreal, depois para a Universidade de Chicago, até estabelecer o seu pouso no Instituto Rockefeller, onde se tornou uma celebridade nova-iorquina após receber o prêmio Nobel, em 1912. Luminares internacionais de todos os campos do esforço intelectual fizeram peregrinações ao seu laboratório, com esperança de ver o embrião de uma galinha que se mantinha vivo numa solução especial. Tantos artigos reiteraram que o Dr. Carrel estava prestes a descobrir o segredo da imortalidade, que a alegação não tardou a aparecer na imprensa quase toda vez que o nome dele aparecia.

Carrel permaneceu relutante em discutir o caso de Marie Bailly, e o seu relato escrito dos cinco dias passados ao lado da jovem em 1902, *A Viagem a Lourdes*, só foi publicado em 1948, quatro anos depois da morte do médico. Embora educado na religião católica, Carrel nunca voltou a praticar a religião que abandonara quando ainda era estudante universitário. Todavia, em seu leito de morte, o médico pediu a presença de um monge trapista que conhecera dez anos antes, confessou acreditar que a cura de Bailly fora um milagre, e recebeu a extrema-unção.

A história não termina aí, infelizmente, mas ela inclui o tipo de pós-escrito confuso que tanto perturba a relação entre a Igreja Católica romana e os cientistas da medicina que ela emprega: em 1964, o Comitê Médico Internacional, juntamente com o Bureau Médico de Lourdes, declarou não poder confirmar o diagnóstico de milagre para a cura de Marie Bailly, porque os médicos da época não consideraram a possibilidade de pseudociese, uma gravidez falsa, psicologicamente induzida. Indícios de que Marie Bailly era mentalmente saudável e de que os médicos que a atenderam em Lyon observaram grandes descargas de muco consistentes com a peritonite contrariavam esse diagnóstico, afirmou o Comitê Médico Internacional, mas como ainda restava no mínimo um grão de dúvida, não se podia confirmar a existência de um milagre.

Possibilidades remotas, ceticismo científico e divergências teológicas não só turvam as águas milagrosas de Lourdes como perseguem continuamente os que procuram seriamente se servir da ciência médica para autenticar curas sobrenaturais. No decorrer do século passado, mais de 6.500 indivíduos enviaram relatos de curas milagrosas ao Bureau Médicale, em Lourdes, que classificou 2.500 dessas como "notáveis". Entretanto, desse total, apenas 66 foram aprovadas pelo Comitê Internacional, e as últimas dessas ocorreram em 1987. Nenhuma das curas de Medjugorje obteve até agora qualquer reconhecimento formal da Igreja. A cura de Rita Klaus é provavelmente a primeira da fila das que buscam aprovação, mas o processo parece interminável para os que participaram dele. Entre os médicos que investigaram o caso encontra-se o Dr. Richard Casdorph, um californiano não-católico que examinou os dados médicos de Klaus pela primeira vez em 1989. O Dr. Casdorph começara a investigar curas supostamente milagrosas quase trinta anos antes, quando realizou uma inspeção das fichas médicas de pessoas que alegavam ter sido curadas em encontros de oração dirigidos pela evangelizadora Kathryn Kuhlman. O primeiro caso examinado por ele dizia respeito a uma adolescente que tinha sido tratada por uma variedade de médicos no Hospital Infantil de Los Angeles por causa de um tumor maligno no osso do quadril. Quando estava sentada numa cadeira de rodas, durante uma reunião de Kuhlman, no auditório do santuário, a menina de repente se levantou e andou. Na mesma noite, ela andou de bicicleta. Os médicos do Hospital Infantil, que haviam prevenido os que cuidavam dela, apenas uma semana antes, de que se a menina tentasse se levantar o osso do quadril poderia se esfacelar, constataram que o tumor desaparecera. "A constatação era absolutamente espantosa", Casdorph me disse.

Embora Kuhlman o classificasse como "o homem mais cético que jamais conheci", lembrou-se Casdorph (não sem um certo orgulho), ela acedeu em abrir todos os seus arquivos. Depois de pesquisar e documentar exaustivamente 12 curas inexplicáveis, o Dr. Casdorph participou como colaborador no livro *Os Milagres*, publicado em 1975, um ano antes da morte de Kuhlman. Entretanto, o sucesso como autor não o ajudou em sua carreira médica, uma vez que Casdorph foi menosprezado pela maioria dos seus colegas de profissão, viu o movimento de sua clínica cair, e perdeu o seu lugar de docente na escola de medicina da Universidade da Califórnia. "A ciência e a religião parecem incompatíveis tanto como assunto de filosofia como quanto realidade", observou ele durante uma de nossas conversas.

Então me vi lembrando dos olhos claros e bons de Rita Klaus, e do leve cheiro de talco que ela exalava, enquanto Casdorph descrevia o processo que o levou a se envolver no caso dela. Durante anos depois da morte de Kathryn Kuhlman, ele não conseguiu assistir a um culto religioso convencional até o fim, explicou o médico: "Nada mais parecia ser compreendido por mim com a mesma profundidade." Mas então, em meados dos anos 1980, ele leu um artigo sobre Medjugorje e era como se tivesse ouvido o mesmo tipo de "chamado" que o levara a Kuhlman. Após voltar para casa, extremamente emocionado com as duas semanas que passou em Medjugorje, Casdorph começou a se corresponder com o padre Slavko, que perguntou se ele revisaria as fichas médicas de Rita. "Era uma cura muito bem documentada", lembrou-se Casdorph, "porque ela tivera um acompanhamento excelente de muitos médicos com quem se tratara nos meses e anos anteriores." Embora pudesse haver algum engano no diagnóstico das formas mais brandas da esclerose múltipla, admitiu ele, um caso avançado como o dela era inquestionável. E o fato de que as pernas deformadas e atrofiadas de Rita tivessem se recuperado perfeitamente em algumas horas tornava a sua cura particularmente notável.

Ao dar prosseguimento à sua investigação, Casdorph ficou muito impressionado com o rigor exigido pelos funcionários do Vaticano com quem ele se correspondeu durante os anos 1988 e 1989, e lhes assegurou que se a cura dela não fosse designada como milagre, ele não poderia imaginar o que poderia sê-lo. Entretanto, o trabalho do Dr. Casdorph se mostrou inútil. Alguém ligado à investigação soube que ele não era propriamente católico, e ele foi imediatamente afastado do caso Klaus. "Foi quase uma sensação de que eles estavam procurando algo para me desqualificar ou me desmerecer", disse Casdorph, "não com alguma intenção maliciosa, mas simplesmente porque queriam que esse processo se arrastasse o mais possível." Para eles, o pior que poderia acontecer não era uma cura genuinamente milagrosa não receber a sanção oficial da Igreja, os funcionários do Vaticano lhe disseram, mas, sim, a perspectiva de que um milagre fosse confirmado pela Igreja apenas para ser questionado por descobertas posteriores. Doze anos depois da saída forçada do Dr. Casdorph da investigação, a Igreja ainda não chegou a nenhuma conclusão quanto à natureza milagrosa da cura de Rita Klaus.

"As leis e os fatos mais fundamentais da ciência física foram todos descobertos e estabelecidos tão solidamente que a possibilidade de algum dia serem complementados graças a novas descobertas é extremamente remota", declarou o médico alemão de nascimento, Albert Michelson, em 1903. "Há apenas duas coisas infinitas", observou Albert Einstein, suíço de nascimento, não muito depois, "o universo e a estupidez humana, e não estou muito certo quanto ao primeiro."

Como para confirmar as palavras de Einstein, esperei até o jogo estar bem adiantado para então me perguntar o que eu realmente queria da ciência. Informação, é claro, mas isso eu já tinha mais do que saberia utilizar. "Consolo" era outra idéia, e no entanto eu me sentia levado por um impulso de arrancar a religiosidade que me cobrira como uma segunda pele por seis longos anos até ali. De uma certa maneira, eu estava à procura de um tipo de vocabulário que me permitisse me comunicar com não-crentes, um grande motivo para que a Igreja acolha a ciência, segundo o catecismo católico. Mas esse não era exatamente o cerne da questão para mim. O papa João Paulo II dissera: "A ciência pode purificar a religião do erro e da superstição. A religião pode purificar a ciência da idolatria e dos falsos absolutos." Essa era uma posição que eu podia aceitar, mas os meus motivos, eu sabia, eram um pouco mais egoístas do que os do papa. Eu estava procurando, eu me dava conta, uma ponte que me permitisse viver e trabalhar em margens opostas do mesmo rio.

O que me atormentava era ver como o meu dilema parecia se arrastar. Eu tinha publicado dois outros livros desde a minha primeira viagem a Medjugorje, mas eu ainda não conseguira largar o que eu começara na Bósnia, e ele ainda não me largara. Depois de todo esse tempo, eu ainda me sentia totalmente incapaz de reconciliar a crença de que o que eu vira, ouvira e vivera em Medjugorje era verdade com a minha convicção igualmente profunda de que *definitivamente* não era verdade, que era, realmente, tanto um fenômeno de natureza divina como de vontade divina. Pelo menos eu já não estava mais exigindo um esclarecimento.

O problema era que, justamente quando comecei a achar que tinha chegado a uma certa serenidade quanto à futilidade da minha investigação, novas revelações me sacudiriam. No início de 2001, descobri que os videntes de Medjugorje tinham passado pela mais completa bateria de testes científicos feita em mais de uma década — talvez algum dia — e que isso tinha se realizado durante a minha segunda estada na paróquia. Os médicos que coordenaram esses testes (que duraram oito meses) eram em geral italianos, embora austríacos do Instituto para os Limites do Campo da Ciência tivessem colaborado. Suas especialidades iam da medicina interna, neurologia e ginecologia à psiquiatria, psicofisiologia e hipnoterapia. E a abrangência dos testes psicológicos era algo sufocante: MMPI (Inventário Multifásico de Personalidade de Minnesota), EPI, MHQ (Questionário de Saúde Multidimensional), teste da Árvore, teste individual, teste de matrizes progressivas de Raven, teste de Rorschach, teste da Mão, e detector de mentiras Valsecchi. Ao mesmo tempo, foram feitos testes fisiológicos, que incluíam eletrocardiograma e polígrafo computadorizado. Foram testados quatro estados de consciência: vigília, visualização de imagens mentais, êxtase hipnoticamente induzido, e os arroubos dos três videntes que ainda relatavam aparições diárias. Todos os videntes colaboraram (embora apenas depois de uma considerável pressão do padre Slavko), exceto Jakov, que só consentiu um exame psicológico realizado em sua casa em Bijakovići.

Enquanto o escritório da paróquia em Medjugorje "solicitara" os exames, a Santa Sé insistia em controlar os resultados e estava sendo cautelosa quanto ao que revelaria. O relatório fornecido pela assessoria de imprensa do Vaticano foi, no entanto, desconcertante. Enquanto os médicos envolvidos na pesquisa concordavam em que os videntes examinados não tinham apresentado e continuavam a não apresentar "sintomas patológicos", os videntes, conforme relatou o Vaticano, mostraram um nível maior de "estresse" do que havia sido observado previamente. Os testes de novo demonstraram que, durante as alegadas aparições, eles entravam num estado de consciência alterado bem diferente dos outros três estados mentais em que foram testados. O mais interessante tanto para a equipe médica como para os funcionários do Vaticano foi que os psiquiatras que examinaram os videntes durante duas séries de sessões de dois dias realizadas em Como, na Itália, e em Medjugorje puderam induzir um transe hipnótico a cada sessão, mas não conseguiram provocar nenhuma visão da Virgem Maria, apesar das tentativas feitas.

Para mim, a frase que mais se destacava no relatório do Vaticano era uma que precedia o fecho daquele documento conciso e cauteloso na escolha das palavras: "Os resultados da investigação demonstram que a fenomenologia extática pode ser comparada aos êxtases de 1985 *com menos intensidade*" (grifo meu). Como, eu gostaria de saber, seria possível que uma conversa com a Mãe de Deus fosse um tanto menos intensa em 1998 do que o fora em 1985? Os videntes estavam cansados? Distraídos? A familiaridade poderia estar criando uma espécie de complacência inconsciente? Alguém poderia aprender a levar meio na flauta diálogos cotidianos com a Rainha do Céu? Tudo o que eu sabia era que essa única frase no relatório dos médicos tornou-se um obstáculo que o meu pensamento não podia contornar. De repente, fazer as perguntas certas não era de grande ajuda. De novo, eu queria respostas.

A única pessoa que poderia me ajudar a ver tudo isso com mais clareza, imaginei, era o padre Slavko, que, por fim, tinha orquestrado a sua pesquisa mais recente, e era o único homem sábio que eu jamais encontrara. Mas mal se passara uma semana, quando eu soube que Slavko tinha partido deste mundo.

Foi uma morte tão perfeita quanto seria possível. Na tarde de 24 de novembro de 2000, Slavko levara um grupo de fiéis na sua caminhada semanal "Via-crúcis" até o cume da Križevac. Cinco anos antes, eu esboçara este texto sobre o padre franzino: "Toda tarde de sexta-feira ele conduzia uma procissão até o topo da Križevac, galgando a montanha, sob o calor pegajoso, metido no seu hábito de lã e calçando sandálias de couro, o megafone numa mão, o breviário na outra, suando profusamente, o peito magro arfando sob o tecido marrom que o cobria. Caminhando ao lado dele, eu observava a sua exaustão, fragilidade, determinação e força com uma admiração que foi se tornando a afeição mais profunda de que eu poderia me lembrar ter sentido por algum dos meus semelhantes. Na presença desse padre especial, era impossível alguém dizer a si próprio que alguns nasceram para ser santos, enquanto o resto estava destinado a lutar inexoravelmente. Slavko se tornara o homem que ele era graças, em grande parte, a uma vida dedicada inteiramente à devoção e ao servir. No decorrer dos últimos dez anos ele aprendera por conta própria quatro línguas e conseguia escrever um livro de tantos em tantos meses, rezar seis horas por dia, e dedicar pelo menos outras 12 horas ao seu sacerdócio. Cochilos, disseram-me, eram o único sono que ele se permitia. Contudo, o que havia em Slavko de verdadeiramente notável era que ele fazia de toda palavra, todo ato, todo gesto, de algum modo, uma expressão do amor. E isso sem nenhum traço de bajulação, presunção e complacência, mas com um amor que era duro e durável, feito em grande parte de sofrimento e sacrifício, oferecido a todos, e dado com a mais absoluta humildade." O homem estava se esgotando diante dos nossos olhos, observei pelo menos algumas vezes no decorrer da minha primeira estada em Medjugorje, e a gente do lugar sempre entendia o que eu queria dizer. Ele continuou a conduzir as procissões montanha acima, toda semana, mesmo nos meses duros da *bura*. Naquela sexta-feira específica ele conseguiu chegar ao cume gelado da montanha, mas não concluiu suas orações ao pé da grande cruz, como era seu costume, e, em vez disso, recitou a ave-maria final na frente do relevo cor de bronze da 15ª e última estação, "A Ressurreição". Ao chegar ao fim, ele se virou para iniciar a descida, mas só conseguiu chegar à estação seguinte, "Jesus é posto no túmulo", onde parou, parecendo perder o equilíbrio por um instante, e depois se sentou no chão. Rita Falsetto, sempre ao seu lado, correu para junto dele, e Slavko, enquanto se estendia no chão, descansou a cabeça no colo dela. Ele tentou tomar fôlego, mas logo ficou inconsciente, e morreu nos braços de Rita.

No dia seguinte, Marija relatou a mensagem mensal da Madona. No decorrer dos últimos 15 anos, essas mensagens só faziam menção a uma única pessoa viva — o papa João Paulo II — segundo Marija, mas a mensagem de Maria para o mês de novembro terminava com estas palavras: "Rejubilo-Me convosco e desejo dizer-vos que o vosso irmão Slavko nasceu no Céu e intercede por vós." Todos os seis videntes deram uma declaração pública por intermédio de Jakov, no sábado; a parte mais extensa e tocante dela relembrou as visitas de Slavko à casa deles, e a alegria do padre ao brincar com os filhos deles, que o adoravam como "um verdadeiro amigo". No domingo, a paróquia pôs luto em homenagem ao funeral dele; em Medjugorje, todo bar, todo café, todo restaurante fechou as portas, apesar da presença de milhares de pessoas que, saídas de todo canto do mundo, acorreram. Mais de cem padres concelebraram a missa de réquiem. As setenta pessoas que estavam na Križevak quando Slavko morreu juraram que, no momento de sua morte, a nuvem que encobria o sol se abriu e este brilhou, iluminando o topo da montanha. No céu, surgiu um arco-íris que parecia se erguer das flechas das torres de São Tiago.

Se não era verdade, devia ser, foi a minha reação a esses relatos. Meus olhos se encheram de lágrimas logo depois que abri a carta me informando da morte de Slavko. Meus filhos, que nunca tinham me visto chorar, ficaram assustados com os soluços abafados e perguntaram o que estava acontecendo. "O meu amigo padre Slavko foi para o Céu", falei com voz embargada. A alma de Slavko pertencia ao Paraíso, logo, este devia existir, decidi naquele instante, e era notável como a simples ontologia que havia nessa equação me reanimou. A minha profunda convicção de que eu conhecera um santo me sustentou mesmo quando eu soube dos sofrimentos por que passara Slavko em seu último ano de vida.

Exatamente 12 meses antes de seu coração falhar no cume da montanha da Cruz, Slavko tinha sido banido de Medjugorje para o canto mais remoto das florestas bósnias pelo novo bispo de Mostar, Ratko Perić, que lhe dera 8 de dezembro de 1999 como limite para a sua permanência ali. Seus confrades franciscanos poderiam salvá-lo desse destino apenas caso ascendessem ao púlpito de São Tiago, e, um por um, lessem uma declaração escrita na qual admitiriam que as aparições eram mentirosas e "que tudo fora invenção de Slavko", o bispo os informara. Um teólogo irlandês chamado Chisholm obteve permissão do cardeal Ratzinger (e, conseqüentemente, do papa) para agir como mediador, mas voltou a Medjugorje após um único encontro com o bispo Perić e declarou ser inútil. Perić estava "completamente possuído" por sua animosidade contra Slavko e os outros frades, disse Chisholm. Perić deu o prazo de 9 de janeiro de 2000 para a evacuação de Slavko, e avisou que o destituiria do sacerdócio caso ele se negasse a obedecer. Slavko permaneceu, claro, mas resistiu a mais de dez anos de ameaças e ataques. Os que trabalharam com o padre disseram que nunca o viram sofrer tanto.

Muitos, na paróquia, culparam Perić pela morte do seu amado frade, mas a multidão permaneceu quase o tempo todo em silêncio quando o bispo apareceu no funeral de Slavko. Seria possível Perić não ter se emocionado enquanto Marija, à beira do túmulo, ria através das lágrimas repetindo, muitas vezes, "*Slavko u nebo! Slavko u nebo!*" (Slavko no Céu)?, eu me perguntei. E o que o bispo de Mostar achou de ter sido instaurado um processo em prol da beatificação de Slavko a poucas semanas da morte deste repleto de relatos de curas milagrosas e conversões realizadas por intermédio dele?

Mandei a Perić uma cópia da carta que eu escrevera atestando as virtudes heróicas de Slavko, mas não mencionei que, com a morte dele, a minha relação com Medjugorje parecia cada vez mais frágil. Eu duvidava de que jamais voltaria lá, e não tomava conhecimento da maioria das notícias que procediam do vilarejo — pelo menos até a manhã de 12 de setembro de 2001, quando recebi uma cópia da carta que o padre Zovko mandara a "A todo o povo da América". Ele estava "profundamente abalado com os acontecimentos e as imagens" do dia anterior, e ao mesmo tempo acabrunhado com as lembranças do que acontecera durante a guerra na Bósnia: "Saibam que nossas orações e a nossa compaixão estão com vocês na dor e no sofrimento por que estão passando nessa provação. Estamos de joelhos, junto com vocês, nas orações e vigílias pedindo paz e força para todos vocês; e luz neste momento de escuridão. A nossa grande comunidade de oração está rezando e celebrando a Eucaristia por todos os que morreram, pelos feridos e por todos os que choram." A maioria do vilarejo estaria lá, eu sabia, de joelhos no chão de mármore da igreja de São Tiago, acreditando sinceramente que, por intermédio das graças de Nossa Senhora, eles consolariam estranhos do outro lado do mundo.

Alguns entusiastas de Medjugorje, principalmente nos Estados Unidos, insistiriam em dizer que os ataques terroristas de 2001 significavam o início do fim, mas os próprios videntes não procuraram ligar o horror acontecido em 11 de setembro com os Segredos recebidos por eles; o que ocorrera naquele dia, disseram, foi um grande choque para eles assim como para quaisquer outros. Não se ouviu nenhuma menção a um acontecimento apocalíptico iminente quando Vicka se tornou a sexta e última vidente a dar início a uma família, ao se casar com Mario Mijatović, de Sarajevo, na tarde de 26 de janeiro de 2002. Ela ficaria grávida depois de três meses, dando à luz sua filha, Marija-Sofija, pouco antes do primeiro aniversário do seu casamento. Dois meses depois, Vicka deu uma longa entrevista a uma equipe de filmagem, e o diretor lhe perguntou sobre a "manutenção da paz" diante de uma guerra iminente com o Iraque.

Ao responder, Vicka disse mais sobre como ela e os outros videntes estavam preparados para a carnificina do que ela jamais dissera. A Virgem nunca falava da guerra, mesmo quando esta se aproximava, disse Vicka, "mas podíamos dizer, podíamos ver, no rosto Dela, no comportamento Dela, no jeito como Ela se apresentava, que Ela sofria muito. Entretanto, a Virgem não nos atemorizou dizendo que a guerra iria começar, que deveríamos fazer isso ou aquilo. Ainda que muitas vezes, antes da guerra começar, Ela tenha nos dito, como Ela diz agora, que, por intermédio das nossas orações e do jejum, podemos acabar com as guerras".

Senti uma espécie de atordoamento ambivalente, já conhecido, enquanto eu lia as outras perguntas e respostas. Vicka era e sempre seria uma camponesa simples, mas, no entanto, por mais desinformada que fosse, a sinceridade de suas opiniões sempre desarmaria os seus interlocutores. Ela e os outros videntes permaneceriam fiéis à mensagem de ecumenismo da Virgem, disse Vicka, e, naquele momento, eles estavam rezando tanto por Sadam Hussein como por George W. Bush, pelo povo do Iraque e pelos cidadãos dos Estados Unidos. Para quê?, perguntaram eles. E Vicka respondeu: "Nós os recomendamos a Nossa Senhora", como se estivesse explicando o óbvio, "para que Ela possa ajudar."

Lendo essas linhas, eu gostaria, pela milionésima vez, de ser capaz de uma fé tão simples. Mas naquele momento, porém, eu estava num avião, a caminho de Roma, onde as complicações eram moeda corrente.

CAPÍTULO 19

Havia faixas nas cores do arco-íris, onde se lia "*Pace*", penduradas nos balcões de metade da cidade. E milhares de pessoas, que marchavam pela paz, desfilavam pelas ruas, fluindo em direção a um grande comício na praça de São Pedro. Ainda havia "tempo para negociar", o papa diria quando elas chegassem, ainda havia "lugar para a paz". João Paulo conseguiria medir a esperança em segundos e centímetros, mas se os últimos dez dias demonstraram alguma coisa, foi a posição única de autoridade moral que caracterizava esse papa. Um líder mundial não-católico atrás do outro — de Kofi Annan a Tariq Aziz e Tony Blair — chegou ao Vaticano para apresentar seus argumentos diante do pontífice, cada um admitindo que nenhuma outra figura pública poderia comandar um espectro de influência tão amplo. Eu mesmo estaria me encontrando com João Paulo em menos de 72 horas, mas àquela altura até o papa reconhecia que o espaço que ainda restava para a paz, qualquer que ele fosse, teria de ser encontrado depois de mais uma guerra sangrenta.

Cheguei a Roma em março de 2003 com um programa de que quase ninguém no Vaticano parecia compartilhar. A minha investigação na fronteira enevoada que separava a ciência da religião tornara-se uma busca desajeitada de quaisquer relações que pudessem existir entre o racional e o sobrenatural. Um teólogo a quem eu entrevistara na manhã anterior brincou, dizendo que eu estava tentando fabricar "uma marca única de um catolicismo não-católico", enquanto ele e a maioria dos outros padres que eu encontrei nessa viagem a Roma pareciam estar lutando com suas próprias definições do que seria a verdadeira fé. Não era, evidentemente, um momento tranqüilo para os membros do clero católico. As acusações de abuso sexual que vieram à tona numa diocese atrás da outra dos Estados Unidos, durante o ano que passara, envolveram a Igreja no mais ameaçador escândalo em pelo menos um século, e estavam forçando muitos clérigos do Vaticano a chamar a atenção pública para assuntos (como a prevalência da homossexualidade entre padres americanos e europeus) que tradicionalmente permaneciam guardados nos confessionários. Um problema relacionado era a diminuição contínua de clérigos; o único continente em que o número de padres jovens sendo ordenados era maior do que o dos mais velhos que morriam era a África, mas a grande maioria dos padres africanos não obedecia ao voto de castidade, e muitos estavam se casando secretamente, ou vivendo abertamente com suas amantes.

Enquanto isso, as controvérsias políticas estavam sobrepujando as considerações teológicas até mesmo nos cantos mais ocultos do Vaticano. Meu antigo mentor Peter Gumpel, o padre jesuíta que eu entrevistara no Vaticano em 1995, estava envolvido na luta mais dolorosa de sua longa carreira em Roma, resultado dos esforços do veterano postulador para obter a beatificação do papa Pio XII. O livro de John Cornwall, *O Papa de Hitler*, editado em 1999, não só reavivava acusações de que Pio XII era um anti-semita que ignorava as atrocidades nazistas, mas alegava que, como secretário de Estado do Vaticano na década de 1930, o então futuro papa ajudara na ascensão de Hitler ao poder. A Santa Sé empregou uma linguagem extraordinariamente rude ao condenar o livro (chamando-o de "lixo", entre outras coisas), mas grupos ativistas diversos, principalmente a Liga Antidifamação, retomaram o caso contra Pio, advertindo que a beatificação deste seria o pior golpe nas relações entre católicos e judeus em cinqüenta anos. Peter Gumpel, então com quase oitenta anos, dedicara mais de duas décadas a um relatório em quatro volumes sobre as virtudes heróicas de Pio, e instou o magistério a não ceder, acusando os historiadores judeus que participaram de um seminário em que se examinou a ficha de Pio dos tempos de guerra de terem um "comportamento claramente inadequado". Um mês antes da minha chegada a Roma, Gumpel persuadira a Santa Sé a abrir os arquivos que mostravam as tentativas feitas por Pio de proteger não só os 4 mil judeus romanos que receberam asilo no Vaticano, mas muitos outros em toda a Europa, assim como mostravam que ele não fora mais contundente nas denúncias de deportação de judeus por temer que os nazistas enfurecidos reagissem com um aumento progressivo da carnificina. O resultado das ações de Gumpel não foi a absolvição de Pio, mas um ataque virulento ao jesuíta idoso, seu defensor, que também se viu acusado de anti-semitismo. Claramente zangado, Gumpel estava então declarando que os processos internos da Igreja Católica romana não deveriam se deixar influenciar pelos argumentos "inúteis" de proselitistas judeus.

Ainda que perturbadora para os meus anfitriões, a atmosfera marcial que eu encontrava em Roma me revigorava. A guerra iminente contra o Iraque parecia provocar a mesma clareza de perspectiva que eu tivera durante a minha primeira viagem à Bósnia, quase oito anos antes. Mesmo os ambiciosos sentiam pouca inclinação para fazer pose ou procurar ofuscar num mundo em que tudo estava à mão, e quase ninguém que eu encontrava se mostrava interessado nos conflitos interiores que eu descrevia. O principal obstáculo que se apresentou às minhas investigações foi o do *timing*; não só as pessoas estavam distraídas pela guerra, como a passagem do milênio tinha feito o Vaticano adiar esse assunto de revelações proféticas. A atitude que se percebia em toda a Santa Sé era de que essas questões se resolveriam no devido tempo, e que desde que estivessem esclarecidas antes do fim do século XXI, não havia pressa em avaliá-las. A Congregação para a Doutrina da Fé tinha, na realidade, acabado de declarar sua intenção de publicar uma lista de "critérios atualizados" para se distinguirem visões verdadeiras de falsas, e de afirmar que o excesso de aparições e conversas interiores alegadas no decorrer das últimas duas décadas tinha obrigado a Igreja a se proteger das "conseqüências negativas de devoções não autorizadas" que "se multiplicam por imitação".

Qualquer dúvida que pudesse haver de que aquilo que alguns do magistério chamavam de "o vírus de Medjugorje" tivesse inspirado essa decisão foi afastada com a seguinte frase, extraída da declaração da congregação: "Às vezes, há uma longa e preocupante tensão entre os fiéis que crêem nesses fenômenos e o bispo local que não se inclina a reconhecê-los como tal." O bispo Perić logo mandou que o seu vigário-geral lembrasse à imprensa católica que "ameaças à Igreja local são particularmente conspícuas em Medjugorje onde [os acontecimentos] têm se caracterizado pela desobediência ao papa e ao bispo". O auxiliar de Perić também repetiu a acusação de que os videntes de Medjugorje tentaram chantagear o bispo, ameaçando-o com o "julgamento celestial" caso ele não aceitasse as aparições. Foi essa tática que convenceu Žanić de que as aparições eram uma fraude, acrescentou o vigário-geral de Mostar.

"Não estamos tomando partido, estamos apenas mantendo as nossas opções", disse-me o padre Augustine DiNoia, um teólogo americano então recém-designado para a Congregação para a Doutrina da Fé. "Medjugorje produziu muitas reações fortes, pró e contra. Acho que seria justo dizer que, a essa altura, a melhor atitude para a Santa Sé é a de observar e esperar." Como a recente declaração da congregação sobre os seus critérios de autenticidade mostra, apenas 11 das 295 alegadas aparições que foram investigadas pela Igreja entre 1905 e 1955 foram aprovadas, o que significa que "se acredita que menos de uma em 25 seja autêntica", observou DiNoia. Os constrangimentos sofridos pela Igreja em razão dos casos de credulidade que chegam às raias da histeria em massa em várias dioceses no mundo todo, mas principalmente nos Estados Unidos, eram cada vez mais preocupantes. "Imagino que a maioria dos bispos preferiria descobrir que havia um pedófilo na sua paróquia a uma estátua que sangra", disse ele. "As complicações são maiores, e o dano também talvez seja."

O tempo era possivelmente a maior ferramenta investigativa que a Igreja poderia empregar nesses casos, observou DiNoia. Falsas alegações de revelação acabavam se revelando com o correr dos anos, muitas vezes porque os cultos inspirados por elas simplesmente secavam e desapareciam, ou, em alguns casos, porque os supostos videntes sentiam necessidade de confessar suas "dúvidas e erros" ao se aproximarem da morte. Mesmo alguns acontecimentos realmente místicos eram simplesmente fenômenos pessoais, e não tencionavam ocasionar nenhum impacto maior, acrescentou DiNoia. As aparições que envolviam questões realmente importantes para a Igreja como um todo, por outro lado, tendiam não só a manter as devoções que inspiraram, mas também a se comprovar pelos frutos que produziram. Será que os frutos de Medjugorje já não foram impressionantes o suficiente?, foi o que me perguntei. "Pessoalmente, conheço muitas pessoas que estiveram em Medjugorje e ficaram muito emocionados com a experiência", reconheceu DiNoia. "Não há dúvida de que o clima religioso daquela paróquia é muito estimulante. O que, por si só, evidentemente, não torna as aparições autênticas. Precisamos deixar que as autoridades locais e regionais cheguem a suas conclusões, depois deixemos que essas continuem válidas até novas informações surgirem, ou não." Não servira à causa de Medjugorje que o representante da Igreja mais poderoso de toda a Bósnia-Herzegóvina, o cardeal Vinko Puljić, de Sarajevo, num pronunciamento de outubro de 2001 ao Sínodo dos Bispos, em Roma, denunciasse as referidas aparições como "perniciosas", desancando os franciscanos pela desobediência e reiterando que os "pseudocarismas" desses frades eram uma séria ameaça à Igreja no país dele. DiNoia não tinha nenhum comentário a fazer sobre o tema, mas observou que avaliações negativas de bispos tinham sido superadas, principalmente em Lourdes, mas também em diversos outros casos. Os dois videntes mais jovens de Fátima tinham sido beatificados oitenta anos após sua morte, comentou ele, e os videntes de Medjugorje poderiam esperar talvez o mesmo tempo para serem reconhecidos, ou, quem sabe, nunca serem aceitos. Simplesmente, era cedo demais para dizer.

O fato ao qual a Igreja não poderia fugir, admitiu o teólogo, era que muitas de suas figuras influentes, mesmo na idade moderna, tinham se inspirado no que elas consideravam revelações místicas. Surgira então recentemente a notícia de que o papa Pio XII alegava ter recebido a visita tanto de Jesus como de Maria no período da Segunda Guerra Mundial. As cartas particulares de madre Teresa revelaram que ela começou o seu ministério em Calcutá depois de receber uma mensagem interior de Jesus em 1947. E naturalmente os dons carismáticos do padre Pio continuavam a fazer dele o místico católico mais controvertido e instigante do século XX. Ainda não tinha havido nenhum julgamento formal de Pio, madre Teresa ou padre Pio, lembrou-me DiNoia: "Temos de reconhecer que compreendemos pouco sobre essas coisas, e que a posição da Igreja pode mudar à medida que o nível de compreensão for aumentando." Como para ilustrar o ponto em discussão, o padre me informou que Vassula Ryden, a vidente banida que afirmava que Jesus era o verdadeiro autor dos livros dela, recentemente estabelecera residência em Roma, e disse também que o caso dela estava sendo "reconsiderado" pelo Santo Ofício.

Um problema resultante da espera era que a expectativa aumentava e os boatos se espalhavam conforme o tempo passava. O legendário terceiro Segredo de Fátima afinal fora revelado em 13 de maio de 2000, uma data cuidadosamente escolhida. Não só era o 19º aniversário da fracassada tentativa de assassinato de João Paulo II mas também o 83º aniversário da aparição na qual Lúcia dos Santos alegava ter recebido os três Segredos da Virgem. O terceiro Segredo era uma predição do ataque contra o papa, informou o cardeal Angelo Soldano, secretário de Estado do Vaticano, a uma multidão de 600 mil pessoas que se reuniu no vilarejo português para celebrar o que a Santa Sé designou como "Dia de Fátima". Soldano explicou que, uma vez que o Segredo envolvia pessoalmente João Paulo, o papa (que estava perto, sentado) pedira para fazer esse pronunciamento. O cardeal então citou uma passagem do terceiro Segredo que descrevia "um bispo vestido de branco" que, enquanto caminha por entre cadáveres de mártires, "cai ao chão, aparentemente morto, atingido pela explosão de uma arma". O Santo Padre permanecia convencido de que a Virgem de Fátima lhe salvara a vida, disse Soldano à multidão, insistindo que Sua "mão maternal" guiara a trajetória da bala, e lhe possibilitara parar "no limiar da morte". Aqueles que ali estavam e esperavam mais ficaram desapontados. Eles disseram, depois, que tinham esperado a revelação do "resto do Segredo" quando o próprio papa falou, mas que João Paulo pouco disse além do que Soldano anunciara anteriormente. O papa fora a Fátima para celebrar a missa dedicada à beatificação de Jacinta e Francisco Marto. Lúcia dos Santos, então com 93 anos, mais conhecida com irmã Lúcia, chegou ao túmulo de seus primos usando um hábito negro de freira, e sendo ajudada por funcionários da Igreja enquanto se apoiava em uma bengala. Ela e João Paulo se encontraram, deram-se as mãos e trocaram breves palavras, mas o que disseram não foi partilhado com a multidão. Quando o papa proferiu sua homilia, ele começou declarando: "Desejo mais uma vez celebrar a bondade do Senhor para comigo, quando, gravemente atingido naquele 13 de maio de 1981, fui salvo da morte." João Paulo não fez menção dos Segredos, embora tenha feito uma rápida referência aos horrores da Segunda Guerra Mundial que Lúcia disse terem sido profetizados nos dois primeiros Segredos. "Tantas vítimas durante o último século do segundo milênio!", lamentou o papa, mas ficou nisso.

Os católicos do mundo todo esperavam que outras revelações — principalmente sobre o futuro da Igreja — seriam fornecidas quando o texto completo do terceiro Segredo fosse dado a público, mas eles descobriram, em 26 de junho de 2000, que não havia nada de novo a divulgar. A informação de que os Segredos de Fátima se referiam a acontecimentos do passado foi um choque para muitos, e não poucos católicos disseram ter se sentido logrados. Rapidamente se espalhou a notícia de que uma parte do terceiro Segredo permanecia secreta. Esse boato continuou sendo disseminado até dezembro de 2001, quando a própria irmã Lúcia anunciou (por intermédio do arcebispo Bertone, secretário do cardeal Ratzinger) que "tudo foi dado a público; não há mais nada a ser revelado". A irmã Lúcia também repudiou notícias de que ela recebera novas mensagens da Virgem. "Se eu tivesse recebido novas revelações, eu as teria comunicado diretamente ao Santo Padre", disse ela.

A idéia de que eles de algum modo articularam um anticlímax ainda exasperava alguns padres no Vaticano, que se mostravam muito irritados quando se levantava o assunto Fátima. "É o que é", disse-me o padre DiNoia. "O papa acredita que o terceiro Segredo previu o atentado contra a sua vida, e que serviu de algum modo de instrumento na salvação de sua vida. Se isso não basta para as pessoas, então talvez elas estejam esperando demais."

A Santa Sé pretendia esconder o jogo quando se tratasse desses assuntos, segundo me disseram DiNoia e muitos outros padres com quem falei. Desapontar pessoas durante cinqüenta anos continuava a ser uma opção melhor do que alimentar medos e especulações no presente, era a explicação dada. A controvérsia que ainda havia na Igreja quanto à maneira de lidar com o "assunto Civitavecchia", preveniram-me, era um exemplo importante de como "os três Ps" (prudência, paciência e perspectiva) eram necessários ao se abordarem esses fenômenos.

O drama de *La Madonnina* se desenrolou nos tribunais, nos jornais e no palácio das Congregações do Vaticano por oito longos anos, e o pouco que se havia concluído ainda estava sendo discutido entre as diversas partes. O bispo Gerolmo Grillo continuou a sugerir, sem nunca afirmar de forma inequívoca, que ele acreditava na origem sobrenatural das lágrimas da estátua. O fato de Grillo ter se negado a entregar a estátua à polícia, porém, convencera o promotor público de que o bispo estava mancomunado com Fabio Gregori e sua família, e que o grupo todo tinha perpetrado um embuste revoltante. Os tribunais tentaram uma solução conciliatória (mandando que *La Madonnina* permanecesse guardada no armário do bispo Grillo enquanto o inquérito durasse), mas se viram frustrados quando a Santa Sé demonstrou publicamente o seu apoio a Fabio Gregori. Isso ocorreu quando o papa enviou seu amigo íntimo, e conterrâneo, cardeal Andrej Maria Deskur, a Civitavecchia para falar à congregação de Gregori numa missa de Páscoa, na qual o cardeal presenteou Fabio com uma cópia de *La Madonnina*, e comparou o que estava ocorrendo ao que acontecera na Polônia em 1967, quando as autoridades comunistas seqüestraram a Madona de Czestochówa na Cracóvia.

Pelos seis anos seguintes, *La Madonnina* permaneceu protegida por um vidro à prova de bala na igreja de Santo Agostinho, atraindo milhares e milhares de peregrinos. Muito tempo depois de quase todos os milagres alegados (e não foram poucos) que vieram à tona na Itália durante os anos que precederam o encerramento do milênio terem sido desmascarados, a estátua que vertia sangue de Medjugorje continuava sendo objeto de veneração, divulgada em seu próprio *site* na Internet, apesar de todos os esforços de muitas agências para desaboná-la. O promotor público continuou a insistir em uma queixa de fraude de teor piedoso, ainda apoiado por improváveis aliados, como Codacons e Linha Direta Antilavagem Cerebral. Enquanto os funcionários do Codacons optaram por esperar a decisão dos tribunais, o chefe da Linha Direta, Giovanni Panunzio, permaneceu veemente na oposição. Entretanto, os diversos truques e armadilhas que Panunzio sugeriu que pudessem ser a fonte das lágrimas de *La Madonnina* foram descartados pelas diferentes investigações.

A própria Igreja parecia estar se inclinando a endossar o veredicto de milagre genuíno para as lágrimas de *La Madonnina.* O bispo Grillo tornara-se cada vez mais franco nos seus comentários, tendo dito com insistência, próximo ao Natal de 1966, que ele categoricamente "excluiria a possibilidade de aquele fato ser produto de artifício, de truques motivados pela má-fé", e afirmado que "a estátua realmente chora". Grillo anunciara ter designado uma comissão investigativa, chefiada por René Laurentin, para examinar os indícios, naquele mesmo mês, mas voltou às manchetes em fevereiro de 1997, quando contestou uma reportagem do *Il Messagero* que dizia que a conclusão de todos os 11 membros da comissão foi de que as lágrimas de *La Madonnina* eram resultantes de "forças sobrenaturais", e que um veredicto positivo sobre a pequena imagem de Medjugorje seria divulgado em breve. Embora se recusasse a discutir as opiniões da comissão, Grillo lembrou aos repórteres que os membros tinham apenas "um papel consultivo" na apreciação do caso, e que só ele daria a decisão final sobre a possibilidade de uma intervenção sobrenatural, mas que "ainda havia muitos problemas a serem resolvidos" antes disso. Quais eram esses problemas, o bispo negou-se a dizer, mas muitos observadores acharam que ele estava esperando para ver o que aconteceria com o processo no tribunal.

Os pretensos desmascaradores de *La Madonnina* animaram-se quando souberam que tinham a companhia do Comitê Italiano para Investigação de Fenômenos Paranormais (Cicap), cujo co-fundador, Luigi Garlaschelli, chefe do departamento de química orgânica da Universidade de Pádua, era considerado o principal cientista investigador de pretensos milagres que envolviam lágrimas e sangue. Garlaschelli apreciava exibir para a mídia as diversas fraudes que ele havia desmascarado, muitas incluindo mecanismos construídos nas cabeças das estátuas, mas os testes que utilizavam raios X mostraram que não havia esse tipo de recurso por trás dos olhos de *La Madonnina.* Havia outros meios de perpetrar uma fraude desse tipo, respondeu Garlaschelli, como, por exemplo, o uso de um componente incolor que se torna vermelho ao ter contato com o vapor da amônia; uma pequena mancha desse sob cada olho poderia passar despercebida. O que era improvável, disseram os cientistas que examinaram *La Madonnina*, mas Garlaschelli continuava impávido. As fotografias tiradas em diversos momentos durante os cinco dias de *lacrimazioni* em Civitavecchia mostraram que as manchas de sangue nas faces da estátua não mudaram de forma, assegurou o professor. Quando se relatou que mais de sessenta pessoas tinham jurado diante da comissão investigativa do bispo Grillo ter visto *La Madonnina* chorar lágrimas de sangue, em horas diversas, em datas diferentes, Garlaschelli insistiu em dizer que o "emocionalismo" é que tinha inflamado as imaginações delas.

A recusa de Fabio Gregori a se submeter ao teste de DNA foi vista com suspeição por Garlaschelli e muitos outros, mas o grupo de defensores de Gregori era mais numeroso. Enquanto o advogado que representava Gregori no processo criminal aberto contra ele esforçou-se para mostrar que a análise legal original do sangue tirado da face da estátua fora profundamente irregular (hipótese com que a maioria dos cientistas participantes do caso concordava), os que eram íntimos de Gregori o retratavam como um homem simples e sério, que tinha ficado emocionalmente arrasado com os esforços de todos os lados no sentido de explorar o milagre de *La Madonnina*. "Desconfiado" e "arredio" eram as palavras mais usadas para descrever um homem que estava cada vez mais estarrecido com o empenho do prefeito de Civitavecchia, Pietro Tidei, para criar uma indústria de turismo em torno da estátua chorosa. O prefeito já tinha alocado bilhões de liras para a construção de estradas, postes de luz, banheiros e locais de estacionamento (assim como um grande toldo "consagrado" direcionando os peregrinos para a igreja de Santo Agostinho) e estava se queixando amargamente da recusa do bispo Grillo em autorizar a construção de um grande e novo santuário para abrigar *La Madonnina*, e em aprovar os planos que lhe permitiriam se associar a operadoras de turismo que direcionariam peregrinos, em seu trajeto de Roma a Lourdes, para Civitavecchia. Já na primavera de 2000, Gregori e seu advogado estavam agressivamente perseguindo os que tentavam comercializar *La Madonnina*, obtendo uma ordem legal contra o banco austríaco Hypo, proibindo-o de usar uma fotografia da estátua chorosa num anúncio e preparando outra contra a Benetton, que foi abandonada tão logo o fabricante de roupas parou de divulgar o anúncio deles em que *La Madonnina* aparecia. Gregori e sua família estavam muito incomodados com a recente proeza de um mágico popular, Alfredo Barrago (colaborador freqüente da Linha Direta Antilavagem Cerebral, de Panunzio), que tentara demonstrar para as câmeras de tevê como seria possível fabricar lágrimas de sangue, direcionando-se, de um determinado lugar da galeria da igreja de Santo Agostinho, um raio *laser* vermelho para o rosto de *La Madonnina.* O efeito fora tão espantoso que uma mulher que estava rezando diante da gruta desmaiou na hora.

Enquanto Gregori (cuja casa foi vasculhada pela polícia quase uma dúzia de vezes) tornava-se cada vez mais recluso, comunicando-se só por intermédio de seu advogado, o debate em torno dele ia ficando mais confuso e mais absurdo. O bispo Grillo jogou mais lenha na fogueira ao afirmar que os testes de laboratório indicavam que as lágrimas da estátua *La Madonnina* continham o DNA de um homem adulto e que, para a alegria dele, o sangue era o de Jesus Cristo. Uma organização que se denominava Instituto para o Humanismo Secular respondeu que a presença de DNA masculino no sangue do rosto de *La Madonnina* determinava apenas que a Madona era um travesti, e passou a chamá-la de "A Virgem Larry". Uma repórter de *Il Messaggero* admitiu que ela estava entre os que viram a estátua chorar lágrimas de sangue, mas insistiu em dizer que ela acreditava que ali havia um truque inteligente de origem desconhecida. Giovanni Panunzio disse que acreditava que tanto Fabio Gregori como o bispo Grillo tinham sido enganados por membros de uma conspiração anticatólica que os estava usando para zombar da Igreja.

A pessoa de posse do maior número de fatos, de um amplo espectro de fontes, envolvida na investigação sobre *La Madonnina,* o juiz Carmine Castalado, que atuava no processo de fraude de cunho piedoso instaurado pela Procura contra Fabio Gregori, parecia cada vez mais infeliz com a posição em que se encontrava, e deixara o processo se arrastar por meses, e depois, anos. A crítica clamorosa da mídia acabou forçando Castalado a declarar, no início de 2001, que ele não demoraria a se pronunciar. E, no dia 20 de março daquele ano, ele deu o seu veredicto, afirmando não ter havido "nenhum embuste", da parte de Gregori ou de qualquer outra pessoa, relacionado à estátua chorosa de Civitavecchia.

Gregori deu a sua primeira declaração pública em muitos meses naquele dia. "Estou feliz com o encerramento do processo", disse ele aos repórteres, "mas em sã consciência devo dizer que sempre estive absolutamente em paz. Eu estava preparado para enfrentar uma provável condenação, desde que eu pudesse defender a verdade até o fim." O bispo Grillo saudou a decisão do juiz como uma vingança pessoal. "Hoje eu digo: esperemos que o mundo pelo menos acredite no tribunal." O Vaticano, porém, não reagiria à decisão judicial. A Congregação para a Doutrina da Fé declarou continuar a analisar o caso, e lembrou ao público que a Igreja quase sempre levava "muitos anos" para proclamar um milagre.

Informaram-me que a Santa Sé não tomaria uma posição formal sobre *La Madonnina* até ter tomado uma decisão sobre Medjugorje, e que isso não deveria acontecer até muitos dos personagens, se não todos — tanto na Bósnia como em Civitavecchia —, terem morrido. Evidentemente, se o Grande Sinal aparecesse numa encosta na Bósnia, disse-me um padre com um sorriso tênue, "isso poderia acelerar o processo".

Poucas descobertas que eu havia feito no decorrer dos últimos oito anos revelaram mais sobre a posição da Santa Sé diante de visões, mensagens interiores, aparições — todos os fenômenos que o catolicismo romano classifica como "revelações privadas" — do que aquelas cuja investigação a Igreja atribui a pessoas que são, quase sempre, teólogos. A autenticidade e a correção teológica são inseparáveis aos olhos da Igreja, explicou o padre Gabriel O'Donnell, que foi chamado como "consultor" por muitos bispos dos Estados Unidos obrigados a investigar relatos de acontecimentos místicos em suas dioceses. Isso talvez soe extremamente dogmático, admitiu o padre O'Donnel, até a pessoa compreender que "ser útil para a Igreja como um todo" era o padrão tradicional que media a importância de um místico.

Encontrei o padre O'Donnell no Angelicum, sede da Universidade Pontifícia de Santo Tomás de Aquino, onde ele estava residindo havia um ano. Para eu chegar lá, saindo do meu hotel, perto da praça de São Pedro, tive de fazer uma longa caminhada ao longo do corso Vittorio Emanuele, e atravessar a piazza Venezia até os cruzamentos da via Panisperna e salita del Grillo. As sensações desse mergulho na Roma secular foram amplificadas pelo barulho louco do tráfego na hora do *rush*, embora o pequeno outeiro onde o Angelicum repousava fosse estranhamente tranqüilo. Era como se o lugar fosse um baluarte, separado pelos quarteirões da cidade dos olhos perscrustadores da Santa Sé, e, no entanto, elevando-se acima do burburinho da multidão nas ruas ali abaixo, um lugar onde a busca de séculos pela verdade sobrevivera aos apetites humanos de poder e dinheiro. A biblioteca da universidade abrigava uma das maiores coleções de manuscritos religiosos da face da Terra, a Casantanense; e os alunos que se dividiam entre as escolas de filosofia e teologia ainda tinham muitas de suas aulas dadas em latim.

O padre O'Donnel era um homem rechonchudo, de faces rosadas, com uma voz ligeiramente ofegante, de barba e cabelo quase tão brancos quanto o seu hábito dominicano. Tinha um jeito bom mas cuidadoso. Eu não podia deixar de imaginar o que os anos desde 1995 teriam sido se eu tivesse mantido a minha intenção original e escrito um livro no qual O'Donnel ou alguém como ele me fornecesse o ponto de vista do protagonista. "Muito menos interessantes" foi a opinião do padre. As redundâncias que ele catalogava em seu trabalho como detetive de milagres tornava-o em geral um processo tedioso, explicou O'Donnel, e isso não acontecia simplesmente porque os pretensos videntes que ele investigava carecessem de sagacidade ou imaginação. Bernadete Soubirous, Lúcia dos Santos, os seis videntes de Medjugorje e diversos outros pequenos camponeses eram os mais conhecidos videntes católicos da idade moderna, disse ele, mas "nem todas as pessoas que têm essas experiências são intelectualmente subdesenvolvidas. Algumas são bastante dotadas. Lidei com casos em que havia médicos, professores de faculdade e até cientistas". No entanto, as mensagens enviadas até mesmo por esses médiuns tendiam a ser "muito parecidas", disse-me O'Donnel com voz cansada, "especialmente no seu estilo literário, que se baseia principalmente na linguagem profética do Velho Testamento. Muito freqüentemente um ensinamento está ligado a outro, e há pelo menos a sugestão de um aviso".

As mensagens da Madona em Medjugorje eram um "protótipo" do que ele observara nas paróquias por toda parte dos Estados Unidos, disse O'Donnel, que admitia ter encontrado dificuldade em separar os "acontecimentos extraordinários" relatados por católicos durante as últimas duas décadas das aparições na Bósnia: "Medjugorje e o milênio parecem ter animado muitas, se não a maioria dessas coisas." Entretanto, embora ele acreditasse que quase toda revelação relatada que ele examinara contivesse elementos sociais, políticos, psicológicos e "imitativos", acrescentou ele, não lhe parecia que esses invalidassem as alegações de intervenção divina. Durante as últimas duas décadas, O'Donnel provavelmente investigara tantos milagres alegados quantos os investigados por qualquer clérigo na América, e, durante todo esse tempo, disse o padre, ele não encontrara um único caso sequer que ele acreditasse ser de inspiração diabólica, e apenas um punhado resultava de falsificação ou doença mental.

A sua tarefa na maioria dos casos consistia em entrevistar o vidente ou aquele que revelava conversas interiores e escrever um relatório. Ele quase sempre começava com mais ou menos uma meia dúzia de encontros cara a cara em que o sujeito contava a sua história. "Em geral eu me tornava o diretor espiritual deles, e eles iam me encontrar ou eu ia encontrá-los por um período de alguns meses", explicou o padre. "Ora, a finalidade da direção espiritual não é autenticar nem validar as experiências sobrenaturais, mas ajudar a pessoa a crescer em virtude. Vejo que muitas dessas pessoas têm dificuldade em manter essas duas coisas claras e separadas, e isso se dá porque em geral elas acham que têm uma missão ou um dever especial. E também vejo que quanto mais elas acham isso, mais eu tendo a duvidar da importância das visões delas." É claro, a natureza prosaica da maioria das mensagens relatadas por místicos era também um fator a considerar: "Na grande maioria dos casos, o que temos é uma expressão piedosa de formas morais que se encontram mais ou menos dentro dos limites dos Dez Mandamentos, sem nada que realmente se relacione de uma forma específica à Igreja de hoje e ao tempo em que vivemos. As queixas gerais sobre a decadência moral da nossa época não são muito interessantes nem úteis."

Havia uma característica comum nessas mensagens que o "intrigava", admitia O'Donnel: "A ameaça de castigo caso não se preste a atenção devida a um aviso." Ele passou a acreditar que quase todas as mensagens eram resultado de alguma distorção humana, e que em geral se relacionavam de alguma maneira à vaidade da pessoa que as transmitia. "Observo muito de perto como as pessoas reagem quando eu lhes digo: 'Sabe, você realmente não é tão importante nisso. Você é só o instrumento, o veículo.' Assim que você vê a reação delas a isso como algo mais do que uma aceitação humilde, você sabe que ali há um problema. O que não quer dizer que a visão ou o colóquio interior não seja autêntico, mas, sim, problemático, e, portanto, não serve para a Igreja."

Os casos mais complicados para ele eram aqueles em que "essa situação começa como autêntica e se torna outra coisa, porque o vidente às vezes confunde ou até coopta a mensagem. É perfeitamente possível corromper o que é bom e santo. O orgulho espiritual é particularmente insidioso, porque você se sente bem fazendo o bem ou sendo bom". As tentações enfrentadas por místicos eram muito reais, em sua opinião: "A experiência de uma aparição ou um colóquio interior é incrivelmente sedutora. É o que São João da Cruz dizia sempre às pessoas. Não é 'não ouça porque não é real'. Mas 'não ouça porque é muito sedutor descobrir que você é o Vaso Escolhido'. Acho que muitos místicos genuínos entram nas ordens religiosas por ser o único lugar em que podem se esconder, onde não estão constantemente tentados a se considerar estrelas."

Os que permitiram que seus motivos se misturassem se sentiam tanto divertidos como alarmados, igualmente, disse o padre: "Estou pensando no tipo de pessoa que me diz algo como 'Nossa Senhora não gosta da sua atitude desconfiada, questionadora, e você deveria ser realmente mais dócil em relação a ela'. Eu sempre respondo: 'Pois é, da próxima vez que você falar com Ela, talvez você pudesse pedir a Nossa Senhora que me diga isso diretamente, porque é muito difícil para mim aceitar esse tipo de reprimenda de uma terceira pessoa.'"

Somente em alguns casos ele encontrou videntes que pareciam reconhecer, intrinsecamente, que a extrema humildade era a melhor proteção contra o erro. Essas eram quase sempre as pretensões místicas mais atraentes que ele encontrava, entretanto, mesmo nesses exemplos do que ele reputava como revelação autêntica, a posição de O'Donnel era em geral a de que as mensagens recebidas fossem tratadas como pessoais e privadas: "Com muita freqüência, eu concluo as minhas, abre aspas, investigações, fecha aspas, aconselhando essas pessoas a simplesmente guardar essas revelações para si, porque divulgá-las não vai servir a nada de bom. Acho que é muito raro encontrar um vidente ou alguém que revele colóquios interiores que seja chamado a falar para a Igreja como um todo." Apenas duas vezes em todos os anos que se dedicou a esse trabalho o padre encontrara místicos cujas revelações valessem uma disseminação mais ampla. Uma foi um caso recente que envolvia mensagens "relacionadas a abusos sexuais de padres nos Estados Unidos", contou-me O'Donnel. "Realmente não posso lhe dizer muita coisa, mas há uma notável ausência dessa agourenta linguagem profética do Velho Testamento tão comum nesses casos. Foi uma mensagem muito clara e simples que tratava das vidas interiores de padres e do clero em geral. Era profunda, mas nada prodigiosa, e muito mais instrutiva do que ameaçadora." Tanto a mensagem como a pessoa que relatou tê-la recebido passou em todos os três primeiros testes dele, acrescentou O'Donnel: "Correção teológica, utilidade para a Igreja, e uma relação clara entre as mensagens que a pessoa relata e as mudanças na qualidade de vida dela."

E, no entanto, após seis meses de investigação e a entrega de um relatório extenso que instava a publicação dessas mensagens, o bispo decidiu-se por não emitir um veredicto. "O mesmo aconteceu no outro caso a que submeti um relatório positivo", disse O'Donnel. "Só o que posso dizer é que os bispos têm muito medo de cometer um erro, por isso eles arranjam um jeito de engavetar essa matéria. Nos dois casos, o bispo ordenou que o vidente não fosse a público, para evitar o nascimento de um culto."

Embora admitindo uma certa dose de "frustração" nesses dois casos, ele compreendia que a Igreja era uma hierarquia, e se perguntava se manter um freio nessas manifestações não fosse talvez a melhor abordagem até para os próprios videntes. "A natureza pública de uma visão a complica imediatamente", explicou ele. "E é por esse motivo, qualquer que seja o grau de verdade nisso, que a integridade dos videntes de Medjugorje é tão notável."

Há algum tempo ele decidira não ir a Medjugorje, principalmente pelo que ele sabia de si mesmo. "Sei de tanta gente que foi a Medjugorje e voltou contando dessa profunda experiência de fé. Isso talvez me aconteça, mas não acho que pudesse me mudar, porque mesmo que Nossa Senhora me convertesse, o meu intelecto continuaria a trabalhar, se perguntando, questionando: 'O que é isso para mim?' E: 'Isso é autêntico?' Porque embora ache que Deus se utiliza de um lugar como Medjugorje, não acredito que isso torne o que se conta de lá autêntico. E todo esse fado e tristeza que estão associados aos Segredos são muito perturbadores para mim. Não os vejo como necessários." E, ainda assim, a extensão e a freqüência das alegadas aparições, tão desconcertantes para alguns no Vaticano, o incomodavam muito pouco, disse O'Donnel: "Nunca houve nada parecido, mas isso por si só não é uma crítica de verdade."

Embora ele estivesse curioso a respeito dos resultados dos testes científicos aplicados nos videntes de Medjugorje, ele se mostrava muito pouco impressionado com eles. Quando era um padre jovem, ele participara do que acreditava fosse o primeiro "estudo cerebral" de experiências místicas. "Foi na Universidade Yeshiva, em Nova York", lembrou-se O'Donnel. "Eles nos ligaram àquelas máquinas, depois nos pediram que meditássemos ou rezássemos. Alguns eram católicos, alguns judeus, alguns budistas, alguns muçulmanos... toda religião que você possa imaginar. E, sem dúvida, a máquina registrava que o nosso estado se alterava quando rezávamos, e quanto mais fundo mergulhássemos nas orações, mais registros havia. Claro que há alguma coisa fisiológica acontecendo com você, mas isso não é indício de algo sobrenatural. Na realidade, isso obedece inteiramente às leis da natureza."

Quando mencionei aquela observação desconcertante que havia no resumo do Vaticano a respeito dos testes aplicados aos videntes de Medjugorje em 1998, a de que a experiência deles parecia ser a mesma de antes, embora ligeiramente menos intensa, O'Donnel deu um sorriso vago. "Talvez seja por Ela ter se recusado a falar de coisas que são muito pessoais, e isso torna tudo menos intenso para eles", sugeriu. "Afinal, é de seres humanos que estamos falando."

Repeti a mesma pergunta que tinha feito a Augustine DiNoia um dia antes, que descrevia as aparições como uma porta se abrindo, e perguntei se era possível abrir essa porta de par em par. Como DiNoia, O'Donnel prontamente respondeu negativamente: "A porta não pode se abrir desse lado e ser autêntica." Embora tivesse trabalhado com muitos psiquiatras no correr dos anos, e tenha considerado os seguidores de Carl Jung os mais interessados, ele ultimamente rejeitava uma descrição junguiana desses fatos. "Acho que eles se decepcionam porque, como a maioria das pessoas modernas, estão convencidos de que o homem está no centro das coisas. Mas o cerne da questão da vida religiosa é que Deus é o centro." Por outro lado, ele de fato acreditava que "uma pessoa que teve a experiência da porta se abrindo do outro lado pode, por intermédio de algum processo do subconsciente muito parecido com o que Jung descreveu, recriar a experiência", disse O'Donnel. "Entretanto, isso não é uma visão religiosa, mas, sim, uma ilusão, e bastante perigosa."

"Nenhuma pessoa pode controlar a abertura dessa porta", continuou o padre. "Trata-se de uma graça. Por que ela é concedida, realmente não sabemos. Recorro ao Evangelho de São João para explicar essas coisas a mim mesmo. 'Deus amou tanto o mundo que Ele mandou o Seu único Filho para que pudéssemos nos salvar.' Pois bem, Deus ama tanto o mundo que Ele continua a nos mandar essas mensagens por intermédio de anjos, de Sua Mãe, dos santos, para que nunca sucumbamos."

O'Donnel ficou intrigado quando lhe perguntei o que lhe parecia que um budista que por acaso estivesse passando pelo Podbrdo em 24 de junho de 1981 teria visto. "Acho que é muito possível que um budista tivesse visto algo diferente da Virgem Maria", respondeu o padre, depois de uma pausa considerável. "Então me parece que isso significa que, para mim, a visão depende do vidente. Mas isso acontece apenas porque o vidente é um vaso, e cada vaso é diferente. Mas eu não acho que o vidente cria a visão. Não se ela é autêntica."

O'Donnel então fez um comentário que me assombrou: "Você sabe, esta é provavelmente a primeira conversa de verdade que jamais tive sobre essas questões." Ele sorriu ao ver a minha expressão. "Para ser bem honesto, nós não falamos dessas coisas entre nós", explicou o padre, "provavelmente porque compreendemos o quanto esses assuntos são perigosos."

De início, eu não reconhecera esses perigos, e, depois, decidi ignorá-los, disse eu ao padre. "Esse provavelmente é o motivo de você ter escolhido escrever o livro que me descreveu", disse ele, e sorriu de novo. "Não sei se você fez uma escolha corajosa, ou tola, mas essa é pelo menos uma escolha interessante."

Enquanto eu estava procurando decidir se diria a O'Donnel que, para mim, algum tempo atrás, era como se esse livro estivesse me escolhendo, em vez do contrário, o padre de novo me surpreendeu, dessa vez ao repetir, quase palavra por palavra, a frase de Augustine DiNoia no final da nossa entrevista da véspera. "Há uma pessoa com quem você precisa definitivamente conversar antes de concluir o seu livro", disse-me ele. "É Benedict Groeschel." Eu conhecia Groeschel, um monge capuchinho, como o autor daquela que era considerada a obra mais importante de "teologia mística" do catolicismo, um livro brilhantemente conciso intitulado *Uma Voz Tranqüila e Silenciosa.* Com a publicação do livro, Groeschel assumira os papéis desempenhados em séculos anteriores por Santo Inácio de Loyola, cuja obra *Regras para o Discernimento dos Espíritos* foi fundamental nesse campo, e pelo padre Augustin Poulin, um parisiense do século XIX, cuja obra *Graças da Oração Interior* foi considerada — principalmente entre os teólogos — uma fonte até mais autorizada. O padre DiNoia me parecera quase reverencial quando falou de Groeschel, dizendo que o capuchinho era "uma figura muito importante na Igreja, considerado muito perspicaz, muito profundo, alguém a quem muitos já consideravam um santo". Gabriel O'Donnel arregalou os olhos com espanto quando repeti a observação de DiNoia. "Bem, eu não tenho lá muita certeza de que Ben seja um santo", disse O'Donnel, "mas ele por certo é um Groucho Marx vestindo batina de monge."

Melhor ainda, pensei, mas, infelizmente, Groeschel não estava em Roma, e na realidade era conhecido por evitar a cidade eterna e suas maquinações políticas. Contatá-lo era difícil, e entrevistá-lo, talvez impossível, disse O'Donnel, mas o dominicano prometeu encontrar o número de telefone dele, "por aí", e, se conseguisse, deixaríamos um recado para o padre Groeschel. Enquanto isso, acrescentou O'Donnel, "você tem de se preparar para o seu encontro com o papa". Eu estava me aproximando desse encontro com grandes esperanças, confessei. O'Donnel riu, e disse: "Ah! Essas são realmente perigosas."

É claro que essa não seria uma audiência particular. Na manhã de 19 de março de 2003, eu encontraria João Paulo II na presença de mais de 10 mil pessoas, das quais ele estaria separado apenas pelos degraus de pedra que levavam à entrada da catedral de São Pedro. Essas eram "horas de trepidação", como diria o papa em sua fala ao povo; todos os presentes sabiam que haveria bombas caindo em Bagdá muito em breve (embora alguns achassem que o ataque aéreo teria início naquela noite), e a esperança de que João Paulo tornasse essa ocasião histórica pairava sobre a praça da catedral como o fôlego suspenso de anjos ansiosos.

Eu passara a maior parte da noite anterior acordado por causa da minha expectativa, e, naquele momento, tentava abafar os bocejos enquanto olhava, através dos meus olhos inchados, as fileiras de cardeais e bispos que esperavam a chegada de Sua Santidade. Por mais preparado que eu estivesse para o acontecimento, senti um arrepio de exaltação quando o jipe Isuzu branco, conhecido como papamóvel, saiu da colunata e passou à minha direita. Fiquei praticamente tonto em segundos, vendo o jipe serpentear por entre a multidão jubilosa na praça, e tive o meu primeiro vislumbre de João Paulo, ao vivo, o braço direito se movendo como um metrônomo enquanto ele acenava para o povo que acorrera do mundo todo para estar perto dele.

Por mais que tentasse, durante os últimos dias eu não conseguira me impedir de imaginar que eu estava no auge de um momento de clímax — talvez no clímax — daquela que era naquele momento uma luta de alguns anos com os segredos do catolicismo. Essa viagem a Roma me parecera desde o início uma retomada da jornada que eu começara no verão de 1995, principalmente porque, como a minha primeira ida a

Medjugorje, ela parecia acontecer por si só, as coisas se encaixando como se tivessem sido planejadas — embora não por mim —, e foi crescendo em mim uma sensação familiar de que eu estava sendo guiado, desde o instante em que marquei a data da partida. Mesmo essa oportunidade de ver o papa pessoalmente parecia ter vindo do nada, uma dádiva de forças invisíveis que me recompensaram por nada além de me apaixonar pela mulher certa. No momento em que tomei o meu lugar no mezanino do lado de fora da entrada principal da igreja de São Pedro, eu estava convencido de que algo que João Paulo diria ou faria aquele dia iria me propiciar a solução que eu buscava ansiosamente. Enquanto observava o papamóvel subir a rampa até a plataforma onde eu esperava, tive a certeza de que tudo ficaria claro para mim.

O papado de João Paulo já era o terceiro mais longo da história da Igreja, e ele ultrapassaria o de Leão XIII se ele vivesse mais um ano. Durante o quarto de século que já atravessara como pontífice, João Paulo percorreu mais de 700 mil milhas em visita a 120 países, divulgou um recorde de 13 encíclicas papais, canonizou quase trezentos santos e beatificou mais de oitocentos outros indivíduos. Ele fez mais para derrubar a Cortina de Ferro, desmontar a União Soviética e dar fim à Guerra Fria do que qualquer outra pessoa na Terra. Entretanto, minhas expectativas em relação a ele estavam condicionadas menos às realizações de João Paulo do que ao papel decisivo que lhe foi confiado por uma fileira de profecias que se estendiam de Medjugorje a Fátima. Desde o atentado contra a sua vida em 1981, ele pusera a sua devoção mariana e sua crença nas aparições da Virgem no centro do papado. Esse era um papa cujo mote pessoal era "Maria, sou inteiramente seu", e que, disseram-me, insistiu para que bordassem a letra M em toda veste que usava. Em *Cruzando o Limiar da Esperança*, ele escreveu: "Se a vitória chegar, ela será trazida por Maria. Cristo vencerá por intermédio Dela, pois ele quer que suas vitórias agora e no futuro estejam ligadas a Ela!"

João Paulo atribuiu à Virgem de Fátima a salvação da vida dele enquanto estava no leito do hospital se recuperando dos ferimentos à bala, e, dizia-se então, mesmo antes de ter sofrido o atentado, ele se reconhecia como "o bispo vestido de branco" descrito no terceiro Segredo.

Malachi Martin escreveu dizendo que esse papa acreditava ser seu dever viver pelo menos alguns anos do novo milênio, até o dia em que um assombroso sinal divino aparecesse no céu, trazido por Maria, mostrando a toda a humanidade que o mundo conforme o conhecemos estava chegando ao fim. As aparições de Garabandal ainda eram viáveis dentro da Igreja por causa do interesse do papa nelas, e porque, mais de 15 anos antes de Karol Wojtyla tornar-se João Paulo II, Conchita Gonzalez afirmara que a Virgem lhe dissera que esse papa seria o último. Conchita proclamou essa revelação em outubro de 1962, no dia em que os sinos da igreja do vilarejo dobraram pela morte de João XXIII: "O papa morreu. Agora só haverá mais três", disse Conchita à mãe. "Como você sabe?", a mulher mais velha perguntou. "Sei porque a Virgem me disse", a jovem respondeu. Quando lhe perguntaram, mais tarde, o que isso representava para a humanidade, Conchita disse que a Virgem lhe revelara que a morte do terceiro papa indicaria o fim de um tempo, mas não o fim do mundo. Ela não sabia o que isso significava, disse ela. Depois de João XXIII, ocuparam o trono papal Paulo VI e João Paulo I. João Paulo II era o terceiro.

Quase nenhum dos padres que conheci no Vaticano duvidava de que esse papa tivesse conhecimento de segredos que abalariam os fundamentos da ordem mundial. Quando Mehmet Ali Agca, o atirador que tentara matar o papa João Paulo II vinte anos antes, foi perdoado pelo governo italiano em junho de 2000 (o mesmo mês em que o Vaticano deu a público o texto completo do terceiro Segredo de Fátima), depois viajou para a Turquia, sua terra, foi amplamente divulgado que o papa não só aprovara, como estimulara a decisão. Os promotores deixaram claro que não acreditavam na alegação de Agca de que ele tinha trabalhado para membros do serviço secreto búlgaro, empregado pela KGB soviética, e reconheceram que provavelmente nunca saberiam a verdadeira história da tentativa de assassinado, mas perguntaram se poderiam ter alguma outra opção quando o próprio João Paulo insistiu em dizer que estava errado manter o homem na prisão simplesmente para fazê-lo falar. Ouvi muitas justificativas para a decisão do Vaticano de estimular a libertação de Agca e de guardar o que sabiam sobre o atentado que ele perpetrara contra a vida do papa, mas havia um ponto sobre o qual todos com quem falei eram unânimes: João Paulo não via o homem senão como um ator menor no drama do plano de Deus, e há muito o perdoara.

O papa deixara claro que ele considerava os acontecimentos de Medjugorje como fundamentais para o desenrolar do terceiro ato desse drama, e, em troca, os videntes bósnios o louvaram muitas vezes, durante anos. Até a morte do padre Slavko, João Paulo era a única pessoa viva a ser mencionada nas mensagens mensais de Medjugorje, de forma mais impressionante em agosto de 1994, quando, segundo Marija Pavlović, a Virgem pedira que ela e os outros videntes rezassem pela saúde do papa, referindo-se a João Paulo como "O meu filho mais amado, a quem escolhi para esses tempos". Marija disse que ficara impressionada com a freqüência com que os discursos do papa reproduziam frases que ela já tinha ouvido durante as aparições da Madona. Jelena contou que lhe haviam dito que era esse papa que "derrotaria Satanás". Depois de um encontro privado com o papa, durante vinte minutos, em 1987, Mirjana disse que olhar nos olhos do papa era "exatamente como olhar nos olhos da Mãe Santíssima".

O que mais me espantou quando João Paulo se aproximou foi ver o quanto ele estava debilitado. Vítima do mal de Parkinson, num estágio avançado, e de outros males, ele dava a impressão de literalmente carregar o peso do mundo. A osteoporose produzira uma corcunda na parte de cima das costas do papa, e, enquanto ele arrastava os pés ao passar do seu veículo para a pequena plataforma hidráulica, sobre rodas, que o levou até o trono, ele parecia inacreditavelmente curvado e atrofiado. Eu soubera apenas alguns dias antes que o atlético Karol Wojtyla tinha sido um conquistador na sua época, chegando a escrever um tratado sobre o orgasmo feminino que foi considerado a obra mais importante a estabelecer um elo entre a sexualidade e a espiritualidade produzida por um teólogo católico em alguns séculos. Naquele momento, porém, doía muito ver o ancião levantar os pés grandes que eram o único indício físico que restava de sua juventude saudável.

Imaginei que o papa estivesse sob o efeito de drogas pesadas, e me perguntei se ele de fato compreendia o que estava ocorrendo. Entretanto, quando ele começou a falar — em sete línguas diferentes —, sua voz ecoou, clara e dominadora, ainda que o papel que ele lia sacudisse em suas mãos trêmulas. Enquanto João Paulo abençoava os presentes, lembrei-me da promessa que fizera a Slavko no confessionário pouco antes da minha partida de Medjugorje em 1995. A oportunidade de falar contra o aborto em público nunca se apresentara até então, o máximo que eu fizera foi causar uma certa irritação na sensibilidade feminista das esposas de alguns amigos. Entretanto, eu oferecera missas para os meus filhinhos perdidos, e lhes dera nomes. Em silêncio, eu rezava por eles enquanto o papa mudava o foco da sua pregação para São José, cuja "solenidade" estava sendo celebrada pela Igreja naquele dia. Inclinando-me para a frente na minha cadeira, escutei atentamente quando João Paulo observou que São José era, entre outras coisas, o santo padroeiro dos trabalhadores, e depois pediu aos presentes que refletissem sobre "a importância do trabalho na vida do homem". Eu ainda não tinha relacionado as observações do papa comigo até ele descrever São José como um "homem justo", e depois explicar que por "justo" ele não queria dizer que o marido de Maria fosse apenas um homem reto moralmente, mas alguém que respondera a um chamado do Céu com "doce responsabilidade" e que "nunca se achara no direito de questionar o projeto de Deus".

O mesmo, eu sabia, poderia ser dito de mim durante as semanas que passei em Medjugorje. As expectativas que eu tinha do papa e daquele dia eram apenas o então mais recente exemplo de como eu continuava longe da "total abertura à vontade do Pai celestial" que João Paulo estava recomendando ao povo na praça de São Pedro. Fiz um esforço visceral para me libertar de todos os preparativos para esse encontro, respirando fundo e enfiando as unhas na palma da mão enquanto me dizia que se pudéssemos simplesmente nos aproximar do papa com uma aceitação humilde do momento, então talvez recebêssemos aquilo de que precisássemos.

Era uma atitude que poucos jornalistas poderiam adotar, como podíamos ver pelo desapontamento expresso nos rostos da mídia quando ficou claro que João Paulo não pretendia usar aquela ocasião para fazer um pronunciamento importante contra a guerra. O papa terminou, na realidade, com uma simples prece dirigida a São José, pedindo "ao homem de paz que ele era" que obtivesse para toda a humanidade, e "principalmente para os povos ameaçados nessas horas pela guerra, os dons preciosos da harmonia e da reconciliação".

Seguiu-se uma série de apresentações, cumprimentos e bênçãos, depois, de repente, um factótum vestindo um colete com uma faixa branca chamou o nosso grupo para o trono do papa. Percebi apenas uma fração de segundo depois que a cena estava para ser roubada por um único membro do nosso grupo. Florence era uma importante doadora de peças para as coleções de arte do Vaticano, que tinha nascido na nobreza italiana e se casara com um americano, dono de uma enorme cadeia de supermercados. Seu marido se perdera no mar havia mais de vinte anos; o barco foi encontrado, mas o corpo do homem, nunca. Desde então, circularam muitos rumores sobre sua viúva rica, e, logo depois da morte dele, Florence tornou-se possuída de uma mania religiosa que ela canalizava principalmente para diversos projetos de restauração empreendidos pelos museus do Vaticano. A sua maquiagem exagerada, as jóias espalhafatosas e o seu jeito arrogante tornaram-na uma presença perturbadora, de certo modo enervante, nas funções de que o nosso grupo participara no início daquela semana, do coquetel no ultra-exclusivo Circulo degli Scacchi, onde ela repreendeu uma jovem por não estar usando a blusa adequada, ao *tour* particular à capela Sistina restaurada, ocasião em que ela usou uma bolsa incrustada de jóias que valia mais do que a casa da maioria das pessoas.

Desde que chegamos à praça de São Pedro naquela manhã, ela insistira para que nós nos submetêssemos a ela, exigindo a cadeira mais próxima de João Paulo e nos informando sem rodeios que ela iria à frente quando nos aproximássemos do trono. Aparentemente desconfiando da nossa obediência, ela tomou a liderança rápido quando o chefe do protocolo acenou nos chamando, e já estava ao lado do papa quando o resto de nós chegou para tirar a foto com Sua Santidade. Por acaso, eu me posicionara imediatamente atrás do trono de João Paulo, estando à altura do ombro direito dele, e então tive a visão equivalente à do olho do papa de Florence, quando esta se inclinou para a frente, nariz a nariz com o vigário de Cristo, e depois tirou das dobras de sua capa um enorme envelope embrulhado com flores vistosas e passou a repetir com uma voz rouca, quase rascante, a mesma palavra: "Dollare, dollare, dollare." Eu não tinha certeza se o papa entendia que lhe estava sendo entregue um bolo de grana viva. Ele rapidamente passou o envelope para um cardeal, mas, ao fazê-lo, Florence agarrou-lhe a mão, aquela em que João Paulo usava o anel papal. Esperei que ela beijasse o que muitos consideram o objeto mais venerável em todo o catolicismo, o "anel do Pescador", como era conhecido, desejando que pudéssemos continuar a partir dali de forma mais organizada, mas Florence estava apertando a mão do papa com tanto ardor, que ela, de um jeito ou de outro, conseguiu tirar o anel, que caiu nas pedras do chão aos nossos pés e desapareceu numa enorme confusão de funcionários do Vaticano, que, ofegantes e ansiosos, batiam cabeça uns contra os outros no afã de recuperar o objeto. O anel foi recuperado, é claro, e logo devolvido ao papa, que me pareceu ou absolutamente indiferente ou inteiramente exausto enquanto permitia que um cardeal lhe devolvesse o anel para o dedo certo. Todos à volta pareceram chocados ou horrorizados — até mesmo os dois guardas suíços, rigidamente atentos, com suas calças listradas e elmos de metal, armados de machadinha e lança, pareciam se crispar enquanto trocavam olhares interrogadores. O chefe do protocolo, não é preciso dizer, estava àquela altura um tanto apressado em despachar o grupo. Luvas brancas nos acenaram para que seguíssemos adiante sem mais delongas. Espantado, obedeci lentamente, deixando minha mão esquerda passar pelo ombro do papa enquanto me aproximava do lado dele, lugar que tinha sido o de Florence um minuto antes. Ali tão próximo, fiquei espantado ao ver o quanto a pele de João Paulo era rosada e macia, dada a gravidade do seu estado físico. "Querubínica", pensei naquele momento. Seus olhos tinham o mesmo tom de azul dos de Mirjana, e eram igualmente translúcidos. Eu ainda não tinha abandonado a esperança de uma segunda revelação — uma palavra profunda, um gesto dramático. O que recebi foi um olhar de soslaio e uma oscilante piscadela divertida. Eu tinha me virado e dado alguns passos na direção das luvas brancas que ainda se agitavam freneticamente, quando uma risada saiu das minhas entranhas e desatou antes que eu pudesse contê-la. Eu me senti dominado por uma espécie gloriosa de um abandono incontido; era o mesmo hausto de libertação sagrado que eu descobrira no cume da Križevac quase oito anos antes, a minha comunhão com um Deus que era selvagem, e livre, e totalmente imprevisível, um Deus que ria de mim se eu O fizesse rir, mas comigo se eu me permitisse participar daquele momento. Joguei a cabeça para trás, levantando os olhos para as estátuas de Jesus e Seus Apóstolos que encimavam a entrada da igreja de São Pedro, e ri para elas como se fosse um chimpanzé. "Entendi", eu me ouvi dizer, e naquele momento eu realmente acreditei que era verdade.

CAPÍTULO 20

Até o dia em que saí de Roma, eu não sabia que o cardeal Ratzinger estava prestes a assinar uma carta endossando o veredicto negativo das aparições relatadas por Gianna Talone-Sullivan e submetidas ao Vaticano pelo cardeal William H. Keeler, de Boston. O cardeal estava autorizado a anunciar oficialmente que as visões de Gianna não eram sobrenaturais, escreveu Ratzinger, e Keeler prontamente deu a notícia a público, advertindo o novo pároco da igreja de São José, em Emmitsburg, de que essa determinação do homem que era o braço direito do papa deveria "aliviar as dúvidas dos fiéis com relação às alegadas aparições e a qualquer disseminação pública da mensagem nelas contida". Entretanto, o cardeal Keeler provavelmente sabia que isso não era plausível.

O cardeal tinha feito o seu primeiro movimento para dar fim às devoções públicas em torno das aparições alegadas por Gianna no fim do verão de 2000. No dia 8 de setembro, quando se festeja o nascimento de Nossa Senhora, a arquidiocese de Baltimore divulgou uma declaração de três frases anunciando que, após cuidadosa reflexão, não se encontrara nenhuma "base" para as alegadas aparições atribuídas à Virgem Maria por Gianna. A arquidiocese publicou um "boletim", seis dias depois, acrescentando ao seu parecer a informação de que as visões de Gianna continham "elementos negativos", e determinando que as reuniões do grupo de oração das quintas à noite na igreja de São José fossem "interrompidas" imediatamente. A arquidiocese também pediu o término imediato das vendas do vídeo *A Misericórdia Desmedida*, do qual Gianna participava.

Certas declarações feitas por Gianna a respeito do que a Virgem Maria lhe dissera foram citadas muitas vezes pela arquidiocese em informes subseqüentes sobre o veredicto da comissão e a posição do cardeal. Especificamente, explicou-se que o cardeal Keeler e os teólogos que o aconselhavam ofenderam-se com a alegação de Gianna de que Jesus voltaria como criança, e que as catástrofes que precederiam essa Segunda Vinda incluiriam a morte de todos os peixes do mar. Essa predição agradou especialmente aos satíricos da Internet, que escarneceram de Gianna chamando-a de atriz frustrada, e dizendo que ela tentara reativar sua carreira no *showbiz* conquistando um público religioso.

Embora eu me irritasse com essas críticas baratas, entendi que a arquidiocese de Baltimore tivesse chegado à conclusão de que Gianna e Michael estavam forçando a mão. O vídeo *A Misericórdia Desmedida* não pretendia ser uma provocação, eu tinha certeza, mas o cardeal Keeler e sua equipe não estavam inteiramente sem razão em vê-lo dessa maneira. Michael devia saber, mesmo que Gianna não o soubesse, que presságios de provações e tribulações — entre outras, não só uma matança geral de peixes, mas também um "fogo purificador" que cobriria a Terra" — eram o tipo de assunto que ofendia a Igreja como instituição. E não poderia chegar a surpreender que a arquidiocese de Baltimore se perturbasse com uma "mensagem" relatada por Gianna em julho de 2000 (exatamente quando uma reunião de cúpula entre israelenses e palestinos estava acontecendo em Camp David, lá perto) avisando que um sinal milagroso apareceria em Emmitsburg no mês seguinte, outubro. "Esperem e verão", a mensagem concluíra. O cardeal Keeler decidiu não fazê-lo, e, ao explicar os motivos, repetiu muito do que ouvira no Vaticano. "Dadas as atuais circunstâncias em todo o mundo daquilo que pode ser chamado de uma dependência do espetacular, consideramos que a Igreja não deveria promover ou estimular pessoas que alegam ter estabelecido canais extraordinários de comunicação com Deus", Keeler escreveria ao pároco da igreja de São José. Nessa carta, o cardeal reconhecia que a reunião de oração das quintas-feiras na igreja produzira alguns "resultados impressionantes", entre eles, conversões, confissões, e diversas curas de males físicos aparentemente autênticas, mas concordava com sua comissão em que não havia "uma relação necessária" entre as aparições alegadas por Gianna e os benefícios aparentes.

Michael, que estava lidando com os assuntos públicos para Gianna naqueles dias, reagiu às ordens da diocese, de início, dizendo ao vigário judicial do cardeal: "Seremos obedientes." Eles então divulgaram pelo *site* deles na Internet esta declaração: "Isso é um dom. Fiquem em paz. Continuem a rezar. A mão de Deus está em tudo isso. Vigiem e verão!"

Muitos dos que vigiaram para poder ver não esconderam o seu desapontamento quando outubro chegou e partiu sem que o sinal prometido aparecesse. Exceto pela Missão da Misericórdia, que eles continuavam a dirigir, Gianna e Michael praticamente desapareceram da vida pública por quase dois anos. Entretanto, muitas figuras eminentes continuavam a advogar em seu nome. À frente, René Laurentin, que em agosto de 2001 mandou ao cardeal Keeler um documento de quatro páginas descrevendo os seus "dez anos de pesquisa sobre Gianna Sullivan", com uma carta na qual ele enaltecia "sua fé inteiramente dedicada, seu valor humano e os frutos de suas iniciativas". Laurentin dedicou considerável espaço a expor as diversas pesquisas médicas a que Gianna se submeteu, incluindo a do seu colega Dr. Philippe Loron (o neurologista que anteriormente examinara os videntes de Medjugorje) que concluía que, durante as aparições, Gianna "se desliga do mundo exterior por intermédio do êxtase, não dorme nem sonha, e não se encontra em estado epiléptico". Mas, evidentemente, ao considerar a alegada aparição, "os frutos são o mais importante", escreveu Laurentin, "e, no caso de Gianna, os frutos sempre foram positivos, sem apresentar nada de negativo. Em torno de si, Gianna estava atenta e dava apoio à fé num mundo em que a fé está asfixiada pela secularização, laicização e pelo materialismo do ambiente".

Gianna saiu do silêncio que se impusera em agosto de 2000, quando divulgou a sua primeira "mensagem pública" recebida de Maria em 23 meses. Isso se fez "por iniciativa de Nossa Senhora", Michael me diria quando telefonei para a casa que dava para um pasto. Tive de admitir que me desapontei ao ler a mensagem, uma vez que nada havia ali de novo. "Crianças, a escuridão só pode ser vencida pela Luz do Amor", a mensagem assim começava. "Não há outra maneira de calar o mal e derrotá-lo senão pela Luz do Amor."

"Temos de ouvir as mesmas coisas muitas vezes, porque não escutamos", disse-me Michael.

Quase ao mesmo tempo em que Gianna explicava ao jornal de Emmitsburg que ela continuaria a tornar públicas as mensagens de Nossa Senhora, se lhe pedissem isso, o cardeal Keeler declarou que a comissão teológica que ele organizara para investigar Gianna estava pronta para finalmente dar o seu veredicto.

Os defensores de Gianna se sentiram encorajados em junho de 2001, quando souberam que os três membros da comissão de Keeler eram um especialista em direito canônico, um padre psiquiatra e um teólogo que participara do comitê que por fim se pronunciara pela beatificação de padre Pio. Entretanto, em 28 de setembro de 2002, Gianna soube, por uma carta da arquidiocese, que os membros da comissão tinham sido unânimes ao dar o seu veredicto de *constat de non supernaturalitate*, ou "persistentemente não sobrenatural". Três importantes teólogos marianos, entre eles Robert Faricy, professor da Universidade Marquette que examinara Gianna em Scottsdale, e padre Edward O'Connor, da Universidade Notre-Dame, tinham ido a Baltimore testemunhar em favor de Gianna, mas lhes disseram que não havia questões teológicas nesse caso, apenas pastorais, e que, portanto, não era necessário ouvi-los. Todavia, quando o relatório da comissão foi publicado, os três ficaram estarrecidos ao descobrir que a condenação das visões de Gianna se baseara principalmente em fundamentos que eram, na realidade, teológicos. Especificamente, o relatório da comissão explicou, os três membros ficaram incomodados com as "profecias apocalípticas" de Gianna. "Temos a impressão de que a comissão cometeu alguns erros graves", escreveu O'Connor numa carta datada de 7 de outubro de 2002, ao cardeal Keeler.

Michael foi até mais franco. "Foi uma piada", disse-me ele quando lhe telefonei ao chegar de Roma. "A comissão passou três horas com Gianna, e eu estive presente quase o tempo todo. Fiquei chocado com a superficialidade das perguntas. Era óbvio que a decisão deles já estava tomada." Foi especialmente frustrante para Michael o fato de que desde setembro de 2000 o cardeal tinha impedido qualquer manifestação de apoio a Gianna na arquidiocese: "Keeler controla toda a informação.

Centenas de cartas de apoio a nós foram mandadas para o jornal diocesano e nem uma delas sequer foi publicada. As cartas contra nós, porém, são publicadas com destaque."

Alguns dias depois, ele me mandou uma cópia da carta que ele escrevera ao cardeal Keeler por ocasião do Dia das Mães (outras cópias, observei, tinham sido enviadas ao cardeal Ratzinger, ao presidente George W. Bush e à conselheira para assuntos estrangeiros Condoleezza Rice). Ao ler a carta, tive a nítida impressão de que Michael estava provocando o cardeal a agir contra ele. "Dar a público o que já foi passado para a mídia sem fornecer a Gianna nenhum mandado, ou declaração, assinado pelo senhor pessoalmente, cardeal Keeler, está moralmente errado. Parafrasear comentários do cardeal Ratzinger no jornal sem permitir que Gianna ou seus diretores ou conselheiros espirituais tenham conhecimento das informações que serviram de base para qualquer comentário do cardeal Ratzinger está moralmente errado. Desconsiderar inteiramente os exames científicos detalhados a que Gianna se submeteu durante o seu êxtase, realizados pelo frade René Laurentin e por sua equipe de cientistas americanos e franceses, está moralmente errado. Para onde foram a honestidade e a caridade cristã?"

Michael concluiu sua carta declarando: "Estamos vivendo uma época da história da salvação em que o próprio Deus dentro em breve revelará a Verdade e ratificará Seus profetas."

O marido de Gianna não se permitiu nenhum espaço para a dúvida. Um dia, eu cheguei a admirar essa postura. Naquele momento, porém, eu só queria encontrar o sábio que me mostrasse como evitá-la.

Obter o número de telefone que me levasse a Benedict Groeschel se mostrou bastante mais fácil do que encontrar pessoalmente esse padre legendário. O padre Groeschel recebia telefonemas apenas durante duas horas por semana, fui informado quando disquei o número, mas depois de esperar três dias para essa brecha se abrir, descobri que eu estava jogando numa espécie de loteria, esperando ser um dos poucos felizardos que ligavam no momento certo. Na minha quarta tentativa para encontrar Groeschel, consegui ganhar a simpatia de uma mulher que já me atendera antes. Mas, infelizmente, vi que me comunicar com ela era quase impossível. A mulher não só divagava, como se repetia tantas vezes que eu perdia a conta. Depois de algum tempo, eu me peguei fazendo o mesmo, quando então paramos e começamos uma conversa que a mulher interrompia com uma seqüência atrás da outra. Ela era extremamente gentil e obviamente queria ajudar, mas eu duvidava que ela estivesse entendendo uma palavra sequer do que eu dizia. A sua capacidade para a digressão era surpreendente. Em alguns momentos ela parecia imaginar que eu queria servir aos pobres, e, em outros, que eu queria a ajuda do padre Groeschel para investigar uma casa mal-assombrada. Muitas vezes, sua voz sumia no meio de uma frase e parecia não haver ninguém na linha até eu retomar a conversa do início, com esperança de que meu recado fosse registrado se eu o repetisse mais vezes. Afinal, desisti de continuar tentando, e pelo menos um minuto se passou sem nenhum de nós dizer nada. Então, inesperadamente, ao que parecia, a mulher repetiu cada palavra dita por mim, e sugeriu que eu mandasse um fax ao padre Groeschel explicando o meu projeto e dizendo exatamente quando eu pretendia ligar para dar continuidade ao assunto. Se eu despertasse o seu interesse, o padre viria ao telefone, ela me assegurou.

Eu já sabia que Groeschel era respeitado por seu trabalho em muitos campos, e que o tempo e a atenção do padre eram cobiçados por legiões de peticionários. O que ninguém me dissera é que uma das missões de Groeschel era ministrar sacramentos a doentes mentais, muitos dos quais trabalhavam como seus assistentes. O santo padroeiro do padre era Benedito José Labre, supostamente o único esquizofrênico a ser canonizado pela Igreja Católica romana, um mendigo sujo que viveu peregrinando de vila em vila durante toda a vida, mas cuja morte resultou num enterro acompanhado por milhares de pessoas que fizeram centenas de alegações de milagres em seu nome. O padre Groeschel, conhecido por possuir um dos intelectos mais agudos e mais versáteis em todo o catolicismo, não era um doente mental. Mas ele questionou a minha sanidade quando liguei de novo para ele, dois dias depois. "Não sei como você entrou nessa, garoto", disse o padre como introdução quando chegou ao telefone, "mas você não podia ter escolhido um assunto melhor para deixar a pessoa maluca. Você deve gostar muito de sofrer." Eu não tinha idéia de onde eu estava entrando quando comecei essa história, expliquei. "Isso, você não precisava me dizer", disse ele. "Contudo, você escreveu uma boa carta. Então venha me ver." Se eu estivesse à porta dele às cinco da tarde dali a uma semana, disse o padre, ele arranjaria algumas horas para mim.

Groeschel também insistiu, *ipso facto*, em que eu tinha de encontrar o livro de Poulain e ler pelo menos algo dele antes de nos encontrarmos. O que implicava procurar a quase invisível livraria Irmãs Paulinas na rua 52, Leste, em Manhattan, para comprar um excerto de *Graças da Prece Interior*, que foi publicado com o título *Revelações e Visões*. Peguei o metrô New Haven na Grand Central e estudei o livro até chegar à estação Larchmont. Poulain escrevera sua obra-prima no decorrer do primeiro ano do século XX enquanto trabalhava como diretor espiritual em Paris, uma posição que lhe permitiu relatar 33 exemplos de "graças sobrenaturais" autênticas e apenas nove casos de "visões falsas". Embora essa proporção entre verdadeiras e falsas parecesse alta pelos padrões contemporâneos do Vaticano, Poulain era considerado o melhor comentarista dos escritos de São João da Cruz e Teresa de Ávila, e o que melhor os compreendeu, e seu livro permanece uma obra clássica para toda a Igreja.

Fiquei assombrado ao descobrir que entre as categorias de visões autênticas de Poulain havia não só Visões Exteriores ("percebidas pelos olhos corporais") como Visões Imaginativas ("vistas sem a assistência dos olhos") e Visões Intelectuais ("percebidas pela mente apenas, sem nenhuma imagem interior"). E enquanto as Visões Exteriores eram consideradas as mais notáveis dessas graças, os místicos católicos mais profundos relatavam primordialmente as visões das duas últimas categorias. As visões de Santa Teresa, por exemplo, tinham começado como intelectuais, depois se tornaram imaginativas, mas nunca foram exteriores, relatou Poulain, ainda que ela tivesse imaginado que tinham sido. E enquanto as Visões Exteriores eram dons puramente divinos concedidos sem nenhuma precondição, as Imaginativas e Intelectuais pareciam ser tanto dadas quanto tomadas, sendo produto até certo ponto da santidade do recebedor. As Visões Exteriores (que podiam ser de origem divina ou diabólica) podiam ser de quatro variedades distintas, segundo Poulain. As do primeiro tipo incluíam a percepção dos corpos verdadeiros de Jesus ou Maria, embora as do segundo tipo incluíssem ver o "corpo emprestado" de um ser celestial "formado pelo ministério de anjos". Nas do terceiro tipo (chamadas de "semi-objetivas" por Poulain) o vidente não percebia um corpo de verdade, mas via os "raios luminosos" de um corpo no Céu com a assistência de anjos que "produzem essas ondulações como se produzissem ondas sonoras". Nas do quarto tipo, que eram visões "puramente subjetivas, os anjos imprimem a imagem do objeto diretamente na retina".

Poulain era um pouco mais fácil de ser digerido pela mente moderna quando explicava os múltiplos erros que os videntes cometiam ao compreender e relatar as suas visões, todos relacionados às naturezas imperfeitas dos seres humanos cuja ignorância, vaidade ou simples incapacidade de distinguir os seus próprios pensamentos da mensagem de uma autoridade divina podiam deturpar, ofuscar, ou até falsificar o seu conteúdo. Santa Teresa, Joana d'Arc, Simão Stock — até o próprio São Pedro — foram passíveis dessas falhas, observou Poulain, e eram uma prova de que nem mesmo o que os maiores místicos dissessem deveria ser aceito sem uma análise crítica. A separação do divino do meramente humano era o que tornava a administração de místicos e suas revelações um problema tão espinhoso para a Igreja.

Esquivar-se das alegações do miraculoso, porém, era negar Deus, Benedict Groeschel e eu concordaríamos quando nos sentamos quase joelho contra joelho em seu atulhado escritório, pouco tempo depois. Os milagres são a essência de toda grande religião, não só do cristianismo. Jesus ressuscitando Lázaro para demonstrar o Seu poder sobre a morte era equivalente a Buda elevando-se do chão, dividindo o Seu corpo em pedaços, e depois os juntando no ar para demonstrar a Sua libertação das leis do carma. Sem as "graças sobrenaturais" que Poulain ousou catalogar, não haveria nenhuma religião, só filosofias.

O padre Groeschel propôs o que ele chamou de "nosso dilema mútuo" minutos depois de nos apresentarmos: "Se você não faz nada além de afastar essas coisas, você é simplesmente um obscurantista. Se você as abraça descuidadamente, você é apenas um tolo. Temos de resistir à exigência obsessiva e compulsiva de uma resposta clara e definitiva a essas perguntas. Esse é um campo para pessoas que não têm de entender tudo, que não precisam revelar em preto-e-branco. Há muito nevoeiro cinzento em torno dessas questões, e precisamos estar preparados para lidar com isso. De vez em quando, uma luz brilhante surge, e temos de ser gratos por isso. Porque, no resto do tempo, temos de ir tenteando através da penumbra."

Não procurei esconder o fato de que achava isso enervante, e Groeschel pareceu apreciar o meu desconforto. "Vá com calma", sugeriu ele com um sorriso.

Groeschel por certo poderia fazer o papel de sábio católico. O pouco cabelo que ele tinha no alto da cabeça se encaracolava em volta das orelhas como se fosse um transbordamento da barba cheia, que era aparada rente nos lados, mas, no centro, caía até o meio do peito. O padre já tinha mais de setenta anos, e suas costeletas eram bem mais brancas do que a batina cinzenta e rústica que caía folgada sobre o seu corpo miúdo, leve. Os olhos também eram cinzentos, e tão intensos que poderiam ser chamados de penetrantes, embora houvesse mais bondade neles do que essa palavra sugere. A voz do homem parecia mais mundana do que sua aparência. Groeschel falava em *staccato*, num tom contundente, quase áspero, com o acento gutural que adquiriu nos seus anos de criação em Jersey City. De início, ele me deu a impressão de um sujeito rabugento, sarcástico que há muito tempo perdera a paciência com conversa fiada e outras frescuras superficiais. Ao mesmo tempo, havia um traço de ternura no homem. Quando eu disse a Groeschel como eram diferentes as descrições que os padres que conheci em Roma me fizeram dele — Augustine DiNoia o descreveu como um santo em perspectiva, Gabriel O'Donnel, como um Groucho Marx vestindo batina de monge — o padre idoso riu com uma certa tristeza, e disse: "Bem, Gabe provavelmente me conhece melhor do que Gus."

O nosso encontro estava acontecendo no local que servia de residência principal a Groeschel, uma propriedade no canal de Long Island que fora doada à Igreja e era então chamada Retiro Trinity. O padre também passava um bocado de tempo no South Bronx, onde se encarregava de programas de assistência aos pobres, entre outros, um dormitório para mães sem-teto e seus filhos. A abrangência de suas atividades sacerdotais me espantava, uma vez que ele também atuava como diretor de aperfeiçoamento espiritual para a arquidiocese de Nova York, conseguira publicar uma pilha de livretos sobre assuntos de peso, pregava em igrejas espalhadas por toda a região metropolitana, trabalhava como psicólogo clínico (com doutorado na Universidade de Columbia), e era continuamente chamado a investigar fenômenos sobrenaturais — ou pelo menos estranhos — em todos os cantos do país. Ele se diz pronto para morrer há mais de duas décadas, Groeschel me disse a certa altura, mas eram tantos os seus encargos, que, "infelizmente", teria de viver mais uns dez anos.

Eu começara a nossa conversa com a minha analogia da "porta que se abre", perguntando a Groeschel se ele acreditava que a porta iria se abrir dos dois lados. "Depende do que você está falando", respondeu o padre. "Se você está falando de um acontecimento sobrenatural cuja origem é uma intrusão da vontade divina no mundo em que vivemos, a ação de Deus, então você está falando de algo que começa do outro lado. Agora, se você está falando do que Poulain chama de 'visão intelectual', então a pergunta está em aberto. Na visão intelectual, as idéias e os pensamentos da pessoa agraciada tornam-se tão poderosos, que parecem uma realidade visível e auditiva." Ele coloca uma das revelações privadas mais famosas da história do catolicismo, a "Transverberação" de Santa Teresa de Ávila, nessa categoria. "Ela diz que o anjo lhe transpassou o coração com uma lança em chamas, e não sabemos se ela achou que isso era uma aparição. Mas João da Cruz, que estava lá, disse: 'Essas pessoas são tão atraídas para o amor divino, que *lhes parece* que um anjo lhes transpassou o coração.' Estamos falando de uma conceitualização da graça tão poderosa, que parece que ela existe realmente. Mas o que estamos recebendo é um contato por meio dos processos comuns da graça, cuja origem também é sobrenatural, mas de outra ordem. Então, a porta se abriu desse ou daquele lado, ou ambos os lados operaram juntos?"

Suas pesquisas e investigações o levaram a muitas pessoas envolvidas com a Renovação Carismática "que acham que estão falando palavras, ou emitindo sons, que Deus pôs em suas bocas", Groeschel disse. "Algumas chegam a achar que o Senhor lhes está dizendo que saiam e dêem palestras. Não acredito que ninguém que tenha alguma amplitude de visão ache que a experiência que está tendo seja uma intervenção do poder divino no mundo, e, no entanto, o que essas pessoas estão dizendo é 99% verdade. Porque, para elas, parece uma experiência estranha ao ego, uma experiência que vem de outro. Mas na realidade deve ser entendida assim, e deve ser entendida assim por mim, como parte dos processos comuns da graça, que são tão poderosos que tomam um aspecto, ou dão uma sensação, de serem estranhos ao ego. Mas não são. O que é essencial ao se lidar com essas pessoas é não descartar a profunda experiência de Deus que elas tiveram, mas, ao mesmo tempo, não ratificar suas ilusões a respeito da origem dela."

Para Groeschel, e para a Igreja Católica, "o referencial primordial das revelações privadas" eram as aparições testemunhadas por Bernadete Soubirous, em Lourdes. Não era um juízo de valor sobre *o que* Bernadete experimentara, enfatizou Groeschel, mas sobre *como* ela o experimentara. "Bernadete é a melhor porque no relato dela há o mínimo possível de interpretação subjetiva", explicou ele. "Mesmo quando disseram que as palavras 'Imaculada Conceição' se referiam à Virgem Maria, Bernadete continuou a dizer simplesmente: 'Eu vi uma senhora, uma jovem mulher.' E lhe disseram: 'Sim, mas ela lhe disse que era a Imaculada Conceição, o que quer dizer que ela era a Virgem.' E Bernadete disse: 'Não, eu vi uma jovem senhora que me disse que ela era a Imaculada Conceição.' Nenhum dos padres que acreditaram ou dos que não acreditaram pôde influenciá-la. E Bernadete nunca acrescentou uma sílaba sequer ao que ela ouvira durante as aparições. Ela foi uma testemunha por excelência. Bernadete era uma jovem inteligente, perspicaz e fresca como uma flor do campo. O monsenhor lhe diz: 'Você espera que eu acredite que você viu a Virgem?' E Bernadete responde: 'Não, não espero nada disso. Não cabe a mim fazer o senhor acreditar. Cabe a mim lhe dizer o que Ela disse.'"

As visões do Sagrado Coração relatadas por Santa Margarida Maria Alacoque talvez tenham sido menos extraordinárias do que as aparições testemunhadas por Bernadete, observou Groeschel, entretanto, tinham de ser consideradas com mais cautela do que a que é necessária ao lidarmos com os fenômenos de Lourdes: "Margarida Maria era uma pessoa profundamente espiritual que caiu num êxtase profundo de dimensão sobrenatural, não tenho dúvidas sobre isso. No final das grandes festividades religiosas, ela se ajoelharia enquanto as outras irmãs estavam se retirando e não mexeria nenhum músculo. Ela não tossia, não mudava de posição, nada, até as seis da manhã seguinte. Por três vezes, ela teve de ser erguida do chão e ajudada a voltar para a sua cela na hora das orações matinais. E essas foram as três ocasiões das visões do Sagrado Coração. Ora, acredito piamente que esses fenômenos foram sobrenaturais. Mas, nas descrições feitas por ela, podemos perceber idéias subjetivas de uma francesa piedosa que lera alguns tratados teológicos sobre o Sagrado Coração e que então injetara ali alguns dos seus pensamentos. Compreenda, eu tenho certeza de que ela recebeu revelações genuínas, mas o relato das revelações tem algo de subjetivo, e por isso tem que ser tratado com luvas de pelica. Veja, este é o problema básico: de um lado, temos uma realidade infinita que é impenetrável e incompreensível para nós, tocando uma realidade finita aqui na Terra. A pessoa vai achar que estava falando com *alguém*. E que estava sendo contatada por outro mundo, mas, para entender isso, ela tem uma imagem — provavelmente posta em sua mente pela divina providência — para que possa se referir à fonte dessa experiência. Nunca saberemos exatamente o que ocorreu, porque até a pessoa com quem isso aconteceu não sabe. A decisão quanto àquilo em que acreditamos fica inteiramente por nossa conta."

Em Roma, tinham me dito que a ousadia intelectual de Groeschel, sua tendência para zombar das mais veneradas figuras do catolicismo (e encontrar furos na mitologia deste), combinada com a sua capacidade de transmitir um interesse profundo pelas experiências e realizações deles, era o que o tornara uma figura tão respeitada na Igreja, sem falar no fato de que ele era o pensador mais influente de toda a cristandade no que se referia a relatos de experiências sobrenaturais. Mas o que mais me deleitava era o seu desdém pela bobajada com que a maioria dos comentaristas se sentia compelida a rechear as avaliações que faziam dos santos.

"Nunca teremos nada além de uma vaga idéia quanto ao motivo de essa ou aquela pessoa ter sido escolhida para receber essas graças", me disse o padre. "A única coisa que pode nos valer, de algum modo, é o que São Paulo nos diz sobre isso: 'Deus escolheu os pobrezinhos deste mundo, os que não são nada.' Olhe para Santa Catarina Labouré. Pobre da Catinha, ela era uma idiota total. Era uma parva. Mas Santa Catarina Labouré previu muitas coisas que aconteceram exatamente como ela disse que aconteceriam. Ela também predisse algumas coisas que não aconteceram. Quando lhe perguntaram sobre isso, ela disse: 'Entendi mal.'" Groeschel se divertia enquanto repetia as palavras da santa. "Tudo bem, Catinha", ele deu um risinho de desdém. "Vamos deixar que eles lidem com a verdade."

E o padre continuou: "E Joana d'Arc? Essa é ótima. Ela disse que falava com os santos, quando o que ela realmente via eram estátuas. Mas estas falavam com ela. Será que ela era maluca? Não sei. Só sei que ela acabou com a guerra mais longa da história européia. Winston Churchill, ninguém menos, disse a respeito de Joana: 'Não haveria figura mais pura em toda a história européia por uns mil anos.' Freud, por outro lado, chamou-a de esquizofrênica. Quem tem razão? Você decide. Ela era tanto louca como abençoada? É perfeitamente possível, meu caro. Perfeitamente possível."

Os "devocionistas" gostavam de imaginar que receber uma graça extraordinária resultava numa vida exemplar, continuou Groeschel, mas nem sempre isso acontecia. "Veja a Salete", disse ele. "Aqueles dois garotos nunca chegaram a nada. A menina tornou-se uma frustrada, e o menino, uma espécie de bandido. Entretanto, grande parte da Igreja reconhece que eles receberam visões autênticas da Virgem. Eu aceito."

Ele não via como tarefa sua incentivar o tipo de bordado piedoso que emoldurava até as aparições mais importantes, mas aceitava trabalhar por uma perspectiva em que a reverência e o pensamento crítico pudessem coexistir. Nem Lourdes estava isenta da sua investigação. "O que aconteceu lá foi milagroso e extraordinário, mas pode também ter sido o que Poulain chama de 'visão imaginativa'", disse ele. "O que, aliás, não é de modo algum uma descrição pejorativa. Não diminui a importância do que ocorreu, mas põe o acontecimento numa categoria chamada de 'não-percepção'. Os olhos não podem vê-lo, mas o cérebro pode. O motivo de podermos dizer isso sobre Lourdes é que quando Bernadete viu a Mãe Santíssima, havia 10 mil outras pessoas presentes, e nenhuma delas viu nada. Santo Tomás de Aquino diz que a melhor explicação para isso é considerar que Bernadete teve 'uma experiência interior', porque, do contrário, seriam 10 mil milagres. A experiência de Bernadete foi uma aparição, mas não foi uma teofania."

Teofania?, perguntei. Eu nunca tinha ouvido esta palavra. Uma teofania era um acontecimento sobrenatural de primeira ordem, explicou Groeschel, "literalmente, uma manifestação divina". A maior teofania da era moderna, ele me disse, ocorrera em Fátima em 1917, com o aparecimento do sol que girava. "Que não era o sol", alertou ele. "O observatório de Greenwich não fica muito longe, e eles não perceberam nada, mas, numa área de uns 60 quilômetros quadrados, todo mundo que estava lá, todo mundo, crentes e não crentes, pessoas atentas e pessoas desatentas, viram essa coisa que parecia um sol girando, multicolorido, descendo na direção deles. Muitos dos que estavam presentes caíram no chão. Houve casos como o de um maçom, um socialista que fora até lá para rir, e depois teve de ficar hospitalizado três dias. A cena o deixara em estado de choque. É o que a teofania faz, porque ela se manifesta no mundo exterior."

Houve outra teofania durante o século XIX, em Knock, na Irlanda, disse Groeschel. "Dezenove pessoas, não relacionadas, tiveram diretamente essas visões, e, talvez o mais notável, pessoas em lugares mais distantes viram as luzes, e acharam que fossem fogos de artifício." Sem dúvida houve outras, em Zeitun, no Egito, talvez, e possivelmente naquela aldeia de camponeses na Ucrânia. Mas, mesmo numa teofania, observou ele, o que determinava o resultado era como os que a recebiam lidavam com a revelação. Externamente, os fenômenos de Fátima eram mais impressionantes que os fenômenos de Lourdes, mas Bernadete tinha sido um vaso melhor, e mais confiável e mais exemplar do que os videntes de Fátima, na opinião dele, e, portanto, produzira frutos mais impressionantes. Eu estava matutando sobre isso quando Groeschel me surpreendeu ao anunciar que ele via com ceticismo — "para dizer o mínimo" — os segredos de Fátima. "Acredito que o que aconteceu em Fátima foi a teofania mais assombrosa da era moderma, mas não acredito que eles tenham recebido nenhum Segredo", disse ele. "Se você examinar os documentos com cuidado, é óbvio que os Segredos vieram depois. Acho que a freira os apresentou. Mas, quem sabe? É claro que eu não gostaria de fazer um pronunciamento oficial, compulsório, sobre Fátima nem sobre os Segredos. Já dei a minha opinião, e o papa decidiu que estou errado. Ele pode fazer isso, como você sabe. São os privilégios do cargo."

Groeschel de novo me surpreendeu ao declarar que a Igreja há muito reconhecera a novidade como uma característica que dava à aparição ou ao colóquio interior o cunho de autênticos. Em nenhum momento das minhas entrevistas no Vaticano isso fora mencionado. "Por razões particulares, essencialmente políticas, os padres de Roma não querem espalhar essa informação, mas um dos sinais de uma revelação divina é que ela se afasta das noções aceitas naquele momento", explicou ele. "Ela vai um pouco contra o tempo. Diferentemente do que se pressupõe." Ele não estava falando de descrições exóticas ou formas fantasiosas, Groeschel preveniu, mas do conteúdo real de uma alegada comunicação de um ser celestial. A originalidade era uma das qualidades que mais fizeram com que *O Rosário da Misericórdia Divina*, escrito pela irmã polonesa Faustina Kowalsca no período entre a Primeira e a Segunda Guerras Mundiais, se distinguisse. "O catolicismo polonês do início do século XX não era conhecido pela ênfase na misericórdia divina. Era bastante duro, quase fascista. E, no entanto, foi aí, nesse ambiente, que essa pequena camponesa, que tinha tido apenas três anos de educação formal, produziu esse livro inacreditavelmente profundo, que ela obviamente não compreendia no nível do intelecto." Groeschel leu alto o longo trecho chamado "Conversa do Deus Misericordioso com a Alma Desesperada" no qual Jesus chama repetidas vezes por uma alma que "permanece surda e cega, endurecida e desesperada". Na concessão de uma "graça final", a misericórdia de Deus "se exerce sem nenhuma cooperação da alma", e somente se até isso for negado é que a alma passa para um estado de eterna separação de Deus, explica o texto. "Hoje, quase todos os que lêem isso sabem que estão ouvindo algo não só totalmente original como profundamente verdadeiro, mas foi espantoso para os católicos poloneses daquela época", disse Groeschel. "Faustina foi acusada de heresia naquela ocasião, e o livro foi proibido. Apenas mais tarde, quando foi lido com mais cuidado, a Igreja reconheceu que o livro não continha nenhum erro teológico. Faustina se aproxima da heresia, mas não cai nela, e a sutileza com que ela lida com essas diferentes situações é espantosa, principalmente por se tratar de uma mulher com três anos de estudo. E, hoje, a descrição de Faustina de uma Graça Preveniente, por meio da qual a misericórdia divina consegue se exercer sem nenhuma cooperação da alma, tornou-se dogma.

"Faustina é talvez o melhor exemplo que podemos encontrar da força que pode haver no que Poulain chama de 'visão intelectual'. É uma visão que sai de dentro da pessoa em resposta à graça. É o êxtase. E o que é o êxtase? Gosto da definição de Aldous Huxley: 'O êxtase é o tributo que a mente paga ao que há além dela.' Talvez seja uma definição incompleta, mas é simpática."

Infelizmente, idéias novas e originais raramente apareciam como uma característica dos pretensos fenômenos sobrenaturais que lhe eram relatados, Groeschel suspirou. "Recebo dúzias e dúzias de cartas sobre supostas revelações divinas, e é sempre a mesma velha história, sempre", disse o padre numa voz hilariantemente soporífera. "Mas essas são pessoas que lêem esse tipo de literatura, e inventam esse tipo de experiências intelectuais. Não podemos dispensá-las, mesmo que nos façam dormir, mas também não precisamos ler essas cartas duas vezes."

Até ali, já estávamos conversando há mais de uma hora, e Groeschel parecia estar evitando falar do assunto cuja discussão ele sabia ser o que eu mais queria. "Medjugorje me deixa muitíssimo perplexo", disse ele com um suspiro profundo. "Talvez seja o mais intrigante de todos esses fenômenos. É evidente que ocorreu algo de insondável lá, mas eu não saberia lhe dizer o que foi."

Ele foi a Medjugorje apenas uma vez, em 1986, e enquanto esteve lá, falou apenas com um dos videntes. "Até isso foi por acaso. Estávamos, um bando, no monte das Aparições, quando fomos apanhados por uma tempestade repentina. Então, descemos o morro e procuramos abrigo no primeiro lugar que encontramos, e era justamente a casa de Marija Pavlović. Eu não lhe fiz muitas perguntas, nem fiz o tipo de entrevista formal que eu faria, porque, como ela não sabia por que motivo eu estava ali, isso não seria correto. Na verdade, antes de ir, eu tinha decidido não procurar nenhum dos videntes. Mas, mesmo assim, perguntei a Marija, por intermédio de um intérprete: 'Há quanto tempo você recebe essas aparições da Mãe Santíssima?' E ela respondeu: 'Uns cinco anos.' Então perguntei: 'Como você se sente quando Ela aparece?' E ela: 'Muito, muito feliz.' Então eu disse: 'Isso quer dizer que você se sentiu sempre feliz durante esses últimos cinco anos?' E ela respondeu: 'Não seja tolo.' Essa, pensei, foi uma boa resposta."

Lembrei-me, imediatamente, da minha conversa com Vicka naquele verão de 1995, mas não falei disso a Groeschel, principalmente depois de ouvi-lo descrever a experiência das aparições em grupo testemunhadas por ele durante sua estada em Medjugorje. "Sem me identificar, participei de muitas", explicou o padre. "E, de fato, fiquei impressionado com a sincronicidade. Tínhamos a sensação de estar olhando através de uma janela fechada e não poder ver com quem eles estavam falando, mas saber que ali havia alguém. Era quase uma sensação física. Mas ao mesmo tempo me perturbava o fato de que eles reagiam de forma totalmente diferente. Era como se cada um estivesse passando por uma experiência individual. Os gestos e expressões faciais eram muito diferentes uns dos outros. Vicka meio que roubava a cena dos outros, me pareceu."

Como ele explicava que, muitas vezes, os videntes relatassem ouvir as mesmas palavras da visão que tinham testemunhado da Madona, mesmo quando estavam separados uns dos outros, imediatamente depois da aparição? "Como eu disse, acho Medjugorje extremamente intrigante", respondeu. "Há muitos elementos inexplicáveis, mas isso pode significar ou que o fenômeno é sobrenatural, ou que as pessoas não conseguem explicá-lo. Eu sei que não consigo. Só sei que há muitas coisas ali que me incomodam." Pela primeira vez desde que eu o conheci, Groeschel me pareceu pouco à vontade diante de um assunto, e até bastante hesitante em explicar o motivo disso. Após várias respostas ambíguas às minhas perguntas, ele por fim respirou fundo e disse: "Acho que é muito possível ter havido um fenômeno sobrenatural original, talvez muito forte. Pode ter sido uma aparição, mas não acho que fosse uma teofania. Então, mais uma vez, pode ter sido. Há pessoas, a quem respeito, que acreditam que sim. O que quer que tenha havido no início, porém, eu tendo a acreditar que se transformou numa outra coisa."

Eu me senti relutante em perguntar o motivo dessa crença dele. De algum modo, eu estava vendo Groeschel como uma presença ameaçadora. Não repressor ou intimidador, mas assustador, contudo. Eu já gostava dele, o admirava e confiava nele mais do que em qualquer outro padre que eu tivesse conhecido desde Slavko, entretanto, desde o momento em que nos entreolhamos da primeira vez, eu me senti apreensivo. Tive medo daquele "nevoeiro cinzento" que Groeschel tinha descrito. Ainda assim, não havia outra opção senão deixá-lo explicar sua "perplexidade".

Ele abertamente culpava os franciscanos por muito do que o perturbava em torno de Medjugorje, Groeschel disse, e então me deixou arrasado ao concentrar quase toda a sua crítica em Slavko. "Não me parece que os padres de lá pudessem ter cometido mais erros mesmo que tivessem tentado", disse ele. "Eles caíram em toda cilada que possa existir. Os franciscanos poderiam ler um livro sobre isso, mas eles são croatas, e Deus proíbe que eles venham a aprender seja lá o que for. Mas eles deveriam ler Poulain." Como ele, Poulain teria ficado escandalizado com "os boletins mensais e semanais depois das aparições, com as interpretações feitas pelo padre Slavko", acrescentou Groeschel. "É um material totalmente inútil. Pior do que inútil. O que eu quero dizer", explicou ele através daquele espesso catarro de Jersey City, "é que temos de entender da coisa de verdade." E ele achava inacreditável que "esses simples camponeses croatas fossem capazes de compreender idéias tão complicadas sobre o ecumenismo, que é um assunto de estimação para os franciscanos". A desobediência ao bispo também perturbava Groeschel, embora ele não fosse nenhum defensor de Žanić: "A única coisa que ele provou foi que ele não era o homem mais indicado para avaliar Medjugorje. Uma objetividade tranqüila não era decididamente a abordagem dele. Mas acho muito difícil acreditar que a Mãe Santíssima pudesse criticá-lo. Isso simplesmente não é coisa que aconteça." A duração das pretensas aparições também era sem precedentes, assim como a mudança da natureza das aparições com o tempo. Além disso, ele considerava essa história toda sobre os Segredos "pura baboseira". E no entanto, e no entanto... Com base nas suas próprias observações, ele tinha certeza de que os videntes não eram fraudes, reconheceu Groeschel. E os resultados dos testes científicos e médicos "constituem uma prova convincente de que esses jovens não estavam sofrendo das faculdades mentais".

Eu disse ao padre que nunca pude me convencer de que houvesse algo além das três opções que eu me propusera quando tomei conhecimento do que estava acontecendo em Medjugorje: ou estavam mentindo, ou eram malucos, ou estavam falando a verdade. "Bem, eu diria que essas são as três categorias de escolha, assim como a possibilidade de uma cilada diabólica", respondeu Groeschel, "mas o que você parece não reconhecer é que esses elementos podem estar misturados. Videntes religiosos podem ser um pouco desonestos, ou um pouco malucos, ou ambos, ao mesmo tempo em que estão vivendo e relatando aparições genuínas. Pode acontecer. Aconteceu".

Ele hesitou, depois introduziu um assunto que ele parecia achar até mais difícil que Medjugorje. Quando ele descrevera os acontecimentos na Bósnia como os fenômenos mais intrigantes desse tipo de que ele tinha notícia, ele provavelmente deveria ter dito "fenômenos católicos", confessou Groeschel. Porque ele estava por certo não menos perplexo com o que ele testemunhara há mais de trinta anos, quando presenciara a concepção de um livro então considerado a "Bíblia da Nova Era". Ele era um aluno do curso de graduação de psicologia na Universidade de Columbia, no final dos anos 1960, quando um dos seus professores, uma mulher chamada Helen Shucman, escreveu — o que não significa que ela fosse a autora — *Um Curso de Milagres.*

Helen Shucman estava com quase sessenta anos quando eles se encontraram, e Groeschel, que estava então com quase quarenta, a conheceu não só como professora mas também como amiga. "Helen era uma senhora muito ligada à ciência", contou o padre, "uma intelectual, judia, que se considerava totalmente agnóstica, embora não exatamente atéia, e muito cética com relação a tudo que tivesse a ver com religião ou espiritualidade". Schucman era também espirituosa e cativante, e Groeschel, que estava escrevendo sua dissertação sobre a relação entre ciência e teologia, descobriu nela uma das interlocutoras mais estimulantes que ele jamais encontrara. A mulher mais velha tornou-se ainda mais fascinante para ele quando ela anunciou em 1969 que estava recebendo textos ditados diretamente por uma voz desencarnada que ela só sabia ser o "Filho de Deus".

Tudo começou num dia em que ela estava no metrô, indo para a zona norte da cidade, e teve uma visão, explicou Schucman: uma bela luz de repente inundou o carro e brilhou nos rostos das pessoas ao redor dela. Pouco tempo depois, ela se sentiu compelida a escrever páginas e mais páginas de versos sem rima que acabaram se tornando *Um Curso de Milagres*. Groeschel ainda podia se lembrar do seu "espanto atordoado" enquanto a professora explicava que sabia o significado de cada frase que estava escrevendo, mas não tinha a menor idéia do que viria a seguir. "O interessante é que o texto saía em versos", continuou o padre. "Eram pentâmetros iâmbicos, e havia alguns trechos bastante belos." O resultado era uma série de falas do "Filho de Deus" em que o narrador/professor/protagonista aparecia como um Jesus Cristo que tivesse nascido hindu em vez de judeu. O pecado, o sacrifício e o sofrimento eram todos repudiados como ilusórios, o maia (embora essa palavra não fosse nunca usada) dos que estavam acorrentados a uma existência terrena. Apenas o perdão é real, e todas as coisas, até os atos mais hediondos, são perdoadas, diz o "Filho de Deus" muitas vezes, sem nenhuma necessidade de penitência ou castigo.

Ele por fim compreendeu que o livro era resultado de "uma experiência intelectual chamada 'palavras seqüenciais'", disse Groeschel. "Na realidade, essa experiência é algo muito comum e provavelmente não tem nada de impressionante. São João da Cruz o revelou. Ele disse: 'Eles estão chamando de palavras de Deus os pensamentos que lhes ocorrem.' Ora, isso é que é um banho de água fria."

O que Groeschel descobriu ser ao mesmo tempo mais emocionante e mais perturbador no processo de Helen Schucman foi o fato de que, durante o período em que ela escreveu *Um Curso de Milagres* (livro que muitos ministros cristãos fundamentalistas chamaram de o mais perigoso jamais publicado), ela se tornou intensamente atraída pela Igreja Católica, freqüentadora regular das missas, e devota da Virgem Maria. Somente depois de um interrogatório cerrado é que Schucman admitiu que, muitos anos antes, ela fora cristã por um breve período. Isso tinha sido conseqüência de uma visita "acidental" que, em criança, ela fizera a Lourdes, onde ficara tão emocionada que, ao voltar para os Estados Unidos, se batizou. Depois, ela também rezou o rosário durante anos, explicou Schucman, até adotar o ceticismo cientificista como seu credo, mantendo-se fiel a este a maior parte de sua vida adulta.

Quando ele sugeriu que ela requeresse a sua entrada para a Igreja Católica, Schucman respondeu que isso não era necessário porque, como judia, ela fora católica antes que "vocês, gentios, chegassem e impusessem essas regras todas". Outro aspecto não menos fascinante para o padre era a distinção nítida que havia entre o que Schucman proclamava como suas convicções e o conteúdo de *Um Curso de Milagres*. "Detesto esse livro desgraçado", ela lhe disse muitas vezes, e em geral repudiava os ensinamentos que nele havia.

Groeschel continuou tentando "abrir as portas da Igreja" para Schucman, mas sua influência era contrariada pelo marido da amiga. William Thetford, também professor de Columbia, era um personagem misterioso, e, "provavelmente, a pessoa mais sinistra que eu conheci", lembrou-se o padre. Apenas depois de ele se aposentar da cátedra, os colegas de Thetford na universidade (que o conheciam mais como um especialista em livros raros) descobriram que, durante todo o tempo em que trabalharam com ele, o homem atuava como agente da CIA — tendo sido um dos que estavam presentes à primeira experiência de fissão realizada por físicos que participavam do projeto Manhattan. Thetford também era o "ateu mais religioso que jamais conheci", lembrou-se Groeschel, e demonstrava um grande entusiasmo pelo livro *Um Curso de Milagres*, tendo providenciado pessoalmente a edição deste. Schucman ficou constrangida, lembrou-se Groeschel, e confidenciou ao padre o seu temor de que o livro originasse um culto, o que, naturalmente, aconteceu.

Groeschel de início leu o *Curso* como "poesia religiosa", mas a sua avaliação foi se tornando mais pessimista à medida que os anos passavam e as vendas dos três volumes chegavam à cifra de milhões. Desse ponto de vista, *Um Curso de Milagres* serviu para minar a cristandade com mais eficácia do que qualquer outra obra que lhe viesse à lembrança, e embora ele tentasse rejeitar o que São João da Cruz propõe ao dizer que "essas coisas são diabólicas a menos que se prove o contrário", as dúvidas se insinuaram com o correr dos anos. Mas o que mais o incomodava era de longe "o buraco negro de raiva e depressão em que Schucman caiu durante os dois últimos anos de vida", explicou o padre. Tornara-se assustador conviver com ela, lembrou Groeschel, que cuspia um ódio psicótico não só pela obra *Um Curso de Milagres*, mas por tudo o que era "espiritual". Quando ele a acompanhou à beira do leito de morte, a amiga "xingava, na linguagem de botequim mais grosseira que se possa imaginar, 'aquele livro, aquele livro danado'. Ela disse que era a pior coisa que jamais lhe acontecera. Ou seja, ela me deixou arrepiado de pavor. Era uma cena realmente horrível de se testemunhar".

Apenas durante as últimas semanas de vida de Schucman é que Groeschel se inteirou de que a mãe da amiga tinha sido uma "cientista cristã" que tinha lido para a filha, na infância desta, todos os escritos de Mary Baker Eddy. Essa informação contribuíra para que ele entendesse melhor a mulher: "Concluí que *Um Curso de Milagres* era uma mistura fascinante de cristianismo mal compreendido inspirado pela visita dela a Lourdes e ciência cristã mal compreendida inspirada por sua lembrança dos textos de Mary Baker Eddy, tudo isso filtrado por alguns problemas e processos psicológicos profundos." Entretanto, as dúvidas persistiam. Na manhã da morte de Schucman, Groeschel rezou uma missa fúnebre por ela. "Só quando abri o missal foi que descobri que era dia de Nossa Senhora de Lourdes", lembrou-se o padre, "e vou lhe contar, tive um arrepio. A probabilidade é de um em 365."

Ele vinha refletindo sobre as experiências que tivera com Helen Schucman já há mais de três décadas, disse Groeschel, e no decorrer desses anos ele se dera conta de que qualquer tentativa de defini-las era vã. "O que aprendi, me parece, é que essas coisas podem ser tanto reais como imaginárias, paranormais como espirituais, divinas como diabólicas. E que quando entramos no mundo do sobrenatural, o pior erro que podemos cometer é impor um ponto de vista ultra-realista. Não podemos fazer esse tipo de distinção quanto a experiências que estão além da nossa compreensão. Temos de fazer como Moisés Maimônides ensinou e também ensinar os nossos alunos a dizer 'Eu não sei'."

Ele tendia a aplicar o mesmo critério às suas considerações sobre Medjugorje, e achava que era seu dever me prevenir de que a verdade talvez fosse mais complicada do que eu gostaria que fosse. "Algumas dessas manifestações reveladas pelos videntes, como a habilidade de correr morro acima a uma velocidade impossível, por exemplo, provavelmente têm uma explicação tanto paranormal como sobrenatural", disse o padre. E embora ele também achasse que histórias como a contada pelo Dr. Margnelli sobre o silêncio dos passarinhos durante as aparições eram "muito impressionantes, e indícios claros da profundidade do que ocorrera ali", Groeschel me disse, elas não "comprovavam que aquilo era um milagre".

O padre Groeschel investigara fenômenos inexplicáveis quase tão profunda e minuciosamente quanto qualquer padre da Igreja Católica, e continuava a admitir que o paranormal e o sobrenatural eram realidades distintas, mas que seria difícil compreendê-las naquele momento e ainda por algum tempo no futuro. Quando perguntei o que exatamente ele queria dizer com paranormal, ele ficou quieto um instante, e depois respondeu: "Paranormal refere-se a fenômenos físicos e psicológicos que não são compreensíveis pelo nosso entendimento atual. Ora, creio firmemente que algumas coisas que não compreendemos têm origem sobrenatural, mas, muitas delas não. Uma das coisas que aprendi foi a seguinte: o fato de um fenômeno ser inexplicável não o torna milagroso. Você não pode dar esse pulo. Lidei com *poltergeists*, e sei que são genuínos. Concordo que sejam inexplicáveis. Mas não acredito que sejam sobrenaturais." Por falar nisso, Westchester era chamada a capital *poltergeist* do país, e ele tinha sido chamado a examinar alguns casos ocorridos lá.

Um dos casos era o de uma casa nos arredores em que as paredes apareceram cheias de mossas "que não estavam viradas para dentro, mas para fora", explicou o padre. "Numa casa, me atiraram um tubo de xampu. Passou direto por cima do meu ombro. Podia ser um ato diabólico, imagino, mas acho que não." Ele então me contou uma longa história sobre um menino de 13 anos que ficara traumatizado quando o pai abandonou a família para fugir com uma mulher mais jovem. Desde esse fato, estranhos fenômenos começaram a aparecer na casa do menino — luzes que acendiam e apagavam, torneiras que abriam e fechavam, toca-fitas que explodiam e cuspiam fitas que formavam longas correntes. "Uma noite, ele, o irmão e a mãe estavam deitados, e a estante começa a se arrastar pelo chão, depois cai para a frente fazendo um barulhão", lembrou-se Groeschel. "Eles ligaram e fui encontrá-los. Falei com os meninos, e o garoto me diz: 'Sei que sou eu.' A mãe já tinha me dito que aquilo só acontecia perto dele, e mesmo que ele estivesse dormindo. E eu acho que era o menino, embora ele não soubesse como aquilo ocorria, nem tivesse nenhuma intenção de fazer nada daquilo. Era apenas algo que a energia psíquica da tristeza dele gerava. Entretanto, ninguém pode dizer que não havia nenhum componente espiritual ali."

Na opinião dele, a mais completa e mais admirável ponderação sobre o fenômeno paranormal tinha sido a do afamado psicólogo Benjamin Wohlmann, disse Groeschel, insistindo para que eu o escutasse enquanto lia, bem devagar, um longo trecho do *Manual de Parapsicologia* de Wohlmann: "Há, atualmente, duas filosofias orientadoras na parapsicologia. De acordo com uma, o conceito de paranormal não tem validade permanente, mas é simplesmente expressão da nossa ignorância. Com o tempo, a parapsicologia irá se integrar num sistema de referência consensual que abranja todas as ciências. Esse sistema de referência talvez tenha de ser ampliado até chegar ao seu ponto crítico. De acordo com a outra escola de pensamento, a importância do fenômeno paranormal está exatamente no fato de que ele assinala a fronteira do mundo científico. Além dessa fronteira encontra-se o domínio da mente, liberta de sua dependência do cérebro. Nessa concepção, a parapsicologia, usando os métodos da ciência, torna-se um argumento para se afirmar a natureza essencialmente espiritual do homem, que deverá para sempre desafiar qualquer análise estritamente científica. Qual dessas duas filosofias antitéticas prevalecerá é uma pergunta que permanece para o futuro. Enquanto isso, não há nenhum motivo para que os dois lados não cooperem em fazer avançar o nosso conhecimento nesse campo, o mais intrigante de todos os que atraem a curiosidade da nossa espécie."

Groeschel deixou essa reflexão calar fundo em nossas mentes, e depois comentou que ele andava lendo muito Einstein naquele momento e tinha achado que as idéias dele eram muito úteis para uma reflexão sobre os "assuntos, no plural" que estávamos discutindo. "Einstein compreendeu que era importante ter uma noção do misterioso antes de considerar qualquer assunto realmente importante", explicou o padre. "E que devemos respeitar o mistério para podermos compreender que nunca iremos solucioná-lo. À medida que envelhecia, ele compreendia cada vez mais que a ciência se limita ao mensurável. Einstein reconhecia que a ciência não pode nunca afirmar ou negar a existência de Deus, e que só os tolos põem sua fé definitiva na ciência." Quando observei que Einstein rejeitara a idéia de um Deus pessoal, Groeschel desdenhou o meu comentário. "Ele pode ter dito isso quando era mais jovem, mas, na maturidade, ele se tornou, acredito, uma pessoa bastante religiosa. O Santíssimo Sacramento o encantava. Ele se rendia cada vez mais à emoção do mistério conforme se aproximava do fim da vida." Groeschel não pôde deixar de contrapor Einstein a Alexis Carrel, cuja obra *Viagem a Lourdes* ele tinha estado relendo. "Creio que Carrel testemunhou duas curas milagrosas na vida, e no entanto ele ficou limitado a essa mentalidade que tenta reduzir os acontecimentos a um estudo metódico das interações das características ou entidades físicas umas com as outras. Ao contrário de Einstein, ele não entendeu que os cientistas realmente grandes são os que compreendem as limitações de seus campos de conhecimento."

Dificilmente haveria algum aspecto relacionado à Igreja Católica contemporânea que pudesse deprimi-lo mais do que o fato de haver, naquele momento, "tanta gente que venerava a ciência" dentro do Vaticano, disse Groeschel. "Os que têm capacidade para dizer que o rei está nu não têm coragem de dizê-lo. O papa diz, mas o resto bajula os secularistas. Temos aí o maior caso de frouxidão que jamais se viu."

Ele se perguntava — e se preocupava — sobre o futuro da Igreja quando ela não tivesse mais João Paulo. Medjugorje, por exemplo, fora poupada de uma avaliação negativa apenas porque o chefe da Igreja estava determinado a proteger as devoções na Bósnia. "Posso lhe dizer que o papa ama Medjugorje de longe e iria lá no mesmo instante em que os teólogos o deixassem ir", disse Groeschel, e acrescentou que era evidente para ele que eu também amava Medjugorje.

Embora eu não tivesse tido a intenção de fazê-lo, me peguei contando ao padre o que me acontecera no cume da Križevac naquele mês de julho de 1995. Desde aquele dia, eu perdera praticamente todo vestígio da fé que eu imaginara ter descoberto em Medjugorje: não só eu não tinha cumprido a minha promessa de entrar formalmente para a Igreja, como em alguns meses estava duvidando de quase todos os milagres que constituíam o cerne do dogma católico. Eu não sabia se Jesus tinha nascido de uma virgem, ou se Jesus realmente caminhara sobre as águas, ou se ele tinha realmente expulsado demônios. E, apesar disso, a minha experiência da misericórdia de Deus no cume daquela montanha nunca me abandonara; nem o meu entendimento da divindade do Cristo. Essas crenças estavam comigo o tempo todo, e mesmo naquele momento eu me sentia mais sustentado por elas do que por qualquer outra coisa que eu jamais tivesse sentido, pensado, imaginado ou acreditado.

Quando terminei de falar, havia lágrimas nos meus olhos, e Groeschel também estava um tanto emocionado. Todavia, o seu rigor intelectual estava intacto. "Essa é uma experiência religiosa", ele me disse. "Mas não necessariamente valida Medjugorje. Algumas pessoas se converteram em bordéis. Mesmo assim, acho que é justo perguntar: 'Por que aconteceu lá?' E tenho de lhe dizer que quando eu estive em Medjugorje, o que mais me impressionou foi a fé do povo de lá. Para mim, isso era mais extraordinário do que quaisquer fenômenos relatados pelos videntes. A devoção que há naquele lugar é um mistério que desafia qualquer análise."

Ele suspirou. "Veja, eu não sou anti-Medjugorje. Longe disso. Acredito que Deus usou Medjugorje. Acredito que Medjugorje faça parte do plano providencial. Mas também acredito que seja um grande erro deixar que sua fé dependa apenas de Medjugorje, ou do que aconteceu com você em Medjugorje. Também acho que você não deve ter medo de ser completamente honesto consigo sobre o que você acredita que tenha acontecido lá e o que você acredita que *esteja* acontecendo lá."

Quando reagi com uma expressão indagadora, Groeschel disse que não estava tentando ler os meus pensamentos, mas apenas interpretar o que ele vira e ouvira durante as duas horas que passamos juntos. "É óbvio que você está convencido de que um importante fenômeno sobrenatural, uma investida de Deus neste mundo, ocorreu nessa ocasião", disse o padre. "Entretanto, você não está tão certo de que isso continuou, e na realidade suspeita fortemente de que esse acontecimento tenha sido alterado ou corrompido ou perdido ou substituído por alguma outra coisa." O que não era muito diferente do que ele próprio acreditava, acrescentou Groeschel. "Mas acontece que, no meu caso, diferentemente do que acontece com você, eu tenciono dizer que acho que o que acontece agora, e aconteceu por algum tempo, talvez seja uma forma de histeria. Uma histeria profundamente piedosa, é claro, uma histeria quase positiva, por ser um eco do acontecimento original. Ou poderia ainda ser real, mas de algum modo não tão pura e, portanto, não tão real. Não inteiramente real."

Ele acreditava que as aparições teriam começado — provavelmente começaram — como um meio de preparar o povo de lá para sobreviver, no sentido espiritual, à guerra que começara dez anos antes, disse Groeschel. "Você recua na história, e observa o número de vezes que esses fatos ocorreram, principalmente os que foram acompanhados de profecias apocalípticas, e é espantosa a freqüência com que eles parecem antecipar acontecimentos terríveis e sangrentos. Todas as vezes as pessoas acreditam que estão se preparando para o Apocalipse, porque tendemos a esquecer que apocalipses, com letra minúscula, ocorrem regularmente. Acho que tudo isso sobre os dez Segredos é besteira, mas também acho que possa ter sido provocado pelo aviso dado àqueles seis jovens de que alguma coisa de terrível estava para acontecer e que apenas a fé em Deus ajudaria as pessoas a enfrentá-la.

"É claro", acrescentou Groeschel com um sorriso, "que eu só estou falando do que eu acredito. Eu não *sei* realmente de nada. Ninguém sabe".

Ele não queria se despedir sem me dar um conselho, disse Groeschel para fechar a conversa. "Primeiro, eu acredito que você servirá melhor a Deus e a você mesmo se concluir o seu livro deixando a pergunta em aberto. Não tente respondê-la, porque você nunca conseguirá. Segundo, espero que você venha a compreender que, mesmo que você consiga apresentar argumentos irrefutáveis em prol de Medjugorje, isso não resultaria em fé autêntica. Fé autêntica é uma questão de decisão. E também é um dom. Aceite o dom e você tomará a decisão."

CAPÍTULO 21

O fim, parece, é sempre uma volta ao começo. Eu embarcara nessa viagem de descoberta com um estado de espírito que se assemelhava ao de um cientista de segundo escalão, presumindo ingenuamente que eu poderia, ao fim, atingir uma realidade objetiva. No mínimo, aprendi que, para um ser humano, a verdade é e deve permanecer inteiramente subjetiva. Após o meu encontro com o padre Groeschel, eu me dei conta de que eu assimilara uma outra lição: a fé não é nada além da eliminação da dúvida, assim como a coragem nada mais é do que a ausência do medo.

À minha maneira, eu estava restabelecido. Eu podia viver com dúvidas até quanto à minha sanidade, porque eu compreendi que isso fazia parte do todo. Imediatamente depois do meu encontro com Groeschel, jantei com as duas freiras que deveriam fazer o exame psicológico do padre, irmã Cate e irmã Clare. Elas me perguntaram qual tinha sido a minha experiência mais memorável em Medjugorje, e eu repeti a história da minha primeira subida ao topo da Križevac. A mais velha das duas freiras, irmã Cate, no mesmo instante me perguntou se eu já sabia quem era aquela jovem, a que me deu o boné dela e me cobriu os ombros com uma toalha. De início, fingi estar meio confuso — "Como eu podia saber?" — mas eu sabia o que ela queria dizer. A irmã insistiu, e por fim eu disse que não queria responder àquela pergunta. Por certo, eu não queria dizer à irmã Cate que, cerca de dois anos depois do meu retorno de Medjugorje, eu vira uma fotografia de Bernadete Soubirous que literalmente parara o meu coração, porque por um instante eu tive absoluta certeza de que tinha sido ela. Eu também não queria explicar que, ao me deitar no chão e respirar profundamente por quase uma hora, eu pude afastar essa idéia e nunca mais olhei para aquela fotografia de novo. Enquanto eu estava ali com as freiras, ocorreu-me que eu não contara ao padre Groeschel do meu encontro com aquela criatura diabólica na piazza Navona. Aliás, houve outra experiência na Bósnia que eu nunca tive a intenção de contar a ninguém. Em parte, isso se dava porque eu sabia que poderia não descrever corretamente, ou até parecer maluco, mas a irmã Cate percebeu o motivo mais profundo. "Há coisas sobre as quais nós simplesmente não queremos falar", disse ela, "porque elas parecerão um pouco menos verdadeiras se as mencionarmos".

"Há a verdade subjetiva para nós", pensei, enquanto eu estava no avião que me levava de Nova York para casa, e naquele momento percebi que havia mais um lugar aonde eu precisava ir.

Irma tinha partido, e o pessegueiro, morrido. O pequeno *trailer*, meio aos pedaços como sempre, estava naquele momento pintado de azul, e havia sido ocupado por uma nova família de trabalhadores imigrantes, que nunca tinham ouvido falar de Irma Munoz ou da aparição da Virgem Maria que estivera nas primeiras páginas por aquelas plagas nove anos antes. Alguém tinha cortado quase todos os galhos da árvore morta, menos dois, e esses dois tocos serviam de apoio a um varal onde a roupa secava ao sol.

Era compreensível, disse Marge Rolan. Poucas famílias permaneciam ali mais de um ano, e a de Irma saíra do estacionamento de *trailers* de Boardman já fazia quase seis anos. "Irma lutou com tudo o que havia em torno daquela história", explicou Marge, que havia mais de três anos não sabia da mulher mais moça. "Mas ela continuou com a sua fé. Ela nos acompanhou nas orações por um ano inteiro, e nos ajudou com a obra para o santuário, acreditando todo o tempo que nós conseguiríamos."

Eles chegaram perto. A certa altura, o terreno do outro lado do depósito do Exército de Umatilla foi abençoado numa cerimônia celebrada por dois bispos e um cardeal. O grupo de fiéis tinha feito um círculo de pedras vulcânicas e, no centro, plantado uma estátua de Maria em cima de um tronco de junípero onde a escultura de quase 10 metros da Mãe Santíssima um dia ficaria. Centenas de pessoas iam lá venerar e rezar.

Mas então um homem que tinha uma fazenda na vizinhança comprou os direitos para explorar o minério da terra e exigiu que todos os vestígios do santuário inicial desaparecessem. Ele era contra os católicos, acreditava Marge, mas quem sabia disso? O homem disse que ia cavar um depósito de cascalho no terreno, mas por enquanto os 12 hectares estavam sendo usados para plantar milho e alfafa.

Eles não tinham desistido, nem quando Joe Locke morreu de uma cirurgia para extirpar um câncer em agosto de 1999. Aquilo foi um golpe, sem dúvida. Joe não tinha o dinheiro para pagar o santuário sozinho, e os seis amigos ricos a quem ele convencera a desempenhar o papel de membros do conselho diretor do santuário abandonaram o projeto depois da morte dele. Charles Parks, o escultor que tinham escolhido para executar a estátua, disse que ele completaria a primeira etapa do projeto, a imagem do coração de Maria cercado de uma coroa de espinhos, se ele recebesse 16 mil dólares de sinal. "Só que naquele momento a nossa conta no banco estava a zero", lembrou-se Marge. "Eu disse: 'Não há como a gente arranjar 16 mil dólares'; mas Kim Hickey disse: 'Vamos acreditar.'" Então, no outono de 2000, vinte deles se reuniram para rezar para Nossa Senhora dos Remédios, no dia 8 de outubro, o dia consagrado a Ela. "E em duas semanas nós tínhamos 17,1 mil dólares", disse Marge. Kim e a mãe foram de carro até o Delaware para pegar a escultura do coração, e a levaram para o leste do Oregon na mala do carro. Por enquanto, ela estava assentada no vestíbulo da igreja de Nossa Senhora dos Anjos, em Hermiston, onde o grupo do santuário tinha permissão para manter um pequeno culto de adoração no primeiro sábado de cada mês, e fazer coletas. Todavia, a conta bancária, alimentada por trabalhadores rurais mexicanos que estavam sendo generosos quando conseguiam botar uma nota de 1 dólar na bandeja, ainda estava muitos zeros aquém dos 2 milhões que o santuário custaria.

"Irma ficou muito desanimada", disse Marge. A vidente estava então morando do outro lado da fronteira com o estado de Columbia e do outro lado dos montes Horse Heaven, em Yakima, estado de Washington, onde ela fora trabalhar numa clínica médica para trabalhadores rurais. As línguas se afiaram, naturalmente, quando Irma se enamorou seriamente de um anglo-americano chamado Leon Wagner que passara a maior parte da vida adulta na prisão estadual de Walla Walla. Sem dúvida parecia que a determinação de Irma de recuperar Leon correspondera ao seu abandono da fundação do santuário lá em Boardman, mas também podia ser que fosse apenas mera coincidência.

"A verdade é que Irma simplesmente meio que se mandou", disse Irene Virgen, que nos acompanhara, Marge e eu, ao pátio dos *trailers*. "Ela achava que não estava à altura do que lhe acontecera. Algumas pessoas atormentavam Irma, dizendo que ela não era boa o suficiente. Ela não era santa, diziam, então por que uma coisa daquelas acontecia com ela?" Irma batalhou tanto pelo santuário — até levando uma petição de porta em porta para que as pessoas doassem terras — porque "ela precisava ver alguma coisa de real e de sólido resultar de tudo aquilo", na opinião de Irene, "algo que servisse para todo mundo, não só para ela".

"A gente tem de ultrapassar essa idéia de 'boa o suficiente'", disse Marge enquanto nos deixamos ficar ali na poeira, ao lado do pequeno *trailer* azul, "porque não vai acontecer de novo."

Fiz que sim com a cabeça, enfaticamente. Eu não sabia exatamente se eu tinha mudado ou se ela havia mudado, mas Marge parecia uma católica muito mais compassiva e menos ansiosa do que a mulher de que eu me lembrava. Ela parecia triste mas nem um pouco crítica quando contou como Irma "se cansou de ver que nada estava dando certo", e explicou que Kim por fim também desistira, depois de decidir se separar do marido e se mudar para o leste, para Maryland, onde sua mãe morava. "Você precisa de uma base firme para se apoiar quando está lidando com contratempos", disse ela, "e era isso que eles decididamente não tinham."

Marge e Irene prosseguiram, tendo organizado uma das comunidades Schoenstatt mais animadas do oeste dos Estados Unidos. Schoenstatt era um movimento de devoção mariana que começara em 1914, quando os cidadãos de um pequeno vilarejo alemão dedicaram sua capela à Virgem. Réplicas dessa capela então serviam de centros de veneração da Mãe Santíssima em cidades pelo mundo todo. Trabalhando juntas nesse movimento, Marge e Irene propiciaram a primeira união real das comunidades anglo e hispano-americanas ali na região do Alto Deserto.

"Antes, quase não havia contato entre nós", disse Marge, "mas agora percebemos que temos de trabalhar juntos se queremos que as coisas se realizem." Irene assentiu com a cabeça, solenemente. "Isso é um fruto", Marge me disse. "Um fruto importante."

Houve outras coisas, pequenas coisas que faziam sentido. A viagem de trem para Milwaukee, por exemplo. No mês de maio anterior, elas tinham decidido organizar uma peregrinação ao principal santuário Schoenstatt dos Estados Unidos, que ficava em Milwaukee, no Wisconsin. Elas não sabiam ao certo quanto custaria, mas imprimiram uma cópia do documento da Amtrak recebido via Internet que lhes garantia passagens a 170 dólares por pessoa. "Era muito para as pessoas que residiam lá, mas menos do que havíamos imaginado", lembrou Mary. "Vinte e cinco pessoas confirmaram a viagem, mas quando fomos pagar os bilhetes, o homem no guichê da estação olhou para a nossa cópia impressa e disse: 'Onde vocês arranjaram isso?' Acontece que um bilhete de ida e volta para Milwaukee custava quase 450 dólares. Mas tinha sido erro deles, então tiveram de aceitar os nossos bilhetes. E então, porque concordamos com uma certa data para a partida, o preço baixou para 129 dólares. O que significava que todos tinham pago 41 dólares a mais, o que dava o total de 1.025 dólares. Eu disse que providenciaria a devolução do nosso dinheiro depois. Pois bem, chegamos a Milwaukee, e aconteceu que tínhamos chegado um dia mais cedo, então todo mundo precisava de acomodação para uma noite e três refeições. O que dava 41 dólares para cada um, o total de exatamente 1.025 dólares. É assim que a Mãe Santíssima faz as coisas. Continuamos a ter coisas desse tipo acontecendo assim, inesperadamente, e é isso que nos faz continuar."

Eu disse a Marge que sabia exatamente o que ela queria dizer. Então olhei para o pessegueiro e suspirei.

Marge e Irene sabiam que Irma se mudara de Yakima de volta para o Texas em algum momento em 2000, mas não tinham nem o endereço nem o número do telefone dela, e não tiveram sucesso ao procurar essas informações. Entretanto, Irene não era mulher de pouca fibra, e se recusava a desistir. Enquanto Marge e eu observávamos, a mexicana prosseguia batendo de porta em porta dos *trailers*, perguntando em espanhol se sabiam de Irma Munoz, a moça que tinha visto a Virgem. As primeiras pessoas a quem ela perguntou franziram a testa confusas e disseram não ter idéia de qual Irene ela estava falando, mas afinal a nossa amiga encontrou uma mulher que não só reconheceu o nome Irma mas disse que havia uma outra Munoz morando naquele estacionamento, num *trailer* pintado de roxo. Encontramos o *trailer* roxo a algumas fileiras dali, e Irene bateu na frágil porta de tela. Uma mocinha, que disse ser sobrinha de Irma, nos atendeu e, depois de alguma discussão, nos deu um número de telefone com o código de área do Texas.

Liguei para o número na manhã seguinte, 4 de julho, e Irma atendeu. Ela voltara para Mission, a cidadezinha de fronteira no Rio Grande, a oeste, perto de McAllen, onde ela havia nascido e crescido, e estava trabalhando como técnica de ressonância magnética numa clínica de diagnóstico por meio de imagens. Ela soube quem eu era e por que tinha telefonado sem precisar de nenhuma explicação.

Marge e Irene estavam certas, disse Irma, ela havia lutado por muito tempo contra sentimentos de desvalorização. "Poderia ter acontecido a tantas outras pessoas", continuou Irma. "Devia ter acontecido a muitas outras pessoas. Eu não parava de pensar: 'Por que eu?', eu não tinha nada de uma pessoa santa, nem de longe. Mas agora compreendo que Deus faz as coisas por algum motivo, e se nós compreendemos ou não esse motivo, isso não vem ao caso. Eu só me sinto grata por isso ter acontecido, e por fazer parte do plano de Deus."

Quando perguntei se ela havia duvidado de que sua experiência tenha sido verdadeira, Irma respondeu com voz firme: "Nem por um segundo. Essa experiência mudou a minha vida, e continua tendo impacto em mim até agora." Ela ia à igreja todo domingo e lia a Bíblia todo dia, mas o mais importante era que "nunca deixei de tentar ser uma pessoa melhor", disse ela. "Devo isso à Mãe Santíssima, porque Ela trouxe Cristo para a minha vida."

Apenas recentemente ela havia se dado conta da profunda depressão em que tinha estado em 1993, informou Irma: "A morte do meu filho realmente arrasou o meu coração. Eu estava tão confusa. Mas o que aconteceu me ajudou a aceitá-la. Passei a realmente acreditar que ele está com Deus, e que eu também estarei, um dia. Nunca mais tive pena de mim mesma."

Ela sabia que muita gente lá em Boardman achava difícil aceitar a relação dela com Leon, "mas eu sei, no fundo do meu coração, que Deus nos pôs um na vida do outro por um motivo". Naquele momento, eles estavam casados, mas Leon tinha voltado para a prisão, dessa vez em Fort Worth. Ele seria solto em novembro, e ela pretendia tentar de novo fazer o casamento dar certo. "Sei que parece incrível, mas eu ainda tenho esperanças por ele. Ele teve uma vida muito dura, mas eu acredito que com a ajuda de Deus — e a minha — ele possa sair vitorioso."

Ela queria me contar uma história, Irma acrescentou. Mais para trás, antes de terem se casado, e enquanto ele ainda estava preso, ela e Leon perderam o contato um com o outro. Com o passar das semanas, ela tentou aceitar que ele tivesse desaparecido da vida dela. "Então recebo uma carta dizendo que ele está em Fort Worth, e que quando ele chegou e lhe mostraram sua nova cela, a primeira coisa que ele viu foi um rosário que alguém deixara pendurado na parede. E de repente ele sentiu esse desejo urgente de me escrever." Irma parou como se esperasse que eu falasse alguma coisa, mas eu não sabia o que dizer. "Acredito que Deus o pôs na minha vida por alguma razão", afinal Irma me disse.

Quando lhe perguntei se ela contara a muitas pessoas lá no Texas da experiência da aparição no Oregon, Irma riu. "De início, eu contei a algumas pessoas, mas elas não acreditaram em mim, então parei de falar sobre isso." Era isso mesmo, ela acrescentou pouco depois: "Não é preciso que ninguém saiba. Quando me mudei para cá, para o Texas, eu não trouxe nenhum recorte de jornal, nenhum vídeo da cobertura feita pela TV, nenhuma foto nem nada parecido. Eu não precisava. Minha mãe guarda muita coisa desse tipo, mas eu nem olho." Lourdes Munoz também guardava o quadro *O Deserto Inflamado* na garagem, mas a filha não punha os olhos nele havia mais de cinco anos. "Eu sei o que aconteceu", explicou Irma. "Carrego isso comigo. Considero o que aconteceu algo muito pessoal."

Ela ainda esperava e rezava pelo santuário, "mas eu também não preciso mais dele", disse Irma. "Eu gostaria que isso acontecesse porque iria beneficiar todo mundo da região, e eu voltaria a Boardman no momento em que isso acontecesse. Mas eu já tenho os meus benefícios. Não preciso de mais."

Enquanto isso, ela estava indo a Boardman com mais freqüência do que alguns pudessem suspeitar. Na realidade, a sua última visita tinha sido um mês antes da nossa conversa. Alguém tentara lhe dar o novo número do telefone de Irene Virgen, mas ela respondeu que não, lembrou-se Irma. "Naquele momento, decidi que eu não queria mais lidar com ninguém que tivesse participado daquela época. Porque, quando nos reuníamos, parecia que só falávamos nisso: por que o santuário não aconteceu, e de como estávamos desapontados com tudo aquilo. Eu não quero que o que aconteceu me deixe com uma sensação de desapontamento. Eu quero que me deixe com um sentimento de gratidão. E é isso o que eu sinto agora "

Deixamos passar alguns segundos de silêncio entre nós, depois Irma me disse que, embora ela tivesse se afastado de Marge, Irene, Kim e dos outros, ela sempre voltava ao *trailer* quando passava por Boardman. "Toda vez que vou até lá", ela me disse, "a lembrança surge tão forte. Sei que foi a coisa mais importante que jamais me aconteceu, e a coisa mais importante que virá a me acontecer. Deus me deu esse grande dom, e estaria errado eu esperar qualquer coisa mais."

Mencionei o quanto eu ficara triste ao ver que o pessegueiro tinha morrido, e Irma me disse que também se sentia assim. "Mas, sabe de uma coisa?", perguntou. "Aquelas roseiras que minha mãe plantou, as que ganhamos e que deram flores tão grandes naquele verão seguinte? Ela as tirou da terra e as trouxe quando ela e papai se mudaram de volta para cá. E elas estão florindo de novo. Estão florindo bem ao lado da minha janela neste momento."

"Há algumas coisas de que você não quer falar", pensei, "porque elas irão parecer um pouco menos verdadeiras se você as mencionar." Agradeci a Irma pelo tempo que ela me dispensou, desejei-lhe felicidades e me despedi, sabendo que aquela era a última vez que eu ouviria a voz dela.

Depois de desligar, saí do meu escritório e ouvi o vento soprando por entre as árvores onde os pássaros continuavam a cantar. Alguns momentos depois, sussurrei uma ave-maria, e, por um instante, me permiti sentir a alegria que é acreditar. Passou tão rápido como o pé-de-vento que fez farfalhar os ramos lá em cima, mas eu sabia que ela voltaria, e que, ainda que não voltasse, eu nunca esqueceria que eu a sentira. *Semel credidisse.*

"Todo esse tempo", pensei, "todo esse esforço", e tudo o que demonstrei a mim mesmo foi que eu não podia viver sem o amor de Deus, e que eu sabia que a única maneira de tê-Lo era amando-O de volta. Olhei para cima, para a luz que brilhava nas agulhas dos pinheiros do Oregon, e vi roseiras florindo no Texas. Era um milagre, eu sabia, mesmo que eu nunca pudesse prová-lo. Tudo o que eu tinha de fazer era pedir.

FONTES

Sem dúvida, as maiores ajudas que tive, ao escrever este livro, foram os Arquivos da Paróquia de Medjugorje e uma fabulosa compilação de documentos, transcrições, lembranças, artigos e excertos da obra intitulada *What They Say About Medjugorje: A Contemporary Mystery* (O Que se Diz sobre Medjugorke: um Mistério Contemporâneo), escrita e editada por Andrew B. Thul em 1991. Especialmente úteis foram as traduções dos meticulosos arquivos mantidos pelos padres croatas que monitoraram as aparições durante junho e julho de 1981.

A obra "de aparência mais confiável", mencionada no segundo capítulo deste livro, é *Encountering Mary* (Encontrar Maria), de Sandra L. Zimdars-Sw*artz* (Princeton University Press, 1991), uma descrição completa da todas as aparições importantes da Virgem Maria investigadas pela Igreja Católica romana durante os séculos XIX e XX. Uma obra verdadeiramente admirável.

Mysticism (Misticismo), de Evelyn Hill, é, como a orelha da última edição assinala, "o proeminente estudo da natureza e do desenvolvimento da consciência espiritual". Esse livro soberbo foi, primeiramente, editado pela Meuthen em 1911. A edição de 1990 é da Doubleday.

Alone of All Her Sex: The Myth and Cult of the Virgin Mary (A Única de Seu Sexo: o Rito e o Culto da Virgem Maria), de Marina Warner (Alfred A. Knopf, 1976), foi elogiado por críticos seculares como a obra mais erudita já escrita sobre o assunto. Eu não sou um admirador do livro, que me parece mais impulsionado pelas frustrações sexuais da srta. Warner do que por qualquer força intelectual e espiritual, mas aprendi com ele.

Making Saints: How the Catholic Church Determines Who Becomes a Saint, Who Doesn't, and Why (Canonização: Como a Igreja Católica Determina Quem se Torna Santo, Quem Não se Torna Santo e Por Quê?), de Kenneth Woodward (Simon & Schuster, 1990), é, sem sombra de dúvida, o livro mais abrangente sobre o assunto e o de leitura mais agradável. Estou, ao mesmo tempo, em dívida com o senhor Woodward por sua pesquisa e frustrado pelas dificuldades que encontrei no Vaticano em virtude da recepção que seu livro teve lá (em conseqüência, principalmente, de um setor controvertido do movimento Opus Dei). No entanto, ele continua sendo o melhor escritor de livros sobre religião — pelo menos sobre o tema catolicismo — em busca de uma ampla publicação nos Estados Unidos.

A Still Small Voice (Uma Voz Ainda Fraca), de Benedict Groeschel (Ignatius Press, 1993), é, como descrevi, "um volume brilhantemente conciso" e a obra mais instigante de teologia mística produzida em anos por um padre católico.

The Graces of Interior Prayer (As Graças da Prece Interior), de Augustin Poulain, foi primeiro publicado em 1901, e traduzido para o inglês por Leonora L. Yorke Smith em 1910. O livro é difícil de ler e de ser encontrado. O irmão Frank Sadowski produziu um excerto do livro habilmente editado pela Alba House, em 1998, com o título *Revelations and Visions* (Revelações e Visões).

Aprendi enormemente com *A Short History of Christian Thought* (História Concisa do Pensamento Cristão), de Linwood Urban (Oxford University Press).

O teólogo e romancista Malachi Martin é aquele escritor sobre o catolicismo que não pode ser ignorado. Suas obras mais notáveis de não-ficção sobre a Igreja são: *Keys of This Blood: Pope John Paul II Versus Russia and the West for Control of the New World Order* (Chaves de Sangue: O Papa João Paulo II Enfrenta a Rússia e o Ocidente pelo Controle da Nova Ordem Mundial, Touchstone, 1991), *The Jesuits: The Society of Jesus and the Betrayal of the Roman Catholic Church* (Os Jesuítas: A Sociedade de Jesus e a Traição da Igreja Católica Romana, Linden Press, 1987) e *The Decline and Fall of the Roman Catholic Church* (O Declínio e a Queda do Império Romano, Putnam, 1981).

O padre René Laurentin é o autor de *A Short Treatise on the Virgin Mary* (Breve Tratado Sobre a Virgem Maria, Ami International Press, 1991), amplamente considerado, na Igreja Apostólica romana, a melhor obra sobre a devoção de Maria, e de *Bernadette of Lourdes* (Bernadete de Lourdes, HarperCollins, 1979), igualmente reconhecido. O primeiro livro do padre Laurentin sobre Medjugorje, *Is the Virgin Mary Appearing at Medjugorje?* (A Virgem Maria Está Aparecendo em Medjugorje?), foi publicado em 1984. Desde então, a obra veio acompanhada de informes anuais, que continuaram até meados dos anos 1990, todos publicados pela Riehle Foundation ou por sua subsidiária, Faith Publishing.

Medjugorje: Religion, Politic, and Violence in Rural Bosnia (Medjugorje: Religião, Política e Violência na Bósnia Rural), de Mart Bax (Vu University Press, Amsterdam, 1995), é uma obra surpreendente. Bax fez um trabalho memorável de pesquisa do contexto histórico das aparições, mas minimiza a importância de sua obra com falhas de atenção e suposições duvidosas sobre fatos ocorridos depois de 1981. Esse livro, apesar de profundamente instrutivo, se mostra também extremamente irregular.

Outros livros sobre Medjugorje:

The Apparitions of the Virgin at Medjugorje (As Aparições da Virgem Maria em Medjugorje), do padre Ljudevit Rupčić (Ljubuski-Humac, 1983), é um registro inestimável dos primeiros fatos ocorridos na paróquia. O padre Rupčić é também o autor de *The Truth About Medjugorje* (A Verdade Sobre Medjugorje, Ljubuski-Humac, 1990), escrito como uma réplica ao panfleto "Medjugorje", do bispo Pavao Žanić.

Também de grande ajuda é *The Apparitions of Our Lady at Medjugorje* (As Aparições de Nossa Senhora em Medjugorje, Franciscan Herald Press, 1984), um relato surpreendentemente claro e despretensioso do mesmo período.

The Apparitions of Our Lady in Medjugorje (As Aparições de Nossa Senhora em Medjugorje), do padre Milan Mikulich, foi publicado por ele em 1985.

The Message of Medjugorje (A Mensagem de Medjugorje), de Mark I. Miravelle (Franciscan Herald Press, 1986), é a análise teológica mais completa das mensagens relatadas pelos videntes.

Medjugorje: Facts, Documents, Theology (Medjugorje: Fatos, Documentos, Teologia), do padre Michael O'Carrol (Veritas Publications, 1986), é um compêndio das primeiras investigações sobre as aparições feitas por agências externas.

A Thousand Encounters with the Virgin Mary (Mil Encontros com a Virgem Maria), do padre Janko Bubalo (Ceres, 1987), é, essencialmente, uma coletânea dos textos de Vicka Ivanković sobre as aparições testemunhadas por ela.

Medjugorje: The Message (Medjugorje: A Mensagem), de Wayne Weible (Paraclete Press, 1989), é o livro de devoção mais popular de todos sobre o assunto. Apesar de não ser bem escrito, nem muito informativo, parece ser pelo menos uma obra honesta.

The Visions of the Children (As Visões das Crianças), de Janice T. Connell (St. Martin's Press, 1992), é o "blablablá devoto e elementar" mencionado no segundo capítulo deste livro. Os visionários o atacaram por ser impreciso e reclamaram que as citações atribuídas a eles foram inventadas.

Spark from Heaven (Centelha do Céu), de Mary Craig (Ave Maria Press, 1988), é superior aos livros de Weible e de Connell.

Medjugorje: The Untold Story (Medjugorje: A História Não-contada), de E. Michael Jones (Fidelity Press, 1989), é o ataque mais explícito à autenticidade das aparições produzido até hoje. Jones não é um bom escritor, não faz esforço para ser justo ou equilibrado e é, com freqüência, simplesmente impreciso, mas, pelo menos, ele levanta algumas questões legítimas.

Não vi qualidades em *The Hidden Side of Medjugorje* (O Lado Oculto de Medjugorje), do padre Ivo Sivrić (Psilog, 1989). O livro foi "editado" por Louis Belanger.

Medjugorje: Are the Seers Telling the Truth? (Medjugorje: Os Videntes Dizem a Verdade?), do Dr. Nicholas Bartulica (Croatian Franciscan Press, 1991), é uma defesa vigorosa escrita por um psiquiatra que testou e entrevistou cada um dos visionários.

Marija and the Mother of God (Marija e a Mãe de Deus), de Heather Parsons (Robert Andrew Press, 1993), é uma crônica comovente (embora inteiramente acrítica) sobre as aparições, do ponto de vista de Marija Pavlović, durante os primeiros dias da guerra.

Mother! Lead Us to Peace!! (Mãe! Leve-Nos à Paz!!), do padre Slavko Barbaric, é uma compilação de "Reflections on Mary's Messages", do querido padre, que foi publicada por Nicky Eltz, em 1995.

Livros sobre as aparições de Scottsdale:

Our Lady Comes to Scottsdale (Nossa Senhora Vai a Scottsdale), do padre Robert Faricy e da irmã Lucy Rooney (Queenship Publishing Company, 1993), é uma investigação que corrobora as aparições que lá aconteceram. O padre Faricy e a irmã Rooney são também os autores de *Return to God: The Scottsdale Message* (Volta a Deus: A Mensagem de Scottsdale, Queenship Publishing Company, 1994).

Our Lord and Our Lady in Scottsdale (Nosso Senhor e Nossa Senhora em Scottsdale), de René Laurentin (Faith Publishing Company, 1992), é uma apreciação também positiva das aparições de Gianna Talone e outras.

Os livros *I Am Your Jesus of Mercy* (Eu Sou Seu Jesus de Misericórdia), de Gianna Talone, foram todos publicados pela Queenship Publishing Company.

Not Seeing is Believing: A Skeptic Goes to Scottsdale (Não Ver É Crer: Um Cético em Scottsdale), do padre J. Michael Sparough (Medjugorje Book Center, 1992), é bastante sincero, mas não muito cético.

Healing Through the Rosary (A Cura pelo Rosário), de Annie Ross Fitch, foi publicado pela MARY Ministries, em 1992.

As We Wait in Joyful Hope (Enquanto Aguardamos com Alegre Esperança), de Carol Ameche, foi publicado pela Colorado Mir Center, em 1994.

Livros sobre outras aparições:

The Apparitions of Our Lady at Kibeho (As Aparições de Nossa Senhora em Kibeho), do padre Gabriel Maindron, foi publicado pela Marian Spring Center, em 1996. É um documento instigante.

An Appeal From Mary in Argentina (Um Apelo de Maria na Argentina), de René Laurentin (Faith Publishing, 1990), é interessante, principalmente, pelo que revela sobre a reação a esses acontecimentos na América Latina.

The Image of Guadalupe: Myth or Miracle (A Imagem de Guadalupe: Mito ou Milagre), de Jody Brant Smith (Image Book, 1984), é uma reflexão fascinante sobre as várias investigações científicas da Imagem realizadas ao longo de mais de trezentos anos.

Livros sobre escatologia mariana católica:

The Final Hour (A Hora Final), de Michael H. Brown (Faith Publishing, 1992), é uma discussão açucarada, mas bastante informativa sobre o comportamento daqueles que acreditam que o fim está próximo.

Apocalypse: The Book of Our Times (Apocalipse: o Livro do Novo Tempo), do reverendo Albert Joseph Mary Shamon (Faith Publishing, 1991), é interessante, principalmente, pela maneira como situa o Livro da Revelação no contexto judaico e interpreta a obra de São João, o Divino, nos termos do simbolismo do Velho Testamento.

Livros sobre a Bósnia, Croácia, Sérvia e a guerra:

Why Bosnia? (Por Que a Bósnia?, The Pamphleteers Press, 1993) é uma coletânea de ensaios e artigos de escritores do mundo inteiro, editado por Rabia Ali e Lawrence Lifschultz. Esse seria o livro sobre a terrível guerra na ex-Iugoslávia que eu recomendaria, caso tivesse de escolher um.

A Witness to Genocide (Testemunha do Genocídio, Macmillan, 1993), de Roy Gutman, repórter que ganhou o prêmio Pulitzer, é uma coletânea de matérias sobre a discriminação étnica na Bósnia. Como literatura, o livro goza das vantagens e desvantagens de ter surgido no princípio do conflito, mas permanece entre as relativamente poucas palavras que provavelmente salvaram vidas humanas. O padre Slavko insistiu tanto para que eu o lesse, que forçou Rita Falsetto a me dar o seu volume.

Love Thy Neighbor (Ame Seu Próximo), de Peter Mass (Alfred A. Knopf, 1996), é a obra de literatura mais primorosa que emergiu da guerra na Bósnia.

Seasons in Hell (Temporadas no Inferno), de Ed Vulliamy (St. Martin's, 1994), é um livro agressivo e aterrorizante que posiciona a guerra num rico contexto histórico e cultural.

Serbs and Croats (Sérvios e Croatas), de Alex Dragnich (Harcourt Brace, 1992), oferece uma história clara e concisa da relação problemática entre esses dois povos.

Não li nenhum livro sobre o que foi a Iugoslávia que me desse tanto prazer quanto *Black Lamb and Grey Falcon* (Cordeiro Negro e Falcão Cinzento, primeiramente publicado pela Viking Press, em 1941, e editado recentemente pela Penguin).

AGRADECIMENTOS

Agradecimento, em alguns contextos, pode significar confissão, e devo admitir um certo constrangimento ao agradecer a pessoas cujas contribuições foram descritas nesta narrativa. No entanto, me parece apropriada uma última palavra de agradecimento ao padre Peter Gumpel, ao monsenhor Robert Sarno, ao padre Augustine DiNoia, ao padre Gabriel O'Donnell e a diversos outros padres que me ajudaram nas minhas visitas ao Vaticano. A paciência deles comigo foi e é muito valorizada. Eu também quero agradecer ao padre Allen Duston por sua hospitalidade durante a minha estada em Roma, na primavera de 2003, e por possibilitar meu encontro com o papa João Paulo II. A assistente do padre Duston, Elizabeth Heil, foi um modelo de eficiência, e o pessoal do Hotel Bramante foi extremamente prestativo. Carl Battaglia foi um bom companheiro.

Janet Knez organizou meu encontro com o padre Milan Mikulich, que facilitou minha hospedagem com Mirjana Soldo, durante a minha primeira visita a Medjugorje, e desse modo tornou possível muito do que eu pude realizar. Ratko Mikulić e a Aquarelle Travel Agency em Split, na Croácia, não só me providenciaram transporte e traslado, mas também orientação sobre os arredores que pareciam realmente estranhos. Ivan e Mira Bencun, do Hotel Marben, e Zarko e Ljilja Juricic, do Pansion Maja, foram amáveis anfitriões e Ivan Bencun se tornou um amigo valioso, que demonstrou que coragem e humildade caminham juntas.

Mirjana Soldo e sua família me receberam de uma maneira que eu reconheço melhor agora do que naquele momento; a atenção de Marco Soldo me disse muito do que sei sobre os valores de suas famílias.

Rita Falsetto e Nicky Eltz foram amigos que compartilharam coração e alma. Minhas lembranças da passagem com Nicky pelos campos devastados pela guerra na Bósnia-Herzegóvina ainda são recorrentes em meus sonhos. E até hoje, posso fechar meus olhos e ver Rita na sua escalada até o topo da Križevac, à meia-noite, depois de um dia de 16 horas no escritório da paróquia em Medjugorje, rezando a cada passo do caminho. Milona Hapsburg revelou muito do que aparece nas entrelinhas deste livro. Meus agradecimentos vão também para Philip, Michelle, Rafaella e todos os "Enturmados", que me fizeram companhia em Medjugorje; para Jozo, Vasjil e seu filho Mate, que me fizeram sentir como um membro de sua família; para Rita Klaus, por me dizer o que temer, e para Karen, pela ida a Mostar. Gabriel Meyer me propiciou conhecimento e perspectiva nos meses posteriores à minha primeira viagem à Bósnia.

O padre Ivan Lindeca, pároco de Medjugorje durante o verão de 1995, foi um homem de profundidade, humor e generosidade que me deu melhores respostas às minhas perguntas do que elas mereciam. O padre Philip Pavich esteve muitas horas comigo, descrevendo suas experiências. E foi um prazer receber tanta atenção pessoal do padre Jozo Zovko, que visitei no mosteiro, em Humac. O padre Slavko Barbaric foi e é um modelo de virtude heróica.

Obrigado a todos da St. Maria Goretti, em Scottsdale, Arizona, por me receberem calidamente, e ao padre Ernest Larkin por se mostrar tão disponível. Durante a minha visita a Emmitsburg, Maryland, Michael Sullivan e Gianna Talone-Sullivan foram excepcionalmente amáveis; lembro-me deles com carinho.

Irma Munoz, Kim Hickey, Irene Virgen e Marge Rolen compartilharam suas experiências comigo, do modo mais sincero possível, durante as visitas ao alto deserto, tanto no começo quanto no fim.

Agradeço ao padre Benedict Groeschel por ser um cara que, realmente, sabe das coisas.

Finalmente, obrigado ao meu editor, Morgan Entrekin, por permanecer comigo em um trajeto que foi muito mais longo do que previamos, e ao meu editor de texto, Brando Skyhorse, por conduzir este livro a uma conclusão que agradou a todos nós.

IMPRESSÃO E ACABAMENTO:
YANGRAF Fone/Fax: 6195.77.22
e-mail:yangraf.comercial@terra.com.br